suhrkamp taschenbuch
wissenschaft 1208

Wohlfahrts- und Jugendverbände sind wichtige Träger von Wohlfahrtspflege und Sozialpolitik in Deutschland. Sie zählen zu den größten privaten Arbeitgebern der Republik. Entstanden als konfessionelle wie nicht-konfessionelle Wertgemeinschaften seit der Zeit des deutschen Kaiserreichs verstehen sie sich bis heute als Repräsentanten wertgebundenen sozialen Engagements, als intermediäre Organisationen zwischen Markt, Staat und primären sozialen Netzen.
Gegenwärtig befinden sich Wohlfahrts- und Jugendverbände in einem tiefgreifenden Umbruch. Die Auflösung der traditionellen sozialkulturellen Milieus, denen sie ihre Entstehung verdanken und die sie bislang getragen haben, stellt ihre soziale Basis und ihre politische Legitimation in Frage. Herkömmliche Wertorientierungen werden brüchig, und die Frage nach den gemeinschaftlichen Grundlagen sozialer Politik stellt sich neu. Die deutsche Wiedervereinigung und die Einigung Europas geben dieser Problematik zusätzliche Brisanz. Der vorliegende Band untersucht die sich wandelnde Rolle von Wohlfahrts- und Jugendverbänden zum einen im gesamtgesellschaftlichen Kontext der Reorganisation wohlfahrtsstaatlicher Strukturen und Politiken. Zum anderen thematisiert er die veränderten Anforderungen an Personal, Management und Finanzen aus der Binnenperspektive der betroffenen Organisationen. Er leistet einen Beitrag zur sozialwissenschaftlichen Diskussion um die Bedeutung »intermediärer Organisationen« in der Zivilgesellschaft und zur Weiterentwicklung von Jugend- und Sozialpolitik in Deutschland unter grundlegend veränderten gesellschaftlichen Rahmenbedingungen.

Von der Wertgemeinschaft zum Dienstleistungs-unternehmen

Jugend- und Wohlfahrtsverbände im Umbruch

Herausgegeben von
Thomas Rauschenbach, Christoph Sachße
und Thomas Olk

Suhrkamp

Die Deutsche Bibliothek – CIP-Einheitsaufnahme
Von der Wertgemeinschaft
zum Dienstleistungsunternehmen :
Jugend- und Wohlfahrtsverbände im Umbruch /
hrsg. von Thomas Rauschenbach ... –
1. Aufl. – Frankfurt am Main : Suhrkamp, 1995
(Suhrkamp-Taschenbuch Wissenschaft ; 1208)
ISBN 3-518-28808-3
NE: Rauschenbach, Thomas [Hrsg.]; GT

suhrkamp taschenbuch wissenschaft 1208
Erste Auflage 1995

Satz und Druck: Wagner GmbH, Nördlingen
Printed in Germany
Umschlag nach Entwürfen von
Willy Fleckhaus und Rolf Staudt

1 2 3 4 5 6 – 00 99 98 97 96 95

Inhalt

Vorwort 9

Thomas Olk/Thomas Rauschenbach/Christoph Sachße
Von der Wertgemeinschaft zum Dienstleistungsunternehmen. Oder: über die Schwierigkeit, Solidarität zu üben. Eine einführende Skizze 11

I. Verbände und Gesellschaft: Zur Modernisierung intermediärer Organisationen

Micha Brumlik
Der importierte Kommunitarismus: Plädoyer für die verbandliche Wohlfahrtspflege? 34

Eckart Pankoke
Subsidiäre Solidarität und freies Engagement: Zur »anderen« Modernität der Wohlfahrtsverbände 54

Lothar Böhnisch
Verbände für Jugendliche: Aussichten einer pädagogischen Idee in Ost und West 84

Thomas Olk
Zwischen Korporatismus und Pluralismus: Zur Zukunft der Freien Wohlfahrtspflege im bundesdeutschen Sozialstaat 98

II. Zur Konstituierung verbandlicher Wertgemeinschaften: Wohlfahrts- und Jugendverbände in historischer Perspektive

Christoph Sachße
Verein, Verband und Wohlfahrtsstaat: Entstehung und Entwicklung der »dualen« Wohlfahrtspflege 123

Jochen-Christoph Kaiser
Von der christlichen Liebestätigkeit zur freien Wohlfahrtspflege: Genese und Organisation konfessionellen Sozialengagements in der Weimarer Republik 150

Hans Gängler
Staatsauftrag und Jugendreich: Die Entwicklung der Jugendverbände vom Kaiserreich zur Weimarer Republik 175

Richard Münchmeier
Die Vergesellschaftung von Wertgemeinschaften: Zum Wandel der Jugendverbände in der Nachkriegs-Bundesrepublik 201

Hejo Manderscheid
Freie Wohlfahrtspflege vor Ort: Vom Wertepluralismus zur fachlichen Differenzierung 228

III. Verbände als Organisation: Management, Personal, Finanzen

Dieter Grunow
Zwischen Solidarität und Bürokratie: Organisationsprobleme von Wohlfahrtsverbänden 253

Heinz-Dieter Horch
Selbstzerstörungsprozesse freiwilliger Vereinigungen: Ambivalenzen von Wachstum, Professionalisierung und Bürokratisierung 280

Joachim Merchel
Sozialmanagement: Problembewältigung mit Placebo-Effekt oder Strategie zur Reorganisation der Wohlfahrtsverbände? 297

Thomas Rauschenbach/Matthias Schilling
Die Dienstleistenden: Wachstum, Wandel und wirtschaftliche Bedeutung des Personals in Wohlfahrts- und Jugendverbänden 321

Dieter Thamm
Geld statt guter Worte: Zur Finanzierung freier Wohlfahrtspflege 356

IV. Expansion ohne Transformation: Verbände in den neuen Bundesländern

Susanne Angerhausen/Holger Backhaus-Maul/Martina Schiebel
Nachwirkende Traditionen und besondere Herausforderungen: Strukturentwicklung und Leistungsverständnis von Wohlfahrtsverbänden in den neuen Bundesländern . 377

Werner Schefold
Das schwierige Erbe der Einheitsjugend: Jugendverbände zwischen Aufbruch und Organisationsmüdigkeit 404

V. Ausblick: Europäische Wohlfahrtsmodelle

Josef Schmid
Wohlfahrtsverbände in Westeuropa: Zur Bedeutung nationaler Entwicklungspfade in der Sozialpolitik 428

Dietrich Thränhardt
»Abenteuer im Heiligen Geiste«: Universalistische Wohlfahrtskampagnen der Kirchen und der Aufbau sozial-moralischer Einstellungen 456

Hinweise zu den Autorinnen und Autoren 475

Vorwort

Themenstellung und Konzeption des vorliegenden Bandes gehen auf einen Kongreß zurück, der unter dem Titel »Wohlfahrtsverbände und Jugendverbände im Umbruch – Modernisierung, Organisationsentwicklung und deutsche Einigung« vom 4. bis 6. März 1993 in Halle/Saale stattfand. Dieser Kongreß steht in der Tradition einer Reihe von Konferenzen, die in unregelmäßiger Abfolge von einer informellen Arbeitsgruppe aus Vertretern einschlägiger sozialwissenschaftlicher Disziplinen einerseits und Vertretern der Verbände andererseits seit Beginn der 80er Jahre durchgeführt wurden.

Während bisher die Wohlfahrtsverbände im Mittelpunkt der Aufmerksamkeit standen, wurde mit dem Kongreß in Halle erstmals der anspruchsvolle und nicht ganz risikolose Versuch unternommen, die bislang getrennt geführten Diskurse über Wohlfahrtsverbände und Jugendverbände zusammenzuführen und beide Organisationstypen gemeinsam zu erörtern. Ziel des Kongresses war es, aktuelle Fragen des Selbstverständnisses sowie von Rolle und Stellenwert der Wohlfahrts- und Jugendverbände in einer Situation zu diskutieren, die durch Prozesse der Erosion von Sozialmilieus, der deutschen Einigung und der europäischen Integration gekennzeichnet ist. Vertreter und Vertreterinnen aus dem Bereich der Wohlfahrts- und Jugendverbände sowie aus den einschlägigen sozialwissenschaftlichen Disziplinen der alten wie der neuen Bundesländer wurden zu einer offenen Diskussion zusammengeführt.

Der Kongreß stand unter der Schirmherrschaft des seinerzeitigen Ministers für Arbeit und Soziales des Landes Sachsen-Anhalt, Werner Schreiber, und wurde durch das Bundesministerium für Frauen und Jugend sowie das Ministerium für Arbeit und Soziales des Landes Sachsen-Anhalt finanziell gefördert. Unterstützt wurde der Fachkongreß vom Deutschen Bundesjugendring und den ihm angeschlossenen Jugendverbänden sowie den Spitzenverbänden der Freien Wohlfahrtspflege. Ihnen allen sei an dieser Stelle für ihre freundliche Unterstützung gedankt, ohne die der Kongreß nicht möglich gewesen wäre.

Die breite Resonanz dieser Veranstaltung und die hohe Qualität der Vorträge haben die Herausgeber ermutigt, einen Sammelband zu diesem Thema zu erstellen. Um die Konferenzbeiträge nutzen zu können und zugleich das für einen einführenden und umfassenden Sammelband benötigte Themenspektrum abzudecken, wurden sowohl die Referenten gebeten, ihre Vorträge weiterzuentwickeln als auch zusätzliche Autoren und Autorinnen für eine Mitarbeit gewonnen.

An dem Zustandekommen der Tagung und des Bandes waren eine Vielzahl von Personen beteiligt, die an dieser Stelle nicht alle erwähnt werden können; ihnen sei herzlich gedankt. Insbesondere zu erwähnen sind allerdings Bettina Christ und Matthias Schilling, die in unermüdlicher Arbeit Korrekturen an früheren Fassungen angebracht und das Manuskript erstellt haben. Zu danken ist insbesondere auch der »Kommission für die Erforschung des sozialen und politischen Wandels in den neuen Bundesländern« (KSPW), Halle, die durch einen Druckkostenzuschuß das Zustandekommen dieses Bandes gefördert hat.

Thomas Olk, Halle
Christoph Sachße, Kassel
Thomas Rauschenbach, Dortmund — Im April 1995

Thomas Olk/Thomas Rauschenbach/
Christoph Sachße

Von der Wertgemeinschaft zum Dienstleistungsunternehmen Oder: über die Schwierigkeit, Solidarität zu organisieren

Eine einführende Skizze

I

Wenn von der Krise des Wohlfahrtsstaates die Rede ist, dann geht es meistens ums Geld: um die Sicherung der Renten, die Finanzierung der Pflegeversicherung, die Höhe des Arbeitslosengeldes; um Sozialhilfesätze, Bürgergeld oder Grundsicherung. Das in der Öffentlichkeit gezeigte sozialpolitische Gesicht des Wohlfahrtsstaates hat vor allem ein pekuniäres Profil. Deshalb werden mit Sozialpolitik auch vorrangig Mechanismen, Folgen und Nebenwirkungen monetärer Transferzahlungen assoziiert. Und in der Tat: 1993 wurden fast zwei Drittel der Gesamtausgaben für soziale Leistungen – das sind mehr als 21% des Bruttosozialprodukts im selben Jahr – für die monetären Leistungen der großen Sozialversicherungssysteme: Renten-, Kranken-, Unfallversicherung und die Sicherung gegen Arbeitslosigkeit aufgewendet.
Geld allein reicht aber nicht aus, um alte Menschen zu pflegen, Kranke zu heilen und Kinder zu erziehen. Dazu bedarf es auch konkreter menschlicher Hilfe, Zuwendung, Beratung und Betreuung. Finanzielle Leistungen sind nur die eine Seite der wohlfahrtsstaatlichen Medaille. Die andere heißt personenbezogene soziale Dienstleistungen; heißt ärztliche Versorgung von Kranken und Behinderten, Pflege von Alten, Erziehung und Betreuung von Kindern in Tageseinrichtungen, Hilfe in Frauenhäusern, Heimen und Unterkünften für in Not geratene Menschen; heißt Beratung in vielfältigen Lebenslagen, heißt Jugendbildung und Jugendarbeit, Straßensozialarbeit oder Stadtranderholung, um nur einige Stichworte zu nennen.

Dieser eigentümliche Prozeß wohlfahrtsstaatlicher Transformation, in dem Geld zu sozialen Dienstleistungen, zu Pflege, Beratung, Betreuung, Erziehung und Kontrolle wird, muß eigens organisiert werden. Er braucht eigene Konzepte, Institutionen und Organisationen. Und im Unterschied zu den finanziellen Transferzahlungen, die von öffentlichen Körperschaften, den Trägern der Sozialversicherung, den Gemeinden oder von staatlichen Institutionen selbst geleistet werden, wird der größte Teil der sozialen Dienste von nicht-staatlichen, freien und gemeinnützigen Organisationen erbracht: den Wohlfahrts- und Jugendverbänden.

Wohlfahrts- und Jugendverbände sind zentrale Organisatoren sozialer Dienstleistungen und als solche wichtige Partner des Wohlfahrtsstaates. Sie haben ein umfassendes Versorgungsnetz aufgebaut, in dem soziale Dienstleistungen »von der Wiege bis zur Bahre« angeboten werden. Sie organisieren die Betreuung und Versorgung von Kleinkindern und Jugendlichen, von Kranken, Behinderten und Alten. Der Wohlfahrtsstaat bedient sich ihrer, um all die sozialen Aufgaben zu erfüllen, die von Familie, Nachbarschaft und Verwandtschaft immer weniger wahrgenommen werden und wahrgenommen werden können. Mit der Schwächung traditioneller sozialer Gesellungsformen, mit der Lockerung familialer, verwandtschaftlicher und nachbarschaftlicher Bande, die offenbar der notwendige Preis gesellschaftlicher Modernisierung sind, nimmt die Bedeutung verbandlich organisierter sozialer Dienstleistungen zu. Wohlfahrts- und Jugendverbände sind insofern auch Seismographen des sozialen Wandels und der wohlfahrtsstaatlichen Reaktionen.

In den letzten 25 Jahren haben die »Spitzenverbände« – wie sich die in der Bundesarbeitsgemeinschaft der Freien Wohlfahrtspflege zusammengeschlossenen sechs Wohlfahrtsverbände Caritas, Diakonie, Arbeiterwohlfahrt, Rotes Kreuz, Paritätischer Wohlfahrtsverband und Zentralwohlfahrtsstelle der Juden gerne nennen[1] –

1 Entsprechend der Schreibweise der »Bundesarbeitsgemeinschaft der Freien Wohlfahrtspflege« werden mit den Termini »Freie Träger« bzw. »Freie Wohlfahrtspflege« die dort organisierten Spitzenverbände, also die Wohlfahrtsverbände, bezeichnet. Die Formulierung »freie Träger« bzw. »freie Wohlfahrtspflege« wird hingegen unspezifisch verwendet und kann auch sonstige »freie Träger«, soweit es sich hier nicht um staatliche oder privat-gewerbliche Anbieter handelt, mit einschließen.

einen außergewöhnlichen Expansionsprozeß erfahren (vgl. dazu ausführlich Rauschenbach/Schilling, in diesem Band). Die Zahl der Mitgliedseinrichtungen in den Spitzenverbänden ist in den alten Bundesländern zwischen 1970 und 1993 von 52 500 auf 71 500 und damit um fast ein Drittel gestiegen, die Zahl der Betten und Plätze innerhalb dieser Einrichtungen im gleichen Zeitraum um mehr als ein Viertel bzw. von 2,1 Mio. auf 2,7 Mio. Insbesondere aber ist die Anzahl der bezahlten Mitarbeiter und Mitarbeiterinnen in diesen knapp 25 Jahren von 382 000 auf 858 000 Personen hochgeschnellt und hat sich damit sogar mehr als verdoppelt, während die ehrenamtlichen Kräfte seit Ende der siebziger Jahre von den Verbänden konstant mit geschätzten 1,5 Mio. angegeben werden (vgl. Bundesarbeitsgemeinschaft der Freien Wohlfahrtspflege 1994). Auch wenn heute viel von der Auflösung der »sozialkulturellen Milieus« die Rede ist, denen die Wohlfahrtsverbände entstammen, von Wertewandel und mangelnder Bereitschaft zu ehrenamtlichem Engagement, so sprechen diese Zahlen doch zunächst einmal ihre eigene Sprache.

Anders verläuft die Entwicklung bei den Jugendverbänden. Ihren Aufstieg verdanken sie weniger einer Expansion der beruflichen Jugendarbeit als vielmehr der Ausweitung ihres Einflußbereichs auf die Gestaltung des Kindes- und Jugendalters. Noch immer – wenn auch mit schwächer werdender Akzeptanz – sind Jugendverbände die wichtigste außerschulische Sozialisationsinstanz neben der Familie; noch immer repräsentieren sie ein breites Spektrum jugendlicher Lebenswelten, von den Pfadfindern über kirchliche und ökologische Jugendorganisationen bis zur Sportjugend, zu politischen Jugendorganisationen, der Jugendfeuerwehr oder der Naturfreundejugend. Noch immer werden viele Zehntausende von Heranwachsenden durch die sozio-kulturellen Milieus der Jugendverbände geprägt, und noch immer sind sie mit mehreren hunderttausend ehrenamtlichen Mitarbeitern und Mitarbeiterinnen die größte pädagogische Laienbewegung in Deutschland. Untergliedert in mehr als 70 Einzelverbände, die auf Bundesebene im Deutschen Bundesjugendring zusammengeschlossen sind, sind sie der zweite große, nicht-staatliche Anbieter sozialer Dienstleistungen neben den Wohlfahrtsverbänden, wenngleich – anders als diese – spezialisiert auf eine Altersgruppe: die Kinder und Jugendlichen.

II

Wohlfahrtsverbände und Jugendverbände weisen im Hinblick auf eine Vielzahl von strukturellen Merkmalen – sei es nun ihr Handlungsauftrag, ihre Adressatengruppen oder ihre organisatorischen Strukturen und Ressourcen – zum Teil erhebliche Unterschiede auf. Dennoch teilen sie in anderen Hinsichten wiederum gemeinsame Merkmale und Probleme, die es insgesamt sinnvoll und fruchtbar erscheinen lassen, beide Typen von Verbänden unter einem einheitlichen Blickwinkel zu betrachten. Diese Gemeinsamkeiten sowie deren Auswirkungen in der sozialwissenschaftlichen Reflexion sollen im folgenden knapp vorgestellt werden.

Sowohl Wohlfahrtsverbände als auch Jugendverbände sind komplexe Organisationen, die verschiedene Funktionen gleichzeitig erfüllen sowie unterschiedlichen Zielsetzungen folgen. Beide Typen von Verbänden verstehen sich als politische Organisationen, die die Interessen bestimmter Bevölkerungsgruppen im politischen System zu vertreten beanspruchen. So beanspruchen etwa Jugendverbände, neben ihren sonstigen Aufgaben und Zielen auch die Interessen von Kindern und Jugendlichen bzw. »der Jugend« in der Jugendpolitik zu vertreten (zur Gesamtsituation der Jugendverbände vgl. auch Böhnisch/Gängler/Rauschenbach 1991). Während allerdings bei den Jugendverbänden die politisch zu vertretende Bevölkerungsgruppe gleichzeitig auch die Mitgliedschaft stellt, verhält sich dieser Sachverhalt bei den Wohlfahrtsverbänden anders: Wohlfahrtsverbände erheben den Anspruch, gewissermaßen stellvertretend bzw. »anwaltschaftlich« die Interessen derjenigen Bevölkerungsgruppen zu vertreten, die zwar im Normalfall nicht Mitglieder von Wohlfahrtsverbänden werden, die aber von diesen durch soziale Angebote und Dienste betreut werden.

Ferner sind sowohl Wohlfahrtsverbände als auch Jugendverbände in gewisser Hinsicht lokale Vereine, die Funktionen der Geselligkeit, der Kommunikation und selbstbestimmten Handlungsmöglichkeiten organisieren und bereitstellen. Solche Gruppenzusammenhänge mit Geselligkeitsfunktionen sind in den Jugendverbänden auf der Ebene von Jugendgruppen, Jugendklubs und bei den regelmäßigen Treffen innerhalb der Jugendverbandsarbeit zu sehen. Bei den Wohlfahrtsverbänden entstehen solche Gruppenzusammenhänge im Rahmen der Vereinsstruktur insbesondere in den Kreisgruppen und Vereinssitzungen der persönlichen Mitglieder, aus deren Mitte sowohl viele ehrenamtliche Aktivitäten vor Ort als auch vor allem die ehrenamtliche Vorstandsarbeit hervorgehen. Zugleich sind Wohlfahrtsverbände und Jugendverbände in starkem Maße »Weltanschauungsverbände«, die bestimmten normativen Vorstellungen, Traditionen und Sozialmilieus verpflichtet sind.

Diese zunächst weich und schwach institutionalisiert erscheinende Bestimmung hat äußerst folgenreiche strukturelle Konsequenzen: So ist sowohl das Gesamtspektrum der Jugendverbände als auch das der Wohlfahrtsverbände nach weltanschaulichen Säulen geordnet. Die Spitzenverbände der Freien Wohlfahrtspflege sind qua Satzung ein organisatorischer Gesamtausdruck einer bestimmten weltanschaulichen Grundposition in der Gesellschaft. Und auch in den Jugendringen in Bund, Ländern und Kommunen, in denen nahezu alle Jugendverbände zusammengeschlossen sind, formieren sich die einzelnen Verbände überwiegend nach weltanschaulichen Zuordnungen und Abgrenzungen (z. B. im Bund Deutscher Katholischer Jugend [BDKJ] oder in der Arbeitsgemeinschaft Evangelischer Jugend [aej]). Die Gültigkeit dieses Organisationsprinzips zeigt sich immer dann besonders deutlich, wenn bestimmte soziale Gruppen sich nicht in diesem System weltanschaulich geprägter Säulen wiederzuerkennen meinen und bestrebt sind, einen eigenen Dach- oder Spitzenverband zu gründen. Sowohl die Auseinandersetzungen um den Aufbau eines »Siebten Wohlfahrtsverbands« aus dem Umkreis der alternativen sozialen Bewegungen und der Grünen Partei zu Beginn der achtziger Jahre als auch die Probleme der Integration selbstorganisierter Initiativen, Projekte und Vereinigungen in das etablierte Kartell sowohl von Jugend- als auch von Wohlfahrtsverbänden belegen, daß solchen Versuchen verbandlicher Neugründungen sowohl aus ressourcenpolitischen als auch aus normativ-kulturellen Gründen erhebliche Widerstände entgegengesetzt werden.

Das letzte hier zu behandelnde gemeinsame Merkmal von Wohlfahrtsverbänden und Jugendverbänden ist deren gemeinsam geteilte Funktion als Dienstleistungsproduzenten. Wohlfahrts- und Jugendverbände bieten vor Ort für ihre jeweiligen Adressaten unterschiedliche soziale Angebote und Dienstleistungen an. Diese Funktions- bzw. Aufgabenbestimmung leuchtet für die Wohlfahrtsverbände unmittelbar ein: Mit ihrem quantitativ angewachsenen Angebot an Kranken-, Behinderten-, Alten-, Jugend- und Kinderheimen, offenen Beratungsstellen, Sozialstationen etc. sind sie zum Teil marktführende Dienstleistungsanbieter (vgl. Grunow, in diesem Band). Dies trifft in zunehmendem Maße auch auf die Jugendverbände zu, selbst wenn dies ihrem proklamierten Aufgabenselbstverständnis nicht immer und in allen Punkten entspricht. Jugendverbände organisieren – in zunehmendem Maße auch im Auftrage der öffentlichen Jugendpolitik – Angebote im Freizeit- und Ferienbereich, sie führen (politische und soziale) Bildungsmaßnahmen durch und engagieren sich in relevanten Feldern sozialer Arbeit (z. B. im Bereich von Jugendarbeitslosigkeit, Drogenproblemen, Aggression und Gewalt, sozialer Benachteiligung usw.). Zu diesem Zweck erhalten sie staatliche bzw. öffentliche Subventionen und Leistungsentgelte und beschäftigen ein anwachsendes Heer hauptamtlicher Mitarbeiter und Mitarbeiterinnen.

III

Die Anforderung bzw. Notwendigkeit, unterschiedliche (und zum Teil sogar divergierende) Funktionen sowie daraus folgende Handlungszwänge und Zielsetzungen miteinander vereinbaren zu müssen, eint demnach Wohlfahrtsverbände und Jugendverbände. Die hiermit zusammenhängenden Handlungs- und Organisationsprobleme von Wohlfahrts- und Jugendverbänden werden in der aktuellen sozialwissenschaftlichen Diskussion unter dem Stichwort »intermediäre Organisationen« bzw., umgangssprachlich ausgedrückt, »Zwischen-Institutionen« diskutiert. In den letzten beiden Jahrzehnten hat sich – ausgehend von den USA, dann aber auch in Europa – eine theoretische und empirische Forschung über diesen Zwischenbereich zwischen Markt, Staat und Familienhaushalten entwickelt (vgl. etwa Anheier/Seibel 1990; Salamon 1989). Die Anlässe hierfür sind vielfältig und können hier nicht im einzelnen diskutiert werden. In jedem Falle haben gesellschaftliche Entwicklungen im kulturellen, politischen und ökonomischen Bereich dazu beigetragen, daß Organisationen an gesellschaftlicher Relevanz hinzugewonnen haben, die weder gewerbliche Unternehmungen sind (und insofern nicht der gesellschaftlichen Sphäre des Marktes zugehören) noch öffentliche Verwaltungen bzw. Dienstleistungsapparaturen darstellen, die dem hoheitlichen Staat zugerechnet werden können. Gemeint sind damit Organisationen ganz unterschiedlicher Art, die von unkonventionellen, informellen Initiativen bis hin zu großen Interessenverbänden, von familiennahen Selbstversorgungsgemeinschaften bis zu genossenschaftlichen Großbetrieben reichen und die insgesamt einem gesellschaftlichen Bereich zugeordnet werden, der als Non-Profit-Sektor, Dritter Sektor oder eben als »intermediärer Sektor« bezeichnet wird. Für die Zwecke dieses Bandes ziehen wir den Begriff des intermediären Sektors bzw. der intermediären Organisationen anderen, konkurrierenden Begrifflichkeiten vor, um auf diese Weise die eigentümliche Zwischenstellung der hiermit gemeinten Phänomene und die hiermit zusammenhängenden Spannungselemente und Entwicklungsbedingungen zum Ausdruck zu bringen.

Intermediär sind diese Organisationen in doppelter Hinsicht. Zum einen: Organisationen des intermediären Sektors (also auch Wohlfahrts- und Jugendverbände) befinden sich in einem »Zwischen-Reich« zwischen gewerblichen Unternehmungen, die auf dem Markt anbieten, öffentlichen Verwaltungen, die dem Staat zuzurechnen sind, und Gemeinschaftsformen, die dem Bereich der Familienhaushalte zugeordnet werden können. Jeder dieser gesellschaftlichen Bereiche, zwischen denen intermediäre Organisationen angesiedelt sind, ist durch eine dem jeweiligen Sektor zugehörige Handlungslogik gekennzeichnet: Auf dem Markt herrscht der Wettbewerb, im Bereich des Staates werden Handlungen auf der Basis von hierarchisch durchgesetzten Entscheidungen koordiniert, und in den informellen Gemeinschaften gilt das Prinzip der Reziprozität. Intermediäre Organisationen sind unterdessen dadurch gekennzeichnet, daß sie keine eigene, vierte Handlungslogik ausbilden, sondern vielmehr die bekannten drei »reinen« Handlungslogiken in jeweils spezifischer Weise miteinander kombinieren (vgl. Evers 1990; Backhaus-Maul/Olk 1992).

Damit erreichen intermediäre Organisationen spezifische Leistungsstärken und -schwächen im Vergleich zu anderen Organisationsformen. Der Vorteil der klassischen Vergesellschaftungsformen besteht in der reinen und daher jeweils besonders effektiven Erfüllung ihres jeweils spezifischen Funktionsprinzips: Auf dem Markt wird der Wert der *Freiheit*, durch den Staat der Wert der *Gleichheit* und in Gemeinschaften der Wert der *Solidarität* optimiert. Dies gelingt allerdings nur um den Preis der Vernachlässigung oder gar Verletzung der jeweils anderen Prinzipien. Der Vorteil der intermediären Organisationen dagegen besteht in der gleichzeitigen Erfüllung verschiedener Funktionen, was eine flexible Reaktion auf unterschiedliche, ja widersprüchliche Anforderungen ermöglicht.

Allerdings hat auch diese Organisationsform ihren Preis: Es ist nämlich einerseits denkbar, daß intermediäre Organisationen die jeweiligen Nachteile von Markt, Staat und Gemeinschaft, wie etwa soziale Ungleichheit, bürokratische Rigidität, Partikularismus und ökonomische Ineffizenz in sich vereinigen, wie es etwa in der These vom »funktionalen Dilettantismus« zum Ausdruck gebracht wird (vgl. Seibel 1992). Es ist aber andererseits auch vorstellbar, daß sich im Sinne synergetischer Effekte die jeweiligen Vorteile, wie etwa professionale Qualität, sachliche Innovationsfähigkeit, zeitliche Flexibilität und soziale Gerechtigkeit produktiv miteinander verbinden.

Zum andern: In vertikaler Perspektive betrachtet, müssen intermediäre Organisationen stets zwischen zwei Ebenen vermitteln. »Nach oben« bzw. nach außen haben sie es mit einer institutionellen Umwelt zu tun, in der sie formale Organisationen neben anderen formalen Organisationen sind, mit denen sie sich abstimmen und verständigen müssen; dies erfordert eine vorrangig erfolgsorientierte »Einflußlogik«. »Nach unten« bzw. nach innen kommunizieren sie mit Mitgliedern oder Klienten, die ihre spezifischen Interessen, Werte und Dispositionen sowie ihr Engagement in die Organisation einbringen und von dieser im Gegenzug Unterstützung und Nutzen einerseits, persönliche Beteiligung und Akzeptanz andererseits sowie nicht zuletzt Identifikationsmöglichkeiten erwarten; diese damit verbundenen, eher konsensorientierten Handlungsformen unterliegen insoweit einer »Mitgliedschaftslogik«.

Wohlfahrts- und Jugendverbände sind in dieser Hinsicht typische Formen intermediärer Organisationen (vgl. Streeck 1987). Soweit sie Dienstleistungen produzieren bzw. soziale Dienste und Einrichtungen vorhalten, weisen diese Organisationen genau jene Eigenschaften und Merkmale auf, die wir als Kennzeichen intermediärer Organisationen erwähnt haben. Es handelt sich bei Krankenhäusern, Altenheimen oder Sozialstationen der Freien Wohlfahrtspflege, aber auch bei jugendverbandlich betriebenen

Jugendhäusern, Freizeittreffpunkten, Beratungsstellen und Kindereinrichtungen weder um gewerbliche Unternehmungen noch um Staatsbetriebe. Vielmehr sind es gemeinnützige (Non-Profit-)Organisationen, die genau jene Kombinationsformen unterschiedlicher Zielsetzungen und Handlungslogiken in sich vereinigen, die für intermediäre Organisationen so typisch sind. Anstalten, Einrichtungen und Dienste der Freien Wohlfahrtspflege müssen sich als Dienstleistungsbetriebe, die sich am Markt zu behaupten haben, sowohl einer betriebswirtschaftlichen Logik unterordnen als auch – soweit sie ehrenamtliches Personal hinzuziehen oder etwa, wie bei den konfessionellen Wohlfahrtsverbänden, sich gleichzeitig als religiös motivierte »Dienstgemeinschaften« verstehen – Anforderungen und Logiken gemeinschaftlichen Handelns folgen. In ihrem rechtlichen Status drückt sich dies unter anderem darin aus, daß solche Dienstleistungsbetriebe im Rahmen des Vereinsrechts, als gemeinnützige Gesellschaften mit beschränkter Haftung oder aber als Stiftungen geführt werden.
Die Entwicklung der Wohlfahrts- und Jugendverbände von lebensweltnahen, ins Milieu rückgebundenen Wertgemeinschaften zu bürokratisierten Dienstleistungsunternehmen kann so differenziert analysiert und verstanden werden. Das Konzept bildet daher die analytische Basis der im Titel dieses Bandes aufgestellten Entwicklungsthese, der sich die verschiedenen Beiträge aus unterschiedlicher Perspektive im Detail zuwenden.

IV

Historisch entstanden sind Wohlfahrts- und Jugendverbände in der Zeit des deutschen Kaiserreichs. Sie verdanken ihre Entstehung der eigentümlichen »Vereinskultur« des kaiserlichen Deutschland und den sozialkulturellen Milieus, denen sie entstammte.
Die vielfältigen Bestrebungen bürgerlich-kommunaler, konfessioneller wie nicht-konfessioneller Sozialreform der Jahrhundertwende schlugen sich auch in einem neuen Typ reichszentraler Vereinigungen nieder, die die verschiedenen Reformansätze professionell und politisch zu bündeln und zu vereinheitlichen suchten. In diesem Kontext sind auch die frühen Ansätze spitzenverbandlicher Zentralisierung der Freien Wohlfahrtspflege zu veror-

ten, bei denen die großen Konfessionen führend waren. 1897 wurde der »Caritasverband für das katholische Deutschland« mit der Zielsetzung gegründet, die vielfältigen Werke der katholischen Fürsorge zusammenzufassen. Die protestantische »Innere Mission«, der Vorläufer des heutigen »Diakonischen Werkes«, war zwar schon erheblich älter – seine Gründung datiert auf das Jahr 1848 –, aber ihre Arbeit hatte zunächst eher volksmissionarischen Charakter, und auch sie begann, sich erst in den neunziger Jahren des letzten Jahrhunderts zu einem zentralisierten Wohlfahrtsverband zu entwickeln (vgl. Sachße, in diesem Band).

Die heutigen Jugendverbände haben ihre historischen Wurzeln in der bürgerlichen Jugendbewegung und der sozialistischen Jugendbewegung – sozialen Bewegungen mit gesellschaftskritischer Ausrichtung, wenngleich unterschiedlicher Art – sowie der Verbandsbildung im Rahmen der staatstragenden, vaterländischen Jugendpflege, die vor allem auf die von den großen Konfessionen im Laufe des 19. Jahrhunderts entwickelte verbandliche Jugendarbeit aufbaute. Sie alle sind als Ausdruck einer sich ausdifferenzierenden Jugendphase seit der Jahrhundertwende zu verstehen (vgl. Gängler, in diesem Band).

Wohlfahrts- und Jugendverbände repräsentierten die spezifischen Wohlfahrtsbestrebungen der sozialkulturellen Reformmilieus, die sie hervorbrachten – allerdings in unterschiedlicher Form. Stand bei den Wohlfahrtsverbänden immer schon der Aspekt sozialer Dienstleistungen, der Hilfe für die Notleidenden und Benachteiligten der eben entstandenen Industriegesellschaft im Vordergrund, so erhoben die Jugendverbände den Anspruch einer Selbstorganisation der Jugend; den Anspruch, die Jugend selbst zu repräsentieren und zu organisieren. Beide aber sind als Wertgemeinschaften, als Organisationsformen wertgebundenen Sozialengagements entstanden, in dem sich die normativen Dispositionen zeitgenössischer Sozialmilieus manifestierten.

In dieser historischen Situation war die Vereinbarung von »Mitgliedschaftslogik« und »Einflußlogik« noch vergleichsweise unproblematisch zu bewerkstelligen. Wohlfahrts- und Jugendverbände wurden im wesentlichen durch die freiwilligen Aktivitäten und Beiträge ihres jeweiligen Sozialmilieus getragen; und sie waren im wesentlichen auch auf ihre eigenen Milieus begrenzt. Überörtliche Zusammenschlüsse und Verbandsstrukturen waren zwar schon vorhanden, erfüllten aber für deren Fortbestand noch

vergleichsweise wenig bedeutsame Funktionen, da eine reichseinheitliche Zuständigkeit für das Gebiet von Jugend- und Wohlfahrtspflege mit entsprechender Ausschüttung von Subventionen noch wenig entwickelt war.
Dies änderte sich allerdings in der Weimarer Republik. Der Weimarer Sozialstaat übernahm auch für den Bereich der lokalen Fürsorge und Wohlfahrtspflege die Funktion einer zentralen regulierenden und finanzierenden Instanz. Mit dieser Zentralisierung politischer Zuständigkeiten für die Gebiete der Wohlfahrts- und Jugendpflege ging dann in der Folge ein Prozeß der Zentralisierung der Wohlfahrtsverbände und ihrer Inkorporierung in den Sozialstaat unter den Vorzeichen von Bürokratisierung und Professionalisierung einher (vgl. auch Kaiser, in diesem Band).
Die Zentralisierung der staatlichen Sozialpolitik begünstigte die Spitzenverbandsbildung, setzte gleichsam Gratifikationen auch auf verbandliche Zentralisierungsprozesse. Die schon bestehenden konfessionellen Wohlfahrtsverbände wurden ausgebaut und gestrafft, neue nicht-konfessionelle Spitzenverbände wurden gegründet, und die Jugendverbände bauten ebenfalls ein überregionales Netz von Arbeitsgemeinschaften und Reichsausschüssen auf. Seinen vorläufigen Höhepunkt fand der Prozeß wohlfahrtsstaatlicher Inkorporierung in der gesetzlichen Regelung des Einbaus der freien Träger und Verbände in das Gesamtsystem kommunaler Wohlfahrtspflege durch das Reichsjugendwohlfahrtsgesetz und die Reichsfürsorgepflichtverordnung der zwanziger Jahre. Die für Deutschland spezifische Form eines »dualen« Systems der kommunalen Wohlfahrtspflege, die bis heute fortbesteht, entstand in dieser Zeit. Die freien Verbände begannen, sich zu einflußreichen Anbietern sozialer Dienstleistung zu entwikkeln, die zwar immer noch in ihren Entstehungsmilieus verankert waren, sich aber diesen gegenüber sozialpolitisch zu verselbständigen und eigene professionelle und politische Interessen herauszubilden begannen. Bei den Jugendverbänden war die Entwicklung weniger drastisch, nicht zuletzt deshalb, weil ihr Aufgabenfeld, die Jugendpflege, nicht in gleicher Weise sozialstaatlichmonetär abgesichert wurde. Aber auch sie wurden zunehmend in ein Gesamtsystem staatlicher und kommunaler Jugendarbeit integriert und diesem – zumindest teilweise – im Laufe der Zeit, insbesondere nach dem Zweiten Weltkrieg, dienstbar gemacht (vgl. Münchmeier, in diesem Band).

Die sozialpolitische Entwicklung der Bundesrepublik seit Beginn der siebziger Jahre führte zu einem neuerlichen, nicht minder dramatischen Schub wohlfahrtsstaatlicher Inkorporierung der Freien Wohlfahrtspflege. Zwar wurde 1961 in BSHG und JWG das Subsidiaritätsprinzip erneut festgeschrieben und damit ein formaler Vorrang der freien vor der öffentlichen Wohlfahrtspflege postuliert. Die faktische Entwicklung in der Folge war aber von einer zunehmenden Einbindung der freien Verbände in ein staatlich gesteuertes Gesamtsystem gekennzeichnet. Gesetzliche Regulierung und finanzielle Abhängigkeit der Freien Wohlfahrtspflege nahmen in dem Maße zu, in dem ihre quantitative Bedeutung, die Zahl der Einrichtungen, Betten/Plätze und des Personals wuchs. Die wohlfahrtsstaatliche Einbindung war somit Ausdruck nicht sinkender, sondern steigender gesellschaftlicher Bedeutung der freien Verbände, die gleichwohl in diesem Prozeß bei fortbestehender formeller Unabhängigkeit und Freiheit faktisch immer weniger frei wurden.
Der sozialpolitische Bedeutungszuwachs war selbst Ursache eines tiefgreifenden Strukturwandels, der zunehmend den Rahmen herkömmlicher Formen und Inhalte verbandlicher Wohlfahrtsarbeit aufsprengte. Die neuen und ausgeweiteten Arbeitsfelder waren zunehmend auf fachlich qualifiziertes Personal angewiesen. Die Bedeutung der professionellen Dienstleistungen gegenüber dem ehrenamtlichen Engagement nahm zu und damit die Bedeutung fachlicher Standards gegenüber traditionellen Wertbindungen. Und all diese nivellierenden Elemente gewannen angesichts der Tatsache verstärkt an Gewicht, daß die traditionellen Sozialmilieus, auf denen die Verbände beruhten, seit den sechziger Jahren zunehmend an Bindekraft verloren, so daß heute auch in der verbandlichen Wohlfahrtsarbeit die Legitimierung durch fachliche Standards gegenüber der durch die klassische weltanschauliche Pluralität ganz in den Vordergrund getreten ist (vgl. Manderscheid, in diesem Band).
Die Auflösung sozialkultureller Milieus seit den sechziger Jahren hat inzwischen mit aller Wucht auch die Jugendverbände getroffen. Ihrer zunehmenden wohlfahrtsstaatlichen Einbindung entspricht der Rückgang an Mitgliedern und deren abnehmende Bereitschaft zu dauerhafter Bindung. Zunehmendes »A-la-carte-Verhalten«, d. h. das nur mehr punktuelle Interesse an bestimmten Leistungen und Aktivitäten (wie z. B. konkreten Projekten und

Unternehmungen) bei abnehmender Bereitschaft zu Eigenengagement, hat auch bei ihnen die Entwicklung zu Dienstleistungsunternehmen befördert, auch wenn hier die Bedeutung von Professionalität nach wie vor sehr viel geringer ausgeprägt ist als bei den Wohlfahrtsverbänden. Trotzdem sind die traditionellen Besonderheiten von Wohlfahrts- und Jugendverbänden bis heute keineswegs verschwunden. Ehrenamtliches Engagement und weltanschauliche Bindung der Arbeit existieren – trotz abnehmender Bedeutung – fort. Die Integration neuer Formen der Selbsthilfe, die zugleich neue Formen normativ-kultureller Bindung beinhalten, nimmt eher zu. Zentralisierung, Bürokratisierung und Professionalisierung verbandlicher Dienstleistungen bestimmen zwar die aktuelle Entwicklung, haben aber die traditionellen Elemente keineswegs zum Verschwinden gebracht (vgl. Pankoke, in diesem Band).

Dennoch sprechen aktuelle gesellschaftliche Ereignisse und Entwicklungen für einen neuerlichen Modernisierungsschub von Wohlfahrts- und Jugendverbänden, in dessen Folge sich der Trend zu Dienstleistungsunternehmen verstärken dürfte. Gemeint sind hiermit vor allem aktuelle Ereignisse und Entwicklungsverläufe wie (a) der Prozeß der deutschen Einigung, (b) die europäische Integration und (c) die Reform nicht-marktorientierter öffentlicher Verwaltungen.

(a) Zur deutsch-deutschen Vereinigung und dem Prozeß der Transformation Ostdeutschlands: Der Vorgang der Übertragung der Institutionen der Freien Wohlfahrtspflege und der Jugendverbände auf das Gebiet der ehemaligen DDR eignet sich hervorragend, um die Spannungen zwischen »Mitgliedschaftslogik« und »Einflußlogik« aufzuzeigen und deren strategische Konsequenzen in den Blick zu nehmen. Mit der Vereinigung der beiden deutschen Staaten in Form des Beitritts der DDR zur Bundesrepublik Deutschland nach Artikel 23 des Grundgesetzes war festgelegt, daß das gesamte institutionelle Gefüge der »alten« Bundesrepublik auf die ehemalige DDR zu übertragen war. Dies gilt auch für Wohlfahrts- und Jugendverbände, die in der zentralistisch organisierten DDR keine gleichwertigen Vorläufer hatten. Der Prozeß der deutschen Vereinigung stellte Politik und gesellschaftliche Organisationen vor völlig neuartige Anforderungen. Für die Durchführung eines »Systemwechsels« konnte weder auf Vorbilder noch auf erprobte Konzepte zurückgegriffen werden. Die

Bundespolitik war daher von Beginn an gezwungen, ohne lange Vorbereitung und unter hohem Zeitdruck weitreichende Prozesse des Systemwandels einzuleiten. Unter diesen Bedingungen bestand bei der politischen Elite eine hohe Bereitschaft, nicht-staatliche bzw. intermediäre Organisationen in diesen Transformationsprozeß einzubeziehen, um sich von einem Teil des Entscheidungs- und Problemdrucks zu entlasten.

Ganz in diesem Sinne wurde in Artikel 32 des Einigungsvertrages die besondere Bedeutung von Wohlfahrts- und Jugendverbänden anerkannt: »Die Verbände der Freien Wohlfahrtspflege und die Träger der Freien Jugendhilfe leisten mit ihren Einrichtungen und Diensten einen unverzichtbaren Beitrag zur Sozialstaatlichkeit des Grundgesetzes. Der Auf- und Ausbau einer Freien Wohlfahrtspflege und einer Freien Jugendhilfe in dem in Artikel 3 genannten Gebiet wird im Rahmen der grundgesetzlichen Zuständigkeiten gefördert.« Gerade im Prozeß der Transformation Ostdeutschlands war der Staat in hohem Maße daran interessiert, das bereichsspezifische Fachwissen sowie die organisatorischen, personellen und finanziellen Ressourcen von Wohlfahrts- und Jugendverbänden zu nutzen. Diese standen allerdings vor dem Problem, ihren institutionellen Um- bzw. Neuaufbau in einer Gesellschaft organisieren zu müssen, die weder über die vertrauten sozialmoralischen Milieus noch über Erfahrungen in der Bevölkerung mit diesen Organisationen verfügte. Auch war die ostdeutsche Bevölkerung nach den Erfahrungen des Realsozialismus nur in geringem Maße bereit, sich ehrenamtlich zu engagieren.

Unter diesen Bedingungen mußten die Parallelorganisationen der Spitzenverbände der Freien Wohlfahrtspflege bestrebt sein, ihren institutionellen Aufbau überwiegend mit Hilfe öffentlicher Mittel und in enger Kooperation mit dem Staat zu realisieren. Gleichzeitig waren Bund, Länder und eine Vielzahl von Kommunen daran interessiert, möglichst rasch einen großen Teil der sozialen Dienste und Einrichtungen in freie Trägerschaft zu übertragen, um die gewaltigen Lasten des Um- und Neuaufbaus eines funktionierenden Systems sozialer Versorgungseinrichtungen zu reduzieren. Diese Konstellation hat nun den Transformationsprozeß der Wohlfahrtsverbände zu Dienstleistungsunternehmen – zumindest in Ostdeutschland – deutlich beschleunigt (vgl. Angerhausen/Schiebel/Backhaus-Maul, in diesem Band): Ostdeutsche Wohlfahrtsverbände sind überwiegend dadurch gekennzeichnet, daß sie nahezu ausschließlich (Pflicht-)Aufgaben des Staates (bzw. der Länder und Kommunen) mit Hilfe öffentlicher Subventionen und Leistungsentgelte und unter Hinzuziehung hauptamtlichen Personals erledigen. Ihre Organisationskultur ist im Vergleich zu westdeutschen Wohlfahrtsverbänden sehr stark von Professionalismus, Orientierung an betriebswirtschaftlichen Leitbildern und an Strategien des Sozialmanagements geprägt.

Analoges läßt sich für die Jugendverbände formulieren: Auch sie mußten ohne die Tradition vorhandener lokaler, wertgebundener Milieus und Gruppierungen ein neues Netz an Landesverbänden, Jugendringen sowie regionalen Angeboten und Diensten organisieren (vgl. auch Böhnisch und Schefold, in diesem Band). Da allerdings die Jugendarbeit nicht in gleicher Weise wie große Teile und Aufgaben der Wohlfahrtsverbände durch staatliche Regelfinanzierung ökonomisch abgesichert ist, mußte hier der Bund durch ein Sonderprogramm Anschubhilfe leisten (insbesondere durch das sogenannte AFT-Programm, einem Aufbauprogramm für Freie Träger). Aber auch im Falle der Jugendverbände wird zu prüfen sein, inwieweit die damit einhergehenden Transformationsprobleme die etablierten westdeutschen Jugendorganisationen vor unüberwindbare Hürden stellen bei der flächendeckenden Etablierung vor Ort sowie bei der Erzeugung einer breiten Akzeptanz in der Bevölkerung – und dies zu strukturellen Veränderungen im Koordinatensystem der nicht-staatlichen Jugendarbeit führt.

(b) Zum Prozeß der europäischen Integration: Auch der Prozeß der EU-Integration wird Auswirkungen auf die Konturen und Entwicklungschancen von Wohlfahrts- und Jugendverbänden nach sich ziehen. Mit der EU-Administration ist eine supranationale politische Instanz entstanden, die sowohl für die Ebene der Nationalstaaten neue Rahmenbedingungen für wirtschaftliche und gemeinwirtschaftliche Aktivitäten setzt als auch selbst eine ressourcenverteilende Instanz darstellt, die eigene Förderprogramme auflegt. Auf diese Weise entsteht für nationale Verbände und Organisationen ein Zwang zur Interessenvertretung und Koalitionsbildung auf europäischer Ebene. Ferner werden schon jetzt nationalstaatliche rechtliche Regelungen und Politiken u. a. unter dem Gesichtspunkt formuliert und überprüft, ob sie mit europäischen Regelungen kompatibel sind.

Insbesondere für die bundesdeutschen Wohlfahrtsverbände könnten sich hieraus ganz erhebliche Konsequenzen ergeben (vgl. Loges 1994; Prognos/Bank für Sozialwirtschaft 1991). Denn das deutsche System der Spitzenverbände der Freien Wohlfahrtspflege stellt eine Institution dar, die in dieser Form in keinem anderen Land der europäischen Union wiederzufinden ist (vgl. Schmid, in diesem Band). Aus diesem Grunde wird die EU-Administration kaum auf die Besonderheiten der bundesdeutschen Verbändewohlfahrt Rücksicht nehmen. Außerdem läßt die starke Konzentration der europäischen Politik an wirtschaftlichen Belangen erkennen, daß die Besonderheiten der gemeinwirtschaftlichen Segmente eher vernachlässigt werden. Dies bedeutet, daß auch für die Wohlfahrtsverbände die Kriterien wirtschaftlichen Handelns im Sinne von Freizügigkeit, Niederlassungsfreiheit und Dienstleistungsfreiheit gelten sollen. Damit tritt jedes Sozialunternehmen aus anderen EU-Staaten, das der »économie sociale« zuzurechnen ist, potentiell in Wettbewerb mit den bundesdeutschen Spitzenverbänden der Freien Wohlfahrtspflege.

Vor allem die sozialrechtliche Sonderstellung der deutschen Wohlfahrtsverbände gerät in diesem Zusammenhang unter Legitimationsdruck. Eine bedingte Vorrangstellung der Freien Wohlfahrtspflege gegenüber anderen Organisationen ist jedenfalls gegenüber dem Gedanken der Wettbewerbsfreiheit und der Vermeidung von Wettbewerbsverzerrungen systemfremd. Insgesamt kann deshalb erwartet werden, daß angesichts der EU-Politik zur Herstellung eines einheitlichen europäischen Wirtschaftsraumes das Kartell der bundesdeutschen Spitzenverbände der Freien Wohlfahrtspflege unter Wettbewerbsdruck gerät und sich in zunehmendem Maße der Konkurrenz privatgewerblicher Anbieter wird erwehren müssen. Dies gilt insbesondere für solche Handlungsfelder, in denen – wie zum Beispiel in der stationären und ambulanten Altenpflege – gewerbliche Anbieter aufgrund der sozialrechtlichen Regelungen (z.B. Pflegeversicherung) entsprechende Gewinne erzielen können. Unter Bedingungen einer verschärften Preis-/Leistungskonkurrenz dürften die Wohlfahrtsverbände genötigt sein, ihre Einrichtungen und Dienste verstärkt betriebswirtschaftlichen Kriterien zu unterwerfen, um wettbewerbsfähig zu bleiben.

(c) Neue Steuerungsmodelle in der öffentlichen Verwaltung: Der Blick auf den Prozeß der europäischen Integration zeigt, daß das ökonomische Denken im Bereich von Sozialpolitik und Sozialer

Arbeit ein stärkeres Gewicht erhält (vgl. auch Thamm, in diesem Band). Dieser Hegemonie der Ökonomie über das Soziale wird durch die Diskussion und Einführung neuer Steuerungsmodelle in der öffentlichen Kommunalverwaltung Vorschub geleistet. Betriebswirtschaftliches und unternehmerisches Denken sollen nach diesen Reformmodellen nicht vor den Grenzen des öffentlichen Dienstes haltmachen. Vielmehr wird vorgeschlagen, auch öffentliche Verwaltungen in unternehmerische Institutionen zu verwandeln, die unter dem Druck eines Wettbewerbes gezwungen werden, Kosten zu sparen, Dienstleistungen qualitativ zu verbessern sowie die Präferenzen und Wünsche der Nachfrager stärker zu berücksichtigen. Unter dem Stichwort »new public management« werden daher bereits in vielen Kommunen die öffentliche Sozialverwaltung reformiert, betriebswirtschaftliche Effizienz- und Effektivitätskriterien eingeführt, eine Überprüfung staatlicher Aufgaben durchgeführt sowie öffentliche Aufgaben auf nicht-staatliche Träger delegiert (vgl. Naschold 1993; Steger 1994).

In diesem Zusammenhang sollen sich auch die Beziehungen zwischen öffentlichen Sozialverwaltungen und freigemeinnützigen Organisationen ändern: An die Stelle der traditionellen Privilegierung etablierter Träger sollen diese Beziehungen künftig nach dem Vorbild von Verträgen gestaltet werden. Mit Hilfe solcher Verträge werden privaten Trägern öffentliche Aufgaben als klar umrissene »Leistungspakete« überantwortet und im Gegenzug finanzielle Festbeträge gezahlt. An die Stelle historisch begründeter Sonderrechte einzelner Trägergruppen (z.B. der Wohlfahrtsverbände) treten nun Wirtschaftlichkeitsüberlegungen und Qualitätsstandards. Den Zuschlag bekommt schließlich derjenige Anbieter, der das beste Angebot unterbreitet, sei es nun ein etablierter Wohlfahrtsverband oder ein gewerblicher Anbieter. Insoweit scheint es nur konsequent, wenn sich Wohlfahrts- und Jugendverbände bereits heute mehr oder minder intensiv mit Fragen des Sozialmanagements und der Personal- und Organisationsentwicklung (vgl. Merchel, in diesem Band), mit Fragen des Socio-Sponsoring und neuen Steuerungsmodellen auseinandersetzen.

V

Seit ihrer Entstehung unter den ökonomischen, politischen und sozialkulturellen Bedingungen des Kaiserreiches – dies sollten die vorstehenden Ausführungen deutlich machen – haben Wohlfahrts- und Jugendverbände tiefgreifende Wandlungen ihres Selbstverständnisses, ihrer Organisationsformen und ihrer Bezüge sowohl zu ihren Herkunftsmilieus als auch zum Staat durchlaufen. Aus anfänglich kleinen, vor Ort tätigen Gruppen, Vereinigungen und Stiftungen mit schwachen überörtlichen Verbandsstrukturen haben sich mittlerweile große, von der Bundes- bis zur kommunalen Ebene operierende Organisationen entwickelt, die in vielen Bereichen den Löwenanteil sozialer Dienstleistungen des bundesdeutschen Sozialstaats organisieren. Diese Entwicklung haben wir zusammenfassend als eine Transformation der Verbände von Wertgemeinschaften zu Dienstleistungsunternehmen umschrieben. Was bedeutet dies nun für die Rolle und den Stellenwert dieser Organisationen in der hochkomplexen, individualisierten Gegenwartsgesellschaft? Wie sind die Zukunftsperspektiven von Wohlfahrts- und Jugendverbänden vor diesem Hintergrund zu bewerten? Dies sind Fragen, die abschließend zumindest ansatzweise diskutiert werden sollen und die in den Beiträgen dieses Bandes im einzelnen weiter verfolgt werden.

Zunächst: Es kann kein Zweifel darüber bestehen, daß der historische Vorgang der Transformation von Wohlfahrts- und Jugendverbänden zu Dienstleistungsunternehmen in engem Zusammenhang mit übergreifenden gesellschaftlichen Modernisierungsprozessen zu sehen ist. Solidarität, mitmenschliche Zuwendung und Hilfe werden immer weniger als Ausdruck traditional verbürgter Fürsorgepflichten stabiler, kleinräumiger Lebens-, Arbeits- und Wertgemeinschaften (Familie, Nachbarschaft, Gemeinde) verstanden und als freiwilliger Ausdruck von Anteilnahme und Gemeinschaftssinn geregelt (vgl. Thränhardt, in diesem Band). An die Stelle traditionaler Gemeinschaftsbezüge und freiwilliger Barmherzigkeit tritt ein System staatlich verbürgter »Zwangssolidarität« und »bezahlter Nächstenliebe«, das auf den Elementen gesetzlicher Anspruchsrechte, bürokratischer Verwaltungsapparaturen und hauptamtlichen Fachpersonals aufbaut.

In diesem Zusammenhang haben auch Wohlfahrts- und Jugendverbände ihre Gestalt verändert. Sie sind tendenziell zu nur noch nominell freien Trägern im Gesamtkontext sozialstaatlicher Wohlfahrts- und Jugendpolitik geworden, die immer häufiger und immer deutlicher an einer flächendeckenden und mitgliederunabhängigen Umsetzung der wohlfahrtsstaatlichen Programmatik mitwirken. Damit haben Wohlfahrts- und Jugendverbände ihre eigenen Bestands- und Entwicklungsbedingungen durchaus verbessern können: Mit dem wachsenden Anteil staatlicher bzw. parastaatlicher Zuwendungen und Leistungsentgelte hat sich ihre Abhängigkeit von einem unsteten Zufluß an Spenden und Mitgliedsbeiträgen verringert; zugleich hat der steigende Anteil beruflich qualifizierter und bezahlter Mitarbeiter und Mitarbeiterinnen ihre Leistungskapazität quantitativ erheblich erweitert und qualitativ verbessert; mit ihrem engen Einbezug in die öffentliche Jugend- und Sozialpolitik haben sich auch die politischen Einflußchancen erhöht.

Auf der anderen Seite sind allerdings entsprechende negative Folgen unübersehbar (vgl. auch Horch, in diesem Band): Die Bereitschaft, sich in Wohlfahrts- und Jugendverbänden ehrenamtlich zu engagieren, hat auf lange Sicht ebenso abgenommen wie die bisherige breite Wertschätzung dieser Verbände in der Bevölkerung. Die Kritik an einer wahrgenommenen mangelnden Transparenz und Überschaubarkeit oder sogar an dilettantischen Verhaltensweisen des ehrenamtlichen Führungspotentials nimmt zu. Es stellt sich daher zunehmend die kritische Frage, ob Wohlfahrts- und Jugendverbände im Zuge ihrer Entwicklung zu Dienstleistungsunternehmen ihre Fähigkeit verlieren, freiwillige Solidarität zu organisieren, Bürgerengagement zu fördern und soziale Anteilnahme zu stabilisieren. Wenn dies aber zuträfe, so könnte die Frage unabweisbar werden, worin denn nun der *unverwechselbare* Beitrag von Wohlfahrts- und Jugendverbänden zur Gewährleistung von Wohlfahrt, gesellschaftlicher Solidarität und der Gesellung von Kindern und Jugendlichen überhaupt noch bestehen könnte. Und es stellt sich zugleich die Frage, ob es denn der Wohlfahrts- und Jugendverbände als intermediären Organisationen noch bedarf, um die dringend erwünschten Tugenden wie Gemeinsinn und soziale Anteilnahme wieder zu beleben und auf Dauer zu stellen. Könnte sich nicht vielmehr der durchaus bereits mehr oder weniger laut zu vernehmende Verdacht erhärten, Wohlfahrts- und Jugendverbände würden im Verlaufe ihrer Wandlung von Wertgemeinschaften zu Dienstleistungsunternehmen überflüssig bzw. funktionslos und könnten deshalb auch durch andere Organisationen, wie selbstorganisierte Initiativen und Projekte einerseits sowie gewerbliche Dienstleistungsanbieter andererseits, größtenteils ersetzt werden?

Der Stachel dieser kritischen Nachfragen schmerzt die Verbände um so mehr, als die Debatte über ein (angebliches) Vordringen des individualistischen Egoismus, einen Verfall der Werte und der traditionalen Solidargemeinschaften und über eine Revitalisierung von Gemeinsinn und Bürgertugenden die öffentliche Szene zu beherrschen scheint. Beeinflußt von der US-amerikanischen Idee des »Kommunitarismus« steht die Frage der sozialen Integration der von anomischen Selbstzerstörungstendenzen bedrohten Gegenwartsgesellschaft auf der politischen und sozialen Tagesordnung (vgl. dazu Brumlik, in diesem Band). Die Antwort des Kommunitarismus hierauf ist ethisch-normativ: In seinem Namen wird eine politische Ethik entworfen, die vom Vorrang des gemeinschaftlichen Lebens vor individueller Selbstbestimmung ausgeht und gegenüber den im Liberalismus betonten individuellen Freiheitsrechten die Bedeutung sozialer Verantwortung hervorhebt, um über eine »Neuinszenierung« von Gemeinschaften und sozialen Bindungen ein Zusammenleben unter den Bedingungen pluralistischer Massendemokratie erträglich zu gestalten.

Selbstverständlich wäre das Anliegen des Kommunitarismus als untauglich zurückzuweisen, wenn diese Idee ausschließlich darauf abzielte, den Abbau sozialstaatlich organisierter Solidarität zu legitimieren, das Problem der Bereitstellung öffentlicher Güter und Dienste in die heterogenen und letztlich unverbindlichen Nischen bürgerschaftlich-privater Sozialmoral zurückzuverweisen und damit unter dem Deckmantel einer Forderung nach mehr bürgerschaftlicher Verantwortung dem sozialstaatlichen System von Sicherheit und Solidarität das Rückgrat zu brechen. Dennoch bleibt die berechtigte Anfrage des Kommunitarismus an die Sphäre der freiwilligen Vereinigungen, der intermediären Organisationen und Verbände bestehen, inwiefern dieses Geflecht von Strukturen zumindest komplementär zum Sozialstaat in der Lage sein müßte, gesellschaftliche Solidarität, Gemeinsinn und soziale Anteilnahme zu revitalisieren. Genau in diesem Bereich liegt etwa die zivilgesellschaftliche Hoffnung eines Michael Walzer (vgl. 1992, S. 64 ff.), der in den Zwischen-Organisationen der zivilen

Gesellschaft, also in Gewerkschaften, Parteien, sozialen Bewegungen, Interessenverbänden und Wohlfahrtsvereinigungen jene Sphäre zu entdecken glaubt, in der die Bürger und Bürgerinnen viele kleine Entscheidungen selbständig regeln können und so an der Gesamtgestaltung des sozialen und politischen Lebens Anteil nehmen.

Können mithin bundesdeutsche Wohlfahrts- und Jugendverbände jene Brücken zwischen der Lebenswelt der Bürger und Bürgerinnen einerseits und dem Sozialstaat andererseits darstellen, indem sie das freiwillige Engagement anregen und stabilisieren und alltagssolidarische, nicht-entfremdete soziale Dienstleistungen erbringen, die große Sozialbürokratien auf andere Weise nicht mehr erbringen können? Die Antwort auf diese Frage ist weder leicht noch eindeutig zu formulieren; zu vielfältig und heterogen sind die organisatorischen Strukturen in einzelnen Arbeitsfeldern der Wohlfahrts- und Jugendverbände, und zu komplex sind die erwähnten Mixturen der unterschiedlichen Funktionen, die von den Verbänden in den einzelnen Tätigkeitsfeldern erfüllt werden. Es scheint allerdings festzustehen, daß zumindest die großen Wohlfahrtsverbände immer weniger in der Lage sind, unmittelbar und direkt freiwilliges Engagement und gesellschaftliche Solidarität in ihren eigenen Einrichtungen und Diensten in großem Stil anzuregen. Hierzu ist ihre Inkorporierung in den Sozialstaat zu weit vorangeschritten.

Dies schließt allerdings keineswegs aus, daß sie sich als »Dächer«, Infrastruktur und Ressource für das selbsttätige Bürgerengagement, das sich an den »Graswurzeln« der Gesellschaft entfaltet, zur Verfügung stellen. Und tatsächlich scheinen dies viele Bürger und Bürgerinnen auch so wahrzunehmen: Eine Vielzahl von Selbsthilfegruppen, selbstorganisierten Initiativen und Projekten sind zwar auf ihre Eigenständigkeit und Unabhängigkeit bedacht, schließen sich allerdings als korporative Mitglieder dem System der Freien Wohlfahrtspflege an, um die hiermit verbundenen Unterstützungsleistungen in Form von Zugängen zu öffentlichen Mitteln, Beratung und Unterstützung bei fachlichen und organisatorischen Problemen in Anspruch zu nehmen. Ferner zeigt die in den Wohlfahrts- und Jugendverbänden geführte Debatte um das eigene »Proprium«, daß das Problem der Legitimation der eigenen Leistungen, der Angebote und Dienste vor dem Hintergrund konkurrierender Anbieter und eigener Funktionswandlungen erkannt worden ist. Wohlfahrts- und Jugendverbände müssen nicht überflüssig werden, wenn sie erkennen, daß das Erbringen von qualitativ hochwertigen Dienstleistungen eine notwendige, aber nicht hinreichende Bedingung ihrer Zukunftsträchtigkeit ausmacht. Hinzukommen muß eine entsprechend glaubwürdige, normative und kulturell-ethische Fundierung dieser Angebote und Leistungen, also deren Verankerung in den Lebenswelten der Betroffenen und Beteiligten, die im Ergebnis auf so etwas wie das Angebot »wertgebundener Dienstleistungen« hinausläuft.

Professionelle Dienstleistung und Wertbezug müssen sich folglich nicht ausschließen. Was allerdings unter den beschriebenen veränderten Rahmenbedingungen nicht zum Ziel führt, wäre der »faule Kompromiß«, der Versuch also, durch künstliche Fassaden und sozialmanageriale Verkleisterungsversuche lediglich ein »neues Image« vorzutäuschen, welches aber an der schlechten Praxis obsoleter Angebote und verstaubter Ideologien nichts zu ändern vermag. Die Zukunft wird zeigen, ob es den Wohlfahrts- und Jugendverbänden gelingen wird, einen problemangemessenen und akzeptierten Platz im komplexer gewordenen Gesamtsystem informell und formell produzierter Solidarität, Wohlfahrt und Hilfe zu finden (vgl. Olk, in diesem Band). Welche Probleme sich dabei auftun und welche Lösungsvorschläge diskutiert werden, dieses läßt sich den Beiträgen dieses Bandes entnehmen.

Literatur

Anheier, H. K./Seibel, W. (Hg.): The Third Sector: Comparative Studies of Nonprofit Organizations, Berlin und New York 1990.

Backhaus-Maul, H./Olk, Th.: Intermediäre Organisationen als Gegenstand sozialwissenschaftlicher Forschung. Theoretische Überlegungen und erste empirische Befunde am Beispiel des Aufbaus von intermediären Organisationen in den neuen Bundesländern, in: Schmähl, W. (Hg.), Sozialpolitik im Prozeß der deutschen Einigung. Schriften des Zentrums für Sozialpolitik, Band 1, Frankfurt am Main und New York 1992, S. 91-132.

Backhaus-Maul, H./Olk, Th.: Von Subsidiarität zu »outcontracting«. Zum Wandel der Beziehungen von Staat und Wohlfahrtsverbänden in der Sozialpolitik, in: Streeck, W. (Hg.), Staat und Verbände, Sonderheft 25 der Politischen Vierteljahresschrift, Opladen 1994, S. 100-135.

Böhnisch, L./Gängler, H./Rauschenbach, Th. (Hg.): Handbuch Jugendverbände, Weinheim und München 1991.
Bundesarbeitsgemeinschaft der Freien Wohlfahrtspflege: Gesamtstatistik der Einrichtungen der Freien Wohlfahrtspflege, Bonn 1994.
Evers, A.: Im intermediären Bereich. Soziale Träger und Projekte zwischen Haushalt, Staat und Markt, in: Journal für Sozialforschung, 1990, Heft 2, S. 189-210.
Loges, F.: Entwicklungstendenzen Freier Wohlfahrtspflege im Hinblick auf die Vollendung des Europäischen Binnenmarktes, Freiburg 1994.
Naschold, F.: Modernisierung des Staates. Zur Ordnungs- und Innovationspolitik des öffentlichen Sektors, Band 1, Berlin 1993.
Prognos/Bank für Sozialwirtschaft (Hg.): Freie Wohlfahrtspflege im zukünftigen Europa. Herausforderungen und Chancen im zukünftigen Europa, Köln und Berlin 1991.
Salamon, L. M.: The Voluntary Sector and the Future of the Welfare State, in: Nonprofit and Voluntary Sector Quarterly, 1989, Heft 1, S. 11-24.
Seibel, W.: Funktionaler Dilettantismus, Baden-Baden 1992.
Steger, U. (Hg.): Lean Administration. Die Krise der öffentlichen Verwaltung als Chance, Frankfurt am Main und New York 1994.
Streeck, W.: Vielfalt und Interdependenz. Überlegungen zur Rolle intermediärer Organisationen in sich ändernden Umwelten, in: Kölner Zeitschrift für Soziologie und Sozialpsychologie, 1987, Heft 2, S. 471-495.
Thränhardt, D. u. a.: Wohlfahrtsverbände und Sozialwissenschaften, in: Thränhardt, D. u. a. (Hg.), Wohlfahrtsverbände zwischen Selbsthilfe und Sozialstaat, Freiburg 1986, S. 9-36.
Walzer, M.: Zivile Gesellschaft und amerikanische Demokratie, Berlin 1992.

Micha Brumlik

Der importierte Kommunitarismus

Plädoyer für die verbandliche Wohlfahrtspflege?

1. Anomie und Gemeinschaftssehnsucht

Die Krise des Sozialen im wiedervereinigten Deutschland, die sich nicht zuletzt als Krise des Sozialstaats mit abnehmenden Leistungen für die Armen und Ärmsten abbildet, hat die Debatte über Anomie, Zerfall, Werteverlust und Gemeinschaft in einer Weise beflügelt wie zuletzt zu Beginn der Industrialisierung und in den letzten Jahren der Weimarer Republik. Dabei erlangen Vorschläge, die in den Jahren der Vollbeschäftigung und des vermeintlich unbegrenzt leistungsfähigen Wohlfahrtsstaates als hoffnungslos rückschrittlich gegolten hätten, neue Aufmerksamkeit. Unter dem Etikett des »Umbau des Sozialstaats« werden Überlegungen zur sozialen Grundsicherung für alle, einem »Bürgergeld« und einem »garantierten Mindesteinkommen« mit ebenso großer Intensität erörtert wie Programme zu einer Förderung solidarischer, subsidiärer Lebenszusammenhänge. In allen Fällen geht es darum, die steuerlich nicht mehr finanzierbaren, bürokratisch zugeteilten staatlichen bzw. kommunalen Leistungsangebote kostengünstig, effektiv und flexibel zu gestalten. So zeichnet sich eine Doppelstrategie ab: Während auf der einen Seite die großen Sozialbürokratien den Imperativen eines Sozialmanagements unterworfen werden sollen, das einer markt- und betriebswirtschaftlich ausgerichteten Rationalität verpflichtet ist (vgl. auch Merchel, in diesem Band), ergehen auf der anderen Seite Appelle für eine Revitalisierung subsidiärer, primärer Lebensgemeinschaften.

Im Mittelpunkt einer wünschenswerten Umorientierung angesichts der Krisen gegenwärtiger Gesellschaft müsse, so meinen etwa die aufgeklärt-konservativen Sozialforscher Meinhard Miegel und Stefanie Wahl, eine Neubestimmung des Verhältnisses von Individuum und Gemeinschaft stehen: »Das Individuum wäre der Gemeinschaft nicht mehr über-, sondern gleichgeordnet, wobei im Konfliktfall seine Interessen denen der Gemeinschaft sogar nachgeordnet wären. Die Rechte des Individuums müßten im Vergleich zu individualistischen Kulturen ab-, die der Gemeinschaft zunehmen. Der Grad individualistischer Emanzipation von der Gemeinschaft würde erheblich vermindert« (Miegel/Wahl 1993, S. 120f.).

Ob des nicht nur von Miegel und Wahl und auch nicht nur in Deutschland beklagten Verfalls aller Werte ist derzeit die Rede vom Gemeinsinn und von Werten en vogue – eine Rede, die sich diesmal von allen konservativen Tönen frei weiß, scheint sie sich doch auf die aus den USA kommende Theorie des Kommunitarismus stützen zu können. Der Kommunitarismus, der im letzten Jahrzehnt in den USA als philosophische Gegenbewegung zur politischen Theorie des linken Liberalismus, etwa von John Rawls und Ronald Dworkin, sowie als programmatischer Einspruch wider die deregulierende, monetaristische Politik der Reagan- und Bush-Administration artikuliert wurde, beerbt Elemente der plebiszitären Demokratie, ebenso wie er sozialdemokratische Prinzipien hochzuhalten versucht. Als Ausgangspunkt dient zunächst der in der politischen Lebenswelt der USA nach wie vor hochgeschätzte Begriff der »Community«, der dort minder diskreditiert ist als hierzulande der Begriff der »Gemeinschaft«. Dies liegt an der Geschichte und Vorgeschichte der USA. Obwohl nämlich die Siedlungsgründungen der aus England geflohenen Puritaner nach innen hin von einem hohen moralischen Druck gekennzeichnet waren, beinhaltet der Begriff der »Community« im US-amerikanischen Denken von Anfang an und unablösbar den Gedanken einer Identität von »Gemeinschaft« und »Demokratie«.

2. Grundannahmen des Kommunitarismus

Von diesem Kredit zehrt der »Kommunitarismus«, dessen aufklärungs- und liberalismuskritische Argumente sich auf einer philosophischen, politischen und soziologischen Ebene bewegen. So versucht der kanadische Philosoph Charles Taylor zu zeigen, daß unsere tiefsitzenden Grundüberzeugungen einer autonomen Subjektivität und einer vernünftigen, weil gewaltfreien, toleranten und vertraglich besiegelten Form menschlichen Zusammenlebens keineswegs letzte, unbezweifelbare Prinzipien darstellen, sondern lediglich historisch geronnene, starke Wertungen sind (vgl. Taylor 1992). In Ergänzung zu dieser Historisierung versucht der US-amerikanische Philosoph Alasdair MacIntyre zu zeigen, daß alle neueren Versuche, zu einer verbindlichen und Orientierungen gewährenden Ethik zu gelangen, unter den modernen Bedingungen nicht mehr geschlossener Lebensgemeinschaften widersprüchlich sind. Ethos und Ethik bedingen einander – moderne Gesellschaften können aber ihrer Dezentriertheit wegen kein Ethos mehr ausbilden (vgl. MacIntyre 1987).

Im Gegensatz dazu kritisiert der amerikanische Politologe Michael Walzer die anfangs genannten liberalen Grundhaltungen mit dem Hinweis, daß sie zu Formen unterschiedsloser Gleichheit führten, während es doch darauf ankäme, unterschiedlichen Lebensbereichen wie Staat, Ökonomie, Familie, Kunst und Religion ihre je eigenen Gerechtigkeitsprinzipien einzuräumen. Unter dieser Bedingung wäre dann – Autoren wie MacIntyre zum Trotz – eine Ethik der öffentlichen Angelegenheiten denkbar, die die Würde der Staatsbürger in ihrer Verschiedenheit ebenso gewährleistet wie ein vergleichsweise hoch angesetztes soziales Minimum (vgl. Walzer 1992a).

Endlich haben die amerikanischen Soziologen Robert Bellah und Amitai Etzioni in immer wieder neuen Anläufen zu zeigen versucht, daß Besitzindividualismus und staatsbürgerlicher Privatismus jene Wertbindungen ausgehöhlt haben, die die in ihren Tiefen christlichen, westlichen Gesellschaften bisher zusammengehalten haben. Als Remedur empfehlen Bellah, Etzioni und andere einen neuen, freilich basisnahen und demokratischen Institutionalismus, d. h. eine Stärkung und Anerkennung der herkömmlichen, durch Tradition und Gesetz gestützten sozialen Ordnungen wie Kirchen, Familien und Schulen (vgl. Bellah u. a. 1991). Somit geht es um mindestens drei – philosophische, soziologische und politische – Fragen:

- Die *philosophische* Debatte weist nicht nur auf die Geschichtlichkeit unserer aufklärerischen Grundüberzeugungen hin, sondern fragt darüber hinaus, ob individualistische, an allgemeinen Gerechtigkeitsprinzipien und prozeduraler Rationalität orientierte Ethiken schlüssig konstruierbar und widerspruchsfrei lebbar sind.
- Die *soziologische* Debatte nimmt die klassische Frage nach den Bedingungen sozialer Ordnung in der Moderne auf. Spätestens

seit Emile Durkheim geht es dabei um die Bedingungen, unter denen am Markt, am Selbst und an der eigenen Familie orientierte Individuen so zusammenleben können, daß zur Koordination ihrer Handlungen gewaltsame Repression überflüssig ist.
- Die *politische* Debatte nimmt nach dem Ende des Marxismus als eines praktischen Gesellschaftsprojektes die schon vom liberalen Hegelianismus gestellte Aufgabe an, der Anomie der bürgerlichen Gesellschaft eine verbindliche, allgemeine Lebensform, eine Sittlichkeit einzufügen, ohne dabei den Preis eines Rückfalls auf Lebensformen ohne autonome Individualität zu zahlen.

In systematischer Hinsicht zielt die Kritik des Kommunitarismus insbesondere auf die *Theorie der Gerechtigkeit* des Rechtsphilosophen John Rawls aus dem Jahr 1975 (vgl. Rawls 1975). Er postulierte darin die zwei Grundsätze politischer und sozialer Gerechtigkeit: »1. Jedermann soll gleiches Recht auf das umfangreichste System aller Grundfreiheiten haben, das mit dem gleichen System für alle anderen verträglich ist. 2. Soziale und wirtschaftliche Ungleichheiten sind so zu gestalten, daß (a) vernünftigerweise zu erwarten ist, daß sie zu jedermanns Vorteil dienen, und (b) sie mit Positionen und Ämtern verbunden sind, die jedem offenstehen« (Rawls 1975, S. 81).

Was läßt sich gegen derlei zunächst plausible Prinzipien einer gerechten Gestaltung von Institutionen einwenden?

3. Komplexe Gleichheit und Bürgergesellschaft: Michael Walzer

Grundsätzliche Einwände des den Kommunitaristen zugerechneten Autors Michael Walzer richten sich gegen Rawls Regel »2a«. Aus ihr lassen sich nämlich Maximen ableiten, die nach Walzers Meinung die Effizienz des gesamten politischen und ökonomischen Systems mit unübersehbaren Einbußen für alle stillegen würden. Schlimmer noch: In ihrer abstrakten Form – so suggeriert Walzer – scheint die Rawlssche Theorie nahezulegen, politisch in unterschiedliche Lebensbereiche (Ökonomie, Bildung, Ehe und Familie, Freizeit und Religion) durchzugreifen und damit totalitär den Eigensinn der gesellschaftlich ausdifferenzierten Subsysteme zu zerstören. Solche Politik zerstöre ihre eigenen

Grundlagen, da der Versuch, der Gerechtigkeit dadurch umfassend zum Durchbruch zu verhelfen, daß man die Rechtsansprüche der Menschen ausweite, aus dem, was da ausgeweitet werden soll, eine Farce werden lasse (vgl. Walzer 1992a, S. 30f.). Um die Versuchung einer derartigen Praxis bereits im Ansatz zu widerlegen, bietet Walzer zwei Argumente auf.

Er versucht *erstens* zu zeigen, daß alle Probleme einer besseren und gerechteren Gesellschaftsordnung nur auf der Basis einer politischen Theorie gerechter Verteilung zu lösen sind. Hier bestätigt Walzer normative Theorien – wie die von Rawls – gegen die dem Anspruch nach radikalere marxistische Kritik, die glaubt, unter Umgehung des Verteilungsproblems durch einen radikalen Eingriff in die Produktion die Gesellschaft grundsätzlich verändern zu können. Auf dieser Basis wird *zweitens* eine hermeneutische Kritik an Rawls Begründungsverfahren möglich. Bekanntermaßen hatte Rawls in seiner *Theorie der Gerechtigkeit* seine beiden Grundsätze mit einer methodologischen Fiktion begründet. Rawls fragte sich stellvertretend für alle Mitglieder moderner westlicher Gesellschaften, was für ein Verfassungs- und Verteilungsmodell sie wählen würden, wenn sie nicht wüßten, welche Position sie in einer Gesellschaft tatsächlich haben. Menschen, die weder wissen, ob sie reich oder arm, jung oder alt, Mann oder Frau, krank oder gesund sind, die also unter einem »Schleier des Nichtwissens« leben, würden – so vermutet Rawls – genau die realiter in vielen westlichen Verfassungen verankerten demokratischen und sozialstaatlichen Prinzipien wählen, da genau sie ein Optimum für alle möglichen Fälle darstellen.

Die Schwäche dieses methodischen Kunstgriffs, die Rawls längst selbst bemerkt hat, besteht nicht nur in seiner willkürlich wirkenden Vermutung bezüglich der Optionen anderer Menschen bei der Wahl der Bedingungen eines für sie guten Lebens. Die wesentliche Schwäche dieses Modells besteht vor allem darin, daß sich erstens aus einem fiktiv und advokatorisch geschlossenen Gesellschaftsvertrag keine realistischen Prinzipien für Menschen entwickeln lassen, die sehr wohl eine Lebensgeschichte mit bestimmten Vorlieben und Interessen haben, und zweitens in ihrem täglichen Leben in einer parlamentarischen Demokratie unter den Bedingungen einer ausdifferenzierten Industriegesellschaft einen tatsächlich bestehenden Gesellschaftsvertrag immer wieder bekräftigen. Deshalb tritt für Walzer, Sandel (vgl. Sandel 1982) und andere Kommunitaristen methodisch an die Stelle der Rekonstruktion eines fiktiven Vertrages die Kritik oder Bekräftigung jener Lebensformen und Verfassungen, denen die Mitglieder politisch verfaßter Gemeinschaften tatsächlich folgen.

4. Kommunitarismus als Ideologie?

So betrachtet ließe sich die gegenwärtige »kommunitaristisch« inspirierte Debatte folgendermaßen charakterisieren: *Der Kommunitarismus ist eine politische Ethik, die sich von einem soziologischen und politischen Problem, dem Problem sozialer Integration, inspirieren läßt.*

Dabei bleibt zunächst undeutlich, ob der sozialen Integration ein Wert an sich oder lediglich eine funktionale Rolle zugesprochen wird. Im ersten Fall wäre nachzuweisen, daß bestimmte Formen des Zusammenlebens ausweisbare Güter darstellen, ohne die die Rede von einem gerechten und guten Leben unbestimmt bliebe. Im zweiten Falle wäre zu überlegen, inwiefern die klassischen Prinzipien der liberalen politischen Ethik, Gerechtigkeit und individuelle Autonomie, zwar Ausgang und Ziel bleiben, zu ihrer Verwirklichung aber einer bestimmten Form sozialer Integration bedürfen.

Die erste Lesart sei im folgenden als *prinzipieller*, die zweite als *funktionaler* Kommunitarismus bezeichnet. Beide Lesarten bedürfen einer je eigenständigen Begründung. Während der funktionale Kommunitarismus im wesentlichen die Philosophie des politischen Liberalismus beanspruchen kann, steht der prinzipielle Kommunitarismus vor der thematischen Aufgabe, eine Ethik zu entwerfen, die vom Vorrang gemeinschaftlichen Lebens vor individueller Selbstbestimmung ausgeht und die vor der methodologischen Herausforderung steht, eine materiale Wertethik gegenüber prozedural-prinzipienorientierten Pflichtethiken auszuweisen.

Zugleich ist zu klären, wie sich der prinzipielle Kommunitarismus, dem es ja, wie behauptet, vor allem um das Problem gesellschaftlicher Integration geht, zum Problem sozialer Ungleichheit verhält. Betrachtet man die Aussagen des prinzipiellen Kommunitarismus zu dieser Problematik, so stößt man auf eine Leerstelle: »Eine gemeinschaftsorientierte Perspektive«, so heißt es in den einleitenden Bemerkungen des von Etzioni und anderen publizierten kommunitaristischen Manifests, »schreibt keine besondere Politik vor; eher lenkt sie die Aufmerksamkeit auf das, was in den heutigen politischen Debatten häufig keine Beachtung findet: die soziale Seite der menschlichen Natur; die Verantwortung, die Staatsbürger individuell und kollektiv in einer Rechtsordnung übernehmen müssen; auf die zerbrechliche Ökologie der Familie und der Gemeinschaften, die sie unterstützen; auf die kurzzeitigen Auswirkungen und langfristigen Folgen gegenwärtiger Entscheidungen« (Etzioni u. a. 1994).

Die soziale Natur der Menschen, soziale Pflichten und soziale Lebensformen als Fokus des kommunitaristischen Interesses verweisen in dieser Perspektive nicht nur auf ihr direktes Komplement: die menschliche *Fähigkeit* zur Individualität und Freiheit, sondern auch auf soziale und individuelle *Rechte*.

Dort, wo sich der prinzipielle Kommunitarismus als Korrektiv zu individualistischen Tendenzen erklärt, weist er darauf hin, welche Themen der liberale Diskurs überstrapaziert. Die von Kommunitaristen hervorgehobene Bedeutung sozialer Pflichten impliziert dem entgegen, daß gegenwärtig die in individuellen Rechten verankerten Ansprüche von Individuen eine Ursache nicht nur der faktischen Anomie, sondern auch der schwindenden Integration der Gemeinwesen sind.

Die Betonung von Pflichten und der sozialen Natur des menschlichen Wesens setzt freilich nicht nur voraus, daß beides von materiellen Bedingungen relativ unabhängig ist, sondern auch, daß die starke Ausrichtung liberaler Gesellschaften an Gleichheit und Gleichberechtigung womöglich eine der Ursachen ihres Verfalls ist. Insofern erweist sich der prinzipielle Kommunitarismus nicht nur als eine Ethik aus dem Geist der Soziologie, sondern darüber hinaus als *eine politische Ethik, die den Bestand des Gemeinwesens den Ansprüchen der in ihm lebenden Individuen überordnet.*

Wie chancenreich ist eine politische Ethik, die ein deskriptives soziologisches Argument – die funktionale Differenzierung – in ein moralisches Argument ummünzt und glaubt, Differenzen in den sogenannten Verteilungsfragen auf sich beruhen lassen zu können, wenn nur Gemeinsamkeit in der Integrationsfrage besteht? Vor allem aber steht folgende Frage zur Beantwortung an: Läßt sich normative Integration eher durch Orientierung an gemeinschaftlichen oder individualistischen Werten erzielen? Das kommunitaristische Manifest gibt auf diese Frage eine eindeutige Antwort: »Wir sollten die gemeinsamen Werte der Amerikaner lehren, zum Beispiel, daß die Würde aller Menschen zu achten ist, daß Toleranz eine Tugend und Diskriminierung verwerflich ist, daß die friedliche Lösung von Konflikten der gewaltsamen überlegen ist, daß überhaupt die Wahrheit zu sagen dem Lügen moralisch überlegen ist, daß eine demokratische Regierung besser ist als Totalitarismus und Gewaltherrschaft, daß Sparen für einen selbst und für sein Land besser ist, als seinen Verdienst zu verschwenden und sich bei der Vorsorge für zukünftige Bedürfnisse auf andere zu verlassen« (Etzioni u. a. 1994).

5. Kommunitarismus und Besitzindividualismus

Spätestens hier zeigt sich, wie eine unüberprüfte und unkritisierte Annahme des sonst so massiv kritisierten Liberalismus in das kommunitaristische Programm Eingang gefunden hat. Der Hinweis darauf, daß Sparen für einen selbst und für sein Land besser ist, als seinen Verdienst zu verschwenden und sich bei der Vorsorge für zukünftige Bedürfnisse auf andere zu verlassen, impliziert dreierlei:

1. eine Gesellschaft, die in ihren ökonomischen Bezügen dem liberalen Credo gemäß aus Eigentümern – sei es von Arbeitskraft, sei es von Kapital – besteht, die mit diesem Eigentum frei schalten und walten können;
2. die Annahme, daß der Verzicht auf konsumptive Ausgaben jedenfalls unter den gegebenen Umständen volks-, betriebs- und haushaltswirtschaftlich sinnvoller ist als die Bereitschaft, für vorhandenes Vermögen Güter oder Dienstleistungen zu erwerben;
3. eine deutliche Absage an das, was jedenfalls die in Deutschland vollzogene sozialstaatliche Entwicklung als Umlagenfinanzierung, als Generationenvertrag bzw. als Solidargemeinschaft hervorgebracht hat.

Diese drei Implikationen müssen weder als Orientierungen individuellen noch kollektiven Handelns falsch sein, noch ist ihnen ungeprüft vorzuhalten, daß sie unpraktikabel seien. Gleichwohl: die Implikationen aus dem scheinbar stets gültigen Aufruf, mit vorhandenen Gütern sparsam umzugehen, erweist die kommunitaristische Agenda als eine eindeutig politische Stellungnahme, die sich mit dem vorgeblich vorurteilsfreien, nur die allgemeinsten Interessen der Gesellschaft in den Blick nehmenden Anspruch des Kommunitarismus nicht verträgt und zu widersprüchlichen Konsequenzen führt:

- *Entgegen dem Akzent auf der sozialen Natur des Menschen wird im Bereich der Ökonomie die besitzindividualistische Grundlage des Privateigentums beglaubigt.*
- *Entgegen dem Akzent auf der zerbrechlichen Ökologie der Familie wird einem Teil dieser zerbrechlichen Ökologie, nämlich den materiellen Randbedingungen familialer Sozialisation und Erziehung jedenfalls keine besondere Aufmerksamkeit gezollt.*
- *Entgegen dem Akzent auf den kurzzeitigen Auswirkungen und langfristigen Folgen gegenwärtiger politischer Entscheidungen werden die Konsequenzen einer rein privaten, d. h. nicht solidarvertraglich geregelten Zukunftssicherung nicht berücksichtigt.*

Damit wird an der kommunitaristischen Agenda ein doppeltes Defizit offenbar: Einerseits ist das Programm seiner Verpflichtung auf konkrete Lebensformen wegen nicht abstrakt genug; es ist – anders als der Liberalismus – nicht an prinzipiellen Grundsätzen orientiert. Andererseits ist das gleiche Programm, seiner uneingestanden konservativen und besitzindividualistischen Ausrichtung wegen nicht konkret genug: Die faktischen Strukturen gegenwärtiger Gesellschaften im Sinne einer soziologischen Analyse scheinen auf den ersten Blick kaum Eingang zu finden.

6. Die Citoyens der Dienstleistungsgesellschaft

Nun ist die zugespitzte und verkürzte Sprache von Manifesten das eine, die Argumentation in theoretischen Essays ein anderes. Der sich selbst nur bedingt den Kommunitaristen zurechnende Michael Walzer begründet sein Modell einer auf komplexe Gerechtigkeit zielenden, gleichwohl solidarischen Gesellschaft mit einem soziologischen Argument, nämlich mit dem Hinweis auf den Strukturwandel zur Dienstleistungsgesellschaft, die immer weniger Menschen ein schöpferisches, herstellendes Tun im Marxschen Sinne ermögliche. Gleichermaßen erlaubten moderne Massendemokratien es ihren Bürgern nicht mehr, sich als aktive Vollbürger, als Citoyens im Sinne Rousseaus, zu betätigen: Staatsbürger seien Zuschauer, die wählen. Gleichwohl muß diese Diagnose nicht zur Resignation führen, denn: »In den vernetzten Vereinigungen der zivilen Gesellschaft, in Gewerkschaften, Parteien, Bewegungen, Interessengruppen und so fort treffen dieselben Leute viele kleine Entscheidungen und gestalten bis zu einem gewissen Grad die weiter weg liegenden Beschlüsse in Staat und Wirtschaft. In einer dichter organisierten, egalitäreren Zivilgesellschaft könnten sie diese beiden Dinge noch wirkungsvoller tun« (Walzer 1992b, S. 82).

Intermediären Organisationen wie Verbänden und Vereinen kommt damit in massendemokratisch verfaßten Dienstleistungsgesellschaften eine soziale und politische Scharnierfunktion zu: Während sie durch das freiwillige, ehrenamtliche Tun der Bürger gleichsam subsidiär preisgünstig und unentfremdet jene sozialen Dienstleistungen erbringen, die große Sozialbürokratien weder bezahlen noch von ihren professionellen Arbeitskräften abfordern können, etablieren sie zugleich eine politische Lebenswelt, in der sich jene Bürgertugenden, für die die elektoralen Massendemokratien keinen Raum mehr lassen, regenerieren können. Eine solche Konzeption der »Community«, der »Gemeinschaft«, scheint von den üblichen Einwänden gegen die »Tyrannei der Intimität« (R. Sennett) bzw. wider illiberale und antiindividualistische Ideologien nicht mehr berührt. Wo die Rehabilitierung des Gemeinschaftsbegriffs ausdrücklich nachtraditional und das Ethos moderner Lebensformen universalistisch bestimmt wird, scheint die Kraft zur Autonomie der Personen allen Begriffen des Guten schon vorausgesetzt. Es geht also im Idealfall um eine Politik des guten Lebens, in deren Vollzug die einzelnen Individuen sich selbst die Gesetze dieses Lebens geben. Sie müssen die Tugendgemeinschaften, die sich zwanglos in ein universalistisches Gerechtigkeitsschema fügen, aus eigener Kraft erzeugen. Die individuelle Selbstinterpretation fällt so im Idealfall mit der gemeinschaftlichen Erfindung der Lebensform zusammen.

7. Das deutsche Verbandswesen: Die Lösung des kommunitaristischen Rätsels?

Damit scheinen freiwillige, subsidiäre und intermediäre Verbände wie Vereine, Kirchengemeinden und Jugendorganisationen die zeitgemäße Lösung des Problems der Gemeinschaft in modernen Gesellschaften zu sein. Wie weit die US-amerikanische *Programm*debatte jedoch mit der sozialpolitischen Debatte in Deutschland – mitsamt der sich in letzter Zeit verschärfenden Diskussion über Verbände, Ehrenamtlichkeit, Umbau des Sozialstaats und Subsidiarität – zum Schnitt gebracht werden kann, ist bisher nicht geklärt. Daß – jedenfalls in Deutschland – diese intermediären Verbände empirisch und gegen die Projektionen der Theorie eher an Attraktivität verlieren (jedoch an sozialpolitischer Bedeutung gewinnen), ist freilich ein Umstand, an dem die programmatische Lösung des Problems nicht vorbeikommt. Damit sind systematische und empirische Schwierigkeiten sowohl der US-amerikanischen als auch der deutschen Debatte angesprochen.

In systematischer Hinsicht mißtraut die liberale Theorie dem von den Kommunitaristen postulierten Idealfall eines zwanglosen Zusammenspiels von Gerechtigkeit und Güte, von politischer Toleranz und gemeinsamer Solidarität. Ähnliche Argumente wurden auch hierzulande in empirischer Perspektive entwickelt (vgl. Offe 1989).

Diese Theorie rechnet allen Einwänden zum Trotz mit unvermeidlichen Konflikten zwischen Gerechtigkeit und Freiheit. Das damit angesprochene Problem der unvermeidlichen Spannung von individueller und kollektiver Autonomie, zwischen der Autonomie interessierter Privatpersonen auf der einen Seite und der Autonomie einer sich selbst die Satzungen gebenden Bürgerschaft auf der anderen, stellt sich indes nicht nur demokratietheoretisch, sondern führt in grundsätzliche Fragen einer aktuellen Sozialtheorie. An dieser Debattenlage fällt – in den USA so gut wie hierzulande – zweierlei auf:

- Kommunitaristische Gedankengänge lassen sich in empirischer Hinsicht von pessimistisch interpretierten anomischen Phänomenen faszinieren, ohne sich der Frage zu stellen, wieviel Delinquenz und Pathologie, wieviel Individualisierung und Pri-

vatisierung im Zeitreihenvergleich für Gesellschaften dieses Typs »normal« sind.
- Sie läßt sich zudem – ebenfalls in empirischer Hinsicht – von den Phänomenen sozialer Ungleichheit kaum provozieren und muß dabei den Vorwurf in Kauf nehmen, erhebliche Ungerechtigkeiten fahrlässig optimistisch zu interpretieren.

In diesem einen Punkt sind die prinzipiellen Befürworter einer stärker gemeinschaftsbezogenen Perspektive des gesellschaftlichen Lebens in Deutschland realistischer. Meinhard Miegel und Stefanie Wahl sind davon überzeugt, daß die Vorzüge gemeinschaftsorientierter Kulturen schon deswegen kaum akzeptiert werden können, weil der harte Kern eines stärker gemeinschaftsorientierten Lebens, nämlich ein umfassendes Familienleben mit einer sehr viel größeren durchschnittlichen Kinderzahl als gegenwärtig, mit normativen Argumenten kaum durchsetzbar sein dürfte: »Die Hinwendung zu gemeinschaftsorientierten Kulturen bedeutet nämlich für die Bevölkerungen in individualistischen Kulturen nicht nur die Abwendung von einer jahrhundertelangen Entwicklung und von Lebensformen, mit denen sich viele identifizieren. Sie bedeutet zugleich einen – wenn auch vorübergehenden – Anstieg der Soziallasten, da während mindestens einer Generation neben vielen alten Menschen auch wieder eine größere Zahl von Kindern zu versorgen wäre. Große Teile der Bevölkerung dürften sich ohne empfindlichen Druck kaum bereit finden, diese zusätzlichen Lasten zu schultern und darüber hinaus noch ein Stück ihrer individualistisch geprägten Identität aufzugeben« (Miegel/Wahl 1993, S. 122 f.).

8. Atomisierung und Ungleichheit

Die Übertragbarkeit der normativen Aspekte der US-amerikanischen Debatte auf die reale Lage in der Bundesrepublik Deutschland hängt nicht zuletzt von einer auch empirisch gehaltvollen Analyse sowohl gesellschaftlicher Disparitäten als auch der faktischen Struktur und Funktion intermediärer Verbände ab. Dabei sind zwei Fragen zu klären:

Erstens: Ist die von der kommunitaristischen Programmatik in Deutschland vorausgesetzte Annahme einer weitgehend in relativem materiellen Wohlstand lebenden, aber gleichwohl von starken anomischen Tendenzen bedrohten Gesellschaft überhaupt zutreffend?

In der Spur derartiger Vermutungen hat sich die neuere soziologische Debatte – hierzulande unter dem von Ulrich Beck propagierten Begriff der Individualisierung – der Frage zugewandt, ob die als herkömmlich erachtete vertikale Form sozialer Ungleichheit überhaupt noch in nennenswertem Ausmaß individuelle Biographien präge und nicht vielmehr horizontale Disparitäten bei der Verteilung von Gütern sehr viel stärker wirksam seien. Darüber hinaus hat eine auch empirisch orientierte Forschung zur Aufsplitterung der Gesellschaft in Milieus (vgl. Schulze 1992) sowie zur Temporalisierung sozialer Ungleichheit versucht, die Hypothese von der Individualisierung und zunehmenden Optionalität von Lebensläufen zu erhärten (vgl. Berger 1990). Am Ende geht es um die Frage, ob Disparitäten in bezug auf die Lebensqualität, die aufgrund askriptiver und zum Teil veränderlicher sozialer Merkmale wie Alter, Geschlecht und ethnische Zugehörigkeit erzeugt werden, soziale Ungleichheit nicht stärker bestimmen als Bildung, Einkommen und Prestige. Die Details können hier nicht erörtert werden. Allenfalls kann festgestellt werden, daß sozialstrukturelle Analysen, die Ungleichheit auf der Basis eines marxistischen, wenn auch modifizierten Klassenmodells, mindestens aber im Rahmen eines klassischen Schichtenmodells untersuchen, auf jeden Fall so viel empirische Varianz erklären können wie die sogenannten Individualisierungsansätze, zumal in ihren temporalisierten Spielarten (vgl. Kreckel 1990; Noll/Habich 1990).

Auf dieser Basis spricht einiges dafür, daß die von Beck u. a. vertretene Individualisierungsthese falsch ist, genauer, daß der beobachtbare Umstand, daß in den gehobenen Straten der Gesellschaft Lebensformen wählbar werden und in den unteren Straten Isolationsphänomene zunehmen, nichts oder nur wenig zur Erklärung und Veränderung der sozialstrukturellen Verzerrung von Lebenschancen beizutragen hat. Unter der Annahme, daß die gegenwärtigen Gesellschaften des Westens nach wie vor als Klassengesellschaften am genauesten beschreibbar sind, stellt sich für eine politische Ethik die Frage, ob der Aufruf zu mehr Verantwortungs- und Pflichtbewußtsein, mehr Sozialität bzw. sozialen Lebensformen nicht ins Leere zielt.

Dabei zeigt sich, daß unter der durchaus plausiblen Annahme einer sich dynamisch verändernden Klassengesellschaft es gerade nicht individuelle Autonomie, geschlossene Lebensformen oder der Primat des Politischen sind, die Remedur schaffen könnten. *Vielmehr haben wir damit zu rechnen, daß bei fortbestehender sozialstruktureller Ungleichheit, die es einzelnen, wohlhabenderen Familien, Einzelnen oder Gruppen erlaubt, für sich und ihre Nachbarschaft Verantwortung zu übernehmen, Effekte entstehen, die auf eine weitestgehende Privatisierung des sozialen Lebens zuläuft.* Die Absage an staatliche Versorgungssysteme sowie die Forderung nach einer zivilen Verantwortung, die auf Moral, aber nicht auf Gesetz beruht sowie das Zentrieren auf familiale Solidargruppen delegieren das Problem der Bereitstellung öffentlicher Güter aus der Öffentlichkeit einer verbindlichen Diskussion unter Staatsbürgern in die unterschiedlichen, letztlich unverbindlichen Sphären der bürgerlichen Gesellschaft.

Wo aber die Forderung nach einem guten Willen und die Möglichkeit einer lediglich durch Moral gezügelten Verwendung privaten Eigentums gleichzeitig bestehen, läßt sich nicht ausschließen, daß sich die Summe moralischer Abwägungen zwischen legitimen Eigeninteressen und öffentlichen Interessen systematisch zuungunsten des öffentlichen Interesses verzerren. Daher scheint der kommunitaristische Weg – anders als man auf den ersten Blick meinen könnte – keineswegs der Königsweg zur Behebung sozialer Ungleichheit und der Einschränkung von Anomie zu sein.

Besitzt die liberale Theorie akzeptablere Perspektiven? In der liberalen Theorie diente das öffentliche Interesse dem einen und einzigen Zweck, durch gerechte Verteilung öffentlicher Güter und gerechte Zuteilung von Zugangschancen zu privaten Gütern die Individuen in die Lage zu versetzen, erfüllende soziale Beziehungen einzugehen: »Soziale und wirtschaftliche Ungleichheiten«, so postulierte es John Rawls in seiner *Theorie der Gerechtigkeit*, »sind so zu gestalten, daß (a) vernünftigerweise zu erwarten ist, daß sie zu jedermanns Vorteil dienen, und (b) sie mit Positionen und Ämtern verbunden sind, die jedem offen stehen« (Rawls 1975, S. 81).

Der kommunitaristische Angriff auf die liberale Theorie bürgerlicher Freiheit könnte so – unter Bedingungen einer fortdauernden Klassengesellschaft – auf paradoxe Weise dazu führen, auch noch die Reste dessen, was er erhalten will, zu zerstören. Üblicherweise wurden liberale Gesellschaften mit dem Hinweis kritisiert, daß ihre Praxis die ihr unterliegenden Prinzipien am Ende unterhöhlen würde. Es scheint, als ob für das kommunitaristische Projekt jedenfalls unter kapitalistischen Bedingungen gleiches gilt: *daß nämlich die umstandslose soziale und politische Realisierung von individueller Verantwortlichkeit, staatsfreier Sozialität und Familiensinn auf dem Wege von Entstaatlichung, Wertepredigt und politisch durchgesetzten Sparquoten lediglich den immer mit Familien- oder Gruppenethos hier und Eigentum dort verbundenen Privatismus stärkt und damit genau jene sozialen Strukturen schwächt, deren Verschwinden auf der programmatischen Ebene so wortreich beklagt wird.*

Als entscheidende Frage sowohl der US-amerikanischen als auch der deutschen Diskussion stellt sich dann das Problem heraus, ob die mögliche Vielfalt von Verbänden und Vereinen in all ihrer pluralistischen Ausdifferenzierung den Individuen jenes affektive Anregungspotential bieten, in denen sie über gemeinsame Interaktionen jenes Minimum von Selbstrespekt und wechselseitiger Anerkennung erwerben und bestätigen können, das sie in die Lage versetzt, sensibel auf die Bedürfnisse nicht nur von unmittelbaren Freunden reagieren zu können.

9. Verbände und Demokratie

Damit ist *zweitens* die verbands- und organisationssoziologische Frage aufgeworfen, ob die von Walzer und seinen hiesigen Adepten gegenüber intermediären Verbänden gehegten Erwartungen deren faktischer Struktur und Funktion entsprechen. Gegen diese Vermutung spricht die Empirie des insbesondere wohlfahrtsstaatlichen Verbandswesens in der Bundesrepublik Deutschland. Dabei fällt dreierlei auf:

(a) die großen Verbände sind selbst integraler Teil eines systemischen Zusammenhangs;

(b) kleinere Verbände verzeichnen einen erheblichen Mitgliederschwund;

(c) das Verhältnis von Lebenswelt und Demokratie ist – mindestens – ambivalent.

Zu (a): Gerade das in der Bundesrepublik Deutschland verfassungsmäßig garantierte und über das Subsidiaritätsprinzip zumal im Bereich des Sozialwesens etablierte Verbands- und Vereinswesen widersetzt sich aufgrund seiner parastaatlichen bzw. para-

kommunalen Form einer ausschließlich gemeinschafts- und demokratieinteressierten Interpretation. Im Sozialstaat Bundesrepublik Deutschland treten Vereine, Verbände und Körperschaften auf Bundes-, Landes- und kommunaler Ebene vor allem als Träger sozialer Einrichtungen auf. Nach Maßgabe und Möglichkeit des Subsidiaritätsprinzips finanzieren diese Vereine, Verbände und Körperschaften ihre Leistungen zum allergeringsten Teil selbst. In aller Regel geschieht die Finanzierung des Verbandes und seines Stabes selbst durch dessen Mitgliedschaft, während die Finanzierung der vom Verband getragenen Leistungen und Dienste – von Krankenhausbetten über Kindertagesstättenplätze bis hin zu Therapieplätzen für Suchtkranke – über den Weg der Subvention aus Landeshaushalten und kommunalen Haushalten geschieht.
Die im Sozialbereich tätigen Verbände erwirtschaften mithin die Leistungen, die sie anbieten, nicht selbst und sind damit strukturell und im besten Falle nichts anderes als ein mehr oder minder basis- und problemnaher, sensibler Verteilungsmechanismus für sozial gebundene Steuergelder. Dieser parastaatlichen Struktur und Funktion entspricht es, daß sich die Leitung dieser Verbände und Vereine – sofern es sich um größere Träger handelt – in aller Regel nicht aus demokratischen Prozessen einer prinzipiell offenen Mitgliedschaft rekrutiert, sondern einem starken Einfluß übergeordneter zentraler Gremien und Personen ausgesetzt ist. Es kommt hinzu, daß es in nicht wenigen Fällen, jedenfalls bei den Dachverbänden, noch nicht einmal um die Mitgliedschaft natürlicher, sondern vor allem juristischer Personen geht. Die faktische Bedeutung dieser Verbände für die sozialstaatliche Versorgung und das Volumen der von ihnen verwalteten Steuermittel erfordert ein Ausmaß an bürokratisch effizienter Administration und professionell betriebener Organisation, daß die demokratisch gewählten, »politischen« Spitzen dieser Verbände bezüglich ihrer Entscheidungsbefugnisse allemal gegenüber der Bürokratie ins Hintertreffen geraten. Hier reproduziert sich die aus den Parlamenten bekannte Verschiebung von Einfluß und Befugnissen von der Legislative zur Exekutive.
Zu (b): Ohne daß man der sogenannten »Individualisierungstheorie« pauschal recht geben müßte, ist es doch ein unbestreitbarer Umstand, daß die Bereitschaft von Menschen, sei es als Mitglieder, sei es gar als als ehrenamtlich tätige Kräfte in Verbänden und Vereinen aktiv zu werden, kontinuierlich nachläßt. Dies gilt so-

wohl für Solidarverbände wie etwa die Gewerkschaften, als auch für konfessionelle Groß- und anderweitig bestimmte freie Vereinigungen. Als Ursache für dieses massenhafte Verhalten wird in der Regel »Bindungsverlust« angegeben, eine Erklärung, die aber lediglich in anderen Worten das beschreibt, was sie doch erklären soll. Für den Bereich der Solidarverbände, zumal der Gewerkschaften, wird man von der spieltheoretischen Überlegung ausgehen können, daß man auch als Nichtmitglied, also mit weniger Einsatz, in den Genuß der gleichen Vorteile kommt, die Mitgliedern durch das Handeln der Organisation zukommt. Dabei handelt es sich um einen paradoxen Effekt der Tarifautonomie und ihrer Mantelverträge.
Für den Bereich der konfessionellen Wohlfahrtsverbände mag die abnehmende Überzeugungskraft der von ihnen vertretenen Lehren sowie der keinesfalls für alle Einkommensgruppen als vernachlässigbar anzusehenden, vom Staat eingezogenen Kirchensteuer eine ebenso große Rolle spielen wie die mangelnde Fähigkeit der Kirchen, in ihren lebensweltnahen Institutionen (den Gemeinden) jenes Klima affektiver Solidarität zu erzeugen, an dem es doch angeblich – angesichts einer immer stärkeren Atomisierung, zumal in größeren Städten – mangelt.
Trittbrettfahrereffekte, veränderte mentale Einstellungen sowie die vielfältig ausdifferenzierte Entfaltung einer von Kommerz, Medien ebenso wie von den semantischen Gehalten kommerzieller, populärer Musik geprägten Jugendkultur führten schließlich zu einem am Kriterium des Lebensalters ausgerichteten Überalterungsprozeß von Verbänden und Vereinen.
Dabei gilt – jedenfalls im Bereich der Jugend – das Individualisierungstheorem, sofern es als Atomisierungstheorem gelesen wird, *nicht*: Tatsächlich nimmt der gesellige Zusammenhalt von Jugendlichen in freiwillig besuchten Cliquen oder peer-groups eher zu, darf von nachlassender Bereitschaft zur Mitgliedschaft in Vereinen gerade nicht auf Vereinsamung, Pflichtvergessenheit oder Partnerschaftsscheu geschlossen werden (vgl. Oswald 1992).
Zu (c): Wenn also die großen Verbände aufgrund ihrer systemischen Funktion kein Ort lebensweltlichen demokratischen Handelns sein können und kleinere Vereine – gewiß mit typischen Ausnahmen (z. B. die Pfadfinder) – an Mitgliedern verlieren, was läßt sich dann noch zur Übertragbarkeit kommunitaristischer Ansprüche auf ein reich gegliedertes Verbandswesen, das nach

US-amerikanischen Ansprüchen ja die Lösung einer Fülle von Problemen enthalten müßte, sagen?
Die Vorstellung, daß Vereine und Verbände jene sozialen Orte darstellen könnten, an denen die vom staatlichen politischen Handeln entfremdeten Individuen gleichsam als Teilzeit-Citoyens zu sich selbst kommen und dabei dem überlasteten und beschädigten sozialen Netz wichtige Funktionen abnehmen, scheint demnach unbegründet. Der Umstand, daß derlei Forderungen gleichwohl immer wieder erhoben werden, lassen den Verdacht entstehen, daß eine anspruchsvolle politische Theorie, die ganz und gar von den politisch-sozialen Verhältnissen in einer anderen Gesellschaft, den USA, inspiriert ist, just in dem Augenblick zu ideologischen Zwecken mißbraucht werden soll, da hierzulande jene Verhältnisse abgebaut werden, um deren Aufbau es doch den Kommunitaristen in den USA geht.
Denn bei aller Betonung gemeinschaftlicher Aktivität hat jedenfalls ein Teil der kommunitaristischen Bewegung in den USA stets darauf bestanden, daß es der durch die Reagan/Bush-Administration willentlich vorangetriebene Verfall des Sozialstaats und die erst dadurch ausgelöste Atomisierung und Verarmung gewesen sind, die zum Impuls ihrer theoretischen Bemühungen wurden. Bei aller Kritik an seelenloser Bürokratie und allen Appellen an bürgerschaftliches Engagement stand in den USA doch immer fest, daß ohne ein Minimum gesetzlich geregelter sozialer Sicherheit (von der Krankenversicherung bis zum Kündigungsschutz) von demokratischer Gemeinschaft keine Rede sein könne. Daß die Institutionen der »Good Society« auch der staatlichen Pflege bedürfen, stand somit nie in Zweifel.
Hierzulande – und das macht die Kalamität der aktuellen Debatte aus – werden kommunitaristische Theorien vor allem dann bemüht, wenn es darum geht, eventuell unumgängliche Einsparungen zu bemänteln. Daß der Umbau des Sozialstaates des bürgerschaftlichen Engagements bedarf, ist gewiß; ebenso gewiß ist es aber auch, daß dieses Engagement aus angebbaren Gründen immer unwahrscheinlicher wird. Diesem Dilemma läßt sich nicht mit verbalen Appellen, sondern nur mit einer präzisen und empirischen Untersuchung von Struktur, Funktion, Form und Leistungskraft unterschiedlichster Verbände und Vereine entgehen. Die Probe auf die Wahrheit des kommunitaristischen Exempels liegt in einer empirischen Verbändeforschung, die unvorein-

genommen und – ohne sozialpolitische oder demokratietheoretische Projektionen – untersucht, in welchem Verhältnis sozialstaatliche Transferfunktionen und innerverbandliches demokratisches Klima in Zehntausenden von Einzelfällen stehen.
Für sozialpädagogische Fragestellungen rückt damit das in Familien sowie in kind-, jugend- und erwachsenengemäßen Gemeinschaften bestehende affektive Klima bzw. dessen Defizite in den Mittelpunkt des Interesses. Im Unterschied zu älteren, etwa gruppendynamischen und psychoanalytischen Orientierungen erscheinen Affekte hier jedoch *nicht* als irreduzible innerpsychische Gegebenheiten, sondern als verdichteter und intensiver Ausdruck mehr oder minder reziproker Anerkennungsverhältnisse. Als zentrale Aufgabe stellt sich damit die Erforschung einer angemessenen demokratischen und pädagogischen Atmosphäre in Strafvollzug und Wohngruppe, in Klassenzimmern und Jugendzentren, in Stadtteilen, Verbänden und Parteien dar. Somit ergibt sich als Resultat der vorhergehenden Überlegungen, daß die im Verbandswesen zu Recht vermutete, gesamtgesellschaftlich anscheinend knapp werdende Ressource Solidarität nur dann gehegt, wenn gar wieder aufgeforstet werden kann, sofern man die ihr politisch zugedachte Rolle als Ersatzgeld wieder aufgibt und sich auf das nur scheinbar paradoxe Unterfangen einläßt, Solidarität und Engagement durch den Einsatz von Solidarität und Engagement zu erzeugen. So wenig nämlich Geld durch Solidarität ersetzbar ist, sowenig läßt sich Solidarität durch Geld ersetzen. Insoweit hängt alles sozialpolitische und sozialpädagogische Interesse an Verbänden und Vereinen von einem unheilbaren moralischen Voluntarismus ab.

Literatur

Bellah, R. N. u. a: The Good Society, New York 1991.
Berger, P. A.: Ungleichheitsphasen. Stabilität und Instabilität als Aspekte ungleicher Lebenslagen, in: Berger/Hradil 1990, S. 319-350.
Berger, P. A./Hradil, S. (Hg.), Lebenslagen, Lebensläufe, Lebensstile (Sonderheft »Soziale Welt«, Nr. 7), Göttingen 1990.
Etzioni, A., u. a.: Die Stimme der Gemeinschaft hörbar machen, in: FAZ vom 08.03.1994.

Kreckel, R.: Klassenbegriff und Ungleichheitsforschung, in: Berger/Hradil 1990, S. 51-80.
MacIntyre, A.: Der Verlust der Tugend. Zur moralischen Krise der Gegenwart, Frankfurt a. M. 1987.
Miegel, M./Wahl, S.: Das Ende des Individualismus. Die Kultur des Westens zerstört sich selbst, Bonn 1993.
Noll, H. H./Habich, R.: Individuelle Wohlfahrt. Vertikale Ungleichheit oder horizontale Disparitäten, in: Berger/Hradil 1990, S. 153-188.
Offe, C.: Fessel und Bremse. Moralische und institutionelle Aspekte »intelligenter Selbstbeschränkung«, in: Honneth, A. u. a. (Hg.), Im Prozeß der Aufklärung, Frankfurt a. M. 1989, S. 739-774.
Oswald, H.: Beziehungen zu Gleichaltrigen, in: Jugend '92, hg. von der Deutschen Shell, Opladen 1992, S. 319-332.
Rawls, J.: Theorie der Gerechtigkeit, Frankfurt a. M. 1975.
Rawls, J.: Political Liberalism, New York 1993.
Sandel, M. G.: Liberalism and the Limits of Justice, Cambridge 1982.
Schulze, G.: Die Erlebnisgesellschaft, Frankfurt a. M. 1992.
Taylor, C.: Der Begriff der bürgerlichen Gesellschaft im politischen Denken des Westens, in: Brumlik, M./Brunkhorst, H. (Hg.), Gemeinschaft und Gerechtigkeit, Frankfurt a. M. 1992, S. 117-148.
Walzer, M.: Sphären der Gerechtigkeit, Frankfurt a. M. 1992 (a).
Walzer, M.: Zivile Gesellschaft und amerikanische Demokratie, Berlin 1992 (b).

Eckart Pankoke
Subsidiäre Solidarität und freies Engagement
Zur »anderen« Modernität der Wohlfahrtsverbände

Moderne »Wohlfahrtskultur« entwickelte sich in Deutschland in der Gewaltenteilung von *»öffentlicher und privater Fürsorge«*: Die *Souveränität* wohlfahrtsstaatlicher Verantwortung fand institutionelles Gegengewicht im Prinzip der *Subsidiarität* – als dem institutionalisierten und subventionierten Vorrang »sozialer Nähe«. Die duale Struktur spiegelt sich auch in den Modernisierungspfaden wohlfahrtsstaatlicher Systembildung: als *Rationalisierung* einer universell regulierten Daseinsvorsorge und als *Aktivierung* der partikularen Kräfte von Fürsorge, Solidardienst und Selbsthilfe.

In einer gespannten »Gleichzeitigkeit des Ungleichzeitigen« entwickelte sich das *Nebeneinander*, ja *Gegeneinander* von staatlicher Macht und gesellschaftlichen Kräften. Zwischen sozialer *»Verwaltung«* und gesellschaftlichem *»Vereinswesen«* kam es zu immer komplexeren Relationen im kooperativen, ja korporatistischen *Miteinander* beider Aktions- und Organisationsformen sozialpolitischen Engagements.

Die Konstruktion einer *»subsidiären Solidarität«* verbindet die über Geld, Recht und Macht generalisierten Sicherungen wohlfahrtsstaatlicher Solidarpakte mit dem Subsidiaritätsprinzip der Aufwertung sozialer Nähe: der liberale Schutz des Eigenen wird Basis der solidarischen Sorge für den Anderen. Soziale Nähe bezieht sich dabei nicht nur auf die sozialräumliche Verbundenheit der lokalen Gemeinde, sondern auch auf die kulturelle Verbindlichkeit geteilter Werte und gemeinsamen Sinns. *Subsidiäre Solidarität* bedeutet dann, daß die Solidargemeinschaften familialer, lokaler oder kultureller Nähe nicht nur in ihrem je besonderen ›Eigensinn‹ geschützt werden, sondern auch durch ›Subsidien‹ aus öffentlichen oder privaten Mitteln unterstützt werden wollen.

Das Prinzip der ›Subsidiarität‹ bedeutet also beides: ›nach unten in der Relation zu sozialen Notlagen betonen die verbandlichen Träger einer »privaten Fürsorge« die besonderen Halte und Hilfen solidarischer Nähe; ›nach oben‹ in ihrer Kostenregelung mit wohlfahrtsstaatlicher Daseinsvorsorge beanspruchen die Verbände für sich das Anrecht auf öffentliche Subsidien. In dieser intermediären ›Doppelbindung‹ zwischen sozialem Engagement und wohlfahrtsstaatlicher Regulierung kommt es zu komplexen Relationen zwischen Mandat und Mission, zwischen professioneller Kompetenz und solidarischem Engagement.

Mit der Angewiesenheit auf öffentliche Subsidien wurde es für die freien Vereinigungen altruistischen und solidarischen Engagements jedoch zwingend, sich im offiziellen Status als »Träger öffentlicher Aufgaben« neu zu formieren. Insbesondere die durch das Reichsjugendwohlfahrtsgesetz von 1922 programmierten korporatistischen Muster der Zusammenarbeit von Wohlfahrtsstaat und Wohlfahrtsverbänden brachten die Wohlfahrtsverbände in Zugzwang und unter »Organisationsdruck«. Ihre Tradition des »*wertrational* motivierten *Gesinnungsvereins*« (Weber 1972, S. 30; dazu Pankoke 1989, S. 75 f.) war nun im Sinne der für einen »*Zweckverein*« geforderten *Systemrationalität* schärfer zu modernisieren. Das bedeutete in der Praxis eine Umstellung vom »*Steuerungsmedium Solidarität*« (F. X. Kaufmann) auf die modernen Kontrollmedien »*Geld*«, »*Macht*« und professionelles »*Wissen*« (vgl. Horch 1992).

Die intermediäre Doppelbindung der Wohlfahrtsverbände erweist sich auch darin, daß die verbandlichen Akteure zwischen unterschiedlichen Steuerungssprachen wechseln müssen: auf das System der wohlfahrtsstaatlichen Subsidien beziehen sich Verbände über Steuerungsmodi moderner Systemrationalität, also über die generalisierenden Medien »Recht«, »Geld« und »Macht«; im Verhältnis zu den Problemfeldern sozialer Not aktiviert ein »Steuerungsmodus Solidarität« eher die partikularen Potentiale des Besonderen wie: Nähe und Netze, Wert und Sinn, Sensibilität und Engagement. So sind unterschiedliche Welten im Spiel. Dabei kommt es zu gespannten Relationen zwischen sozialer Aktivierung und wohlfahrtsstaatlicher Regulierung, zwischen konfessionellem Engagement und professioneller Kompetenz. Zu fragen ist dann, ob der »Steuerungmodus Solidarität« regressiv hinter die Rationalität moderner Systemsteuerung zurückfällt auf die starke

Kultur traditionaler Solidargemeinschaften, – oder aber, ob nicht gerade für die Organisation solidarischen Handelns eine neue Reflexivität von Engagement und Autonomie zu entwickeln ist. Führt Modernisierungsdruck dazu, daß das traditionale Profil und Proprium der »wertgemeinschaftlichen« Träger sich abschleifen muß – oder aber werden als Antwort auf wohlfahrtsstaatliche Modernisierungsschwellen und Modernisierungskrisen auch die Dienstgemeinschaften der »Freien Wohlfahrtspflege« sich weiter entwickeln, etwa im Sinne einer gesteigerten Reflexivität ihrer Selbstverständigung und Selbstorganisation?

Ordnungspolitisch kommt es damit zu Spannungen zwischen der über »Recht« und »Geld« kontrollierten wohlfahrtsstaatlichen Systembildung und der davon »freien« Sinnbildung solidarischen Engagements: Sollen »Vereinswesen« und »soziale Verwaltung« im Sinne korporatistischer Kollaboration stärker miteinander verzahnt werden – oder ist eher die *»lose Koppelung«* von staatlicher Vorsorge und sozialer Fürsorge entwicklungsfähig? Im Blick auf die mit dem Subsidiaritätsprinzip beanspruchte Autonomie der Freien Träger ist aber auch zu fragen, ob nicht die organisatorische und professionelle Rationalisierung moderner Hilfen den Organisations- und Abstraktionsdruck derart gesteigert hat, daß der »Steuerungsmodus Solidarität« entwertet wird und das solidarische Engagement der sozialen Vereinigungen und Bewegungen sich verlieren wird. Solche Fragen treiben die Wohlfahrtsverbände in eine Zwei-Fronten-Stellung der (Selbst-)Kritik:

- Aus der Position wohlfahrtsstaatlicher *Systemrationalität* scheinen die traditionalen Träger nicht rational genug. Hier wird Anpassung an eine organisationsgesellschaftliche Rationalität erwartet.
- Aus der systemkritischen Sicht neuer solidargemeinschaftlicher *Alternativen* wird den Wohlfahrtsverbänden – gerade wegen ihrer Anpassung an die Raison des Wohlfahrtsstaats – die Lern- und Entwicklungsfähigkeit abgesprochen. Der im Prinzip der Subsidiarität beanspruchte Sinnbezug »lebensnahen« Helfens scheint nun der Kollaboration mit den über »Geld« und »Macht« gesteuerten Systemen geopfert.

Damit waren *Konflikte und Kontroversen* programmiert: zwischen einer auf sozialstaatliche Verallgemeinerung zielenden *Souveränität* und dem Prinzip der *Subsidiarität* als der Anerkennung und Förderung des Eigensinns gesellschaftlicher Besonderung.

Die ordnungspolitischen Spannungen verschärften sich im Zuge wohlfahrtsstaatlichen Aufbruchs und Ausbaus, aber auch durch einen bei Knappheit drohenden Rückzug von Staat und Gesellschaft aus wohlfahrtspolitischem Engagement. An den *»Grenzen der Solidarität«* stellt sich dann die Frage, ob nicht gerade die Doppelstruktur von »öffentlicher und privater Wohlfahrtspflege« Chancen bietet, daß sich – im Sinne von »aktiver Gesellschaft« – auch neue Horizonte gesellschaftspolitischer Verantwortung entwickeln lassen (zum historischen Hintergrund der Überführung der Armenfrage in moderne Wohlfahrtspolitik vgl. Pankoke/Sachße 1992).

Die heute von kritisch engagierten Sozialwissenschaftlern/-innen und Sozialpolitikern/-innen formulierte Verbände-Kritik, wie sie in Problemformeln des *»Korporatismus«* (vgl. Heinze/Olk 1984) oder auch des *»Dilettantismus«* (vgl. Seibel 1992; Pankoke 1994) auf den Begriff kam, sollen im folgenden in Beziehung gesetzt werden zur verbandlichen Selbstdarstellung, aber auch zu einer in offiziellen Leitbild-Diskursen selbstbewußt initiierten verbandspolitischen Selbstverständigung.

Je mehr die tradierten *Ideale* zur rationalisierten *Realität* in Spannung kamen, um so mehr muß die *Selbstdarstellung* und *Selbstverständigung* der Freien Wohlfahrtspflege an Reflexivität gewinnen. Wir werden diesen Prozeß rekonstruieren, indem wir bewußt jene Leitformeln beim Wort nehmen, die in der Selbstverständigung der Wohlfahrtsverbände immer noch eine strategische Position besetzen: Solidarität und Subsidiarität, Identität und Pluralität, Professionalität und Konfessionalität.

1. Identität: zwischen Wertbindung und Sinnbildung

Identität bedeutet bei personalen Akteuren und Akteurinnen deren Selbstbewußtheit im Spiegel ihrer sozialen Umwelt. In einem übertragenen Sinne spricht moderne Organisationsforschung auch von einer korporativen oder institutionellen »Identität« (Corporate Identity). Damit bezieht sich Identität nicht nur auf die Probleme personaler Sinnbildung, sondern auch auf professionelle und organisatorische Systembildung. Praktisch werden diese Fragen in Prozessen der *Personal- und Organisationsentwicklung*.

Im Blick auf die *»freien Träger« im »Dritten Sektor«* interessiert dann die Spannung zwischen dem konfessionellen *Proprium der Wertbindung* (wie sie auch bei säkularen »Konfessionen« zu identifizieren ist) und den möglicherweise ganz anders ausgerichteten *Organisationsprinzipien* und *Professionsprofilen* der verbandlichen Praxis.

Unter dem Aspekt von *Organisationskultur* profilieren Wohlfahrtsverbände ihre korporative Identität vor allem darin, daß offiziell eine Programmsprache gepflegt wird, die hoch wertgeladen ist. In großen Worten werden hohe Werte beschworen, was in der Organisationsforschung als *»starke Kultur«* beschrieben wird. »Starke Kultur« als eine Kultur der Stärke setzt bewußt auf Geschlossenheit, wie es semantisch und symbolisch im Rückgriff auf den »Geist« der Gründung gerne beschworen wird.

Wissenssoziologisch wäre zu bedenken, daß der Rückgriff auf eine zur offiziellen Wohlfahrtsfunktion extrafunktionale Sprache akute Probleme der Praxis überblenden könnte – aber auch eine besondere Intensität, Radikalität und Reflexivität des sozialen Engagements eröffnet. Moderne Leitbilder aber lassen sich nicht per Diktat durchsetzen, sondern sind kommunikativ im Diskurs zu erarbeiten. Sonst wird der hoch oben in den Zentralen »gemeinte Sinn« unten an der Basis nur bedingt als »geteilter Sinn« ankommen und angenommen werden. So werden soziale Vereinigungen, die sich unter den Anspruch stellen, die eigene Praxis auch in eigenem Sinn zu spiegeln, ihrer kommunikativen Kultur ein besonderes Gewicht geben müssen – anders als Organisationen, die allein über die einfache Passung von Zweck und Mittel, Lohn und Leistung zu funktionieren meinen.

Wo Struktur in Bewegung kommt, kommt auch Kultur unter Spannung – und umgekehrt. Was bislang als selbstverständlich galt, muß nun hinterfragt werden. Die Konsequenz für die innere Führung von Sozialverwaltungen und Wohlfahrtsverbänden ist eine gesteigerte *Reflexivität,* also eine selbstbewußtere Steuerung der eigenen Sinn- und Systembildung. Reflexives Engagement aber erfordert organisationskulturell die Öffnung für Autonomie:

»Programm-, Kommunikations- und Personalstrukturen müssen so angelegt sein, daß innerhalb der allgemeinverbindlichen Handlungsprämissen genügend Spielraum für eine flexibel-situationsgerechte Gestaltung ... verbleibt. Sowohl die strukturellen Prämissen als auch die Auslegung und Handhabung von Spielräumen müssen grundsätzlich, wenn auch zu vorher vereinbarten Zeiten und Anlässen, Gegenstand eines Diskurses zwischen den Beteiligten und Betroffenen werden können, also einer gesprächsweisen Selbstreflexion ohne autoritäre Reglementierung von Themen, Meinungen und Formen der Diskussion« (Hegner 1981, S. 119; vgl. auch Pankoke 1989, S. 76).

Hier wäre kritisch zu fragen, ob die wohlfahrtsstaatliche Einbindung der »Freien Träger« solcher *Nachdenklichkeit* (Reflexivität) noch kommunikative Offenheit bietet. Auch bei der verbandlichen Organisation der sozialen Wohlfahrt gibt es *kulturelle Altlasten, inflationären Machtverfall und Lernbarrieren.* Auch Wohlfahrtsverbände treiben in das Dilemma, ihre einst starke Kultur mit einer durch Knappheit erzwungenen Rationalisierung und Rationierung vereinbaren zu müssen. Beides kommt heute unter Druck: die starke Kultur, die nicht lernen will, und die schlanke Struktur, die unter dem Zwang knapper Mittel im Sinne von *»lean organisation«* ihren kulturellen Ballast abzuwerfen beginnt. Doch *Säuberung und Schrumpfung* sind kaum Strategien der organisatorischen Entwicklung; gefordert ist eher die Bereitschaft zu *lernen,* und die Offenheit dafür, *sich selbst ändern zu wollen.*

2. Solidarität: zwischen »Mission« und »Mandat«

Solidarität als klassische Programmformel sozialer Bewegung wurde in den Gründerjahren der konfessionellen Wohlfahrtsverbände dahin radikalisiert, daß *»Nächstenliebe«* nicht mehr nur auf nächste Nachbarschaft in der eigenen Gemeinde einzugrenzen war, sondern auch die Fernen und Fremden einzubeziehen waren in »Christliche Verbrüderung«, so das Programm von Johann Hinrich Wicherns »Innerer Mission« (1848). Zugleich aber wurde gegenüber etablierter Kirchlichkeit der Anspruch angemeldet, mit Rat und Hilfe bewußt auch in jene Felder hineinzugehen, die von der offiziellen Amts- und Staatskirche nicht mehr erreicht werden. Als nach 1945 neben der »Inneren Mission« das »Diakonische Werk« als »Hilfswerk der EKD« sich neu konstituierte, führte die Selbstverständigung der *gesellschafts- und weltpoliti-*

schen Verantwortung, aber auch die bittere Erfahrung von Verfolgung, Widerstand und eigener Schuldverstrickung zu einer bewußteren Verantwortung als *»politische Diakonie«*. Dies programmierte einen Perspektivenwechsel von der *»Mission«* zum *»Mandat«*. Auch heute dürfen Wohlfahrtsverbände bei Wahrnehmung ihres sozialethischen und sozialpolitischen Engagements immer noch besondere Aufmerksamkeit erwarten. Religiös gebundene Hoffnung wie auch idealistischer Elan oder die utopische Erwartung der säkularen Konfessionen bieten oft Horizonte der Problemwahrnehmung, in denen die Betroffenheit durch soziale Probleme sensibler ist, und zugleich das Engagement für soziale Verantwortung radikaler sein kann, als es durch Raison und Routine der Organisationsgesellschaft zu konditionieren ist.

Ideologiekritisch und *wissenssoziologisch* stellt sich aber auch die Frage, inwieweit die *Perspektiven* der Thematisierung, Problematisierung und Politisierung sozialer Probleme durch organisationsstrukturelle wie organisationskulturelle *Prämissen* verkürzt, verzerrt oder blockiert werden können. Kritiker unterstellen etwa, daß die Probleme von Randgruppen für die heile Welt und den harten Kern des pfarrbürgerlichen Milieus und des traditionellen Ehrenamts eher im blinden Fleck liegen. Möglicherweise ist die Spannung zwischen »Caritas« und »Pastoral«, zwischen professioneller Kompetenz und ehrenamtlichem Engagement, auch eine Folge unterschiedlicher Perspektiven der Wahrnehmung und Bewertung sozialer Probleme. Solche perspektivischen Differenzen der Wahrnehmung und Wertung zwischen der Sensibilität und dem Engagement an der »Front« der Probleme und dem sozialmoralischen Milieu der traditionellen Ehrenämter, Förderkreise und Bündnisbereiche sind in allen Wohlfahrtsverbänden vorstellbar.

Neue Fronten brechen auf, wenn in den Krisen des Wohlfahrtsstaates klassische Arbeitsfelder des Helfens weder über den Staat noch über den Markt zu sichern sind. Nicht nur zwischen öffentlicher und freier Fürsorge, auch *zwischen den Wohlfahrtsverbänden*, auch *innerhalb der Verbände* kommt es dann zum Streit um Prioritäten und Domänen: zwischen alten und neuen Aufgaben, zwischen jüngeren und älteren Mitarbeitern und Mitarbeiterinnen, zwischen professioneller Kompetenz und ehrenamtlichem Engagement und einer je unterschiedlichen Bewertung der Zielgruppen und Hilfsquellen.

Ein offensives Mandat der Wohlfahrtsverbände als engagierte »Option für die Armen« ist gerade dann zu fordern, wenn befürchtet werden muß, daß unter dem Diktat knapper Kassen die kritischen Fälle fallengelassen werden und zugleich die konstruktiven Potentiale sozial-aktiver Felder verfehlt werden. Doch *Not lehrt auch lernen.* Auch die Wohlfahrtsverbände müssen jetzt lernen, sich zusammenzuraufen zu neuer Verständigung auf neue Verantwortung. Als Impuls »innerer Führung« setzen hierzu *Leitbild-Diskurse* neue Akzente.

Eher nach außen auf eine zu provozierende und zu aktivierende »aktive Öffentlichkeit« zielen die Veröffentlichungen der von den Wohlfahrtsverbänden initiierten *Wohlfahrtsforschung*, womit Wohlfahrtsverbände sich öffentlich zur Stimme der Stillen und Stummen erklären und deutliche Worte finden für gesellschaftliche Problem- und Randlagen, die im Konzert der publizierten Meinungen und organisierten Interessen nur zu oft verdrängt und vergessen bleiben.

Eine wichtige Quelle der Forschung ist die Praxis-Erfahrung und Feld-Beobachtung (vgl. Nokielski/Pankoke 1992) der professionellen Akteure »vor Ort«, wie es für die Armut-Untersuchung des Deutschen Caritasverbandes (1993) ausgewertet wurde. Andere Dimensionen sozialer Betroffenheit erschließen sich im Sinne einer hermeneutischen *Diskursethik,* welche für die leisen Zwischentöne der verborgenen und verdrängten Nöte und Sorgen, Ansprüche und Bedürfnisse hellhörig wird und auch bei nur schwach artikulierter Meinung zwischen den Zeilen »Einspruch« und »Widerspruch« heraushören und mitteilen will. Darauf zielt das in der »Theologie der Befreiung« entwickelte diskursethische Paradigma der »Interpellation«.

3. Subsidiarität: zwischen »Dilettantismus« und »Korporatismus«

Subsidiarität steht als ordnungspolitisches Prinzip einer Aufwertung der »sozialen Nähe« im Mittelpunkt der verbandspolitischen Selbstdarstellung. Daß dies heute zugleich aber auch als Privilegierung der »Verbändewohlfahrt« in Frage gestellt wird, signalisieren kritische Problemformeln wie »Korporatismus« und »Dilettantismus«. Demgegenüber behaupten die Wohlfahrtsverbände unter Berufung auf das Prinzip der *»Subsidiarität«* ihre besondere *Autonomie* gegenüber staatlichem Einfluß. In organisationssoziologischer Perspektive erscheint es allerdings fraglich, ob »korporative Identität« alleine über »Tendenzschutz« noch zu kontrollieren ist. Konstruktiver als restriktive Kontrollen von »Linientreue« wäre gewiß die Förderung der kommunikativen Kultur der Verhandlung und Verständigung.

Als Proprium einer »diakonischen Unternehmenspolitik« (vgl. Jäger 1992) interessieren so die im modernen Management unter dem Titel *»Organisationskultur«* diskutierten Zusammenhänge von »innerer Form« und »innerer Führung«. Dann ginge es weniger negativ um die Abwehr von Non-Konformität und Illoyalität als um die positive Bestärkung der aktiven Potentiale von *Identifikation* und *Identität, Engagement* und *Kreativität.* Eine bewußt »gemeinschaftlich« orientierte »Verbandskultur« soll dazu beitragen, diese »inneren Kräfte« kommunikativ zu erreichen und korporativ einzubinden. Zugleich aber stellen sich kritische Fragen, ob das kulturelle Muster »Gemeinschaftlichkeit« mit den kulturellen Mustern von »Organisationsgesellschaft« überhaupt zu vermitteln sein wird (vgl. Nokielski 1994).

Dabei verweist die »wertgemeinschaftliche« Selbstdarstellung der Wohlfahrtsverbände auf deren Anspruch, daß der *›Sinngehalt‹* des bewegenden Engagements in der Struktur und der Kultur des Verbandes die jeweils eigene *Sozialgestalt* finden soll. Dies Proprium soll sich zeigen in der *Organisationsstruktur* (Dienstgemeinschaft), in der *Kommunikationskultur* (Gesprächsgemeinschaft) oder auch in den *Relationsmustern* zwischen professionellem Dienst und alltäglichem Umfeld (Hinterland und Bündnisbereiche im soziokulturellen Milieu des Lebensraums Gemeinde):

(a) Wohlfahrtsverbände zeichnen sich aus durch ihre bewußt *wertrationale Organisationskultur,* welche an die kollegiale Solidarität, an die personale Integrität und die »Identifikation mit dem Träger« besondere Ansprüche stellt. Dabei wird der bindende und bewegende Sinn auf unterschiedliche Weise kommuniziert: über normative Richtlinien, Grundwerte, Leitbilder, professionelle Codes und ethische Diskurse. Doch tradierte Muster kommen unter Spannung und in Bewegung, wenn eine oft als Diktat erfahrene kommunitäre Wertbindung umgestellt wird auf offene Diskurse kommunikativer Sinnbildung.

(b) Wohlfahrtsverbände verweisen gern auf ihr solidarisches *Hin-*

terland im soziokulturellen Milieu des konfessionellen Vereins- und Gemeindelebens: Hier seien nicht nur ehrenamtliche Mitarbeiter und Mitarbeiterinnen zu rekrutieren und solidarische Opferbereitschaft zu aktivieren, sondern hier bewähre sich auch eine besondere Solidität und Stabilität sozialer Netzwerke, worauf helfendes Handeln bauen könne (vgl. Nokielski/Pankoke 1991). Der im kirchlichen Bereich heute engagiert, aber auch selbstkritisch geführte Diskurs zum Verhältnis von *»Caritas« und »Pastoral«* macht allerdings deutlich, daß das Verhältnis von Verband und Gemeinde auch durch vielfältige Spannungen und Brüche belastet sein kann.

(c) Wohlfahrtsverbände wie auch andere auf Gemeinnützigkeit setzende *Non-Profit-Organisationen* konstituieren sich im vereinsrechtlichen Rahmen als *freiwillige Vereinigungen* mit ehrenamtlichen Vorständen. Auf allen Ebenen gewinnt damit das *Ehrenamt* konstitutive Bedeutung nicht nur als billige und willige Hilfe, sondern auch in der öffentlichen Verantwortung der ehrenamtlichen Vorstände. In traditionaler Honoratiorenpolitik verband sich »Ehre« mit der lokalen oder konfessionellen Repräsentativkultur. Fraglich jedoch ist, ob auch in der modernen Organisationsgesellschaft diese Bereitschaft zu ehrenamtlichem Engagement und solidarischer Opferbereitschaft noch langfristig gesichert bleibt (vgl. Pankoke 1994). Dies gilt auch für die konfessionellen Milieus. Auch ehrenamtliche Verantwortung in den Vorständen und Leitungsebenen muß sich heute auseinandersetzen mit dem kritischen Vorwurf eines »funktionalen Dilettantismus« (vgl. Seibel 1992). In die Kritik kommt damit nicht nur die Repräsentativkultur traditionaler *Ehre* wie das radikale *Engagement* sozialer Bewegung. Im Blick auf die heute geforderte manageriale Führungs-, Entscheidungs-, Steuerungs- und Lernfähigkeit (vgl. Klimecki/Nokielski 1992) problematisieren Kritiker die fehlende manageriale Professionalität ehrenamtlicher Entscheidungsträger oder auch der oft nur durch politische oder ideologische Bewährung aufgestiegenen Verbandsfunktionäre. Andererseits aber könnte als Gegengewicht zum Funktionsdruck der »Organisationsgesellschaft« gerade das Ehrenamt eine *extrafunktionale Freiheit* bieten, eine *Autonomie,* in der *Engagement* sich frei entfalten kann.

(d) Wohlfahrtsverbände sehen ihren *ordnungspolitischen* Anspruch auf subsidiäre Autonomie konfrontiert mit dem Vorwurf des »Korporatismus«. Kritisiert wird damit eine allzu starke Verzahnung mit der Verwaltung öffentlicher Macht und öffentlicher Meinung. Dies meint auch, daß die sich auf den Vorrang sozialer und sinnhafter Nähe berufenden Träger sozialer Dienste allzu fest eingebunden (inkorporiert) scheinen in das System wohlfahrtsstaatlicher Regulierung und Subventionierung. Damit sei die beanspruchte Eigenständigkeit der Freien Träger nur bedingt selbsttragend, vielmehr angewiesen auf die öffentliche Hand als Kostenträger. Doch diese als »Korporatismus« kritisierte *Relationsstruktur* zwischen freien Trägern und den Entscheidern und Verwaltern öffentlicher Macht und öffentlicher Mittel scheint problematisch, wenn zugleich die individuellen Interessen des Klientels, aber auch des eigenen Personals mediatisiert werden durch das vorgeschobene Mandat *korporativer Alleinvertretung*.

4. Konfessionalität: Tendenzbetrieb und Dienstgemeinschaft

Die konfessionelle *Kultur des Helfens* steht in Spannung zu der in den Verbänden und Gemeinden durchgesetzten Raison moderner Organisationsgesellschaft. Damit stehen gerade Freie Träger, die selbstbewußt auf *engagierten »Sinn«* setzen, für die Potentiale wie die Paradoxien wertrationaler Organisation. Dies wird besonders deutlich im konfessionellen Bereich: Die Spannung von *Autonomie* und *Autorität*, von *Christlichkeit* und *Kirchlichkeit*, von *professionellem Profil* und *konfessionellem Proprium* verbindet sich oft noch mit Reibungen und Konflikten zwischen dem proklamierten Anspruch auf eine korporative Identität als »Dienstgemeinschaft« und den Interessenlagen moderner Arbeitsbeziehungen (aufschlußreich für kontroverse Positionen im Leitbild-Diskurs des Deutschen Caritasverbandes Pompey 1992; Zerfaß 1992).

In der Wahrnehmung von Mitarbeitern und Mitarbeiterinnen reduziert sich Konfessionalität oft zur formalistisch durchsetzbaren *Normalitäts- und Loyalitätskontrolle*. Formal kontrollierbar ist aber kaum der *Geist* sozialen Engagements, allenfalls die *Form* normierter Konformität. Doch bleibt zu bedenken, daß dann auch engagierte Mitarbeiter und Mitarbeiterinnen den *»dienstgemeinschaftlichen« Anspruch* eher als herrschaftliche Kontrolle erfahren müssen und gegenüber solchem Durchgriff von oben sich selbst abzuschotten und sich resignierend in »innere Kündigung« zurückzuziehen beginnen.

Die Spannung zwischen *konfessionellen, professionellen* und *organisatorischen* Rationalitätskriterien fordert eine »innere Führung«, welche den Anspruch auf »Dienstgemeinschaft« nicht nach der Logik von Organisationsgesellschaft unter Kontrolle bringt, sondern sich bereit zeigt, durch kommunikative Offenheit verbindlich Vertrauen zu bilden.

Unter dem organisationssoziologischen Aspekt von *»Mikropolitik«* wird jede *Arbeitsbeziehung auch als Machtbeziehung* und damit als potentielles Konfliktfeld zu beurteilen sein. Dann aber stellt sich die Frage, ob institutionalisierte Konfessionalität im Verhältnis zu verbandlich organisierter Professionalität noch Gemeinde und Gemeinschaft stiften kann (oder soll oder will). Für die besonderen Regelungen der Mitarbeitervertretung (MAV) in kirchlichen Diensten wird gerade der Konflikt um Partizipationschancen und Machtbalancen zum Testfall. Dabei ist zu beachten, daß Arbeitskonflikte im kirchlichen Raum sich nicht nur auf materielle Interessenlagen fixieren, sondern oft auch der einem *»Tendenzbetrieb«* zugesprochene Anspruch auf ideelle *Identifikation mit dem Träger* zu Kontrollen und Konflikten führen kann (vgl. Beyer/Nutzinger 1991). Korporative und erst recht kommunitäre Identität läßt sich eben nicht auf *»Linientreue«* reduzieren. So vergibt eine strikt formalistisch geregelte Normalitätskontrolle die Chance, das Prinzip *»Dienstgemeinschaft«* bewußt als Alternative zur Organisationsgesellschaft zu gestalten, etwa indem Rechte und Pflichten, Erwartungen und Bereitschaften in kommunikativen Prozessen gemeinsamer Verständigung vereinbart werden.

»Vertrauen ist gut, Kontrolle ist besser«: Dieses sonst eher dem bürokratischen und ideologischen Zentralismus zugeschriebene Steuerungsprinzip droht dann, die produktive Unruhe lebendiger »Gemeinschaft« zu blockieren. Wenn aber Konflikte verdrängt bleiben, droht Gemeinschaft in Herrschaft umzukippen. Wertbindung wird dann zum Kontrolldruck, ohne daß sich dazu über die gemeinschaftliche Rhetorik noch Gegengewichte aktivieren ließen. Gerade wenn auf Konsens gesetzt wird, ist mit Konflikt zu rechnen. Gefordert sind dann nicht nur Konflikt-Management, sondern auch betriebsverfassungsmäßig institutionalisierte Ver-

fahren der Konfliktregulierung. Dennoch bleibt strittig, ob die Konfliktregulierung der *»industrial relations«* unbedingt auf die Produktion *sozialer Dienstleistungen* zu übertragen ist, wo es nicht allein um das *Interesse von Mitarbeitern und Mitarbeiterinnen* geht, sondern immer auch um das *Mandat für die Schwachen und Stummen.* Da die ehrenamtlichen Leitungsgremien oft aus sensibilisierter Selbst- und Mitbetroffenheit sich dieses Mandat engagiert zu eigen machen (besonders deutlich wird das Potential der Selbstbetroffenheit bei den ehrenamtlichen Vorständen der Behindertenhilfe, wie etwa der »Lebenshilfe«), sind Konflikte mit dem professionellen Personal unausweichbar (etwa wenn professionelle Distanz aus Sicht der Ehrenamtlichen als mangelndes Engagement kritisiert wird).

Wie in einer Organisation mit Konflikten und mit Konsens umgegangen wird, wird zu einem entscheidenden Kriterium der Organisationskultur. Die Organisationssoziologie unterscheidet hier zwischen *»starker Kultur«* und *»offener Kommunikation«*: »Starke Kultur«, das bedeutet hohe Verbindlichkeit und Geschlossenheit. »Offene Kommunikation« hingegen gibt den Subjekten Raum, sich selbst einzubringen. Herrschaftswissen und Amtsautorität setzen eher auf »starke Kultur« als auf »offene Kommunikation«. »Ein feste Burg« wird schnell zur Parole einer Lagermentalität, die sich abschottet und es vorzieht, nach »außen« wie nach »innen« Macht einzusetzen, anstatt lernen zu wollen.

Für eine *»diakonische Unternehmenspolitik«* (vgl. Jäger 1992) stellt sich die Frage nach der »inneren Führung«, also nach solchen Leitbildern, Führungsstilen, Organisationskulturen, Integrationsmustern und Identifikationsangeboten, welche die Aktivierung von institutionellem Engagement fordern und fördern. Ein nun in Non-profit-Organisationen, auch in kirchlichen Diensten aufkommender *Leitbild-Diskurs* und dessen praktische Umsetzung in Prozessen der Organisationsentwicklung macht deutlich, daß eine Verständigung auf Prinzipien *»innerer Führung«* längst auch im Bereich der konfessionellen Träger sehr offen verhandelt wird.

Mitarbeiter und Mitarbeiterinnen, von denen Engagement, Sensibilität und Solidarität gefordert wird, werden anders zu führen sein, als Arbeitsverhältnisse, die eher ökonomisch in ihren Lohn-Leistungs-Relationen kalkuliert und kontrolliert werden. Wo jedoch Leitung sich reduziert auf die Kontrolle von Regeln und Routinen, wird es ihr kaum gelingen, mittragendes und mitdenkendes Engagement zu akzeptieren und zu aktivieren. Wenn dann noch die Expansion des sozialen Dienstleistungssektors in Größenordnungen führt, wo der Funktionsdruck großer Organisation das auf soziale Nähe (Subsidiarität) angewiesene Steuerungsmedium »Vertrauen« außer Kraft setzt, müssen zwangsläufig abstraktere und komplexere Kontrollmechanismen wirksam werden. Das »Unbehagen in der Modernität« der großen Organisation könnte aber auch gerade bei Anhängern der traditionellen Leitbilder Rückzugsstrategien des »Gesundschrumpfens« nahelegen.

Gerade wenn subjektives Engagement in die kommunitäre Identität von *»Dienstgemeinschaft«* sich einbringen will, erfordert dies eine »innere Führung«, die den Mitarbeiter und die Mitarbeiterin im »subjektiv gemeinten Sinn« (Weber) seines/ihres Handelns, Erlebens und Bewertens ernst nimmt, anerkennt und annimmt. »Dienstgemeinschaft« aber reduziert sich nur zu oft auf die Kontrolle von Normalität und Loyalität – anstatt einzuladen zu kommunikativer und kommunitärer Vergemeinschaftung engagierter Solidarität.

Aber wie ist eine kommunitäre und kommunikative Sinnbildung mit der Funktionalität und Rationalität von *»Organisationsgesellschaft«* zu vermitteln, ohne in das andere Extrem zu fallen und einer instrumentalistischen Reduktion des Arbeitsverhältnisses auf den bloßen Erwerbszweck das letzte Wort zu geben? Hier wäre darüber nachzudenken, wie das subjektive Engagement von beruflichen und ehrenamtlichen Mitarbeitern und Mitarbeiterinnen und ihre Suche nach Identität und Kommunität angenommen, angesprochen und auch eingebunden werden können. Dies allerdings würde eine »innere Führung« voraussetzen, die unter Verzicht auf disziplinierende *Kontrolle* das Mitarbeiterverhältnis an *Vertrauen* bindet. Vertrauen aber bildet sich aus Verstehen und Verständigung »in der wechselseitigen Offenheit für die Freiheit des Anderen«, so der Soziologe Helmut Schelsky in seinem Appell, auch in der modernen Organisationsgesellschaft »Dauerreflexion institutionalisierbar« zu machen (vgl. Schelsky 1957).

In der kommunikativen Offenheit »innerer Führung« könnte dienstgemeinschaftliche »Communio-Kultur« das Engagement, die Sensibilität und Solidarität anders akzeptieren und aktivieren, als die Funktionalität moderner Organisationsgesellschaft es erwarten ließe. Allerdings müßte eine solche Organisationskultur, die auf Identität und Engagement besonderen Wert legt, ihr Interesse an einer besonderen Verbindlichkeit des bindenden und bewegenden Sinns balancieren mit kommunikativer Offenheit. Nur wenn Leitung dafür offen ist, auch in den »Sinn*fragen*« des Arbeitsverhältnisses Rede und Antwort zu stehen, wächst die Chance, daß Freie Träger auch innerlich frei werden, sich auf die Subjektivität und die Solidarität der Mitarbeiter und Mitarbeiterinnen einzulassen und so auch in schwierigen Feldern soziales Engagement zu aktivieren. Doch wie ist die Rationalität der Organisationsgesellschaft mit einer für die (post-)moderne Kommunikationsgesellschaft geforderten Reflexivität zu verbinden? Dies bedeutet zugleich ein anderes Verständnis von Pluralität. Die traditionale Partikularität der geschlossenen Milieus müßte sich dann entwickeln in eine reflexive Pluralität der offenen Horizonte, in denen die einzelnen Handlungsfelder und Sinnwelten an Autonomie gewinnen können (vgl. Nokielski/Pankoke 1994).

5. Pluralität: zwischen »Versäulung« und »Inter-Kultur«

Pluralität steht dafür, daß soziale Nähe auch in der je besonderen Verbundenheit und Verbindlichkeit gemeinsamen Sinns gründen kann. Die subsidiäre Förderung einer wertgebundenen *Pluralität* der freien Träger im Sozial- und Bildungsbereich fand Rückhalt in der Vorstellung einer *»versäulten Gesellschaft«*. Konfessionelle Weltanschauung und Wertbindung (nicht nur der kirchlichen Konfessionen, sondern auch der säkularen Lager des Humanismus oder Sozialismus) galt als prägende Kraft für Milieu und Mentalität. So konnten die Kräfte und Halte sozialer Nähe gerade dort erwartet werden, wo soziale Not jeweils »mitten-drin« im sozial-moralischen Milieu bearbeitet werden konnte. So verband sich die *Pluralität* der konfessionell versäulten Gesellschaft mit dem Prinzip der *Subsidiarität* als Vorrang der sozialen Nähe, wobei Nähe nicht nur sozialräumlich als Nachbarschaft, sondern auch als die sozialmoralische Verbundenheit und Verbindlichkeit des ›gemeinsamen Sinns‹ definiert werden konnte.

Das Gesellschaftsbild einer *pluralen »Versäulung«* nach soziokulturellen Milieus und sozial-moralischen Mentalitäten ist heute jedoch kaum noch zu vermitteln mit der sozialen Dynamik der mobilen Gesellschaft. Die Partikularität der »versäulten« Milieus scheint längst aufgelöst in eine radikale Individualisierung der Lebensstile. Die konfessionellen, moralischen oder politischen Bekenntnisgemeinschaften finden in einer kommerziell säkularisierten »Erlebnisgesellschaft« kaum noch ihren sozialen Raum, worauf Identität und Engagement bauen könnte.

»Offene Gesellschaft« wird sich heute neu bewähren müssen im aktiven Bezug auf wachsende Unübersichtlichkeit und Entsicherung. Gesellschaftlicher Wertewandel, der gestern noch als die Öffnung von Grenzen und Aufbruch zu neuen Ufern gefeiert wurde, macht zugleich vieles *komplexer* und *abstrakter*, *riskanter* und *politischer*. Dabei gibt es kaum mehr die durchgängige, repräsentative Ausrichtung, die noch ausgehen könnte von der Eindeutigkeit einer innersten Mitte und eines obersten Zentrums. Vielmehr erscheint moderne Wirklichkeit eher vieldeutig und mehrwertig, unübersichtlich und unberechenbar. Die soziologische Theoriesprache spricht von Zentrifugalität und Polyvalenz, Multiperspektivität und Polykontextualität (vgl. Fuchs 1992). »Pluralität« wäre dann zu beziehen auf eine gesteigerte Kontingenz und Komplexität der immer vielfarbiger auseinandertreibenden Lebenszusammenhänge und Sinnwelten, die in ihrem *Eigenrecht*, ihrem *Eigengewicht* und ihrer *Eigendynamik* zu akzeptieren und so zu eigenen Wegen sozialer Praxis zu aktivieren sind.

Ein neuer (reflexiver) Umgang mit Pluralität muß sich dort entwickeln, wo sich unterschiedlichste soziale Initiativen, Aktionen und Organisationen zum Verbund verbinden und dazu ein Verband den Rahmen bietet für Koordination und Konzertierung. Die Vermittlung und Vernetzung der selbstaktiven Felder solidarischen Engagements (vgl. Becher u. a. 1987) ist heute gefordert durch eine doppelte Krise im Wohlfahrtswesen: War das Aufkommen der Selbsthilfebewegung schon in den siebziger Jahren ein ernstes Signal für die *Krise der Fremdhilfe* und die Suche nach Alternativen, so wurden die achtziger Jahre zur *Krise der Selbsthilfe*, als nun auch der Selbsthilfebereich unter Beschäftigungsdruck kam. Dies verschärfte die Angewiesenheit auf öffentliche Mittel und die Abhängkeit von öffentlicher Macht. Doch wofür brauchen autonome Projekte den übergreifenden *Verband?* Wird das nicht wieder nur ein neuer Apparat, in dem die Overhead-

Kosten überproportional wachsen – oder aber bietet ein etablierter Verband nicht doch einen tragenden Rahmen dafür, daß ein engagierter Verbund im freien Feld *handlungsfähig, steuerungsfähig, lebensfähig und lernfähig* wird?
Gewiß bietet die verbandliche Infrastruktur (insbesondere für den sich als Dachverband für ›freie‹ Gruppen anbietenden DPWV) den sich hier einbindenden Aktionsgruppen operative *Ressourcen* (etwa im Bereich von Datenverarbeitung, Rechnungswesen, Finanzberatung) und strategische *Relationen* (insbesondere die Beziehungspflege zu Akteuren und Instanzen öffentlicher Macht und öffentlicher Mittel). Im offiziellen Geschäftsverkehr mit den Entscheidern öffentlicher Macht und den Verwaltern öffentlicher Mittel gilt die Mitgliedschaft in einem anerkannten Spitzenverband der freien Wohlfahrtspflege als Gütesiegel, welches die Seriosität der Geschäfts- und Verhandlungsfähigkeit formell ausweist. Dies gibt dann Rückhalt in den *Verteilungskämpfen* zwischen Traditionsträgern und neuen Initiativen, aber auch zwischen öffentlicher Hand und freien Trägern. Gewiß geht es immer auch um Macht und um Geld: um *Macht,* die im kommunalen Machtspiel oft abgekartet scheint; und *Geld,* worauf gerade kleine Projekte in ihrer Start- und Suchphase besonders angewiesen sind. Neben dieser strukturellen Unterstützung strukturschwacher Initiativen könnte der verbandliche Kontext aber auch einer kommunikativen Kultur Raum geben, was Horizonte öffnet für projektübergreifende Kommunikation, Kooperation und Reflexion.
Für die Bindung sozialen Engagements unter der Bedingung einer Pluralisierung kultureller Sinnbildung ist die Entwicklung des »Paritätischen Wohlfahrtsverbandes« besonders aufschlußreich. Der besonders komplexe, gewiß riskante, aber gerade deshalb auch sehr produktive Steuerungsmodus pluraler Parität setzt auf die Gleichwertigkeit, Eigenwertigkeit und Eigendynamik pluraler Autonomie, ganz im Sinne der programmatischen Prinzipien dieses Verbandes: *»Toleranz – Pluralität – Offenheit«.* Danach wird mit der Komplexität post-moderner Sinnwelten nicht *reduktiv,* sondern *reflexiv* umgegangen. Dies fördert die Entwicklung *engagierter Autonomie.* Wenn ein Verband sich bewußt offen hält für den »Markt des Möglichen«, also die unterschiedlichen Projekte als gleichberechtigt und gleichwertig nebeneinander leben läßt und jedem somit die Chancen eigener Entwicklung eröffnet, bedeutet dies einen neuen Umgang mit Macht.

Im Sinne *neuerer Theorien der Macht* bedeutet Macht dann auch weniger Ermächtigung als Ermöglichung: Macht wird zum Potential, etwas möglich und machbar zu machen. Und wer solche Macht teilt mit anderen, signalisiert damit nicht Schwäche sondern eine Steigerung des Möglichen. Der offene Verbund sozialer Projekte in einem Verband der Freien Wohlfahrtspflege öffnet einen »Markt der Möglichkeiten«, dessen Potential sich durch Vernetzung steigert. Lebendigkeit ist dann allerdings nicht mehr auf Einheitskurs und Linientreue zu reduzieren.

Wenn autonome Projekte unter dem Dach eines Verbandes sich einrichten, geht es also um mehr als nur um abschirmenden Briefkopf, wie bei einer Briefkastenfirma, die eiligen Projekten eine ehrbare Adresse bietet. Sich zum Verband verbinden bedeutet vielmehr für beide Partner, einen *Kontrakt* zu schließen. Der Verband bietet dazu den schützenden *Schirm*, er erwartet von seinen Mitgliedern aber auch die Offenheit für Gegenseitigkeit und Wechselwirkung, für Begegnung und Besinnung, für wechselseitiges Verstehen und Verständigung, also »Offenheit für die Freiheit des Anderen« (Schelsky). Verbandliche Steuerung leistet dann nicht die Fixierung auf Werte, wohl aber die »Dauerreflexion« von Sinn. Die bewußte Zurücknahme festgestellter Ziele und Zwecke ist dann kein Zeichen der Schwäche, sondern ein Zeichen der Stärke offener Steuerung. Ein solcher Steuerungsmodus verzichtet auf Lagermentalität und Linientreue; um so wichtiger wird die kommunikative Kultur von Selbstbestimmung und Selbstverständigung. Erst im verbandlichen Verbund wird sich der Horizont der Kontakte, Kontrakte und Kontexte so weit öffnen, daß die einzelnen Projekte und Initiativen eine neue gemeinsame *(Reflexions-) Ebene* des Sich-Beobachtens, Sich-Beratens, Sich-Besinnens entwickeln können.

So wird durch den Verbund nicht nur die Rationalisierbarkeit des Umgangs mit »Geld« und »Macht« auf einen operableren Maßstab umgestellt; durch die erst im größeren Maßstab organisierbaren Prozesse der *Supervision* und der *Reflexion* wird auch eine neue Professionalität (im Sinne beruflicher und verbandlicher Reflexivität) möglich, wie sie in der Selbstgenügsamkeit eines auf sich allein gestellten Einzelprojektes sich sonst kaum entwickeln würde.

Schon bei der Gründung der großen Wohlfahrtsverbände als Zusammenfassung der je besonderen Einzelaktivitäten war neben dem strategischen Kalkül einer Bündelung der Kräfte dieser Gesichtspunkt der »Institutionalisierung von Dauerreflexion« ein wesentlicher Beweggrund: »Ihr Caritasfreunde und Caritaswerke, tretet aus der bisherigen Verborgenheit und Vereinsamung heraus, sammelt Euch, beratet Euch in Versammlungen, begeistert Euch für eine noch umfassendere und planmäßige Ausübung der Werke der Nächstenliebe!« (Werthmann 1958, S. 67).

So 1897 der Gründungsaufruf des als Zusammenschluß der caritativen Dienste und Werke von Lorenz Werthmann organisatorisch vereinigten *»Charitasverbandes für das katholische Deutschland«*. Damit ging es auch hier nicht nur um die Machtsteigerung durch *»umfassendere und planmäßige Organisation«*, sondern zugleich auch um kommunikative Arrangements einer neuen Reflexivität der »Begeisterung« durch Versammlung, Beratung, Verständigung.

6. Reflexivität: zwischen Selbstgenügsamkeit und Selbststeuerung

Der neue Modus sozialer Politik als Steuerung sozialer Entwicklungen fordert übrigens von den sozialpolitischen Akteuren eine ganz andere Offenheit, die sich schwer vertragen würde mit einem institutionellen Rahmen, der alles Offene strikt unter Kontrolle bringt. Dem entsprechen auf kommunaler Ebene aktuelle Tendenzen der Verwaltungsreform als Umbau der Ordnungs- und Leistungsverwaltung zum Dienstleistungsunternehmen. Auch im Feld der sozialen Dienste wird *kommunikative Führung und kontextuelle Steuerung* mehr Gewicht gewinnen. So wird im neuen *KJHG* der prozeduralen Steuerung durch Planung nun mehr Bedeutung eingeräumt. Es werden keine Zielbilder mehr idealisiert, wohl aber Verfahren programmiert, über welche eine *kommunikative* und *kooperative Zielbildung* möglich wird. Solches *Kontrakt-Management* gilt etwa für das Entwickeln eines Erziehungsplans, bei dem eine dialogische Partizipation des betroffenen Jugendlichen möglich ist.

Über *kommunikative Offenheit* lassen sich zu den selbstaktiven Feldern der Selbst- und Solidarhilfe besser Brücken bauen als von den sicheren Bastionen der geschlossenen Organisation. Dabei kommt es zwischen Steuerung und Selbststeuerung zu produktiver Wechselwirkung. Offenheit ist gefordert nicht nur in den Außenrelationen zum sozialen Umfeld, sondern auch im Verhältnis zur »inneren Umwelt«, also im *Mitarbeiterverhältnis*. Moderne Führung setzt sich dem Einfluß der Mitarbeiter und Mitarbeiterinnen aus und gewinnt neue Horizonte durch Rückkopplung, Austausch, kulturelles *bargaining*.

Im Blick auf Führungsstil und Organisationskultur der Freien Wohlfahrtspflege gewinnt besondere Bedeutung eine kommunikative Kultur der *Vermittlung und Begegnung als Medium verbandlicher Steuerung*. Konstellationen kommunikativer Offenheit sind die *Tagung*, das *Beratungsgepräch*, die *Konferenz*. Bei neuen Problemen oder neuer Initiative wird erst einmal im offenen *Konsultationsprozeß* das Feld sondiert, werden Konzepte entworfen und per Gedankenexperiment durchgespielt. Staatliche Organisationen müßten das offizieller regeln. Sie würden schneller auf Entscheidung drängen und dazu Sitzungen einberufen, wo Sitz und Stimme bereits klar festgelegt ist. Wenn aber die Komplexität der Probleme sich nicht auf schnellen Konsens reduzieren läßt (etwa per Dezision und Diktat) muß sich Steuerung für Prozesse der Konsultation offen halten. Das *Konsultationsmodell* ist gegenüber dem engeren *Kommissionsmodell* weniger verbindlich, durch die Rücknahme des Entscheidungsdrucks aber auch für wechselseitige Lernprozesse offener. So kann Schwäche zur Stärke werden.

Auch in der Freien Wohlfahrtspflege ist die vorgeschobene Einheitlichkeit und Eindeutigkeit fixer »Werte« fraglich und strittig geworden. Dies registriert schon die Sprache, in der wir uns verständigen. Schon längst beschwören wir nicht mehr die heile Welt der *»Ehre«*, sondern wir sprechen lieber von *»Engagement«*, obwohl wir wissen, daß dies viel schwerer zu integrieren sein wird als die alte Ehre (vgl. Pankoke 1994). Wir beschwören auch nicht mehr die alten Werte, womit wir einst unterstellten, daß es einen alle bindenden Konsens und eindeutig einheitliche Grundlagen der sozialen Arbeit geben könne. Vielmehr treibt der Wertwandel der letzten Jahre in offene Sinnfragen und Sinnkrisen, womit – *»zwischen Dienst und Selbstbezug«* (vgl. Jakob 1993) – neues Engagement sich selbst finden muß. Dann aber müssen die Verantwortlichen sich dafür offen halten, sich den Fragen nach »Sinn« zu stellen, wobei sich Sinn im wechselseitigen Verstehen, Verständigen und Verhandeln immer wieder neu bilden muß.

Doch wenn die jeweils *gemeinschaftlich, ja »ganzheitlich« versäulten Milieus* einer einst scheinbar »heilen Welt« sich verflüssigen und in ihren Grenzen zerfließen, werden wir unseren sozialen Ort immer weniger in den *»natural networks«* der gewachsenen Milieus finden. Auch in den sozialen Diensten müssen wir uns umstellen auf künstliche und damit auch riskante Netzwerke situativer Selbstfindung und Selbstbindung. Dazu gibt die Selbsthilfebewegung deutliche Signale.
Soziale Wirklichkeit verliert ihre fraglose Objektivität des Gestandenen und Gewachsenen und wird uns bewußt als das künstliche und kunstvolle Produkt subjektiver und damit auch intersubjektiver Definitions- und Konstruktionsprozesse. In dieser neuen »konstruktivistischen« Sicht werden wir unsere Welt neu erleben und erlernen müssen: *als »Projekt« und »Prozeß«, als »Konstrukt« und »Kontrakt«, als »Konsens« und »Konflikt«*. Dem ist institutionell Rechnung zu tragen – auch in der Art, wie ein moderner Wohlfahrtsverband kooperativ zu führen und strategisch zu steuern ist. Daraus ist zu lernen, daß die Bearbeitung sozialer Problemlösung als »Prozeß« zu steuern ist und der professionelle Bearbeiter sich als »Konstrukteur« künstlicher Wirklichkeit beobachten und verantworten muß.
Die größere Offenheit der Handlungsebene ist allerdings rückzubinden in verbindliche Verfahren der Planung. *»Prozedurale Steuerung«* und *»lose Kopplung«* heißt es in der Fachsprache der Steuerungstheorie; und für den Praktiker wird das zur Herausforderung, die Ebene zu wechseln von einer Verwaltung der *Fallbearbeitung* zur Steuerung von *Feldentwicklung*. Das dazu angebotene Spektrum der Instrumente spannt sich vom Erziehungsplan im Einzelfall bis hin zur konstruktiven Mitwirkung bei der örtlichen Jugendhilfeplanung. Dies fordert *neue Kompetenzen* des planerischen und politischen Handelns und stellt zugleich die Praxis vor Ort in *neue Verantwortungen.* Hier werden von der Steuerungsebene des Verbandes anspruchsvollere Hilfestellungen der fachlichen *Weiterbildung*, der *Prozeßbegleitung* und der *Systemberatung* gefordert sein als im bürokratischen Routinebetrieb. Aber auch die Besinnung, Auseinandersetzung und Verständigung in Sinnfragen wird kommunikativ anspruchsvoller als in jenen Welten, deren Werte noch in Ordnung schienen.
Gefordert ist eine gesteigerte Offenheit im Umgang mit Personal. *»Innere Führung«* bedeutet dann, auch bei zunehmender *Un-*

übersichtlichkeit engagierte Mitstreiter und Mitstreiterinnen für einen gemeinsamen Weg begeistern, gewinnen und auch binden zu können. Offene Zukunft, das erfordert konstruktive Visionen, produktive Phantasie und begeisterndes Charisma. Zugleich aber fordert strategisches Denken auch eine neue Flexibilität und Reflexivität, um gegenüber einer komplexen und turbulenten Umwelt systembildend handeln und planen zu können. Wo aber Feldbeobachtung sich nicht mehr sicher sein kann, fordern Schritte und Schneisen ins Ungewisse um so mehr die *reflexive Kontrolle durch Selbstbeobachtung*.

Diese Überlegung gibt Anschluß an modernste *Steuerungstheorie*, welche für diese Wechselwirkung von *Systembeobachtung* und *Selbstbeobachtung* einen neuen Steuerungsmodus herausarbeitet, die *Steuerung durch Supervision*. Die Steuerungsinstanzen greifen dann in die laufenden Prozesse nicht ein durch Befehlskommunikation, wohl aber durch Mitteilung der Beobachtungen, die für den Handelnden selbst im *blinden Fleck* liegen können. Doch Supervision kann allenfalls eine Revision der Handlungsrichtung zu bedenken geben, die Kurskorrektur muß dann jedoch aus der Einsicht des Akteurs selbst kommen: »Supervision ersetzt getroffene Entscheidungen nicht durch eigene – was auf eine Verletzung der Autonomie der Funktionssysteme hinausliefe –, vielmehr beschränkt sich Supervision im Fall diskursiv erwiesener Unzulänglichkeit in der getroffenen Entscheidung auf ›Zurückverweisung‹, d. h. darauf, das Funktionssystem auf eine Revision seiner Optionen, auf eine Überprüfung seiner Optionenpolitik zu verweisen« (Willke 1992, S. 335).

Supervision aber ist im *turbulenten Feld* der sozialen Arbeit längst professioneller Standard. Auch in der sozialen Arbeit und ihrer verbandlichen Steuerung geht es um »strategisches Denken«, um Handeln unter Zeitdruck und ins Ungewisse, um die Spiegelung der Feldbeobachtung in Selbstbeobachtung, um eine Umstellung vom *Befehlsmodell* auf die *Verhandlungsmodelle* prozeduraler Steuerung. Es geht nun darum, hier das Medium zu erkennen, über das eine *»intelligente Organisation«* im Wechselspiel von Umweltsensibilität und Selbstbeobachtung *lernen* kann, sich selbst zu *steuern*.

Zugleich aber müssen Wohlfahrtsverbände sich künftig ernsthafter damit auseinandersetzen, daß die aus dem Elan sozialer Bewegungen sich einbringende *Lebendigkeit freien Engagements* und die *Freude am Risiko offener Arbeit* jetzt gefährdet sind. Im Individualisierungsschub zu einer entsolidarisierten Konsum- und Erlebnisgesellschaft könnte solidarisches Engagement austrocknen. Die »Grenzen der Solidarität« hätten dann nicht nur strukturelle, sondern auch kulturelle Gründe. Um so mehr muß das Verbandsmanagement neue Wege finden, das freie Engagement, wie es die soziale Arbeit braucht, neu zu interessieren, zu aktivieren und zu engagieren. Neu gefragt bleibt bei allem *Management* immer auch das *Charisma,* also die kulturelle Ausstrahlung bewegender Begeisterung. Entscheidende Bedingung dafür, daß freies *Engagement* sich verantwortlich bindet, ist die Öffnung für *Autonomie.* Hier könnte gerade das Prinzip der »losen Kopplung« zum Engagement einladen.

Wenn wir neuere Entwürfe managerialen Systemdenkens beziehen auf die ordnungspolitischen wie auch steuerungstheoretischen Prinzipien der Subsidiarität, Solidarität, Pluralität, Parität und Reflexivität, so könnte gerade die Offenheit für Autonomie guten Grund bieten, das heute im europäischen Rahmen neu zur Diskussion gestellte »System« der öffentlichen und privaten Wohlfahrtspflege – auch durch die Besonderheiten seiner Organisationskultur – handlungsfähig und lernfähig, steuerungsfähig und verantwortungsfähig zu halten.

7. Ausblick: »Funktions-System« und »Leitbild-Politik«

Die wertgebundenen Träger sozialer Dienste berufen sich neben fachlicher Kompetenz auf eine besondere Qualität sozialer Nähe und auf die dabei wirksamen »inneren Kräfte« von Engagement, Solidarität und Sensibilität. Diese »Sinnfrage« des Helfens muß in der kommunikativen Kultur der Wohlfahrtsverbände darstellbar und verhandelbar werden. Dies gilt im pluralen Spektrum der weltanschaulichen Lager jeweils auf besondere Weise. Bei den nicht-kirchlichen Trägern finden wir die programmatische Berufung auf klassische Postulate der bürgerlichen Aufklärung und der sich daraus entwickelnden sozialen Bewegungen (Humanität, Liberalität, Pluralität). Dies ist ausweisbar in programmatischen Texten aus DRK und DPWV. Die Arbeiterwohlfahrt findet guten Grund in der Solidaritätserfahrung der frühen Arbeiterbewegung.

Kirchlich gebundene Träger orientieren und legitimieren sich im programmatischen Rekurs auf »christliche Nächstenliebe«.
Skeptiker warnen davor, daß in den traditionellen konfessionellen und ideologischen Wertlagern mit großen Worten beschworene alte Werte die immer abstraktere Komplexität sozialpolitischer Systemzwänge verdecken und verfehlen könnten. Sie verweisen darauf, daß nur zu oft der »Enthusiasmus« der hohen Ideale sich verbindet mit einem »Dilettantismus« in den Niederungen der Praxis.
Ideologiekritische Desillusionierung ließe sich konstruktiv wenden, wenn versucht würde, »versteinerte Verhältnisse dadurch zum Tanze zu zwingen, daß man ihnen ihre eigene Ideologie vorspielt« (so die ideologiekritische Dialektik eines jungen Marx). Bezogen auf die innere Führung der Wohlfahrtsverbände würde dies bedeuten, daß diese sich dem Anspruch ihrer eigenen Tradition bewußter und diskursiver stellen müssen.
Als »corporate identity« könnte Traditionsbezug dann in zwei Richtungen wirksam werden: In einem affirmativen Sinne stützen Traditionen oft nur jene »starke Kultur des Wir«, wo die Beschwörung großer Programme alle Probleme der Praxis »klein« werden läßt; als kritisches Potential werden tradierte Ansprüche zum programmatischen Vermächtnis für aktuelle Praxis. Wenn in diesem Sinne Wohlfahrtsverbände ihre großen Worte nicht nur als dekorativen »Überbau« pflegen, sondern ernst nehmen als Moment eines »Projekts der Moderne« (Habermas) oder auch als eine auf engagiertes Handeln drängende Tiefendimension des Religiösen, könnten die Verbände sich neu unter Herausforderung und in Verantwortung stellen. Die Theorie markiert diese Richtung in den Erkenntnisinteressen von »kritischer Theorie«, »Diskurs-Ethik« oder »Theologie der Befreiung«. Eine darauf gründende »politische Diakonie« wird zur Aufforderung einer neuen Radikalität »christlicher Weltverantwortung«, die bereit ist, gesellschaftliche Verhältnisse im Lichte der theologischen Unterscheidung »Heil/Unheil« kritisch in Frage zu stellen. Gerade im Lichte der Heilsfrage (sei sie eschatologisch oder utopisch definiert) wird das »Unheil« sozialer Verelendung und Entfremdung zum radikalen Skandalon.
Für die kommunikative Praxis stellt sich die Frage, inwieweit Organisationen in ihrer Selbstverständigung die kritischen Potentiale der eigenen Tradition wirksam werden lassen. Das aber ist nicht

nur eine Frage der kommunikativen Kultur, sondern auch der institutionellen Struktur, welche diskursive Offenheit blockieren könnte – oder aber auch freisetzt.
Die Sonderstellung der Wohlfahrtsverbände ist also nicht nur so zu sehen, daß sie einen Teil des »Wertehimmels« (M. Weber) als »Proprium« und zugleich als »Domäne« in Anspruch nehmen. Die wertgeladenen Programmformeln der »Solidarität, Subsidiarität, Pluralität« bedeuten im Blick auf die damit programmierten Aktionsformen, Relationsmuster und Steuerungsmodi zugleich auch Alternativen zu den wohlfahrtsstaatlichen Steuerungsmedien Geld, Recht und Macht.
Wie aber sind die zur Rationalisierung des Helfens geforderten Kontrollen über Geld, Recht, Wissen noch zu vermitteln mit älterer Wertbindung oder neuer Sinnbildung? Das Funktionssystem der »sozialen Sorge und Hilfe« kommt unter Spannung und neu in Bewegung in Reflexionshorizonten, in denen die Frage nach politischem »Ziel«, ideellem »Sinn« oder auch nach religiösem »Heil« zur Sprache kommen kann. Sinnbildung aber bedeutet nicht das Diktat fertiger Antworten ohne jedes Fragen, vielmehr konstituieren sich Sinnhorizonte über kommunikative Prozesse der Besinnung und Beratung, Verhandlung und Verständigung.
Hierzu könnte die in den konfessionellen Verbänden sich neu aktualisierende *Leitbild-Politik* eine Richtung weisen. Dabei geht es allerdings kaum mehr um die Durchsetzung von »starker Kultur«, welche den Leitbilddiskurs restriktiv verkürzt auf Leitbilddiktat, wobei es nicht mehr geht um bewegenden Sinn als eher um kontrollierbare Norm, nicht um den Reflexionshorizont von Leitbildern als um Vorschriften zur Linientreue. Dann aber wäre für die »Kultur des Helfens« eine große Chance vertan, durch die sich die Wohlfahrtsverbände – gerade in ihrer Distanz zur reinen Funktionalität der modernen Funktionssysteme – in der Krise wohlfahrtsstaatlicher Modernität heute neu gefragt und gefordert sehen könnten.
Vieles scheint im korporatistischen Feld des Wohlfahrtsstaates und seiner Verbände heute in Bewegung zu kommen. Doch der Abbau alter Muster könnte auch zur Chance werden für neuen Aufbruch. »(C)Lean production« – so eine der schnellen Formeln aus der Welt der Wirtschaft – bedeutet ja nicht nur eine Rationalisierung durch Abspecken struktureller und kultureller »Altlasten«, sondern zugleich auch das Aktivieren neuer Beweglichkeit.

Dies ließe sich übertragen auf die Produktivität der sozialen Dienste im Wohlfahrtsstaat. Gewiß scheint die »Staatskrippe« des einst satten Korporatismus nur noch karg gefüllt und für viele viel zu hoch gehängt. Aber auch der öffentliche Träger muß nun selbst lernen, mit vielen »Töpfen« zu jonglieren. Für die Träger sozialer Dienste hat dies die Folge, umstellen zu müssen von einer kalkulierbar gemachten korporatistischen Partnerschaft auf neue Unsicherheitszonen von Projektförderung und Projektmanagement. Die Bürokraten und Kommissare werden verdrängt durch einen neuen Typus sozialpolitischer Akteure wie Manager und Moderatoren. Gefragt als »Mittler« sind nun eher die zwischen den Welten operierenden »Grenzgänger«, auch in den gewiß umstrittenen Profilen von »Partisanen« oder gar »Piraten«, aber auch in den extra-funktionalen Fähigkeiten »Magiern« und »Magistern« als Meistern des Lernens.

Die neue Flexibilität im Welfare-Mix fordert also eine neue Reflexivität der Steuerung. Wohlfahrtspolitische Akteure verstehen sich dann weniger als Funktionäre vorgegebener Systeme, denn als Konstrukteure inter-aktiver Relationen. Neue (post-moderne) Reflexivität ist gefordert nicht nur in der Konstruktion der Außenrelationen zu einer turbulenteren Umwelt, sondern auch im Umgang mit der »inneren Umwelt« eines selbstbewußteren Engagements der Mitarbeiter und Mitarbeiterinnen, die sich kaum noch nach den einfacheren Bildern von »Ehre« und »Amt« wird beschreiben lassen. Reflexivität bedeutet also nicht jene introvertierte Beschäftigung mit sich selbst, wie man es auch unter dem Dach vieler Wohlfahrtsverbände lange als gruppendynamische Selbsterfahrung kultiviert hat, wo mehr gesprochen und besprochen als gehandelt und verhandelt wurde.

Reflexive Relationen (im Unterschied zu den transitiven Relationen des Eingriffs und des Durchgriffs) setzen die Bereitschaft voraus, sich sensibler auf ›Umwelt‹ einzustellen, auf die Ideen und Interessen, Belange und Bedürfnisse der Zielgruppen und Bezugsgruppen zu hören, ja davon zu lernen. Aber wer Relationen aufbaut – dies gilt gerade für jene Relationen der Hilfe zur Selbsthilfe –, muß selbst wissen, wer er ist, was er will, woher er kommt und worauf er zielt.

Die Reflexivität sozialer Praxis meint somit etwas ganz anderes als das Abheben abstrakter und radikaler Diskurse. Es geht kaum um sinnstiftende Gedankenspiele, eher um einen Wirklichkeitsbezug der »soziologischen« Beobachtung, Beschreibung, Bewertung. Reflexivität bezieht sich nicht auf abstrakten Sinn, sondern auf konkrete Relationen. Wohlfahrtsverbände, in deren Selbstdarstellung das Proprium sozialen Engagements institutionelles Gewicht gewinnt, werden in ihren Relationen zu den inneren wie äußeren »Umwelten« eine solche Reflexivität entwickeln müssen.

Organisationsberater der Wirtschaft formulieren dies pragmatischer. Sie sprechen von »Bezugsgruppen-Management« oder auch von »Bezugsgruppen-Marketing«. Für wirtschaftliche Unternehmen sind die entscheidenden Referenzgruppen die Nachfrage und Kunden auf den Märkten. Die Parole »Vom Kunden lernen« bedeutet dann jedoch mehr als nur ein auf Bedarfsabfrage verkürztes Marketing. Gefordert sind vielmehr interaktive Arrangements und vermittelnde Kommunikationen, woran unterschiedliche Akteure und Bezugsgruppen beteiligt sind: Manager und Strategen, Mandanten und Konkurrenten, Stammkunden und Laufkunden, Bündnisbereiche und Verbundsysteme. *Bezugsgruppen* im Wohlfahrts-Mix sind also nicht nur die Verwalter öffentlicher Mittel auf der einen Seite und deren Empfänger und Empfängerinnen auf der anderen Seite; Bezugsgruppen sind vielmehr auch die professionellen Mitarbeiter, die Repräsentantinnen alter Ehre und die Aktivistinnen neuen Engagements, Bezugsfelder sind auch die in ihren Netzwerken zu aktivierenden Sympathisantenfelder im Hinterland gleichgesinnter Milieus.

Die kommunikative und korporative Aktivierung all dieser Relationen fordert »Innovationskraft und Dynamik; denn Qualitäts- und Kundenorientierung bedeutet nicht, daß die Geschäfte im Unternehmen beschaulicher abgewickelt werden, sondern daß die Dynamik des unternehmerischen Alltags angesichts des harten Wettbewerbs noch weiter steigt und trotz und wegen der Kundenbindung und Qualitätssicherung die Innovationskraft der Unternehmen gestärkt werden muß« (Scharioth 1992, S. 111).

Unter Beachtung der Regeln eines modernen »quality managements« käme es hier darauf an, die mit dem traditionellen Verständnis des »Klienten« programmierte »Produktion von Fürsorglichkeit« (Wolff) dadurch zu überwinden, daß man lernt, in der Zielgruppe der »Klienten« bewußt auch den »Kunden«, also den selbstbewußten Partner zu erkennen, mit dem es gilt, die Prozesse von Rat und Hilfe als Projekt und als Kontrakt kommunikativ zu konstruieren.

Diese Umstellung von korporatistischer Stabilitätssicherung zu neuen Relationen kommunikativer Qualitätskontrolle könnte auch den Wohlfahrtsverbänden zur Herausforderung werden, sich jenseits des etablierten Korporatismus neu zu orientieren, dabei jedoch nicht nur im Sinne gängiger Corporate-Identity-Konzepte introvertiert in sich hineinzuhorchen. Wichtiger ist eine Aktivierung kommunikativer Kontakte und Kontrakte sowohl in den Außenrelationen zur gesellschaftlichen Umwelt, wie auch in der »inneren Führung« des Mitarbeiterverhältnisses (vgl. Nokielski/Pankoke 1994). Es geht um die Gestaltung offener Relationen nach der Logik von Lernprozessen. Die neuen Strategien eines *»Referenzgruppen-Managements«* ließen sich aus der Welt des wirtschaftlichen Managements durchaus auf eine post-korporatistische Neuorientierung der Wohlfahrtsverbände übertragen: »Nur durch das Ineinandergreifen der Stimme von innen und der Stimme von außen werden handlungsorientiert die Maßnahmen ermittelt und eingeleitet, die dem Unternehmen den größten Erfolg bringen. (...) Vom Kunden lernen, bedeutet, für den Kunden lernen, das eigene Unternehmen innovativ und dynamisch auch bei neuen Herausforderungen des Marktes und des Wettbewerbs zu steuern – und damit (...) auf Veränderungen nicht nur reagieren, sondern aktiv agieren« (Schariοth 1992, S. 125 f.).

Literatur

Becher, B., u.a.: Sozialpolitische Aktionsgruppen: Bedingungsfaktoren ihrer Beziehung zu kommunaler Politik und Verwaltung, in: Kaufmann, F.X. (Hg.), Staat, intermediäre Institutionen und Selbsthilfe, München 1987, S. 269-302.

Beyer, H./Nutzinger, H. G.: Erwerbsarbeit und Dienstgemeinschaft. Arbeitsbeziehungen in kirchlichen Einrichtungen, Bochum 1991.

Deutscher Caritasverband (Hg.): Arme unter uns. Ergebnisse und Konsequenzen aus der Caritas-Armutsuntersuchung, Freiburg 1993.

Fuchs, P.: Die Erreichbarkeit der Gesellschaft. Zur Konstruktion und Imagination gesellschaftlicher Einheit, Frankfurt a. M. 1992.

Hegner, F.: Planung – Verwaltung – Selbstbestimmung, in: Böckle, F. u. a. (Hg.), Christlicher Glaube und moderne Gesellschaft, Band 11, Freiburg 1981, S. 79-128.

Heinze, R. G./Olk, Th.: Sozialpolitische Steuerung: Von der Subsidiarität zum Korporatismus, in: Glagow, M. (Hg.), Gesellschaftssteuerung zwischen Korporatismus und Subsidiarität, Bielefeld 1984, S. 162-194.

Horch, H.-D.: Geld, Macht und Engagement in freiwilligen Vereinigungen. Grundlagen einer Wirtschaftssoziologie von Non-Profit-Organisationen, Berlin 1992.

Jäger, A.: Diakonische Unternehmenspolitik. Analysen und Konzepte kirchlicher Wirtschaftsethik, Gütersloh 1992.

Jakob, G.: Zwischen Dienst und Selbstbezug. Eine biographieanalytische Untersuchung ehrenamtlichen Engagements, Opladen 1993.

Kaufmann, F. X. (Hg.): Staat, intermediäre Instanzen und Selbsthilfe. Bedingungsanalysen gesellschaftspolitischer Intervention, München und Wien 1987.

Klimecki, R./Nokielski, H.: Sozialmanagement – Innovationszwang und Entwicklungspotentiale in Wohlfahrtsverbänden, in: Caritas '93. Jahrbuch des Deutschen Caritasverbandes, Freiburg 1992, S. 40-51.

Nokielski, H.: »Keine große Gemeinschaft«. Organisationskulturen, Vertrauensbeziehungen, Interessenlagen, in: Hennen, M./Jäckel, M. (Hg.), Privatheit und soziale Verantwortung. Festschrift für Friedrich Landwehrmann, München 1994, S. 13-32.

Nokielski, H./Pankoke, E.: Konstruktive Netzwerkhilfe. Ressourcenmanagement im Lebenszusammenhang Gemeinde, in: Caritas '92. Jahrbuch des Deutschen Caritasverbandes, Freiburg 1991, S. 37-43.

Nokielski, H./Pankoke, E.: Feldbeschreibung. Zur professionellen Verwertung empirischen Wissens, in: Archiv für Wissenschaft und Praxis der sozialen Arbeit, 1992, S. 300-316.

Nokielski, H./Pankoke, E.: Post-korporative Partikularität. Zur Rolle der Wohlfahrtsverbände im Welfare-Mix, in: Evers, A./Olk, Th. (Hg.), Wohlfahrtspluralismus, Opladen (im Erscheinen).

Pankoke, E.: Solidarität, Subsidiarität, Pluralität. Programmformeln und Strukturfragen wertgebundenen Helfens, in: Olk, Th./Otto, H.-U. (Hg.), Soziale Dienste im Wandel II. Entwürfe sozialpädagogischen Handelns, Neuwied 1989, S. 51-90.

Pankoke, E.: »Enthusiasmus« und »Dilettantismus«. Gesellschaftlicher Wandel ehrenamtlichen Engagements, in: Vogt, L./Zingerle, A. (Hg.), Ehre, Frankfurt a. M. 1994, S. 151-171.

Pankoke, E./Sachße, Chr.: Armutsdiskurs und Wohlfahrtsforschung. Zum deutschen Weg in die industrielle Moderne, in: Leibfried, S./Voges, W. (Hg.), Armut im modernen Wohlfahrtsstaat, Kölner Zeitschrift für Soziologie und Sozialpsychologie, 1992, Sonderheft 32, S. 149-173.

Pompey, H.: Das Profil der Caritas und die Identität ihrer Mitarbeiter/-innen, in: Caritas '93. Jahrbuch des Deutschen Caritasverbandes, Freiburg 1992, S. 11-26.

Scharioth, J.: Vom Kunden lernen, in: Krebsbach-Gnath, C. (Hg.), Den

Wandel im Unternehmen steuern. Faktoren für ein erfolgreiches Change-Management, Frankfurt a. M. 1992, S. 103-126.

Schelsky, H.: Ist Dauerreflexion institutionalisierbar? (1957), in: Schelsky, H., Auf der Suche nach Wirklichkeit. Gesammelte Aufsätze, Düsseldorf 1965, S. 250-275.

Seibel, W.: Funktionaler Dilettantismus. Erfolgreich scheiternde Organisationen im ›Dritten Sektor‹ zwischen Markt und Staat, Wiesbaden 1992.

Weber, M.: Wirtschaft und Gesellschaft. Grundriß der verstehenden Soziologie, 5. revidierte Auflage, Tübingen 1972.

Werthmann, L.: Reden und Schriften. Ausgewählt und herausgegeben von Karl Borgmann, Freiburg 1958.

Willke, H.: Ironie des Staates, Frankfurt a. M. 1992.

Zerfaß, R.: Das Proprium der Caritas. Als Herausforderung an die Träger, in: Caritas '93. Jahrbuch des Deutschen Caritasverbandes, Freiburg 1992, S. 27-40.

Lothar Böhnisch

Verbände für Jugendliche

Aussichten einer pädagogischen Idee in Ost und West

1. Jugendverbände im Zwiespalt der Modernisierung

Jugendverbände sind in Deutschland nach der Wende höchst unterschiedlich präsent. Infolgedessen ist es angebracht, nicht von »den« Jugendverbänden zu reden, sondern von einer offenkundig pluralen und durchaus inhomogenen Jugendverbandskultur. Ich will dies zuerst vor dem Hintergrund persönlicher Erfahrungen, die ich in der letzten Zeit in West- und Ostdeutschland gemacht habe, streiflichtartig illustrieren:

In der süddeutschen Kleinstadt, in der ich bisher wohnte, strömen die Kids und jüngeren Jugendlichen zu den St.-Georgs-Pfadfindern (DPSG). Auch meine Tochter gehört(e) der KiKai-Sippe an; es gibt Mädchen- und Jungengruppen. Auf dem Programm steht freitags »Pfadfinderkunde«, die Hauptsache aber sind ohne Zweifel die Fahrten, Ferienlager und – alltagsstimulierend – die Kids-Szene, die sich wöchentlich um den Pfadfindertreff bildet. Jugendliche und junge Erwachsene fungieren als Gruppenleiter oder Gruppenleiterinnen, machen das scheinbar gerne, und die Kids orientieren sich gerade auch an ihnen: Danach, was von den Gruppenleitern oder Gruppenleiterinnen angezettelt wird, wie sie Zuneigung und Kontrolle auf die Gruppe verteilen und wie sie sich selbst den Kids zu erkennen geben, wird die Attraktivität der Gruppe von den Kindern beurteilt. Übrigens steht in der Zeitung, daß die DPSG wegen des großen Zulaufs einen zeitweiligen Aufnahmestopp erwägt.

Anders dagegen meine ostdeutschen Erfahrungen, die ich über vielfältige Kontakte zur sächsischen Jugendarbeitsszene sammeln konnte. Zwar auch dort: Kids, die Räume suchen und brauchen. Aber sie scheinen nicht auf diese Art verbandlicher Kinderkultur »anzuspringen«. Die neu gegründeten Jugendverbände haben es zudem immer noch schwer, genügend jugendliche Ehrenamtliche zu finden. Dabei ist es wohl nicht mehr so sehr die selbstverordnete organisatorische Distanz der Nachwendezeit, als man die FDJ »abgelegt« und keine Lust mehr auf neue Jugendorganisationen hatte. Vielmehr scheint mir der völlig andere Strukturtyp von Jugendarbeit, der in der DDR vorherrschte, ausschlaggebend zu sein: In Ostdeutschland wirkt die Erfahrung institutionell (Schule) und sozialräumlich (Club in der Nachbarschaft) *»gebundener«* Jugendfreizeit auch in der Nachwendezeit weiter nach. Für eine offene und freiwillige Kinder- und Jugendkultur der Jugendverbände dagegen gibt es keine entsprechenden Traditionen. Die Jugendverbände, die hier Fuß fassen sollen, stecken immer noch in dem gleichen Dilemma wie andere Träger der Jugendhilfe: Zwar wurden die institutionellen Muster und Verfahren von West- nach Ostdeutschland »übertragen«, die entsprechende Jugend- und Sozialkultur, welche diese Institutionen erst zum Leben bringt, war aber nicht übersetzbar, muß sich erst hier unter den besonderen historischen und lokalen Bedingungen entwickeln. So bleibt vorerst das scheinbare Paradox in Ostdeutschland erhalten, daß die Kinder und Jugendlichen in den jugendarbeitsbezogenen Jugendbefragungen (vgl. Wolf 1993/95) eine hohe Affinität zur Jugendarbeit im allgemeinen zeigen, auf die Angebote der neuen Jugendverbände aber keinesfalls entsprechend »anspringen«.

In Westdeutschland entwickeln sich regional unterschiedlich neue Schülerkulturen, die durch die Schule hindurchgehen (also nicht nur traditionell außerschulisch »neben« der Schule existieren), und Junge-Erwachsene-Kulturen, welche nach Lebensformen zwischen der Jugend- und Erwachsenengesellschaft suchen und in den gesellschaftlichen »Zwischenräumen« kulturell experimentieren und nach regionaler Vergewisserung suchen. Vieles an dieser regionalen und soziokulturellen Phantasie läuft über die Anregungsmilieus von Jugendverbänden, ja, es hat den Anschein, daß sie in der nivellierten Konsumgesellschaft die letzten Orte und Inseln sozialer und gesellschaftlich-ökologischer Experimente sind.

Die Konsumgesellschaft wiederum scheint die Jugendverbandsstruktur aus dem Alltag der Jugendlichen vor allem in den urbanen Zonen zu drängen. Je mehr Jugend den eigenständigen Status einer frühen Konsumgruppe neben der etablierten Konsumgesellschaft der Erwachsenen erhält, desto mehr gibt sich auch die

Jugendkultur als Konsumkultur. Die Jugendverbände erscheinen aber nicht nur gegenüber dieser Konsumkonkurrenz als Verlierer. Gleichzeitig hat sich in den achtziger und neunziger Jahren in Westdeutschland, und übergreifend auf Ostdeutschland, ein gesellschaftliches Jugendbild verbreitet, in dem Jugend – spektakulär verbrämt durch Gewalttaten einzelner Gruppen – zur »Problemgruppe« geworden ist. Jugend scheint öffentlich längst nicht mehr als »Faktor sozialen Wandels« und gesellschaftlicher »Hoffnungsträger«, wie diese in der deutschen Jugenddiskussion des 20. Jahrhunderts (wenn auch kontrovers) immer wieder aufscheinen, zu gelten. Auch das regionale Jugendklima hat sich offensichtlich verschlechtert. Kommunalpolitiker, »hüben« wie »drüben«, wollen ihre Regionen nicht so sehr für Jugendliche, sondern für Investoren attraktiv machen. Für die Jugendverbände ist in diesem Klima die jugendpolitische Luft dünn geworden.
Mit dieser gesellschaftspolitischen Ernüchterung geht bei den Verbandsspitzen die eigene jugendpolitische Verunsicherung einher. Mit der regionalen und sozialen Entstrukturierung und Pluralisierung der Verbandsszene und der gesellschaftspolitischen Entwertung des Jugendthemas sind die jungen und alten Funktionäre in den Verbandszentren weitgehend abgekoppelt von der Verbandsbasis und gesellschaftlichem Einfluß und lavieren zwischen institutionellem Ritualismus und liebgewordenem Korporatismus. Von einer »Politikerkrise« der Jugendverbände zu sprechen ist also vor diesem Hintergrund keinesfalls abwegig.
Andererseits: Das Aufleben extremer und autoritärer Gruppen in West- und Ostdeutschland in den neunziger Jahren hat auch gezeigt, daß nicht nur sozial benachteiligte Jugendliche Gleichaltrigenmilieus zur soziokulturellen Orientierung und als sozialemotionalen Rückhalt brauchen. Daß »gewaltbereite Jugendliche« – so der Jargon der entsprechenden Gegenprogramme – in den autoritären Gruppen vor allem auch Selbstwert und soziale Geborgenheit suchen und daß gerade das diese Gruppen attraktiv macht, hat sich inzwischen auch in der bundesweiten Gewaltdiskussion herumgesprochen. Um so mißlicher ist es ausgerechnet in Ostdeutschland, daß nur extreme und polare Gruppen auf sich aufmerksam machen, in der breiten Mitte aber keine attraktiven Gruppierungen öffentlich erkennbar sind. So verwundert es nicht, wenn Jugendliche dem Eindruck aufsitzen, nur in gewalttätigen Szenen auf sich aufmerksam machen und entsprechenden Selbst-

wert erfahren zu können. Gerade diese Entwicklung widerlegt die einseitige Behauptung vom Niedergang der Gruppenkultur in der postmodernen Jugend. Vielmehr scheinen, als typisches Phänomen der Postmoderne, Bindungsschwäche und Bindungssehnsucht – verdeckt – nebeneinander zu existieren. Deshalb ist es nicht abwegig, das Augenmerk darauf zu lenken, Jugendverbände als »Bindungs-« und »Werträume« historisch neu und im Sinne postmoderner Toleranz zu beleben und auch sozial aktiv und öffentlich zu besetzen.

Die geschilderten Beispiele lassen sich unschwer zu einem »patchwork« des Zustandes der Jugendverbandsarbeit im postmodern fortgeschrittenen Prozeß der Modernisierung zusammenfügen. Was vor allem auffällt, ist das Nebeneinander unterschiedlicher Erscheinungsbilder, sind die Ambivalenzen, welche die Jugendverbandsszenerie strukturieren. Dies macht eindeutige und planvolle Aussagen genauso unmöglich wie es abschließende Urteile – etwa das vom Niedergang der Jugendverbände in der postmodernen Konsumgesellschaft – verbietet.

Wenn ich unterdessen meine Illustrationen zur Jugendverbandsarbeit über das Ambivalenzkriterium hinaus zu ordnen und auf tiefere gesellschaftliche und soziokulturelle Hintergründe zu beziehen versuche, so komme ich zu folgenden Überlegungen:

Die Entstrukturierung der Jugendphase und die gesellschaftliche Entwertung als typische Aspekte des späten Modernisierungsprozesses verändern die jugendpädagogische und die gesellschaftspolitische Stellung der Jugendverbände gleichermaßen. Neue Zielgruppen und neue Legitimationen werden sichtbar.

Die ambivalente Struktur des gesellschaftlichen Individualisierungsprozesses erfaßt auch die Jugendkultur: Auflösung tradierter Sozialformen und Sehnsucht nach neuem sozialen Anschluß stehen nebeneinander, ohne daß sie so ohne weiteres pädagogisch miteinander verknüpft werden. Für die Jugendverbände bedeutet dies, daß die traditionelle Pädagogik der geschlossenen Jugendgruppe nicht mehr zieht, daß jedoch das »Gruppenprinzip« in seinen Bindungs-, Orientierungs- und Geborgenheitsverheißungen immer wieder neu gesucht wird (vgl. Schröder 1991).

Die sozialintegrative Kraft der korporativen Verbandsmodelle scheint erschöpft. Sozialintegrative Bezüge entwickeln sich offensichtlich eher regional und sozialgruppen-spezifisch. So wie der postmoderne Vergesellschaftungsprozeß generell die historisch gewachsenen und verfestigten Hegemonien etwa im Bereich der Gewerkschaften, der Kirchen oder der tradierten Parteikonstellationen zu untergraben droht, ist auch das Jugendverbandssystem von der Pluralisierung der Mitgliederbasis und des gesellschaftspolitischen Einflusses tangiert.

Diese allgemeinen Modernisierungswirkungen werden ergänzt oder gar verschärft durch die jugendpolitischen Besonderheiten der Wende- und Nachwendezeit in Ostdeutschland. Zum einen hat die nachgängig negative Erfahrung mit der zentralistischen FDJ dazu geführt, daß Jugendliche auch zu den neuen Jugendverbänden Distanz halten. Zum anderen macht sich in der ostdeutschen Jugendverbandsszenerie auch jenes Dilemma bemerkbar, das allen aus dem Westen übertragenen Institutionen und Verfahren anhängt: Es wurde zwar das institutionelle System und Regelwerk von West- und Ostdeutschland gebraucht; die entsprechende institutionelle Kultur, welche die Regeln erst mit Leben erfüllt, sozial elastisch und identifikationsfähig macht, konnte aber eben nicht aus dem Westen eingeführt werden, mußte in den neuen Bundesländern selbst entstehen. Jugendverbände des westdeutschen pluralistischen und freiwilligen Typs setzen bestimmte Jugendkulturen und vor allem auch gesellschaftliche Akzeptanz und Öffentlichkeit für diese Jugendkulturen voraus. Dies hat sich in Ostdeutschland augenscheinlich noch nicht in dem Maße entwickelt, daß es für eine stabile Jugendverbandskultur tragfähig wäre.

Insgesamt läßt sich also als vorläufige Annahme formulieren, daß die neuen Konstellationen und »Struktureinbrüche«, welche sich in der Folge des sich auf Individualisierung und Pluralisierung zuspitzenden Modernisierungsprozesses für die Jugendverbandsarbeit ergeben, in Ostdeutschland noch einmal besonders gebrochen und verschichtet sind.

Die postmoderne Herausforderung an die Jugendverbände erschöpft sich aber keineswegs darin, daß neue Integrationsstrukturen gefunden, traditionelle Prinzipien aber nicht über Bord geworfen, sondern historisch neu qualifiziert werden müssen. Was den Verbänden darüber hinaus wohl gesellschaftspolitisch am meisten zu schaffen macht, ist die gesellschaftspolitische Entwertung der Jugend: Was wir im ökonomischen Bereich in der Entkopplung von wirtschaftlichem Wachstum und Arbeit und der Vernichtung von Arbeit im Zuge des technologisch intensivierten

»Fortschritts« erleben, wirkt sich im jugendpolitischen und jugendpädagogischem Sektor verheerend aus; der gesellschaftliche Modernisierungsprozeß scheint nicht mehr über die Menschen zu laufen, ist in seiner Legitimation nicht mehr an die Wohlfahrt des Menschen, sondern an die internationale »Wettbewerbsfähigkeit« auf abstrakten Märkten gebunden. Dies ist der allgemeine Hintergrund, vor dem auch in voller Tragweite zu verstehen ist, warum auch Jugend nicht mehr als Chiffre für Modernisierung und sozialen Wandel gilt.

Angesichts dieser institutionellen und gesellschaftspolitischen Krise der Jugendverbandsarbeit rückt für den Prozeß ihrer Neuformierung die regionale und lokale Ebene in den Vordergrund. Ich habe ja eingangs geschildert, daß vor allem Kids in westdeutschen Klein- und Mittelstädten wieder zu verbandlichen Jugendgruppen strömen und damit symbolisieren, daß die Jugendverbandspraxis für sie durchaus weiter oder wieder attraktiv ist. Ich will versuchen, diesen Zusammenhang in einem analytischen Zugang aus der modernen Sozialisationstheorie heraus aufzuschließen.

Der Prozeß der Sozialisation, des Aufwachsens von Kindern und Jugendlichen in einer modernen, von Strukturwandel gekennzeichneten Arbeitsgesellschaft ist von seiner Struktur her »januskӧpfig«, hat ein Doppelgesicht: Zum einen sollen sich die Kinder und Jugendlichen so entwickeln, daß sie sich den wechselnden industriegesellschaftlichen Forderungen anpassen, daß sie offen und flexibel sind, Optionen offenhalten. Gleichzeitig aber müssen sie – um dieses Ausgesetztsein gegenüber dieser Industriegesellschaft auch verkraften, um ihre sozialen Energien reproduzieren zu können – mit sich identisch, bei sich und geborgen sein können. Emotionalität und funktional-instrumentelle Rationalität, die sich in ihrer Logik und ihrem Sinn weitgehend widersprechen und ausschließen, müssen von den Kindern und Jugendlichen in ihrer Entwicklung miteinander vereinbart werden.

Die Mitgliedschaft in Jugendgruppen bezieht sich dabei vor allem auf das sozial-emotionale Segment: Jugendarbeit als emotionale Ressource, als Anregungs- und Geborgenheitsmilieu und als Experimentierfeld für Lebensentwürfe. Das Ausleben von Emotionalität im Sinne des individuellen und gemeinsamen Betroffenseins von sich und mit anderen scheint immer mehr zum Bezugspunkt organisierter Jugendkultur zu werden und das tradi-

tionelle Projekt des »jugendgemäßen« Gemeinschaftserlebens zu verdrängen. Das hat natürlich auch Konsequenzen für das Selbstverständnis der dort arbeitenden professionellen Sozialpädagogen und -pädagoginnen, die sich weniger an der traditionellen Bildungs- und Dienstleistungsfunktion als an der »Beziehungs- und Vorbildfunktion im Milieu« orientieren müssen, eine Perspektive, welche den ehrenamtlichen Jugendgruppenleitern und -leiterinnen, die als ältere Jugendliche und junge Erwachsene selbst nach einem emotional gestützten Sozialstatus suchen, entgegenkommen müßte.
Insgesamt hat diese emotionale Dimension auch für die gesellschaftliche Einschätzung der Jugend an Gewicht gewonnen. Schon der deutsche Soziologe und Generationentheoretiker Karl Mannheim hat in den zwanziger Jahren auf die besondere lebensaltertypische »Vitalität« der Jugend (im Vergleich zu den anderen Lebensaltern) hingewiesen (vgl. Mannheim 1952): Die Jugend orientiert sich am Gegenwärtigen, Neuen, für sie ist das Traditionelle in der Gesellschaft nicht so verbindlich und verpflichtend für die Lebensführung. Die Suche nach Orientierung, Ablösung und Abgrenzung gegenüber der Erwachsenengesellschaft und das emotionale »Sich-ins-soziale-Spiel-bringen-Müssen«, fließen heute mit einer frühen Sorge um Sicherheit und Geborgenheit zusammen. Die Jugend ist aus dieser ambivalenten Grundbefindlichkeit heraus kritisch, aber diese Kritik läßt sich nicht mehr in die herkömmlichen politischen Richtungskategorien einordnen. Wie sich dieses emotionale Grundsyndrom sozial auswirkt, hängt maßgeblich von der gesellschaftlichen Umgebung ab. Je enger die Räume und Experimentiermöglichkeiten für das Ausleben der sozialemotionalen Befindlichkeiten und der fragilen Selbstfindung sind, desto eher besteht die Wahrscheinlichkeit, daß Jugendliche sich »autoritär« aufgeben: in den aggressiven Ritualen des jugendgetrimmten Konsums, indem jugendliche Vitalität und verdrängende Statuskonkurrenz ineinander übergehen oder – bei denen, die über wenig kulturelle und soziale Ressourcen verfügen – ein Anschluß an autoritäre Gruppierungen, die Orientierung und Geborgenheit »pur« verheißen. Diese Suche nach »Milieus« ist für Kinder und Jugendliche in den neuen Bundesländern vor dem Hintergrund der massiven Milieueinbrüche nach der Wende vielerorts wohl prekärer als in westdeutschen Jugendszenen, wo sich jugendkulturelle Traditionen doch über Generationen hinweg eingespielt haben.

Deshalb werden die Jugendverbände in Ostdeutschland nicht umhinkommen, eine offene und milieuorientierte Arbeit zu entwickeln und ihr verbandlich-ideologisches Profil dieser Arbeit nachzuordnen. Sonst laufen sie Gefahr, noch stärker als die westdeutschen Jugendverbände der »Korporationsillusion« zu erliegen: Wir werden staatlich-institutionell gefördert, also sind wir für die Jugend wichtig. Generell hat sich wohl in der gesamten deutschen Jugendverbandsarbeit ein Pluralismus der Angebotsstrukturen eingespielt: Es geht nicht mehr um geschlossene *versus* offene Arbeit, sondern beide Typen existieren nebeneinander. »Geschlossene« Arbeit geschieht immer noch in traditionellen Rekrutierungsmilieus, wie wir das in der kirchlichen Jugendverbandsarbeit in den westdeutschen Kleinstädten, aber auch z. B. in der gewachsenen evangelischen Szene Ostdeutschlands beobachten können.
Auch die beiden empirischen Jugendstudien, die nach der Wende in Sachsen gezielt zum Verhältnis von Jugend und Jugendarbeit sowie zu den lebensweltlichen Befindlichkeiten und Freizeitorientierungen von Stammbesuchern in offenen Jugendeinrichtungen gemacht wurden (Wolf 1993/1995), zeigen, daß die Mehrheit der Jugendlichen milieuorientierte Angebote suchen, die einen geregelten und sozialemotional ansprechenden Freizeitalltag versprechen. Deshalb möchte ich im folgenden ein milieupädagogisches Rahmenkonzept vorstellen, das auf diese Alltagsstrukturen abzielt.

2. Jugendverbände und Milieubildung

Milieu erscheint im pädagogischen Verwendungszusammenhang als Ressource, als biographisch verfügbarer sozialräumlicher und sozialemotionaler Kontext, in dem sich Bewältigungskompetenzen entwickeln und auf den Normalisierungshandeln rückgebunden ist (vgl. dazu ausführlich Böhnisch 1994). Den sozialen Prozeß der Entwicklung und Strukturierung solcher Kontexte bezeichnen wir als »Milieubildung«, einen Prozeß, den die Pädagogik nur in geschlossenen Settings (z. B. geschlossene Unterbringung in der Heimerziehung) selbst initiieren, den sie aber in der sozial offenen Alltagswelt nur begleiten, stützen, aber auch mitstrukturieren kann. Dabei ist die Pädagogik immer von der Perspektive der »offenen Milieubildung« geleitet, denn nur offene demokratische Milieus in der gelungenen Balance von Gemeinschaft und Individualität können erweiterte Handlungsfähigkeit und Bewältigungskompetenzen vermitteln. Gewalttätigkeit zum Beispiel geschieht vor dem Hintergrund regressiver, ethnozentrischer Milieubildung; sozial desintegrierte Jugendliche suchen Geborgenheit, Orientierung und Sicherheit auch und gerade in solchen autoritären Milieus. Weil also der Begriff »Milieubildung« für sich allein und in der sozialen Wirklichkeit so ambivalent ist, braucht es – um das pädagogische Ziel der Vermittlung von Kompetenzen zur erweiterten Handlungsfähigkeit zu erreichen – die pädagogische Festlegung auf die Förderung »offener Milieus«. Dieser geht natürlich ganz im Sinne »akzeptierender« Jugend- und Sozialarbeit die Einsicht voraus, daß erst verstanden und in diesem Sinne »akzeptiert« werden muß, warum Menschen in sozial desintegrierten Situationen von solchen regressiven Milieus angezogen werden und was diese ihnen individuell bieten, bevor man überhaupt die Arbeitsperspektive hier zur »offenen Milieubildung« machen kann.

Das pädagogische Modell Milieubildung, das ich unter diesen Prämissen vorschlage, hat demgemäß vier Entwicklungsdimensionen: eine personal-verstehende, eine aktivierende, eine pädagogisch-interaktive und eine infrastrukturelle Dimension – die zwar sukzessive aufgebaut, aber letztlich aufeinander bezogen werden müssen.

(1) In der *personal-verstehenden Dimension* geht es um die Sichtbarmachung und Akzeptanz der basalen sozialemotionalen Funktionen, welche der Milieubezug für die jugendlichen Adressaten hat, um das Verstehen von Milieu als personal verfügbarem Bewältigungskontext. Selbstwertkonstitution und Bildung von sozialer Orientierungssicherheit werden vor allem dort zu Funktionen des Milieus, wo Selbstwert- und Orientierungsbezüge nicht über die gesellschaftlichen Institutionen – Schule, Arbeit, lokale Öffentlichkeit – aufgebaut werden können. Für den Pädagogen ist es deshalb wichtig, daß er Milieu als soziale Praxis versteht, die um funktionale Äquivalente erweitert ist, also um Angebote und Gelegenheitsstrukturen, die ähnliche Gratifikationen wie das Milieu vermitteln, aber nicht mehr in diesem angesiedelt sind oder/und mit anderen sozialen und kulturellen Mitteln arbeiten, als in diesem Milieu gelernt worden sind.

(2) In der *aktivierenden Dimension* steht die »Qualifizierung« des Milieus als »Ressource« der alltäglichen Lebensbewältigung und des Normalisierungshandelns im Vordergrund. Zum einen kann die Pädagogik einen wesentlichen Beitrag für einen »gelingenden Alltag« (vgl. Thiersch 1986) der Jugendlichen leisten. Diese milieuorientierte Alltagspädagogik ist als Voraussetzung für die Aktivierung und sozialintegrative Weiterentwicklung des Milieubezugs wichtig. Zum zweiten: Die Aktivierung muß vorsichtig begonnen werden; es müssen eigene lokale Räume verfügbar gemacht werden, in die man sich immer wieder zurückziehen, sich geborgen fühlen kann. Die jugendlichen Adressaten tauschen hier untereinander in der gewohnten Alltagssicherheit die Erlebnisse und Erfahrungen, die Erfolge und Mißerfolge ihrer »sozialen Wagnisse« aus. Das schafft auch differentielle Lernerfahrungen, wenn »die Stimmung trotz allem« mit dem verglichen wird, was früher war, als man sich noch verkroch oder aggressiv isolierte. Reisen, Feste, Ausstellungen, Erkundungen, in denen die Betroffenen zu Experten ihres eigenen Muts und ihrer sozialen Risikobereitschaft gemacht werden, gehören hier zu den pädagogisch aufbereitbaren Mitteln. Schließlich zeigt sich in dieser aktivierenden Dimension auch, wie sehr das Geschlechterverhalten emotional/sozialräumlich und damit milieuvermittelt ist. Milieuorientierte Pädagogik ist deshalb zwangsläufig mit dem Bewältigungsmodus des Mannseins und Frauseins, Junge- oder Mädchenseins konfrontiert und mithin Geschlechterpädagogik.
(3) In der *pädagogisch-interaktiven Dimension* wird die Stellung der Pädagogen selbst im Milieu angesprochen. »Vertrauen« und »Autorität« sind hier die Schlüsselbegriffe. Die pädagogische Beziehung wird über das Milieu und nicht als Helfer-Klient-Dyade aufgebaut, so daß Jugendarbeiter/-innen für alle Milieuzugehörigen gleich erreichbar und *über diese Erreichbarkeit* (vermittelt) milieuzugehörig sind. *»Vertrauen«* ist eine Kategorie individueller psychosozialer Sicherheit und eines gemeinsam erfahrenen und geteilten positiven Sozialklimas, die über den Habitus der Pädagogen bzw. Pädagoginnen inszeniert und demonstriert wird und den milieuinternen Streß (soziometrische Konkurrenz um Zuwendungen seitens der Pädagogen oder Pädagoginnen, Verteilungskampf um knappe soziale und kulturelle Gratifikationen, der im regressiven Milieu mangels funktionaler Äquivalente oft in Gewalttätigkeit untereinander mündet) mildert und abbaut. Mi-

lieurückgebundenes Vertrauen als »Milieuklima« bildet den Kontext, in dem Beratung gerade mit denen möglich ist, die ihre Probleme nicht so ohne weiteres auf einen festen Zeitpunkt oder sprachlichen Ausdruck (z. B. Jungen und Männer) bringen können, denn Beratung bezieht sich ja auf emotionale Befindlichkeiten und Betroffenheiten und die lassen sich nur in sozialräumlich geschützten und sich sozialemotional öffnenden – also milieubezogenen – Arrangements aufschließen (vgl. dazu auch Böhnisch/Münchmeier 1993).

»Autorität« bietet Orientierung, zeigt Grenzen auf und gibt Alltagssicherheit, wenn es sich um eine milieuvermittelte Autorität handelt, die also auf erfahrenen und damit verfügbaren Bindungen beruht. Dieser Aspekt der auf Bindungen beruhenden Autorität ist in der westdeutschen sozialpädagogischen Diskussion stark vernachlässigt, wenn nicht gar denunziert worden. Hier wurde vor allem auf »diskursive« Autorität über kritisches Aushandeln zwischen Pädagogen bzw. Pädagoginnen und Klienten gesetzt und dabei oft übersehen, daß die in solchen Verhaltensformen ungeübten Klienten von dieser Kritikzumutung überfordert waren und sich nicht selten – zu unserer frustrierten Verwunderung – in autoritäre Gesellungs- und Unterordnungsformen ziehen ließen.

Ähnliches erleben wir zur Zeit in der Jugend- und Sozialarbeit in Ostdeutschland: Da in der DDR der öffentliche kritische Diskurs tabu war, hatte sich bei vielen – besonders bei Jugendlichen – ein alltagsbezogenes, auf Milieubindungen gründendes Autoritätsverständnis – gegenüber Eltern, erwachsenen, aber auch gleichaltrigen Bezugspersonen im Milieu – eingespielt. Nach der Wende gab es aufgrund der massiven Milieubrüche auch Autoritätsbrüche – nicht so stark gegenüber den Eltern, aber stark bei Lehrern und Bezugspersonen im Arbeits- und Freizeitbereich –, durch welche die Anziehungskraft autoritärer Gruppierungen verstärkt wurde. Die Strategie der Jugendarbeit darf hier deshalb zumindest vorerst nicht konfliktpädagogisch sein, sondern sollte mit der Förderung milieugebundener, aber demokratisch zugänglicher, d. h. auch die Milieugrenzen öffnender und ins Milieu vermittelnder »Autoritäten« (Bezugspersonen und Angebote) beginnen. Hier kommt auf die ostdeutschen Jugend- und Sozialarbeiter/-innen eine für das westdeutsche Jugendverständnis neuartige Aufgabe zu, die sie auch – wie man z. B. im ostdeutschen Antige-

waltprogramm »AGAG« (1994) sehen kann – erstaunlich gut anpacken. Das hängt wohl damit zusammen, daß viele von ihnen »Semiprofessionelle« sind, also nicht aus der Sozialarbeit kommen und deshalb die milieuorientierte Arbeit nicht als zu erlernendes professionelles Programm, sondern als Chance begreifen, sich selbst biographisch einzubringen, d. h. die eigenen Lebenserfahrungen mit den Zeiterfahrungen der Jugendlichen zu verknüpfen und somit selbst als Person milieubildend wirken zu können.
Soweit die Dimensionierung einer Pädagogik der Milieubildung. Einer ihrer Kerne ist die *»Alltagsarbeit«*, insbesondere mit sozial desintegrierten Individuen und Gruppen, mit dem Ziel, einen geregelten, selbstverständlichen und verläßlichen Alltag zu schaffen. Hier kann die Jugend- und Sozialarbeit ein neues Magnetfeld aufbauen, in dem sie sich als verläßlicher »Pol« verortet. Sozial desintegrierte, problembelastete Menschen stehen aufgrund der damit einhergehenden Einschränkung der Handlungsfähigkeit unter einem besonderen Alltagsstreß. Hier trägt die sozialpädagogische Alltagsarbeit – einen festen Ort, feste Zeiten, verläßliche Zuwendungen und basale soziale Dienstleistungen bietend – maßgeblich zur Deeskalation und Entspannung bei. Ärgerlich ist nur, daß diese alltagsorientierte Arbeit in der pädagogisch-professionellen Diskussion zumindest in Westdeutschland immer noch nicht für voll genommen wird, ja sogar denunziert wird, weil sie nicht an das »Pädagogisch-Eigentliche« heranreiche. Dies ist wohl nur aus der spezifisch deutschen pädagogischen Ideologietradition heraus zu begreifen; in der englischen Community-work-Szene dagegen ist eine solche Arbeit hoch angesehen. Vielleicht können auch hier die »unbefangenen« Erfahrungen und Initiativen in den neuen Bundesländern auf die manchmal doch professionell recht verkrustete und versäulte pädagogische Fachszenerie in Westdeutschland »zurückwirken«.
Diese milieustabilisierende »Alltagsarbeit« ist Voraussetzung für die soziale Aktivierung im Milieu und über die Milieugrenzen hinaus. Erst von einem solchen verläßlichen sozialemotionalen/sozialräumlichen *Rückhalt* aus kann das Risiko der sozialräumlichen Erweiterung und der nicht gewohnten Begegnungen und Konfrontationen mit anderen oder sozial Neuem eingegangen werden. Auch hier braucht das »Sich-Aussetzen« in der Begegnung und der milieuübergreifenden Aktivität einen alltäglichen Rückzugs- und Schutzraum.

Neben dieser »Alltagsarbeit« ist die »Geschlechterarbeit« der andere Kern der Pädagogik der Milieubildung. Jungesein und Mädchensein, Männlichkeit und Weiblichkeit drücken sich vor allem in emotionalen Kategorien sozial aus (vgl. auch Böhnisch/Winter 1993). Genauso sind sie auch sozialräumlich vermittelt und geformt. Ein Beispiel dafür ist der alltägliche Sozialisationsprozeß. Zwar versuchen die Eltern zunehmend, ihre Kinder nicht nach den traditionellen Geschlechterrollenstereotypen zu erziehen, im Alltag zeigt sich aber, daß nicht die formellen Rollenbilder entscheidend sind, sondern daß strukturelle – d.h. unterhalb der Ebene des manifesten Rollenhandelns liegende – Prozesse geschlechtshierarchischer Differenzierung und Benachteiligung weiter ablaufen. Gerade die Ambivalenz von Schutz und Kontrolle, die den erzieherischen Umgang mit Mädchen bestimmt, führt dazu, daß Mädchen in ihren sozialräumlichen Aneignungsmöglichkeiten weitaus beschränkter sind als Jungen. Männliches Verhalten dagegen ist früh raumbeanspruchend und -besetzend stilisiert. Eine Jungenclique entsteht im ausdrücklichen räumlichen Bezug einer Gleichaltrigengruppe. Wenn man von »auffälligen Jugendlichen« redet, meint man vor allem Jungen. Sie sind es auch, welche die öffentlichen Deliktarten in den Statistiken zur Jugendkriminalität bevölkern: Schlägereien, Randale, Sachbeschädigung, Ruhestörungen. Jungen besetzen und kontrollieren Räume. Ihr Verhalten ist »Territorialverhalten«: Kontrolle, Ausgrenzung, Zurückdrängung anderer Jungen, die nicht der Clique angehören, ist vor allem auch räumliche Zurücksetzung von Mädchen. Die männliche Abwertung der Frau und des Weiblichen äußert sich gerade im räumlichen Jungen- und Männerverhalten der Anmache genauso wie in der raumgreifenden »Beschützerposition« gegenüber Mädchen und Frauen.
Jungen haben in diesem, ihnen sozialisatorisch aufgezwungenen »Außen« viel an Gefühl und Empathie für sich und andere eingebüßt. Fähigkeiten, die Mädchen in der ihnen anerzogenen Haltung des »Innen« wiederum eher ausbilden können. Ich will dies hier nicht weiter vertiefen (vgl. dazu ausführlich Böhnisch/Winter 1993), aber zumindest noch anmerken, daß gerade Jungen und Männer in sozial desintegrierten, die Handlungsfähigkeit einschränkenden Sozialkonstellationen mangels Bewältigungsalternativen auf regressive Rollenstereotype der Männerdominanz und Frauenabwertung zurückgreifen, um sich behaupten zu können.

Vor allem zeigt uns diese kleine Skizze, daß Milieudimension und Geschlechterdimension in den zentralen Variablen Emotion und Raum konvergieren. Milieuorientierte Pädagogik muß deshalb zwangsläufig immer auch Konzeptionen entsprechender Jungen- und Mädchenarbeit beinhalten.

Insgesamt kommt dieser alltags- und milieuorientierte Ansatz den verbandlichen und pädagogischen Strukturen der Jugendverbände entgegen und kann ihnen auch den Zugang zu offener Jugendarbeit mit nicht-verbandsgebundenen Jugendlichen erleichtern. Mit ihrem besonderen Personalitätsprofil der Ehrenamtlichkeit und ihrer Verankerung in lokalen Kulturen bringen sie ja selbst milieuartige Qualitäten mit. In der westdeutschen Jugendarbeit wird diese Milieudimension allerdings meist schlicht vorausgesetzt und dann erst nach dem »Pädagogischen« – meist in Form professionalisierter Angebotspädagogik – gesucht. Der Milieuansatz dagegen, wie er z. Z. von einigen ostdeutschen Jugendverbänden angenommen wird, könnte auch in Westdeutschland eine Neuvergewisserung der Jugendverbandsarbeit und eine Rückbesinnung auf ihre »vorprofessionellen« sozialemotionalen und moralischen Stärken aufschließen helfen.

Literatur

AGAG: Aktionsprogramm gegen Aggression und Gewalt. Zwischenbericht der wissenschaftlichen Begleitung, Institut für Sozialpädagogik und Sozialarbeit der TU Dresden, Manuskript TU Dresden 1994.

Böhnisch, L.: Gespaltene Normalität. Lebensbewältigung und Sozialpädagogik an den Grenzen der Wohlfahrtsgesellschaft, Weinheim und München 1994.

Böhnisch, L./Münchmeier, R.: Pädagogik des Jugendraums, Weinheim und München [2]1993.

Böhnisch, L./Winter, R.: Männliche Sozialisation, Weinheim und München 1993.

Mannheim, K.: Das Problem der Jugend in der modernen Gesellschaft, in: Mannheim, K., Diagnose unserer Zeit, Frankfurt a. M. 1952.

Schröder, A.: Jugendgruppen und Kulturwandel, Frankfurt a. M. 1991.

Thiersch, H.: Die Erfahrung der Wirklichkeit, München und Weinheim 1986.

Wolf, B.: Jugend und offene Jugendarbeit in Sachsen. »Gesellungsstudie« I/II, Manuskript TU Dresden 1993/1995.

Thomas Olk

Zwischen Korporatismus und Pluralismus

Zur Zukunft der Freien Wohlfahrtspflege im bundesdeutschen Sozialstaat

1. Einleitung

Wohlfahrtsverbände sind Sozialleistungsvereinigungen, die soziale Dienste und Einrichtungen organisieren, Weltanschauungsverbände, die bestimmten normativen Vorstellungen und Traditionen verpflichtet sind, Mitgliedervereine, die Gelegenheiten der Geselligkeit, der Kommunikation und selbstbestimmten Handlungsmöglichkeiten bereitstellen sowie Organisationen der sozialanwaltschaftlichen Interessenvertretung für benachteiligte Bevölkerungsgruppen. Diese komplexe Struktur und Multifunktionalität der Wohlfahrtsverbände haben sich über lange Zeit hinweg als Barrieren für eine intensive und kontinuierliche sozialwissenschaftliche Beschäftigung mit diesem Typus von Organisationen ausgewirkt. Wohlfahrtsverbände standen in der Soziologie, Politikwissenschaft und Betriebswirtschaftslehre bislang eher am Rande der Aufmerksamkeit (vgl. als Überblick zum Stand der Wohlfahrtsverbändeforschung Ebertz/Schmid 1987 sowie neuerdings Schmid 1994). In den letzten Jahren haben sich allerdings einige sozialwissenschaftliche Theorieansätze und Forschungszusammenhänge herausgebildet, die neue und fruchtbare Einsichten und Herangehensweisen an das Phänomen der Wohlfahrtsverbände mit sich gebracht haben. Im folgenden sollen mit der »Dritte-Sektor«-Forschung bzw. »Welfare-Mix«-Forschung einerseits sowie der Korporatismusforschung andererseits die gegenwärtig wichtigsten Forschungsansätze im Hinblick auf ihre möglichen Anwendungsmöglichkeiten im Bereich der Wohlfahrtsverbändeforschung skizziert werden (vgl. Abschnitt 2). Aus beiden Forschungstraditionen lassen sich Hypothesen und Fragestellungen ableiten, die eine Analyse der gegenwärtigen und absehbaren künftigen Entwicklungstendenzen und -chancen der bundesdeutschen Wohlfahrtsverbände unter den aktuellen Rahmenbedingun gen ermöglichen (vgl. Abschnitt 3). Es wird danach gefragt, ob Wohlfahrtsverbände unter den aktuellen Einflußbedingungen einer Pluralisierung der Trägerlandschaft, der europäischen Integration und der Einführung neuer Steuerungsmodelle in den öffentlichen Sozialverwaltungen verstärkten Ökonomisierungstendenzen unterliegen und ihren privilegierten Zugang zum politisch-administrativen System verlieren. Anhand beobachtbarer Reaktionsmöglichkeiten auf aktuelle Herausforderungen wird die These vertreten, daß sich die deutschen Wohlfahrtsverbände zwar erheblichen Pluralisierungstendenzen ausgesetzt sehen, aber ihren privilegierten Status im System des sektoralen Korporatismus in der Sozialpolitik keineswegs vollständig verlieren (vgl. Abschnitt 4).

2. Wohlfahrtsverbände als intermediäre Organisationen

2.1 Dritte-Sektor-Forschung und die Perspektive des »Welfare-Mix«

Die Erfahrung der Auflösung bzw. Verwischung der Grenzen zwischen der öffentlichen und der privaten Sphäre in modernen westlichen Gesellschaften, die Beobachtung von Phänomenen einer zunehmenden »Ausfransung« des Staates durch Auslagerung und Verselbständigung von Aufgaben und Organisationen haben sowohl in den USA als auch in Europa etwa ab Mitte der siebziger Jahre zu systematischen Anstrengungen geführt, die Organisationen »jenseits von Markt und Staat« einer sozialwissenschaftlichen Analyse zu unterziehen. Ausgangspunkt für die hiermit bezeichnete Forschungstradition bildet das Programm-On-Non-Profit-Organizations des Institut for Social und Policy Studies an der YALE University (vgl. Powell 1987). Die daraus entstandenen Forschungsarbeiten wurden seit Ende der 80er Jahre auch in der Bundesrepublik rezipiert (vgl. Ronge 1988). Gegenstand der Forschung ist die Frage nach der spezifischen Handlungslogik, der Struktur und Funktion solcher Organisationen, die – wie etwa verselbständigte Verwaltungseinheiten, öffentliche Unternehmungen, Genossenschaften, Kirchen, Wohlfahrtsverbände, gemeinnützige Vereinigungen und Stiftungen – weder als gewerbliche Unternehmen noch als öffentliche (Sozial-)Bürokratien gelten können. Die systematische Absicht dieses Ansatzes besteht in der Klärung der Frage, ob es so etwas wie einen »dritten Modus« des Handelns mit eigener Motivation und Rationalität in Abgrenzung zum hoheitlichen Machthandeln und zum am egoistischen Nutzenkalkül orientierten kommerziellen Handeln gibt, ob ein »dritter« Typus von Organisationen neben öffentlichen Ämtern bzw. Behörden und gewerblichen Unternehmungen identifiziert werden kann und schließlich, ob es neben Staat und Markt/Privatwirtschaft so etwas wie einen »dritten« gesellschaftlichen Sektor gibt, der als Netzwerk von gemeinnützigen bzw. Non-Profit-Organisationen gedacht werden kann (vgl. Ronge 1992, S. 62 f.).

Hinsichtlich der Ebene der Organisationsbildung bedeutet dieses, daß weniger nach eindeutigen, in sich konsistenten strukturellen Merkmalen, Handlungslogiken und Funktionen intermediärer Organisationen gesucht wird, sondern diese werden nun als *komplexe Vermittlungsformen* konzeptualisiert, die im Hinblick auf Organisationsziele, Mitgliedschaftsmotive, Arbeitsverhältnisse und Handlungslogiken durch eine je unterschiedliche »Mixtur« von Merkmalen bzw. Logiken der drei übrigen gesellschaftlichen Sphären geprägt und gerade auf diese Weise etwas besonderes sind (vgl. Evers 1990 und 1991). Danach sind intermediäre Organisationen also als komplexe, »hybride« Organisationsbildungen zu verstehen, die stets unterschiedliche Aufgaben bzw. Funktionen zugleich zu erfüllen haben. Aus dieser Merkmalsbestimmung resultiert natürlich die Frage nach den spezifischen Leistungskapazitäten und Problemlösungspotentialen intermediärer Organisationen.

Diesbezüglich scheint nun die Besonderheit intermediärer Organisationen darin zu liegen, daß sie typischerweise an beiden Enden der Effektivitäts-Skala anzutreffen sind: Es ist sowohl denkbar, daß sie die jeweiligen Nachteile von Markt, Staat und Gemeinschaft, wie etwa soziale Ungleichheit, bürokratische Rigidität, Partikularismus und ökonomische Ineffizienz kumulieren oder aber im Sinne synergetischer Effekte die jeweiligen Vorteile in Form von professioneller Qualität, sachlicher Innovationsfähigkeit, zeitlicher Flexibilität und sozialer Gerechtigkeit maximieren.

Diese Ambivalenz und Uneindeutigkeit der spezifischen Leistungsstärken bzw. -schwächen intermediärer Organisationen würde auch den Sachverhalt verständlich machen, daß gerade über diesen Typus von Organisationen höchst gegensätzliche Funktionsthesen im Umlauf sind. So läuft etwa die vielbeachtete These von Seibel (1988) des »funktionalen Dilettantismus« darauf hinaus, daß es sich bei intermediären Organisationen um »erfolgreich scheiternde Organisationen« handele.

Die Gegenthese besagt, daß intermediäre Organisationen insofern eine positive Funktion erfüllen, als sie sowohl Phänomene des Markt- als auch des Staatsversagens kompensieren. Danach stoßen Non-Profit-Organisationen bzw. intermediäre Organisationen in eine Lücke, die weder über die Mechanismen der Mehrheitsregel demokratischer Abstimmungen noch über den Mechanismus der Regulierung von Angebot und Nachfrage über den Preis-/Leistungsmechanismus geschlossen werden kann (vgl. Weisbrod 1988). Die besonderen Stärken von Non-profit-Organisationen werden in diesem Zusammenhang darin gesehen, daß sie besonders flexibel und rasch auf Bedürfnisse und Probleme zu reagieren in der Lage sind, die weder der Markt noch der (Sozial-) Staat wahrnehmen bzw. mit ihren Koordinationsmechanismen angemessen bewältigen können.

Aus der Perspektive der Dritte-Sektor-Forschung bzw. Welfare-Mix-Forschung gelten freigemeinnützige Organisationen insofern als intermediäre Organisationen, als sie – in horizontaler Perspektive betrachtet – zwischen öffentlichen Sozialbürokratien, gewerblichen Unternehmungen und privaten Selbstversorgungsgemeinschaften stehen. Die Herausbildung bzw. Entstehung intermediärer Organisationen bzw. eines intermediären Sektors läßt sich nicht mit Bezug auf die Erfüllung eindeutiger, in sich konsistenter Organisationsziele bzw. Funktionen theoretisch erklären. Vielmehr ist das besondere Merkmal dieses Typus von Organisationen bzw. dieser gesellschaftlichen Sphäre gerade darin zu sehen, daß sie nicht eine einzige »Primäraufgabe« bzw. »Primärfunktion«, sondern vielmehr eine Vielzahl heterogener und zum Teil unvereinbar erscheinender Funktionen erfüllen. Wenn aber intermediäre Organisationen charakteristischerweise dadurch gekennzeichnet sind, daß sie eine Mehrzahl unterschiedlicher und zum Teil divergierender Ziele verfolgen sowie unterschiedliche Handlungslogiken in sich vereinigen, dann stellt sich die Frage, auf welche Weise es ihnen gelingt, sich gegenüber den Anpassungszwängen von Wettbewerb, Professionalität und öffentlicher Kontrolle relativ unabhängig zu halten und damit ihren eigentümlichen Zwischenstatus zu erhalten. Es wäre also zu untersuchen, unter welchen Bedingungen und mit Hilfe welcher Strategien es den intermediären Organisationen gelingt, die organisationsinterne Vermittlung heterogener Ziele, Handlungslogiken und Leistungsbeiträge bzw. Funktionen auf Dauer zu stellen, und welche Bedingungen zur Auflösung der internen Spannungen in Richtung auf eine(s) der drei »reinen Steuerungsprinzipien« bzw. Formen der Handlungskoordination von Markt, Staat und gemeinschaftlicher Selbstversorgung führen.

Auf die Frage nach der gegenwärtigen Rolle und Funktion der freien Wohlfahrtsverbände in der Bundesrepublik und ihren künftigen Entwicklungschancen bezogen bedeutet dies, insbesondere nach den »Gesetzmäßigkeiten« relativer Stabilität und dynamischer Entwicklungsverläufe unter veränderlichen Umweltbedingungen zu suchen. Es geht also um die Erforschung der Entwicklungsdynamik bzw. der »Karrieren« intermediärer Organisationen unter wechselnden ökonomischen, kulturellen und politischen Umweltbedingungen. Diese Fragerichtung ist für die Wohlfahrtsverbändeforschung gerade gegenwärtig von besonderer Bedeutung: Die Wohlfahrtsverbände existieren in einer Umwelt, die durch Wettbewerbsbeziehungen auf Märkten, Formen der Steuerung, Planung und Kontrolle durch öffentliche Sozialbürokratien sowie durch haushaltsbezogene oder zwischenhaushaltliche Vergemeinschaftungsformen geprägt ist. Es stellt sich vor diesem Hintergrund die Frage, ob es den Wohlfahrtsverbänden gelingt, ihre eigene Charakteristik als intermediäre Organisationen auf Dauer zu stellen oder aber ob sie im Zuge von langfristigen »Assimilationsprozessen« einer Tendenz zur »Verbetrieblichung« unterliegen, also sich an die Strukturmerkmale und Handlungsorientierungen gewerblicher Unternehmen angleichen, oder aber ob sie einer »Verstaatlichungstendenz« ausgesetzt sind, indem sie sich an die Merkmale und Handlungsabläufe staatlicher Bürokratien annähern oder aber – was empirisch am wenigsten wahrscheinlich ist – ob sie einen »Vergemeinschaftungsprozeß« durchlaufen, der sie in die Nähe informeller, durch affektiv-diffuse Beziehungen geprägte Gemeinschaften bringt.

2.2 Der Korporatismus-Ansatz

Aus der Perspektive der »Dritte-Sektor-Forschung« werden intermediäre Organisationen wie die bundesdeutschen Wohlfahrtsverbände vornehmlich unter dem Aspekt ihrer (Dienst-) Leistungsfunktionen thematisiert. In der nun interessierenden Korporatismus-Forschung stehen die Institutionalisierungsformen und Prozesse der Vermittlung gesellschaftlicher Interessen in das politisch-administrative System im Vordergrund. Die vertikalen Beziehungen zwischen Bürgern und Staat bzw. zwischen gesellschaftlichen Organisationen und Vereinigungen einerseits und Staat andererseits werden analysiert. Insofern geht es hier um eine vertikale Betrachtungsweise des »Zwischenstatus« von intermediären Organisationen. Seit den siebziger Jahren hat der Korporatismus-Ansatz die bis dahin vorherrschenden Theorien des klassischen Pluralismus und des Neo-Pluralismus abgelöst (vgl. v. Alemann 1987). Ältere staatstheoretische Denkansätze sowie die darauf folgenden verbändepolitischen Gruppentheorien werden nun durch funktionalistische Erklärungen der Formen politischer Einbindung gesellschaftlicher Interessen abgelöst. Ausgangspunkt dieses »Paradigmawechsels« in der Verbändeforschung ist die Entdeckung einer neuen Qualität in den Beziehungen von Staat und Verbänden. Die verbändepluralistische Vorstellung von vielfältigen punktuellen Einflußbeziehungen in Form eines pluralistischen Kräftemessens einer Vielzahl von Sonderinteressengruppen macht einer Vorstellung Platz, die von institutionalisierten Verflechtungsformen gesellschaftlicher Organisationen in staatliche Politik ausgeht.

Ursprünglich hatte sich das Interesse der Korporatismusforschung in diesem Sinne vornehmlich auf gesamtgesellschaftliche Konflikte konzentriert, die zentrale Integrationsprobleme moderner Gesellschaften markieren. Im Mittelpunkt empirischer Studien stand dabei der Interessenkonflikt zwischen Kapital und Arbeit bzw. die makroökonomische Regulierung dieses Konflikts im Rahmen der Einkommens- und Tarifpolitik in »tripartistischen Verhandlungssystemen« zwischen Staat und Tarifparteien (vgl. von Beyme 1992, S. 129 ff.). Erst in der weiteren Entwicklung dieses Forschungskonzeptes kristallisierte sich eine explizite Orientierung auf Politikfelder heraus – mit der Folge, daß mittlerweile zwischen Formen eines Makro-Korporatismus einerseits und eines Meso-Korporatismus andererseits unterschieden wird (vgl. zu dieser Unterscheidung erstmals Cawson 1985). Unter Meso-Korporatismus werden Strukturen der Verflechtung zwischen Staat und Verbänden in einzelnen Sektoren, regionalen Kontexten und Politikfeldern wie etwa Gesundheits-, Agrar- oder Sozialpolitik verstanden. Die Ausdifferenzierung dieses Konzeptes macht es nun möglich, die jeweils typischen Regulierungsprobleme voneinander abzugrenzen: Während es im Makro-Korporatismus um Probleme der interessenorganisatorischen Bewältigung gesamtgesellschaftlicher Konflikte geht, steht bei der Untersuchung meso-korporatistischer Phänomene die »Beleihung« organisierter Privatinteressen mit öffentlichen Regulierungsaufgaben und Verantwortlichkeiten zum Zwecke der Staatsentlastung im Vordergrund. Beide Varianten des Korporatismus unterscheiden sich hinsichtlich ihrer Dauer und Stabilität. Makro-korporatistische Formen der Interessenregulierung – zum Beispiel in Form konzertierter Aktionen in der Einkommens- und Tarifpolitik – sind historisch jüngeren Datums und grundsätzlich kurzlebiger als meso-korporatistische Varianten. Die beteiligten Akteure – etwa Gewerkschaften und Unternehmerverbände – können grundsätzlich jederzeit aus den kooperativen Arrangements aussteigen, wenn ihnen dieses ihre verbandsstrategischen Kalküle nahelegen. Meso-korporatistische Verflechtungsformen dagegen reichen historisch weit in die Vergangenheit zurück und sind strukturell stabiler. Die beteiligten Akteure können das korporatistische Arrangement auf Grund ihrer dauerhaften Abhängigkeit von wechselseitigen politischen Tauschverhältnissen in diesen Politiknetzwerken nur um den Preis der Gefährdung ihrer eigenen Bestandvoraussetzungen verlassen (vgl. Czada 1994, S. 54ff.).

Die enge und historisch weit zurückreichende Verflechtung zwischen dem Staat und einer begrenzten Anzahl von privilegierten Spitzenverbänden der freien Wohlfahrtspflege in der bundesdeutschen Sozialpolitik kann als ein hervorragendes Beispiel für einen derartigen Meso-Korporatismus verstanden werden (vgl. Heinze/Olk 1981, 1984 sowie Thränhardt 1984). Im bundesdeutschen Sozialsektor ist der deutsche Sozialstaat durch eine charakteristische »duale Struktur« (vgl. Sachße/Tennstedt 1988, S. 152) gekennzeichnet: Gemäß der in den einschlägigen Sozialgesetzen geregelten Subsidiarität genießen die freien Träger der Wohlfahrtspflege gegenüber öffentlichen Trägern als Produzenten und Träger sozialer Leistungen einen »bedingten Vorrang«. Vor diesem Hintergrund haben sich in Deutschland – im Gegensatz zu nahezu allen übrigen europäischen Ländern – Spitzenverbände der freien Wohlfahrt gebildet, die vertikal durchstrukturiert und korporativ mit dem Sozialstaat verflochten sind und ihrem selbst gesetzten Anspruch gemäß als »Dritter Sozialpartner« gesehen werden wollen.

In der Perspektive des Korporatismus-Ansatzes handelt es sich also bei dem Verhältnis von öffentlichen und freien Trägern der Wohlfahrtspflege in der bundesdeutschen Sozialpolitik um einen komplexen Kooperationszusammenhang, der durch gegenseitige Abhängigkeiten und Verflechtungen zusammengehalten wird: »Auf den unterschiedlichen Ebenen sind die Wohlfahrtsverbände über institutionalisierte Formen unterschiedlicher Art – ständige Arbeitsgemeinschaften, Fachverbände, ministerielle Beratungsgremien, gesetzlich geregelte Beteiligungsformen sowie den Jugendwohlfahrtsausschuß und anderes mehr – in den Willensbildungsprozeß inkorporiert. Sie sind einerseits Teil der Willensbildungsstruktur, wobei ihr Einfluß weit über Lobbyfunktionen hinausgeht. Andererseits sind sie Abnehmer finanzieller Zuschüsse der unterschiedlichen »öffentlichen Hände«, je nach Arbeitsfeldern, Verbänden und Regionen sehr unterschiedlicher Höhe. Ein besonderer Fall öffentlicher Finanzierung sind auch die Einnahmen, die den Verbänden aus staatlich regulierten Quellen wie Wohlfahrtsbriefmarken, Lotterie- und Spielbankgeldern sowie Gerichtsbußen zuwachsen. Andererseits sind sie Mitentscheider im Konzert der öffentlichen Willensbildung – in mehr oder weniger formalisierter Form –, sie beherrschen einen großen Teil der Umsetzung und Administration der Wohlfahrtspolitik und sie fungieren schließlich auch als Anwälte ihrer ›Klienten‹« (Thränhardt u.a. 1986, S. 23).

Die Korporatismus-Forschungsperspektive verweist nun darauf, daß die bundesdeutschen Wohlfahrtsverbände als intermediäre Organisationen auch in vertikaler Perspektive stets zwischen zwei Ebenen vermitteln müssen: Nach unten müssen sie Akzeptanz, Legitimität und Loyalitätsbindungen gegenüber einer potentiellen Unterstützungsbasis organisieren, sich also auf die Lebenswelt ihrer freiwilligen Mitglieder, ehrenamtlichen Helfer, Adressaten und ihre potentielle Anhängerschaft einlassen. Nach oben hin müssen sie sich auf eine institutionelle Umwelt beziehen, in der sie formale Organisationen neben anderen formalen Organisationen sind, mit denen sie sich abstimmen und verständigen müssen, um den Zugang zu bestimmten Ressourcen und Einflußchancen zu sichern. Für Probleme des Managements der Interaktion intermediärer Organisationen mit ihrer sozialen Basis ist der Begriff der »Mitgliedschaftslogik« geprägt worden, während das Verhältnis zwischen intermediären Organisationen und dem politischen Institutionensystem auf Probleme der »Einflußlogik« verweist (vgl. Streeck 1987). Die bundesdeutschen Wohlfahrtsverbände stehen nun – wie alle übrigen intermediären Organisationen – vor der organisationsstrategischen Anforderung, sowohl ihre soziale Unterstützungsbasis verbreitern zu müssen, also Mitglieder, freiwillige Helfer und Sympathisanten zu werben (Mitgliedschaftslogik), als auch in politischen Tauschverhältnissen ihre Organisationsziele zu verwirklichen (Einflußlogik). Der Korporatismus-Ansatz macht nun darauf aufmerksam, daß die beiden genannten Handlungsimperative grundsätzlich inkompatibel sind und verbandliche Strategien letztlich immer daran orientiert sein müssen, diese Spannungspole vorläufig und instabil zu versöhnen (vgl. Streeck 1994, S. 13 f.).

3. Neue Herausforderungen für die bundesdeutsche Verbändewohlfahrt

Im folgenden soll der Frage nachgegangen werden, welchen Beitrag die beiden vorgestellten Forschungstraditionen zum Verständnis der gegenwärtigen Rolle und des Stellenwertes bundesdeutscher Wohlfahrtsverbände in der deutschen Sozialpolitik sowie zu deren künftigen Entwicklungschancen beitragen können. Zu diesem Zweck sollen zunächst knapp einige als zentral bewertete Entwicklungen im Umfeld der Wohlfahrtsverbände skizziert werden, um vor diesem Hintergrund die gegenwärtigen und künftigen verbandsstrategischen Probleme und Entwicklungschancen dieses Typus von Organisationen präziser herausarbeiten zu können. Dabei interessiert aus der Sicht der Dritte-Sektor-Forschung vornehmlich, wie die Spitzenverbände der freien Wohlfahrtspflege versuchen, ihre Aufgaben und Funktionszuweisungen unter veränderten Umweltbedingungen auszubalancieren, um auf diese Weise ihrer Multifunktionalität gerecht zu

werden. Unterliegen die Verbände eventuell Verbetrieblichungs- bzw. Verstaatlichungstendenzen oder gelingt es ihnen, eine produktive Balance zwischen den unterschiedlichen Funktionen aufrechtzuerhalten? Aus der Sicht des Korporatismus-Ansatzes wird danach gefragt, wie sich die Staat-Verbände-Beziehungen unter dem Eindruck aktueller Entwicklungen im politischen und ökonomischen Bereich entwickeln. Gelingt es den Spitzenverbänden der freien Wohlfahrtspflege, ihre exklusive Einbindung in die staatliche Sozialpolitik gegen nachdrängende Konkurrenten zu stabilisieren oder sind Tendenzen einer Pluralisierung der Staat-Verbände-Beziehungen sowie einer Deprivilegierung der verbandlichen Wohlfahrtspflege im Feld der bundesdeutschen Sozialpolitik zu beobachten?
Ausgangspunkt für diese Analyse ist die Beobachtung einer immer prekärer werdenden »Handlungsklemme« der freien Wohlfahrtspflege. Es spricht vieles dafür, daß die Lücke zwischen dem traditionell von der Verbändewohlfahrt proklamierten Anspruch, flexibel, individuell und innovativ auf (neue) soziale Problemlagen und Hilfsbedürftigkeiten mit einem eigenständigen Hilfeangebot reagieren zu können und den realen Möglichkeiten und Formen verbandlichen Handelns immer größer wird. Für diese sich öffnende Schere zwischen Anspruch und Wirklichkeit sind tiefgreifende Modernisierungsprozesse in der Gesamtgesellschaft und – eng hiermit in Zusammenhang stehend – in der freien Wohlfahrtspflege selbst verantwortlich zu machen. Im Zusammenhang solcher säkularer Entwicklungen wird auch die Vereinbarung von »Mitgliedschaftslogik« und »Einflußlogik« immer prekärer.
Mit der Ausweitung des Sozialleistungssystems und der rechtlichen Kodifizierung von Leistungs- und Ausstattungsstandards ging eine zunehmende Professionalisierung der Dienstleistungserbringung einher, die das traditionelle weltanschauliche Selbstverständnis der Wohlfahrtsverbände überlagerte. Parallel zum Rückgang der traditionellen Kirchlichkeit nahm zudem die gesellschaftliche Relevanz konfessioneller und weltanschaulicher Unterschiede ab. Innerhalb der Wohlfahrtsverbände ist das hauptamtliche Personal immer weniger von der Identifikation mit dem Träger geprägt, sondern orientiert sich vielmehr an den professionellen Standards des jeweils ausgeübten Berufes. Hinzu kommen Bürokratisierungs- und Zentralisierungsschübe, die die engen Verknüpfungen zwischen Wohlfahrtsverbänden und gesellschaft-

lichen Milieus lockern. Wachsende Schwierigkeiten bei der Rekrutierung und Bindung ehrenamtlicher Mitarbeiterinnen und Mitarbeiter verweisen auf eine nachlassende Bindungsfähigkeit der Wohlfahrtsverbände gegenüber ihrer sozialen Basis und lassen es berechtigt erscheinen, in dieser Hinsicht von einem »Aussterben des Stammkunden« (vgl. Streeck 1987) zu sprechen. Bei wachsender Heterogenität der (potentiellen) Mitgliedschaftsbasis der Verbändewohlfahrt sind daher für die Zukunft erhöhte Managementanforderungen im Hinblick auf die Vereinbarung von (potentiellen) Mitgliederinteressen einerseits und Organisationszielen andererseits zu erwarten.

Zudem hat das beachtliche Größenwachstum von Einrichtungen, Diensten und Beschäftigtenzahlen in der verbandlichen Wohlfahrtspflege sowie ihr Einbau in das Gesamtsystem öffentlich geregelter und finanzierter Sozialpolitik die Umweltabhängigkeit der Verbändewohlfahrt enorm gesteigert und ihre Flexibilität verringert. Von zentraler Bedeutung ist aber insbesondere, daß die verbandliche Wohlfahrtspflege immer mehr von der diffusen öffentlichen Meinung abhängig wird, die auch das Verhalten der Zuwendungsgeber in den politischen Gremien und Verwaltungen beeinflußt. Solche Entwicklungen führen insgesamt zu dem paradoxen Resultat, daß der Wachstumsprozeß von Strukturen und Leistungen der verbandlichen Wohlfahrtspflege mit einem zunehmenden Imageverlust der Verbändewohlfahrt einhergeht (vgl. Hegner 1992, S. 181 ff.).

Offensichtlich haben sich die Spitzenverbände der freien Wohlfahrtspflege im Verlaufe ihre bisherigen Entwicklungsgeschichte von partikularistischen Wertgemeinschaften zu betriebswirtschaftlich orientierten Dienstleistungsanbietern fortentwickelt. Aber diese binnenorganisatorische Modernisierung der freien Wohlfahrtspflege steht in einem engen Wechselverhältnis mit Entwicklungen im ökonomischen, politischen und kulturellen Bereich. Die These, die im folgenden entwickelt und erläutert werden soll, lautet daher: Im Zusammenhang und in Reaktion auf aktuelle Veränderungen in der Umwelt der Verbände sind diese – aus der Perspektive der Dritte-Sektor-Forschung gesehen – einem Ökonomisierungs- und Verbetrieblichungsdruck ausgesetzt sowie – aus der Perspektive des Korporatismus-Ansatzes betrachtet – zugleich in der Gefahr, ihren bislang weitgehend unumstrittenen privilegierten Zugang zum politischen Willensbildungsprozeß sowie zum öffentlich regulierten sozialen Dienstleistungsmarkt zugunsten anderer Trägergruppen zu verlieren. Radikal formuliert könnte man die behauptete Entwicklungsrichtung als »doppelte Pluralisierung« rekonstruieren: Zum einen wird die Annahme geprüft, daß auf dem sozialen Dienstleistungsmarkt die privilegierte Position freigemeinnütziger Träger durch eine Pluralisierung der Trägerkonkurrenz gelockert und auf dem politischen Markt die privilegierten Einflußchancen durch eine Öffnung korporatistischer Politiknetzwerke für weitere und zusätzliche korporative Akteure abgeschwächt wird. Für die Wohlfahrtsverbände werden – sollten diese Thesen zutreffen – sowohl die Dienstleistungsmärkte als auch die politischen Tauschmärkte turbulenter. Die Entwicklungstendenzen in der Umwelt der Wohlfahrtsverbände, die den behaupteten Veränderungsprozeß vorantreiben und verstärken dürften, sind Entwicklungen wie die Entstehung und öffentliche Anerkennung konkurrierender nicht-staatlicher Träger im Sozialbereich, der Prozeß der europäischen Integration sowie die aktuellen politischen Bestrebungen um eine Reform der öffentlichen Verwaltungen. Diese Entwicklungen sollen hier knapp skizziert werden, um die veränderten verbandspolitischen Anforderungen und verbandsstrategischen Optionen diskutieren zu können.

3.1 Die Pluralisierung der Trägerlandschaft im bundesdeutschen Sozialsektor

Ein wichtiger Entwicklungstrend, der zur Relativierung bislang selbstverständlicher Privilegien und Zuständigkeiten der verbandlichen Wohlfahrtspflege beigetragen hat, stellt die Entstehung und Verbreitung selbstorganisierter Initiativen und Selbsthilfegruppen im Jugend- und Sozialbereich dar. Als eine Alternative zum korporatistischen Wohlfahrtskartell entsteht und entwickelt sich seit den siebziger Jahren eine inzwischen etablierte Szene von kleinen, solidarisch organisierten Projekten, Initiativen und Selbsthilfegruppen im Sozial- und Jugendbereich. Bemerkenswert ist nun, daß die öffentlichen Träger auf Bundes-, Landes- und Kommunalebene die faktisch entstandene »Pluralisierung der Trägerlandschaft« inzwischen politisch anerkennen, was sich nicht zuletzt an Beschlüssen von Fachministerkonferenzen und amtlichen Berichten von Expertenkommissionen (vgl. Bundesministerium für Familie, Senioren, Frauen und Jugend 1994) sowie in den Formulierungen des Kinder- und Jugendhilfegesetzes (KJHG) ablesen läßt. In der fachpolitischen Debatte des Jugend- und Sozialbereiches hat es sich daher inzwischen eingebürgert, von einer »neuen Trägersäule« zu sprechen, wobei neben die etablierten öffentlichen und verbandlichen Träger nun die Selbsthilfegruppen, Initiativen und Projekte treten.

3.2 Auswirkungen des Prozesses der europäischen Integration auf die Wohlfahrtsverbände

Die Politik der europäischen Integration zielt vornehmlich auf die Herstellung eines europäischen Wirtschaftsraumes ab. Daher kann nicht überraschen, daß die Einbindung der Non-Profit-Organisationen in die europäische Sozialpolitik vom Konzept der »économie sociale« dominiert wird, das starke marktwirtschaftliche Akzente im Sozialbereich setzt. Im Zusammenhang mit der Europäischen Union werden Sozialleistungsvereinigungen wie die bundesdeutschen Wohlfahrtsverbände primär als Dienstleistungsanbieter betrachtet, die entsprechenden Regelungen der Marktsteuerung zu unterziehen sind. Kriterien wirtschaftlichen Handelns im Sinne von Wettbewerb, Freizügigkeit, Niederlassungs- und Dienstleistungsfreiheit bestimmen die europäische Diskussion. Damit gerät die sozialrechtliche Sonderstellung der deutschen Wohlfahrtsverbände und deren öffentliche Förderung unter dem Aspekt der Beseitigung von Wettbewerbsverzerrungen unter Legitimationsdruck. Das deutsche Gemeinnützigkeitsrecht ist – vornehmlich durch die Rechtssprechung des Europäischen Gerichtshofes – auf europäischer Ebene gefährdet (vgl. Loges 1994). Hinzu kommt zumindest die Möglichkeit eines grenzübergreifenden Wettbewerbes von Anbietern sozialer Dienste, wie er zum Teil in Grenzregionen bereits stattfindet.

3.3 Neue Steuerungsmodelle in der öffentlichen Verwaltung

Der Blick auf den Prozeß der europäischen Integration zeigt, daß das ökonomische Denken im Bereich der Sozialpolitik international ein stärkeres Gewicht erhält. Diese »Vorherrschaft der Ökonomie über das Soziale« wird durch die Diskussion und die Einführung neuer Steuerungsmodelle in der öffentlichen Verwaltung verstärkt. Betriebswirtschaftliches Denken soll nach diesen Reformmodellen nicht vor den Grenzen des öffentlichen Dienstes halt machen. Vielmehr wird vorgeschlagen, auch öffentliche Sozialverwaltungen in Dienstleistungsbetriebe umzuwandeln, die unter dem Druck eines Wettbewerbes gezwungen werden, Kosten zu sparen, Dienstleistungen qualitativ zu verbessern sowie die Präferenzen und Wünsche der Nachfrager im Sinne einer Kundenorientierung stärker zu berücksichtigen. Unter dem Stichwort »new public management« werden in vielen Kommunen die öffentlichen Sozialverwaltungen reformiert, betriebswirtschaftliche Effektivitäts- und Effizienzkriterien eingeführt, der Bestand an öffentlichen Aufgaben überprüft (»Aufgabenkritik«) sowie öffentliche Aufgaben auf nicht-staatliche Träger delegiert (vgl. Olk 1994). Die Umgestaltung der öffentlichen Sozialverwaltung wird durch grundlegende Änderungen im Sozialrecht flankiert. So wird in der neuen Sozialgesetzgebung ganz generell unter dem Stichwort Staatsentlastung eine stärkere Trennung zwischen staatlicher Gewährleistungsverantwortung und der konkreten Leistungserbringung durch nicht-staatliche Träger vorgenommen. In diesem Zusammenhang werden explizit auch privatgewerbliche Anbieter und verbandsunabhängige Vereine und Initiativen in den Kreis der staatlich präferierten freien Träger einbezogen.

Insbesondere das Pflegeversicherungsgesetz räumt den Spitzenverbänden der Freien Wohlfahrtspflege keinen privilegierten Status im Sinne des tradierten Subsidiariätsprinzips ein, sondern erweitert den Kreis der inkorporierten Akteure um die genannten anderen freien Träger. Die Zusammenarbeit zwischen Staat und Wohlfahrtsverbänden ist im Pflegeversicherungsgesetz (PflegeVG) nicht gesondert geregelt, da Wohlfahrtsverbänden gegenüber anderen freien Trägern kein ordnungspolitisch hervorgehobener Status eingeräumt wird. In § 11 Abs. 2 Satz 2 und 3 PflegeVg wird die Gleichrangigkeit der freien Träger ausdrücklich betont:

»Dem Auftrag kirchlicher und sonstiger Träger der freien Wohlfahrtspflege, kranke, gebrechliche und pflegebedürftige Menschen zu pflegen, zu betreuen, zu trösten und sie im Sterben zu begleiten, ist Rechnung zu tragen. Freigemeinnützige und private Träger haben Vorrang gegenüber öffentlichen Trägern.« Insgesamt folgt aus diesen neuen Regelungen ein Vertragsverhältnis, in dessen Mittelpunkt die Festlegung und Kontrolle von Wirtschaftlichkeits- und Qualitätskriterien steht. Im Zuge der sozialrechtlichen Neuerung werden die Beziehungen zwischen öffentlichen Sozialverwaltungen und freigemeinnützigen Organisationen auf die Grundlage von Verträgen (contracting out) gestellt. Mit Hilfe solcher Verträge werden privaten Trägern öffentliche Aufgaben als klar umrissene Leistungspakete überantwortet und im Gegenzug finanzielle Festbeträge gezahlt. An die Stelle historisch begründeter Sonderrechte einzelner Trägergruppen treten nun Wirtschaftlichkeitsüberlegungen und Qualitätsstandards (vgl. ausführlich Backhaus-Maul/Olk 1994).

4. Zur Zukunft der bundesdeutschen freien Wohlfahrtspflege

4.1 Entwicklungstendenzen und verbandspolitische Optionen

Die dargestellten Entwicklungstendenzen im ökonomischen, politischen und soziokulturellen Bereich scheinen Rolle und Stellenwert der verbandlichen Wohlfahrtspflege in der Bundesrepublik maßgeblich zu beeinflussen. Bisherige Handlungsmöglichkeiten werden prekär und überkommene Privilegien geraten in Gefahr. In der Tat haben die skizzierten gesellschaftlichen Herausforderungen inzwischen zu verschiedenartigen strategischen Antworten in der verbandlichen Wohlfahrtspflege geführt. Insgesamt erlebt die Freie Wohlfahrtspflege seit einigen Jahren einen tiefgreifenden Modernisierungsschub, der unter Umständen ihr Aufgabenselbstverständnis, ihre organisatorischen Binnenstrukturen und ihre Beziehungen zu unterschiedlichen Umweltausschnitten maßgeblich verändern könnten.

Festzuhalten bleibt, daß der Druck in Richtung Ökonomisierung und Verbetrieblichung wächst und die traditionellen exklusiven

bilateralen Politiknetzwerke zwischen Teilen des Staates einerseits und den Spitzenverbänden der Freien Wohlfahrtspflege andererseits sich unter den veränderten Bedingungen erweitern und für neue korporative Akteure wie gewerbliche Unternehmen und selbstorganisierte Initiativen und Vereinigungen öffnen werden. Unter diesen Umständen stellt sich die Frage, ob diese Entwicklungen zusammengenommen auf eine Mutation der Wohlfahrtsverbände zu gewerblichen Dienstleistungsunternehmen sowie zu einem Niedergang korporatistischer Verflechtungsbeziehungen im Sozialsektor führen werden. Die These, die im folgenden vertreten werden soll, läuft darauf hinaus, daß das System der verbandlichen Wohlfahrtspflege trotz solcher neuer Herausforderungen keineswegs vollständig anderen Anbietern und Organisationen gleichgestellt und einem »freien Markt« ausgesetzt werden wird. Die Spitzenverbände der Freien Wohlfahrtspflege verfügen gerade wegen ihrer potentiellen Multifunktionalität über genügend strategisches Handlungspotential, um sich neuen Umweltbedingungen vergleichsweise rasch und flexibel anpassen zu können. Gerade diese Multifunktionalität und Flexibilität macht sie aber für den bundesdeutschen Sozialstaat derart funktional, daß Bund, Länder und Gemeinden keineswegs an einer vollständigen Auflösung bestehender Sonderbeziehungen zu diesen Spitzenverbänden interessiert sind.
Im folgenden sollen die eigentümlichen strategischen Anpassungsfähigkeiten der Freien Wohlfahrtspflege beispielhaft skizziert werden. Dabei wird davon ausgegangen, daß die Auswahl zwischen den grundsätzlich zur Verfügung stehenden strategischen Optionen in den einzelnen Wohlfahrtsverbänden unter dem Gesichtspunkt der Bewältigung und Ausbalancierung der Spannungspole von Mitgliedschaftslogik einerseits und Einflußlogik andererseits unter den gegenwärtigen Kontextbedingungen stattfinden wird.

4.2 Die Verbetrieblichung der Freien Wohlfahrtspflege

Im Hinblick auf ihre Funktion als Dienstleistungsanbieter eröffnet sich den Wohlfahrtsverbänden die Option, alles zu tun, um ihre Position im Preis- und Qualitätswettbewerb auf den sozialen Dienstleistungsmärkten zu stabilisieren beziehungsweise sogar zu verbessern. Dieses tun sie, indem sie moderne Strategien und Konzepte des Managements einführen (vgl. Merchel, in diesem Band), ihre Einrichtungen und Dienste nach betriebswirtschaftlichen Kriterien umgestalten und bestimmte Dienstleistungsteile in privatgewerbliche Formen ausgründen. In verschiedenen Kommunen ist die Tendenz zu beobachten, vorrangig solche Einrichtungen aus der klassischen Vereinsstruktur der Verbändewohlfahrt auszugliedern, die über gesetzliche Pflichtleistungen voll finanziert werden (vgl. Manderscheid, in diesem Band). In diesem Zusammenhang werden eigene Trägervereine oder auch GmbHs bzw. gemeinnützige GmbHs gegründet. Ferner sind die freien Träger, insbesondere auf der örtlichen Ebene, bestrebt, die vielerorts praktizierte Kürzung öffentlicher Zuschüsse dadurch abzufedern, daß sie mittels betriebswirtschaftlicher Analysen und der Einrichtung von Kostenstellen Effizienzlücken in der Aufbau- und Ablaufstruktur ihrer Organisation aufspüren. Da über die Kostenstellenrechnung auch Defizitbereiche sichtbar werden, führt diese Politik der Effizienz- und Effektivitätssteigerung zur fachlichen Spezialisierung und Konzentration auf bestimmte, finanziell lukrative Aktivitätsfelder. Wegen der Bürokratienähe der etatistisch orientierten bundesdeutschen Freien Wohlfahrtspflege ist ferner zu erwarten, daß die Einführung neuer Steuerungsmodelle in der öffentlichen Sozialverwaltung zwangsläufig auch zu Transfereffekten in der Freien Wohlfahrtspflege führen werden. Kriterien wie Budgetierung, Controlling und Output-Orientierung machen an den Grenzen der öffentlichen Sozialverwaltung keineswegs halt, sondern greifen auf die Reformbemühungen in der Freien Wohlfahrtspflege über (vgl. Heinze/Strünck 1995).
Diese Strategie, die voll und ganz im Sinne der Einflußlogik auf organisatorische Effizienzsteigerung setzt, kommt natürlich auf Dauer mit den Imperativen der Mitgliedschaftslogik in Konflikt. Das Selbstverständnis der Freien Wohlfahrtspflege, in einer pluralistischen Gesellschaft mit unterschiedlichen wertgebundenen

Angeboten und Dienstleistungen zu konkurrieren, weicht einer Marktlogik, in der es nur noch um finanzielle Ressourcen und um Sicherung von Marktanteilen geht. Ferner wird die Bereitschaft, sich in modernisierten Dienstleistungsunternehmen ehrenamtlich zu engagieren, entmutigt und das Image als gemeinnützige Organisationen untergraben. Damit wird aber die Unterstützungsbereitschaft einer diffusen Öffentlichkeit, die sich sowohl in einer Akzeptanz als auch in Spendenbereitschaft niederschlagen soll, auf eine harte Probe gestellt.

4.3 Zur Revitalisierung der sozialanwaltschaftlichen Interessenvertretungsfunktion

Eine weitere strategische Option besteht in dem im Vergleich zur bisherigen Praxis aktiveren Gebrauch der sozialanwaltschaftlichen Interessenvertretungsfunktion der Verbändewohlfahrt. Wegen ihrer hohen Abhängigkeit von öffentlichen Mitteln, aber auch nicht zuletzt wegen der engen politischen Verbindungen zwischen der christlich-liberalen Bundesregierung und den Spitzenvertretern der Freien Wohlfahrtspflege waren die traditionellen Wohlfahrtsverbände wenig geneigt, aktiv und konfliktorisch die Interessen benachteiligter Bevölkerungsgruppen öffentlich zu artikulieren. Vorsichtige Versuche einer Skandalisierung sozialer Probleme waren daher bislang unter dem Eindruck beschwichtigender Strategien der Verbandsspitzen politisch relativ bedeutungslos. Dieses scheint sich in jüngster Vergangenheit zumindest graduell geändert zu haben. Sowohl der Paritätische Wohlfahrtsverband als auch die Caritas haben das Thema »Armut« aufgegriffen und sozialpolitisch skandalisiert. Dies ist zum Beispiel in Form einer Mitarbeit dieser Wohlfahrtsverbände in der nationalen Armutskonferenz in der Bundesrepublik Deutschland (NAK) geschehen, die seit 1991 als nationaler Ableger des europäischen Armutsnetzwerkes aktuelle Entwicklungen der Armut und der Armutsbekämpfung in Deutschland erörtert, die Entwicklung fachlicher Aussagen und die Herausgabe von Stellungnahmen sowie die Förderung gemeinsamer Aktivitäten im Rahmen der Europäischen Union betreibt (vgl. dazu ausführlich Pabst 1994). Ferner haben diese Wohlfahrtsverbände eigene Forschungen zum

Armutsthema in Auftrag gegeben und die Ergebnisse dieser Forschungsprojekte in öffentlichkeitswirksamen Präsentationen publiziert. Gerade dieses Beispiel zeigt, daß die Spitzenverbände der Freien Wohlfahrtspflege unter bestimmten Bedingungen durchaus bereit sein können, sozialpolitische Interessen und Notlagen ihrer Klientel in das politische System zu vermitteln. Während die Verbandsspitze des Deutschen Caritasverbandes insbesondere auf den Druck einer sozialpolitisch sensibilisierten Basis in den Kirchengemeinden und caritativen Einrichtungen und Diensten reagiert hat, beinhaltete die Armutskampagne des Paritätischen Wohlfahrtsverbandes die verbandsstrategische Chance, das soziale Profil dieses äußerst heterogen zusammengesetzten Verbandes zu schärfen. Dies ist für den Paritätischen Wohlfahrtsverband deshalb so wichtig, da er nicht auf die soziale Integrationskraft und publizitätsträchtige Wirkung einer gemeinsam geteilten kulturellen Glaubens- oder Überzeugungsstradition zurückgreifen kann. Die besondere Bedeutung der Aufwertung der Strategie der Interessenvertretung liegt darin, daß sie den konkurrierenden Anbietern auf den sozialen Dienstleistungsmärkten nicht in gleicher Weise zur Verfügung steht. So sind selbstorganisierte Initiativen und Projekte allenfalls auf lokaler oder regionaler Ebene in der Lage, soziale Probleme und Bedürfnislagen zu artikulieren; privatgewerbliche Anbieter dagegen dürften in dieser Hinsicht über wenig Handlungsspielräume verfügen.

4.4 Wohlfahrtsverbände als Infrastruktur für Bürgerengagement und Selbsthilfe

Ferner bieten sich den Wohlfahrtsverbänden als intermediären Organisationen strategische Chancen, um an aktuelle Forderungen nach einer Revitalisierung von Gemeinsinn und Bürgertugenden anzuknüpfen, wie sie unter anderem von US-amerikanischen Kommunitaristen erhoben werden (vgl. z. B. Etzioni 1994). Nun ist die Bewegung des US-amerikanischen Kommunitarismus nur vor dem Hintergrund eines residualen amerikanischen Wohlfahrtsstaates und einer liberal-pragmatischen Wohlfahrtskultur zu verstehen. Doch bei allen Verkürzungen und Defiziten der normativ-ethischen Idee des Kommunitarismus bleibt doch die berechtigte Anfrage an freiwillige Vereinigungen und intermediäre

Verbände bestehen, inwiefern sie zumindest komplementär zum Sozialstaat in der Lage sein müßten, gesellschaftliche Solidarität, Gemeinsinn und soziale Anteilnahme zu revitalisieren. Hier liegt auch die zivilgesellschaftliche Hoffnung eines Michael Walzer (vgl. 1992, S. 63 ff.), der im intermediären Sektor die zivile Gesellschaft zu entdecken glaubt, in der die Bürger lokale Entscheidungen mittragen und so an der Gestaltung des sozialen und politischen Lebens Anteil nehmen können. Obwohl der amerikanische Kommunitarismus also eine sozialethische Idee von bürgerlichen Individuen darstellt, die normative Forderungen an andere und sich selbst richten, verweist er dennoch auf ein grundlegendes Problem moderner Gegenwartsgesellschaften: Gemeint ist die Frage danach, ob das Vordringen eines egoistischen Individualismus, ein Zerfall der Werte und traditionaler Solidargemeinschaften (wie der Familie, der Nachbarschaften und solidarischen Unterstützungsgemeinschaften) eventuell die soziale Integration dieser Gesellschaften gefährden kann.

Aus dieser Perspektive stellt sich also die Anfrage an die deutschen Wohlfahrtsverbände, ob sie jene Brücken zwischen der Lebenswelt der Bürgerinnen und Bürger einerseits und dem Sozialstaat beziehungsweise der übergreifenden Gesellschaft andererseits darstellen können, über die freiwilliges Engagement angereizt und stabilisiert sowie freiwillige Sozialleistungen ermöglicht werden können. In dieser Hinsicht scheint festzustehen, daß zumindest die großen Wohlfahrtsverbände immer weniger in der Lage sind, direkt freiwilliges Engagement und gesellschaftliche Solidarität in ihren Einrichtungen, Diensten und Vereinsgliederungen anzuregen. Dazu ist ihre Inkorporierung in den Sozialstaat mittlerweile zu weit vorangeschritten. Dies schließt allerdings keinesfalls aus, daß sie als Dachorganisationen die Infrastruktur für selbsttätiges Bürgerengagement zur Verfügung stellen. Eine solche Erwartung entwickeln auch viele Selbsthilfegruppen und Projekte, die zwar einerseits auf ihre Eigenständigkeit und Unabhängigkeit bedacht sind, sich aber andererseits als korporative Mitglieder dem System der Freien Wohlfahrtspflege anschließen, um die hiermit verbundenen Leistungen in Form von öffentlichen Mitteln, Fachberatung und Unterstützung in Anspruch nehmen zu können.

5. Schlußbemerkungen

Abschließend soll vor dem Hintergrund der bisherigen Ausführungen ein Fazit gezogen werden. Die Eingangsfrage, die das vorhergehende Kapitel geleitet hatte, besagte, daß die Spitzenverbände der Freien Wohlfahrtspflege unter veränderten Umweltbedingungen sowohl einem Ökonomisierungs- und Verbetrieblichungsdruck als auch Tendenzen der Deprivilegierung im politischen Bereich unterliegen. Gerade der letztgenannte Aspekt würde auf ein generelles Ende des Meso-Korporatismus im Sozialbereich hinauslaufen. Die vorliegende Analyse hat allerdings gezeigt, daß weder eine vollständige und restlose Transformation der Wohlfahrtsverbände in quasi-kommerzielle Dienstleistungsunternehmen noch eine Auflösung korporatistischer Strukturen im Sozialsektor zu verzeichnen sind. Was erkennbar ist, sind *äußere und innere Pluralisierungstendenzen* der Anbieterstrukturen und politischen Verflechtungsbeziehungen im Sozialsektor. Die neueren Entwicklungen in der Sozialgesetzgebung (Pflegeversicherungsgesetz sowie die §§ 93 und 94 BSHG sowie KJHG) laufen auf eine Deprivilegierung der sozialrechtlichen Position der Wohlfahrtsverbände und eine Aufwertung von gewerblichen und anderen Diensten auf sozialen Dienstleistungsmärkten hinaus. Diese Tendenz ist keineswegs mit einer Durchsetzung von »echten« Marktbeziehungen zu verwechseln. Der Hauptgrund hierfür liegt darin, daß wir es bei dem sozialen Dienstleistungsmarkt im Sozialsektor keineswegs mit einem »echten«, sondern vielmehr mit einem politisch regulierten Markt zu tun haben. Es bleibt der grundlegende und sozialrechtlich verankerte Grundsatz der Aufgabenteilung zwischen öffentlichen und freien Trägern der Sozialpolitik bestehen, wonach der öffentliche Träger eine Letztverantwortung und Gewährleistungsverpflichtung für ein flächendeckendes und ausreichendes Angebot an Diensten und Einrichtungen übernimmt und für die Durchführung dieser Aufgaben auf freie Träger zurückgreift. Angesichts der Gewährleistungsverpflichtung der öffentlichen Träger sind damit Staat, Länder und Kommunen keineswegs an einer Atomisierung der Marktbeziehungen auf den politisch administrierten Dienstleistungsmärkten interessiert. Vielmehr geht es ihnen um eine partielle Öffnung der Zusammenarbeit für neue Trägergruppen, ohne nun mit einer unüberschaubaren Vielzahl von Anbietern verhandeln zu müssen.

Die tatsächliche Entwicklung ist also dadurch gekennzeichnet, daß die Heranziehung weiterer Träger sozialer Dienstleistungen – zum Beispiel in Pflegesatzverhandlungen – einerseits den Dienstleistungsmarkt öffnet, andererseits aber Zentralisierungsbestrebungen bei den nicht-staatlichen Trägern begünstigt. Um an Pflegesatzverhandlungen z. B. im Rahmen der Pflegeversicherung teilnehmen zu können, müssen sich potentielle Anbieter überlokal verbandlich organisieren, um überhaupt als Ansprechpartner der Pflegekassen auftreten zu können. Die Option einer überlokalen verbandlichen Organisierung steht aber nicht allen Anbietern in gleicher Weise verbandspolitisch zur Verfügung. Gerade kleine Gruppen und Initiativen – z. B. im Pflegebereich – scheinen gegenwärtig im Zuge der Einführung der Regelungen der Pflegeversicherung ihre Marktposition zu verlieren, weil sie über keinerlei Möglichkeiten verfügen, an überörtlichen Pflegesatzverhandlungen teilzuhaben. Umgekehrt sind alle Anbieter, die diese Möglichkeit ergreifen können, in zunehmenden Maße daran interessiert, sich verbandlich zu organisieren, um in das Pflegekartell eingebunden zu werden. Die Folge ist also keineswegs ein Übergang vom Korporatismus zum Pluralismus, sondern vielmehr eine Tendenz zu einem *»multipolaren Korporatismus«* (vgl. Heinze/Strünck 1995), in dem es neben den bislang privilegierten freigemeinnützigen Spitzenverbänden der Freien Wohlfahrtspflege weitere verbandlich organisierte Anbietergruppen gibt. Im Zuge dieser Entwicklung werden die bislang bipolar strukturierten exklusiven Politiknetzwerke im Sozialsektor durchaus partiell erweitert, ohne daß eine vollständige Öffnung für sämtliche potentiellen Anbieter entstehen würde.

Begleitet wird die äußere Pluralisierung aber gleichzeitig durch eine innere Pluralisierung: Unter dem Dach des föderalistisch gegliederten Systems der Freien Wohlfahrtspflege entwickeln sich drei unterschiedliche, funktional spezifizierte Säulen, die sich immer stärker gegeneinander verselbständigen und abgrenzen. Gemeint ist hiermit (1) eine Säule betriebswirtschaftlich gesteuerter Konzernstrukturen, um auf Dienstleistungsmärkten bestehen zu können, (2) eine Säule lokaler Vereinigungen und assoziativer Strukturen, in denen Bedürfnisse nach Geselligkeit, Kommunikation und sozialer Integration befriedigt werden, sowie (3) eine Säule, in der sich die Wohlfahrtsverbände als überlokal operierende korporative Akteure präsentieren, die die Anliegen und

Interessen bestimmter (benachteiligter) Bevölkerungsgruppen in das politische System der Bundesrepublik hineinvermitteln.
Es ist gerade diese Multifunktionalität und Flexibilität der Verbändewohlfahrt, die diesen Typ von intermediären Organisationen für den bundesdeutschen Sozialstaat so funktional erscheinen läßt und es unwahrscheinlich macht, daß die traditionellen mesokorporatistischen Verflechtungsbeziehungen im Sozialsektor einem System vollständiger pluralistischer Anbieterkonkurrenz Platz machen werden.

Literatur

Alemann, U. v.: Organisierte Interessen in der Bundesrepublik, Opladen 1987.

Backhaus-Maul, H./Olk, Th.: Von Subsidiarität zu »outcontracting«. Zum Wandel der Beziehungen von Staat und Wohlfahrtsverbänden in der Sozialpolitik, in: Streeck (1994), S. 100-135.

Beyme, K. v.: Theorie der Politik im 20. Jahrhundert. Von der Moderne zur Postmoderne, Frankfurt a. M. 1992.

Bundesministerium für Familie, Senioren, Frauen und Jugend (Hg.): Neunter Jugendbericht. Bericht über die Situation der Kinder und Jugendlichen und die Entwicklung der Jugendhilfe in den neuen Bundesländern, Bonn 1994.

Cawson, A.: Organized Interests and the State: Studies in Meso-Corporatism, London 1985.

Czada, R.: Konjunkturen des Korporatismus: Zur Geschichte eines Paradigmenwechsels in der Verbändeforschung, in: Streeck (1994), S. 37-64.

Ebertz, M. N./Schmid, J.: Zum Stand der Wohlfahrtsverbände-Forschung. Sozialwissenschaftliche Fragestellungen, Erkenntnisfortschritte und Defizite, in: Caritas, 88. Jg., 1987, Heft 6, S. 289-313.

Etzioni, A.: Jenseits des Egoismus-Prinzips. Ein neues Bild von Wirtschaft, Politik und Gesellschaft, Stuttgart 1994.

Evers, A.: Im intermediären Bereich. Soziale Träger und Projekte zwischen Haushalt, Staat und Markt, in: Journal für Sozialforschung, 1990, Heft 2, S. 189-210.

Evers, A.: Pluralismus, Fragmentierung und Vermittlungsfähigkeit. Zur Aktualität intermediärer Aufgaben und Instanzen im Bereich der Sozial- und Gesundheitspolitik, in: Heinelt, H./Wollmann, H. (Hg.), Brennpunkt Stadt. Stadtpolitik und lokale Politikforschung in den 80er und 90er Jahren, Basel, Bosten, Berlin 1991, S. 221-240.

Hegner, F.: Organisations-»Domänen« der Wohlfahrtsverbände. Verän-

derungen und unscharfe Konturen, in: Zeitschrift für Sozialreform, 38. Jg., 1992, Heft 3, S. 165-190.
Heinze, R. G./Olk, Th.: Die Wohlfahrtsverbände im System sozialer Dienstleistungsproduktion, in: Kölner Zeitschrift für Soziologie und Sozialpsychologie, 33. Jg., 1981, Heft 1, S. 94-114.
Heinze, R. G./Olk, Th.: Sozialpolitische Steuerung. Von der Subsidiarität zum Korporatismus, in: Glagow, M. (Hg.), Gesellschaftssteuerung zwischen Korporatismus und Subsidiarität, Bielefeld 1984, S. 162-194.
Heinze, R. G./Strünck, C.: Kontraktmanagement im Windschatten des Wohlfahrtsmix?, erscheint in: Evers, A./Olk, Th. (Hg.), Wohlfahrtspluralismus, Opladen 1995.
Loges, F.: Entwicklungstendenzen Freier Wohlfahrtspflege im Hinblick auf die Vollendung des Europäischen Binnenmarktes, Freiburg 1994.
Olk. Th.: Jugendhilfe als Dienstleistung. Vom öffentlichen Gewährleistungsauftrag zur Marktorientierung, in: Widersprüche, 14. Jg., 1994, Heft 53, S. 11-33.
Pabst, S.: Wohlfahrtsverbände zwischen Interesse und Kultur. Die Armutspolitik der Spitzenverbände der freien Wohlfahrtspflege, Diplomarbeit, Universität Bremen 1994.
Powell, W. W. (ed.): The Nonprofit Sector. A Research Handbook, New Haven and London 1987.
Ronge, V.: Theorie und Empirie des »Dritten Sektors«, in: Ellwein, Th./Hesse, J. J./Mayntz, R./Scharpf, F. W. (Hg.), Jahrbuch zur Staats- und Verwaltungswissenschaft, Band 2, Baden-Baden 1988, S. 113-148.
Ronge, V.: Zur Transformation der »DDR« – aus der Perspektive des »Dritten Sektors«, in: Eichener, V./Kleinfeld, R./Pollack, D. u. a. (Hg.), Probleme der Einheit. Organisierte Interessen in Ostdeutschland, Band 12, 1. Halbband, Marburg 1992.
Sachße, Chr./ Tennstedt, F.: Geschichte der Armenfürsorge in Deutschland, Band 2: Fürsorge und Wohlfahrtspflege 1871-1929, Stuttgart 1988.
Schmid, J.: Wohlfahrtsverbände in modernen Wohlfahrtsstaaten. Entwicklung und Vergleich nationaler Konfigurationen in Deutschland, den Niederlanden, Großbritannien und in Schweden, Habilitationsschrift, Ruhr-Universität Bochum 1994.
Seibel, W.: Funktionaler Dilettantismus, Baden-Baden 1992.
Streeck, W.: Vielfalt und Interdependenz. Überlegungen zur Rolle intermediärer Organisationen in sich ändernden Umwelten, in: Kölner Zeitschrift für Soziologie und Sozialpsychologie, 39. Jg., 1987, Heft 2, S. 471-495.
Streeck, W. (Hg.), Staat und Verbände, Sonderheft 25 der Politischen Vierteljahresschrift, Opladen 1994.
Thränhardt, D.: Im Dickicht der Verbände. Korporatistische Politikformulierung und verbandsgerechte Verwaltung am Beispiel der Arbeitsmigranten in der Bundesrepublik, in: Bauer, R./Dießenbacher, H.

(Hg.), Organisierte Nächstenliebe. Wohlfahrtsverbände und Selbsthilfe in der Krise des Sozialstaates, 1984, S. 45-66.
Thränhardt, D. u.a.: Wohlfahrtsverbände und Sozialwissenschaften, in: Thränhardt, D. u.a. (Hg.), Wohlfahrtsverbände zwischen Selbsthilfe und Sozialstaat, Freiburg 1986, S. 9-36.
Walzer, M.: Zivile Gesellschaft und amerikanische Kultur, Berlin 1992.
Weisbrod, B. A.: The Nonprofit Economy, Cambridge (Massachusetts) 1988.

Christoph Sachße

Verein, Verband und Wohlfahrtsstaat

Entstehung und Entwicklung der »dualen« Wohlfahrtspflege

1. Zur Einführung

Drei Herausforderungen sind es vor allem, mit denen sich heute die Verbände der freien Wohlfahrtspflege in Deutschland konfrontiert sehen: der Prozeß der deutschen Wiedervereinigung, der Prozeß der Einigung Europas und die Auflösung der traditionellen sozialen und kulturellen Milieus, die die Verbände bislang getragen haben. Im Rahmen der deutschen Einigung werden die kulturellen und sozialen Voraussetzungen der aktuellen Trägerstruktur der Wohlfahrtspflege gerade deshalb bewußt, weil sie in den neuen Bundesländern nicht oder jedenfalls nicht unproblematisch vorhanden sind. Im Prozeß der Einigung Europas geraten die nationalen Organisationskulturen der Wohlfahrtspflege unter den Druck einer neuartigen Konkurrenz mit Organisationen aus anderen nationalen Kontexten und Traditionen. Übergreifend zu diesen aktuellen politischen Ereignissen müssen sich die Verbände der freien Wohlfahrtspflege dem Verlust der Sozialmilieus stellen, denen sie ihre Entstehung und Unterstützung verdanken und die sich im säkularen Prozeß der Individualisierung und Pluralisierung entwickelter Industriegesellschaften rapide auflösen.
Die duale Struktur der Wohlfahrtspflege in Deutschland, der gesetzlich geregelte Einbau der freien in das Gesamtsystem der öffentlichen Wohlfahrtspflege, ist einmalig – und auch wieder nicht! Die sozialpolitischen Systeme *aller* entwickelten Industriegesellschaften basieren auf einer »mixed economy of welfare«, einem Neben- und Miteinander von öffentlichen und privaten Trägerorganisationen. Diese mixed economy erfährt aber sehr unterschiedliche nationale Ausprägungen. Eine gesetzliche Bestandsgarantie der freien bei gleichzeitiger Förderungsverpflichtung und Gesamtverantwortung der öffentlichen Träger: Dieses komplexe Gefüge von Zuständigkeitsverteilungen und wechsel-

seitiger Inanspruchnahme gibt es in dieser Form nur in Deutschland. Es ist nur aus den politischen, verfassungsrechtlichen und kulturellen Traditionen der deutschen Sozialpolitikgeschichte angemessen zu verstehen. Im folgenden werde ich deshalb zunächst die historische Entwicklung der freien Wohlfahrtspflege in drei Etappen rekonstruieren: im deutschen Kaiserreich, in der Weimarer Republik und – nach einem kurzen Blick auf den Nationalsozialismus – in der (alten) Bundesrepublik. Auf dieser Grundlage möchte ich abschließend die eingangs genannten aktuellen Probleme noch einmal überdenken.

Mein historischer Rückblick auf die Entwicklungsstufen der freien Wohlfahrtspflege in Deutschland geht dabei von zwei Überlegungen aus, die dazu beitragen sollen, die Geschichte der freien Wohlfahrtspflege für das Verständnis aktueller Probleme fruchtbar zu machen:

Zum ersten bilden historische Entwicklungsepochen spezifische Wohlfahrtskulturen – und das heißt auch: besondere Kulturen *privater* Wohltätigkeit – aus. Diese sind nur aus dem sozialpolitischen und kulturellen Kontext ihrer Zeit zu erschließen. Ein isoliertes Zurückverfolgen der heute großen und wichtigen Verbände zu den Ursprüngen ihrer Entstehung genügt dazu nicht. Ich möchte also erstens den Begriff der »Wohlfahrtskultur« (vgl. Kaufmann 1988; Pankoke 1992) für ein historisches Verständnis der freien Wohlfahrtspflege fruchtbar machen.

Zweitens kann die Organisationsentwicklung der privaten Wohlfahrtspflege nur im Zusammenhang mit der Entwicklung der öffentlichen Wohlfahrtspflege angemessen analysiert werden. Die Ausprägung besonderer Organisationsformen und Organisationskulturen der privaten Wohltätigkeit erfolgt in Abhängigkeit von staatlicher Sozialpolitik und darf von dieser nicht getrennt werden. Öffentliche und freie Wohlfahrtspflege sind keine Gegensätze oder Alternativen. Sie gehören vielmehr zusammen.

2. Zur historischen Entwicklung freier Wohlfahrtspflege in Deutschland: Ein Überblick[1]

Parallel zu der zunehmenden Etablierung der Armenfürsorge als öffentlicher Aufgabe im Laufe des 19. Jahrhunderts zog sich die private Wohltätigkeit, auch die der Kirchen, immer mehr aus der materiellen, finanziellen Armenunterstützung zurück und begann, sich auf die Erziehung von Kindern und Jugendlichen und die Betreuung von Behinderten und Gefährdeten zu konzentrieren, mit anderen Worten: auf soziale Dienstleistungen im Bereich der halboffenen und geschlossenen Fürsorge, die sie zunehmend als ihre eigentliche Aufgabe begriff (vgl. Sachße/Tennstedt 1980, S. 222ff.).

2.1 Bürgerliche Vereinskultur im deutschen Kaiserreich

Als Organisationsform der privaten Wohltätigkeit, auch der konfessionellen, trat im 19. Jahrhundert neben die Stiftung zunehmend der bürgerliche Verein. Bereits in der ersten Hälfte des Jahrhunderts, verstärkt aber zwischen der Revolution von 1848 und der Reichsgründung, entwickelte sich vor allem in den deutschen Städten eine lokale Vereinskultur, die alle Gebiete des bürgerlichen Lebens umfaßte und auch den organisatorischen Rahmen für das private – konfessionelle wie nichtkonfessionelle – Engagement für die Armen und Notleidenden bildete.[2] In den Städten des Deutschen Reiches bestand daher neben der öffentlichen Fürsorge eine bunte, unübersichtliche Vielzahl wohltätiger Vereine, Stiftungen und Einrichtungen für verschiedene Adressa-

1 Die folgenden Überlegungen konzentrieren sich auf die Entwicklung und die Organisationsformen privater Wohltätigkeit seit dem deutschen Kaiserreich. Eine Einbeziehung der Jugendverbände, die grundsätzlich durchaus dem Bereich der freien Wohlfahrtspflege zuzurechnen sind, hätte den Rahmen dieses Überblicks gesprengt (vgl. dazu die Beiträge von Gängler und Münchmeier, in diesem Band).

2 Grundlegend Nipperdey (1972); Dann (1984); mit besonderem Bezug auf das konfessionelle Vereinswesen Kaiser (1989b, S. 17ff.; vgl. auch den Beitrag von Kaiser, in diesem Band).

tengruppen und Konfessionen, die häufig nach Hunderten, in den Metropolen gar nach Tausenden zählte.[3] Eine Koordination von Maßnahmen und Leistungen gab es weder zwischen den Organisationen der Privatwohltätigkeit noch im Hinblick auf die öffentliche Fürsorge. Die Situation war vielmehr durch ein unkoordiniertes, überwiegend aber wohl friedliches Neben- und Durcheinander gekennzeichnet.

Zum Problem wurde dies erst mit dem Ausbau des Wohlfahrtsstaates seit den achtziger Jahren und den damit einhergehenden Bemühungen um eine Ausweitung, Rationalisierung und Verwissenschaftlichung auch der kommunalen Fürsorgebestrebungen.

Mit der Expansion der kommunalen, öffentlichen Fürsorge auf Gebiete, die bislang ausschließlich von der Privatwohltätigkeit betreut worden waren, wurden sowohl das Verhältnis von öffentlicher und privater Fürsorge als auch die Binnenstrukturen der privaten Fürsorge selbst problematisiert. Es entstanden Koordinations- und Abgrenzungszwänge, denen die öffentliche und die private Fürsorge durch Rationalisierungs- und Zentralisierungsbestrebungen auf drei Ebenen Rechnung zu tragen suchten.

Zunächst bestand Konsens unter den kommunalen Fürsorgeexperten des wilhelminischen Deutschland, daß auf lokaler Ebene trotz Expansion der öffentlichen Fürsorge in neue Bereiche die flexiblere, unbürokratische Privatwohltätigkeit auch weiterhin unentbehrlich sei und vor allem dazu genutzt werden sollte, neue Fürsorgemaßnahmen zu erproben, Innovationen voranzutreiben, während die öffentliche Fürsorge vorwiegend Bewährtes auf die Grundlage dauerhafter, stabiler und verläßlicher Organisation stellen und verallgemeinern sollte. Der englische Sozialpolitiktheoretiker und -historiker Sidney Webb hat dies die »extension ladder theory« genannt (vgl. Webb 1914). Um dieses theoretisch simple, praktisch-politisch aber durchaus voraussetzungsvolle Zusammenspiel von öffentlichem und privatem Sektor planvoll anzuregen, entwickelte vor allem die Stadt Frankfurt am Main einen bemerkenswerten Ansatz der Verzahnung und Koordination von öffentlicher und privater Fürsorgearbeit, der unter dem

3 Vgl. für Berlin: Fromm (1894); Die Wohlfahrtseinrichtungen (1891); für Bremen: Die Wohlfahrtseinrichtungen (1899); für Frankfurt: Brückner (1892/93), Stadtbund (1901); für München: Die Wohlfahrtseinrichtungen (1901); für Leipzig: Die Wohlfahrtseinrichtungen (1905).

Namen »Frankfurter System« bekannt geworden ist.[4] Der Frankfurter Ansatz bestand in Grundzügen darin, daß das städtische Armenamt versuchte, die privaten Vereinigungen dadurch in einen Kooperationsverbund einzubeziehen, daß es einerseits gezielt Aufgaben an private Vereine delegierte, diese dann systematisch subventionierte und schließlich die städtischen Interessen in der privaten Fürsorge dadurch zur Geltung brachte, daß Vertreter des Armenamtes in die Vorstände und Leitungsgremien der privaten Vereinigungen entsandt wurden. Hier wurden also die späteren Formen der Koordination öffentlicher und privater Wohlfahrtspflege nach dem Prinzip der Subsidiarität, wie die Fürsorgegesetzgebung der Weimarer Republik sie einführte, in Ansätzen bereits vorweggenommen (vgl. Sachße 1993).

Zum zweiten setzte sich gerade in der Privatwohltätigkeit selbst die Ansicht durch, daß das planlose Nebeneinander heterogener Vereinstätigkeit von einer planvollen Koordination privater Fürsorgeanstrengungen durch freiwillige Zentralisierung der privaten Fürsorge abgelöst werden müsse. Die Aufgabenbestimmung der privaten Wohltätigkeit könne nicht mehr den einzelnen Vereinen überlassen bleiben, sondern bedürfe der Vereinheitlichung durch lokale Zentralinstanzen. Privates Engagement in der Fürsorge war zwar weiterhin gefragt, aber es sollte nicht länger spontan, zufällig und punktuell sein, sondern die Anstrengungen der öffentlichen Fürsorge planmäßig ergänzen. Diesem komplexen Reformdruck sollten lokale Zentralen der Privatwohltätigkeit Rechnung tragen, die sich am Vorbild der angloamerikanischen »Charity Organization Societies« orientierten und in den neunziger Jahren des 19. Jahrhunderts in mehreren deutschen Städten entstanden. Ihre Aufgabe sollte einerseits darin bestehen, zentralisierte Informationen zu beschaffen: sowohl über die lokal vorhandenen Unterstützungs*einrichtungen* als auch über die Unterstützungs*fälle*; zum anderen war damit die Grundlage für die Zuweisung der Unterstützungsfälle an die jeweils am besten geeigneten Unterstützungseinrichtungen geschaffen. So sollten die allseits vermutete Mehrfachunterstützung gerissener Schwindler verhindert und zugleich die optimale Hilfe für die wahrhaft Bedürftigen gewährleistet werden. Die bedeutendsten dieser »Zentralen für private Fürsorge« waren die Zentralen in Frankfurt und Berlin.[5]

4 Vgl. vor allem Stein (1908, S. 429 ff.) und Schlaudraff (1932).

Drittens schließlich wurden auch auf reichszentraler Ebene interessante Ansätze einer Koordination öffentlicher und privater Fürsorgebestrebungen entwickelt. Charakteristisch war hier ein Typus von Reformvereinigung, in dem das Interesse an der Koordination öffentlicher und privater Anstrengungen in Fürsorge und Sozialpolitik mit dem Bestreben einer wissenschaftlichen Systematisierung sozialer Reform eine neue Verbindung einging. Gewählt wurde auch hier die zeittypische Organisationsform des bürgerlichen Vereins (vgl. vom Bruch 1985, S. 82ff.). Gegenüber der klassischen, lokalen Vereinskultur hoben sich diese neuen, reichsweiten Reformvereinigungen aber deutlich ab. Sie waren überregional, professionell und auf umfassende Zielsetzungen hin ausgerichtet. Die traditionell-altruistische Motivation wurde hier durch wissenschaftliche, professions- und allgemeinpolitische Motivationen überformt. Dem entsprachen auch Forschung, Diskussion, Publikation und jährliche Kongresse als neue Tätigkeitsschwerpunkte. Die neuen Reformvereinigungen gewannen dadurch eine Dimension von Öffentlichkeit und Politisierung, die sie deutlich von der traditionellen Privatwohltätigkeit abgrenzten.

Hier seien nur die wichtigsten dieser »Deutschen Vereine« genannt: der berühmte »Verein für Socialpolitik«, der am 13. Oktober 1873 in Eisenach gegründet wurde und die verschiedenen Richtungen der Nationalökonomie, des zeitgenössischen »Kathedersozialismus«, organisierte; der ebenfalls 1873 gegründete »Deutsche Verein für öffentliche Gesundheitspflege«, der aus der Hygienebewegung des 19. Jahrhunderts hervorging und der 1880 gegründete »Deutsche Verein für Armenpflege und Wohltätigkeit«, der seit 1919 »Deutscher Verein für öffentliche und private Fürsorge« heißt, und sich bereits bis zur Jahrhundertwende zu einem Forum der Diskussion von Innovationen und Reformen kommunaler Sozialpolitik entwickelte. Der 1890 gegründete »Volksverein für das katholische Deutschland« und der 1896 gegründete protestantische »Nationalsoziale Verein« können als konfessionsspezifische Ausprägungen der »Deut-

5 Zur Frankfurter Centrale vgl. Sachße (1986); zur Berliner Zentrale: Zentrale für private Fürsorge (1910) und Lohse (1914); zusammenfassend Sachße/Tennstedt (1988, S. 38ff.).

schen Vereine« verstanden werden.[6] Zu erwähnen ist in diesem Zusammenhang auch die 1891 in Berlin gegründete preußische »Zentralstelle für Arbeiter-Wohlfahrtseinrichtungen«, zu deren Mitgliedern vor allem öffentliche Behörden zählten: das preußische Ministerium für Handel und Gewerbe, weitere preußische Zentralbehörden, Reichsämter, Zentralbehörden anderer Bundesstaaten, Handelskammern und Kommunalbehörden. Sie wurde 1906 als »Zentralstelle für Volkswohlfahrt« reorganisiert und brachte mit dem neuen Namen ihre umfassenden Zielsetzungen zum Ausdruck. Sie bildete gleichsam eine parastaatliche Variante der übrigen »Deutschen Vereine« und reflektierte das neu entstehende *staatliche* Interesse an der kommunalen Sozialpolitik.[7]

Gemeinsam war beiden, den lokalen Zentralen wie den reichsweiten Reformvereinigungen, daß sie nicht unmittelbar auf die Erbringung von finanzieller Unterstützung oder sozialen Dienstleistungen zielten, sondern versuchten, das neue Bedürfnis nach Koordination und Rationalisierung in der Fürsorge durch Bereitstellung von Diskussionsforen, Zentralisierung von Information, Publikation und Aufklärung zu befriedigen. Sie waren wichtige Zentren für die Verwissenschaftlichung und Professionalisierung von Fürsorge und sozialer Arbeit. Und sie prägten zusammen mit den lokalen Hilfsvereinen das für das wilhelminische Deutschland zeittypische Organisationsmilieu der privaten Fürsorge. Sie bildeten den ersten Ansatz einer Koordinierung öffentlicher und privater Fürsorge, die im übrigen organisatorisch und finanziell unabhängig nebeneinander existierten.

Die für die heutige freie Wohlfahrtspflege typischen Verbände bestanden entweder noch nicht oder spielten nur eine untergeordnete Rolle. Vorreiter bei der Verbandsgründung in der Wohlfahrtspflege waren die großen Konfessionen in Deutschland. Der protestantische »Centralausschuß für die innere Mission« wurde schon 1848 im Anschluß an den Wittenberger Kirchentag gegründet. Der Aufbau von nachgeordneten Stadt-, Provinzial- und

6 Zum katholischen »Volksverein« vgl. die Darstellungen von Ritter (1954) und Heitzer (1979); zum »Nationalsozialen Verein« vgl. Düding (1972).

7 Zur preußischen »Zentralstelle« und den reichsweiten »Deutschen Vereinen« vgl. Sachße/Tennstedt (1988, S. 21 ff., S. 40) mit weiteren Nachweisen.

Landesvereinen ging aber nur zögernd voran, so daß der Centralausschuß noch um die Jahrhundertwende Beobachtern als »Turmspitze ohne Basis«[8] erschien. Und auch der 1897 gegründete »Caritasverband für das katholische Deutschland« hatte bis in den Ersten Weltkrieg hinein nur einen sehr unvollständigen Unterbau und war daher als zentrale Verbandsstruktur nur beschränkt wirksam.[9] Die vielfältigen lokalen und überlokalen Vereine, nicht die heute so bedeutsamen Spitzenverbände prägten die Kultur der Privatwohltätigkeit im deutschen Kaiserreich. Einstweilen fehlte auch noch der zentrale Ansprechpartner auf der öffentlichen Seite. Vor 1914 waren Fürsorge und Wohlfahrtspflege ausschließlich Sache der Gemeinden. Länder und Reich waren auf diesem Gebiet nicht aktiv. Es fehlte also auch der Anreiz zur Spitzenverbandsbildung.

2.2 Die Entstehung des »dualen« Systems in der Weimarer Republik

Dies alles begann sich bereits im Ersten Weltkrieg zu ändern.[10] Und in der Zeit der Weimarer Republik rückte das Reich dann vollends in die Rolle einer Zentralstelle für die Regulierung und Finanzierung von Fürsorge und Wohlfahrtspflege ein. Mit den politischen Umwälzungen und ökonomischen Krisen in der Folge des verlorenen Krieges veränderten sich die Rahmenbedingungen für die Tätigkeit der privaten Wohlfahrtspflege, die jetzt »freie Wohlfahrtspflege« genannt wurde, grundlegend. Das Reich wurde zur entscheidenden Instanz auch für die Entwicklung der kommunalen Sozialpolitik. Und diese wurde zum Bestandteil eines politischen, wohlfahrtsstaatlichen Programms, mit dem der

8 J. C. Reimpell, Geschichte der Inneren Mission des 19. Jahrhunderts in der evangelischen Kirche Deutschlands, in: Monatsschrift für die Innere Mission (24/1904, S. 378 ff.), zit. nach Kaiser (1989, S. 21).

9 Zur Entstehung und Entwicklung der Inneren Mission und des Caritasverbandes vgl. die klassischen Darstellungen von Gerhardt (1948) und Liese (1922) sowie Kaiser (1989) und (1993).

10 Zur Bedeutung des Ersten Weltkriegs für die Entwicklung moderner Wohlfahrtsstaatlichkeit in Deutschland vgl. Landwehr (1983, S. 73 ff.); Sachße (1994, S. 137 ff.); Sachße/Tennstedt (1988, S. 46 ff.); Kaiser (1993, S. 39 ff., vgl. auch den Beitrag von Kaiser, in diesem Band).

Staat eine soziale Gesamtverantwortung übernahm und daher den herkömmlichen Zuständigkeitsrahmen der Gemeinden bei weitem überschritt (vgl. Böckenförde 1985; Abelshauser 1987; Sachße/Tennstedt 1988, S. 77 ff.). Ansätze einer staatlichen Aufsicht über die private Wohltätigkeit waren schon im Laufe des Krieges etabliert worden (vgl. ebd., S. 159 ff.; Kaiser 1993, S. 40 ff.). Und nach Kriegsende taten die vor allem von sozialdemokratischer Seite vorgetragenen Überlegungen zu einer »Sozialisierung« oder »Kommunalisierung« der Privatwohltätigkeit ein übriges, um deren Vertreter um die angestammte Rolle privater Fürsorge im Kontext kommunaler Sozialpolitik fürchten zu lassen. Aber die private Wohlfahrtspflege wurde nicht nur von außen herausgefordert, sie befand sich auch in einer inneren Krise. Die Etablierung des Wohlfahrtsstaates, die Parlamentarisierung des politischen Systems und die Demokratisierung der Gesellschaft führten zu einem Bedeutungsverlust der klassisch-bürgerlichen Organisationen privater Wohlfahrtspflege und Sozialreform. Sie waren allesamt dem Organisationsmilieu des Kaiserreichs verhaftet und taten sich nun schwer, den Anschluß an die neuartigen Problemstellungen und die neuen Formen ihrer Bearbeitung zu finden.

Jetzt – aber auch erst jetzt – erwiesen sich die von der konfessionellen Wohlfahrtspflege bereits in der Vorkriegszeit entwickelten Ansätze der Spitzenverbandsbildung als zukunftsweisend. Reale oder vermutete Gefährdungen der freien Wohlfahrtspflege durch Kommunalisierungsbestrebungen motivierten einen festeren Zusammenschluß. Das Reich hatte erheblich an Bedeutung als regulierende und finanzierende Instanz in der Wohlfahrtspflege gewonnen. In Gestalt des Reichsarbeitsministeriums bestand jetzt ein zentraler Ansprechpartner für die Wohlfahrtsverbände, der seinerseits zentrale Ansprechpartner suchte. Und schließlich setzte das Weimarer Verfassungssystem generell Gratifikationen auf Verbandsbildung und zentrale Interessenvertretung. So adaptierte auch die freie Wohlfahrtspflege unter Führung der bereits bestehenden konfessionellen Verbände Lobbyismus-, Zentralisierungs- und Kartellierungstendenzen, die in der Wirtschaft bereits vor 1914 massiv entwickelt worden waren, und übertrug sie auf das Gebiet der Wohlfahrtspflege (vgl. Sachße/Tennstedt 1988, S. 159 ff.; Kaiser 1989a, S. 95 ff.).

Die konfessionellen Spitzenverbände wurden organisatorisch gestrafft und gefestigt. Und neue Wohlfahrtsverbände wurden geschaffen.[11] Diese Spitzenorganisationen gewannen besondere Bedeutung dadurch, daß sie sich ihrerseits in verschiedenen Dach- und Fachverbänden zusammenschlossen und eigene »Selbsthilfeorganisationen« gründeten: allen voran die »Hilfskasse gemeinnütziger Wohlfahrtseinrichtungen Deutschlands«, eine eigene Wohlfahrtsbank. Diese erhielt ihr Gewicht vor allem dadurch, daß das Reich öffentliche Subventionen für die freie Wohlfahrtspflege ausschüttete und diese, wie es schien, über eine eigene Bank am besten zu verwalten waren. Durch beides – öffentliche Subventionen und eigene Bank – gewannen die Spitzenorganisationen erheblich an Einfluß über ihre Mitgliedsorganisationen. Den Schlußstein des Formierungsprozesses der freien Wohlfahrtspflege bildete die Gründung der »Deutschen Liga der freien Wohlfahrtspflege«, eines Dachverbandes der Spitzenverbände der freien Wohlfahrtspflege, im Dezember 1924.

Vorangetrieben und gefördert wurde diese Entwicklung durch die Politik des Reichsarbeitsministeriums. Unter Führung von Reichsarbeitsminister Heinrich Brauns (Zentrum) wirkte hier eine gleichermaßen zentrumsnahe wie fachlich qualifizierte Ministerialbürokratie. Diese betrieb eine gezielte Politik der Förderung und Aufwertung der freien, vor allem der konfessionellen Wohlfahrtsverbände zu Lasten der Kommunen, die sie als Verwirklichung des katholischen Subsidiaritätsprinzips verstand.

11 Bereits im Laufe des Weltkriegs – am 9. September 1917 – war die Zentralwohlfahrtsstelle der deutschen Juden in Berlin gegründet worden. Auch die Sozialdemokratie, die der privaten Wohltätigkeit grundsätzlich kritisch gegenüberstand, gründete 1919 – im Widerspruch zur eigenen Ideologie – einen eigenen Wohlfahrtsverband, den Hauptausschuß der Arbeiterwohlfahrt. 1921 wurde – gleichsam als Gegenstück zur sozialistischen Arbeiterwohlfahrt – der Zentralwohlfahrtsausschuß der christlichen Arbeiterschaft ins Leben gerufen. Am 7. April 1924 wurde die Vereinigung der freien gemeinnützigen Wohlfahrtseinrichtungen Deutschlands gegründet, die aus der Vereinigung der freien gemeinnützigen Kranken- und Pflegeanstalten Deutschlands hervorging und seit 1932 den Namen Deutscher Paritätischer Wohlfahrtsverband führt. Das Deutsche Rote Kreuz, das die existierenden Vereine vom Roten Kreuz in Deutschland zusammenfaßte, konstituierte sich – jenseits seiner traditionellen Aufgaben – im Jahre 1921 als Spitzenverband der freien Wohlfahrtspflege (vgl. zu allem Sachße/Tennstedt (1988, S. 161 ff.) und Kaiser (1989a, S. 97 ff.)).

Die Bildung und Vernetzung der Spitzenverbände der freien Wohlfahrtspflege ist als Korrelat zur Zentralisierung von Gesetzgebungsbefugnissen und finanziellen Ressourcen auf Reichs- und Landesebene zu verstehen; als Entwicklung eines verbandlichen Pendants zum zentralisierten Wohlfahrtsstaat. Sie bedeutete eine Angleichung an die Strukturen öffentlicher Verwaltung, die nicht mehr primär auf die Erbringung sozialer Dienste und Leistungen bezogen war, sondern auf die Beschaffung von Finanzmitteln und die Beeinflussung der Gesetzgebung. Die Konfessionen und die sozialdemokratische Arbeiterkultur, die bereits in der Zeit des Kaiserreichs in vielfältigen Vereinen und Assoziationen organisiert waren, schufen sich so eine neue, dem entstehenden Wohlfahrtsstaat angepaßte und angemessene Form sozialer Repräsentation. Dadurch wurden öffentliche und freie Wohlfahrtspflege zu einem einheitlichen »wohlfahrtsindustriellen Komplex« verkoppelt, innerhalb dessen sowohl die Problemdefinitionen wie auch die Lösungsmuster exklusiv verhandelt wurden. Die Weimarer Republik war also die Geburtsstunde des korporatistischen Aushandlungssystems, das die deutsche Wohlfahrtspflege bis heute kennzeichnet (vgl. Heinze/Olk 1981, 1984).
Durch die Reichsfürsorgegesetzgebung von 1922 und 1924 (Reichsjugendwohlfahrtsgesetz und Reichsfürsorgepflichtverordnung) und die entsprechende Länderausführungsgesetzgebung wurde dieses Kooperationsmuster offiziell in den gesetzlichen Grundlagen der Wohlfahrtspflege verankert. Formale gesetzliche Anerkennung schließlich fanden die sieben damals existierenden Reichsspitzenverbände der freien Wohlfahrtspflege schließlich durch die Dritte Verordnung zur Durchführung des Gesetzes über die Ablösung öffentlicher Anleihen vom 4. Dezember 1926, die sie namentlich aufführte und ihnen gewisse Rechte einräumte. Damit war jene spezifische »duale« Struktur entwickelt, die das System der Wohlfahrtspflege in Deutschland bis heute kennzeichnet: die gesetzliche Bestands- und Eigenständigkeitsgarantie der freien bei gleichzeitiger Förderungsverpflichtung und Gesamtverantwortung der öffentlichen Träger.
Dieser massive Reorganisations- und Modernisierungsschub der freien Wohlfahrtspflege war – das soll nicht vergessen werden – von nicht minder massiven *Problemen* begleitet. Formierung, Zentralisierung und Bürokratisierung wurden schon von zeitgenössischen Beobachtern als »Riesenvertrustung der freien Liebes-

tätigkeit« kritisiert (vgl. Wex 1929, S. 52). Und sie waren von einer Reihe aufsehenerregender Skandale begleitet, von denen der »Hika-Skandal« und der Skandal um die »Devaheim« die bedeutendsten waren. In beiden Fällen ging es um leichtsinniges Finanzierungsgebaren, dilettantische Verwaltung und die Unterschlagung von Geldern, was im Kontext der Wohltätigkeit natürlich besonders peinlich war. Jedenfalls führten diese Ereignisse in der Endphase der Weimarer Republik zu einer tiefgreifenden Identitätskrise und zu einem Prozeß konservativer Reorientierung der freien Wohlfahrtspflege schon Jahre vor der nationalsozialistischen »Machtergreifung« (vgl. Tennstedt 1987). Die bewegten Jahre der Weimarer Republik haben also nicht nur das heute existierende »duale« System der Wohlfahrtspflege hervorgebracht, sondern mit diesem auch all die Probleme, die es bis heute begleiten.

2.3 Die Deformation freier Wohlfahrtspflege in der Zeit des Nationalsozialismus

In der Zeit des Nationalsozialismus wurden Fürsorge und Wohlfahrtspflege tiefgreifend umgestaltet. Neben Kommunen und freie Verbände als Säulen des »dualen« Systems traten nun der staatliche öffentliche Gesundheitsdienst und die Nationalsozialistische Volkswohlfahrt (NSV). Mit dem öffentlichen Gesundheitsdienst übernahm das Reich Zentralfunktionen der öffentlichen Gesundheitsfürsorge. Und mit der NSV trat ein neuer Typ von Parteiorganisation auf den Plan, die das Monopol auf die Gestaltung der neuen, nationalsozialistischen »Volkspflege« erhob und dabei grundsätzlich weder Kommunen noch freie Verbände als eigenständige Kräfte neben sich respektierte. Ihre Politik war – vor allem nach 1938 – durch eine erfolgreiche Expansion von Tätigkeitsfeldern und Kompetenzen gegenüber Kommunen und freier Wohlfahrtspflege gekennzeichnet.[12] Die Politik der »Gleichschaltung« der freien Wohlfahrtspflege begann bereits 1933. Die sozialdemokratische Arbeiterwohlfahrt wurde verboten, und ihre Einrichtungen wurden von der NSV übernommen.

12 Grundsätzlich zur Reorganisation von Fürsorge und Wohlfahrtspflege im Nationalsozialismus vgl. Sachße/Tennstedt (1992).

Die jüdische »Zentralstelle« verlor ihren Status als Spitzenverband und wurde der neugegründeten »Reichsvertretung der deutschen Juden« eingegliedert. Der Paritätische Wohlfahrtsverband wurde der NSV einverleibt.[13] Die Liga der freien Wohlfahrtspflege wurde seit 1933 mehrfach reorganisiert, um dem Führungsanspruch der NSV Rechnung zu tragen, und 1940 schließlich aufgelöst. Die großen konfessionellen Wohlfahrtsverbände jedoch konnten als einzige gesellschaftliche Großorganisationen (jenseits der Kirchen selbst) der nationalsozialistischen »Gleichschaltung« trotz aller Behinderung und Einschränkung ihrer Arbeit widerstehen. Und auch die Gemeinden wurden aus ihrer Zentralstellung als Träger öffentlicher Wohlfahrtspflege nicht gänzlich verdrängt. Das »duale« System der Weimarer Republik wurde also nicht völlig beseitigt, sondern deformiert und überlagert.

2.4 Von der Subsidiarität zur partnerschaftlichen Zusammenarbeit

Die bundesrepublikanische Sozialpolitik konnte daher relativ unproblematisch an die Organisationsstrukturen der Wohlfahrtspflege aus der Weimarer Zeit und an die Weimarer Fürsorgegesetzgebung anknüpfen. In der fürsorgerischen Alltagspraxis wurde das »duale« System der Wohlfahrtspflege schon in den unmittelbaren Nachkriegsjahren jedenfalls in den westlichen Besatzungszonen wiederbelebt. Die noch bestehenden konfessionellen Verbände intensivierten ihre Arbeit unter den neuen politischen Rahmenbedingungen. Die aufgelösten bzw. verbotenen Verbände wurden neu begründet.[14]

13 Das Deutsche Rote Kreuz erhielt 1937 eine eigene gesetzliche Grundlage und eine neue Satzung, die den Kriegssanitätsdienst und den Sanitätsdienst im Rahmen des Luftschutzes zu seinen Aufgaben erklärte. Aus dem Kreis der Spitzenverbände der freien Wohlfahrtspflege schied es damit aus.

14 Der Hauptausschuß der Arbeiterwohlfahrt wurde bereits 1946 neu gegründet, um die Arbeit in den Westzonen Deutschlands zusammenzufassen. Die Reorganisation des Paritätischen Wohlfahrtsverbandes begann im Januar 1947 zunächst in Hessen. Im Oktober 1949 wurde der Deutsche Paritätische Wohlfahrtsverband auf Bundesebene als Spitzenverband der freien Wohlfahrtspflege neu konstituiert. Das

Die Fürsorgegesetzgebung des Jahres 1961, der Erlaß des Bundessozialhilfegesetzes (BSHG) und die Novellierung des Jugendwohlfahrtsgesetzes (JWG), waren dann noch einmal Anlaß zu einer grundsätzlichen Auseinandersetzung um die Organisationsstrukturen der Wohlfahrtspflege in der Bundesrepublik (vgl. Sachße 1990). In beiden Gesetzen wurden die aus der Weimarer Republik überkommenen Bestandsgarantien zugunsten der freien Wohlfahrtspflege nicht nur beibehalten, sondern im Sinne einer eindeutigen Vorrangstellung ausgebaut (§§ 5 Abs. III JWG, 10 Abs. IV, 93 Abs. I BSHG). Diese Regelungen wurden zum Gegenstand eines mit großem Aufwand geführten Rechtsstreits vor dem Bundesverfassungsgericht, der aber undramatisch endete: 1967 entschied das höchste Gericht in lakonischer Kürze, die angegriffenen Bestimmungen seien mit dem Grundgesetz vereinbar. Zu diesem Zeitpunkt war aber wohl schon absehbar, daß die praktische Bedeutung der Sperrklauseln überschätzt worden war. Trotz formellem Vorrang der freien Wohlfahrtspflege stieg die Zahl der Einrichtungen der Jugendhilfe in öffentlicher Trägerschaft beständig an. Vor allem aber stieg der Anteil der Einrichtungen in öffentlicher Trägerschaft an der Gesamtzahl der Einrichtungen – ein angesichts der Sperrklauseln nahezu paradoxes Ergebnis.[15] Noch wichtiger für die unaufhaltsame Verstaatlichung von Sozial- und Jugendhilfe war allerdings die zunehmende Einbindung der freien Träger in einen umfassenden Planungsverbund. Der Betrieb von Einrichtungen, vor allem aber ihre finanzielle Förderung mit öffentlichen Mitteln wurden von Anerkennungs- und Eignungskriterien abhängig gemacht. Die Krankenhausgesetzgebung von Bund und Ländern, das Schwerbehindertengesetz, das Heimgesetz, die verschiedenen Landeskindergartengesetze und eine Fülle von untergesetzlichen Verwaltungsvorschriften lassen die *formelle* Rechtsposition der freien Träger zwar unangefochten, machen Betrieb und Förderung von

Deutsche Rote Kreuz wurde 1950 für die Bundesrepublik neu gegründet, die Zentralwohlfahrtsstelle der Juden 1951.

15 Die Zahl der Einrichtungen der Jugendhilfe in öffentlicher Trägerschaft stieg zwischen 1961 und 1982 von 4734 auf 13 723. Der Anteil der Einrichtungen in öffentlicher Trägerschaft an der Gesamtzahl der Einrichtungen stieg im selben Zeitraum von 19,4% auf 27,3%. Bei den verfügbaren Plätzen stieg der Anteil der öffentlichen Träger von 19,1% auf 30% (vgl. Statistisches Bundesamt 1963, 1985).

Einrichtungen aber faktisch von einer ganzen Reihe von öffentlichen Vorgaben abhängig und schränken damit den Gestaltungsspielraum der freien Träger zunehmend ein.[16] Das neue KJHG von 1990 enthält zwar in seinem § 4 Abs. II nach wie vor (wenn auch in abgeschwächter Form) die inzwischen schon klassische Subsidiaritätsklausel zugunsten der freien Träger der Wohlfahrtspflege. Dennoch stehen aber in seiner Gesamtkonzeption die Aspekte der »partnerschaftlichen Zusammenarbeit«, des »sinnvollen Mitteleinsatzes«, der Planung und Koordination des Gesamtangebots an Jugendhilfeleistungen ganz im Vordergrund.

So stellt sich heute das Verhältnis öffentlicher und freier Träger im Bereich von Sozial- und Jugendhilfe als komplexer Gesamtverbund dar, in dem sich aus vielfältigen Verflechtungen, Abhängigkeiten und konkurrierenden Zuständigkeiten ein differenziertes, durchaus stabiles, aber schwer überschaubares System herausgebildet hat, das genuin öffentliche Aufgaben in teils öffentlicher, teils aber auch privater Form bearbeitet. Die öffentlichen Träger machen sich die Leistungs- und Personalkapazität der freien Träger zunutze. Die freien Träger sind auf die finanzielle Unterstützung durch Bund, Länder und Gemeinden angewiesen und müssen sich deren Vorgaben beugen. Von einem *Vorrang* der freien Träger kann in dieser Situation ernstlich nicht mehr gesprochen werden. In dem Maße, in dem die Verantwortung wohlfahrtsstaatlicher Gestaltung in Jugend- und Sozialhilfe sich ausdehnt, gewinnen zwar die Tätigkeitsfelder und Einrichtungen der freien Wohlfahrtspflege an Wichtigkeit für die Träger der öffentlichen. Gerade dadurch aber verlieren die freien Träger ihren Charakter als freie, ungebundene Kräfte und werden faktisch zu abhängigen Bestandteilen eines Gesamtkomplexes öffentlicher Wohlfahrtspolitik, der ihre Gestaltungsspielräume notwendig einengt.

16 Zur zunehmenden Einbindung der freien Träger der Wohlfahrtspflege durch gesetzliche Vorgaben und der spezifischen Problematik der konfessionellen Wohlfahrtspflege in diesem Zusammenhang vgl. die zusammenfassende Darstellung bei Campenhausen (1982, S. 28 ff.); grundsätzlich Scheuner (1974) und Stolleis (1973).

3. Aktuelle Probleme in historischer Perspektive

Die duale Trägerstruktur der Wohlfahrtspflege in Deutschland hat sich trotz interner Probleme und äußerer Herausforderungen als stabil erwiesen. Die spezifische Gestalt, die die freie Wohlfahrtspflege in diesem Zusammenhang gewonnen hat, ist allerdings mitnichten die Naturgestalt freier Liebestätigkeit. Sie ist vielmehr ein Produkt der Entwicklung des modernen Wohlfahrtsstaates, wie er sich seit der Weimarer Republik in Deutschland herausgebildet hat. Sie ist – wie dieser – Prozessen des gesellschaftlichen Wandels unterworfen. Sie hat sich als stabil erwiesen, weil und soweit sie sich als wandlungsfähig gezeigt hat.

Die eingangs angesprochenen Herausforderungen setzen diese Struktur nun unter einen neuerlichen Anpassungsdruck, der durchaus mit dem tiefgreifenden Umbruch nach dem Ersten Weltkrieg vergleichbar ist.

3.1 Der Aufbau der Wohlfahrtsverbände in den neuen Ländern

Die heutige duale Trägerstruktur der Wohlfahrtspflege in Deutschland ist in einem 100jährigen Entwicklungsprozeß historisch gewachsen. Ihre konstitutiven Elemente bestehen nicht so sehr in bestimmten gesetzlichen Regelungen, als vielmehr vor allem in den in einem langen und konfliktreichen Lernprozeß gewachsenen und erprobten Aushandlungs-, Koordinations- und Kooperationsstrukturen. Dieses labile Gesamtsystem wird im Prozeß der deutschen Einigung in die neuen Bundesländer exportiert, in denen 60 Jahre lang gänzlich andere sozialpolitische Wege beschritten wurden. Die politischen, sozialen und kulturellen Rahmenbedingungen, in die das Handeln der freien Wohlfahrtspflege in den alten Bundesländern eingebunden ist, bestehen dort nicht.

Zwar haben die Logik der apparativen Selbsterhaltung und der innerverbandlichen Konkurrenz im Zuge der deutschen Einigung für die unverzügliche Expansion der Verbände im Osten gesorgt. Aber der Aufbau einer eigenen Infrastruktur stößt auf spezifische Schwierigkeiten: Mit den bundesrepublikanischen Verhältnissen vertrautes und in diesem Sinne geschultes Personal steht nur in beschränktem Maße – über »Westimporte« – zur Verfügung, obwohl doch die fachliche Qualifikation und Sozialisation des Personals für die Implementation eines Leistungssystems, das nicht auf schlichten Gesetzesvollzug reduziert werden kann, sondern vielfältige Ermessens- und Beurteilungsspielräume enthält, von zentraler Bedeutung ist. Zum andern können die freien Wohlfahrtsverbände sich in den neuen Bundesländern nicht auf die gewohnte soziale Basis stützen, die ihnen im Westen ihr spezifisches Profil und ihre Integrationskraft gibt. Zum dritten schließlich fehlt auch der gewohnte Ansprechpartner, weil die kommunale Sozialverwaltung ebenfalls erst im Aufbau begriffen ist (vgl. Backhaus-Maul/Olk 1992, 1993; Backhaus-Maul 1992). Andererseits gibt es ein Unmaß an sozialen Notlagen, die sich aus der Umbruchsituation: aus dem Übergang von einer totalitären politischen Herrschaftsordnung mit sozialistischer Planwirtschaft zu einer marktwirtschaftlichen Ordnung mit parlamentarisch-demokratischen politischen Strukturen ergeben. Damit stehen Wohlfahrtsverbände und kommunale Sozialverwaltung vor der widersprüchlichen Aufgabe, einerseits die Infrastruktur für eine soziale und politische Ordnung aufzubauen, die noch nicht richtig besteht, zugleich aber die Notlagen abzupuffern, die sich daraus ergeben, *daß* sie noch nicht richtig besteht. Und dies alles in einer Umwelt, in der verläßliche Rahmenbedingungen noch weitgehend fehlen. Der Transfer kommunaler Sozialverwaltung gleicht also einem großangelegten Modellversuch mit weitgehend ungewissem Ausgang. Dabei werden allerdings schon jetzt bestimmte Entwicklungslinien deutlich.

Angesichts der skizzierten unsicheren Rahmenbedingungen und der Tatsache, daß staatliche Politik auf die Mitarbeit der freien Verbände beim sozialpolitischen Umbau in den neuen Ländern nicht verzichten kann, zeichnet sich auf überlokaler Ebene eine intensivierte Kooperation der Verbandsspitzen mit Bund und neuen Ländern ab (vgl. Backhaus-Maul 1992, S. 376). Die freie Wohlfahrtspflege lehnt sich insoweit verstärkt an staatliche Programme und Vorgaben an, um die eigenen Risiken überschaubar und ihre Arbeitsgrundlagen kalkulierbar zu halten. Damit verstärkt sich die Tendenz einer weiteren Verstaatlichung und Zentralisierung der freien Wohlfahrtspflege.

Auch die kommunale Sozialverwaltung in den neuen Ländern ist an einer Mitarbeit der freien Verbände interessiert, allerdings pri-

mär unter dem Aspekt der Entlastung angesichts finanzieller und personeller Überforderung. Die Aspekte der Pluralität und Subsidiarität, die das duale System im Westen konstituieren, treten demgegenüber aufgrund des Fehlens entsprechender Traditionen in den Hintergrund. Die freien Verbände geraten in verschärfte Konkurrenz mit kommerziellen Anbietern, womit wiederum der Tendenz der Verbände Vorschub geleistet wird, sich zu sozialen Dienstleistungsunternehmen zu entwickeln, bei denen die Elemente fachlicher und ökonomischer Rationalität gegenüber dem wertgebundenen Sozialengagement ganz in den Vordergrund rükken. Hier sind allerdings je nach den spezifischen örtlichen Verhältnissen lokale Sonderentwicklungen zu erwarten, die dem oben genannten Trend zur Zentralisierung entgegenwirken.
Auf beiden Ebenen entwickeln sich so Verstärkereffekte für parallele Entwicklungsprozesse in den alten Ländern. Der Prozeß des sozialpolitischen Umbaus in den neuen Bundesländern hat also Rückwirkungen auf das eingespielte Machtgefüge kommunaler Sozialpolitik in der gesamten Bundesrepublik. Diese gewinnen dadurch an Gewicht, daß die Ausdehnung des »dualen« Systems der Jugend- und Sozialhilfe in die neuen Bundesländer zu einem Zeitpunkt stattfindet, an dem nicht nur der Scheitelpunkt des quantitativen Ausbaus in den alten Bundesländern überschritten ist, sondern auch die Formen und Strukturen wohlfahrtsstaatlicher Sicherung überhaupt streitig geworden sind. Das bundesrepublikanische System wohlfahrtsstaatlicher Sicherung kann deshalb nicht länger unproblematisch als Vorbild für den Neuaufbau im Osten dienen. Eher ist zu erwarten, daß die Erfahrungen des Neuaufbaus im Osten eine Art Pilotfunktion für Reorganisationsprozesse des Gesamtsystems übernehmen könnten.[17]

17 Zur Entwicklung der freien Wohlfahrtsverbände im Kontext des sozialpolitischen Umbaus in den neuen Bundesländern vgl. vor allem die verschiedenen Zwischenergebnisse aus dem DFG-Forschungsprojekt »Transformation intermediärer Organisationen im deutschen Einigungsprozeß« bei Backhaus-Maul/Olk (1992, 1993); Backhaus-Maul (1992, 1993); Olk/Bertram (1994). Vgl. dazu auch den Beitrag von Angershausen/Backhaus-Maul/Schiebel, in diesem Band.

3.2 Die Wohlfahrtsverbände im Prozeß der europäischen Einigung

Entstehung und Entwicklung sozialpolitischer Sicherung sind eng mit der Entwicklung des Nationalstaats verbunden. Das »duale« System der Wohlfahrtspflege ist Resultat einer nationalen Sonderentwicklung in Deutschland. Im Prozeß der europäischen Einigung wird dieses System sowohl mit den Wohlfahrtssystemen der anderen Mitglieder der EG als auch mit den Ansätzen einer eigenständigen Sozialpolitik der EG selbst konfrontiert.

Die kurzfristigen und unmittelbaren Auswirkungen der Verwirklichung des Gemeinsamen Marktes auf die Trägerstruktur der Wohlfahrtspflege in Deutschland sind dabei eher gering zu veranschlagen. Sozialpolitik verbleibt weitgehend in nationaler Regie. Die Ansätze eigenständiger europäischer Sozialpolitik sind vorwiegend als ergänzende Gewährleistung der Freizügigkeit der Arbeitnehmer ausgestaltet und betreffen daher nicht primär die herkömmliche Klientel der Wohlfahrtsverbände.[18] Auch die nationalen gesetzlichen Grundlagen der Zusammenarbeit von öffentlicher und freier Wohlfahrtspflege bleiben einstweilen unverändert. Dennoch kann der Gemeinsame Markt längerfristig und mittelbar die Rahmenbedingungen für die Tätigkeit der freien Träger der Wohlfahrtspflege in Deutschland erheblich verändern.

Im Zentrum des Gemeinsamen Marktes steht die Verwirklichung der vier »Grundfreiheiten«: der Freiheit des Waren-, Personen-, Dienstleistungs- und Kapitalverkehrs innerhalb der Gemeinschaft. Dies schließt die Niederlassungsfreiheit natürlicher und juristischer Personen ein. Um sie zu gewährleisten, ist nicht nur die Beseitigung formaler Zugangshindernisse geboten, sondern auch die Abschaffung materieller Diskriminierungen. EG-Ausländern ist demnach tendenziell der gleiche Zugang zum Arbeitsmarkt, aber auch zu steuerlichen und sozialen Vergünstigungen zu gewähren wie Bürgern des jeweiligen Staates (vgl. Schulte 1992, S. 211).

Für die Träger der freien Wohlfahrtspflege bedeutet die Gleichstellung von Deutschen und EG-Ausländern im Hinblick auf die Leistungen der Sozial- und Jugendhilfe (vgl. Zuleeg 1987; Ketelsen 1990) eine Veränderung ihrer Klientel und die Öffnung des

18 Als Überblick vgl. Zuleeg (1990) und Schulte (1992).

Arbeitsmarktes für EG-Ausländer eine tendenzielle Veränderung ihrer Mitarbeiterstruktur, auch wenn die Mobilität hier vorläufig gering ist. Vor allem aber wird das Diskriminierungsverbot des Gemeinschaftsrechts die rechtlichen Rahmenbedingungen für die Tätigkeit der freien Verbände verändern. Einerseits werden ihnen Handlungsperspektiven auch jenseits der nationalen Grenzen eröffnet, andererseits stehen die spezifischen Privilegierungen, die ihnen das deutsche Sozial- und Steuerrecht gewährt, zur Disposition. Die freien Verbände werden sich damit in Zukunft einer verstärkten Konkurrenz von – kommerziellen und nichtkommerziellen – Anbietern aus anderen EG-Staaten vor allem in der Gesundheits- und Altenpflege konfrontiert sehen (vgl. Kuper 1990; Brauns 1990). Schließlich verändern die von der EG selbst durchgeführten armuts- und beschäftigungspolitischen Programme den Referenzrahmen ihrer Tätigkeit: Neben Gemeinden, Länder und Bund tritt die EG als Ansprechpartner und Geldgeber, dem gegenüber die spezifischen Interessen und Möglichkeiten der freien Wohlfahrtspflege in Deutschland zu verdeutlichen sind (vgl. Jarré 1990; Schulte 1992, S. 212 ff.).
Insgesamt spricht vieles dafür, daß die historisch gewachsenen Privilegien vor allem der Spitzenverbände der freien Wohlfahrtspflege in Deutschland auf Dauer dem gemeinschaftsrechtlichen Diskriminierungsverbot werden weichen müssen. Die freien Träger werden damit einer neuartigen Konkurrenz ausgesetzt, die sie unter verstärkten Modernisierungs- und Rationalisierungsdruck setzen wird. Es ist daher zu erwarten, daß die Europäisierung der Wohlfahrtspflege die wertgemeinschaftlichen Grundlagen der freien Wohlfahrtspflege in Deutschland weiter aushöhlen und Entwicklungstendenzen zum professionellen Dienstleistungsunternehmen weiter befördern wird.

3.3 Die Wohlfahrtsverbände im Prozeß der Individualisierung und Pluralisierung

Besonderes Gewicht erhalten diese aktuellen Veränderungsprozesse dadurch, daß sie von einem langfristigen Trend strukturellen sozialen Wandels überlagert sind, der sich aus der vielbeschworenen Tendenz (post-)industrieller Gesellschaften zur Pluralisierung und Individualisierung ergibt: Die traditionellen Sozialmilieus, denen die Verbände ihre Entstehung verdanken und die bis heute die gesellschaftliche Basis ihrer Aktivitäten bilden, befinden sich offenbar in rapider Auflösung – namentlich das soziale Umfeld der großen Konfessionen und die sozialdemokratische Arbeiterkultur.

Die großen Verbände der freien Wohlfahrtspflege haben historisch zu einem Zeitpunkt Bedeutung gewonnen, zu dem die *lokalen* Gemeinschaften als Anknüpfungspunkte für soziale Hilfe obsolet wurden und große, zentrale *Wert*gemeinschaften an ihre Stelle traten. Die Verbände sind Produkte der industriellen Moderne: Elemente einer Gesellschaft, die zwar klassen- und interessengespalten ist, aber dennoch aus relativ homogenen, großen Interessengruppen besteht. Zerfallen diese, wird das für jene zum Problem. Das heißt in unserem Kontext zweierlei:

Erstens: Eine zentrale Legitimation für die privilegierte Stellung der großen Verbände in der Wohlfahrtspflege ist die Pluralität von Weltanschauungen und normativen Orientierungen, für die sie als Repräsentanten der großen Wertgemeinschaften stehen. Diese Legitimation zerfällt mit den ihr zugrundeliegenden Wertgemeinschaften.

Zweitens: Eine weitere zentrale Legitimation für die privilegierte Existenz der Verbände ist ihre besondere Arbeitsform, ihr personenbezogenes Engagement, ihr wertgebundener Dienst am Nächsten im Unterschied zum weltanschaulich neutralen, bürokratisch-standardisierten Handeln staatlicher oder kommunaler Administrationen. Dieser Anspruch einer besonderen, personenbezogenen Handlungslogik ist seit langem durch den säkularen Prozeß der Bürokratisierung und Professionalisierung sozialer Dienste problematisch geworden – einen Prozeß, dem auch die Verbände unterliegen. Der gesetzlich geregelte Einbau der freien in das Gesamtsystem der öffentlichen Wohlfahrtspflege hat zwar den Vorteil gesicherter Arbeitsfelder, privilegierter Einflußchancen und öffentlicher Unterstützung. Zugleich aber hat sich dadurch das Erscheinungsbild der verbandlichen Wohlfahrtspflege immer mehr dem der öffentlichen angenähert.

Die Verbände der freien Wohlfahrtspflege sind Produkte der industriellen Moderne. Es könnte sein, daß ihre Zeit als Repräsentanten einer wertgebundenen Fürsorge und Wohlfahrtspflege mit dem industriellen Zeitalter ihrem Ende zugeht. Die bemerkenswerte Ausdehnung von Handlungsfeldern und Personal der freien

Wohlfahrtspflege seit den siebziger Jahren ging einher mit der fortschreitenden Aushöhlung ihrer weltanschaulichen Basis. Die Expansion der »Organisationsdomänen« (vgl. Hegner 1992) führte zu Steuerungsproblemen, die mit den herkömmlichen Mitteln nichtprofessionellen Managements nicht länger zu lösen waren. Der Zerfall der weltanschaulichen Legitimation verbandlicher Wohlfahrtspflege machte ihre Rationalitätsdefizite unübersehbar. Die strukturelle Diskriminierung kommerzieller Träger, wie z. B. das KJHG sie vorsieht, wird damit problematisch. Die Selbsthilfebewegung macht nicht nur funktionale Leistungsgrenzen verbandlicher Wohlfahrtspflege deutlich, sie beansprucht zugleich, die Vielfalt der Interessen und Werte in einer radikal pluralisierten und individualisierten Gesellschaft besser zu repräsentieren als das herkömmliche Spektrum der freien Verbände. Damit wird nicht nur die überkommene Form verbandlicher Wohlfahrtspflege, sondern das herkömmliche »duale« System, das auf einer privilegierten Form der Verknüpfung vor allem der Spitzenverbände der freien Wohlfahrtspflege mit den öffentlichen Trägern beruht, insgesamt brüchig.

Andererseits ist angesichts der überragenden Bedeutung, die den Spitzenverbänden im Gesamtsystem der deutschen Wohlfahrtspflege zukommt, ein Ersatz für dieses System nicht absehbar. Weder Selbsthilfegruppen noch kommerzielle Träger können ein flächendeckendes Dienstleistungsangebot gewährleisten, das dem der großen freien Träger vergleichbar wäre. Zudem sind diese in BSHG und KJHG mit gesetzlichem Bestandschutz versehen. Ein radikaler Bruch mit dem gegenwärtigen »dualen« System ist daher unwahrscheinlich. Wahrscheinlicher ist seine Modifikation durch Ausdifferenzierung. Prozesse funktionaler Ausdifferenzierung sind einmal *inner*organisatorisch zu beobachten. Vor allem die großen konfessionellen Verbände gründen seit längerem eine Vielzahl fachlich spezialisierter Unterorganisationen, zum Teil auch in kommerziellen Rechtsformen.[19] Der Rationalitätsgewinn durch fachlich-professionelle Spezialisierung und kommerzielle Organisation überlagert zunehmend die herkömmliche weltanschauliche Legitimation. Zugleich werden Selbsthilfegruppen verstärkt in die herkömmlichen Träger integriert.[20]

19 Vgl. dazu vor allem den Beitrag von Manderscheid, in diesem Band.
20 Die Gesamtstatistik der freien Wohlfahrtspflege 1994 weist für das Jahr

Ausdifferenzierung findet aber auch *inter*organisatorisch statt. Der DPWV z. B. verdankt seinen Bedeutungszuwachs im Konzert der Spitzenverbände unzweifelhaft dem Aufstieg der Selbsthilfebewegung seit dem Ende der siebziger Jahre. In dem Maße, wie die alten soziokulturellen Milieus zerfallen, bilden sich neue, die ihrerseits nach einer angemessenen Form gesellschaftlicher Repräsentanz suchen. Der DPWV kann als Prototyp einer solchen neuartigen Repräsentation gelten. Er repräsentiert nicht mehr ein homogenes Milieu, sondern eine Pluralität von Milieus spezifischen, neuartigen Typs. Und auch bei den kommerziellen Anbietern im Bereich sozialer Dienstleistungen beginnt der Prozeß spitzenverbandlicher Formierung. Diese neuen Verbandstypen können die traditionellen Spitzenverbände nicht ersetzen. Sie treten neben sie. Das klassische Verbandsspektrum wird ergänzt und erweitert. Damit wird gleichermaßen der geminderten Bedeutung der traditionellen soziokulturellen Milieus, dem Bedeutungszuwachs neuer und der Pluralisierung der Wohlfahrtspflege insgesamt Rechnung getragen.

Literatur

Abelshauser, W. (Hg.): Die Weimarer Republik als Wohlfahrtsstaat, Stuttgart 1987.

Backhaus-Maul, H.: Wohlfahrtsverbände in den neuen Bundesländern, in: Eichener, V. u. a. (Hg.), Organisierte Interessen in Ostdeutschland (Probleme der Einheit, Band 12), Marburg 1992, S. 359-381.

Backhaus-Maul, H.: Transformation kommunaler Sozialpolitik, in: Pitschas, R. (Hg.), Verwaltungsintegration in den neuen Bundesländern, Berlin 1993, S. 143-156.

Backhaus-Maul, H./Olk, Th.: Intermediäre Organisationen als Gegenstand sozialwissenschaftlicher Forschung, in: Schmähl, W. (Hg.), Sozialpolitik im Prozeß der deutschen Vereinigung, Frankfurt a. M. 1992, S. 91-133.

Backhaus-Maul, H./Olk, Th.: Von der staatssozialistischen zur kommunalen Sozialpolitik, in: Archiv für Kommunalwissenschaften, 1993, S. 300-330.

1993 knapp 27 000 Selbsthilfegruppen innerhalb der in der Bundesarbeitsgemeinschaft der freien Wohlfahrtspflege zusammengeschlossenen Spitzenverbände aus (vgl. Bundesarbeitsgemeinschaft 1994, S. 81).

Böckenförde, E. W.: Der Zusammenbruch der Monarchie und die Entstehung der Weimarer Republik, in: Jeserich, K. u. a. (Hg.), Deutsche Verwaltungsgeschichte, Band 4, Stuttgart 1985, S. 1-25.
Brauns, H.-J.: Internationale Öffnung und Neuorientierung der sozialen Arbeit als Konsequenz des EG-Binnenmarktes: Aus der Sicht der freien Träger, in: Nachrichtendienst des Deutschen Vereins für öffentliche und private Fürsorge, 70. Jg., 1990, Heft 9, S. 288-291.
Bruch, R. v.: Bürgerliche Sozialreform im deutschen Kaiserreich, in: Bruch, R. v. (Hg.), Weder Kommunismus noch Kapitalismus. Bürgerliche Sozialreform in Deutschland vom Vormärz bis zur Ära Adenauer, München 1985, S. 61-179.
Brückner, N.: Die öffentliche und private Fürsorge. Gemeinnützige Thätigkeit und Armenwesen mit besonderer Berücksichtigung auf Frankfurt am Main, Frankfurt 1892.
Bundesarbeitsgemeinschaft der freien Wohlfahrtspflege (Hg.): Gesamtstatistik der Einrichtungen der freien Wohlfahrtspflege, Stand 1. 1. 1993, Bonn 1994.
Campenhausen, A. Freiherr v.: Staat – Kirche – Diakonie. Historische Bezüge und aktuelle Probleme, in: Campenhausen/Erhardt 1982, S. 10-54.
Campenhausen, A./Erhardt, H. J. (Hg.): Kirche – Staat – Diakonie. Zur Rechtsprechung des Bundesverfassungsgerichts im diakonischen Bereich, Hannover 1982.
Dann, O. (Hg.): Vereinswesen und bürgerliche Gesellschaft in Deutschland, München 1984.
Die Wohlfahrtseinrichtungen Berlins und seiner Vororte, Berlin 1891.
Die Wohlfahrtseinrichtungen Bremens. Ein Auskunftsbuch, hg. von der Auskunftsstelle für Wohltätigkeit, Bremen 1899.
Die Wohlfahrtseinrichtungen in Leipzig, Leipzig 1905.
Die Wohlfahrtseinrichtungen Münchens, München 1901.
Düding, D.: Der national-soziale Verein 1896-1903, München und Wien 1972.
Fromm, B.: Die Wohltätigkeitsvereine in Berlin, Berlin 1894.
Gerhardt, M.: Ein Jahrhundert Innere Mission, 2 Bände, Gütersloh 1948.
Hegner, F.: Organisations-»Domänen« der Wohlfahrtsverbände: Veränderungen und unscharfe Konturen, in: Zeitschrift für Sozialreform, 38. Jg., 1992, Heft 3, S. 165-190.
Heinze, R./Olk, Th.: Die Wohlfahrtsverbände im System sozialer Dienstleistungsproduktion, in: Kölner Zeitschrift für Soziologie und Sozialpsychologie, 33. Jg., 1981, Heft 1, S. 94-114.
Heinze, R./Olk, Th.: Sozialpolitische Steuerung: Von der Subsidiarität zum Korporatismus, in: Glagow, M. (Hg.), Gesellschaftssteuerung zwischen Subsidiarität und Korporatismus, Bielefeld 1984, S. 162-194.
Heitzer, H.: Der Volksverein für das katholische Deutschland im Kaiserreich 1890-1918, Mainz 1979.

Jarré, D.: Vereine und Verbände im »Neuen Europa«, in: Nachrichtendienst des Deutschen Vereins für öffentliche und private Fürsorge, 70. Jg., 1990, Heft 9, S. 310-316.
Kaiser, J.-Ch.: Sozialer Protestantismus im 20. Jahrhundert, München 1989 (a).
Kaiser, J.-Ch.: Die zeitgeschichtlichen Umstände der Gründung des Deutschen Caritasverbandes am 9. November 1897, in: Manderscheid, H./Wollasch, H. J. (Hg.), Lorenz Werthmann und die Caritas, Freiburg 1989, S. 11-29 (b).
Kaiser, J.-Ch.: Freie Wohlfahrtsverbände im Kaiserreich und in der Weimarer Republik. Ein Überblick, in: Westfälische Forschungen, Band 43, 1993, S. 26-57.
Kaufmann, F. X.: Wohlfahrtskultur – ein neues Nasobem? in: Hoffmann-Nowotny, H. J. (Hg.), Kultur und Gesellschaft. Gemeinsamer Kongreß der Deutschen – Österreichischen – Schweizerischen Gesellschaft für Soziologie, Zürich 1988, S. 383-385.
Ketelsen, J.: Sozialhilfe und Gemeinschaftsrecht, in: Zeitschrift für Sozialreform, 36. Jg., 1990, Heft 6, S. 331-342.
Kuper, B.-O.: Économie Sociale – eine europäische Herausforderung an die freie Wohlfahrtspflege, in: Nachrichtendienst des Deutschen Vereins für öffentliche und private Fürsorge, 70. Jg., 1990, Heft 9, S. 307-309.
Landwehr, R.: Funktionswandel der Fürsorge vom Ersten Weltkrieg bis zum Ende der Weimarer Republik, in: Baron, R./Landwehr, R. (Hg.), Geschichte der Sozialarbeit, Weinheim und Basel 1983, S. 73-138.
Liese, W.: Geschichte der Caritas, 2 Bände, Freiburg 1922.
Lohse, O.: Die Privatwohltätigkeit und ihre Organisation, Hamburg 1914.
Nipperdey, Th.: Verein als soziale Struktur im späten 18. und frühen 19. Jahrhundert, in: Boockmann, H. u. a., Geschichtswissenschaft und Vereinswesen im 19. Jahrhundert. Beiträge zur Geschichte historischer Forschung in Deutschland, Göttingen 1972, S. 1-44.
Olk, Th./Bertram, K.: Jugendhilfe in Ostdeutschland vor und nach der Wende, in: Krüger, H.-H./Marotzki, W. (Hg.), Pädagogik und Erziehungsalltag in der DDR, Opladen 1994, S. 321-349.
Pankoke, E.: Transfer und Transformation. Wohlfahrtskultur und Moralökonomie im Einigungsprozeß, in: Bock, T. (Hg.), Sozialpolitik und Wissenschaft, Frankfurt a. M. 1992, S. 231-245.
Ritter, E.: Die katholisch-soziale Bewegung und der Volksverein, Köln 1954.
Sachße, Ch.: Mütterlichkeit als Beruf, Opladen [2]1994.
Sachße, Ch.: Großindustrie und Wohlfahrtspflege. Wilhelm Merton und das Institut für Gemeinwohl, in: Thränhardt, D. u. a. (Hg.), Wohlfahrtsverbände zwischen Selbsthilfe und Sozialstaat, Freiburg 1986, S. 168-180.

Sachße, Ch.: Zur aktuellen Bedeutung des Subsidiaritätsstreits der 60er Jahre, in: Münder, J./Kreft, D. (Hg.), Subsidiarität heute, Münster 1990, S. 32-43.
Sachße, Ch.: Frühformen der Leistungsverwaltung: Die kommunale Armenfürsorge im deutschen Kaiserreich, in: Jahrbuch für Europäische Verwaltungsgeschichte, Band 5 (1993), S. 1-20.
Sachße, Ch./Tennstedt, F.: Geschichte der Armenfürsorge in Deutschland. Band 1. Vom Spätmittelalter bis zum 1. Weltkrieg, Stuttgart 1980.
Sachße, Ch./Tennstedt, F.: Geschichte der Armenfürsorge in Deutschland. Band 2. Fürsorge und Wohlfahrtspflege 1871-1929, Stuttgart 1988.
Sachße, Ch./Tennstedt, F.: Der Wohlfahrtsstaat im Nationalsozialismus. Geschichte der Armenfürsorge in Deutschland. Band 3, Stuttgart 1992.
Scheuner, U.: Die karitative Tätigkeit der Kirchen im Sozialstaat. Verfassungsrechtliche und staatskirchenrechtliche Fragen, in: Campenhausen/Erhardt 1982, S. 162-188.
Schlaudraff, E.: Ein Vergleich zwischen dem Elberfelder, dem Straßburger und dem Frankfurter System in der Armenpflege, Diss. phil., Erlangen 1932.
Schulte, B.: Europäisches Gemeinschaftsrecht und freie Wohlfahrtspflege, in: Zeitschrift für ausländisches und internationales Arbeits- und Sozialrecht, 6. Jg., 1992, Heft 3, S. 191-232.
Stadtbund der Vereine für Armenpflege und Wohltätigkeit (Hg.): Die private Fürsorge in Frankfurt am Main, Frankfurt a. M. 1901.
Statistisches Bundesamt (Hg.): Fachserie K: Öffentliche Sozialleistungen. Reihe 2: Öffentliche Jugendhilfe 1961, Stuttgart und Mainz 1963.
Statistisches Bundesamt (Hg.): Fachserie 13: Sozialleistungen. Reihe 6.3: Einrichtungen und tätige Personen in der Jugendhilfe 1982, Stuttgart und Mainz 1985.
Stein, Ph.: Das Verhältnis der freiwilligen und zwangsgemeinschaftlichen Körperschaften in der Wohlfahrtspflege, in: Gemeindebetriebe. Neuere Versuche und Erfahrungen über die Ausdehnung der kommunalen Tätigkeit in Deutschland und im Ausland, im Auftrag des Vereins für Socialpolitik herausgegeben von Johannes Fuchs (Schriften des Vereins für Socialpolitik, Band 128), Leipzig 1908, S. 429-440.
Stolleis, M.: Sozialstaat und karitative Tätigkeit der Kirchen, in: Campenhausen/Erhardt 1982 , S. 188-214.
Tennstedt, F.: Wohltat und Interesse. Das Winterhilfswerk des Deutschen Volkes: Die Weimarer Vorgeschichte und ihre Instrumentalisierung durch das NS-Regime, in: Geschichte und Gesellschaft, 13. Jg., 1987, Heft 2, S. 157-180.
Webb, S.: The Extension Ladder Theory, in: Survey, Band 31, 1914, S. 703-707.
Wex, E.: Die Entwicklung der sozialen Fürsorge in Deutschland 1914-1927, Berlin 1929.

Zentrale für private Fürsorge in Berlin (Hg.): Die Wohlfahrtseinrichtungen von Groß-Berlin, Berlin 1910.
Zuleeg, M.: Die Europäische Gemeinschaft auf dem Weg zur Sozialgemeinschaft, in: Nachrichtendienst des Deutschen Vereins für öffentliche und private Fürsorge, 71. Jg., 1991, Heft 1, S. 20-29.
Zuleeg, S.: Die Einwirkung des Europäischen Gemeinschaftsrechts auf die Sozialhilfe nach dem Bundessozialhilfegesetz, in: Nachrichtendienst des Deutschen Vereins für öffentliche und private Fürsorge, 67. Jg., 1987, Heft 10, S. 342-347.

Jochen-Christoph Kaiser

Von der christlichen Liebestätigkeit zur freien Wohlfahrtspflege

Zur Genese und Organisation konfessionellen Sozialengagements in der Weimarer Republik

1. Die Grundlagen konfessioneller Sozialarbeit im 19. Jahrhundert

Privat organisierte bzw. staatsunabhängige soziale Arbeit im 19. und 20. Jahrhundert besitzt ein gemeinsames Kennzeichen, das als Phänomen in *vormodernen* Gesellschaften unbekannt war und für alle beteiligten Verbände gilt: Sie sind sämtlich Derivate der bürgerlichen Vereinsbewegung, deren Anfänge bis in die Spätaufklärung zurückreichen (Patriotische Gesellschaften) und die aufs engste mit der Entstehung der bürgerlichen Gesellschaft an der Schwelle zur Moderne verbunden sind (vgl. Dann 1984; vom Bruch 1985; Kaiser 1992).

(1) Es war das Auseinandertreten der Ebenen von Staat und Gesellschaft im Zuge einer grundsätzlichen ökonomischen Neuorientierung seit Beginn des Industrialisierungsprozesses, welche dem entstehenden Bürgertum Freiräume zur eigenverantwortlichen Gestaltung des als apolitisch definierten Binnenraums der Gesellschaft eröffnete (vgl. Koselleck 1973, S. 154 ff.), ihm freilich zugleich politische Partizipation verwehrte. Der Staat behielt also das Machtmonopol, gestand dem Bürgertum jedoch die Organisation seiner vermeintlich »politikfreien« Interessen im Vertrauen darauf zu, daß die neue bürgerliche Klasse jene ökonomischen *und* den ihnen auf dem Fuße folgenden sozialen Herausforderungen, die der Industrialisierungsprozeß mit sich brachte, wesentlich erfolgreicher begegnen würde als der einst allzuständige aufgeklärte Absolutismus mit seiner »guten policey«. Deshalb steht an den Anfängen von freier bürgerlicher Wohlfahrtspflege und Sozialarbeit die bewußte *Entstaatlichung* dieses gesellschaftlichen Aufgabenfeldes, das erst im Laufe einer Jahrzehnte andauernden Entwicklung wieder zum Gegenstand zunehmender staat-

licher »Regulierung, Verrechtlichung und Ausdifferenzierung« wurde (Landwehr/Baron 1983, S. 8). Das »Markenzeichen« dieses staatsfreien bürgerlichen Engagements auch auf dem Felde von Sozialreform und sozialer Arbeit waren der *Verein* bzw. die *Vereinsbewegung*.

Das Ende des Ständestaates in Deutschland setzte mit den preußischen Reformen ein, die in Form einer Revolution von oben »wichtige Weichen für die Transformation der zunächst noch weitgehend traditionell-ständisch strukturierten preußischen Gesellschaft in die spätere moderne Industriegesellschaft« stellten (Reulecke 1985, S. 22). Diese Reformen führten indessen geradewegs in den als Emanzipationskrise zu verstehenden Pauperismus hinein und waren politisch begleitet von einer Phase der Restauration. Die Krise gab Anlaß zu weitgehenden Reformüberlegungen, da das neuartige Massenelend die entstehende bürgerliche Gesellschaft zu zersetzen drohte. Es waren anfangs nur vereinzelte Stimmen, die vor der Gefahr warnten und Vorschläge zu ihrer Abwehr unterbreiteten. Dann, ab 1840, erschien eine wahre Flut von Broschüren und Zeitschriftenartikeln, die sich des Problems des Pauperismus annahmen. Nicht das Gefühl der Bedrohung allein charakterisierte diese Beiträge, sie waren in der Regel auch von großem Optimismus erfüllt, was die Realisierung der vorgeschlagenen politisch-gesellschaftlichen Lösungen betraf. Allerdings sollte der Ausweg aus der Krise auf dem Boden der bestehenden Gesellschaft, nicht durch deren grundlegenden Umbau erfolgen. Insofern waren diese Vorschläge »defensiver« Natur.

(2) Auch der von Johann Hinrich Wichern 1848 erstmals organisatorisch zusammengefaßten protestantischen Inneren Mission ging es im 19. *und* 20. Jahrhundert nicht um *Sozialreform*, sondern um *Volksmission* mit dem Ziel der Christianisierung bzw. Re-Christianisierung jener Schichten der deutschen Bevölkerung, die Kirche und Religion gleichgültig, skeptisch oder kämpferisch ablehnend gegenüberstanden. »Caritas« im neutral-allgemeinen Sinne des Wortes bildete seit *Wichern* einen integralen Bestandteil dieses Konzepts, weil man nicht allein auf die Verkündigung der christlichen Botschaft setzte, sondern vernünftigerweise daran glaubte, daß erst die Voraussetzungen dafür geschaffen werden müßten, damit diese Botschaft innerhalb der anvisierten Klientel überhaupt gehört würde.

Wichern war es auch, der als Kenner der zeitgenössischen deutschen und ausländischen – meist englischen – Fachliteratur zu den Themenkreisen »Pauperismus« und »Armenpflege« mit einem in der ersten Hälfte des 19. Jahrhunderts vieldiskutierten Modell zur Lösung der *Arbeiterfrage* an die Öffentlichkeit trat, das er auf die organisierte christliche Liebestätigkeit übertragen wollte: den *Assoziationsgedanken*. Wichern sah in der Schaffung »christliche(r) Assoziationen der Hilfsbedürftigen selbst«, in Anlehnung an die Anfänge der Arbeiterbewegung, aber in charakteristischer Umdeutung ihrer ideologischen Prämissen, ein qualitativ neues Moment bürgerlicher Sozialreform mit Zielrichtung auf den zeitgenössischen Pauperismus: Arme *und* Besitzende sollten *gemeinsam* innerhalb dieser Assoziationen tätig werden, um die bedrückende Not der Unterschichten zu bekämpfen. Nicht Klassenkampf, sondern klassenübergreifende Kooperation schien ihm dazu das geeignete Mittel. Am Bild des *Krankenhauses* und der um die Jahrhundertmitte intensiven Debatte über die Notwendigkeit einer »inneren Kolonisation« machte er die Praktikabilität des ihm vorschwebenden Modells fest: Wie sich hier Kranke *und* Gesunde um die Wiederherstellung der Patienten bemühten, so müsse es auch möglich sein, »die innere Kolonisierung von *Besitzenden und Nichtbesitzenden* gemeinschaftlich, also durch *Assoziierung von verschiedenen Besitzständen*« durchzuführen (Wichern 1962, S. 284 ff.). Das Subsidiaritätsprinzip, das für die freie Wohlfahrtspflege in Deutschland später noch größere Bedeutung erlangen sollte, hat eine wichtige Wurzel im Assoziationsgedanken, der sich seit der Mitte des 19. Jahrhunderts im liberalen, im protestantischen und im katholischen Sozialdenken findet. Es wäre allzu einseitig, ihn nur für die katholische Soziallehre reklamieren zu wollen (vgl. Sachße 1994a).

(3) Als zweite Institution, die sich als weiterer wichtiger Träger freier Wohlfahrtspflege noch im ausgehenden 19. Jahrhundert etablierte, ist der Deutsche Caritasverband zu nennen, der 1897 geschaffen wurde. Die Gründe für diese vergleichsweise späte Konstituierung einer Dachorganisation katholischer Liebestätigkeit im Reich sind vielfältig, haben jedoch nichts mit einem hier etwa schwächer ausgeprägten wohlfahrtspflegerischen Interesse, sondern mit der Sonderrolle des deutschen Katholizismus im Spannungsfeld von Modernisierung, einer massiven protestantischen Dominanz im größten deutschen Einzelstaat Preußen und

den Bindungen an die Weltkirche zu tun. In den Kämpfen des deutschen Katholizismus gegen gesellschaftliche Inferiorität und für gesellschaftliche Partizipation bildete sich in einer ersten Phase ein engmaschiges Netz des politischen Verbandskatholizismus heraus, das sich mit Rücksicht auf diese Lage in verbandlicher-konzeptioneller Hinsicht nicht in erster Linie wohlfahrtspflegerischen Problemen widmete, sondern den Katholizismus mit identitätsstiftender Besinnung auf seine religiösen Wurzeln nach innen und schlagkräftiger Interessenvertretung nach außen als gesellschaftliche Großgruppe stabilisieren wollte. Auf sozialem Felde beschäftigte man sich stärker als der Protestantismus und seine Innere Mission mit der sozialen Frage als *Arbeiterfrage* und nicht primär im Kontext der Armenpflege und dachte erst verhältnismäßig spät an eine Zusammenfassung der konfessionellen Wohlfahrtspflege, die es in regionalen Gliederungen und vor allem auf lokaler Ebene natürlich längst gab, im Rahmen eines landesweit operierenden Verbandes.

Gleich dem Central-Ausschuß fungierte der Caritasverband als die nach Diözesen gegliederte Zusammenfassung zahlreicher bereits bestehender sozialer Arbeitsfelder des deutschen Katholizismus in der Krankenpflege, der offenen und geschlossenen Fürsorge und in der Sozialarbeit auf Gemeindeebene. Der charakteristische Unterschied zur Inneren Mission lag in den hier fehlenden umfassenderen kulturellen und religiösen Aktivitäten, *nicht* den Zielen, die andere Gruppierungen des katholischen Verbandsspektrums, vor allem der »Volksverein für das katholische Deutschland« (1890), verfolgten. Als weitere Besonderheit muß die im Vergleich zur Inneren Mission größere organisatorische Geschlossenheit des Caritasverbandes erwähnt werden, eine Strategie, die – wie erwähnt – mit als Reaktion auf den Selbstbehauptungskampf des deutschen Katholizismus im Kaiserreich zu verstehen ist.

(4) Caritas wie Innere Mission besaßen in Gestalt der Ordensfrauen und Diakonissen ein großes Potential bereits *professionell* tätiger weiblicher Arbeitskräfte, dazu einen kaum zu überschätzenden Bestand an ehrenamtlichen Helferinnen, die neben (Kranken-)Pflegediensten für soziale Aufgaben in der kirchlichen wie der politischen Gemeinde eingesetzt werden konnten.

Wer die Geschichte der nichtstaatlich organisierten Wohlfahrtspflege mit der Verberuflichung sozialer Arbeit, d.h. mit dem

Übergang von ehrenamtlicher zu bezahlter Tätigkeit auf diesem Sektor einsetzen lassen will und konsequenterweise den Beginn dieses Prozesses erst auf die neunziger Jahre des 19. Jahrhunderts datiert (vgl. Müller 1982, S. 34), blendet den langen Vorlauf aus, den die konfessionellen Schwesternschaften auf diesem Sektor bereits besaßen. Andererseits ist nicht zu übersehen, daß mit Beginn der wilhelminischen Ära das öffentliche Interesse an theoretischen und praktischen Fragen der Sozialarbeit einen bemerkenswerten Aufschwung erfuhr. Das hatte nicht nur mit dem seit der Jahrhundertwende auf kommunaler Ebene steigenden sozialen Handlungsbedarf zu tun: Parallel zu diesem Prozeß bildete sich im Kontext der bürgerlichen Frauenbewegung ein neuartiges Bewußtsein heraus, dem besonders daran lag, gerade für diesen Bereich »spezifisch weibliche« Qualitäten zu reklamieren, um Frauen haupt- und nebenberuflich überhaupt beschäftigen zu können. *Mütterlichkeit als Beruf* (vgl. Sachße 1994b) lautete das Motto einer modernen bürgerlichen Frauengeneration, die für die Anerkennung des beruflichen Sozialengagements von Frauen und – damit gekoppelt – für die weibliche Emanzipation focht. Da man das traditionelle, auf Ehe und Mutterschaft gerichtete Frauenbild der Gesellschaft nicht aufgeben wollte, mußte die Vorstellung einer besonderen Konditionierung des weiblichen Geschlechts für soziale Arbeit im Sinne *seelischer* oder *geistiger Mutterschaft* als Vehikel dafür dienen, wenigstens auf sozialem Felde den Anspruch auf Mitgestaltung und bezahlte Berufsarbeit anzumelden und durchzusetzen. Tatsächlich waren hier – abgesehen vom Erziehungsbereich – die Widerstände aller Gruppen der Gesellschaft am geringsten, weil der gemäßigte Flügel der bürgerlichen Frauenbewegung nicht länger auf die Gleich*artigkeit* der Geschlechter, sondern lediglich auf ihre Gleich*wertigkeit* pochte, im übrigen aber die seines Erachtens unterschiedlichen Befähigungen von Frauen und Männern unterstrich und diese im Hinblick auf die weiblichen Professionalisierungsbestrebungen vornehmlich für die Sektoren »Bildung« und »Soziales« in Anspruch nahm. Der Ort, an dem solche Vorstellungen gelehrt und verbreitet wurden, waren die »Sozialen Frauenschulen«, die nach der Jahrhundertwende in rascher Folge, meist von konfessionellen Trägern, gegründet wurden.

2. Vom Ersten Weltkrieg zur Weimarer Republik

Bevor der grundsätzliche Wandel der privaten und – erst in Ansätzen vorhandenen – öffentlichen Systeme der Daseinsfür- und -vorsorge in der Notsituation des Weltkriegs näher behandelt wird, sind einige knappe Überlegungen zur Terminologie nachzutragen: Die bisher verwandten Begriffe »Wohlfahrtspflege«, »Fürsorge« oder »Sozialarbeit« wurden im 19. Jahrhundert genausowenig benutzt wie die mit ihnen korrespondierenden Bezeichnungen »Wohlfahrts-« bzw. »Sozialstaat«, die genuine Schöpfungen des 20. Jahrhunderts sind. Statt dessen sprach man von »christlicher Nächstenliebe«, von »Charitas«[1] oder allgemeiner und nicht so eindeutig auf die religiöse Motivation sozialen Handelns bezogen von »Armenpflege« und »Wohltätigkeit«. Für die Klienten und Klientinnen der kommunalen »Armenpflege« war das Angewiesensein auf ihre Leistungen gleichbedeutend mit dem Verlust bestimmter bürgerlicher Rechte, darunter des wohl wichtigsten: des Wahlrechts. Das weist auf die Herkunft dieser existentiellen Mindestsicherung hilfloser Personen aus dem Polizeirecht hin. Damit zusammen hängt auch die Anbindung der Armenpflege an das sogenannte Verschuldensprinzip, das den Betroffenen selbst die moralische und die damit faktisch identische rechtsförmige Verantwortung für ihre desolate Lage zuwies. In der Sicht der unter den freien Vereinigungen zur praktischen und konzeptionellen »Lösung« sozialer Problemlagen dominierenden konfessionellen Gruppierungen hieß dies in ganz wörtlich zu nehmendem theologischen Verständnis »Schuld« oder »Sünde«, an

1 Der Unterschied des griechischen Begriffs »charitas« und seines lateinischen Pendants »caritas« ist signifikant. Liegt der Akzent bei »χαρις« mehr auf der Bedeutung »Huld«, »Gunst«, »Gnade«, wie es auch in »χαρισμα«, d. h. »Gnadengabe«, zum Ausdruck kommt, so ist er im Lateinischen stärker auf christliche Nächstenliebe an sich ohne diese Nebenbedeutung orientiert. Der Deutsche Caritasverband wird 1909 aus ähnlichen Motiven wie der »Deutsche Verein« seinen jetzigen Namen angenommen haben, denn 1897 nannte er sich zunächst »Charitas-Verband«: Nicht allein ein sprachlicher Anachronismus wurde damit beseitigt, auch das neuartige Wohlfahrtsbewußtsein mit seiner Kritik an reiner »Wohlthätigkeit« ohne Berücksichtigung des sozialen Kontextes dürfte hier eine Rolle gespielt haben.

deren Folgen die in Not Geratenen nun zu leiden hätten. Aufgabe der Christen sei es, tatkräftige Nächstenliebe zu üben, ohne daß dies einen Anspruch der davon betroffenen Menschen begründete. Das kam in der Differenzierung zwischen »würdigen« und »unwürdigen« Armen zum Ausdruck und scheint semantisch in den Begriffen »Wohltätigkeit« und »Charitas« durch: Die Bewegungsrichtung eines »von oben nach unten« erfolgenden Hilfehandelns war dabei unverkennbar – hier kommunizierten Menschen unterschiedlicher Gesellschaftsschichten miteinander, die privat und gesellschaftlich sonst wenig miteinander verband.

Dieses postfeudal-traditionelle Verständnis von Wohlfahrtspflege wurde – etwa auf den Jahrestagungen des »Deutschen Vereins für Armenpflege und Wohltätigkeit«, der sich nach dem Kriege in kennzeichnender Weise »Deutscher Verein für öffentliche und private Fürsorge« nannte – schon gegen Ende des Jahrhunderts kritisch in Frage gestellt und verschwand mit dem wilhelminischen Obrigkeitsstaat zugunsten des sogenannten *Anspruchsprinzips*, das allen Hilfsbedürftigen ungeachtet der Ursachen ihrer sozialen Notlage ein gesetzlich verankertes *Recht* auf öffentliche Zuwendungen verhieß. Daß dieses Recht im Namen der an sich »fortschrittlichen« Einzelfallprüfung bzw. der *Individualisierung* der Hilfe später wieder eingeschränkt wurde bzw. neue diskriminierende Akzente ausbildete, sollte die Praxis der zwanziger Jahre lehren. Jetzt mußte es dazu herhalten, die Klienten und Klientinnen nach sozialen Klassen zu differenzieren und damit den Altarmen und jenen aus den Unterschichten geringere Zuwendungen zuzugestehen als den Angehörigen des Mittelstandes, die durch Inflation und andere Kriegsfolgen ihr Vermögen verloren hatten.

(1) Innere Mission und Caritas blieben in den Jahren bis zum Ausbruch des Weltkriegs die einzigen wirklich bedeutenden freien Wohlfahrtsverbände mit Arbeitsfeldern und Einrichtungen der offenen und geschlossenen Fürsorge sowie Krankenpflege. Sie finanzierten sich weitgehend aus Spenden, gelegentlichen Kollektenzuweisungen der Kirchen und – seit Einführung der Bismarckschen Sozialgesetzgebung – auch aus den nun von den Krankenkassen getragenen Pflegesätzen für ihre Krankenhäuser. In Zeiten einer selbst für die Unterschichten spürbaren ökonomischen Prosperität, wie sie die letzten beiden Jahrzehnte vor dem Kriege kennzeichneten, zeigten die gleichwohl vorhandenen Bemühungen um eine grundlegendere Reform der Wohlfahrtspflege, wie sie

vor allem auf den Jahrestagungen des »Deutschen Vereins« vorgeschlagen und diskutiert wurden, nur geringen Erfolg. Dies dürfte mit an dem mäßigen Interesse gelegen haben, das die Sozialdemokratie solchen sozialen Problemen entgegenbrachte, welche sich *nicht* auf die *Arbeiterfrage* bezogen. Die auf ihren Parteitagen und -konferenzen ausbleibende Debatte um Sozialreform und Wohlfahrtspflege auf allen Sektoren öffentlichen und staatlichen Lebens spricht für sich. Dennoch bildeten sich in den Reformdiskussionen innerhalb der freien Verbände unter starker Beteiligung der Kommunen bestimmte Tendenzen heraus, die unbeschadet des mit Ausbruch des Weltkriegs entstehenden massiven sozialpolitischen Handlungsbedarfs künftige Entwicklungslinien andeuteten. Das forcierte soziale Engagement der großen Städte auf Feldern wie Jugendwohlfahrt, Gesundheitsfürsorge oder Beschäftigungspolitik verschob den Akzent weg von der alten Armenpflege als einem eher »statischen« Arbeitsbereich mit immer gleicher Klientel in Richtung der »lohnender« erscheinenden Sektoren sozialer Prävention, die voraussehbare Notsituationen verhindern sowie den sozialen Frieden schon im Vorfeld denkbarer Konfliktlagen absichern konnte.

Im Kern deutete sich damit bereits seit den neunziger Jahren des letzten Jahrhunderts ein Strukturproblem des kommenden Wohlfahrtsstaates an, das in verschärfter Form in den totalitären Systemen von Stalinismus und Nationalsozialismus offenkundig werden sollte: Der expandierende Zugriff von Staat, Ländern und Kommunen auf Sozialarbeit und Wohlfahrtspflege wurde von einem Trend begleitet und mitgetragen, welcher die Angehörigen des Sozialstaats in zwei ungleichberechtigte Gruppen einteilte: Einmal ging es um die für »Volksgemeinschaft« bzw. »realsozialistische« Staaten integrationsfähigen und »verwertbaren« Menschen, deren Betreuung und Resozialisierung sich der öffentliche Sektor selbst vorbehielt; die andere Gruppe der nicht »Brauchbaren« überließ man den privaten Anbietern, vorzugsweise den Kirchen, deren als »Mitleidsideologie« diskreditierte religiöse Motivation trefflich dazu dienen konnte, diese teueren und staatlicherseits nicht nur deswegen »unerwünschten«, dauernd betreuungsbedürftigen Klienten und Klientinnen zu »verwahren«.

Die konfessionellen Träger betrachteten die beschriebenen Tendenzen mit gemischten Gefühlen. Einerseits konnte es sie nicht unberührt lassen, wenn nun neue Kräfte auf dem »Markt« der

Wohlfahrtspflege auftauchten und bestimmte Arbeitsfelder mit den ihnen zur Verfügung stehenden weit größeren Mitteln zu »bewirtschaften« und am Ende vielleicht gar zu monopolisieren begannen. Auf der anderen Seite begrüßten sie die verstärkte soziale Intervention der öffentlichen Hand, denn natürlich wußten sie um die Begrenztheit ihrer Möglichkeiten und richteten ihre Arbeit immer wieder vornehmlich auf jene Bereiche, in denen Innovationen und schnelles Reagieren gefragt war. Friedrich Naumann, zunächst Vereinsgeistlicher der Inneren Mission in Frankfurt am Main und dann liberaler Politiker, wie auch später die englischen Reformer Beatrice und Sidney Webb sprachen ausdrücklich davon, daß freie Wohlfahrtspflege vor allem *neue* Problemlagen zu diagnostizieren und bekanntzumachen habe, um sie zunächst selbst zu bekämpfen und dann – nach der Etablierung – die jeweiligen Arbeitsfelder an die öffentliche Fürsorge abzugeben (vgl. Naumann 1888; Webb/Webb 1911).

Gleichzeitig mit der verstärkten Bereitschaft der großen Städte, sich in der Wohlfahrtspflege zu engagieren und dadurch mitbedingt, wuchs die Verberuflichung der Sozialarbeit, nachdem deutlich geworden war, daß auch die Modifizierung einst erfolgreicher ehrenamtlicher Hilfestrategien wie des »Elberfelder Modells« mit den neuen Herausforderungen auf den genannten Gebieten nicht mehr Schritt halten konnte. Wie oben erläutert, erfaßte diese Professionalisierung auch die konfessionelle Sozialarbeit, in der man, was Ordensfrauen, Diakonissen und die männliche Diakonie anging, freilich an wesentlich ältere Vorbilder anknüpfen konnte. Das Problem dieser faktischen Kontinuitäten lag jedoch darin, daß die konfessionellen Mutterhäuser und Diakonenanstalten die Tätigkeit ihrer Schwestern und Diakone keineswegs als »normale« Berufsarbeit interpretierten und für sich einen Sonderstatus in Anspruch nahmen, der religiös begründet wurde, dabei aber verkannte, daß letzte Motivlagen sozialen Hilfehandelns und ihre arbeitsrechtliche Umsetzung verschiedene Dimensionen betreffen und einander im Grundsatz nicht tangieren (vgl. Thiele 1963, S. 32 ff.; Häusler 1994; Lauterer 1994).

Die engen Verbindungen der städtischen Wohlfahrtspflege zum »Deutschen Verein«, zu dessen wichtigsten Mitgliedern ihre führenden Vertreter bald gehörten, machten den konfessionellen Verbänden lange vor der Revolution klar, daß ihnen hier nicht nur Partner, sondern auch Konkurrenten erwuchsen. Vermutlich gehen die Wurzeln ihrer zu Beginn der Republik häufig geäußerten Furcht vor »Verstaatlichung« und »Kommunalisierung« aller sozialen Arbeit auf diese frühen Kontakte zurück, zumal führende Repräsentanten des »Deutschen Vereins« immer wieder forderten, die Wohlfahrtspflege an verbindlichen Standards auszurichten, um damit ihre Effizienz entscheidend zu steigern. Wer aber hätte diese Vorgaben durchsetzen können, wenn nicht Reich und Länder, die bislang kaum Kompetenzen in diesem Bereich besaßen und die Hauptlast der Armen- resp. Wohlfahrtspflege gern den Kommunen und kommunalen Zusammenschlüssen überließen? Und würde diese Zwangsangleichung nicht zu Lasten der großen bereits bestehenden und bewährten freien Träger, mithin in erster Linie von Caritas und Innerer Mission gehen? Diese bis zum Vorabend des Ersten Weltkriegs mehr latent denn offen artikulierten Befürchtungen bildeten die Hypothek, unter deren Vorzeichen die konfessionellen Verbände jene gänzlich neuen Erfahrungen machen mußten, mit denen sie sich seit Kriegsbeginn konfrontiert sahen.

(2) Daß der Erste Weltkrieg die Entwicklung zum Wohlfahrtsstaat von Weimar entscheidend vorangetrieben hat, ist unbestritten und muß hier nicht näher dargelegt werden (vgl. Sachße/Tennstedt 1988, S. 46 ff.). Allerdings ist es die Absicht dieses Beitrags, noch einmal darauf aufmerksam zu machen, daß der Krieg mit seinen gravierenden Folgen für zuvor nicht unterstützungsbedürftige Bevölkerungsgruppen zwar *beschleunigend* auf diesen Prozeß einwirkte, jedoch in vielen Fällen nichts grundsätzlich Neues brachte, was in Fachkreisen wie innerhalb des »Deutschen Vereins« nicht zuvor bereits andiskutiert worden wäre. Wichtig für den forcierten Ausbau des Wohlfahrtsstaates ist auch die Tatsache, daß die Not schlagartig mit Beginn des Krieges einsetzte und nicht etwa erst nach der »Wende« von 1917 und der jetzt Wirkung zeigenden umfassenden Seeblockade des Reiches.

Mit der Entstehung einer *neuartigen* Wohlfahrtsklientel, zu der seit dem Ende des Krieges mit der jetzt einsetzenden Hyperinflation noch der durch die Geldentwertung unterstützungsbedürftige Mittelstand hinzukam, war das schon seit einiger Zeit ins Kreuzfeuer der Kritik geratene *Verschuldensprinzip* nicht mehr durchzuhalten. Denn einmal handelte es sich hier nicht um die traditionellen Empfänger armenpflegerischer Zuwendungen, sondern um »anständige Leute«, die für ihre Lage keine Verantwortung trugen und denen schnellstens um ihrer selbst und um der Aufrechterhaltung der Moral der kämpfende Truppen willen geholfen werden mußte. Zu dieser Personengruppe traten ferner die Angehörigen der einst von ihrem Vermögen lebenden Freien Berufe und die nicht pflichtversicherten Angestellten hinzu, die durch Kriegsanleihen und Geldentwertung alles verloren hatten – Menschen also, die der gleichen sozialen Schicht angehörten wie die InitiatorInnen und MitarbeiterInnen der (bürgerlichen) Wohlfahrtspflege.

Die freien bzw. konfessionellen Wohlfahrtsorganisationen erlebten bald, daß sie angesichts der grassierenden Not mit ihren Mitteln wenig ausrichten konnten. Sicher, sie stellten das Gros der weiblichen Pflegekräfte in den Lazaretten und Genesungsheimen im Zeichen des Roten Kreuzes, das sich erst *nach* dem Kriege (1921) und aufgrund der Bestimmungen des Versailler Vertrages contre cœur als Wohlfahrtsverband konstituierte, bis dahin aber keine bedeutenden eigenen Einrichtungen und Ausbildungsstätten unterhalten hatte. Über die Betreuung ihrer angestammten Arbeitsfelder hinaus beteiligten sich die christlichen Trägerverbände mit ihrem Personal an allen »Gemeinwohlaufgaben«, die zunächst vornehmlich auf Eigeninitiative der Kommunen, ab 1916 mit dem *Vaterländischen Hilfsdienstgesetz* dann mehr und mehr von den Militärverwaltungen proklamiert und organisiert wurden. So entstand mit dem Typus einer neuartigen Kriegswohlfahrtspflege in den Jahren bis zum Waffenstillstand eine Gemengelage von privatem, halböffentlichem und staatlich-kommunalem Hilfehandeln, für die man den Namen der »gemischten Betriebe« prägte (Wilhelm Polligkeit nach Sachße/Tennstedt 1988, S. 60) und die einer völligen Neuregelung der Wohlfahrtspflege nach 1918 den Boden bereiteten.

Erst im Weltkrieg – und noch nicht in den vorausgehenden Jahrzehnten – bildete sich jene Bedeutung der freien Wohlfahrtspflege innerhalb des Gesamtkomplexes kommunal und staatlich organisierter wie finanzierter Sozialarbeit heraus, die in der Literatur wegen ihrer Stellvertreterfunktion für die von der öffentlichen Hand zu erbringenden Sozialleistungen als »intermediär« oder »neokorporatistisch« charakterisiert wird (vgl. Merchel 1989). Bis 1918 mußte man im Rahmen dieser engen Kooperation weitgehend improvisieren. Erst das Kriegsende mit den Problemen der Demobilisierung der Armee, der Versorgung der Invaliden und

Hinterbliebenen und der rasch fortschreitenden Inflation, aber auch den neuen legislativen Möglichkeiten mit geänderten Mehrheitsverhältnissen rückte das unabdingbare Erfordernis einer umfassenden, dauerhaften wohlfahrtsstaatlichen Reform ins Bewußtsein der politischen Akteure.

Wie aus dem Gesagten hervorgeht, waren die privaten und das heißt primär die konfessionellen Altorganisationen *allein* im Kriege ständig überfordert, zumal die gezeichneten Kriegsanleihen das Spendenaufkommen zurückgehen ließen und sie die verbleibenden Mittel aus diesen Quellen mit den zahlreichen wie Pilze aus dem Boden schießenden, oft aus krimineller Gewinnsucht nach 1914 entstehenden Konkurrenzvereinen teilen mußten. Das Unwesen unseriöser Geldsammelverbände nahm schließlich derart überhand, daß man im Reich und in Preußen auf Abhilfe sann, was 1915 und 1917 mit zwei Bundesratsverordnungen und der Etablierung eines Staatskommissars für die Regelung der sich immer weiter ausdifferenzierenden Kriegswohlfahrtspflege geschah. Es ging dabei nicht nur um den Kampf gegen zweifelhafte Praktiken, sondern auch darum, die zahlreichen gutwilligen, aber ohne jede Erfahrung agierenden lokalen wie überregionalen Wohlfahrtsinitiativen zu bündeln und auf diese Weise effektiver für die Hilfsbedürftigen auszugestalten. Mit staatlicher Förderung entstanden schließlich neue Vereine zur Mithilfe in der Kriegswohlfahrtspflege, unter denen der »Nationale Frauendienst«, in dem Frauen aller politischen Richtungen zusammenarbeiteten, wohl der bedeutendste wurde.

Reich, Länder und Kommunen engagierten sich seit 1914 in *zweifacher* Hinsicht in der Sozialpolitik: Einmal novellierten sie die vorhandenen, das Militärpersonal und seine Angehörigen betreffenden Versorgungsvorschriften und schufen neue Verordnungen und Gesetze zur Regelung der Kriegswohlfahrtspflege, die damit in wichtigen Teilbereichen erstmals unter Staatsaufsicht gestellt wurde. Auf der anderen Seite gaben sie – auch dies ein Novum in der Geschichte sozialer Politik – beträchtliche Zuschüsse an freie Träger, wenn diese kriegswichtige Leistungen für die Zivilbevölkerung erbrachten. Es lag in der Konsequenz dieser Entwicklung, daß die öffentliche Hand aufgrund ihrer Zahlungen Mitspracherechte im Hinblick auf die Verwendung der Gelder beanspruchte – ein Faktum, das innerhalb des deutschen dualen Systems jene typischen und dauerhaften Spannungen zwischen öffentlicher

und privater Sozialarbeit *vor Ort* hervorrief, die nach der Revolution mit dem Schlagwort »Kommunalisierung der Wohlfahrtspflege« von den freien Trägern immer wieder beklagt wurde.
Es klingt wie eine Ironie der Geschichte, daß zwei politisch sehr ungleiche Gruppen – aus jeweils anderen Motiven – diese Entwicklung begrüßten, während die Altverbände Caritas und Innere Mission darauf mit Mißtrauen und offener Kritik reagierten: Der preußischen Sozialbürokratie bis hin zu dem dafür bis 1918 zuständigen Ministerium des Innern und bis zum Staatskommissar lag in ihrer obrigkeitlichen und schon gegen Vorformen demokratischer Partizipation allergischen Gesinnung daran, angesichts der Unübersichtlichkeit auf dem Wohlfahrtssektor und den vielen improvisierten Projekten die staatlichen Prärogative zu wahren – wahrscheinlich, um aus kriegsbedingten Mitbestimmungsmodellen, wie sie selbst das Vaterländische Hilfsdienstgesetz vorsah, im Frieden keine Dauereinrichtung werden zu lassen. Die andere »Fraktion« bildeten ausgerechnet meist jene liberal eingestellten kommunalen Sozialdezernenten zusammen mit anderen Fachleuten gleicher Couleur, mit denen sie im »Deutschen Verein« eng kooperierten. Diese Gruppierung beurteilte den deutlichen Trend zu verstärkten Staatseingriffen deshalb positiv, weil sie damit die Zielperspektive des sozialen Interventionsstaats ein Stück näherrücken sah. Außerdem fühlten sich die so denkenden Männer und Frauen als Wohlfahrts*experten* resp. *-expertinnen*, die bereits das »Berufsfeld Sozialarbeit« für sich persönlich verwirklicht hatten. Sie fochten im Bewußtsein ihrer Professionalität für die gesellschaftliche wie staatliche Anerkennung der neuartigen sozialen Berufe, was nur gelingen konnte, wenn das Vorurteil überwunden wurde, daß dafür Hilfsbereitschaft aus philanthropischen oder religiösen Motiven sowie ehrenamtliches Engagement völlig ausreichten.
Unter denen, die so dachten, waren übrigens viele Persönlichkeiten jüdischer oder ehemals jüdischer Konfession, was auch erklärt, warum sie in den bestehenden evangelischen und katholischen Großverbänden nicht mitarbeiteten, was man ihnen wohl auch verwehrt hätte, selbst wenn sie dazu bereit gewesen wären. Manche von ihnen schlossen sich nach 1919 der neu gegründeten sozialdemokratischen Arbeiterwohlfahrt an, verzichteten aber auf eine feste Bindung an die Partei. Dadurch übernahmen sie eine Art Brückenfunktion zwischen den ab 1925 in der »Deutschen

Liga der freien Wohlfahrtspflege« zusammengeschlossenen Reichsspitzenverbänden und der Arbeiterwohlfahrt, denn letztere mochte sich – offenbar aus ideologischen Gründen und auf Druck aus der Partei – nicht dazu durchringen, das *duale Modell* umfassender sozialer Sicherung wirklich zu akzeptieren und dem »bürgerlichen Klassengegner« in der für diese Konzeption stehenden Liga die Hand zu reichen.
Obwohl sie die Bundesratsverordnungen und die Aufsicht des Staatskommissars vor unliebsamer Konkurrenz schützten und ihre Arbeit in der Praxis dadurch mehr gefördert denn behindert wurde, sparten Caritas und Innere Mission nicht mit heftiger Kritik an diesen Maßnahmen, die sie als nur erste Schritte hin zu einer wesentlich umfassenderen Kontrolle, ja vielleicht einst Verstaatlichung des Dritten Sektors interpretierten. Katholiken und Protestanten beargwöhnten die zunehmenden Eingriffe des Staates aber noch aus einem anderen, für sie gleichwichtigen Motiv, das in der Forschung meist ausgeklammert oder nicht so ernst genommen wird: Gemeint ist der Stellenwert der weltanschaulichen Ausrichtung der christlichen Trägerverbände für ihre Arbeit. Sie verstanden sich als kirchennahe Institutionen, die sich immer auch dem Auftrag der »Amtskirche« verpflichtet wußten, um sich der allgemeinen Säkularisierung entgegenzustemmen und die Re-Christianisierung der Gesellschaft mit ihren Mitteln voranzutreiben. Deshalb war das Anliegen der konfessionellen Verbände nicht ausschließlich auf Effizienz und Rationalität der Sozialarbeit, mithin auf die Durchsetzung ihrer *wohlfahrtspolitischen* Interessen gerichtet. Der religiöse Aspekt konnte daher in der Perspektive von Außenstehenden und nicht immer wohlmeinenden Kritikern auch als »Störfaktor« den eigentlichen Organisationszweck konterkarieren, sofern man letzteren fälschlicherweise auf die Erbringung von sozialen Dienstleistungen reduzierte.
An eben diesem Punkt setzten Widerspruch und Widerstand von Caritas und Innerer Mission gegenüber liberalen Zentralisierungsvorschlägen und später sozialdemokratischen Kommunalisierungsforderungen an. Im Vor- und Umfeld der Revolution von 1918/19 ließ sich freilich nicht absehen, ob sich derartige Tendenzen schließlich durchsetzen würden. Entscheidend für die Ablehnung aber war: Diese Vorschläge wurden von Vertretern einer andersgerichteten Weltanschauung erhoben, die teils antireligiös, teils laïzistisch orientiert waren und/oder sich dem assimilierten

Judentum verbunden fühlten. Abgesehen von antisemitischen Ressentiments, an denen Caritas und Innere Mission als Stützen der bürgerlichen Mehrheitsgesellschaft ihrer Zeit partizipierten, obschon sie in der täglichen Praxis mit jüdischen Wohlfahrtsfunktionären bestens zusammenarbeiteten, wußten die konfessionellen Verbände, daß ihre Re-Christianisierungskonzepte gegenüber den – von ihnen so betrachteten – Protagonisten der *déchristianisation* keine Chance besaßen, was die mentale und dann auch sachliche Distanz zu den linksliberal-sozialistischen Reformgruppierungen erklärt, andererseits aber Kritik an dieser inneren Ferne nur dann plausibel macht, wenn die genannten Faktoren angemessen berücksichtigt sind.

3. Die konfessionellen Verbände im Wohlfahrtsstaat von Weimar

(1) Für den sozialpolitischen Neubeginn der Weimarer Republik haben vor allem drei Rahmenbedingungen, die von den politischen Akteuren nicht beeinflußt werden konnten, zentrale Bedeutung erlangt: Einmal der Schock der Niederlage, der jedenfalls als solcher empfunden wurde, auch wenn wenige hellsichtige Geister dieses Ende vorausgeahnt hatten; dann die wachsende existentielle Not breiter Bevölkerungsschichten, die von der Inflation angeheizt und durch die Arbeitslosigkeit in Folge der Demobilisierung des Millionenheers der Soldaten noch verschärft wurde; schließlich die Tatsache, daß die Sozialdemokratie nicht – wie erwartet – allein regierungsfähig wurde, sondern auf ein von vielen als »unnatürlich« angesehenes Zweckbündnis mit dem katholischem Zentrum und der linksliberalen Deutschen Demokratischen Partei (DDP) angewiesen blieb.

Von diesen drei Parteien besaß lediglich der politische Katholizismus ein Konzept zur Neuordnung der Wohlfahrtspflege, das er dann auch durchsetzte: das *Subsidiaritätsprinzip*, nach dem der Staat soziales Hilfehandeln nicht in alleiniger Regie übernehmen, sondern vorhandenen fürsorgerischen Initiativen mit finanziellen und organisatorischen Mitteln »Hilfe zur Selbsthilfe« leisten sollte – ein Modell, das wie bereits angedeutet, mit in der »Assoziationstheorie« des Vormärz gründete und deshalb auch protestantischerseits mitgetragen werden konnte. Die SPD hatte demgegenüber zwar bestimmte Vorstellungen von Sozialpolitik, die sich auf die Daseins*vorsorge* ihrer Wählerschaft bezogen, aber Reflexionen über die Notwendigkeit der Knüpfung dichter sozialer Netze abseits von Fragen der Sozialversicherung und bezogen auf Überlegungen kommunaler Wohlfahrtspflege gab es eigentlich nicht. Noch immer galt der alte Glaubenssatz, die soziale Revolution und die auf sie notwendig folgende sozialdemokratische Alleinherrschaft als Voraussetzung zur sozialistischen Umgestaltung der Arbeits- und Produktionsverhältnisse werde Armenpflege und Sozialarbeit in herkömmlichem Sinne gleichsam von allein als überflüssig erweisen.

Die Deutsche Demokratische Partei schließlich, dieses Sammelbecken linksliberaler, zumeist protestantischer Intellektueller und Freiberufler, stand sozialen Fragen zwiespältig gegenüber: Von Hugo Preuß über Walther Schücking, Friedrich Naumann bis zu Erich Koch-Weser ging die Front jener, die – wie Schücking – die Grundrechte von 1848/49 als »Ladenhüter« bezeichneten, sofern nicht jetzt ergänzend eine zusätzliche Garantie ökonomischer und sozialer Grundrechte hinzukomme. Freilich: So sehr gerade die Liberalen den *sozialen Rechtsstaat* forderten (ohne daß dieser Terminus Eingang in der Verfassung gefunden hätten) – sie verknüpften ihn stets und ausdrücklich mit den staatsbürgerlichen *Pflichten* des einzelnen, der nur nach dem Prinzip des »do ut des« auch in den Genuß der Rechte und Leistungen des ersten Wohlfahrts- oder Sozialstaates auf deutschem Boden kommen sollte. Damit war mindestens latent, wenn nicht sogar intentional ein Fürsorgemodell benannt, das sich auf Rehabilitierungsfähige beschränkte, während andere, dauerhaft pflege- und betreuungsbedürftige Menschen in diesem Modell von Leistung und Gegenleistung keinen Platz hatten (vgl. Huber 1978).

Das Ergebnis der Koalitionsverhandlungen ist bekannt: Das Reich erhielt in seiner im August 1919 in Kraft tretenden Verfassung erstmals Rahmenkompetenzen für Wohlfahrtspflege, regelte die Zusammenarbeit von öffentlicher und freier Sozialarbeit indessen nicht. Was damit anfangs als Problem erscheinen konnte, erwies sich, was die vitalen Interessen der freien Verbände angeht, als ausgeprochen vorteilhaft für sie: Im Schatten einer nicht zustande kommenden und sie möglicherweise einschränkenden Gesetzgebung konnte der nichtstaatliche Wohlfahrtssektor expandieren und, gestützt auf die ihm wohlgesonnene Majorität der

Spitzenbeamten des 1919 neugegründeten Reichsarbeitsministeriums, sich am Ende in den nicht ausbleibenden Konflikten um stärkere Staatsaufsicht, »Kommunalisierung« und die Frage nach dem Verhältnis von städtischer Wohlfahrtspflege und den privaten Trägern glänzend behaupten.

Von Beginn der Republik an behielten die konfessionellen Verbände hier ihre Spitzenposition und bauten sie kontinuierlich aus. Auch wenn die Pluralisierung des Dritten Sektors ihnen mannigfache Konkurrenz bescherte, blieb ihr Vorsprung erhalten, was nicht allein ihrem historisch gewachsenen größeren Vorlauf, sondern auch – wie vor allem im Hinblick auf die Innere Mission zu konstatieren – einem fast dramatisch zu nennenden innerorganisatorischen Modernisierungsschub nach 1918 zu verdanken war, der sich in einer Satzungsänderung ihres Centralausschusses mit der Zurückdrängung des fachlich nicht ausgewiesenen Honoratiorentums zugunsten eines hocheffizienten und bis dahin in dieser Form nicht bekannten, von jüngeren Theologen dominierten Managements ausdrückte. Überhaupt ist es erstaunlich zu sehen, wie außerordentlich rasch sich Innere Mission und Caritas 1918/19 auf die neuen politischen und gesellschaftlichen Gegebenheiten einstellten. Ihre alltägliche Konfrontation mit der sozialen Realität der Nachkriegszeit hinderte sie – anders als viele Landeskirchen und Diözesen – daran, der vergangenen Symbiose von »Thron und Altar« nachzutrauern und dabei Gefahr zu laufen, die Erfordernisse einer aktiven Tagespolitik darüber aus dem Blick zu verlieren.

Dafür gab es eine Reihe von Motiven unterschiedlicher Natur, die nach der Revolution kumulierten und zur Anpassung an die neue Zeit als Voraussetzung für die Kontinuität wirksamen sozialen Handelns drängten: In erster Linie muß nochmals die wachsende Bedürftigkeit der vom Krieg besonders in Mitleidenschaft gezogenen Bevölkerungsgruppen erwähnt werden, die ohne lange (gesellschafts-)politische Reflexionen und unter Verzicht auf den Entwurf wohlfahrtspflegerischer Langzeitkonzepte die weitere Arbeit bestimmte. Zweitens begriffen auch die konservativen politischen Kräfte, zu denen Caritas und Innere Mission in unterschiedlicher Intensität zählten und auf die sich das Kaiserreich gestützt hatte, nach einer kurzen Phase innerer Lähmung, die schon im Dezember 1918 zu Ende ging, sehr schnell, daß man im neuen Staat nur mitreden und mitentscheiden konnte, wenn man ohne zögerliche Ressentiments sogleich seine Forderungen anmeldete und sich durch den Ausweis erfolgreicher praktischer Arbeit bei den neuen »Herren« unentbehrlich machte. Daß diese Rechnung aufging, zeigte sich in der Bündnispolitik der Mehrheitssozialdemokratie im Grunde seit dem 9. November: Hier setzte man auf die – bei »linken« Zeitgenossen damals wie noch heute in der Forschung umstrittene – Mitarbeit der alten Eliten bei der Liquidation der Kriegsfolgelasten und der Stabilisierung der innenpolitischen Situation und sah angesichts fehlender eigener Vorarbeiten und der Größe der Aufgabe, daß die Notversorgung der Bevölkerung und der soziale Frieden nicht aus eigenen Kräften allein aufrechtzuerhalten war. Angesichts der maroden Lage der Staatsfinanzen griff die Regierung das Angebot der freien Verbände nur zu gerne auf, die mit vergleichsweise geringen Zuschüssen staatliche Aufgaben ersatzweise übernahmen und wesentlich kostengünstiger agierten, als dies der öffentlichen Hand möglich gewesen wäre.

(2) Die konfessionellen Verbände blieben nach Kriegsende nicht mehr unter sich, aber mit einer Ausnahme – der sozialdemokratischen Arbeiterwohlfahrt – funktionierte die Zusammenarbeit mit den neuen Gründungen gut bis hervorragend. Dazu gehörten zunächst die »Zentralwohlfahrtsstelle der deutschen Juden«, die sich 1917 konstitutierte und sich in ihrer *praktischen* Tätigkeit ganz auf die Angehörigen ihrer Religionsgemeinschaft beschränkte. Ihr Einfluß im Rahmen der verbandlich organisierten freien Wohlfahrtspflege, in der Vertreter dieser Vereinigung in theoretisch-konzeptioneller und organisatorischer Hinsicht bald einen zentralen Part spielen sollten, war allerdings erheblich. Das Rote Kreuz wurde schon erwähnt; es wandelte sich durch das Verbot, künftig Heeressanitätsaufgaben zu übernehmen, eher unfreiwillig zu einem Wohlfahrtsverband, beharrte aber lange Zeit gegenüber den anderen Organisationen auf einer exklusiven Sonderrolle, die mit seinen internationalen Beziehungen und der Überrepräsentanz adeliger Funktionäre mit entsprechendem altkonservativ-elitären Bewußtsein sowie last not least mit dem Verzicht auf eine bestimmte weltanschauliche Position zu tun hatte. Der sozialdemokratische Verband (AWO) entsprach eigentlich einer Notlösung: Überzeugt davon, daß ein starker sozialistisch orientierter Staat eines Tages die Aufgaben der Wohlfahrtspflege ganz an sich ziehen und damit das private Verbandsspektrum überflüssig ma-

chen würde, verstand sich die AWO als »Platzhalterin« dieser sozialdemokratischen Auffassung; sie war ins Leben gerufen worden, um sozialdemokratische Interessen bis zu diesem Zielpunkt in der Wohlfahrtspflege zu vertreten (vgl. Eifert 1993) und um an den öffentlichen Zuschüssen zu partizipieren, die nun erstmals auf einer rechtlich fixierten Basis an die freien Träger flossen. Ebenfalls aus letzteren Gründen und in dezidierter Gegnerschaft zur AWO entstand aus den christlichen Gewerkschaften heraus der nur als Empfänger von öffentlichen Geldern in Erscheinung tretende »Zentralverband der christlich-nationalen Arbeiterschaft«. Bedeutsamer als er wurde seit 1920 der »Reichsverband der freien, privaten, gemeinnützigen Kranken- und Pflegeanstalten«, der sich unterderhand zum drittgrößten Wohlfahrtsverband und zum Sprachrohr für jene Einrichtungen entwickelte, die weder ein ausgesprochenes religiöses Profil besaßen noch willens waren, sich der AWO oder dem Roten Kreuz anzuschließen. Aus ihm heraus bildete sich 1924 der sogenannte »Fünfte Wohlfahrtsverband«, ab 1931 der »Paritätische Wohlfahrtsverband«, der hinter Caritas und Innerer Mission die meisten Einrichtungen repräsentierte (vgl. auch Sachße, in diesem Band).

Neben diesen Gruppierungen, die später mit Ausnahme der AWO der »Deutschen Liga« beitraten, gab es noch den »Deutschen Verein«, der unter seinem rührigen Geschäftsführer Wilhelm Polligkeit im republikanischen Neubeginn von 1918 geradezu seine geschichtliche Stunde, d. h. die einmalige Möglichkeit gekommen sah, der öffentlichen und privaten Fürsorge seinen unverwechselbaren Stempel aufzudrücken. Obschon der »Deutsche Verein« durch seine Forderungen nach vermehrter Staatsaufsicht und Letztverantwortung für das Wirken der freien Wohlfahrtspflege bei den konfessionellen Verbänden im Kriege deutlich in Mißkredit geraten war, ergab sich seit der Revolution eine neue Bündniskonstellation: Die Mitglieder der Frankfurter, aus Mitteln der Merton-Stiftung finanzierten Organisation galten zwar als linke Liberale, aber Sozialdemokraten waren die meisten nicht. Außerdem hatte zumindest die Innere Mission seit den achtziger Jahren des 19. Jahrhunderts regelmäßig an den Jahrestagungen des »Deutschen Vereins« teilgenommen und von daher wenigstens Kenntnis von den weit in die Zukunft reichenden Strukturplanungen, gegen die sie – etwa, was die Aufgabe des Verschuldenszugunsten des Anspruchsprinzips anging – keine Einwendungen erhob. Bedingt durch die allgemeine Unsicherheit unmittelbar nach Kriegsende bis in die zwanziger Jahre hinein rückte man wieder enger zusammen und konzentrierte sich nach dem Zwischenspiel einer Allianz von autoritärem Obrigkeitsstaat und liberalen Kommunalpolitikern auf ein *neues* »Feindbild«, mit dem man auf die Sozialdemokratie und ihre noch ungewisse wohlfahrtspolitische Orientierung zielte. Besonders den Linkssozialisten und Kommunisten, die ohne Differenzierung mit der Mehrheitssozialdemokratie identifiziert wurden, traute man die Zerschlagung der bürgerlichen Sozialreform und der Organisationsformen christlicher Liebestätigkeit zu und bildete dagegen eine Art Abwehrkartell, in dem sich ältere Animositäten zugunsten des Erhalts und des Ausbaus des Status quo zurückdrängen und überwinden ließen.

Da diese Koalition im Grunde auf diffusen Ängsten beruhte und kaum auf realen Erfahrungen mit den befürchteten »Zumutungen« linker Politik in Richtung einer »Kommunalisierung der Wohlfahrtspflege«, nahm sie bald den Charakter einer Ideologie an, die als Mythos die faktische Machtteilhabe der Sozialdemokraten überdauerte und bis zum Ende der Republik nachweisbar ist. Als reale Verkörperung dieses Mythos erschien die AWO, die durch selbstverordnete Distanz zur »bürgerlichen« Wohlfahrtspflege und gelegentlich verbal-aversive Kraftakte es ihren Gegnern freilich immer wieder leichtmachte, sich die eigenen Vorurteile bestätigen zu lassen.

(3) Angesichts der staatlicherseits mehr und mehr anerkannten Funktionen freier Wohlfahrtsverbände im dualen System sozialer Sicherung in Weimar (vgl. Sachße, in diesem Band) lag es nahe, daß letztere sich in einem Dachverband organisierten, um die eigenen Interessen in Politik und Gesellschaft besser und wirkungsvoller artikulieren zu können. Daran hatte aber auch das Reichsarbeitsministerium großes Interesse, das wegen des dort herrschenden überragenden Einflusses katholischer Beamter und Politiker in Spitzenpositionen besonders enge Kontakte zu den freien Trägerverbänden unterhielt und sie in den nicht ausbleibenden Konflikten mit manchen Kommunen und einzelnen sozialdemokratischen Kritikern intensiv stützte. Allerdings war man dort nur an jenen Verbänden interessiert, die sich in der Praxis sozialfürsorgerisch betätigten und nicht an primär theoretisch arbeitenden Gruppierungen wie dem »Deutschen Verein«.

Die Motive dafür wurden nur undeutlich artikuliert und mit Erfahrungsdefiziten und daraus folgenden natürlichen Interessenkollisionen zwischen den Frankfurtern und den »richtigen« Wohlfahrtsverbänden begründet. Zweifellos beanspruchte Polligkeit namens des »Vereins« eine Art Vorreiter- und Führungsrolle im Konzert der freien Wohlfahrtspflege, worauf die anderen Organisationen mit zum Teil verständlicher Abneigung reagierten. Darauf dürfte das Ministerium Bezug genommen haben, das andererseits ein sprachgewaltiges und einflußreiches Forum zur Formulierung gegenwärtiger und künftiger Wohlfahrtspolitik in Deutschland als lästige Konkurrenz empfunden haben wird. In den ersten Jahren nach der Revolution hatten die übrigen Verbände und das Ministerium den »Verein« noch zur Abwehr potentieller Attacken aus dem linken Lager benötigt; als aber nach Erlaß der Fürsorgepflichtverordnung 1924 und wenig später der sogenannten »Reichsgrundsätze« die Situation der Privaten endgültig konsolidiert, ihnen gar der Vorrang bei der Neuerrichtung wohlfahrtspflegerischer Institutionen eingeräumt worden war, glaubte man, auf den »Deutschen Verein« verzichten zu können. Mit andern Worten: Die Koalition der kritischen Phase zu Beginn der Republik, in der auch Caritas und Diakonie Kompromisse eingegangen waren, zerbrach spätestens in jenem Augenblick, als die Gefahr vorüber schien und das Reichsarbeitsministerium die Anerkennung der sieben Spitzenverbände der freien Wohlfahrtspflege 1926 endlich auch förmlich aussprach (vgl. Reichsgesetzblatt 1926). Jetzt hatte man andere »Probleme« zu lösen, und mußte sich in den Einrichtungen um die Anlage jener Mittel kümmern, die der Staat und ausländische Kreditgeber nach Überwindung der Inflation und Einsetzen der »Phase der relativen Stabilisierung« an die Verbände ausschütteten.

War es einst die aktuelle Not, die das Nachdenken über die Zukunft des dualen Systems und über die Optimierung seiner Leistungsfähigkeit verhindert hatten, so wog man sich nun angesichts der scheinbar dauerhaften und endgültigen Überwindung der Krise in Sicherheit. Strukturelle Überlegungen schienen in dieser Lage unnötig, und statt dessen ging man mit derartigem Eifer an den Ausbau der Einrichtungen mitsamt der Wohlfahrtsbürokratie, daß Kritiker schon nach wenigen Jahren und noch vor Einsetzen der Weltwirtschaftskrise die »Vertrustung« der gesamten freien Wohlfahrtspflege beklagten (vgl. Fraenkel 1927). Daß mit

der zunehmenden Bürokratisierung der stets beschworene wichtigste Vorteil der privaten gegenüber der öffentlichen Fürsorge verlorenging, da Flexibilität und Reaktionsschnelligkeit damit fortfielen, sei in diesem Zusammenhang wenigstens angemerkt.
Als Hebel zur Ausgrenzung von Polligkeits Verband diente die Auflösung der »Reichsgemeinschaft von Hauptverbänden der freien Wohlfahrtspflege«, die 1921 unter maßgeblicher Beteiligung des »Deutschen Vereins« als Spitzenorganisation gegründet worden war. An ihrer Stelle konstituierte sich mit Hilfe des Reichsarbeitsministeriums 1925 die »Deutsche Liga der freien Wohlfahrtspflege«, die von dort auch eine erhebliche Startfinanzierung erhielt. Trotz seiner geharnischten Proteste blieb der »Deutsche Verein« außen vor; auch die AWO verzichtete aus den angedeuteten Beweggründen heraus auf eine Mitgliedschaft, während das Rote Kreuz erst nach einigen Anlaufschwierigkeiten begriff, welche Vorteile ihm diese bringen würde und seine Vorbehalte aufgab. Zwar bildeten auch die Ligaverbände keine weltanschaulich-politisch homogene Gruppierung, aber der Primat der de facto führenden konfessionellen Organisationen wurde von den übrigen Mitgliedern wenigstens nicht in Frage gestellt. Das war deshalb wichtig, weil der Centralausschuß für Innere Mission wie das Führungsgremium des Deutschen Caritasverbandes unzweideutig die Meinung vertraten, »wirkliche« Wohlfahrtspflege sei nur aus christlicher oder wenigstens religiöser Gesinnung heraus möglich – alles andere Hilfehandeln bleibe letztlich ohne tragfähige Basis.
Fazit: Die Geschichte der freien Wohlfahrtspflege ist zunächst die Geschichte der konfessionellen Verbände, neben die erst in und nach dem Ersten Weltkrieg weitere Vereinigungen traten, die aus unterschiedlichen Motiven soziale Arbeit leisteten, in ihrer praktischen Bedeutung aber an die Wirkungsvielfalt der kirchennahen Gruppierungen nicht heranreichten. Dies zu konstatieren vernachlässigt nicht das Innovationspotential, das von anderen Foren in die Diskussion um Werden und Ausgestaltung des Sozialstaates eingebracht wurde. Hier agierten kleinere Zusammenschlüsse oft wesentlich erfolgreicher, was vor allem zwei Gründe gehabt haben dürfte: Sie schlossen sich – wie der »Deutsche Verein«, in dem Innere Mission und Caritas allerdings als korporative Mitglieder ebenfalls vertreten waren – mit den Praktikern der seit den achtziger Jahren des 19. Jahrhunderts entstehenden kommunalen Für-

sorge kurz und waren dadurch in der Lage, deren Erfahrungen wissenschaftlich auszuwerten. Die Innere Mission verzichtete dagegen auf ein offenes politisches Engagement, was mit den engen staatskirchlichen Bindungen und den dadurch bedingten Rücksichten zu tun hatte. Deshalb lehnte sie – im Grunde bis 1918 – eine dezidierte »Einmischung« in die Politik ab und konnte deshalb nur auf informellen Kanälen, die freilich innerhalb des protestantisch dominierten wilhelminischen Obrigkeitsstaates nicht unterschätzt werden dürfen, ihren Einfluß geltend machen. Der Caritasverband kannte solche Selbstbeschränkungen nicht in gleicher Weise, weil er mit dem politischen Katholizismus und dessen Selbstbehauptungskampf eng verbunden war und deshalb ein politisches Mandat ohne weiteres für sich in Anspruch nahm. Dieser Aspekt ist von Bedeutung, weil er über 1918 hinaus Gültigkeit behielt. Jetzt war es weniger die Scheu des Centralausschusses vor der Sphäre der Politik als seine innere Distanz zu *diesem* Staat, die ihn veranlaßte, sich dezidiert in die wohlfahrtspolitische Diskussion einzuschalten. Die Caritas hingegen betrachtete die Weimarer Republik als *ihre* Republik und focht im übrigen so erfolgreich für die freie Wohlfahrtspflege, daß die Innere Mission auf einen eigenen Politikbeitrag weithin verzichten konnte. Das änderte sich erst 1933, als der katholische Verband im NS-Staat in den Verdacht politischer Unzuverlässigkeit geriet, wodurch sich ein Rollenwechsel anbahnte und nun die protestantische Diakonie kurzzeitig jene informelle Führungsrolle übernahm, die zuvor die Caritas innegehabt hatte.

Dieser Beitrag hob ausführlich auf Genese und Entwicklung der konfessionellen Verbände im 19. Jahrhundert ab, weil hier die Weichen gestellt wurden, die ihr Engagement und darüber hinaus die Struktur der freien Wohlfahrtspflege in Weimar bestimmten. Festzuhalten ist die Kontinuität einer religiös fundierten Fürsorgegesinnung, die auf der Höherwertigkeit, ja dem Primat christlicher Voraussetzungen für erfolgreiches Hilfehandeln auch dann noch beharrte, als die realen gesellschaftlichen Bedingungen für soziale Arbeit längst eine weltanschaulich *paritätische* Ausrichtung erfordert hätten. Andererseits erwies sich die Kritik an diesem antipluralistischen Kurs, wenn auch sie sich aus bestimmten weltanschaulichen Wurzeln speiste, kaum als förderlich und bewirkte im Gegenteil nur eine fruchtlose Polarisierung, wie am Beispiel der AWO deutlich wird, die ebenfalls auf ihrer ideologischen Fixierung beharrte und sich von daher kaum »demokratischer« verhielt als die konfessionellen Gruppen. Das erfolgreiche Miteinander unterschiedlich orientierter Organisationen in der »Deutschen Liga« jedoch leitete jenen Lernprozeß ein, der nach 1945 in der »Bundesarbeitsgemeinschaft der freien Wohlfahrtspflege« zu einer nun allseits bejahten Pluralität der Ansätze und jetzt auch zur Mitgliedschaft der Arbeiterwohlfahrt führte.

Literatur

Arbeiterwohlfahrt: Die Ausbeutung der Diakonissinnen, in: Arbeiterwohlfahrt, 1928, Heft 3, S. 366-369.

Baron, R./Landwehr, R. (Hg.): Geschichte der Sozialarbeit. Hauptlinien ihrer Entwicklung im 19. und 20. Jahrhundert, Weinheim und Basel 1983.

Bruch, R. v. (Hg.): Weder Kommunismus noch Kapitalismus. Bürgerliche Sozialreform in Deutschland vom Vormärz bis zur Ära Adenauer, München 1985.

Dann, O. (Hg.): Vereinswesen und bürgerliche Gesellschaft in Deutschland, München 1984.

Eifert, Ch.: Frauenpolitik und Wohlfahrtspflege. Zur Geschichte der sozialdemokratischen »Arbeiterwohlfahrt«, Frankfurt a. M. und New York 1993.

Fraenkel, A.: Die Neugewinnung ehrenamtlicher Hilfskräfte und ihre Aufgabe, in: Mitteilungen des Deutschen Verbandes der Sozialbeamtinnen, September 1927.

Häusler, M.: »Dienst an Kirche und Volk«. Die Deutsche Diakonenschaft zwischen beruflicher Emanzipation und kirchlicher Formierung (1913-1947), Diss. Münster 1994.

Huber, E. R.: Friedrich Naumanns Weimarer Grundrechts-Entwurf. Der Versuch eines Modells der Grundwerte gegenwärtigen Daseins, in: Festschrift für Franz Wieacker zum 70. Geburtstag, hg. v. Okko Behrends, Göttingen 1978, S. 384-398.

Kaiser, J.-Ch.: Konfessionelle Verbände im 19. Jahrhundert. Versuch einer Typologie, in: Baier, H. (Hg.), Kirche in Staat und Gesellschaft im 19. Jahrhundert. Referate und Fachvorträge des 6. Internationalen Kirchenarchivtags Rom 1991, Neustadt a.d. Aisch 1992, S. 187-209.

Koselleck, R.: Kritik und Krise, Frankfurt a. M. 1973.

Lauterer, H.-M.: Liebestätigkeit für die Volksgemeinschaft. Der Kaiserswerther Verband deutscher Diakonissenmutterhäuser in den ersten Jahren des NS-Regimes, Göttingen 1994.

Merchel, J.: Der Deutsche Paritätische Wohlfahrtsverband. Seine Funktion im korporatistisch gefügten System sozialer Arbeit, Weinheim 1989.
Müller, C. W.: Wie Helfen zum Beruf wurde, 2 Bände, Weinheim und Basel 1982 und 1988.
Naumann, F.: Die Zukunft der Inneren Mission, in: Christliche Welt 2. 1888, S. 403 ff.
Reichsgesetzblatt 1926 I, 494: Dritte Verordnung zur Durchführung des Gesetzes über die Ablösung öffentlicher Anleihen vom 4. 12. 1926.
Reulecke, J.: Die Anfänge der organisierten Sozialreform in Deutschland, in: vom Bruch, R. (Hg.), Weder Kommunismus noch Kapitalismus. Bürgerliche Sozialreform in Deutschland vom Vormärz bis zur Ära Adenauer, München 1985, S. 21-59.
Sachße, Ch.: Subsidiarität. Zur Karriere eines sozialpolitischen Ordnungsbegriffes, in: Zeitschrift für Sozialreform, 40. Jg., 1994, Heft 11, S. 717-738 (a).
Sachße, Ch.: Mütterlichkeit als Beruf, Opladen ²1994 (b).
Sachße, Ch./Tennstedt, F.: Geschichte der Armenfürsorge in Deutschland, 3 Bände, Stuttgart 1980, 1988, 1992.
Thiele, F.: Diakonissenhäuser im Umbruch der Zeit. Strukturprobleme im Kaiserswerther Verband der Diakonissenmutterhäuser als Beitrag zur institutionellen Diakonie, Stuttgart 1963.
Webb, B./Webb, S.: The Prevention of Destitution, London 1911.
Wichern, J. H.: »Die innere Mission der deutschen evangelischen Kirche. Eine Denkschrift an die deutsche Nation«, in: Sämtliche Werke, hg. v. Peter Meinhold, Berlin und Hamburg 1962, Band I, S. 175-366.

Hans Gängler

Staatsauftrag und Jugendreich

Die Entwicklung der Jugendverbände vom Kaiserreich zur Weimarer Republik

Jugendverbände sind eine vergleichsweise junge Erscheinung. Erst seit gut hundert Jahren kann man davon ausgehen, daß Jugendliche ihre Freizeit in organisierten Gruppen verbringen, daß diese Gruppen wiederum durch die Organisation verschiedener gesellschaftlicher Gruppierungen zu Verbänden zusammengefaßt werden, kurz: daß es einen gesellschaftlichen Teilbereich gibt, der sich schwerpunktmäßig der Organisation, Betreuung und Bildung von Jugendlichen außerhalb von Familie, Schule und Betrieb widmet.

Im folgenden geht es darum, den Entstehungskontext verbandlich organisierter Jugendarbeit im ausgehenden Kaiserreich und der Weimarer Zeit zu rekonstruieren. Entstehung und Entwicklung der Jugendverbände, so die leitende These, lassen sich verstehen als Begleiterscheinung des gesellschaftlichen Prozesses der Ausdifferenzierung einer eigenen Lebensphase Jugend, die entsprechende Institutionalisierungsformen nach sich zog. Die gesellschaftliche Freisetzung der Jugend und mithin die Entstehung von Jugendorganisationen basiert dabei im wesentlichen auf drei Voraussetzungen. Zum einen existierten spezifische gesellschaftliche Rahmenbedingungen, die eine Organisation unterschiedlicher Interessengruppen zunächst einmal ermöglichten. Erst aufgrund des sich im 19. Jahrhundert entwickelnden Vereinsrechts und des aufblühenden Vereinswesens waren die Bündelungsprozesse der unterschiedlichsten gesellschaftlichen Gruppierungen, wie sie uns bei der Entwicklung der Jugendverbandsarbeit begegnen, möglich. Zum zweiten etablierte sich eine eigene Jugendphase durch die Entstehung eines Freizeitbereichs, der vor allem durch die Reduzierung der Arbeitszeit und die damit verbundene Erhöhung disponibler Zeit der erwerbstätigen Jugendlichen zustande kam. Und schließlich wurden diese Prozesse begleitet und dynamisiert durch die Entwicklung einer eigenen Semantik zur Codierung der

Lebensphase Jugend, wie sie besonders die bürgerliche Jugendbewegung seit der Gründung des Wandervogels in emsiger publizistischer Tätigkeit produzierte.

Spätestens seit den neunziger Jahren des letzten Jahrhunderts hatten sich die gesellschaftlichen Rahmenbedingungen einer durchindustrialisierten Gesellschaft im Kaiserreich so stabilisiert, daß sie einerseits als irreversibel gelten konnten, andererseits einer Fülle von sozialpolitischen und sozialpädagogischen Begleitveranstaltungen bedurften. Die sozialstrukturellen Folgen einer wieder prosperierenden Ökonomie entwickelten eine eigene Dynamik: eine zunehmende Landflucht und Verstädterung des bis in die achtziger Jahre noch größtenteils agrarisch strukturierten Reiches[1], eine deutliche Zunahme der Erwerbstätigkeit bei Jugendlichen, verbunden mit einem enormen Wachstum der Frauenerwerbstätigkeit[2], einen zunehmenden demographischen Problemdruck durch eine steigende Geburtenrate und eine dadurch angestoßene zunehmende gesellschaftliche Kommunikation des Phänomens Jugend[3] sowie staatliche Reaktionen, die sich vor allem als sozialreformerische Impulse[4] zeigten. Diese Reaktionen allerdings folgten noch überwiegend klassenspezifischen Mustern: für Jugendliche vom Land, aus der Arbeiterschicht, dem

1 In diesem Kontext ist besonders die Verbesserung der Verkehrsverhältnisse, insbesondere der Ausbau des Eisenbahnnetzes von Bedeutung. Vgl. zu den Wanderungsbewegungen Langewiesche (1977); zur Diskussion der sozialen Probleme der Landflucht im Kontext der sich herausbildenden Sozialen Arbeit Gängler (1990).

2 Vgl. dazu Gizycki (1895), Voigt (1900), Bittmann (1910), Dressel (1932, S. 18 f.); zur Diskussion dieser Entwicklung Peukert (1986, S. 49 ff.).

3 Und hierbei sind alle Facetten denkbar: von der disziplinierend-obrigkeitsstaatlichen Betrachtungsweise der Jugend bis hin zu euphemistischen oder kulturpessimistischen Variationen neuer Jugendkulte (vgl. Trommler 1985; Peukert 1986).

4 Peukert (1986) ist der Ansicht, daß diese sozialreformerischen Impulse generell der Logik von Sozialdisziplinierung folgten. Den Aspekt der Pädagogisierung rückt hingegen Münchmeier (1981) in den Vordergrund. Auf die Ambivalenzen dieses Prozesses – allerdings nicht nur auf Jugendliche bezogen – weisen Sachße/Tennstedt (1988, S. 13) hin: »Von einer einseitigen Unterwerfung der Betroffenen unter disziplinäre Zwänge im Prozeß sozialpolitischer Normalisierung kann ... keine Rede sein, eher von einer Einbindung in die Regeln, Verfahren und Leistungsgrenzen bürokratisch organisierter Fürsorge.«

Handwerk, dem Klein- und Bildungsbürgertum entwickelten sich je unterschiedliche Institutionalisierungsformen im Rahmen der sich ausdifferenzierenden Jugendpflege.

1. Organisierte Jugend – Zur staatlichen Inkorporierung der Jugendverbände

Die Datierung der ersten organisierten Gesellungsformen junger Menschen wird in unterschiedlicher Weise vorgenommen: Insbesondere Rekonstruktionen konfessionell organisierter Jugendarbeit gehen dabei zurück bis in die frühe Neuzeit (vgl. Cordier 1925). Verstärkt allerdings bildeten sich (vor allem konfessionelle) Organisationsformen junger Menschen erst ab Mitte des 19. Jahrhunderts im Gefolge sozialen und missionarischen Engagements (vgl. Hornstein 1966; Gillis 1980; Schwab 1992). Es handelte sich dabei um religiös motivierte Gruppierungen (Kongregationen), vor allem aber um berufsbezogene Standesvereine mit vorwiegend sozialen Aufgaben (vgl. Wedekind 1971).
Die historischen Wurzeln der heutigen Jugendverbände lassen sich unschwer im obrigkeitsstaatlichen Gefüge des ausgehenden Kaiserreichs identifizieren. Die organisatorische Entwicklung der Jugendverbände zeichnet sich dabei durch eine enge Verzahnung mit den jugendpolitischen Entscheidungen des Staates aus. Im Industrialisierungs- und Modernisierungsprozeß um die Jahrhundertwende richteten sich die ordnungspolitischen Bemühungen, was die Jugend anging, vor allem auf die erwerbstätige, männliche, städtische Jugend. Dieser Aufgabe widmete sich etwa der bereits 1895 gegründete »Zentralausschuß zur Förderung der Jugend- und Volksspiele«, der schätzungsweise 20% der männlichen Jugendlichen in Preußen organisierte (vgl. Saul 1971).
Aus dieser staatlichen Jugendpflege entwickelte sich im Laufe der Zeit ein breites Dienstleistungsangebot, das zunehmend rechtlich kodifiziert wurde. Die ursprünglich disziplinierende Funktion der Jugendpflege erweitert sich vor allem durch die jugendkulturellen Einflüsse der Jugendbewegung. Neben die disziplinierenden Aufgaben treten zunehmend jugendpolitische und dienstleistungsbezogene Angebote. Dabei gewinnt die Jugendpflege zunehmend *gesamtgesellschaftliche Akzeptanz*. Exemplarisch läßt sich diese Entwicklung im Verhältnis von Verbänden und Staat an

den verschiedenen preußischen Jugendpflegeerlassen in vier Etappen nachzeichnen.

(1) In einem *ersten Schritt* wird die Aufgabe der Jugendpflegeorganisationen dem ersten Erlaß zufolge darin gesehen, die Jugendlichen zu unterhalten und zu beschäftigen, um sie damit sozialpolitisch, wehrpolitisch und konfessionell den gültigen Normvorstellungen entsprechend sozial zu integrieren. Dies war erforderlich geworden, weil – wie es im preußischen Ministerialerlaß vom 24. 11. 1901 hieß – »die neueren Bestimmungen über die Sonntagsruhe und über den zeitigen Ladenschluß die Mußezeit der Jugend erheblich erweitert haben, weil ihr verhältnismäßig hoher Verdienst es den jungen Leuten ermöglicht, unbeeinflußt von der elterlichen Autorität unzweckmäßigen Zerstreuungen nachzugehen und weil die jungen Leute, denen eine genügende Pflege und Fürsorge nicht von anderer Seite zuteil wird, nur zu leicht unter Einflüsse geraten, die geeignet sind, ihre geistige und sittliche Entwicklung in falsche Bahnen zu leiten« (Ministerialblatt 1901, S. 352).

Die Entdeckung dieser *Kontrollücke* zwischen Schule und Kasernentor und ihre aus staatlicher Sicht notwendige Schließung führte zum Ausbau zunächst der männlichen Jugendpflege.[5] Die im Erlaß vorgesehenen Aufgaben wurden durch eine große Anzahl gesellschaftlich akzeptierter, als staatstragend angesehener Institutionen übernommen. Das florierende Vereinswesen im Kaiserreich machte es möglich, daß – Kirche und vaterländische Vereine an der Spitze – bald so gut wie jede gesellschaftliche Gruppierung eigene Jugendvereine besaß. Im ersten systematischen Handbuch der Jugendpflege, herausgegeben von der Deutschen Zentrale für Jugendfürsorge (1913) unter der Schriftleitung von Frieda Duensing, zeigte sich diese Differenzierung eindrucksvoll.[6] Der unermüdlich in Sachen Jugendpflege publi-

5 Wie bereits die Begriffswahl »Kaserne« deutlich macht, steht die männliche Jugend im Mittelpunkt (vgl. Saul 1971; Peukert 1986). Die bestehenden, vor allem die konfessionellen Jugendpflegeorganisationen hingegen definierten im Verlaufe des weiteren Ausbaus der Jugendpflege die Kontrollücke geschlechtsneutral: zwischen Konfirmation und Heirat (vgl. Nagel 1926).

6 Vgl. als Übersicht zu einzelnen Handbüchern der Jugendarbeit Böhnisch/Gängler/Rauschenbach (1991b). Das Handbuch der Jugendpflege unterschied bereits zwischen behördlicher und privater Jugendpflege

zierende Pastor Hemprich gab denn auch einen repräsentativen Überblick über die zur Jugendpflege Berufenen: »ein Arbeiter, ein Tischlermeister, ein Glasermeister, ein Briefträger, ein Schlossergeselle, zwei schmucke Offiziere, ein Reserveoffizier, der Herr Geheimrat, der Herr Kommerzienrat«. Denn »jeder Stand muß einsehen lernen, daß es keine nötigere ... Aufgabe ... von so hoher nationaler Bedeutung gibt als die Erziehung unserer Jugend« (Hemprich 1912, S. 3).

Der organisatorische Ausdifferenzierungsprozeß der Jugendverbände erfolgte also standes- bzw. schichtspezifisch quer durch fast alle gesellschaftlichen Gruppierungen hindurch, indem sich Erwachsenenorganisationen Jugendorganisationen schufen, in denen Jugendliche in durchaus unterschiedlich beschaffenen Freiräumen ihre Freizeit verbringen konnten: Im Handbuch der Jugendpflege wurde grob zwischen konfessionellen, interkonfessionellen und sozialdemokratischen Jugendvereinigungen unterschieden (vgl. Deutsche Zentrale für Jugendfürsorge 1913). Die interkonfessionellen gliedern sich in die Jugendpflege der Berufsorganisationen (vor allem die Zusammenschlüsse von Jungarbeiterinnen und -arbeitern aus fachlich qualifizierten Handwerks- und kaufmännischen Berufen), die Jugendpflege der allerdings quantitativ marginalen Vereine zur Bekämpfung des Alkoholismus und schließlich die Turn-, Spiel- und Sportvereine.[7] So traf sich die bildungsbürgerliche Jugend im Wandervogel[8], die einfache Arbeiterjugend in den sozialdemokratischen Jugendvereinigungen, junge Facharbeiter, Handwerker, Dienstboten sowie im kaufmännischen Bereich tätige junge Menschen vielerorts in den

(vgl. Böhme 1913). Als Träger der Jugendpflege kamen sowohl Einzelpersonen, freie Vereine, die Fortbildungsschule, die Kirche, Kommunen und Kommunalverbände als auch der Staat in Betracht (vgl. Reimers 1913).

7 Hierunter faßte Böhme allerdings sowohl die traditionellen spartenbezogenen Sportvereine (Fußball-Bund, Ruderverband, Schwimmverband etc.) als auch die Wandervogelbewegung sowie den strikt auf Wehrertüchtigung ausgerichteten Jungdeutschlandbund, dem sich die großen Sportorganisationen dann auch anschlossen (vgl. Böhme 1913, S. 543 ff.).

8 Von den Mitgliedern des Wandervogels hatten ca. 80% Abitur. Der Anteil der Lehrer am Wandervogel betrug 1907 ca. 20%, an der Gesamtbevölkerung hingegen lediglich ca. 1,5% (vgl. Aufmuth 1979).

entsprechenden Berufsorganisationen ebenso wie in den überwiegend berufsständisch organisierten konfessionellen Jugendvereinigungen. Die Schubkraft dieser Organisationsbemühungen führte jedoch nicht zu einer flächendeckenden Organisation der Jugendlichen zu Beginn des Jahrhunderts: Bis zum Beginn des Ersten Weltkriegs kann man davon ausgehen, daß um die 20% aller Jugendlichen zwischen 14 und 21 Jahren in Vereinen und Verbänden organisiert waren.[9]

(2) Eine *zweite Stufe* des staatlichen Engagements in Sachen Jugendpflege dokumentieren die preußischen Jugendpflegeerlasse von 1911 und 1913, die die Jugendorganisationen weiter beflügelten. Im Erlaß vom 18. Januar 1911 definierte der Staat zum einen die Jugendpflege der männlichen Jugend als *nationale Aufgabe* und begründete dies mit dem Wandel der Erwerbsverhältnisse ähnlich dem Erlaß von 1901. Zum anderen stellte der Erlaß erstmals auch *staatliche Fördermittel* im Umfang von 1 Mio. Mark für die Jugendpflege zur Verfügung. Der Erlaß vom 10. April 1913 schließlich bezog *Mädchen und junge Frauen* in die Jugendpflege mit ein. Dazu wurden im Etatjahr 1913 weitere zusätzliche Mittel bereitgestellt.[10]

Nominell wurde die Jugendpflege damit auch zu einer behördlichen Angelegenheit: Auf Orts-, Stadt- und Kreisebene wurden Jugendpflegeausschüsse gegründet, in denen die einzelnen Jugendpflegevereinigungen vertreten waren. Die Ausschüsse hatten beratende Funktion, vor allem aber die Aufgabe, Förderanträge zu begutachten. Rasch bildeten sich entsprechende Dachorganisa-

9 Im Gegensatz zur Weimarer Zeit gibt es für die wilhelminische Zeit keine verläßlichen Zahlen über den Organisationsgrad von Jugendlichen in Verbänden. Die erste offizielle Statistik über die Jugendpflege erschien im Jahre 1912. Die »Denkschrift über Jugendpflege im Etatsjahr 1911« gab an, daß am 1. Dezember 1911 etwas über 19% der männlichen Jugendlichen »in Pflege waren« (vgl. Böhme 1913, S. 517). Berücksichtigt man die weibliche Jugendpflege vor allem der konfessionellen Organisationen, so scheint – unter Einbeziehung der Zahlenangaben der einzelnen Jugendorganisationen (vgl. ebd., S. 527-548) und unter Berücksichtigung der Angaben von Siemering (1918) – ein Organisationsgrad von um die 20% plausibel.

10 Vgl. ausführlich zur Entwicklung der behördlichen Jugendpflege Naudascher (1990). Dort finden sich auch die entsprechenden Jugendpflegeerlasse im Wortlaut dokumentiert.

tionen, von denen die halbamtliche Zentralstelle für Volkswohlfahrt die wohl bedeutendste war.[11] Die Aktivitäten der Zentralstelle zeigten sich schwerpunktmäßig in der Organisation von Tagungen, die den überwiegenden Teil der Jugendpflegeorganisationen an einen Tisch brachten und grundsätzliche organisatorische Rahmenbedingungen klärten, sowie in der wissenschaftlichen Begleitung und Auswertung der Jugendpflege, insbesondere in der Publikation einflußreicher jugendpflegerischer Fachliteratur und schließlich in der Entwicklung von Konzepten und der Durchführung der Aus-, Fort- und Weiterbildung von Jugendpflegerinnen und Jugendpflegern.

(3) Der erste Jugendpflegeerlaß nach dem Ersten Weltkrieg dokumentiert eine neue Haltung des Staates gegenüber den Jugendverbänden: In dieser *dritten Stufe* staatlicher Jugendpolitik wurden nun *alle* Jugendorganisationen – auch die bislang ausgeschlossenen sozialdemokratischen – dazu aufgefordert, sich in den bestehenden kommunalen Jugendpflegeausschüssen zu organisieren. Dabei wurde ihnen ausdrücklich die *volle Wahrung ihrer Selbständigkeit* und die *Beibehaltung ihrer Eigenart* zugesichert.[12]

11 Die 1892 als »Zentralstelle für Arbeiter-Wohlfahrtseinrichtungen« gegründete halbamtliche Organisation wurde 1906 in eine Zentralstelle für das gesamte Gebiet der Wohlfahrtspflege umgewandelt. Der Jurist Friedrich Reimers leitete die der Zentralstelle angegliederte Fachkommission für Jugendpflege (»Abteilung II: Männliche Jugendpflege«). Nach dem Jugendpflegeerlaß von 1913 wurde eine zweite Abteilung eingerichtet, deren Leitung Hertha Siemering übernahm (»Abteilung V: Weibliche Jugendpflege«). Nach dem Tode Friedrich Reimers', der 1914 bei Kriegsausbruch fiel, leitete sie bis zur Auflösung der Zentralstelle auch die Abteilung II (vgl. Siemering 1913; Erdberg 1918).

12 »Die Jugendpflege hat eine ihrer vornehmsten Aufgaben in der Gegenwart darin zu erblicken, daß sie nach Möglichkeit zur *Wiederherstellung der inneren Einheit* unseres Volkes beizutragen und zu diesem Zwecke einen einmütigen, brüderlichen Geist unter der heranwachsenden Jugend zu fördern sucht. Es ist daher dringend geboten *alle Jugendvereinigungen* – auch die freireligiösen und sozialdemokratischen – denen es um ernstgemeinte erzieherische Beeinflussung ihrer Mitglieder auf körperlichem, geistigem und sittlichem Gebiete zu tun ist, *einerlei ob sie von Erwachsenen gegründet sind und geleitet werden oder aus der Jugend selbst hervorgegangen sind,* in der bestehenden Organisation der Jugendpflege zu sammeln, die sie – *bei der vollen Wahrung ihrer Selbständigkeit* – unter sich und mit den staatlichen,

Damit wurde ein weiterer Schritt in Richtung des Ausbaus der Jugendpflege zu einem System sozialer Dienstleistungen getan, das als staatliche Aufgabe verstanden, aber an private Organisationen delegiert wurde.

Die Weimarer Zeit bot den Jugendorganisationen vor allem die institutionellen und rechtlichen Rahmenbedingungen, in denen sie sich gesellschaftlich etablieren und einen hohen Organisationsgrad unter Jugendlichen erzielen konnten. Diesen Durchsetzungsprozeß organisierter Jugend verdeutlicht besonders gut die Herausbildung der Dachorganisation »Ausschuß der deutschen Jugendverbände«.[13] Die bereits erwähnten Abteilungen II und V der Zentralstelle für Volkswohlfahrt hatten seit dem Jugendpflegeerlaß im Jahre 1911 regelmäßig Tagungen veranstaltet, auf denen Vertreter und Vertreterinnen der einzelnen Jugendorganisationen sich trafen und austauschten. Die sozialistischen Jugendvereinigungen allerdings waren hiervon zunächst ausgeschlossen, da sie den durch den Jugendpflegeerlaß angeregten »Ausschüssen für Jugendpflege« auf kommunaler Ebene nicht angehören durften.

Im Jahre 1917 gelang der Zentralstelle jedoch das Kunststück, die Vertreterinnen und Vertreter fast aller Jugendorganisationen an einen Tisch zu bringen. Diese politische und taktische Meisterleistung beruhte auf der Vereinbarung, daß sich die Verbände auf dem Treffen selbst darstellen sollten vor allem im Hinblick auf ihre Ziele und Absichten. Die anderen Teilnehmerinnen und Teilnehmer sollten diese Selbstdarstellungen dann lediglich zur Kenntnis nehmen oder Ergänzungsfragen stellen dürfen.[14] Eine

den Kreis- und Gemeindeorganen zu einheitlichem, planvollen Wirken zusammenschließen und ihnen innerhalb der sich daraus ergebenden größeren *örtlichen, Kreis- und Bezirksorganisationen* durch Rat und Tat, auch durch Zuwendung staatlicher Mittel als Beihilfen eine an Umfang und Kraft gesteigerte Wirksamkeit ermöglichen will. Durch die Zugehörigkeit zu dieser Organisation wird die Eigenart der einzelnen Jugendvereinigungen nicht angetastet« (Zentralblatt 1919, S. 257).

13 Der 1919 gegründete »Ausschuß der deutschen Jugendverbände« wurde im Jahre 1926 in »Reichsausschuß der deutschen Jugendverbände« umbenannt (vgl. Siemering 1931).

14 Aus diesen Selbstdarstellungen resultierte schließlich auch das von Hertha Siemering herausgegebene *Handbuch der deutschen Jugendpflegeverbände* (vgl. Siemering 1918).

inhaltliche Diskussion um die ja tatsächlich sehr kontroversen Positionen war durch diese Spielregel von vornherein unterbunden worden. Zehn Tage dauerte das Treffen, und es war insoweit erfolgreich, als auch die bislang ausgegrenzten Jugendorganisationen daran teilnahmen. Dieses Treffen war vermutlich nicht nur das längste seiner Art. Hier gelang es den Jugendverbänden darüber hinaus, sich trotz der erheblichen inhaltlichen und weltanschaulichen Divergenzen zusammenzuraufen.
Diese Tagung hatte jedenfalls so viel Gemeinsamkeiten oder zumindest gemeinsame Interessen der Jugendorganisationen zutage gefördert, daß es zu einem Zweckbündnis kam: Bei der Auflösung der Zentralstelle für Volkswohlfahrt zum 31. 12. 1920, deren Aufgaben zum größten Teil das 1919 neugeschaffene preußische Ministerium für Volkswohlfahrt übernahm, konnten die Abteilungen für Jugendpflege als »Ausschuß der deutschen Jugendverbände« weiterbestehen, indem sämtliche Jugendverbände zum Eintritt aufgefordert wurden.[15] Attraktiv war diese Selbstorganisation der Verbände vor allem auch durch die neue Haltung des Staates geworden, wie sie sich im Jugendpflegeerlaß von 1918 dokumentierte.
Im Jahre 1921 setzte eine zweite Tagung in Brückenau[16] den begonnenen Prozeß fort, und im September 1924 hatte sich der Ausschuß der deutschen Jugendverbände organisatorisch bereits soweit gefestigt, daß er 67 Jugendverbände mit insgesamt ca. 3,5 Mio. Mitgliedern vertrat. Spätestens bei der dritten Tagung, der zweiten offiziellen »Führertagung« des Ausschusses der deutschen Jugendverbände, wurde auch verbandspolitisch deutlich, daß die Jugendorganisationen trotz aller weltanschaulichen Gegensätze gemeinsame Sache machen konnten und wollten. Dies wird augenfällig an der Abfolge der einzelnen Vorsitzenden: Im Jahre 1924 wurde als Nachfolger des ausscheidenden Gründungsvorsitzenden Carl Mosterts (Katholische Jugendverbände) Jugendpfarrer Suderow vom Reichsverband evangelischer Jungmännerbünde gewählt. Zweiter Vorsitzender aber wurde Erich

15 Die beiden Abteilungen angehörenden Mitarbeiterinnen und Mitarbeiter, die sich nicht mit Fragen der Jugendpflege beschäftigten, wurden allerdings entlassen.
16 Auch aus dieser Tagung resultierte ein Handbuch mit den gesammelten Selbstdarstellungen der Mitgliederverbände (vgl. Siemering 1923).

Ollenhauer vom Verband der Sozialistischen Arbeiterjugend Deutschlands. Entsprechend schloß auch Carl Mosterts seinen Bericht über die Gründungsphase des Ausschusses der deutschen Jugendverbände nicht von ungefähr mit den Worten, daß die Jugendverbände nach dieser dritten Tagung auseinandergehen konnten »mit dem Händedruck ehrlicher Freundschaft und ehrfurchtsvoller Gegnerschaft« (Mosterts 1925, S. 5).

(4) Die organisatorische Ausdifferenzierung von »Jugend« verstärkte sich in der Weimarer Zeit zu einem allgemeinen Vergesellschaftungsprozeß der Jugend: Jugend bekam einen sozialen Status, der den familialen Status der persönlichen Entwicklungsphase überschritt und neue rechtliche und materielle Möglichkeiten beinhaltete (vgl. Böhnisch/Gängler 1991). Mit dem Reichsjugendwohlfahrtsgesetz (RJWG) wurde – gewissermaßen als *vierter Schritt* hin zu einem Verständnis der Jugendpflege als sozialstaatlichem Dienstleistungsangebot – ein einheitliches Jugendgesetz geschaffen, das dem Erziehungsgedanken verpflichtet war und die Aspekte der Jugendfürsorge und Jugendpflege unter dem Begriff »Jugendhilfe« vereinheitlichte (§ 2 RJWG). Die nach dem Reichsgesetz für Jugendwohlfahrt vom 9. Juli 1922 neu zu schaffenden Jugendbehörden, insbesondere die Jugendämter, hatten unter anderem »Einrichtungen und Veranstaltungen anzuregen, zu fördern und gegebenenfalls zu schaffen für ... die Wohlfahrt der im schulpflichtigen Alter stehenden Jugend außerhalb des Unterrichts [sowie die] Wohlfahrt der schulentlassenen Jugend« (§ 4 RJWG). In § 6 wurde den Jugendämtern die Aufgabe übertragen, die verschiedenen Jugendpflegeaktivitäten der freien Träger zu koordinieren und damit auch gegebene Spannungen zwischen den Trägern der Jugendhilfe auszugleichen. Der für die Jugendverbände schließlich entscheidende § 11 ermöglichte es den Jugendämtern, »die Erledigung einzelner Geschäfte oder Gruppen von Geschäften besonderen Ausschüssen sowie Vereinigungen für Jugendhilfe, Jugendverbänden oder einzelnen in der Jugendwohlfahrt erfahrenen und bewährten Männern und Frauen widerruflich zu übertragen« (§ 11 RJWG). Zunächst verschob der Gesetzgeber jedoch das Inkrafttreten des Gesetzes – zuallererst wohl aufgrund der akuten Finanznot. Jedoch waren bereits 1922 in Artikel 8 des Einführungsgesetzes zum RJWG die jugendpflegerischen Aufgaben ausdrücklich als *freiwillige* Aufgaben definiert worden, was so schließlich auch beim endgültigen Inkraft-

treten des Gesetzes am 14. Februar 1924 übernommen wurde. Damit blieb es bei einer für die Verbände im großen und ganzen attraktiveren Regelung: Die Orts-, Kreis- und Bezirksausschüsse der Jugendpflege – Vorläuferorganisationen der heutigen Jugendringe – blieben bestehen *neben* den neuen Abteilungen für Jugendpflege im Jugendamt, die allerdings ihre Aufgaben überwiegend an die bestehenden Jugendorganisationen delegierten. Neben der kommunalen Jugendpflege blieb in der Weimarer Zeit allerdings die staatliche Jugendpflege bestehen.[17] Auf diese Weise wurde die bereits in den ersten Jugendpflegeerlassen eingeführte Praxis der staatlichen Finanzierung privater, gemeinnütziger Jugendorganisationen fortgeführt.

Am Ende dieser Entwicklung erlebten die Jugendverbände dann eine wahre Blütezeit, nicht nur allein, was Organisationsgrad und Verbreitung, sondern auch was gesellschaftspolitisches Engagement und Aktivität anging. Die vom Reichsausschuß entwickelte Wanderausstellung »Das junge Deutschland«, in der über die Lebenslage der Jugendlichen in Deutschland informiert wurde, fand ein außergewöhnlich positives publizistisches Echo und verzeichnete beeindruckende Besucherzahlen. Und die in diesem Kontext angefertigte Untersuchung von Mewes über die Lage der erwerbstätigen Jugend zeigt eine bis dahin einzigartige Datenvielfalt (vgl. Mewes 1929).

Niemals zuvor (und auch später nie wieder, wenn man von der Zwangsmitgliedschaft der Hitlerjugend absieht) konnten Jugendverbände einen so hohen Organisationsgrad der Jugendlichen verbuchen wie in der Weimarer Zeit: Fast die Hälfte aller Jugendlichen (ca. 40%) waren Mitglieder einer Jugendorganisation.[18] Auch der Ausdifferenzierungsprozeß der Jugendverbände erreicht zu dieser Zeit seinen Kulminationspunkt: Im Jahre 1930 gehörten dem Reichsausschuß der deutschen Jugendverbände 103 Mitgliedsorganisationen an (vgl. Deutsches Archiv für Jugendwohlfahrt 1931); bis 1932 steigerte sich diese Zahl noch auf 117 (vgl. Zwerschke 1963, S. 108).

17 Vgl. zu Umfang und Aufgaben der preußischen Jugendpflege Hirtsiefer (1930).

18 Vgl. zur statistischen Erfassung Mewes (1929); zusammenfassend Böhnisch/Gängler (1991); zur zahlenmäßigen Entwicklung der Jugendorganisationen von der Weimarer Zeit bis heute Rauschenbach (1991a).

Am 5. April 1933 brachen ca. 50 Mitglieder der Hitlerjugend auf Geheiß Baldur von Schirachs in die Berliner Geschäftsstelle des Reichsausschusses ein und beschlagnahmten Dokumente und Unterlagen. Der Geschäftsführer des Reichsausschusses, Hermann Maaß, wurde seines Amtes enthoben. Der Vorsitzende des Reichsausschusses, General Vogt, trat seinen Platz an von Schirach ab, arbeitete allerdings weiter in der Hitlerjugend mit. Damit hatte für die Jugendverbände der Prozeß der Zerschlagung oder eine Phase der Eingliederung in die Hitlerjugend sowie deren weitere Umorganisation zur Staatsjugend begonnen (vgl. Klönne 1991).

2. Semantische Codierung von »Jugend«

Parallel zu der geschilderten Entwicklung der Organisation der Jugend zeichnete sich im skizzierten Zeitraum auch eine Veränderung der mit Jugend zusammenhängenden Semantik ab. Für den Bereich der Jugendverbände spielten vor allem drei Begriffe eine zentrale Rolle, die bislang noch nicht zum Gegenstand eingehender begriffsgeschichtlicher Analysen gemacht wurden: (a) Jugendfürsorge, (b) Jugendpflege und (c) Jugendbewegung.[19]

(a) *Jugendfürsorge:* Im Zuge der zunehmenden Entwicklung staatlicher Sozialpolitik und bürgerlicher Sozialreform wurde gegen Ende des 19. Jahrhunderts der Begriff der »(socialen) Fürsorge« populär und löste den bis dahin geläufigen verwaltungsrechtlichen Begriff der Armenpflege vielfach ab (vgl. Sachße/Tennstedt 1988, S. 11).[20] Durch die Zunahme und Spezialisierung der Maßnahmen der sozialen Fürsorge wurde der Begriff entsprechend differenziert. Die Komposita von Fürsorge verwiesen dabei auf bestimmte soziale Probleme (oder Problemgruppen): Gesundheitsfürsorge, Wohnungsfürsorge oder Kinder- und

19 In diesem Kontext angesiedelt sind allerdings einige Arbeiten zum Begriff des Jünglings, des Jugendlichen und zum Entstehungszusammenhang der Jugendfürsorge, auf die hier zurückgegriffen werden kann (vgl. Hornstein 1965, 1966; Roth 1979; Gillis 1980; Mitterauer 1986; Peukert 1986; Fend 1988; Dudek 1990).

20 Besonders eindrücklich läßt sich diese Entwicklung an der entsprechenden Begrifflichkeit der unterschiedlichen Auflagen des *Handbuchs der Staatswissenschaften* nachverfolgen.

Jugendfürsorge. Wie Lutz Roth (1979) gezeigt hat, entstand der Begriff »Jugendlicher« aus dem Diskurs der Jugendfürsorge heraus – zunächst in juristischer Terminologie – als negatives Jugendkonzept. Im Entstehungskontext der Jugendfürsorge wurde der Begriff des »Jugendlichen« vor allem für verwahrloste, gesellschaftlich nicht angepaßte und der Proletarierjugend zugehörige junge Menschen reserviert. Jugendfürsorge galt als Disziplinierungsmaßnahme in erster Linie der proletarischen Jugend (vgl. Peukert 1986).

(b) *Jugendpflege:* Der Begriff der Jugendpflege entwickelte sich im Kontext der konfessionellen Jugendarbeit, schwerpunktmäßig der evangelischen. In den Gesellenvereinen, den Jünglings- und Jungfrauenkongregationen, in Bibelkreisen und Junghandwerkervereinen spielte der Begriff »Pflege« stets eine zentrale Rolle. Zuallererst ging es dabei um die Pflege bestimmter Tätigkeiten oder »Tugenden«: die Pflege des Gesanges und der Gottesfurcht, der Sonntagsfeier und der Keuschheit, die Pflege des Familienlebens und die seelsorgerische Pflege.[21] Von da aus war es nur ein geringer Schritt, bei bestimmten, besonders gefährdeten Personengruppen den Begriff auszuweiten und von der Pflege einzelner Eigenschaften dieser Personen zur Pflege der ganzen Person überzugehen.

In diesem Sinne verwandte etwa Johann Hinrich Wichern den Begriff in seinem Referat auf dem 10. Kongreß für Innere Mission am 14. September 1860 in Barmen. Er sprach »über die Erziehung und Bewahrung der weiblichen Jugend in der arbeitenden Bevölkerung mit besonderer Berücksichtigung der Fabrikbevölkerung«. Dabei geht es ihm zwar auch darum, »den bereits geschehenen Verfall durch rettende Kräfte zu verwinden« (zit. nach Cordier 1925, S. 129), in erster Linie jedoch um Prävention: Die weibliche Jugend sollte »vor drohendem sittlichen Verfall vorbeugend« (ebd.) bewahrt werden. Dienstboten und Arbeiterinnen, vor allem deren Familien, waren die Zielgruppen der »Kräfte und Mittel« der Inneren Mission. Letztlich ging es jedoch um die gesamte Arbeiterjugend: »Namentlich wird auch jede der männlichen Jugend jener Kreise zugewandte Pflege gleichzeitig der weiblichen zum Heile dienen« (ebd., S. 130). Hinter diesen Ju-

21 Eine Fundgrube in dieser Hinsicht ist nach wie vor die Quellensammlung Cordiers (1925).

gendpflegebemühungen stand allerdings noch ein weiteres Motiv, das auf einen engen Zusammenhang zwischen Wohlfahrts- und Jugendpflegeorganisation verweist. Dies brachte der Vorständeverband der Berliner Jungfrauenvereine 1891 folgendermaßen zum Ausdruck: »Die Pflege der weiblichen Jugend wie die Förderung der weiblichen Diakonie erfordert eine vermehrte Pflege der Jungfrauenvereine« (zit. nach Cordier 1925, S. 177). Das hier aufscheinende Motiv der Nachwuchsrekrutierung sollte eines der zentralen Motive der Organisation von Jugendverbänden durch Erwachsenenorganisationen werden und bis in die heutige Zeit bleiben.[22] In dem von Wichern hervorgehobenen präventiven Sinne, dem die weiteren Zwecke meist stillschweigend beigemengt waren, setzte sich der Begriff der Jugendpflege zum Beginn des 20. Jahrhunderts durch.[23]

(c) *Jugendbewegung:* Gegen die staatlich verordnete Jugendpflege wandte sich scharf die Jugendbewegung, insbesondere durch eine semantische Option: Die »bloße Jugendpflege« sei eine Tätigkeit der Erwachsenen, die »echte Jugendbewegung« hingegen gehe von der Jugend selbst aus (vgl. Seidelmann 1955, S. 67 ff.). Diese Argumentation läßt sich nur verstehen vor dem Hintergrund der Konstruktion eines spezifischen Jugendbildes durch die Jugendbewegung bis hin zu den Postulaten eines »autonomen Jugendreiches«. Durch den Einfluß der Erwachsenen (vgl. Aufmuth 1979) sowie das publizistische Engagement der tragenden Schicht der Wandervogelbewegung, des Bildungsbürgertums (vgl. Herrmann 1991), entwickelte sich zwischen sympathisierenden Erwachsenen und den Gruppen des Wandervogels in breit angelegten kulturel-

22 Sollte es den Jugendorganisationen an Loyalität fehlen, so wurde seitens der Erwachsenenorganisationen meist Druck ausgeübt. Beispielhaft: Der Streit um die Frauenordination in der katholischen Kirche und die Disziplinierung des Bundes der Deutschen Katholischen Jugend durch die Deutsche Bischofskonferenz in personeller wie finanzieller Hinsicht.

23 Dies allerdings ließ sich nicht problemlos verwirklichen, so daß sich das Interesse der Jugendpflegeorganisationen rasch von den jungen Fabrikarbeitern auf leichter organisierbare Gruppen von Jugendlichen verlagerte. Zudem erhöhte sich das Interesse der Verbandsfunktionäre durch die besondere Finanzierungsform seit dem Jugendpflegeerlaß von 1911 – die staatliche Alimentation – an einem Ausbau der jeweils eigenen Organisation (vgl. Peukert 1986, S. 112 ff.).

len und publizistischen Aktivitäten die semantische Codierung des »Phänomens Jugend«, wie wir es heute noch vielfältig finden. In der »konformistischen Rebellion« des Wandervogels wurden die semantischen und jugendkulturellen Standards des modernen Jugendbilds entwickelt (vgl. Trommler 1985).
Jenseits dieser einzelnen Diskurse wurde die Semantik vor allem auch durch die Prozesse der Verrechtlichung der Jugendpflege geprägt. Rechtlich kodifiziert wurde der Begriff »Jugendpflege« zum erstenmal im preußischen Jugendpflegeerlaß von 1911. Dort wurde auch ausdrücklich auf die Abgrenzung gegenüber dem Begriff »Jugendfürsorge« eingegangen, was auf eine teilweise synonyme Verwendung der Begriffe »Jugendpflege« und »Jugendfürsorge« zu Beginn des Jahrhunderts hindeutet.[24] Beide Begriffe blieben Rechtsbegriffe und wurden 1922 in das RJWG übernommen und dort subsumiert unter dem Begriff der »Jugendhilfe«. Erst das Kinder- und Jugendhilfegesetz (KJHG) verzichtete endgültig auf den Begriff der Jugendpflege. Der nun endgültig aus der Terminologie der Jugendhilfe verschwundene Begriff der Jugendpflege wurde durch den Begriff »Jugendarbeit« ersetzt.[25]

24 Der Erlaß empfahl »den Ausdruck der Jugend*fürsorge* besser zu vermeiden ..., da unter diesem im Volke irrtümlich die *Zwangs*erziehung verstanden wird« (Zentralblatt 1911, S. 276). Nebenbei: Auch das erste Handbuch der Jugendpflege, das sowohl den aktuellen Stand der Jugendforschung zu Beginn des Jahrhunderts wie einen Überblick über die einzelnen Jugendpflegeorganisationen bietet, wurde von der Deutschen Zentrale für Jugend*fürsorge* (!) herausgegeben (vgl. Deutsche Zentrale für Jugendfürsorge 1913).

25 Der Begriff »Jugendarbeit« taucht in der einschlägigen Literatur ebenfalls bereits seit der Jahrhundertwende auf (vgl. Stettner 1966). Er konnte sich damals gegen den Begriff »Jugendpflege« allerdings nicht durchsetzen, wohl wegen der hohen Anschlußfähigkeit des Begriffs »Pflege«, dessen Komposita im Kaiserreich im Schwange waren. Erst seit den fünfziger Jahren fand der Begriff »Jugendarbeit« wieder breitere Verwendung und löste insbesondere in der Selbstbeschreibung der Jugendverbände den Begriff der Jugendpflege ab. So schrieb z. B. Theo Schuhmacher, ein Protagonist der katholischen Jugendverbände, im *Lexikon der Pädagogik*: »Die Jugendverbände heute können nicht ohne weiteres identifiziert werden mit Jugendbewegung ... Heute wird meist richtiger der Ausdruck ›Jugendarbeit‹ gebraucht« (Schuhmacher 1953, S. 1038). Darüber hinaus wurde der Begriff »Jugendarbeit« auch durch jugendverbandsnahe Publikationsorgane wie *Die*

Zusammenfassend läßt sich festhalten, daß der Diskurs der Jugendfürsorge stärker kontrollierend-disziplinierende Aspekte in den Vordergrund rückte und damit die »deviante« Jugend im Auge hatte, während die Jugendpflege eher sozialintegrativ-präventiv als Dienstleistungsangebot für die »normale« Jugend verstanden wurde. Die Semantik im Umfeld der Jugendbewegung barg schließlich den theoretischen und soziokulturellen Kern eines neuen Jugendkonzeptes, eines »Jugendideals«. Alle drei Diskurse besaßen allerdings auch deutliche Überschneidungsbereiche, die sich insbesondere in der Weimarer Republik deutlicher zeigten: Jugendbewegung und Jugendfürsorge trafen sich in der sozialpädagogischen Bewegung (z.B. in den reformpädagogischen Heimkonzepten oder in der Gilde Soziale Arbeit; vgl. Dudek 1988). Die kulturellen Entwicklungen, pädagogischen Arbeitsformen und Lebensweisen der Jugendbewegung wurden vom größten Teil der Jugendverbände übernommen und in ihre jeweiligen Milieus übertragen. Jugendpflege und Jugendfürsorge schließlich wurden durch das RJWG zusammengefaßt und in der Folge unter dem Schlagwort der »Einheit der Jugendhilfe« als sozialpädagogische Dienstleistungen für die gesamte Jugend weiterentwickelt.

Spätestens mit dem Ende des 1. Weltkriegs war damit ein Prozeß des semantischen Wandels abgeschlossen, der vom Negativkonzept des Jugendlichen in der Fürsorgeerziehung und dem positiven Jugendkult des Wandervogels durch die Entwicklung der Jugendpflege als einem Dienstleistungsangebot für alle Jugendlichen zu einem vergleichsweise neutralen Begriff des Jugendlichen als eines Angehörigen der jungen Generation führte. Dieser Logik folgend wurden aus den »Jugendpflegeverbänden« (vgl. Siemering 1918) schließlich auch »Jugendverbände« (vgl. Siemering 1921).

deutsche Jugend. Zeitschrift für die Jugendarbeit (gegründet 1953) populär gemacht. Mit dem Ausbau der »offenen Jugendarbeit« seit den siebziger Jahren setzte sich der Begriff schließlich endgültig durch, was sich dann im KJHG niederschlug.

3. Zentrale Merkmale von Jugendverbänden

Die Vielfalt der seit der Jahrhundertwende entstandenen Jugendorganisationen und -verbände, ihre weltanschaulichen Unterschiede und die ausgeprägte Heterogenität in Organisationsformen und Tätigkeitsschwerpunkten, lassen es auf den ersten Blick sehr fraglich erscheinen, überhaupt von *den* Jugendverbänden zu reden. Dies gilt im übrigen nicht nur für die Entstehungsphase; auch heute noch ist das Spektrum der Verbände außerordentlich breit.[26] Jedoch lassen sich bei systematischer Betrachtungsweise dennoch einige den meisten Jugendverbänden gemeinsame Merkmale ausmachen.

(a) Entstehung und Erfolg der Jugendverbände seit Beginn des Jahrhunderts verdanken sich nicht zuletzt der engen *Bindung an sozial-moralische Milieus.*

(b) Ihre *Organisationsform* ist – obwohl staatlich angeregt und gefördert – eine privatrechtliche, überwiegend *vereinsförmige.*

(c) Ihre *Personalstruktur* ist von Anfang an ganz überwiegend *ehrenamtlich* geprägt. Im Gegensatz etwa zu den Wohlfahrtsverbänden entwickeln die Jugendverbände erst vergleichsweise spät Formen der Verberuflichung.

(d) Sie stellen eine *Institutionalisierung des Generationenverhältnisses* außerhalb von Familie, Schule und Berufsausbildung dar. Sie werden daher auch als »dritte Bildungs-« oder »vierte Sozialisationsinstanz« bezeichnet.

(e) Sie entwickeln eine eigene »corporate identity«, eigene pädagogische Formen und Methoden, von denen insbesondere die *Arbeit mit Gruppen* herausragende Bedeutung gewinnt.

(f) Sie organisieren Jugendliche vornehmlich in Gesellungsformen *Gleichaltriger.*

(a) *Bindung an Milieus:* Die Jugendverbände entstanden aus den spezifischen Milieus und Mentalitäten des ausgehenden Kaiserreichs. Dabei gelang es insbesondere den konfessionellen Organisationen, Jugendliche entsprechend ihren Berufsrollen, verstärkt auch in ländlichen Regionen zu rekrutieren. Ähnlich erfolgreich, wenn auch nicht im gleichen Umfang, war die sozialistische und

26 Im *Handbuch Jugendverbände* (vgl. Böhnisch/Gängler/Rauschenbach 1991a) werden über 250 Jugendverbände genannt; über 70 davon stellen sich in ausführlichen Selbstdarstellungen vor.

sozialdemokratische Jugendbewegung im Arbeitermilieu der wachsenden industriellen Zentren. Zahlenmäßig am stärksten waren seit jeher die Sportverbände. Dies scheint zunächst ein Widerspruch zur These der Milieugebundenheit zu sein, denn ein spezifisches »Sportmilieu« wäre schwierig zu identifizieren. Der Widerspruch löst sich allerdings auf, wenn man zwei Tatbestände in die Überlegungen miteinbezieht: Zum einen entwickelten sich milieuspezifische Sportarten. So galt etwa Fußball lange als proletarische Sportart. Zum anderen waren die jeweiligen Sportvereine selbst milieuspezifisch verankert. Nicht von ungefähr entwickelten sich etwa eigenständige Arbeitersportvereine oder konfessionelle Sportjugendverbände, wie z. B. die katholische »Deutsche Jugendkraft«. Lokale Milieus wurden häufig mit und durch Sport entwickelt. Diese Milieunähe der Verbände erwies sich dabei als besonders ergiebiger Rekrutierungsfaktor, der über die Organisationsform Verband gleichzeitig wieder zur Stabilisierung der Milieus beitrug. Jugendverbände waren damit gleichzeitig Produzenten und Produkte von Milieus.

(b) *Vereinsförmige Organisation:* Von Anbeginn an war der Jugendpflegebereich von staatlichem Interesse geprägt, blieb jedoch organisatorisch und inhaltlich den einzelnen Vereinigungen weitgehend überlassen. Hatten die Zielvorgaben im preußischen Jugendpflegeerlaß von 1911 etwa noch deutlich national- und wehrpolitischen Charakter, so veränderte sich diese Aufgabenstellung in der Weimarer Zeit deutlich. Die Erziehungspflicht und -aufgabe des Staates wurde im § 1 RJWG kodifiziert in bezug auf die »körperliche, geistige und sittliche Bildung der Jugend«, die zwar zuallererst den Familien obliege, für deren Einhaltung der Staat durch die Jugendgesetzgebung Sorge zu tragen hatte. Was die Jugendpflege anging, so wurde diese Aufgabe an die »staatstragenden« Jugendverbände delegiert; die Jugendpflegeaufgaben des Staates und der kommunalen Jugendämter reduzierten sich in aller Regel auf die Verteilung der für Jugendpflege zur Verfügung stehenden Mittel sowie den breiten Bereich des Jugendschutzes. Hier profitierten die Jugendverbände von der im Vorfeld des RJWG stattfindenden Auseinandersetzung, in denen die freien Träger das Subsidiaritätsprinzip durchsetzten. Nicht ohne Grund war der Interessenverband der Jugendverbände, der »Ausschuß«, zunächst von den konfessionellen Vereinigungen dominiert worden, so daß man von Gemeinsamkeiten in der Interessenlage mit den entsprechenden Wohlfahrtsverbänden ausgehen kann. Damit beschränkte sich die Steuerungsmöglichkeit des Staates zunehmend auf die Förderungspolitik.

(c) *Ehrenamtliche Personalstruktur:* »Die Arbeit an der Jugendpflege ist in der Regel ehrenamtlich«, hieß es lapidar bereits in der Anlage zum Jugendpflegeerlaß von 1911 (Zentralblatt 1911, S. 282). Diese Feststellung prägte nachhaltig die Struktur der Jugendverbände. Bis heute ist Ehrenamtlichkeit ein zentrales Merkmal der Jugendverbandsarbeit geblieben, dem sowohl in Grundsatzerklärungen wie politischen Äußerungen ein hoher Stellenwert eingeräumt wird (vgl. Rauschenbach 1991b). Die Grundformen ehrenamtlichen Engagements, wie sie im 19. Jahrhundert entstanden (vgl. Pankoke 1992), wandelten sich innerhalb der Jugendverbände im Verlauf ihrer Entwicklung: Waren zu Beginn des Jahrhunderts die ehrenamtlich in der Jugendpflege Tätigen reputierliche Erwachsene (überwiegend männlichen Geschlechts), so veränderte sich dies zunehmend unter dem Einfluß der Jugendbewegung und ihres Anspruchs »Jugend führt Jugend«. In den meisten Jugendorganisationen – nicht nur den »bündischen Gruppen« – verjüngten sich die Ehrenamtlichen. Mit dieser Verjüngung setzte eine Differenzierung ein, die bis heute Bestand hat: Die Verbandsfunktionen, Leitungsgremien und die meisten Führungsaufgaben bleiben den »Erwachsenen« vorbehalten, die pädagogische Tätigkeit auf der Ebene der Jugendgruppen, bei Fahrten, Zeltlagern etc. übernehmen Jugendliche und junge Erwachsene. Auf diese Art und Weise differenzierte sich innerhalb der Jugendverbände das politische vom sozialen Ehrenamt.[27]
Gleichwohl gab es von Beginn der Jugendpflegetätigkeit an Bemühungen um eine Qualifizierung der Ehrenamtlichen. Die Zentralstelle für Volkswohlfahrt, aber auch örtliche Organisationen führten Jugendpflegekurse durch.[28] Auch in der Weimarer Zeit gab es eine Fülle von Qualifizierungsangeboten für ehrenamtlich

27 Vgl. zur Differenzierung unterschiedlicher Formen ehrenamtlichen Engagements Olk (1987), zur Entwicklung des Ehrenamts in den Jugendverbänden Gängler (1992).

28 Vgl. dazu die Ausführungen im *Handbuch der Jugendpflege* (Deutsche Zentrale für Jugendfürsorge 1913, S. 835 ff.), als regionales Beispiel die Aktivitäten des Hauptausschusses für Jugendpflege in Charlottenburg (Hauptausschuß 1913, S. 133 ff.). Zudem entstand eine Fülle von Ratgeberliteratur (zusammenfassend dazu Gängler 1990, S. 64).

in der Jugendarbeit Tätige. Allerdings zeigte sich eine neue Entwicklung: Wurden zu Beginn der Jugendpflege zahlreiche Kurse noch von behördlicher Seite oder von Dachorganisationen angeboten und durchgeführt, so übernahmen im Laufe der Zeit mehr und mehr die Verbände selbst diese Aufgaben. Dies bot aus verbandlicher Sicht die Möglichkeit, Verbandsinhalte und Weltanschauung als Schulungsgegenstände zu vermitteln, um so die Verbandsidentität beim eigenen ehrenamtlichen Personal zu fördern. Zudem war die Rekrutierung Ehrenamtlicher aus den Herkunftsmilieus in der Weimarer Zeit vergleichsweise unproblematisch. Erst seit den siebziger Jahren läßt sich eine deutliche Zunahme der hauptberuflich in der verbandlichen Jugendarbeit Tätigen konstatieren (vgl. Rauschenbach 1991c).

(d) *Institutionalisierung des Generationenverhältnisses:* Die Entdeckung der »gefahrvollen Lücke« in der Jugenderziehung förderte eine Erkenntnis zutage: Es gibt eine Zeit in der Biographie Jugendlicher, in denen sie nicht dem Zugriff der herkömmlichen Sozialisationsinstanzen ausgesetzt sind. Die zur Schließung der Lücke eingesetzte Jugendpflege und mithin die Jugendverbände entwickelten sich damit zu einer »vierten Sozialisationsinstanz« (vgl. Schefold 1972) bzw. zunehmend zu einem Ort »institutionalisierter Ersterfahrung« (vgl. Rauschenbach 1994). Jugendverbände stellen damit *soziale Ressourcen* dar, die unter pädagogischen (sozialisatorischen) Aspekten für Jugendliche bedeutsam sind. Sie bieten Kindern und Jugendlichen die Möglichkeit, eigene soziale Netze aufzubauen. Diese Möglichkeit gewinnt vor dem Hintergrund demographischer Entwicklungen (wachsende Zahl von Einzelkindern) eine neue Qualität. Innerhalb von Jugendgruppen können Beziehungsfähigkeiten entwickelt und erprobt werden. Jugendverbände stellen darüber hinaus *Experimentierfelder für Lebensentwürfe* dar. Jugendliche können sich innerhalb der Verbände der Frage stellen, ob und wie sie sich für unterschiedliche Lebensentwürfe entscheiden. Es bieten sich Möglichkeiten der Diskussion, des Experiments, des Abwägens und des Integrierens verschiedener Perspektiven. Jugendverbände können für Jugendliche schließlich auch ein *Forum für kritische Auseinandersetzung* bieten. Innerhalb der Gesellschaft sind für Jugendliche kaum Orte in Sicht, in denen sie ernst genommen werden und sich in ihren Ansichten auch kritisch mit Erwachsenen und Jugendlichen auseinandersetzen können (vgl. Gängler 1991).

(e) *Gruppenpädagogik:* Die Gruppe ist nach wie vor das pädagogische Herzstück der Jugendverbandsarbeit; sie ist durch die Jugendverbände geradezu als pädagogisches Medium entdeckt worden (vgl. Böhnisch 1991). Zu Beginn des Jahrhunderts, als die staatliche Jugendpflege institutionalisiert wurde und das sozialkulturelle Potential der bürgerlichen Jugendbewegung an Einfluß gewann, konnte die Jugendverbandsarbeit dabei in hohem Maße auf *bereits existierende Gruppen* zurückgreifen. Diese Gruppen waren im Bereich der Jugendpflege vor allem die Schulklassen (von der ländlichen Fortbildungsschule bis zu städtischen Gymnasien) sowie die jahrgangsmäßig organisierten Jugendlichen, die sogenannten »Jahrgänge« in den jeweiligen Sozialmilieus (die Dorfjugend, die Arbeiterjugend in Stadtvierteln etc.). Die in der Jugendpflege Tätigen (vor allem Pfarrer und Lehrer) orientierten sich hierbei also an den »naturwüchsigen« Gruppen wie bereits bestehenden Cliquen oder an solchen Gruppen, die durch die pädagogische Inszenierung »Schule« bereits vorgegeben waren. Zudem wurden freilich auch neue Gruppen initiiert; allerdings geschah dies in geringerem Ausmaß. Diese Anknüpfung an bestehenden Gesellungsformen ermöglichte damit den erfolgreichen Ausbau der Jugendverbandsarbeit, so daß engagierte Mitglieder der Jugendbewegung im nachhinein »Bund und Gruppe als Lebensformen deutscher Jugend« (vgl. Seidelmann 1955) stilisieren konnten. Letztlich vergessen wird dabei die in pädagogischer Hinsicht relevante Differenz zwischen den inszenierten Gruppen der Jugendverbände einerseits und der »naturwüchsigen« Cliquenstruktur von peer groups andererseits, auf die die neuere Jugendarbeitsforschung verweist (vgl. Becker/Eigenbrodt/May 1984; Böhnisch 1991; Schröder 1991). In den inszenierten Gruppen der Jugendpflege und Jugendbewegung wurden vielfältigste Aktivitäten entfaltet (vgl. Deutsche Zentrale für Jugendfürsorge 1913, S. 550ff.), die vor allem durch die kulturelle Schubkraft der Jugendbewegung weiterentwickelt wurden (vgl. Mewes 1929, S. 162ff.; Deutsches Archiv für Volkswohlfahrt 1932).

(f) *Gleichaltrigenprinzip:* Die pädagogische Arbeit in Jugendverbänden findet überwiegend statt in Gestalt der Gleichaltrigenerziehung in organisierten peer groups (vgl. Gängler 1992). Dieses pädagogische Phänomen der Gleichaltrigenerziehung, die als *organisierte* Gleichaltrigenbeziehung den Kern verbandlicher Jugendarbeit ausmacht, ist ein so in keinem anderen pädagogischen

Bereich vorfindbares Phänomen. Die Eigentümlichkeit dieses Erziehungsverhältnisses ist nur zu verstehen vor dem Hintergrund eines sich in der Gleichaltrigenerziehung konstituierenden eigenen Erfahrungs- und Handlungsfeldes. Die pädagogische Beziehung zwischen (älteren) Jugendlichen und (jüngeren) Jugendlichen (bzw. Kindern) öffnet spezifische eigene Erfahrungsräume, die durch eine intergenerative Erziehung nicht vermittelt werden können: In ihrer alltäglichen Lebensbewältigung machen Jugendliche Erfahrungen, sammeln Wissen und erlernen Fähigkeiten und Fertigkeiten, die auch für ihre Altersgenossen, ihre Generation brauchbar und wichtig sein können. Dieses Wissen, diese Erfahrungen, Fähigkeiten und Fertigkeiten haben Jugendliche den Erwachsenen voraus. Jugendliche können diese Erfahrungen, ihre eigene Lebenspraxis anderen Jugendlichen zugänglich machen und dies in mehr oder minder institutionalisiertem Rahmen innerhalb der Jugendverbände.

Die angesprochenen Strukturmerkmale der Jugendverbände haben im Laufe ihrer Entwicklung zunehmend Ambivalenzen entwickelt, so daß sich heute die Frage stellt, ob es sich bei den Jugendverbänden möglicherweise um ein Übergangsphänomen handelt (vgl. Gängler/Scheunpflug-Peetz 1991). Die starke Milieubindung der Jugendverbände verkehrt sich in ein zunehmendes Rekrutierungsproblem, wenn die traditionellen Milieus sich, wie allerorten von den Sozialwissenschaften konstatiert wird, aufzulösen beginnen oder zumindest ihre selbstverständliche Bindungskraft abnimmt. Die vergleichsweise hohe inhaltliche Autonomie der Verbände wird zunehmend eingeschränkt bei knapper werdenden Mitteln, so daß etwa die Politik mit Hilfe bestimmter Finanzierungstechniken (Programmfinanzierung etc.) die durch die wachsende Zahl hauptberuflicher Mitarbeiter und Mitarbeiterinnen von öffentlichen Mitteln abhängiger werdenden Jugendverbände in ihrem Sinne sozialstaatlich funktionalisieren kann. Die gewachsene Organisationsstruktur mit einem hohen Anteil ehrenamtlichen Engagements wird brüchig, wenn das Ehrenamt zunehmend an Attraktivität verliert (vgl. Rauschenbach 1994). Schließlich werden seit Mitte der achtziger Jahre zunehmend Auflösungserscheinungen der Gruppe im Jugendverbandsbereich konstatiert. Ob dies eine Begleiterscheinung des gesellschaftlichen Individualisierungsprozesses ist oder ob es als Zeichen für eine Umwandlung und Restrukturierung von Gesellungsformen zu deuten ist, ist zur Zeit in den Sozialwissenschaften ein kontrovers diskutiertes Thema. Die zentrale Diagnose für die Jugendverbände lautet allerdings, daß sie immer weniger auf »naturwüchsige« oder vorgängig bereits vorhandene Gruppen zurückgreifen können, sondern Gruppen erst inszenieren müssen.

Literatur

Aufmuth, U.: Die deutsche Wandervogelbewegung unter soziologischem Aspekt, Göttingen 1979.

Becker, H./Eigenbrodt, J./May, M.: Pfadfinderheim, Teestube, Straßenleben. Jugendliche Cliquen und ihre Sozialräume, Frankfurt a. M. 1984.

Bittmann, K.: Arbeitsverhältnisse der den §§ 135-139a der Gewerbeordnung unterstellten minderjährigen Arbeiter, Jena 1910.

Böhme, H.: Zentral-Organisationen und Organe, in: Deutsche Zentrale für Jugendfürsorge (1913), S. 515-549.

Böhnisch, L.: Die Jugendgruppe, in: Böhnisch/Gängler/Rauschenbach 1991a, S. 478-490.

Böhnisch, L./Gängler, H.: Jugendverbände in der Weimarer Zeit, in: Böhnisch/Gängler/Rauschenbach 1991a, S. 49-57.

Böhnisch, L./Gängler, H./Rauschenbach, Th. (Hg.): Handbuch Jugendverbände, Weinheim und München 1991 (a).

Böhnisch, L./Gängler, H./Rauschenbach, Th.: Jugendverbände und Wissenschaft, in: Böhnisch/Gängler/Rauschenbach 1991a, S. 162-171 (b).

Cordier, L.: Evangelische Jugendkunde. Band 1: Quellenbuch zur Geschichte der Evangelischen Jugend, Schwerin 1925.

Deutsche Zentrale für Jugendfürsorge (Hg.): Handbuch für Jugendpflege, Schriftleitung: Frieda Duensing, Langensalza 1913.

Deutsches Archiv für Jugendwohlfahrt (Hg.): Kleines Handbuch der Jugendverbände, Berlin 1931.

Dressel, J.: Entwicklung der weiblichen Jugendpflege in Bayern, München 1932.

Dudek, P.: Leitbild: Kamerad und Helfer. Sozialpädagogische Bewegung in der Weimarer Republik am Beispiel der »Gilde Soziale Arbeit«, Frankfurt a. M. 1988.

Dudek, P.: Jugend als Objekt der Wissenschaften. Geschichte der Jugendforschung in Deutschland und Österreich, Opladen 1990.

Erdberg, R. v.: Die Zentralstelle für Volkswohlfahrt, in: Siemering 1918, S. 438-462.

Fend, H.: Sozialgeschichte des Aufwachsens. Bedingungen des Aufwachsens und Jugendgestalten im 20. Jahrhundert, Frankfurt a. M. 1988.
Gängler, H.: Soziale Arbeit auf dem Lande. Vergessene Lebensräume im Modernisierungsprozeß, Weinheim und München 1990.
Gängler, H.: Sozialisation und Erziehung in Jugendverbänden, in: Böhnisch/Gängler/Rauschenbach 1991a, S. 469-477.
Gängler, H.: Ehrenamt im Jugendalter, in: Müller, S./Rauschenbach, Th. (Hg.), Das soziale Ehrenamt. Nützliche Arbeit zum Nulltarif, Weinheim und München ²1992, S. 127-134.
Gängler, H./Scheunpflug-Peetz, A.: Jugend und Jugendarbeit im Kontext einer Theorie der soziokulturellen Evolution, in: Zeitschrift für Entwicklungspädagogik, 14. Jg., 1991, Heft 1, S. 6-13.
Giesecke, H.: Vom Wandervogel bis zur Hitlerjugend. Jugendarbeit zwischen Politik und Pädagogik, München 1981.
Gillis, J. R.: Geschichte der Jugend. Tradition und Wandel im Verhältnis der Altersgruppen und Generationen in Europa von der zweiten Hälfte des 18. Jahrhunderts bis zur Gegenwart, Weinheim und Basel 1980.
Gizycki, L. v.: Die Stellung der Frau in der Gegenwart, Berlin 1895.
Hauptausschuß für Jugendpflege in Charlottenburg (Hg.): Zur Pflege der weiblichen Jugend, Jena 1913.
Hemprich, K.: Wie fördere ich die Jugendpflege und wie helfe ich selber mit?, Langensalza 1912.
Herrmann, U.: Jugendbewegung, in: Böhnisch/Gängler/Rauschenbach 1991a, S. 32-41.
Hirtsiefer, H. (Hg.): Jugendpflege in Preußen, Eberswalde 1930.
Hornstein, W.: Vom »jungen Herrn« zum »hoffnungsvollen Jüngling«. Wandlungen des Jugendlebens im 18. Jahrhundert, Heidelberg 1965.
Hornstein, W.: Jugend in ihrer Zeit. Geschichte und Lebensformen des jungen Menschen in der europäischen Welt, Hamburg 1966.
Klönne, A.: Jugendverbände im Nationalsozialismus, in: Böhnisch/Gängler/Rauschenbach 1991a, S. 58-66.
Langewiesche, D.: Wanderungsbewegungen in der Hochindustrialisierungsperiode. Regionale, interstädtische und innerstädtische Mobilität in Deutschland 1880-1914, in: Vierteljahresschrift für Sozial- und Wirtschaftsgeschichte, 64. Jg., 1977, S. 1 ff.
Mewes, B.: Die erwerbstätige Jugend, Berlin und Leipzig 1929.
Mitterauer, M.: Sozialgeschichte der Jugend, Frankfurt a. M. 1986.
Ministerialblatt der Handels-Gewerbeverwaltung in Preußen, Berlin 1901.
Mosterts, C.: Bis Blankenburg. Eine Entwicklungsübersicht des Ausschusses der deutschen Jugendverbände, in: Maaß, H. (Hg.), Vom Kulturwillen der deutschen Jugend, Berlin 1925, S. 1-5.
Münchmeier, R.: Zugänge zur Geschichte der sozialen Arbeit, München 1981.

Nagel, F.: Kirchliche Jugendarbeit auf dem Lande, in: Koehn, F. (Hg.), Dorfkirchliche Jugendarbeit, Berlin-Dahlem 1926, S. 29-32.
Naudascher, B.: Freizeit in öffentlicher Hand. Behördliche Jugendpflege in Deutschland von 1900 bis 1980, Düsseldorf 1990.
Olk, Th.: Das soziale Ehrenamt, in: Sozialwissenschaftliche Literatur Rundschau, 10. Jg., Heft 14, 1987, S. 84-101.
Pankoke, E.: »Ehre«, »Dienst« und »Amt«. Zur Programmgeschichte »ehrenamtlichen« Engagements in: Müller, S./Rauschenbach, Th. (Hg.), Das soziale Ehrenamt. Nützliche Arbeit zum Nulltarif, Weinheim und München ^{2}1992, S. 207-222.
Peukert, D.: Grenzen der Sozialdisziplinierung. Aufstieg und Krise der deutschen Jugendfürsorge 1878 bis 1932, Köln 1986.
Rauschenbach, Th.: Jugendverbände im Spiegel der Statistik, in: Böhnisch/Gängler/Rauschenbach 1991a, S. 115-131 (a).
Rauschenbach, Th.: Das Ehrenamt im Jugendverband. Historisches Relikt oder unverzichtbarer Bestandteil? in: Böhnisch/Gängler/Rauschenbach 1991a, S. 282-294 (b).
Rauschenbach, Th.: Jugendarbeit in Ausbildung und Beruf, in: Böhnisch/Gängler/Rauschenbach 1991a, S. 615-630 (c).
Rauschenbach, Th.: Jugendverbände im Spagat – Jugendverbände zwischen (alter) Programmatik und (neuer) Funktion, in: Deutscher Bundesjugendring (Hg.), Jugendverbände im Spagat. Zwischen Erlebnis und Partizipation, Münster 1994, S. 12-26.
Reimers, F.: Die Träger der Jugendpflege, in: Deutsche Zentrale für Jugendfürsorge (1913), S. 259-266.
Roth, L.: Die Erfindung des Jugendlichen, München 1979.
Sachße, Ch./Tennstedt, F.: Geschichte der Armenfürsorge in Deutschland. Band 2: Fürsorge und Wohlfahrtspflege 1871 bis 1929, Stuttgart u. a. 1988.
Saul, K.: Der Kampf um die Jugend zwischen Volksschule und Kaserne. Ein Beitrag zur »Jugendpflege« im Wilhelminischen Reich 1890-1914, in: Militärgeschichtliche Mitteilungen, 9. Jg., 1971, S. 97-125.
Schefold, W.: Die Rolle der Jugendverbände in der Gesellschaft, München 1972.
Schröder, A.: Jugendgruppe und Kulturwandel. Die Bedeutung von Gruppenarbeit in der Adoleszenz, Frankfurt a. M. 1991.
Schuhmacher, Th.: Jugendverbände, in: Lexikon der Pädagogik, Band II, Freiburg 1953, S. 1038-1043.
Schwab, U.: Evangelische Jugendarbeit in Bayern 1800-1933, München 1992.
Seidelmann, K.: Bund und Gruppe als Lebensformen deutscher Jugend, München 1955.
Siemering, H.: Die Pflege der weiblichen Jugend und die Zentralstelle für Volkswohlfahrt, in: Die Jugendfürsorge, 1913, S. 713-718.

Siemering, H. (Hg.): Die deutschen Jugendpflegeverbände, Berlin 1918.
Siemering, H. (Hg.): Die deutschen Jugendverbände. Ihre Ziele sowie ihre Entwicklung und Tätigkeit seit 1918. Zweiter Teil des Handbuchs »Die deutschen Jugendpflegeverbände«, Berlin 1923.
Siemering, H. (Hg.): Die deutschen Jugendverbände. Ihre Ziele, ihre Organisation sowie ihre neuere Entwicklung und Tätigkeit. Dritte, neu bearbeitete Auflage der beiden Handbücher »Die deutschen Jugendpflegeverbände« und »Die deutschen Jugendverbände«, Berlin 1931.
Stettner, H.: Jugendpflege in der Bundesrepublik Deutschland, Neuwied 1966.
Trommler, F.: Mission ohne Ziel. Über den Kult der Jugend im modernen Deutschland, in: Koebner, Th. u. a. (Hg.), Mit uns zieht die neue Zeit, Frankfurt a. M. 1985, S. 14-49.
Voigt, A.: Die schulentlassene Jugend. Ein statistischer Bericht, in: Centralstelle für Arbeiterwohlfahrtseinrichtungen (Hg.), Fürsorge für die schulentlassene Jugend, Berlin 1900.
Wedekind, K.: Die Entstehung der Jugendpflege und ihre Ausgestaltung zu einem Bereich öffentlicher Erziehung, unv. Dissertation, Köln 1971.
Zentralblatt für die gesamte Unterrichtsverwaltung in Preußen, Berlin 1911.
Zentralblatt für die gesamte Unterrichtsverwaltung in Preußen, Berlin 1913.
Zentralblatt für die gesamte Unterrichtsverwaltung in Preußen, Berlin 1919.
Zwerschke, M.: Jugendverbände und Sozialpolitik. Zur Geschichte der deutschen Jugendverbände, München 1963.

Richard Münchmeier

Die Vergesellschaftung von Wertgemeinschaften

Zum Wandel der Jugendverbände in der Nachkriegs-Bundesrepublik[1]

Viele Jugendverbände sind stolz auf ihre Geschichte. Ihre lange zurückreichenden Traditionen sind in ihren Augen Ausweis einer beachtlichen Kontinuität jugendlichen Gemeinschaftslebens und jugendpolitischer Interessenvertretung. Nahezu die Hälfte der über 70 Verbände, die sich im *Handbuch Jugendverbände* selbst beschrieben haben (vgl. Böhnisch/Gängler/Rauschenbach 1991, S. 859-1056), führen ihre Anfänge auf die zwanziger Jahre, auf die Zeit um die Jahrhundertwende oder sogar auf die zweite Hälfte des 19. Jahrhunderts zurück.

Die Herausstellung der Kontinuität der Organisationen und Traditionen hat ohne Zweifel zunächst einmal ihren Ort in dem beständigen Legitimationsbedarf von Jugendorganisationen. Angesichts der nur umrißhaft eingrenzbaren Funktionen und der im Vergleich zu anderen Erziehungsfeldern eher diffusen Aufgaben der Jugendarbeit soll sie gewissermaßen historisch belegen, daß Jugendverbände eine für Jugendliche wichtige Bedeutung haben, die immer wieder Mitglieder anzuziehen und zu aktivieren vermag. Sie soll ferner ein »Erbe« an Ideen und Werten dokumentieren, das von Generation zu Generation weitergegeben wird, also Kontinuität im Wandel signalisiert. Sie soll schließlich deutlich machen, daß Jugendverbände keine Modeerscheinung sind, die sich den wechselhaften Launen von Tagesaktualität und Geschmackspräferenzen anpassen, sondern zeitüberdauernde und deshalb ernstzunehmende Sozialisationsinstanzen und Strukturen jugendgemäßer Lebensformen.

Die legitimationsbezogene Betonung der historischen Kontinuität stellt freilich die nicht zu leugnende Tatsache eher in der Hintergrund, daß Idee und Realität der Jugendverbände in ihrer langen

1 Für die hier entwickelten Überlegungen sind frühere Arbeiten des Verfassers herangezogen worden (vgl. Münchmeier 1991 und 1992).

Geschichte immer wieder tiefgreifende Veränderungen und Wandlungen erfahren haben. Ohne solche Transformationen und Weiterentwicklungen hätten die Verbände wohl kaum mit dem Wandel der sozio-kulturellen Rahmenbedingungen und mit dem Strukturwandel der Jugendphase Schritt halten können, wären sie marginalisiert und als historisch überholt ins Museum der Geschichte gestellt worden.

Als eine solche Phase einschneidender Wandlungen können die ersten zwanzig Jahre nach dem Ende des Zweiten Weltkriegs gelten. Nach der zwangsweisen Gleichschaltung im Nationalsozialismus, dem Verbot oder der Unterstellung der freien Jugendverbände unter die Führung der Hitlerjugend erfuhr die Arbeit der Jugendverbände in der Nachkriegszeit einschneidende Veränderungen. Nach kontroversen Debatten änderte sich nämlich ihre Stellung zu Staat und Gesellschaft und machte deshalb Veränderungen in ihrem Selbstverständnis und ihren konzeptionellen Grundlagen, in ihren Organisations- und Mitgliedschaftsstrukturen notwendig. Diese wiederum ermöglichten die Entwicklung der Jugendverbände von einer weitgehend privat-partikularen Gesellungs- und Organisationsform zu einer öffentlich-gesellschaftlichen Institution; vom wert- und weltanschauungsspezifisch begründeten »bündischen« Elite-Denken zur Öffnung für alle Jugendlichen aus allen gesellschaftlichen Bereichen und Schichten; vom Selbstverständnis als Bereich eines »autonomen Jugendlebens« zu einem pädagogischen Verständnis als Bereich eigenständiger Erziehung. Kurz: Es vollzog sich der Durchbruch zu einem neuen, gesellschaftsbezogenen Verständnis von Jugendverbandsarbeit, der seinen vorläufigen Endpunkt in der »Erklärung von St. Martin« (vgl. Deutscher Bundesjugendring 1962) ebenso fand wie in den »Vier Versuchen« einer theoretisch-pädagogischen Antwort auf die Frage »Was ist Jugendarbeit?« (vgl. Kentler u. a. 1964).

Zeitzeugen dieser einschneidenden Veränderungen haben diesen Wandlungsprozeß »Vergesellschaftung« der Jugendarbeit genannt (vgl. Binder 1962). Dieser Begriff umfaßt zwei zu unterscheidende Ebenen: Vergesellschaftung meinte einmal die schon angedeutete Änderung des Selbstverständnisses und der konzeptionellen Ziele der Jugendarbeit, die Ausrichtung der Ziele und Angebote an gesellschaftlichen Aufgaben in der Perspektive der Frage: »Was leistet unsere Arbeit für die Gesellschaft?« Damit dies vonstatten gehen konnte, mußte sich auch das zugrundeliegende Verständnis des Verhältnisses von Jugend und Gesellschaft ändern: Jugend wurde nicht mehr als gesellschaftliches Innovationspotential, sondern als Integrationsproblem und Erziehungsaufgabe gesehen. Dieser Aspekt der »Vergesellschaftung« läßt sich am besten mit dem Stichwort »Pädagogisierung« charakterisieren (vgl. Münchmeier 1992).

Vergesellschaftung bezeichnete zum anderen die wachsende Integration der Jugendverbandsarbeit in die Apparatur der Jugendhilfe. Je mehr sie sozialstaatliche Aufgaben zur Integration und Sozialisation der nachwachsenden Generation übernahm, desto mehr wurde sie sozial- und jugendhilferechtlich normiert, in staatliche und kommunale Jugendförderungsgesetze einbezogen, durch Jugendhilfepläne gesteuert, also einem Prozeß der Institutionalisierung als öffentlicher Aufgabe unterworfen. Mit wachsender Institutionalisierung in diesem Sinn erhöhten sich dann auch die Anforderungen an Angleichung an Verwaltungsstandards (Offenlegung, Belegwesen, Überprüfbarkeit usw.), an fachliche Legitimation und professionelle Aufgabenbearbeitung. Institutionalisierung und Professionalisierung waren deshalb die Merkmale dieses Aspektes der Vergesellschaftung der Jugendarbeit.

1. Das Erbe der Jugendbewegung

Die deutsche Jugendbewegung mit ihren Ideen und Idealen blieb auch für die Jahre des Wiederaufbaus im Nachkriegsdeutschland so etwas wie ein »verinnerlichtes Leitbild«. Die Diskussionen um Grundlagen und Perspektiven der Jugendarbeit nach 1945 lassen sich nur von diesem Hintergrund her verstehen: Die Diskussionen über die »geistige Mitte«, über das Verhältnis von offener Arbeit und Gruppenarbeit, über die Diskrepanz zwischen Organisation und Bewegung usw.

Da gab es zunächst einmal eine *»Personenkontinuität«*, die die Jugendarbeit über die NS-Zeit zurück mit den jugendbewegten Traditionen verband. Der Aufbau der Jugendarbeit wurde maßgeblich von Personen beeinflußt, die ihre Jugend in Gruppen der Jugendbewegung verbracht und dort prägende Erfahrungen gemacht hatten. Diese brachten sie als Maßstab für die Situation und die Entwicklungen nach 1945 mit, oft in einer idealisierten und überhöhten Weise: »Das Problem, mit dem sich die Jugendarbeit der Nachkriegsjahre ... intensiv herumschlagen mußte, lag darin, daß die von der Jugendbewegung entwickelten Inhalte gewissermaßen kanonisiert, heilig gesprochen wurden« (Faltermaier 1983, S. 20). Noch bei dem sogenannten Fürstenecker Gespräch des Deutschen Bundesjugendrings (1954) beschwor der Hauptreferent, Heiner Lades, die immer noch gültige Aktualität der Tradition: »Die Grundelemente der Jugendbewegung sind ... auch die entscheidenden Faktoren eines neuen Erziehungsideals, das aus der *heutigen Situation* heraus entwickelt wird. Hier ist unsere wesentliche Verbindung mit der Jugendbewegung! Die Probleme unserer Zeit sind andere als die der Jahrhundertwende, unsere Aufgaben sind im wesentlichen die gleichen geblieben« (Lades 1954, S. 493).

Vor allem das in der Jugendbewegung entwickelte *Jugendbild,* das Jugend und Jugendlichkeit als Gegenentwurf den zivilisatorischen Verfallserscheinungen von Vermassung, Materialismus, Werteverfall, Auflösung gewachsener Ordnungen, Verstädterung, Individualismus und Egoismus entgegensetzte, schien in der allgemeinen Unordnung und Not sowie der Orientierungslosigkeit der ersten Nachkriegsjahre von neuer Aktualität und von neuen Hoffnungen beseelt zu sein. Dieses jugendbewegte Verständnis von Jugend erklärt, daß die junge Generation trotz ihrer prekären Lebensverhältnisse und der beängstigenden Jugendnot (vgl. Albertin 1992, S. 13 ff.) dennoch als Hoffnungsträger für den Aufbruch in eine neue Zukunft, als Vertrauenskapital für einen neuen Anfang betrachtet wird. Vielen Älteren, die als schweigende Mehrheit oder Mitläufer sich in die Verbrechen und Folgen des Nationalsozialismus mitverstrickt sahen, galt Jugend als die »unbelastete Generation«. Unter Übernahme der bürgerlichen Interpretation der Weimarer Verhältnisse bedeutete dies nicht nur »unbelastet« durch den Faschismus, sondern die Jugend galt auch als eine nichtpolitische, eine von fatalen politischen Indoktrinationen freie, eine die politischen Spaltungen und Klassen übergreifende, einheitliche Generation.

Aber auch im Verständnis derer, die der Jugend durchaus eine politische Aufgabe zuschrieben, sollte sie – jenseits der demokratischen Logik von Streitkultur und Konfliktaustragung – als frische, unzerstrittene und einheitliche Kraft zu Werk gehen. Am 21.

Dezember 1945 erschien in der *Süddeutschen Zeitung* unter der Überschrift »Keine Angst vor Politik« ein Artikel von Josef Tietz. Dort liest man: »Viele Deutsche sind noch ganz benommen von den Folgen der Nazipolitik. Soweit sie nicht Nazis waren, halfen sie Hitler durch ihre Passivität. Statt nun zu erkennen und zu bekennen, verfallen sie auf gar ölige Redensarten und sie wehren sich auffällig vor jeder Politik. Sie führen auf einmal das Menschliche ... gegen das Politische an ... Zu ihnen gehört leider auch ein Großteil der Jugend ... voller Enttäuschung und Scham findet diese Jugend nur langsam den Weg zu sich und zur Gemeinschaft. Sie fürchtet zunächst Politik wie das gebrannte Kind Feuer ... Keine Angst vor Politik! Sie ist das unvermeidliche Instrument unserer notwendigen Arbeit in Staat und Wirtschaft ... stimmen wir es ab, besaiten wir es zur rechten Zeit frisch, und es wird rein und gut klingen ... An den Jungen liegt es vor allem, neu zu stimmen und ein neues Lied frisch zu beginnen ... Jugendlicher Elan muß in alle Körperschaften unseres Lebens dringen. Die Jugend ist berechtigt, aber auch verpflichtet, das Haus, das sie am längsten bewohnen wird, von Grund auf neu zu bauen.«

Dieses Jugendverständnis, das es oft zu lesen gab in der damaligen Zeit, greift zurück auf Gedankengut und Terminologie der Jugendbewegung in der Weimarer Zeit und wiederholt deren politische Utopie: »Neben den sozialistischen Geschichtsentwürfen und den nationalistischen Propheten bringt sich eine dritte Heilsbotschaft zur Geltung: die Rettung durch die Jugend« (Koebner/Janz/Trommler 1985, S. 11).

Ein wichtiges Medium für die Propagierung dieses Jugendbilds und die Formulierung entsprechender Aufgaben an die Adresse der Jugendverbände »waren die in der Nachkriegszeit überraschend zahlreichen Zeitschriften für die ›junge Generation‹. Seit Ende 1945 erschienen sie mit zum Teil bemerkenswert hohen Auflagen, oft auf Initiative einzelner Personen, wie Erich Kästners *Pinguin*, dann aber auch im Zusammenhang mit dem Wiederaufbau der großen Jugendverbände. Schon die Namen der meisten dieser Zeitschriften hatten programmatischen Charakter: *Ins Neue Leben, Junge Welt, Der Ruf, Das junge Wort, Ende und Anfang, Die Zukunft, Der Fährmann, Das große Wagnis, Junge Stimme, Baustein, das feuer* usw.« (Reulecke 1993, S. 81).

Eine dieser Zeitschriften war das seit 1946 von Hans-Werner Richter und Alfred Andersch herausgegebene Blatt *Der Ruf. Unab-*

hängige Blätter der jungen Generation (vgl. Vaillant 1978). Dort liest man Sätze wie diesen: »Deutschland hat nie über eine besonders breite Führungsschicht verfügt; jetzt aber muß das Wunder geschehen, daß die ganze junge Nation zu einer einzigen politischen Elite wird« (zit. nach Trommler 1985, S. 45). Die Jugend als politische Elite sollte den dritten Weg zwischen Sozialismus und Kapitalismus realisieren, und Jugendarbeit sollte das überbrücken und miteinander versöhnen, was man als zerstörerische Hypothek von Weimar im Gedächtnis hatte: Parteiengezänk, Klassenkampf, politische Polarisierung und Zerrissenheit; Jugendarbeit als klassenübergreifende, vom Gemeinschaftsgeist durchdrungene Vorhut einer neuen, sozial gerechten und befriedeten Gesellschaft. Im Leitartikel, der am 1. Oktober 1946 in *Der Ruf* erschien, steht zu lesen:

»Die junge Generation kann ganz von vorn und dort beginnen, wo die Entwicklung bei den anderen hindrängt. Sie braucht nicht umzubauen. Sie kann neu bauen. Sie hat den Sozialismus des Ostens und die Demokratie des Westens im Land. Aus den Erfahrungen mit den beiden Ordnungen kann sie die Quellen der Fehler erkennen, die sie vermeiden muß. Indem sie den Sozialismus und die Demokratie in einer Staatsform zu verwirklichen sucht, kann sie zum Ferment zwischen beiden Ordnungen werden. Sie muß dort ansetzen, wo die beiden Ordnungen zueinander drängen, sie muß gleichsam den Sozialismus demokratisieren und die Demokratie sozialisieren. So kann diese junge deutsche Generation die Brücke bauen, die vom Westen zum Osten und vom Osten zum Westen führt ...«

Damit sind das Erbe und der Anspruch der Vorkriegsjugendbewegung aufgegriffen und neu formuliert, und es ist eine typisch deutsche Tradition fortgeführt worden, die Frank Trommler so charakterisiert: »In erstaunlicher Stetigkeit haben Jugendmythen die politischen Umbrüche des 20. Jahrhunderts mitbestimmt und der jeweiligen Attacke gegen Tradition und Macht die Aura des Elementaren, Neuen, Niegehabten verschafft. Wo immer die wirklichen Revolutionen ausblieben, beschwor man Mythen der Jugendlichkeit, um die radikale Ablösung von der Geschichte zu manifestieren. Jugendmythen sind leichter herzustellen als Revolutionen« (Trommler 1985, S. 14).

Die Traditionen der Jugendbewegung lieferten jedoch nicht nur ein ideales Jugendbild. Sie waren auch der Fundus für die ganz praktischen Aktivitäten und Arbeitsformen beim Gruppenabend und im Jugendheim. Sie prägten also auch die *Praxis*, und zwar durchaus nicht nur bei den wiedergegründeten Verbänden, sondern auch in den Freizeitheimen und Häusern der offenen Tür der GYA-Angebote sowie der neu entstehenden kommunalen Jugendpflegeaktivtäten. Die Elemente Fahrt, Lager, Wandern und Geländespiel sind ebenso wie Tanz, Laienspiel und Liederabend Traditionsgut. Wimpel, Kluft und Abzeichen wurden zum Teil direkt von den Vorläuferverbänden der Weimarer Zeit übernommen.

Nirgendwo aber wird die Anknüpfung an die Traditionen so deutlich wie in der Wiederbelebung der *Jugendgruppe*. Die Jugendgruppe steht wie kein anderes Element für das spezifische Gemeinschaftserleben der Jugendbewegung. »Die von Erlebnissen gespeiste, durch Zusammensein im kleinen Kreis nach außen weithin abgeschottete, sich auch abgehoben fühlende Gruppe Gleichaltriger, mit gleich gestimmten psychischen Empfindungen, diese Gruppe bot in der Altersphase vor dem Erwachsenwerden gewissermaßen eine Rückkehr zu einer Symbiose an, wie die frühe Kindheit sie geboten hatte. Der Vergleich ... verweist ... darauf, daß diese Jugendgemeinschaft ein Produkt der Kulturpubertät war, also mit den historischen Ausprägungen dieser Lebensphase zusammenhing« (Faltermaier 1983, S. 21).

Als ursprüngliche Gemeinschaft galt die Gruppe, aber auch als geistige und Werte-Gemeinschaft, die den jungen Menschen Halt und innere Kraft geben und in die Gesellschaft hineinstrahlen sollte. Sie sollte Aufgaben der sozialen Kontrolle und Integration genauso erfüllen wie die Vorwegnahme eines neuen Menschentums in einer neuen Gesellschaft repräsentieren. Durchaus in diesem Sinn kehrt die Nachkriegsjugendarbeit zum Gruppenprinzip zurück.

In einem Bericht über die Vorbereitungstreffen zur Gründung eines deutschen Jugendrings schreibt Walter Thorun: »Unsere Gruppen wollen die Keimzellen eines neuen Menschentums sein! ... vor uns steht kristallklar die von allem schädlichen Beiwerk befreite Persönlichkeit und die von jeglichem Schlagwort entledigte echte und wahre Gemeinschaft der Jugend ... Unser Weg ist klar: – Jede Jugendgruppe eine Keimzelle neuen Menschentums« (zitiert nach Rosenwald/Theis 1984, S. 210f.). Und A. Dannenmann (1953 zum Vorsitzenden des Bundesjugendrings gewählt) verteidigt die Unverzichtbarkeit der Gruppe als örtlicher Gemeinschaft gegen unverbindliche offene Strukturen: »Das Wesentliche des Jugendverbandes ist nicht seine Gesamtorganisation, sondern die örtliche Jugendgemeinschaft ... man ist nun vielfach von kommunaler oder staatlicher Seite dazu übergegangen, Institutionen für die Jugend *neben* den Jugendverbänden zu schaffen. Der Sportplatz, welcher keiner Sportvereinigung gehört, das Haus der offenen Tür, in das alle kommen können, in dem aber auch alle ohne Verbindlichkeit und ohne echte Verantwortung sich beteiligen, ist vielfach schon da« (Dannenmann 1953, S. 32 f.). Für Dannenmann, der wie viele andere entscheidend durch die Gruppenerlebnisse der Jugendbewegung geprägt worden ist, können letztlich nur die bindungsfähigen Gruppen zu jener geistigen Mitte beitragen, in der er die eigentliche Gemeinschaftskraft der Jugendverbände realisiert sah. Von da aus sah er sogar in der anwachsenden Mitgliederzahl mancher Jugendverbände ein Problem: »Für einige Jugendverbände sind ihre großen Zahlen bereits zu einer erheblichen Gefahr geworden. Anstelle von Jugendgemeinschaften treten dann auch im Jugendverband leicht ›institutionelle Zusammenkünfte‹, die nicht mehr das Ziel haben, dem Jugendlichen zu einer echten Gewissensbindung zu verhelfen« (ebd., S. 33).

So erweist sich bei genauerem Hinsehen, daß in dem »jugendbewegten Pathos«, in dem Jugend als gesellschaftverändernde, innovative Kraft angesprochen wurde, bereits der sozial kontrollierende und regulierende Ton der Restauration mitschwingt. »Im Bereich der jugendlichen Lebensformen setzte die ... Restauration bereits zu dem Zeitpunkt ein, als das möglicherweise als Unruheherd auftretende Jugendpotential durch die großen Verbände eingehegt und angepaßt wurde. Wirklich *autonome* Jugendgruppen machten in diesem Spektrum nur eine winzige Minderheit aus. Nur in einer sehr kurzen Zeit war dieses jugendliche Potential von verschiedenen zeitkritischen Beobachtern und weitsichtigen Aufklärern als wichtiges Erneuerungselement der Gesellschaft beschworen worden, doch blieben mit dem schnell Priorität gewinnenden materiellen Wiederaufbau die meisten aufklärerischen Anfangsimpulse auf der Strecke. Zunächst als große Unbekannte und zugleich als Hoffnungsträgerin apostrophiert, wurde die Jugend im gleichen wachsenden Ausmaß in den Griff genommen, wie die restaurativen Kräfte Tritt fassen konnten« (Reulecke 1993, S. 86 f.).

2. Wendepunkt: Aufgaben einer vergesellschafteten Jugendarbeit

Die innere Widersprüchlichkeit der jugendbewegten Traditionen und die restaurative Beschwörung des Mythos Jugend führten in der Praxis der Jugendarbeit Mitte der fünziger Jahre zu unübersehbaren Problemen. Die Jugendverbände selbst riefen die Krise der Jugendarbeit aus: mangelnde Beteiligung der Jugend an Veranstaltungen, schrumpfende Mitgliederzahlen, kaum spürbare Eigeninitiative der jugendlichen Verbandsmitglieder, Vorherrschen von Betriebsamkeit, Ratlosigkeit hinsichtlich der Ziele und Formen und Resignation auf Seiten der Mitarbeiter.

Die auf freie Jugendgeselligkeit, Einfügung in Jugendgruppen, auf jugendbewegte Gemeinschaftsvorstellungen ausgerichtete Verbandsgruppenarbeit erreichte die junge Nachkriegsgeneration und deren Lebensstil nicht. Sie stieß sich auch an den skeptischen und individualistischen Einstellungen, die H. Schelsky der Nachkriegsgeneration attestierte (vgl. Schelsky 1957). Hinzu kam, daß mit wachsendem Wirtschaftsaufschwung und wachsender Faszination von Konsum- und Freizeitmöglichkeiten die aus der Tradition der Jugendbewegung übernommenen asketischen Ideale (einfaches Leben, Sparsamkeit, Selbstdisziplin, Lager und Fahrt statt Tourismus usw.) nicht mehr vermittelbar waren. Wie die zeitgenössischen Jugendstudien herausfanden, war die junge Generation eher erwachsenenorientiert, strebte eher danach, möglichst bald den Erwachsenenstatus und damit die soziokulturelle Mündigkeit, den Zugang zu Konsum und Partnerschaft zu erwerben; sie war aber kaum an einem Jugendreich interessiert. Schelskys Thesen über die skeptische Generation (vgl. Schelsky 1957) griffen zum einen die von den Verbänden alltäglich erfahrenen Probleme auf und bestätigten sie. Sie lieferten zum anderen einen Interpretationsrahmen, der die Wortführer der Jugendarbeit stark verunsicherte. Es erschien unvermeidlich, daß man sich kritisch mit den restaurativ übernommenen Traditionen auseinandersetzte und an der Entwicklung neuer Konzepte, eines neuen Selbstverständnisses und akzeptierbaren Aufgabenprofils arbeitete.

Im September 1954 berief der Deutsche Bundesjugendring in der Heimvolkshochschule Fürsteneck eine Konsultation ein, die sich mit den überall aufbrechenden Fragen und »Krisen« befassen und ihre Hintergründe analysieren sollte. Sie stand unter dem Thema

»Zwischen Restauration und neuer Jugendbewegung«. Die als »Fürstenecker Gespräch« veröffentlichten Ergebnisse wurden zum ersten konzeptionellen Verständigungspapier der Jugendverbände im Nachkriegsdeutschland. Heiner Lades, ein von der Jugendbewegung geprägter »Mann der ersten Stunde«, stellte in seinem Hauptreferat die Diagnose folgendermaßen:

»Der Vorwurf der ›Restauration‹ trifft auch die heutige Jugendarbeit. Man sagt uns: Ihr habt nach 1945 Jugendverbände gegründet wie vor 30 Jahren. Man singt in ihnen Volkslieder, man treibt Sport, man geht auf Fahrt und in das Lager, ganz wie damals. Diese Lebensformen aber, die in der Zeit der Jugendbewegung Ausdruck einer geistigen Auseinandersetzung mit den Unwerten der Umwelt waren, sind heute weithin nur noch Tradition. Die da und dort vorhandenen neuen Impulse im Politischen und im Sozialen ermangeln der schöpferischen Kraft, um zu neuer Bewegung zu führen« (Lades 1954, S. 492).

Er versuchte in seinem Beitrag, einen Aufgabenkatalog für die Jugendverbände zu entwickeln, in dem sich bereits neue gesellschaftsbezogene Sichtweisen andeuten, die mit den Traditionen der Jugendbewegung brechen und einen Katalog von sozialpolitischen und sozialisatorischen Aufgaben darstellen:

»1. Wir wollen junge Menschen sinnvoll beschäftigen, damit sie ihre Fähigkeiten entfalten können und Lebensfreude gewinnen.
2. Wir wollen jungen Menschen Erholung von der Arbeit im Beruf und in der Schule bieten.
3. Wir wollen junge Menschen beruflich, kulturell, politisch und religiös bilden.
4. Wir wollen Nachwuchs gewinnen für unsere politischen Auffassungen, für unsere Kirchen, unsere Erwachsenenorganisationen.
5. Wir wollen die Jugend vor Gefährdungen aller Art schützen, vor der Arbeitslosigkeit, vor ›der Straße‹, vor dem Absinken in die Kriminalität« (Lades 1954, S. 492).

Der Pfadfinderführer Heinrich Karsch entwickelt 1956 in einer Weiterführung des bündischen Verständnisses von jugendbewegtem Pfadfindertum das Konzept des »Lebenspfadfindertums«, in dem der Bruch mit dem »eigenständigen Jugendreich« und die Hinwendung zur Gesellschaft deutlich werden. Mit dem Konzept »Lebenspfadfindertum« »ist nicht eine verlängerte Jugendzeit gemeint ... Familie, Beruf, Volk, Kirche und Staat, das sind für uns immer die entscheidenden Aufgabenbereiche ... Unsere ... Gemeinschaft ist Übungsplatz für die Gemeinde, Familie, Beruf, Volk und Staat« (Karsch, zit. nach Kelterborn 1981, S. 46). Ein Jahr später deutet Peter Krusche, damals bayerischer Landesjugendpfarrer, die Situation in einem Referat vor dem Hauptausschuß des Bayerischen Jugendrings mit einem ganz ähnlichen Blickwechsel: »Falsch wäre es, die jungen Menschen auf ihre Jugendlichkeit hin anzusprechen und sie in einem gewissen eigenen ›Jugendreich‹ zu kultivieren. Der beste Beitrag zur Jugendarbeit wird heute nicht mehr unter dem etwas selbstherrlichen Motto »Jugend und Jugendbewegung« geleistet, sondern im Hineinstellen der Jugend in die gesamte Gesellschaftsordnung, die das gegebene Bewährungsfeld auch für den jungen Menschen ist« (Krusche, zit. nach Jürgensen 1980, S. 113).

An solchen Beispielen, die sich beliebig vermehren ließen, zeigt sich, daß die Jugendverbände dabei sind, endgültig von den Leitbildern der Jugendbewegung Abschied zu nehmen und ein neues Leitbild herauszuarbeiten, eines, das in der Erklärung von St. Martin, fünf Jahre später, »vergesellschaftete Jugendarbeit« genannt wird. In diesem berühmt gewordenen Ergebnis des »Grundsatzgesprächs des Deutschen Bundesjugendrings« in St. Martin/Pfalz aus dem Jahre 1962 formulierten die im Deutschen Bundesjugendring zusammengeschlossenen Verbände ihr neues Selbstverständnis.

3. Die sozialstaatliche Institutionalisierung der Jugendverbände

3.1 Die besondere Art der Pädagogisierung

Erste Voraussetzung für die Institutionalisierung der Jugendarbeit als gesellschaftlicher Aufgabe war die Abkehr von jener gesellschaftsdistanzierten Haltung, die sich in der Jugendbewegung herausgebildet und die in Jugend und Jugendarbeit die »bessere Alternative« zur Erwachsenen- und Institutionengesellschaft gesehen hatte. Erst das Abgehen von jener Sichtweise, Jugendarbeit sei ein (von der Gesellschaft abzugrenzendes) »autonomes Jugendreich«, ermöglichte es, die Frage als legitim zu akzeptieren und zu beantworten: Was leistet unsere Arbeit *für* die Gesellschaft?

Dieser Abschied von den Leitbildern der Jugendbewegung und die Herausarbeitung des neuen Leitbildes der *»vergesellschafteten Jugendarbeit«* hat – wie gesagt – bereits in der Mitte der fünfziger Jahre begonnen und – wie die Diskussion auf dem Fürstenecker Gespräch zeigte – zunächst zu großen Kontroversen um das Selbstverständnis der Jugendverbände geführt. Die Erklärung von St. Martin markiert bereits den Endpunkt der Debatten, einen neuen Konsens nach fast achtjähriger Diskussion. In dem in zehn Thesen zusammengefaßten Ergebnis des »Grundsatzgesprächs« heißt es:

»1. Die Jugendverbände verstehen sich als Glieder der Gesellschaft. Sie sehen ihr Aufgabenfeld im außerschulischen Bildungs- und Erziehungsbereich. Sie erfüllen bewußt eine ergänzende Erziehungsfunktion neben Elternhaus und Schule und isolieren sich dabei nicht vom gesellschaftlichen Leben. Ein ›autonomes Jugendreich‹ wird nicht angestrebt.

2. Das pädagogische Wirken der Jugendverbände wird vor allem dadurch gekennzeichnet, daß in ihren Gemeinschaften durch und auf Gegenseitigkeit hin erzogen wird. Leiter und Jugendliche und die jungen Menschen untereinander selbst stehen in einer ständigen Wechselbeziehung erzieherischer Einflüsse ...

3. Die Jugendverbände orientieren sich in ihrer Arbeit an Erziehungsleitbildern und weitgesteckten Aufgaben, die auf das Leben der Gesamtgesellschaft gerichtet sind. In ihren Gruppen werden menschliche Tugenden und Wertvorstellungen vermittelt. Darüber hinaus trägt schon die Bildungsarbeit der kleinen Gemeinschaften dazu bei, den Aufbau der Großgesellschaft überschaubar zu machen. Den unmittelbaren Bezug zur Großgesellschaft stellen die Verbandsorganisationen dar, in welche die Gruppen eingeordnet sind. So wird auch das Einüben von Verhaltensweisen in der demokratischen Massengesellschaft möglich.

4. Die Erziehungs- und Bildungsarbeit in den Jugendverbänden dient neben der Freizeiterfüllung vor allem der Einführung des jungen Menschen in seine späteren Aufgabenkreise. Es werden ihm seine Pflichten und Rechte innerhalb der Familie, im Rahmen des Berufs- und Arbeitslebens und in Politik und Gesellschaft deutlich gemacht. Die politische Bildung erfor-

dert dabei ein besonderes Schwergewicht« (Deutscher Bundesjugendring 1962, S. 449 f.).

Der Bundesjugendring selbst nennt dieses neue Verständnis – im Anschluß an eine Begriffsprägung von Heinz-Georg Binder, seinem damaligen Vorsitzenden, »vergesellschaftete Jugendarbeit«. Sie nimmt diese Bezeichnung in Anspruch, weil sie eine Notwendigkeit für die Gesellschaft in ihrer Sorge um die Jugend darstellt und weil sie – stellvertretend für den Staat – gesellschaftliche Aufgaben übernimmt. Das neue Konzept gründet sich

- auf ein neues Verständnis von Jugendarbeit als Erziehungs- und Bildungsarbeit, als »ergänzende Erziehungsfunktion neben Elternhaus und Schule«;
- auf das pädagogische Ziel des »Einübens von Verhaltensweisen in der demokratischen Massengesellschaft«, auf die »Einführung des jungen Menschen in seine Erwachsenenrollen in Familie, Beruf und Gesellschaft«.

Die Thesen machen aber auch die zweite Seite der Vergesellschaftung deutlich: Das Aufgeben der gesellschaftsdistanzierten Haltung und die Akzeptanz gesellschaftsbezogener Aufgaben verbinden sich mit einer Pädagogisierung sowohl der Ziele wie der Praxis der Jugendarbeit. Die Gruppen der Jugendarbeit sollen keine sich selbst genügenden Zellen eines autonomen Jugendreiches mehr sein, sondern »Aufgaben, die auf das Leben der Gesamtgesellschaft gerichtet sind«, übernehmen. In der 6. These der Erklärung heißt es: »Die Gruppe, soweit sie nicht romantisch, emotional oder ideologisch verstanden wird, hat sich als überschaubare, auf längere Sicht bindende soziologische Einheit in den Jugendverbänden erhalten und bewährt. Sie ermöglicht am relativ aussichtsreichsten den Erfolg der Erziehungs- und Bildungsarbeit ... Dabei ist sie offener und damit aufnahmefähiger für den jungen Menschen unserer Zeit geworden, der seine Bindungen oft lieber nach nüchternen Gesichtspunkten der Zweckmäßigkeit und nach besonderen Interessen und Neigungen sowie auf begrenzte Zeit eingeht. Auch haben die Gruppen der Jugendverbände moderne Formen entwickelt und Tätigkeiten in ihre Programme aufgenommen, die breite Kreise der Jugend ansprechen« (ebd., S. 450).

Hier schimmert deutlich das unter der Herausforderung durch Schelskys *Skeptische Generation* veränderte Bild der jugendlichen Adressaten durch die Formulierungen. Hatten die Verbände zunächst solche »zweckmäßigen« und »distanziert-skeptischen« Einstellungen Jugendlicher als »bindungsunfähig«, »oberflächlich« und »materialistisch« gleichsam moralisch diskreditiert, so kommen sie ihnen jetzt, soweit es geht, durch eine Öffnung von Gruppen und Programmen entgegen. Ja, sie gewinnen Schelskys jugendtheoretischer Konzeption (Jugend als Statuspassage und biographischer Übergang) sogar neue positive Aufgaben ab: Jugendverbände sollen mitwirken an der Aufgabe der pädagogischen Begleitung junger Menschen beim Übergang von der Kindheit in die Erwachsenenwelt, also an der »Einführung des jungen Menschen in seine späteren Aufgabenkreise«. Da an dieser Aufgabe aber auch Familie und Bildungswesen beteiligt sind, kommt der Jugendarbeit hierfür keine ausschließliche Kompetenz zu, sondern »eine ergänzende Erziehungsfunktion neben Elternhaus und Schule«. Jugendarbeit reklamiert für sich den Anspruch, neben diesen beiden das »dritte Sozialisationsfeld« im Jugendalter zu sein. »Mit den betonten Hinweisen auf Bildung und Erziehung der Jugendlichen näherten sich die Verbände den Leitvorstellungen der Schule und Erwachsenenbildung ... Jugendarbeit wurde zur dritten Erziehungsinstitution neben Elternhaus und Schule bzw. Betrieb« (Giesecke 1980, S. 32).

Vor allem aber ermöglichte dieser Pädagogisierungsprozeß die Ausfaltung einer »pädagogischen Theorie« von Jugendarbeit, wie sie schon zwei Jahre nach der Erklärung von St. Martin in den *Vier Versuchen* von Müller, Kentler, Mollenhauer und Giesecke (vgl. Müller u. a. 1964) vorgelegt wurde. Dieses im Nachgang zu einer Tagung entstandene Buch legte die Grundlage für eine lange Reihe der sogenannten »Konzeptionen« der Jugendarbeit, die vor allem in den siebziger und achtziger Jahren entwickelt wurden (vgl. Böhnisch 1973; Damm/Eigenbrodt/Hafeneger 1990). Die vier Autoren versuchten dabei, jeweils aus ihrer Perspektive heraus die pädagogischen und sozialisatorischen Aufgaben der Jugendarbeit zu bestimmen und auszuformulieren. Sie lieferten damit so etwas wie eine »pädagogische Theorie« der Jugendarbeit, die es bis dahin nicht gegeben hatte. Seither war nicht mehr umstritten, daß Jugendarbeit als Teil des Sozialisationssektors zu betrachten war und erzieherische Aufgaben hatte. Dies galt selbst für die im Nachgang zu der 68er Bewegung entstandene Konzeption der »antikapitalistischen Jugendarbeit« mit ihrem vordergründig antipädagogischen Zungenschlag. Obwohl dort die Ziele und Inhalte anders – nämlich antikapitalistisch – bestimmt wurden, blieb die Konzeption insgesamt doch eine pädagogische. Im Jahr 1971 schließlich legte Hermann Giesecke unter dem schlichten Titel *Die Jugendarbeit* eine Theorie vor, die unter dem Leitbegriff »Emanzipation« die pädagogischen Gedanken der *Vier Versuche* wieder aufgriff und in der Auseinandersetzung mit den kritischen Ansätzen der Schüler- und Studentenbewegung weiterführte. In immer neuen Auflagen nachgedruckt, blieb dieses Buch für lange Zeit »das« Standardbuch, in dem die Sozialisationsaufgaben der Jugendarbeit theoretisch fixiert wurden.

Das neue Selbstverständnis einer vergesellschafteten Jugendarbeit, wie es in der Erklärung von St. Martin zum Ausdruck kam, und die theoretisch-pädagogische Grundlegung durch die *Vier Versuche* sowie durch Gieseckes *Die Jugendarbeit* markieren den für die Nachkriegszeit so wesentlichen Prozeß der »Pädagogisierung« der Jugendverbände. Damit war eine zentrale Voraussetzung für die Institutionalisierung der Jugendarbeit als einer Sozialisationsinstitution eingelöst.

Die Frage aber, in welchen organisatorischen Formen und in welchem Verhältnis zu Schule, Bildungswesen und Staat diese Institutionalisierung geschehen sollte, war damit noch nicht beantwortet. Sie brach auf, als in den siebziger Jahren im Gefolge der Curriculum- und Bildungsreformdebatte über die Aufgaben der Schule neu nachgedacht wurde. Die Bemühungen um die erzieherische Ausgestaltung der Schule, wie sie insbesondere im Umfeld der Gesamtschuldebatten sichtbar wurden, brachten die Jugendarbeit in eine schwierige Situation, gerade wegen ihres Selbstanspruches, Teil des Erziehungssektors zu sein. Nach dem im Bildungsgesamtplan im Jahre 1973 aufgestellten Programm einer »Neuvermessung der Bildungslandschaft« sollte auch die Jugendarbeit Teil des umfassend konzipierten Bildungssystems werden und in eine organisatorisch und curricular reformierte Schule (Gesamtschule, Ganztagsschule) integriert werden.

Dies bedeutete eine Herausforderung der Jugendarbeit. Sie mußte einerseits fürchten, ihre Eigenständigkeit und organisatorische Unabhängigkeit, ihre verbandsstrukturelle Pluralität zu verlieren. Andererseits sah sie sich aber auch herausgefordert, sich von der spezifisch schulischen Pädagogik abzugrenzen und die besondere Art ihres Erziehungsstils sowie ihre Lernziele zu präzisieren. Kurz: die Debatte zwang sie zu einer weiteren Klärung ihres Profils: »In der Auseinandersetzung mit diesen programmatischen Bedrohungen hat Jugendverbandsarbeit ihr eigenes programmatisches Profil entwickelt und geschärft: als ein soziales Feld für Jugendliche, in dem unter Voraussetzung gering organisierter, herrschaftsarmer, für Bedürfnisse offener Beziehungen selbstbestimmtes Leben, Lernen und Handeln als ein wechselseitig fruchtbarer Zusammenhang möglich sein soll« (Schefold 1991, S. 155). Es liegt auf der Hand, daß dieses Profil sich erheblich an der organisatorischen und curricularen Konstruktion von Schule stößt. Es läßt sich nicht schulisch institutionalisieren, sondern erfordert einen »selbst bestimmbaren sozialen Ort«, »Lern- und Erlebnisangebote ..., die mit den objektiven Problemen des individuellen Lebenslaufs wie der Zukunft der Gesellschaft zu tun haben« sowie die »Chance, Lernprozesse auch in politisch wirksame Handlungen umzusetzen« (ebd., S. 160). Jugendarbeit – so wurde herausgearbeitet – ist bezogen auf Lernprozesse, die »ganzheitliche« Erfahrungen in einem offen strukturierten, partizipationsoffenen Setting voraussetzen. Dies setzt sie einerseits in die Lage, sich besonders flexibel den jugendlichen Bedürfnissen (vgl. Damm 1975, 1980) oder Lebenslagen (vgl. Böhnisch/Münchmeier 1987) anschmiegen zu können. Es bereitet ihr andererseits aber besondere Schwierigkeiten, ihre Lernziele zu »operationalisieren« und ihre »Effektivität« nachzuweisen. Bis heute schafft dies immer wieder besondere Legitimationsprobleme, die nur um den Preis einer stärkeren »Curricularisierung« zu lösen wären. Die teilweise durchaus auch von Jugendarbeitstheoretikern selbst unternommenen Versuche, solche Curricula für die Jugendarbeit zu entwickeln, die diese Verengungen vermeiden (vgl. v.a. Sielert 1976), sind nicht zuletzt deshalb gescheitert (vgl. Münchmeier/Sander 1983).

Je weniger freilich im weiteren Verlauf der Bildungsreformpolitik der Anspruch eingelöst wurde, Schule zu einem die Grenzen der herkömmlichen Institution überschreitenden Lebensort umzugestalten und Leben, Lernen und Handeln zu integrieren, desto weniger erwies es sich als möglich, das pädagogische Profil der Jugendarbeit in die Schule zu integrieren und in schulischen Formen zu realisieren. Jugendarbeit behielt und sicherte damit ihre eigenen, typischen Institutionalisierungsformen. Ihre Stabilisierung und Verstetigung erfolgte weniger durch die Operationalisierung der Lernziele von Jugendarbeit, sondern durch ihre Einbeziehung in spezifische rechtliche Regelungen und Verfahrensweisen der Jugendförderungspolitik (vgl. 3.3).

3.2 Die besondere Art der Professionalisierung

Implizit enthält die Erklärung von St. Martin auch eine »theoretische Legitimation« für eine Professionalisierung des pädagogischen Auftrags der Jugendverbände: »Bei der Übernahme dieser gesellschaftlichen Aufgaben im Bereich der Jugendsozialarbeit und Jugendpflege stehen die Jugendverbände ständig vor dem Problem der Überlastung«, da sie weitgehend auf ehrenamtliche Mitarbeiter angewiesen seien und daher »ihrem Engagement in zusätzlichen Außenaufgaben Grenzen gesetzt sind« (Deutscher Bundesjugendring 1962, S. 451).

Die Übernahme gesellschaftlicher Aufgaben von Jugendbildung und -erziehung überzieht, so lautet das Argument, die Leistungsfähigkeit einer rein ehrenamtlichen Struktur und erfordert hauptamtlich-berufsmäßig tätige Mitarbeiter. Verberuflichungsnotwendigkeit und Professionalisierungschance ergeben sich gleichermaßen aus der Integration der Jugendarbeit in das Erziehungs- und Bildungssystem: Jugendarbeit als dritte Erziehungsinstanz braucht zur Sicherung ihrer Erziehungsfunktionen eine über das ehrenamtliche Element hinausreichende Fachlichkeit. Der Bildungsgesamtplan von 1973 hat dieses Verständnis aufgegriffen und den Bedarf an hauptamtlichen »Jugendbildungsreferenten« anerkannt.

Hierin wird eine weitere Abkehr von den Traditionen der Jugendbewegung sichtbar. Deren Parole »Jugend wird durch Jugend geführt« wandte sich – vor dem Hintergrund negativer Erfahrungen mit schulischer Erziehung – gegen das Erziehungsprivileg der älteren Generation und plädierte für ein System der »Gleichaltrigenerziehung« (vgl. auch Gängler, in diesem Band). Noch in der Nachkriegsjugendarbeit, insbesondere in der Verbandsjugendarbeit, waren hauptberufliche Jugendleiter deshalb auch die seltenen Ausnahmen; es dominierte ganz eindeutig das ehrenamtliche Moment. Erst in der Folge der wachsenden Vergesellschaftung der Jugendarbeit begann sukzessive der Ausbau einer hauptamtlichen Struktur in nennenswerten Umfang. Seither hat sich die Situation einschneidend gewandelt. Statistische Erhebungen belegen den angestiegenen Grad der Verberuflichung (vgl. Rauschenbach 1991b). Nach den letztverfügbaren Zahlen sind etwa 21300 Personen hauptberuflich in der Jugendarbeit tätig. Davon besitzen etwa 40% eine (sozial-) pädagogische Ausbildung.

Verberuflichung bedeutet nun aber nicht, daß die ehrenamtlichen durch hauptberufliche Mitarbeiter ersetzt werden. Im Gegenteil: Noch immer ist Jugendarbeit ohne ehrenamtliches Engagement nicht denkbar, von der verbandlichen Gruppenarbeit bis zur offenen Arbeit in Jugendhäusern. In allen Feldern der Jugendarbeit kommen auf einen hauptamtlichen fast hundert ehrenamtliche Mitarbeiter (vgl. Rauschenbach 1991a, S. 168 f.; Sauter/Schrödinger 1990). Dieses Überwiegen der Anzahl ehrenamtlicher Mitarbeiter darf keineswegs als ein äußeres Kennzeichen für eine mißlungene Professionalisierung der Jugendarbeit mißverstanden werden. Der Prozeß der Professionalisierung knüpft eben nur teilweise an die vorhandene ehrenamtliche Struktur an. Er beruht nicht auf der Substitution ehrenamtlicher Tätigkeit durch berufsmäßig und hauptamtlich ausgeübte Tätigkeit. Er bedeutet vielmehr die Herausbildung einer neuen Struktur neben und zusätzlich zur Ehrenamtlichkeit. Dies bedeutet, daß die Hauptamtlichen *andere* Funktionen und Aufgaben als die Ehrenamtlichen haben, nämlich solche, die mit dem Pädagogisierungs- und Institutionalisierungsprozeß zusammenhängen. Sie haben die Aufgabe, für die beständige pädagogische Reflexion der Praxis der Jugendarbeit und ihre pädagogische Weiterentwicklung zu sorgen. Äußerer Hinweis darauf ist die Tatsache, daß eine der Hauptaufgaben der Berufskräfte von Anfang an darin lag, ehrenamtliche Mitarbeiter zu beraten, auszubilden und zu qualifizieren, ihnen Konzeptionen, Methoden und Praxiswissen zu vermitteln, sie in Jugendkunde und Gruppenpädagogik einzuführen. Professionalisierung bewirkt jene für soziale Institutionen unabdingbare »Steigerung der Reflexionsfähigkeit« und sorgt für die »Fähigkeit zur Selbstbeobachtung und Selbstbeschreibung« (Willke 1989, S. 122). Die Fähigkeit zur Selbstbeschreibung wiederum ist eine der zentralen Vorbedingungen zur Bestandserhaltung, sie ist unentbehrlich für die beständig notwendige Legitimation gegenüber Politik und Öffentlichkeit. Eine Zeitschrift wie z. B. *deutsche jugend* ist Bühne und Medium für diesen Selbstbeobachtungsdiskurs von »Professionellen«.

Anders als die ehrenamtlichen haben hauptamtliche Mitarbeiter aber auch die Aufgabe, die Strukturen, die zeitliche Kontinuität und die Stabilität der Organisationsformen der Jugendarbeit zu reproduzieren. Sie haben deshalb nicht nur pädagogische Aufgaben im engeren Sinn, sondern auch organisatorische, verwaltende, managementbezogene Tätigkeiten zu verrichten. Gerade weil »Verberuflichung« der Jugendarbeit nicht die Substitution der ehrenamtlichen durch eine berufliche Struktur bedeutet, läßt sich das Tätigkeitsprofil der Berufskräfte nicht allein als ein pädagogisches zeichnen (vgl. Böhnisch/Münchmeier 1992, S. 201 ff.).
Da es in der Jugendarbeit nur selten um Wissens- oder Stoffvermittlung, häufig dagegen um Fragen des Lebensstils, der biographischen Entscheidungen, um politische Orientierungen, um soziales Engagement geht, bringt die Doppelstruktur bei den Mitarbeitern gleichsam symbolisch zum Ausdruck, daß ihre Praxis der Rückbindung und Rückvermittlung mit der gesellschaftlichen Praxis in ihren vielfältigen Facetten und Wertorientierungen bedarf. Ehrenamtliche in der Jugendarbeit signalisieren eine pädagogische Praxis, für die ein »Erzieher-Zögling-Gefälle« oder ein »Lehrer-Schüler-Verhältnis« kontraproduktiv wäre. Das ehrenamtliche Element verhindert, daß der Professionalisierungsprozeß in der Jugendarbeit Egalisierungs- und Sozialpädagogisierungseffekte hervorruft, die weltanschaulich gebundene Vielfalt einebnet oder die Praxis an den adressatenspezifischen Bedürfnissen vorbei pädagogisch-didaktisch durchgestaltet und verregelt wird.

3.3 Die besondere Art der Verrechtlichung

In dem Maß, in welchem Jugendarbeit sich aus einer vorwiegend privat-partikularen Organisation zu einer öffentlichen, gesellschaftlichen Aufgabe für potentiell alle jungen Menschen entwikkelt, wird ihre Verrechtlichung unumgänglich. Nach dem im Grundgesetz festgeschriebenen Verständnis bedarf jede Form der öffentlichen Erziehung einer rechtlichen Legitimation – schon angesichts des grundgesetzlich verbrieften Erziehungsprivilegs der Eltern. Mit der rechtlichen Anerkennung als öffentliche Aufgabe reklamiert der Staat die Zuständigkeit für Jugendarbeit für sich und tritt mit dem Anspruch der Ordnung und Regulierung dieses Praxisbereichs auf. Dies geschieht bereits durch die rechtlichen Normierungen im Jugendwohlfahrtsgesetz bzw. heute durch das seit dem 1. 1. 1991 in Kraft getretene »Kinder- und Jugendhilfegesetz« (SGB VIII).

Jedoch kann dem Staat nicht an einer konsequenten Verstaatlichung dieses Handlungsfeldes gelegen sein. Dies würde nicht nur zu drastisch höheren Kosten führen (vgl. Sauter/Schrödinger 1990). Dies würde insbesondere einen Glaubwürdigkeitsverlust der Praxis heraufbeschwören, wie es alle historischen Erfahrungen mit staatlich oder quasi staatlich organisierter Jugendarbeit z. B. zur NS-Zeit oder in der ehemaligen DDR zeigen. Die der Jugend von seiten der Nachkriegsjugendforschung immer wieder attestierte Staats-, Politik- und Institutionsdistanz würde sich dadurch eher verstärken und ihr Abbau verhindert werden. Die Funktion der Jugendarbeit als eigenbestimmter und selbstorganisierter Lebensbereich für Jugendliche würde konterkariert.

Mit der Anerkennung als öffentlicher Aufgabenbereich entsteht zum anderen das Problem, wie der Leistungsumfang dieser Aufgabe festgelegt und wie die mit dem öffentlichen Charakter der Aufgabe verbundene Gewährleistungsverpflichtung sichergestellt werden kann. Das heißt für den Staat: wie sein Regulierungsanspruch durchgesetzt, seine Leistungsverpflichtung jedoch begrenzt werden kann.

Und schließlich darf die Verrechtlichung der Jugendarbeit nicht zu einer Standardisierung und Fixierung der Inhalte und Ziele, zur Festlegung eines Fächerkanons wie in der Schule führen. Jugendarbeit ist nur als »Lernfeld mit stets wechselnden Bedeutungen« (Giesecke) vorstellbar, dessen Inhalte und Formen flexibel, für spontane Situations- und Bedürfniskonstellationen offen sein müssen. Da sich die jugendlichen Erwartungen kaum festlegen lassen, benötigt Jugendarbeit kreativen Spielraum, Freiraum zum experimentellen Probieren und plurale Vermittlungsformen.

Die Verrechtlichung muß also in Formen vollzogen werden, die diese Widersprüche »stillstellen« können; sie erfordert »brauchbare Verschränkungen von Kontextbedingungen und Autonomiespielräumen ... Vorkehrungen für die Institutionalisierung von Heterogenität« (Willke 1989, S. 59). Diese Verschränkungen und Vorkehrungen sind:

– Das Prinzip der Subsidiarität: Der Bereich der Jugendarbeit ist nach dem Grundsatz der Subsidiarität und Partnerschaft zwischen öffentlich-staatlichen (v.a. Gemeinden) und freien Trägern (v.a. Jugendverbände) geregelt. Nach dem sogenannten »Subsidiaritätsurteil« des Bundesverfassungsgerichts aus dem Jahre 1967 bedeutet dies, daß öffentliche und freie Träger zum Zweck der »Erzielung des bestmöglichen Erfolgs durch Koordinierung öffentlicher und privater Anstrengungen« zusammenwirken sollen. Durch die Teilhabe der freien Träger an der öffentlichen Aufgabe werden sie mit dem Staat in eine gemeinsame Verantwortung eingebunden.

– Korporative Struktur: Der Staat beteiligt die Verbände an der Festlegung und Fortschreibung der Grundsätze, Richtlinien und Zielbestimmungen des Handlungsfeldes. »Charakteristisch für (neo-)korporatistische Arrangements ist, daß gesellschaftliche Organisationen und Verbände neben ihrer Aufgabe der Repräsentation von partikularistischen Interessen ihrer jeweiligen Mitgliederbasis zusätzlich Regierungsfunktionen übernehmen und daher einen quasi öffentlichen Status erhalten. Indem sie den Staat bei seinen Steuerungs- und Ordnungsaufgaben entlasten, geht ein Teil der Kompetenzen parlamentarisch-repräsentativer Institutionen (Parlamente, Ausschüsse) und Exekutive (etwa der Ministerialbürokratie) in die Zuständigkeit dieser gesellschaftlichen Organisationen und Verbände über ...« (Olk 1991, S. 132 f.).

Beide Strukturmuster (Subsidiarität und Korporatismus) zeigen sich mit voller Deutlichkeit *und* Strittigkeit im Bereich der Jugendförderungspolitik, insbesondere am Beispiel des »Bundesjugendplans«. Er wurde 1950 zum erstenmal zur Förderung der Jugendarbeit aufgelegt und mit 17,5 Mio. DM ausgestattet; im Jahr 1989 stellte er insgesamt Mittel in Höhe von 466 Mio. DM zur Verfügung (vgl. Müller-Stackebrandt 1980, 1991). Dieses als »gesetzesfreie Fondsverwaltung« konzipierte Förderungsinstrument des Bundes ermöglicht der Bundesbehörde die Vorgabe inhaltlicher Ziele, die Steuerung der Praxis entlang bestimmter Prioritätensetzungen und die Kontrolle der Verbände über Förderungsanträge und -abrechnungen bis hin zum Förderungsentzug. Deshalb sind die Verbände sehr stark daran interessiert, auf die Jugendförderungspolitik Einfluß nehmen zu können und bei der Festlegung von Zielen und Erarbeitung von Richtlinien beteiligt zu werden. Diesem wechselseitigen Interessenausgleich dienen bestimmte Verfahren (z.B. Anhörungen) und Gremien (z.B. Kommissionen), in denen der Staat als »semi-souveräner Akteur« auftritt. Dies muß durchaus keinen Verlust an effektiver Steuerung bedeuten; denn die Beteiligung der Verbände »an der Bestimmung der kontextuellen Parameter schafft die Voraussetzung dafür, die jeweilige Selbststeuerung auf die Prämissen der Kontextsteuerung auszurichten, also eine Selbstbindung über Partizipation zu erreichen. Man könnte von einem Prinzip der *Ordnung durch Selbstbindung* sprechen« (Willke 1989, S. 59; Hervorhebung im Original).

4. Mit Widersprüchen leben. Jugendverbände zwischen privater Organisation und öffentlicher Aufgabe

Im Prozeß der Vergesellschaftung hat Jugendarbeit die Traditionen der Jugendbewegung aufgebrochen und hat quasi öffentliche Aufgaben der Sozialisation im Jugendalter übernommen. Dies bedeutet aber nicht, daß sie damit die Grundkonzepte und Ansprüche der Tradition völlig hinter sich gelassen hat. Wie wir gesehen haben, hat sie vielmehr spezifische Muster der Pädagogisierung, Institutionalisierung und Verrechtlichung entwickelt, in denen das Erbe der Vergangenheit kompromißhaft mit den Ansprüchen einer neuen Situation vermittelt werden sollte. Die Entwicklung der Jugendverbände blieb trotz aller Wandlungen stets auch der »Kontinuität« verpflichtet. Aus dieser Kontinuität beziehen sie – wie eingangs gesagt – einen großen Teil ihrer Identität und Legitimation.

Die Vergesellschaftung der Jugendverbände läßt sich deshalb auch – wie jeder Institutionalisierungsprozeß – als »widersprüchliche Balance zwischen divergierenden Anforderungen« (Willke) verstehen. Diese Widersprüche können nicht glatt gelöst oder zugunsten von Eindeutigkeiten entschieden werden. Ihre Ambivalenz auf die eine oder andere Seite zu kippen, würde nämlich nicht schlicht »Eindeutigkeit«, sondern vielmehr den Verlust an Handlungs- und Legitimationsfähigkeit und damit ein enormes Bestandsrisiko bedeuten. »Mit Widersprüchen leben« ist deshalb die unvermeidliche Aufgabe der »Jugendverbände im Spagat« (vgl. Rauschenbach 1994).

Die Jugendverbände bleiben ambivalente Organisationen. Sie

bleiben einerseits – und das ist das Erbe der Jugendbewegung – Organisationen jugendlicher Selbstorganisation und Interessenvertretung. So formuliert der Bundesjugendring in seinem 1994 publizierten »Grundsatzpapier«: »Jugendverbände sind und bleiben Selbstorganisationen von Kindern und Jugendlichen, bei denen die Mitgliedschaft freiwillig ist, und aufgrund der verschiedenen Verbandsprofile viele spezifische Identifikationsmöglichkeiten geschaffen werden« (Deutscher Bundesjugendring 1994, S. 207). Andererseits aber sind Jugendverbände immer auch Erziehungsinstitutionen, d. h. gesellschaftliche Vorkehrungen zur Sozialisation und Erziehung im Jugendalter. Sie sind typische »intermediäre Organisationen«, d. h. sie vermitteln die Interessen Jugendlicher in die Gesellschaft hinein (jugendpolitische Interessenvertretung) und üben umgekehrt gesellschaftliche Kontroll- und Integrationsinteressen gegenüber der Jugend aus (Erziehungsinstitutionen). Der von Giesecke für die Geschichte der Jugendarbeit herausgearbeitete »Grundkonflikt zwischen Emanzipation und Integration« hat sich durch ihre Vergesellschaftung nicht aufgelöst, sondern im Gegenteil zugespitzt.

Damit die Verbände diesen Grundkonflikt in der Balance halten können, können sie nicht einfach ein Erziehungsprogramm entwerfen und durchführen, sondern müssen die Interessen und Bedürfnisse der Jugendlichen einbeziehen. Sie müssen ihre Erziehungsziele gewissermaßen in die jugendliche Motivations- und Erwartungsstruktur einbetten. Dies verlangt eine im Unterschied zur Schule weitaus offenere Programmgestaltung. Für diese Seite der Vermittlung bedarf es vor allem der Abstützung durch eine ehrenamtliche Struktur. Insbesondere die Ehrenamtlichen sind die notwendigen Dolmetscher und Vermittler zwischen gesellschaftlich begründeten Lernzielen und subjektiven Bedürfnisartikulationen. Sie repräsentieren gleichsam zugleich den Verband (samt den hinter ihm stehenden Interessen der Erwachsenengesellschaft) und die jugendlichen Mitglieder.

Die notwendige Offenheit von Programmplanung und Aktivitätsformen korrespondiert mit der Nichtfestgelegtheit der jugendlichen Erwartungen und ihrem Bedürfnis nach Eigenaktivität. Andererseits aber verlieren die Gruppe wie der Verband ihr Profil und damit Attraktivität und Identität, wenn sie nicht ein deutlich konturiertes Programm von Angeboten aufstellen. Zwischen der Notwendigkeit eines Profils und dem – mit Rücksicht auf die

Interessenlagen und die Mitgestaltungsbedürfnisse der Jugendlichen ebenso notwendigen – Erfordernis der Offenheit besteht deshalb ein weiterer nicht auflösbarer Widerspruch. Das Prinzip Offenheit knüpft an Gieseckes Definition an: »Jugendarbeit ist ein Lernfeld mit stets wechselnden Bedeutungen« (Giesecke 1980, S. 150). Wie unterschiedlich diese Bedeutungen im konkreten Fall sein können, zeigt besonders deutlich eine bei Mitgliedern der Jugend der Deutschen Lebensrettungsgesellschaft durchgeführte empirische Untersuchung (vgl. Reichwein/Freund 1992). Nach dieser Studie kann der Jugendverband von den Jugendlichen als zweites Zuhause oder als Hilfe für bisher nicht bewältigte Entwicklungsaufgaben genutzt werden, aber auch als Ort biographischer Klärungsversuche und individueller Lebenshilfe oder schlicht als Kontrastprogramm im Alltag fungieren (vgl. ebd., S. 117ff.).

Diese zwar notwendigen aber höchst unterschiedlichen biographischen und lebensweltlichen Bedeutungen von Jugendverbandsarbeit erschweren den Nachweis von Zielerreichung und Effizienz ihrer Aktivitäten ganz enorm. Die den Jugendverbänden immer wieder zugemuteten Effektivitätsnachweise passen nicht in einfache Schemata der Verrechnung von Aufwand und Ertrag. Deshalb werden die Effizienzkriterien immer wieder formalisiert abgefragt, etwa als Nachweis einer hinreichend großen Mitglieder- oder Teilnehmerzahl. Aber auch dieser Indikator bleibt problematisch: Je offener nämlich Programme gestaltet werden und je stärker lebensweltorientiert die Aktivitätsformen ausgerichtet werden, desto unschärfer werden die Grenzen zwischen Verbandsgruppe und Lebenswelt, desto fließender werden die Übergänge zwischen formeller Verbandsarbeit und informeller Freundesclique.

Nach dem elitären Denken der Jugendbewegung konnten sich Verbände mit einer kleinen Zahl von Mitgliedern und Teilnehmern aussöhnen. Wichtiger als Masse waren ihr die klare weltanschauliche Ausrichtung und ein lebendiges Wertebewußtsein. Mit der Vergesellschaftung aber übernehmen die Verbände demonstrativ Aufgaben nicht mehr bloß gegenüber einer Minderheit, sondern tendenziell gegenüber der »gesamten jungen Generation« (wie es in der Erklärung von St. Martin heißt). Sie erfüllen nach ihrem Selbstverständnis wie im Verständnis des Staates, der sie mitfinanziert, eine »öffentliche Aufgabe«. Der den Verbänden immer wieder attestierte relativ geringe Organisationsgrad (seriöse Angaben schwanken in der Regel um ca. 30%; vgl. Rauschenbach 1991a) muß von da aus gesehen zu einem empfindlichen Legitimationsproblem werden. Der widersprüchliche Charakter der Verbände zwischen privat-partikularen Organisationen und zugleich quasi-öffentlichen Strukturen wird hier noch einmal deutlich.

Literatur

Albertin, L.: Jugendarbeit 1945. Neuanfänge der Kommunen, Kirchen und politischen Parteien in Ost-Westfalen-Lippe, Weinheim und München 1992.

Binder, H.-G.: Der Strukturwandel der Jugendarbeit, in: deutsche jugend, 10. Jg., 1962, Heft 10, S. 453-458.

Böhnisch, L. (Hg.): Jugendarbeit in der Diskussion. Pädagogische und politische Perspektiven, München 1973.

Böhnisch, L./Münchmeier, R.: Wozu Jugendarbeit? Orientierungen für Ausbildung, Fortbildung und Praxis, Weinheim und München ³1992.

Böhnisch, L./Gängler, H./Rauschenbach, Th. (Hg.): Handbuch Jugendverbände. Eine Ortsbestimmung der Jugendverbandsarbeit in Analysen und Selbstdarstellungen, Weinheim und München 1991.

Damm, D.: Politische Jugendarbeit. Grundlagen, Methoden, Projekte, München 1975.

Damm, D.: Die Praxis bedürfnisorientierter Jugendarbeit. Projekte und Anregungen, München 1980.

Damm, D./Eigenbrodt, J./Hafeneger, B.: Jugendverbände in der Bundesrepublik Deutschland, Neuwied 1990.

Dannenmann, A.: Staat und Jugend. Zur staatlichen Förderung der Jugendarbeit, in: deutsche jugend, 1. Jg., 1953, Heft 8, S. 13-17.

Deutscher Bundesjugendring: Selbstverständnis und Wirklichkeit der heutigen Jugendverbandsarbeit, in: deutsche jugend, 10. Jg., 1962, Heft 10, S. 449-452.

Deutscher Bundesjugendring (Hg.): Jugendverbände im Spagat. Zwischen Erlebnis und Partizipation, Münster 1994.

Faltermaier, H.: Nachdenken über Jugendarbeit. Zwischen den fünfziger und achtziger Jahren. Eine kommentierte Dokumentation mit Beiträgen aus der Zeitschrift »deutsche Jugend«, München 1983.

Giesecke, H.: Die Jugendarbeit (Grundfragen der Erziehungswissenschaft, Band 13), München ⁵1980.

Jürgensen, J.: Vom Jünglingsverein zur Aktionsgruppe. Kleine Geschichte der evangelischen Jugendarbeit, Gütersloh 1980.

Kelterborn, H.-G.: Evangelische Jugendarbeit im Wandel. Eine historische Felduntersuchung zum Erziehungsverständnis der verbandlichen, landeskirchlichen und freien Jugendarbeit in Niedersachsen 1945-1980, Göttingen 1981.

Kentler, H./Müller, C. W./Mollenhauer, K./Giesecke, H.: Was ist Jugendarbeit? Vier Versuche zu einer Theorie der Jugendarbeit, München 1964.

Koebner, Th./Janz, R.-P./Trommler, F. (Hg.): Mit uns zieht die neue Zeit. Der Mythos Jugend, Frankfurt a. M. 1985.

Lades, H.: Zwischen Restauration und neuer Jugendbewegung? Das Fürstenecker Gespräch des Deutschen Bundesjugendringes, in: deutsche jugend, 2. Jg., 1954, Heft 11, S. 491-538.

Müller-Stackebrandt, J.: Am Gängelband des Staates? Jugendarbeit und staatliche Jugendförderungspolitik, in: Böhnisch, L./Münchmeier, R./Sander, E. (Hg.), Abhauen oder Bleiben? Berichte und Analysen aus der Jugendarbeit, München und Zürich 1980, S. 154-167.

Müller-Stackebrandt, J.: Jugendförderungspolitik, in: Böhnisch/Gängler/Rauschenbach 1991, S. 205-217.

Münchmeier, R.: Die Vergesellschaftung der Jugendverbände. Von den fünfziger Jahren bis zur Politisierung, in: Böhnisch/Gängler/Rauschenbach 1991, S. 86-92.

Münchmeier, R.: Institutionalisierung pädagogischer Praxis am Beispiel der Jugendarbeit, in: Zeitschrift für Pädagogik, 38. Jg., 1992, Heft 3, S. 371-384.

Münchmeier, R./Sander, E.: Curriculumtheorien im Bereich der Jugendarbeit, in: Hameyer, U./Frey, K./Haft, H. (Hg.), Handbuch der Curriculumforschung. Erste Ausgabe: Übersichten zur Forschung 1970-1980, Weinheim und Basel 1983, S. 159-169.

Olk, Th.: Jugendverbände im Neokorporatismus, in: Böhnisch/Gängler/Rauschenbach 1991, S. 132-144.

Rauschenbach, Th.: Jugendverbände im Spiegel der Statistik, in: Böhnisch/Gängler/Rauschenbach 1991, S. 115-131 (a).

Rauschenbach, Th.: Jugendarbeit in Ausbildung und Beruf, in: Böhnisch/Gängler/Rauschenbach 1991, S. 615-630 (b).

Rauschenbach, Th.: Jugendverbände im Spagat. Jugendverbände zwischen (alter) Programmatik und (neuer) Funktion, in: Deutscher Bundesjugendring 1994, S. 12-26.

Reichwein, S./Freund, Th.: Jugend im Verband: Karrieren, Action, Lebenshilfe, Opladen 1992.

Reulecke, J.: Jugend und Jugendpolitik im mentalitätsgeschichtlichen Kontext der Nachkriegszeit in Westdeutschland, in: Herrmann, U. (Hg.), Jugendpolitik in der Nachkriegszeit. Zeitzeugen – Forschungsberichte – Dokumente, Weinheim und München 1993, S. 75-89.

Rosenwald, W./Theis, B.: Enttäuschung und Zuversicht. Zur Geschichte der Jugendarbeit in Hessen 1945 bis 1950, München 1984.

Sauter, R./Schrödinger, H.: Die gesellschaftliche Bedeutung der Jugendarbeit: Entwicklungstendenzen in der Jugendarbeit unter quantitativen Gesichtspunkten, in: Sachverständigenkommission Achter Jugendbericht (Hg.), Lebensverhältnisse Jugendlicher. Zur Pluralisierung und Individualisierung der Jugendphase (Materialien zum 8. Jugendbericht, Band 2), München 1990, S. 291-367.

Schefold, W.: Jugendverbände und Bildungssystem, in: Böhnisch/Gängler/Rauschenbach 1991, S. 153-161.

Schelsky, H.: Die skeptische Generation, Düsseldorf und Köln 1957.

Sielert, U.: Emanzipatorische Jugendarbeit. Theoretische Grundlegung, curriculare Ausdifferenzierung, didaktisch-methodische Exemplifizierung, Rheinstetten 1976.

Trommler, F.: Mission ohne Ziel. Über den Kult der Jugend im modernen Deutschland, in: Koebner/Janz/Trommler 1985, S. 14-49.

Vaillant, J.: Der Ruf. Blätter der jungen Generation (1945-1949), München, New York und Paris 1978.

Willke, H.: Systemtheorie entwickelter Gesellschaften. Dynamik und Riskanz moderner gesellschaftlicher Selbstorganisation, Weinheim und München 1989.

Hejo Manderscheid

Freie Wohlfahrtspflege vor Ort

Vom Wertepluralismus zur fachlichen Differenzierung

Mit der deutschen Wiedervereinigung und dem europäischen Binnenmarkt ändern sich in der Bundesrepublik die relevanten Umfeldbedingungen für die klassischen freien Träger sozialer Arbeit, die Wohlfahrtsverbände. Den großen traditionellen Verbänden sind spezifische Strukturmerkmale aus ihrer Gründungsphase im ausgehenden 19. Jahrhundert bis heute gemeinsam: Ihre Rechtsform als e.V. (Mitgliederverein mit ehrenamtlichem Vorstand und hauptamtlicher Geschäftsführung), ihre Einbindung in spezifische Milieus (Kirchen, Arbeiterschaft) und ihre privilegierte Stellung innerhalb der staatlichen Sozialgesetzgebung (Subsidiaritätsprinzip). Diese für die sozialstaatliche Stellung und Bedeutung der Wohlfahrtsverbände konstitutiven Rahmenbedingungen verlieren an Stabilität und Bedeutung. Mit der deutschen Wiedervereinigung und dem europäischen Binnenmarkt beanspruchen alternative Systeme sozialstaatlicher Leistungserbringung Geltung: Die milieubezogene freie Trägerschaft mit ihren spezifischen Privilegien hat in Europa außerhalb (West-) Deutschlands keine Parallele. Bereits die bloße Existenz funktionierender alternativer sozialstaatlicher Strukturen zeigt, daß das Bestehende nicht zwingend ist und führt deshalb zu einer Legitimationskrise. Transformationen des eingespielten Systems werden dadurch unausweichlich (vgl. Berger/Luckmann 1977, S. 116).

Die Legitimationskrise trifft nicht nur die freien Träger allein, sondern das komplexe sozialstaatliche System freier und öffentlicher Trägerschaft. Transformationsprozesse der freien Wohlfahrtspflege müssen deshalb im Kontext des Systems bundesdeutscher Sozialstaatlichkeit betrachtet werden. Zu beobachten sind solche Prozesse derzeit vornehmlich auf der örtlichen Handlungsebene der Wohlfahrtsverbände, in den Städten. Hier vollziehen sich weitgreifende Anpassungen an veränderte Rahmenbedingungen. Diese verlaufen innerhalb der verbandlichen Strukturen,

zwischen den Verbänden und in der Kooperation zwischen freien und öffentlichen Trägern. Vor allem die immer knapper werdenden kommunalen Finanzressourcen beschleunigen die Veränderungsprozesse auf der städtischen Ebene.
Ich will nachfolgend den Blick auf die örtliche Ebene freier und öffentlicher Wohlfahrtspflege lenken und am Beispiel der Stadt Frankfurt am Main Trends von aktuellen Transformationsprozessen herausarbeiten. Zunächst geht es um eine nähere Betrachtung, wie derzeit die freien Träger auf der kommunalen Ebene strukturiert sind und nach welchen Mustern sich die Kooperation zwischen freien und öffentlichen Trägern eingespielt hat. Im zweiten Kapitel sollen die Auswirkungen der kommunalen Finanznot als primär ausschlaggebendes Moment für Veränderungen näher analysiert werden. Die Vielzahl daraus sich ergebender Maßnahmen und Entscheidungen zur künftigen Gestaltung des Sozialen in der Stadt will ich im dritten Kapitel in drei Szenarien verdichten. Abschließend soll die Frage der Zukunftschancen freier Wohlfahrtspflege unter den Bedingungen des partiellen Verlustes traditioneller Stützsysteme diskutiert werden.

1. Die vernachlässigte Perspektive: Freie und öffentliche Wohlfahrtspflege auf der kommunalen Ebene

Die Bedeutung und die Leistungsfähigkeit der Wohlfahrtsverbände wird in der Öffentlichkeit und in zahlreichen Fachbeiträgen häufig unter Bezugnahme auf die beeindruckenden Zahlen der Statistik der Bundesarbeitsgemeinschaft der freien Wohlfahrtspflege diskutiert. In einer ersten Analyse wird dann die Schlußfolgerung gezogen, daß die Wohlfahrtsverbände in ihren Strukturen, in ihrem Management und in ihren Angeboten mit ihrem eigenen immensen Wachstum kaum mithalten können (vgl. Eichhorn 1994; Oppl 1994; dagegen kritisch Lehmann 1994). Vom ›großen Tanker‹ wird gesprochen, der unbeweglich sei und nicht mehr angemessen auf veränderte Bedarfe reagieren könne (vgl. FAZ 24. 12. 1993).
Für die Einschätzung der Leistungs- und Anpassungsfähigkeit der Wohlfahrtsverbände heute sind ihre differenzierten Strukturen auf lokaler Ebene ein wesentlicher Faktor. Während allgemein

oftmals nur der ›Paritätische‹ als großer Dachverband wahrgenommen wird, übersieht man, daß die großen konfessionellen Verbände über ähnliche Substrukturen verfügen. Für die Beurteilung der Chancen und Risiken künftiger Transformationsprozesse spielt diese ausdifferenzierte Situation auf kommunaler Ebene eine wichtige Rolle.
Von daher will ich drei Qualitätsmerkmale freier Wohlfahrtspflege allzu schnellen Krisenszenarien entgegenhalten: ihre differenzierte Struktur, ihr Milieubezug und ihre stabilen Einbindungen in die kommunale Sozialpolitik.

1.1 Strukturelle und fachliche Differenzierung als Voraussetzung und Folge des Wachstums freier Wohlfahrtspflege

Ein exemplarischer Blick auf die Entwicklung der organisierten Caritas zeigt, daß das Wachstum dieses Verbandes keineswegs eine geradlinige Entwicklung zum Großkonzern darstellt, sondern Ergebnis vielfältiger Differenzierungs- und Diversifizierungsprozesse ist. Der Deutsche Caritasverband (DCV) wurde 1897 als Dachverband gegründet, der vor allem auf der örtlichen Ebene die zahlreichen unkoordiniert nebeneinander existierenden Vereine, Stiftungen und Initiativen bündeln und politikfähig machen sollte (vgl. Werthmann 1958, S. 40 ff.). Aus der Idee des Dachverbandes ist seit den zwanziger Jahren mit der Übernahme vieler im Zuge der Wirtschaftskrise nicht mehr überlebensfähiger kleiner Vereine und Stiftungen und dann konsequent nach 1945 ein großer Trägerverein geworden. Hinzu kamen Neugründungen von Fachverbänden, die aus ehedem kleinen örtlich autonomen Vereinen hervorgingen. Maßgeblich für diesen ersten großen Strukturwandel in der Aufbauphase des Deutschen Caritasverbandes war die zunehmende staatliche Reglementierung wohlfahrtsverbandlicher sozialer Arbeit und die damit verbundene öffentliche Finanzierung.
Der hohe Stellenwert von Sozial- und Bildungspolitik in den ausgehenden sechziger und beginnenden siebziger Jahren markiert einen weiteren Strukturwandel des DCV. Um den gesellschaftlichen und politischen Herausforderungen an neue Konzepte, Inhalte und Bürgernähe gerecht zu werden, baut der Verband

seine strukturelle Differenzierung und fachliche Diversifizierung weiter aus. Ab Mitte der siebziger Jahre werden zahlreiche Kreis- und Ortsverbände gegründet, nahezu ausschließlich in der Rechtsform des eigenständigen eingetragenen Vereins. Diese räumlich-strukturelle Differenzierung bringt dem Verband einen enormen Wachstumsschub. Parallel dazu nehmen ab den siebziger Jahren die Neugründungen von fachlich spezialisierten Vereinen als Fachverbände bzw. als korporative Mitgliedsvereine deutlich zu. Die umfassende Tätigkeit der Caritas differenziert sich nach Handlungsebenen und nach Tätigkeitsfeldern.
In der jüngeren Vergangenheit sind wiederum neue Ausdifferenzierungen von Trägerstrukturen innerhalb des DCV entstanden, nun häufig als Zusammenschlüsse pflegesatzgetragener Einrichtungen der Jugend- und Altenhilfe, die als eigenständige Einheiten in der Rechtsform der GmbH getragen werden. Vor allem die inzwischen entstandene privat-gewerbliche Konkurrenz in diesen Handlungsfeldern wie auch die besseren Möglichkeiten, in solchen Rechtsformen erfolgreicher zu wirtschaften, sind für diese neuen Differenzierungen caritativer Arbeit ausschlaggebend.

1.2 Vielfalt und Differenzierung: Die Organisationsstruktur der freien Träger auf kommunaler Ebene

In Frankfurt am Main gliedern sich die Mitarbeiter- und Platzzahlen der Leistungsstatistik der Caritas in mindestens 25 eigenständige Träger auf. Zählt man die Kirchengemeinden in ihrer Funktion als eigenständige Träger von Kindertagesstätten einzeln, so ergibt sich eine Anzahl von über 80 eigenständigen katholischen Trägern sozialer Arbeit in Frankfurt am Main. Bei den größeren Organisationseinheiten in dieser Trägergruppe, den Vereinen, die mehrere Einrichtungen und Dienste tragen, sind dabei bereits seit den siebziger Jahren relativ flexible und autonom agierende Abteilungsstrukturen eingezogen worden (vgl. Übersicht 1).
Betrachtet man die evangelische Trägerseite in Frankfurt am Main, so weist diese eine noch weitergehende Differenzierung aus. Mindestens die doppelte Anzahl eigenständiger Einheiten zeichnet hier für die Trägerschaft in den gewachsenen diakonischen Hand-

Übersicht 1: Die wichtigsten der Caritas zugehörigen Träger und Vereine in Frankfurt a. M. (Stand 1993)

Verein/Träger	Hauptgeschäftsfeld/Zielgruppe	Dienststelle/ Einrichtung	Mitarbeiter/ -innen	Umsatz *in Mio DM*
Arbeitsgemeinschaft Gemeindecaritas[1]	Nachbarschaftshilfe, Besuchsdienste, etc.	56	ca. 1300	
Caritasverband Frankfurt e.V.	Kinder-, Jugend-, Familien-, Behinderten-, Alten- und Krankenhilfe, Fachdienste Migranten und Wohnungslose	75	680	50,0
Caritasverband für die Diözese Limburg e.V.	Aids-Hilfe	1	21	1,8
Frankfurter Werkgemeinschaft e.V.	Psychisch Kranke	7	90	10,0
Haus der Volksarbeit e.V.	Beratung, Bildung, Jugendhilfe	10	63	5,3
Internationales Familienzentrum e.V.	Migration, Familienbildung	7	111	7,8
Jugendhilfe und Jugendberatung e.V.	Illegale Drogen, Jugendhilfe	32	303	39,0
Kirchengemeinden	Kindertagesstätten	50	300	23,4
Malteser Hilfsdienst	Rettungsdienste, Drogen	5	85	6,5
Orden (verschiedene)	4 Krankenhäuser, 2 Kindertagesstätten	6	1860	
Orden (verschiedene)	Alten- und Pflegeheime	7	196	
Sozialdienst katholischer Frauen	1 Jugendheim, 1 (Drogen-) Beratungsstelle	2	37	3,9
Zachäus e.V.[2]	Resozialisierung in Justizvollzugsanstalten	1	8	

1 Hierbei handelt es sich um ehrenamtliche Mitarbeiter/-innen in Kirchengemeinden.
2 Hierbei handelt es sich um ehrenamtliche Mitarbeiter/-innen.

lungsfeldern verantwortlich. Sie sind auf Stadtebene nicht einmal in einheitliche dachverbandliche Strukturen eingebunden.
In der zurückliegenden Diversifizierungsphase haben sich kleine autonome Trägerstrukturen herausgebildet, die jetzt zu einem guten Teil nicht zu groß und unbeweglich, sondern zu klein geworden sind, um moderne effiziente Verwaltungs-, Abrechnungs-, Verhandlungs- und Public-Relations-Strukturen aufbauen bzw. halten zu können. Für die großen Verbände steht auf lokaler Ebene – zumindest in den Großstädten – deshalb die Frage nach neuen sinnvollen Zentralisierungen an, die Synergieeffekte ermöglichen.
Die Differenzierung hat die großen Verbände stark und schwach zugleich gemacht. Die Finanzpolster der vielen kleinen Vereine und Träger sind dünn, und Kürzungen öffentlicher und kirchlicher Zuschüsse schlagen bedrohlich durch. Die erreichte Fachlichkeit ist mitunter einseitig und überspezialisiert, um den Anforderungen neuer Vernetzungen und Angebotsarrangements gerecht werden zu können. Die enge Marktperspektive bei gleichzeitig fehlender Steuerung über die Nachfrage verschärft die Gefahr der Bürokratisierung und Binnenorientierung. Zwischen den kleinen Trägern entstehen sowohl im Dachverband als auch zwischen den Dachverbänden Versäulungen, hochspezialisierte und diversifizierte unvernetzte Angebote, die die komplexen Lebenslagen der Klienten immer weniger bedarfsgerecht abbilden.

1.3 Milieubindung: Die Einbindung der freien Träger in die lokale Öffentlichkeit

Kennzeichen der freien Wohlfahrtspflege ist ihre traditionelle Einbindung in je spezifische, wertorientierte Milieus. Die klassischen Verbände stehen dabei vor dem Spannungsfeld einer sich tendenziell verselbständigenden Politik und Arbeit von Hauptamtlichen und einer Abkopplung dieses Feldes von dem sie tragenden Milieu. Vorrangig geht es dabei um zwei Fragen: Wie ist die Einbindung der Mitglieder in die Organe des Verbandes zu gestalten, und wie ist die Gewinnung von und Kooperation mit Ehrenamtlichen sicherzustellen? Von weiterer Bedeutung ist dabei auch die Einbindung der Verbände in die lokale, mit politischer Macht ausgestattete Öffentlichkeit.

Am Mitgliedschaftsverständnis des Caritasverbandes läßt sich exemplarisch die Problematik im doppelten Selbstverständnis der Wohlfahrtsverbände als Dachverband relativ eigenständiger kleiner Träger und als Ausdruck persönlichen Engagements aufzeigen. Für die heutige Struktur der Caritasmitgliedschaft war die Satzungsreform des DCV von 1966 und die darauf aufbauende Neuregelung der Caritasmitgliedschaft von 1971 ausschlaggebend. Ziel war, die Einbindung in die Pfarrgemeinden, den örtlichen Aktionskreis ehrenamtlicher Helfer, zu verbessern, um dadurch die persönliche Mitgliedschaft zu fördern und den Verband an seine kirchliche Basis zurückzubinden. Andererseits galt es, die korporativen Mitglieder besser und effektiver einzubinden und dadurch zu einer besseren Koordinierung und politischen Vertretung kirchlich-sozialer Arbeit zu finden.

Der Versuch, durch die Zusammensetzung der Verbandsorgane mit korporativen und persönlichen Mitgliedern sowohl das persönliche Engagement als auch eine effiziente kirchliche Sozialplanung vor Ort zu gewährleisten, führt zu paralysierenden Effekten. Den persönlichen Mitgliedern mit ihren ehrenamtlichen und gemeindlichen Motivationslagen sitzen in den Verbandsgremien die von den korporativen Mitgliedern gewählten hauptamtlichen Funktionäre gegenüber. Der Verband vor Ort ist durch ständigen Ausbau seiner eigenen Einrichtungen und Dienste längst zu einem Sozialunternehmen geworden. Weder gelingt es deshalb, kontinuierlich und konsequent gemeindliche Anliegen aufzugreifen, noch gelingt die dachverbandliche Koordinierung und Interessenvertretung. Die Einbindung in das kirchliche Milieu über Mitglieder wird nicht erreicht. Sie ist wesentlich über Finanzierungs- und Delegationssysteme auf der strukturell verfaßten kirchlichen Ebene gegeben.

Bei der persönlichen Mitgliedschaft gibt es deutliche Unterschiede zwischen den kirchlichen und den anderen Wohlfahrtsverbänden. Caritas und Diakonie verfügen über eine nur geringe Anzahl persönlicher Mitglieder. Die Zugehörigkeit zur Kirche erübrigt eine weitergehende Zugehörigkeit zu den kirchlichen Wohlfahrtsverbänden. Demgegenüber zählen das Deutsche Rote Kreuz und die Arbeiterwohlfahrt erheblich mehr persönliche Mitglieder. In Frankfurt am Main gibt es beim Diakonischen Werk überhaupt keine persönlichen Mitglieder, weil es nicht als eigenständiger Verein organisiert ist; die Caritas zählt weniger als

100 persönliche Mitglieder. Demgegenüber haben in Frankfurt am Main die Arbeiterwohlfahrt mehr als 6000 und das Deutsche Rote Kreuz nahezu 40 000 persönliche Mitglieder. Gleichwohl ist das Potential an ehrenamtlicher Arbeit bei den Kirchen durch die Gemeinden gut strukturiert, allerdings nicht über Mitgliedschaften eingebunden. Die konfessionellen Wohlfahrtsverbände existieren neben den kirchlichen Strukturen und werden über Finanzierung und delegierte Vorstandsmitglieder in diese eingebunden, die nichtkonfessionellen müssen ihre Milieubindung über persönliche Mitgliedschaften sichern.

Innerhalb der organisierten Caritas spielt als weiteres milieubindendes Element das Ehrenamt eine wichtige Rolle. In zahlreichen Fachdiensten sind Ehrenamtliche integriert. Davon gesondert zu betrachten ist die starke Gruppe der Ehrenamtlichen in den Pfarrgemeinden, die sich als Caritasgruppen bezeichnen, in der Regel aber nicht durch Mitgliedschaft mit dem Verband verbunden sind. Neben der »kirchlichen Zweitstruktur« (vgl. Steinkamp 1985) organisierter Caritas gibt es damit eine weitere in Form ehrenamtlicher Gemeindecaritas, die sich in Frankfurt am Main eine völlig eigenständige Selbstorganisation aufgebaut hat. Es gibt also, trotz des Schwindens kirchlicher Milieus, neben den verbliebenen Resten auch neue Konturen eines Referenzmilieus zur organisierten Caritas. Von einem Milieuverlust kann pauschal nicht gesprochen werden. Die traditionellen Milieus in den Kirchengemeinden sind immer noch für spezifische Anliegen der Caritas ansprechbar: vom Sammeln, über Information und Werbung bis hin zur gezielten aktiven Unterstützung gemeindenaher Projekte sozialer Arbeit. Andererseits bilden sich um bestimmte, »attraktive« Felder sozialer Arbeit (z.B. Bahnhofsmission, Flughafensozialdienst, Obdachlose, Aids) zahlreiche Helfergruppen, die nicht unbedingt und vorrangig in Kirchengemeinden eingebunden sind. Des weiteren gibt es so etwas wie ein sozialpolitisches Umfeld, Reste des für Frankfurt am Main typischen Sozial- und Linkskatholizismus, das durchaus einflußreich kirchliche Wohlfahrtsstrukturen stützt und sichert.

Eine weitere Einbindung der Verbände in die lokale Öffentlichkeit erfolgt über die jeweils relevanten politischen Bezugssysteme. Auf der Funktionärsebene bestehen bei allen Wohlfahrtsverbänden stabile Einbindungen in die lokale Öffentlichkeit von Politik und Stadtverwaltung. Es gibt sowohl die Verflechtungen über Personen mit den jeweils verbandsspezifischen Milieus – Kirchen und Gewerkschaften –, wie auch mit den politischen Parteien. Diese Einbindungen sind in der Regel informeller Natur, aber letztlich die entscheidenden Bezugssysteme für die freie Wohlfahrtspflege. Sie sichern eine stabile politische Lobby für den jeweiligen Verband. Auf dieses System der Einbindung richtet sich der Blick, wenn von Filz und Mauscheleien im Sozialbereich gesprochen wird. Eine Auflösung dieser tradierten parteipolitischen Zuordnungsmuster ist nicht erkennbar.

1.4 Wenig Platz für Private: Die Stabilität des dualen Systems freier und öffentlicher Träger auf kommunaler Ebene

Die Stabilität des dualen Systems beruht wesentlich auf der Einbindung der freien Wohlfahrtspflege in die lokale politische Öffentlichkeit. »Akteure kommunaler Politik und Vertreter der aktiven Öffentlichkeit vor Ort sind dabei teilweise identisch mit den wichtigsten haupt- oder ehrenamtlichen Akteuren sozialer Dienstleistungen, etwa über Vereins- oder Verbandsmitgliedschaften, Mitarbeit im ehrenamtlichen Bereich, kommunale Mandatsträgerschaft von Verbandsvertretern« (Tillmann 1990, S. 123). Diese politisch-öffentliche Einbindung der Wohlfahrtsverbände ist ambivalent: Sie sichert ihnen eine größtmögliche Lobby, und sie unterstellt zugleich Mauschelei und Intransparenz und entzieht dem dualen System sozialer Politik damit die Legitimationsbasis.

Diese undurchsichtige, informelle Politikverflechtung überdeckt weitere Strukturmerkmale freier und öffentlicher Träger: ihre diffusen, teilweise widersprüchlichen Selbstverständnisse. Der öffentliche Träger vermischt dabei regelmäßig seine Rolle als Planer und Kostenträger mit seiner Rolle, in der er selbst Träger sozialer Einrichtungen ist. Die Interessen der freien Träger oszillieren vielfach zwischen Lobby und Anwaltschaft für bestimmte Klientengruppen, eigenen Interessen der Bestandssicherung und -ausweitung, Hilfekonzepten und Berufsverständnis der Mitarbeiter und Mitarbeiterinnen, und es ist oftmals schwer auszumachen, welche Interessen mit welchen Maßnahmen gerade verfolgt werden. Diese Diffusität hat letztlich eine stabilisierende Wirkung für das gesamte komplexe System. Sie verhindert einen offenen Wettbewerb und hüllt das Ganze in eine abgeschottete Kultur des Sozialen ein, in der über Standards, Märkte, Monopole und Preisabsprachen intransparent verhandelt wird. Diese Mechanismen sorgen dafür, daß sich die freien Träger untereinander und auch die freien gegenüber den städtischen Trägern mit Kritik, Leistungskontrollen, Preisvergleichen und Effizienzfragen zurückhalten. In der öffentlichen Darstellung leugnen freie Träger oftmals den Tatbestand, daß sie Förderungsauflagen, die sie als unzulässige Einmischung in die Trägerautonomie beklagen, selbst mit ausgehandelt haben (vgl. Manderscheid 1990). In einem multizentrischen, trägerübergreifenden Steuerungssystem (vgl. Domscheit/Kühn 1984) auf Stadtebene entstehen Regelungen, Vereinbarungen, Absprachen und Marktpositionen, die aufgrund ihrer Unübersichtlichkeit gegenüber Interventionen sehr widerstandsfähig sind. Von daher gibt es in diesem System kaum Zugangschancen für privat-gewerbliche Träger. Sie sind weder von den öffentlichen noch von den freien Trägern gewollt.

1.5 Die Bedeutung der kommunalen Ebene für die Transformation der freien Träger

Welche Zukunftschancen die freien Träger angesichts gewandelter Umfeldbedingungen haben werden, wird künftig maßgeblich auf der kommunalen Ebene entschieden. Mit welchen Konsequenzen sich europäische Entwicklungen in Bundesgesetzen und Landesregelungen niederschlagen und auf Ortsebene durchgreifen werden, ist nicht einfach auszumachen. Eine breite Differenzierung, eine spezifische Politikeinbindung und ein unübersichtliches Steuerungssystem machen die Stabilität des dualen Systems auf der kommunalen Ebene aus und stärken die Widerstandsfähigkeit dieses Systems gegenüber Interventionen. Zu fragen ist deshalb weniger danach, wie allgemein politische Entwicklungen zu Transformationsprozessen führen, sondern danach, ob die akute Finanznot der Kommunen die stabile Unübersichtlichkeit der kommunalen Ebene aufbricht und wenn sie dies bewirkt, zu welchen Prozessen und Veränderungen dies führen kann bzw. wird.

2. Die Dynamik der kommunalen Finanznot: Veränderungen der freien Wohlfahrtspflege ohne sozialpolitische Reformziele

Bislang hat sich das duale System öffentlicher und freier Wohlfahrtspflege in seiner Leistungsstruktur und in seinen Kooperationsformen im Zuge sozialpolitischer Reformprogramme und Gesetzgebung verändert. Seit den neunziger Jahren steht, wie beim Streit um die Einführung der Pflegeversicherung exemplarisch deutlich wurde, die Frage der Finanzierung sozialstaatlicher Leistungen im Vordergrund von Reformzielen. Vorrangig vor Fragen der Anspruchsberechtigung, des Leistungsumfangs und der Qualität sozialer Arbeit ist die Frage nach der Finanzierung derzeit für den Umbau bzw. Rückbau sozialstaatlicher Sicherungssysteme und Leistungen maßgeblich (vgl. Kronawitter 1994).

Auf der kommunalen Ebene bricht die Finanznot und ihre Dynamik eingefahrene, maßgeblich auf informelle Beziehungen und Absprachen eingespielte Kooperationen und Systemstabilitäten auf und führt in einem ersten Schritt zu Verunsicherung und Orientierungslosigkeit. Die Sparpolitik führt, auch ohne daß sie über klar definierte Ziele für einen Umbau verfügt, zu grundlegenden Veränderungen im klassischen Selbstverständnis und in den Strukturen der freien Wohlfahrtspflege.

2.1 Die Sparpolitik als Auslöser von Transformationsprozessen der freien Wohlfahrtspflege

Bislang wenig reflektiert ist der Zusammenhang zwischen der Organisationsform von sozialen Einrichtungen und der Art ihrer Finanzierung (vgl. auch Thamm, in diesem Band). In jüngster Zeit erst wächst die Aufmerksamkeit für diese Zusammenhänge (vgl. Brauns 1994). Betrachtet man unter diesem Blickwinkel die historisch zurückliegenden Differenzierungs- und Diversifizierungsprozesse der freien Wohlfahrtspflege, so zeigt sich, daß vorrangig solche Einrichtungen aus den klassischen Verbänden ausgegliedert wurden, die über gesetzliche Pflichtleistungen voll ausfinanziert waren. Für diese Einrichtungen wurden eigene Trägervereine oder in jüngster Zeit auch GmbHs gegründet. Dies belegt die These vom Zusammenhang zwischen Finanzierung und Organisationsform. Innerhalb der großen freien Trägerverbände werden heute die Unterschiede in der Finanzierung durch die inzwischen verbreitete Kostenstellenrechnung deutlich. Für jede einzelne Tätigkeit wird eine Gewinn- und Verlustrechnung geführt, die wiederum mit dem Ziel der Ergebnisverbesserung zu unterschiedlichen organisatorischen und strukturellen Entscheidungen führt.

Brauns zeigt auf, daß die Finanzierung von Daueraufgaben über Zuwendungen die freien Träger in eine Klemme führt und Inflexibilität und Organisationsstarrheit als Ergebnis produziert. Ferner verleitet die spezifische Art öffentlicher Finanzierung zu einer Übernahme staatlicher Denk- und Handlungsmuster. »Nicht nur der Inhalt der Leistungen, sondern auch die Organisation der Leistungserbringung orientiert sich deshalb in der Regel an den Erwartungen und Bedingungen des Kostenträgers, nicht aber des Nutzers« (Brauns 1994, S. 75). Demgegenüber verhalten sich freie Träger in ihren durch Leistungsentgelte finanzierten Diensten privatwirtschaftlich und schaffen dort beispielsweise Strukturen, mittels deren ein Optimum wirtschaftlicher Vorteile bei Abschreibungen, Mieten u.ä. geltend gemacht werden kann. Der Zusammenhang von Finanzierung und Organisationsform verdeutlicht, daß jede Änderung in der Finanzierung sich direkt auf die Struktur und Organisation der Verbände auswirkt, somit also eine Transformation aufgrund der Sparpolitik unausweichlich ist.

Ziel gegenwärtiger Sparpolitik im Frankfurter Sozialetat ist Kostensenkung. Dies wird außer durch pauschale Kürzungen im wesentlichen durch drei Strategien zu erreichen gesucht: (1) Absenkung von Standards, (2) Einführung von Wettbewerb und (3) Substitution hauptamtlicher Arbeit durch ehrenamtliche Arbeit. Absenkung von Standards geschieht beispielsweise durch veränderte Gruppenstärken in Kindertagesstätten und veränderten Personalschlüsseln in der sozialpädagogischen Familienhilfe wie auch beim betreuten Wohnen. Einführung von Wettbewerb wurde in Frankfurt am Main angegangen durch die Ausschreibung der Fahrdienste für Behinderte. Die Substitution hauptamtlicher durch ehrenamtliche Arbeit bzw. durch Honorarkräfte geschieht häufig durch Kürzung von Zuschüssen und ist somit oftmals

mehr eine zwangsläufige als eine politisch dezidiert gewollte Maßnahme. Die Diskussion über die Anrechnung freiwilliger sozialer Arbeit als Förderkriterium wird diskutiert. So sollen beispielsweise die Förderrichtlinien für Altenclubarbeit dahingehend verändert werden, daß ehrenamtliches Engagement in der Förderung gezielt berücksichtigt und gratifiziert werden soll. Diese Strategien der Kostensenkung werden legitimiert durch die kommunale Finanznot. Vereinzelt wird auch Bezug genommen auf die allgemein in der sozialpolitischen Debatte wachsende Kritik am Versorgungsstaat, die Betonung der Überlegenheit von freier Marktwirtschaft und der Forderung nach Bürgerengagement (vgl. Biedenkopf 1993; Becker 1994; Etzioni 1994; Wendt 1993a). Insofern zwingen Kostendruck und Legitimationsdruck gemeinsam die freie Wohlfahrtspflege zu Veränderungen.
In der derzeit durch die kommunale Sparpolitik entstandenen Umbruchphase lassen sich jeweils ambivalente Entwicklungen bei den jeweiligen Trägern selbst, in der Kooperation der verschiedenen freien Träger untereinander und im dualen System beobachten. Insbesondere kristallisieren sich in drei Dimensionen Transformationsprozesse heraus: *Fachliche Spezialisierungen* lösen das spitzenverbandliche Grundprinzip des Leistungsangebots für alle Felder der Wohlfahrtspflege ab. *Regionalisierungen* lösen das ursprünglich auf Wertepluralität und -konkurrenz beruhende Tätigsein freier Wohlfahrtspflege auf und führen in den Stadtteilen zu Angebotsmonopolen. Ein vorrangig nach Kostenkriterien strukturierter *Wohlfahrtsmix* löst das Prinzip der Nachrangigkeit öffentlicher Wohlfahrtspflege gegenüber der freien ab und eröffnet neue Zugangschancen für privat-gewerbliche Anbieter.

2.2 Auswirkungen kommunaler Sparpolitik beim einzelnen Träger: Vom umfassenden Angebot zur fachlichen Spezialisierung

Die Handlungs- und Entscheidungsmuster städtischer Zuwendungspraxis für freie Träger, die von Zeiten wachsender Zuschüsse geprägt sind, erweisen sich in Krisenzeiten als dysfunktional. Das eingespielte auf der Verteilung von Zuwachsraten aufgebaute System funktioniert nicht für die Durchsetzung von

Kürzungen. Bei kleineren Trägern führen pauschale Kürzungen sehr schnell zur Zahlungsunfähigkeit und damit zur Schließung der Einrichtungen. Bei den großen Trägern fließen verschiedene Zuwendungen letztlich in eine Gesamtorganisation, die sich mittels innerverbandlicher Ausgleiche mischfinanziert. Der Zuwendungsgeber geht davon aus, daß ein großer Träger deswegen Kürzungen leicht kompensieren kann. Andererseits gilt dieser nicht als ›Großkunde‹, der pauschal gefördert und abgerechnet wird, sondern Kürzungen erfolgen projektbezogen und verbieten genau den gewünschten innerverbandlichen Ausgleich. Aufgrund des diffizilen Zusammenspiels von leistungsbezogenen Zuschüssen, nachzuweisenden zuschußfähigen Kosten und Personalmindestverordnungen erweist sich jede Kürzung einer Finanzierungsquelle im Finanzierungsmix als nicht kompensierbar, weil nur das Zusammen aller Zuwendungen die Existenz einer Einrichtung sichern kann. Fällt eine Zuschußquelle weg, so bleibt nur die Schließung der ganzen Einrichtung. Diese Finanzarithmethik läßt ohne abgestimmte Änderungen von Zuwendungsrichtlinien der verschiedenen Kostenträger keinen Spielraum für neu auszuhandelnde Leistungsarrangements und ist wesentlicher Grund für Inflexibilität und Reformwiderstände.
Um die dennoch erfolgenden Kürzungen öffentlicher Zuschüsse zu kompensieren, überprüfen die Träger durch betriebswirtschaftliche Analysen Effizienzlücken in der Aufbau- und Ablaufstruktur ihrer Organisation. Dabei ergeben sich in der Regel Umstrukturierungen durch verstärktes Outsourcing spezifischer Leistungen, wie Buchhaltung, Reinigung und Kfz-Wartung. Parallel dazu verlaufen Diskussionen über Geschäftsfeldbereinigungen, die dazu führen, daß kleine und damit oftmals teure Arbeitsfelder aufgegeben werden und Konzentrationen auf Hauptgeschäftsfelder erfolgen. Ebenfalls ist zu beobachten, daß angesichts der Finanzkrise auch trägerübergreifend über Kooperationen oder partielle Fusionen nachgedacht wird, um dadurch effizienter arbeiten zu können. Diese Prozesse zeigen, daß sich klassische wertorientierte Konkurrenzmuster in der Finanzkrise tendenziell auflösen. Verstärkt wird dieser Trend durch städtische Sparstrategien der Regionalisierung von Diensten.

2.3 Auswirkungen im Miteinander der freien Träger: Von der Wertepluralität und -konkurrenz zu regionalen Monopolen

Die städtische Sparstrategie der Regionalisierung von Diensten zielt darauf ab, die Grundversorgung von Stadtteilen zu kostengünstigen Konditionen zu sichern. Mittels besserer Logistik sollen beispielsweise Anfahrtswege verkürzt werden oder in anderen Fällen Überversorgungen ausgeschlossen werden. Handlungsleitend ist auch hierbei das Ziel der Kostensenkung.
Klassische Strukturmerkmale freier Wohlfahrtspflege werden damit aufgekündigt (vgl. Flierl 1992). Sowohl die wertorientierte Besonderheit des je einzelnen Trägers wie auch die damit korrelierende Wahlfreiheit der Klienten werden hierdurch unterlaufen. Das klassische Prinzip wertpluraler Vielfalt wird auf wirtschaftlich effiziente Fachlichkeit in regionalen Monopolangebotsmärkten reduziert. Die freien Träger akzeptieren häufig solche regionalen Zuständigkeitszuteilungen, weil dieses Prinzip Konkurrenz verhindert, Märkte sichert und damit höhere Planungssicherheit verspricht. Nicht sozialpolitische Reformziele, sondern die Kostensenkung schafft somit neue sozialstaatliche Dienstleistungsstrukturen.

2.4 Wie reformativ ist der Rotstift?

Die treibende Kraft des Umbaus ist der Rotstift. Er greift massiv in das bestehende System ein und verändert die traditionellen Grundlagen des Systems. Welches neue Steuerungssystem sich hieraus ergibt, ist nur in Trendaussagen zu prognostizieren. Der Rotstift, für sich allein genommen, stellt das Bestehende nicht grundsätzlich in Frage, sondern reduziert nur sein quantitatives Ausmaß. Deshalb ist der Rotstift selbst keine Reform, die geeignet wäre, andere Planungs- und Verteilungsstrukturen hervorzubringen. Er bricht nur Bestehendes auf und schafft damit die Voraussetzungen für mögliche Veränderungen.
Vieles spricht dafür, daß sich für die verschiedenen Tätigkeitsbereiche der freien Wohlfahrtspflege verschiedene Transformationen herausbilden und daß auch bei den freien Trägern weitergehende Differenzierungs- und Diversifizierungsprozesse einsetzen wer-

den, die korrespondierend mit den veränderten Förderungsbedingungen unterschiedliche Strukturen und Organisationsformen hervorbringen. Das komplexe sozialstaatlich-duale System reagiert also in der Krise mit einer Zunahme seiner Komplexität.

3. Skizzen und Szenarien der Transformation öffentlicher und freier Wohlfahrtspflege auf kommunaler Ebene

Analog zu den abzusehenden ressortspezifischen Transformationen freier Träger, ihrer weitergehenden Differenzierungs- und Diversifizierungsstrategien, wird sich aufgrund der systemischen Zusammenhänge auch das duale System weiterentwickeln. Auch hier wird man von ressortspezifischen Veränderungen ausgehen können. Drei Trends lassen sich ausmachen, denen aktuelle Entwicklungen zugeordnet werden können:

(1) Ein neuer Schulterschluß zwischen öffentlicher und freier Wohlfahrtspflege als Realisierung dessen, was durch die Sozialgesetzgebung immer schon intendiert war;

(2) der Wohlfahrtsmarkt als Ökonomisierung aller sozialer Dienstleistungen;

(3) die umfassende Substitution hauptamtlicher Arbeit durch ehrenamtliche Arbeit, die zivilgesellschaftliche Wendung sozialer Arbeit (vgl. Wendt 1993b).

Hiermit korrelieren Vorstellungen und Leitbilder der künftigen Rolle des Staates: Träger sozialer Arbeit, Subjektförderer oder Moderator. In dieser Mixtur unterschiedlicher Zielvorstellungen hat aber auch noch eine vierte Perspektive hohe Wahrscheinlichkeit: die Fortexistenz des Bestehenden als Rollen-, Finanzierungs- und Absprachen-Mix.

3.1 Neuer Schulterschluß zwischen öffentlichen und freien Trägern

Mit dem ›neuen Schulterschluß‹ ist eine Entwicklung gemeint, die die ursprüngliche Leitidee des dualen Systems öffentlicher und freier Träger konsequent realisiert. Auf der Basis von § 10 BSHG und § 4 KJHG sind beide Seiten zur partnerschaftlichen Zusammenarbeit verpflichtet und tragen gemeinsam Verantwortung für den Sicherstellungsauftrag sozialer Infrastruktur auf örtlicher Ebene. Diese Perspektive vertritt auch das entsprechende Fachdezernat des Deutschen Städtetages (vgl. Articus 1994). Hier geht es um Strategien, wie sich das Verhältnis öffentlicher und freier Sozialpolitik unter dem gegebenen Finanzierungsdruck auch weiterhin bewähren kann. Vor allem aufgrund der exorbitant steigenden Kosten für die monetären Sicherungsleistungen geraten die Kommunen unter Druck. Kommunen und freie Träger sind dabei gemeinsam als Opfer zu sehen. Die gemeinsame Herausforderung lautet: Wie kann die Handlungsfähigkeit der örtlichen Ebene gewahrt bleiben? Die Einschränkungen der Handlungsspielräume schmieden öffentliche und freie Träger enger zusammen. Gefordert ist deshalb eine Zusammenarbeit im notwendigen Konsolidierungsprozeß. In allen Bereichen muß nach Einsparmöglichkeiten gesucht werden. Dabei sollen vor allem freie und öffentliche Träger gemeinsam gegen die Länder auftreten, die konsequent Armutskosten kommunalisieren, neue Leistungsverpflichtungen aufstellen, ohne Kosten zuzusichern. Wichtig wäre es vor allem, Synergieeffekte zu suchen und zu sichern. Gemeinsam muß gesagt werden, was nicht mehr zu leisten ist. Klassische Rollenteilungen sollen überwunden werden.

Um diese neue Solidarität zu festigen, sollen freie Träger in die Aufgaben- und Ausgabenkritik der öffentlichen Haushalte einbezogen werden, was umgekehrt längst der Fall ist. Gemeinsam soll ein Dialog über Prioritätensetzung und die Überprüfung von Standards geführt werden. Eine gemeinsame Leistungsbilanz ist anzustreben und in einem gemeinsamen Budget für öffentliche und freie Träger zu dokumentieren. Die Förder- und Erstattungsstrukturen sind zu erneuern, Pauschalförderungen kritisch zu überprüfen, über Grundregeln im Verhältnis zwischen öffentlichen und freien Trägern ist neu Konsens zu finden: Die Selbständigkeit der freien Träger ist zu respektieren. Das Bündnis freie Träger und Stadt muß in der Stadt eine erfolgreiche Lobby für das Soziale bilden.

Einige Entwicklungen deuten derzeit in Frankfurt am Main in diese Richtung: Das Sozialdezernat bemüht sich, Einverständnis über Prioritäten, über Standards und über Förderrichtlinien mit den freien Trägern herzustellen. Ferner wird die Strategie verfolgt, Sparauflagen der Kämmerei gemeinsam entgegenzutreten. Abbau

von Leistungen sollen paritätisch auf freie und städtische aufgeteilt werden. Das Rasenmäherkürzen wird als Methode abgelehnt. Die Zahl gemeinsamer Planungsrunden nimmt zu: Regionalisierungen werden als ein Mittel der Ausgabenbegrenzung und Kostensenkung betrachtet. Ferner sind Abbau von Standards im Gespräch, z. B. Erhöhung der Platzzahl in Kindergärten. Zusammenlegung von Einrichtungen und ein Zurücknehmen von Spezialisierungen ist zu beobachten.
Basis dieser Entwicklung ist die Überzeugung, daß es keine Expansion mehr geben darf und daß abgebaut werden muß. Weder verändern sich dabei die Definitions- und Planungsstrukturen, noch ändert sich die politische Arbeit. Generalthema dieses Trends ist: Sozialdezernat und freie Träger gemeinsam für Bestandssicherung.

3.2 Abbau der Privilegien freier Träger und Einführung eines Wohlfahrtsmarkts

Ein zweiter Trend, der sich auch auf lokaler Ebene in verschiedenen Entscheidungen und Strategien niederschlägt, ist die Einführung bzw. Zulassung von mehr Markt im Sozialbereich. Dies steht im Kontext zur Einführung prospektiver Pflegesätze in der Alten- und Behindertenhilfe (§ 93 BSHG). Im jahrelangen Streit um die Einführung und Finanzierung der Pflegeversicherung wird der Kern marktwirtschaftlicher Trends im Sozialen deutlich: Für die soziale Vorsorge soll jeder selbst verantwortlich sein. Das Solidarprinzip in der Sozialversicherung ist erstmals in der Pflegeversicherung zugunsten eines Äquivalenzprinzips aufgebrochen worden.
Das Prinzip »mehr Markt und weniger Staat« wird in der Debatte um die kritische Beurteilung der Grenzen des Versorgungsstaates legitimatorisch überhöht (vgl. Becker 1994). Die wachsende Anspruchshaltung der Bürger gegenüber ihrem Staat wird kritisiert. Kritisch werden auch die Steuerungsstrukturen des Sozialstaates gesehen. Statt pauschaler Institutionenförderung sollen nunmehr mehr Transferzahlungen an die betroffenen Subjekte geleistet werden, die dann kaufkräftig sich selbst ihre soziale Sicherung einkaufen sollen (vgl. Freier 1989). Dies soll einhergehen mit der Abschaffung von Privilegien freier Träger und der Zulassung und

Gleichstellung privat-gewerblicher Anbieter. Soziale Arbeit soll ökonomisiert werden: Vom Sozialstaat geht der Weg in den Wohlfahrtsmarkt.

Einige Trends in Frankfurt am Main verdeutlichen dies: Ankündigung des Abbaus der pauschalen Zuwendungen in der ambulanten Krankenpflege an die freien Träger; Zulassung privat-gewerblicher Träger zu Pflegesatz- und Entgeltvereinbarungen; Ausschreibung von Leistungen an die günstigsten Anbieter, z. B. bei den Behindertenfahrdiensten; Infragestellung, ob die Stadt selbst überhaupt noch als Anbieter sozialer Leistungen agieren soll oder ob alles unter Kostenkriterien den freien oder auch privat-gewerblichen Trägern übergeben wird; Streichung von pauschalierten Zuschüssen und konsequentes Bemühen um differenzierte, leistungsgerechte Finanzierung.

Ein Weg dahin ist die Einführung von Kostenstellenrechnungen auch bei den öffentlichen Trägern. Dabei werden künftig Kosten dort gebucht, wo sie auch wirklich entstehen. Dies verhilft zu präzisen und aussagekräftigen Leistungsvergleichen. Preisvergleiche zwischen öffentlichen und freien Trägern werden dann zu Legitimationsfragen führen. Es ist davon auszugehen, daß auch die öffentliche Verwaltung ein konsequentes Controlling aufbaut. Die Ökonomie wird wesentlich mehr über den Leistungsumfang bestimmen. Vermutlich wird mehr als bisher über Einzelfallabrechnung laufen. Erwartbar ist dann, daß die Städte in die nichtlukrativen Bereiche gedrängt werden, weil freie Träger dies nicht mehr leisten können.

Noch offen ist, in welchem Ausmaß sich der soziale Markt auf der Kundenseite zwischen vermögenden und weniger vermögenden Kunden spalten wird (vgl. Lehmann 1994). Zur Durchsetzung von mehr Markt werden sich neue Strukturen herausbilden müssen. Ähnlich wie bei Bauvorhaben wird es Vergabeausschüsse geben müssen, solange jedenfalls noch in die Angebotsseite investiert wird. Traditionelle Gruppen der Zusammenarbeit müssen erweitert, verändert oder ganz aufgehoben werden: z. B. der Jugendhilfeausschuß nach § 71 KJHG oder die Arbeitsgemeinschaften nach § 95 BSHG. Verbraucherschutz, Qualitätsstandards u.ä. sind zu erarbeiten. Das klassische duale System ist in letzter Konsequenz im sozialen Wohlfahrtsmix völlig aufgehoben.

3.3 Substitution durch freiwillige soziale Arbeit

Eine dritte Variante möglicher Zukunftsszenarien ist die der konsequenten Substitution bezahlter Sozialarbeit durch freiwillige Arbeit. Mehr Bürgerengagement wird sowohl aus sozialen wie ökonomischen Gründen gefordert. Dieser Trend ist maßgeblich beeinflußt durch die Rezeption der amerikanischen Kommunitarismusdebatte. Deutlich erkennbare Linien, wie dies realisiert werden kann, sind nur in Teilbereichen sozialer Arbeit erkennbar.

Die Prämissen für einen Umbau des Versorgungsstaates zu zivilgesellschaftlicher Hilfe und Unterstützung wurzeln in einem revidierten Verständnis von Individualität und Freiheit. »Jenseits des Egoismus-Prinzips« (vgl. Etzioni 1994) ist Freiheit neu auszumachen als Pflicht für sich selbst und für die Gemeinschaft. In diesem Sinne wird eine zivilgesellschaftliche Wendung der sozialen Arbeit gefordert (vgl. Wendt 1993a, 1993b). Evers schreibt in einem solchen künftigen Modell dem Staat vornehmlich die Aufgabe einer Moderatorenrolle zu (vgl. Evers 1992). Praktische Beispiele, wie auf einem neuen Niveau und einer anderen ethischen Grundlage mehr freiwillige soziale Arbeit geleistet und gefördert werden kann, sind die Seniorengenossenschaften in Baden-Württemberg. Neue Solidarität entsteht nur auf dem Niveau der erreichten Individualität und nicht im Zurückfallen hinter diese Modernität.

In der sozialen Arbeit findet diese zivilgesellschaftliche Wendung in Einzelaspekten Ausdruck: Eine Neuauflage der Methoden von Gemeinwesenarbeit, die Abkehr von individualisierender therapeutischer Einzelfallhilfe und eine neue Geltung und Würdigung freiwilliger sozialer Arbeit ist zu beobachten. Aber noch wird der durch freiwillige Arbeit erzeugte Mehrwert ökonomisch über öffentliche Zuschüsse nicht belohnt. Es gibt keine Förderkriterien für freiwillige soziale Arbeit.

3.4 Die Resistenz des Bestehenden – Sozialpolitik als Entschuldung der Stadt

Für die Entwicklung von Organisationen, die in eine Krise geraten sind, gilt, daß diese Organisationen, wenn sie wirklich erfolgreich aus der Krise herauskommen wollen, nicht nur neue Buchhaltungssysteme brauchen, sondern daß sie grundständig all die Verhaltensmuster, Werte, Überzeugungen, Dogmen, die ursächlich für die Krise waren, umlernen bzw. verlernen müssen (vgl. Nystrom/Starbuck 1984). Solche Überzeugungen, die in die Krise geführt haben, die die Binnenzentrierung oder Produktzentrierung übersteuert haben, sind in informellen Macht- und Deutungsstrukturen verankert (vgl. Doppler 1994). Reformen erreichen diese informellen Strukturen oftmals nicht.

Betrachtet man die freien Verbände und das duale System unter dieser Prämisse, dann spricht vieles dafür, daß zwar derzeit vieles geändert wird und viele Strategien einem der oben genannten Trends zugeordnet werden können. Die Basisstrukturen des dualen Systems werden davon jedoch nicht berührt: Die informell geprägte Unübersichtlichkeit, von der alle Beteiligten letztlich auch profitieren. Jenseits aller rationalen Reformvorstellungen werden die Verflechtungen über Personidentitäten, über unausgesprochene und nicht reflektierte Zweckbündnisse bzw. Interessenausgleiche sehr resistent bleiben.

Viele Lösungsmuster, die derzeit als neu etabliert werden, sprechen deshalb eine alte Sprache: Nicht ein Mehr an Transparenz und Markt und auch nicht ein Mehr an Bürgergesellschaftlichkeit charakterisieren diese Strategien, sondern diese Strategien zementieren die alten Paradigmen auf neuer, diversifizierter Ebene. Nach wie vor geht es darum, Monopolsituationen zu schaffen und den Proporz zu sichern. Einerseits wird der Sozialhaushalt gedekkelt, andererseits werden durch Beschluß der Stadtverordnetenversammlung einige Projekte aus dieser Deckelung herausgenommen. Intransparent bleibt, warum welche Projekte hier welche Lobby erhalten.

Vieles spricht dafür, daß Sozialpolitik auch künftig eine Gemengelage zwischen Staat, Markt, Bürgergesellschaft und freien Trägern sein wird. Die verschiedenen Ressorts werden sich dabei stärker an unterschiedlichen Trends orientieren. Dies wird bei den freien Trägern zu neuen Differenzierungen führen. Wie in den sechziger Jahren sich Abteilungen verselbständigten, die pflegesatzgetragene Einrichtungen betrieben haben, so werden sich künftig vermutlich auch Verbände nach Geschäftsfeldern neu untergliedern, in profit-center, in misch- oder vollfinanzierte Regelangebote und in Felder freiwilliger sozialer Arbeit. Die Transformation verläuft nicht eindimensional in Richtung eines neuen Trends, sondern ressortweise. Anpassungsfähigkeit haben die freien Träger in der Vergangenheit bereits bewiesen. Von daher ist auch in der aktuellen Umbruchphase eine funktionale, differenzierte Anpassung der Träger an die veränderten Umfeldbedingungen zu erwarten.

4. Abschied vom Wertepluralismus als Legitimation: Zukunftschancen freier Wohlfahrtspflege

Das traditionelle duale System bundesdeutscher Sozialstaatlichkeit löst sich auf. Mehr Markt mit neuen Anbietern einerseits und mehr Bürgerengagement andererseits erweitern sowohl das Leistungsspektrum wie auch die Anbieterlandschaft. Dieser Wohlfahrts-Mix verlangt neue Kooperationsmuster und ein neues Rollen- und Selbstverständnis der Anbieter sozialer Dienstleistungen. Die klassische Wertorientierung als Qualitätsmerkmal der freien Wohlfahrtspflege wird alleine nicht mehr überzeugen. Daneben werden Fachlichkeit, Bedarfsorientierung, wirtschaftliche Effizienz und Förderung zivilgesellschaftlichen Engagements als Qualitätsmerkmale gefordert. In dem Ausmaß, wie es der freien Wohlfahrtspflege gelingen wird, diese Merkmale erfolgreich zu kombinieren, vermag sie sich abzugrenzen von staatlicher Pflichtleistung, kommerziellem Angebot und freiwilliger sozialer Arbeit. Wenn sie in nur einem dieser Felder völlig aufgeht, ist eine spezifische Legitimation als freie Wohlfahrtspflege gesellschaftlich nicht mehr gesichert.

In fünf Thesen sollen die aufgezeigten Entwicklungen und Trends von Transformationsprozessen freier Wohlfahrtspflege zusammengefaßt werden:

(1) Die freie und die öffentliche Wohlfahrtspflege gehören im dualen System zusammen und verändern sich miteinander und aufeinander bezogen. Aufgrund vielfältiger informeller Verflechtungen ist dieses System sehr stabil. Veränderungen sind nur über

Systemreformen möglich. Partielle Interventionen vermögen das System als solches nicht grundsätzlich aufzulösen.
(2) Die traditionelle sozialstaatliche Leistungsorganisationsstruktur erweitert sich um die Segmente des Wohlfahrtsmarktes und des zivilgesellschaftlichen Engagements. Als reine Regel-, Markt- oder Bürgerprojekte werden sich nur jeweils Teilbereiche traditioneller Angebote ausdifferenzieren. Neue Kooperations- und Regelungsmuster im Wohlfahrts-Mix werden entstehen. Die Träger der freien Wohlfahrtspflege werden hierin als intermediäre Organisationen einen Platz finden und müssen in den jeweiligen Teilbereichen qualitativ und wirtschaftlich wettbewerbsfähig sein.
(3) Das traditionelle Legitimationsmuster pluraler wertorientierter Hilfe wird sich künftig weniger auf die einzelne Dienstleistung eines großen Trägers konzentrieren. Diese muß in Konkurrenz zu anderen Anbietern fachlich überzeugend sein. Darüber hinaus wird es für die Legitimation freier Wohlfahrtspflege wesentlich darauf ankommen, wie die Vielzahl bedarfsgerechter Angebote untereinander abgestimmt, effizient vernetzt und wirtschaftlich effektiv gemanagt wird.
(4) In den milieugebundenen Wohlfahrtsverbänden wird derzeit an Unternehmensphilosophien gearbeitet, die nicht mehr allein auf milieuspezifische Anforderungen an die Person des Mitarbeiters abstellen. Vielmehr wächst in allen Verbänden das Bewußtsein für ein neues sozialpolitisches Mandat angesichts wachsender Armut in der Bundesrepublik. Für die Akzeptanz der freien Wohlfahrtspflege wird es künftig darauf ankommen, wie das jeweilige verbandsspezifische sozialpolitische Mandat motiviert ist und wie es in sozialer Arbeit realisiert wird. Traditionell bestehende Verflechtungen zwischen Verbänden und Parteien werden in diesen Positionierungsprozessen voraussichtlich aufgelöst werden.
(5) Stärker noch als die freie Wohlfahrtspflege wird die öffentliche Wohlfahrtspflege unter Druck geraten. Die kommunale Finanznot wird die Kritik an der mangelnden Effizienz öffentlicher Verwaltung verstärken. Dabei werden öffentlich getragene soziale Einrichtungen und Dienste vorrangig unter Kostenkriterien beurteilt werden. Der Druck zu privatisieren bzw. an freie Träger abzugeben wird wachsen und es fraglich erscheinen lassen, in welchem Ausmaß die öffentlichen Träger künftig noch selbst soziale Dienstleistungen anbieten werden.

Literatur

Articus, S.: Öffentliche und Freie Wohlfahrtspflege – aktuelle Herausforderungen aus kommunaler Sicht. Unveröffentlichtes Manuskript eines Vortrags vom 19. 05. 1994.

Becker, J.: Der erschöpfte Sozialstaat, Frankfurt a. M. 1994.

Berger, P. L./Luckmann, T.: Die gesellschaftliche Konstruktion der Wirklichkeit. Eine Theorie der Wissenssoziologie, Frankfurt a. M. 1977.

Biedenkopf, K.: Verstaatlichung der Nächstenliebe, in: Die Zeit, 1993, Nr. 23, S. 22.

Brauns, H.-J.: Finanzierungsform und Organisationsstruktur. Die Grenzen von Organisationsentwicklung in Wohlfahrtsverbänden, in: Organisationsentwicklung, Spezial 2, Veränderungsstrategien im Non-Profit-Bereich, Zürich 1994, S. 72-76.

Domscheit, S./Kühn, M.: Die Kindergartenreform. Eine Fallstudie bundesdeutscher Sozialpolitik, Frankfurt a. M. 1984.

Doppler, K.: Es muß im Leben noch mehr als Profit geben. Was steuert Verhalten und Strukturen in Non-Profit-Dienstleistungsunternehmen?, in: Organisationsentwicklung, Spezial 2, Veränderungsstrategien im Non-Profit-Bereich, Zürich 1994, S. 72-76.

Eichhorn, P.: Wohlfahrtsunternehmen und Europäische Union. Auf dem Markt bestehen oder untergehen, in: Caritas, 95. Jg., 1994, Heft 3, S. 100-105.

Etzioni, A.: Jenseits des Egoismus-Prinzips. Ein neues Bild von Wirtschaft, Politik und Gesellschaft, Stuttgart 1994.

Evers, A.: Megatrends im Wohlfahrtsmix. Soziale Dienstleistungen zwischen Deregulierung und Neugestaltung, in: Blätter der Wohlfahrtspflege – Deutsche Zeitschrift für Sozialarbeit, 139. Jg., 1992, Heft 1, S. 3-7.

Frankfurter Allgemeine Zeitung: Immer mehr private Konkurrenz zwingt die Caritas zum Umdenken, Nr. 229, 24. 12. 1993, S. 10.

Flierl, H.: Freie und öffentliche Wohlfahrtspflege. Aufbau, Finanzierung, Geschichte, Verbände, 2. überarbeitete Auflage, München 1992.

Freier, D.: Soziale Dienstleistungen zwischen Reglementierung und Wettbewerb. Überlegungen zur künftigen Entwicklung, in: Nachrichtendienst des Deutschen Vereins für öffentliche und private Fürsorge, 69. Jg., 1989, S. 369-371.

Kronawitter, G. (Hg.): Rettet unsere Städte jetzt! Das Manifest der Oberbürgermeister, Düsseldorf u. a. 1994.

Lehmann, K.: Der Markt löst die Probleme nicht. Kritische Anmerkungen zur Privatisierungsdebatte, in: Caritas, 95. Jg., 1994, Heft 7/8, S. 300-311.

Manderscheid, H.: Verflechtungen zwischen kirchlicher Sozialarbeit und

staatlicher Sozialpolitik, in: Caritas '91. Jahrbuch des Deutschen Caritasverbandes, Freiburg 1990, S. 59-68.
Nystrom, P. C./Starbuck, W. H.: Umdenken? Umlernen! Über die Kunst, Krisen zu vermeiden, in: GDI-Impuls, 2. Jg., 1984, Heft 4, S. 36-46.
Oppl, H.: Mehr Markt für soziale Dienstleistungen, in: Caritas, 95. Jg., 1994, Heft 7/8, S. 292-300.
Steinkamp, H.: Diakonie – Kennzeichen der Gemeinde, Freiburg 1985.
Tillmann, B.: Das Elend des Bestehenden. 10 Thesen über den Zustand sozialer Dienstleistungen in der Bundesrepublik Deutschland, in: Blätter der Wohlfahrtspflege, 137. Jg., 1990, Heft 5, S. 123-124.
Wendt, W. R.: Zivil sein und sozial handeln. Das Projekt der Bürgergesellschaft, in: Blätter der Wohlfahrtspflege, 140. Jg., 1993, Heft 9, S. 257-261 (a).
Wendt, W. R.: Zivilgesellschaft: Jenseits der Fürsorge, in: Socialmanagement, 1993, Heft 1, S. 37-40 (b).
Werthmann, L.: Reden und Schriften, Freiburg 1958.

Dieter Grunow

Organisierte Solidarität

Organisationsprobleme von Wohlfahrtsverbänden

1. Wohlfahrtsverbände als Bestandteile der Organisationsgesellschaft

1.1 Grundbegriffe der Organisationsanalyse

Organisationen sind zentrale Gestaltungsmittel und -formen moderner Gesellschaften, die deshalb u. a. als »Organisationsgesellschaften« bezeichnet werden. »Organisation« beinhaltet Aspekte von Bestimmtheit, Erwartbarkeit, Struktur und Ordnung. Die damit ausgedrückte Organisiertheit wird durch das Größenwachstum (Bevölkerung, Interessengruppen, Warenproduzenten) der Gesellschaften und ihrer zunehmenden *funktionalen* (anstelle segmentärer oder hierarchischer) *Differenzierung* prekär (vgl. Luhmann 1964). Arbeitsteilige Spezialisierung stellt immer höhere Anforderungen an Koordination und Kooperation, um gesellschaftliche Aufgaben wirksam zu erfüllen. Wahrscheinlich und erwartbar ist das Gegenteil: das Zufällige, das Chaotische, das Unvorhersehbare – oder einfach: »Was schief gehen kann, geht schief« (Murphys Gesetz) (vgl. Gabriel 1979; Türk 1976).
Neben der Differenzierung der Gesellschaft bestimmt die *Globalisierung* die Entwicklungsrichtung und -geschwindigkeit: Eine internationale Arbeitsteilung erfordert eine internationale Koordination bzw. Organisierung. Verstärkt wird dieser Trend durch die Globalisierung der zu bewältigenden Aufgaben bzw. der zugrundeliegenden Probleme (Katastrophen, Bevölkerungsexplosion, Umweltbelastung). Auch ohne spezifisch auf die moderne Systemtheorie Bezug zu nehmen, leuchtet meines Erachtens ein, daß die Komplexität dieser Sachverhalte das menschliche Wahrnehmungsvermögen massiv überfordert. Vieles hängt davon ab, ob durch Organisierung gesellschaftlicher Aufgabenbewältigung

die Komplexität der Welt dergestalt abgefiltert (reduziert) werden kann, daß relevante Teilprobleme in überschaubarem Rahmen abgearbeitet werden können. Einen nicht zu unterschätzenden Beitrag liefert dazu die Organisations-Wissenschaft, die Begriffe, Konzepte und empirische Ergebnisse bereitstellt (vgl. Kieser/Kubicek 1978). Mit deren Hilfe läßt sich die reale Komplexität reduzieren, z. B. typologisch zuspitzen. Insofern ist die Art, wie wir die Organisation gesellschaftlicher Aktivitäten erfassen und gegebenenfalls zu beeinflussen versuchen, von den verfügbaren Begriffen und Konzepten geprägt. Nicht einfach ist dabei die Frage zu beantworten, wie »angemessen« diese Begriffe und Konzepte mit Blick auf die Organisationsgesellschaft tatsächlich sind.

Jenseits aller spezifischen theoretischen Ansätze wirkt die oben skizzierte gesellschaftliche Entwicklung auf eine Annäherung der Standpunkte hin. So finden die folgenden Kennzeichnungen inzwischen breiten Konsens (vgl. Siepmann/Siepmann 1981):

- Organisation läßt sich im globalen (Makro-)Maßstab, im Maßstab abgrenzbarer Gebilde (Meso-Ebene) und im Rahmen von Mikroanalysen erfassen und untersuchen; zwischen diesen Ebenen der Organisationsanalyse bestehen Wechselwirkungen;
- je nach Blickwinkel kann *Organisation* als Organisierung (Gestaltung), als Beschreibung des Organisationsergebnisses (Institution) und als Mittel zum Zweck (zur Aufgabenbewältigung) angesehen werden;
- Organisation kann auf allen angegebenen Ebenen und in den zuvor beschriebenen Hinsichten mehr oder weniger strikt (formal) gestaltet sein.

Insofern läßt sich feststellen, daß die im folgenden betonten Betrachtungsweisen gegenwärtig akzeptierte Grundtendenzen widerspiegeln:

- zur Analyse von Organisationen (Behörden, Verbände etc.) gehört stets die Untersuchung des Umfeldes (der Organisationsumwelt) – und zwar nicht nur die Beziehung zu anderen Gebilden gleichen/ähnlichen Typs, sondern auch die Einbindung in ein Makrosystem;
- nicht zuletzt die »Umweltoffenheit« macht das Organisieren zu einer »Quadratur des Kreises«, indem unterschiedliche Anforderungen zugleich berücksichtigt werden müssen; die Lösungen sind daher in der Regel nur »zufriedenstellend«, weisen nur

eine »begrenzte Rationalität« auf (im Sinne von Simon 1981, S. 116ff.);
- Organisieren ist ein Dauer-Prozeß; die geschaffenen Gebilde verändern sich kontinuierlich; die kritische Bewertung dieser Entwicklungen muß die Frage nach der Funktionserfüllung bzw. die Suche nach funktional äquivalenten Organisationslösungen in den Mittelpunkt stellen, also die Frage, mit welchen Formen der Aufbau- und Ablauforganisation sich die Aufgaben (am besten) erfüllen lassen.

Für die Darstellung der Organisationsprobleme von Wohlfahrtsverbänden heißt dies konkret, daß sie hinsichtlich Funktions- und Strukturentwicklung sowohl auf der Ebene gesellschaftlicher Subsysteme bzw. Sektoren als auch auf der Ebene organisatorischer Einzelgebilde betrachtet werden müssen.

Die im Titel dieses Bandes angedeutete Funktionsveränderung der Wohlfahrtsverbände läßt sich organisationsstrukturell dadurch kennzeichnen, daß von einem Funktionen-, Aufgaben- und Strukturen-Mix gesprochen wird: Der Status quo der Verbände-Organisation im Sinne einer Umbruchsituation läßt sich als Sitzen »zwischen allen Stühlen«, als Multilemma-Situation, begreifen. Bevor diese Kennzeichnung näher ausgeführt und in ihren Konsequenzen erörtert wird, soll eine kurze Beschreibung der »Oberflächenphänomene« vorgenommen werden. Diese gestaltet sich – trotz der inzwischen fortentwickelten Verbändeforschung – nach wie vor schwierig. Für Vollständigkeit und Korrektheit kann in der Regel keine Gewähr übernommen werden; Kleinfeld/Löbler (1993, S. 287) sprechen nicht unbegründet »von den Schwierigkeiten, den ganzen Elephanten zu erfassen«.

1.2 Wohlfahrtsverbände: Aufgaben und Strukturen

Sieht man von allen Unterschieden in den Entstehungsgründen und historischen Entwicklungsprozessen einmal ab, so lassen sich die »Wohlfahrtsverbände« als *organisatorische Makrogebilde* bezeichnen, deren Aufgaben vor allem darin bestehen, die soziale und gesundheitsbezogene Wohlfahrt der Bevölkerung zu fördern und gegebenenfalls die Interessen derjenigen Gesellschaftsmitglieder zu vertreten, die aufgrund ihrer sozioökonomischen Situation dazu selbst nur unzureichend in der Lage sind. In hochkomplexen

Organisationsgesellschaften hängt die Leistungsfähigkeit der organisatorischen Gebilde (hier: Verbände) von der Binnenkomplexität, und das heißt u. a. von der Größe und der Binnendifferenzierung, ab (vgl. allgemein Bauer 1978; 1992). Dies bedeutet für die Verbände konkret

(a) eine horizontale Aufschlüsselung nach weltanschaulich unterschiedlichen Zielvorstellungen und Mitgliedern/Klientelgruppen: Arbeiterwohlfahrt (AWO), Deutscher Caritas Verband (DCV), Diakonisches Werk, Deutscher Paritätischer Wohlfahrtsverband (DPWV), Deutsches Rotes Kreuz (DRK), Zentralwohlfahrtsstelle der Juden in Deutschland (ZWSt) usw.,

(b) eine vertikale Gliederung von den übergreifenden Dachverbänden (z. B. Bundesarbeitsgemeinschaft der Freien Wohlfahrtspflege e.V.) über die Bundes- und Landesverbände zu örtlichen Gliederungen,

(c) eine zum Teil daneben parallel verlaufende Gliederung in Fachverbände (z. B. beim DCV),

(d) eine An- und Einbindung vielfältiger Einrichtungen, die soziale und gesundheitsbezogene Dienste erbringen (Krankenhäuser, Pflegeheime, Tagesstätten usw.),

(e) eine Anbindung sonstiger Institutionen, Selbsthilfegruppen etc. (insbesondere beim DPWV).

Die quantitativen Dimensionen des Gebildes lassen sich durch folgende Zahlen kennzeichnen (Stand 1993): 937405 hauptberufliche Mitarbeiter/-innen arbeiten in 80992 freigemeinnützigen Diensten bei knapp 3 Mio. Plätzen/Betten. Die Zahl der ehrenamtlichen Mitarbeiter/-innen wird auf 1,5 Mio. geschätzt (früher 2 Mio.), also mit abnehmender Tendenz. Dies gilt auch für die Selbsthilfegruppen, die seit 1990 von 27362 auf 26627 zurückgegangen sind (vgl. Niedrig 1994, S. 301 f.). Dabei sind die Mitglieder der Verbände noch gar nicht mitgerechnet, die in den *eingetragenen Vereinen* zum Teil ebenfalls Organisations- und Verwaltungsaufgaben übernehmen. Für die AWO läßt sich (Stand 1993) feststellen, daß ca. 100000 ehrenamtliche Mitglieder im Verband insgesamt tätig waren. Das DRK hat beispielsweise ca. 4,5 Mio. Mitglieder. Der DPWV hat mehr als 4000 Mitgliederverbände (Vereine, Selbsthilfegruppen, Initiativen). Der DCV umfaßt 27 Diözesan-Caritasverbände, ca. 260 caritative Ordensgemeinschaften und 19 Fachverbände (vgl. Jahrbuch 1992, S. 348 f.). Diese Zahlen finden ihre Korrespondenz in beachtlichen Umsätzen und einem hohen investiven Anlagevermögen, die es zu verwalten gibt (vgl. Hegner 1992, S. 75 f.). Obwohl es zwischen 1970 und 1990 einen deutlichen Zuwachs aller »Kapazitätsmerkmale« gegeben hat, sind durchaus Schwankungen zu bemerken, die kontinuierliche Anpassungen erforderten (vgl. u. a. Oliva/Oppl/Schmid 1991; Hollweg 1990; eine detaillierte Analyse liefert Goll 1991).

Gleichwohl blieben die organisatorischen Rahmenbedingungen durchaus ähnlich. Typisch ist nach wie vor das rechtsförmige Organisationsmuster »e. V.« – in der Regel in Verbindung mit einer vom Finanzamt anerkannten Gemeinnützigkeit. Die Mischung von beteiligten Personengruppen – wenn auch mit quantitativen Gewichtsverschiebungen – ist ebenfalls kennzeichnend: Neben Vereinsmitgliedern, die zum Teil als ehrenamtliche (Vereins-) Funktionäre oder als Helfer für soziale Aufgaben tätig sind, gibt es viele sonstige »ehrenamtliche Helfer« und hauptamtlich Beschäftigte. Mit der Einbindung ehrenamtlich Tätiger und der nicht auf Gewinn ausgerichteten Aufgabendurchführung wird u. a. auch das Prinzip der Subsidiarität begründet. Es sichert den Wohlfahrtsverbänden eine gewisse Vorrangigkeit ihrer Tätigkeit gegenüber öffentlichen (und gegebenenfalls auch privatwirtschaftlichen) Trägern und Einrichtungen.

Mit Blick auf die Makrostruktur läßt sich von einem bürokratischen Gebilde sprechen, das durch Hierarchie und Verselbständigung hauptberuflicher Funktionseliten geprägt ist. Dieses für die Kooperation mit anderen korporierten Akteuren angepaßte Muster hat Nachteile in der innerverbandlichen Demokratie und Partizipation: »Die organisatorische Gestaltung der Verbände ist auf der einen Seite Ausdruck des Bemühens, die Mitglieder an der Willensbildung zu beteiligen. Auf der anderen Seite versucht man, Strukturen und Prozesse am Kriterium der Wirtschaftlichkeit auszurichten. Mit der Größe des Verbandes und der Zahl der Verbandsstufen steigen die Kosten der Entscheidungsfindung. Eine verstärkte Delegation von Entscheidungskompetenzen auf die Leitungsebene ist die Folge ... Nicht immer fühlen sich alle Verbandsmitglieder an der Basis von den Verbänden auf Bundes- und Landesebene gut vertreten ... Zudem können sich regional und fachlich unterschiedliche Interessenlagen herausbilden ... Das Wachstum der Verbände der freien Wohlfahrtspflege führt im Zuge der fortschreitenden Verrechtlichung der sozialen Arbeit und der heftiger werdenden Verteilungskämpfe um Zuwendungen ... zu ihrer zunehmenden Bürokratisierung. Gleichen sich die Strukturen und Prozesse freier und öffentlicher Wohlfahrtspflege an, büßen die freien Träger an Flexibilität und Innovationsfähigkeit ein. Das Entstehen kleiner, solidarisch organisierter Selbsthilfegruppen ... außerhalb der etablierten Verbände ist als Reaktion auf diese Entwicklung zu deuten« (Goll 1991, S. 98 f.).

2. Verbandsorganisation »zwischen allen Stühlen«

Trotz aller Kürze der Darstellung haben die Zahlen und die beschriebenen Organisationselemente deutlich gemacht, daß die Wohlfahrtsverbände nicht etwa ein »Nischenphänomen« moderner Organisationsgesellschaften sind. Sie sind zunehmend zu einem organisatorischen Makrogebilde gewachsen, das mit einer komplexen Binnenstruktur viele Aufgaben durchführt und über beachtliche Ressourcen verfügt. Die oben angegebenen traditionellen organisatorischen Gestaltungselemente scheinen sich dabei nur in geringem Maße fortentwickelt zu haben. Dies wird nun genauer zu untersuchen sein.

2.1 Wohlfahrtsverbände als »Dritter Sektor«

Die Wohlfahrtsverbände können nicht zuletzt wegen ihrer Größe einen Gegenstand makrosoziologischer und -ökonomischer Analysen darstellen. Dabei ist die Untersuchung von grundlegenden gesellschaftlichen *Funktionen*, die das Makrogebilde (gesellschaftliches Teilsystem; Sektor) erfüllt, ein notwendiger Teil der Bestandsaufnahme. Beispielhaft ist dafür die Kennzeichnung der Verbände, vor allem auch der Wohlfahrtsverbände, als »Dritter Sektor« – als Bereich jenseits von Markt und Staat (da dies aber auch ein Bereich jenseits von Privathaushalten bzw. von individueller und familiärer Selbsthilfe ist, handelt es sich in Wirklichkeit um einen vierten Sektor; vgl. Kaufmann 1991; Thränhardt u. a. 1986).

Nur wenig aussagekräftiger sind andere Typisierungen – z. B. als informeller Sektor, als intermediärer Sektor, als freigemeinnütziger Bereich oder als Subsystem caritativer Hilfsorganisation. Sie zeigen jedoch zumindest den Versuch, Identität schaffende Strukturmuster der Verbandsorganisation zu bestimmen – eben weder *Staat* mit seinen formal-bürokratischen Entscheidungsmustern noch *Markt* mit seinen konkurrenz- und gewinnorientierten Managementstrategien. Die Schwierigkeiten bei der Beantwortung der Frage nach Strukturidentität ergeben sich u. a. aus der historisch gewachsenen Multi-Funktionalität der Wohlfahrtsverbände – als Transporteur von weltanschaulichen Grundüberzeugungen, als Interessenvertreter für benachteiligte Bevölkerungsgruppen, als Mediator zwischen Staat und Bevölkerung, als Anbieter sozialer Dienste oder als Koordinator von Initiativen und Selbsthilfegruppen. Eine wichtige Frage für die »Organisationsgestalt« der Wohlfahrtsverbände ist also, ob sie »irgendwie« als Puffer und Filterstruktur zwischen anderen Sektoren stehen (»intermediär«), ob sie eine mehr oder weniger plausible »Mischung« aus Markt- und Staatsstrukturen enthalten *oder ob es tatsächlich markante, eigenständige Gestaltungsprinzipien und Organisationsmerkmale dieses »Dritten Sektors« gibt.*

Sehr allgemeine Hinweise zur Bestimmung dieser Besonderheiten kann man in der Systemtheorie finden, die u. a. das Steuerungsmedium *Liebe* neben die Medien Geld (Wirtschaft) und Recht/Macht (Verwaltung/Politik) stellt (vgl. Luhmann 1974). In der Abgrenzung von Sektoren wird neben Hierarchie (Staat) und Marktkonkurrenz (Wirtschaft) auch das Steuerungsprinzip *Solidarität* formuliert und als potentielles Merkmal des Dritten Sektors vorgeschlagen. Was damit gemeint ist/sein könnte, ist im folgenden zu prüfen. Die Wohlfahrtsverbände eignen sich als Gegenstand konkreter Untersuchungen im Lichte solch abstrakter Grundideen deshalb besonders gut, weil sie *nicht* als »ausgelagerte« oder »verselbständigte« frühere Verwaltungseinheiten oder Wirtschaftsbetriebe anzusehen sind. Infolge der eigenen Geschichte sind auch »besondere« Organisations- und Steuerungsprinzipien zu erwarten. Aus heutiger Sicht wird man diese Prinzipien aber weder in der alten Form noch ohne Bezüge und Einflüsse anderer Sektoren vorfinden bzw. beschreiben können. Dies zeigt der folgende Katalog von Konzepten, die Anhaltspunkte für die »Besonderheiten« des Dritten Sektors liefern.

– Einen wichtigen Ausgangspunkt kann der Begriff *Selbsthilfe* liefern, der zunächst den einzelnen und ihren sozialen Bezugsgruppen die Eigenverantwortung für die Alltagsgestaltung und Problembewältigung zuschreibt. Grundlage sind das Prinzip der altruistischen Hilfen und ihrer Reziprozität in den sozialen Netzen. Andere Hilfen treten »subsidiär« hinzu. Dazu gehören u. a. Einrichtungen und Hilfeleistungen, die »christlicher Liebestätigkeit« entspringen – ein zumindest historisch wesentliches Element der Verbandsgründungen. Die »caritas« läßt sich – vor allem in der frühen Form – als solidarisches Handeln auf der Grundlage der katholischen Soziallehre sowie als religiös motivierter Altruismus verstehen.

- Eine deutlich andere Nuance der *Solidarität* enthalten die Arbeiterselbsthilfeeinrichtungen als Bestandteil der Arbeiterbewegung, für die die gleiche Klassenlage oder Problembetroffenheit eine wichtige Handlungsbasis darstellte.
- Diese Formen solidarischer Organisationen wurden schon bald beeinflußt und überlagert von bürgerlichen Reformvereinigungen und staatlich garantierter Selbstverwaltung (vgl. Brück 1981, S. 28 f.).
- Mit Blick auf den (seit der kaiserlichen Botschaft 1881) expandierenden Sozialstaat läßt sich eine zweite Begriffswandlung und Grenzziehung (gegenüber dem Dritten Sektor) bestimmen. *Selbstverwaltung* degeneriert zu staatlicher, reglementierter Beteiligung von Beitragszahlern (vgl. Degen 1979; WSI 1978), *Solidarität* wird abstrakt (zwischen den Generationen) dekretiert (vgl. Brück 1981, S. 49; Engelhard 1983; Weber 1980). Ähnliches gilt auch für die Konzepte *Gemeinnützigkeit* und *Ehrenamtlichkeit*, die zunehmend von einem formalen oder steuerrechtlichen Sinngehalt überlagert werden.
- Diese staatlichen Einflüsse schließen – vor allem wegen der Betonung des *Subsidiaritätsprinzips* – ein (mehr oder weniger abgestimmtes) Nebeneinander verschiedener Hilfeformen keineswegs aus (vgl. Schwindt/Standfest 1984); zu beachten ist aber stets, daß gleiche Begriffsnutzungen nicht automatisch gleichartige Prinzipien der Aufgabendurchführung bedeuten. Darüber hinaus ist zu beobachten, daß (neue) *soziale Bewegungen* immer wieder neue oder erneuerte Formen solidarischen und altruistischen Handelns entwickeln (können), was im Sinne des vom DPWV formulierten *Initiativrechts des Bürgers in seinem Recht auf Helfen* Beachtung finden sollte (vgl. Gouldner 1984; Rushton 1982).

Diese knappe Darstellung grundlegender Prinzipien für die Bearbeitung sozialer Probleme in Wohlfahrtsverbänden erlaubt zumindest drei Feststellungen: Erstens handelt es sich um Prinzipien der Problembearbeitung, die weder im öffentlichen Sektor noch in der Privatwirtschaft »typisch« sind (womit nicht behauptet wird, daß sie dort völlig ausgeschlossen sind). Zweitens deuten die Beispiele zunächst an, daß es sich um »frühere« Formen der Bearbeitung sozialer Probleme handelt, deren Leistungsfähigkeit in der heutigen Zeit nicht ungeprüft vorauszusetzen ist. Und drittens scheint es typisch zu sein, daß diese Formen der Problemverarbeitung von staatlichen Regeln erheblich beeinflußt oder durch bürokratische Formen der Aufgabenerledigung überformt worden sind, womit die vermuteten Besonderheiten »des« Dritten Sektors weitgehend aufgehoben wären.

Die Vermutung, daß Solidarität, Selbstorganisation und Selbsthilfe »antiquierte« Formen der Bewältigung sozialer Probleme darstellen, ist vielfach explizit ausgesprochen worden und scheint durch die Entwicklung der staatlichen Sozialpolitik belegt zu werden. So führt z. B. Luhmann (1973) aus, daß unter den Bedingungen einer technisierten und arbeitsteilig organisierten hochindustriellen Gesellschaft die »soziale Hilfe« nicht mehr durch Normen auf der Ebene zwischenmenschlicher Beziehungen (z. B. im Sinne der Reziprozität oder des Altruismus), sondern nur durch Regeln auf der Ebene formal und professionell organisierter Zweckverbände (z. B. der Sozialversicherungsträger) gesichert werden können. Gesellschaftliche Institutionen wie familiäre Hilfe, Nachbarschaftshilfe oder »caritas« seien nicht (mehr) leistungsfähig, das »Pathos des Helfens« sei unzeitgemäß und durch die unpathetische und nach abstrakten Regeln arbeitende Sozialbürokratie abzulösen.

Die *tatsächliche Entwicklung* im Sozialsektor bestätigt zunächst diese Behauptungen, denn die Verstaatlichung, Verrechtlichung, Bürokratisierung und Ökonomisierung in der Bearbeitung sozialer Probleme in den letzten 100 Jahren ist unübersehbar. Schon am Beginn der Entwicklung staatlicher Sozialpolitik war das Motiv, autonome gesellschaftliche Initiativen (hier zunächst der Arbeiter) zu unterbinden oder zumindest zu kontrollieren, von großer Bedeutung. Diese Tendenz zur Einbindung »andersartiger« Formen der Bearbeitung sozialer Probleme in den *öffentlichen* Sektor durchzieht die gesamte 100jährige Entwicklung dieses Bereiches. Es ist deshalb keineswegs zufällig, daß die Wohlfahrtsverbände heute zum Teil durch die »Akquisition« von Selbsthilfegruppen neue Legitimation im Sinne von »Anderssein« zu gewinnen versuchen, nachdem sie sich in weiten Bereichen der Produktion sozialer Dienstleistungen zum »Trabanten« staatlicher Sozialpolitik entwickelt haben, d. h. konkurrierend Kindergärten, Krankenhäuser, Tageskliniken, Altenheime oder Sozialstationen betreiben (vgl. v. Ferber 1967; Tennstedt 1976; Bauer 1978; Reidegeld 1980).

Als Zwischenergebnis läßt sich festhalten: Es gibt verschiedene Strukturelemente der Wohlfahrtsverbände, die sie – zumindest graduell – als einen von Staat und Privatwirtschaft zu trennenden Sektor zu erfassen erlauben. Gleichwohl sind viele dieser Merkmale »fremdbestimmt«, die Abhängigkeit vom öffentlichen Sektor (Sozialstaat) immens: Die fortschreitende Anpassung an bürokratische Organisationsmuster läßt es als nur eine Zeitfrage erscheinen, bis die Wohlfahrtsverbände als »nachgeordnete« Landes- und Kommunalbehörden aufzufinden sind. Eine solche Prognose ist jedoch voreilig, da sie nicht hinreichend berücksichtigt, daß der »Dritte Sektor« auch zutreffend als »Restgröße« gesellschaftlicher Aufgabenerledigung angesehen werden kann. »Restsektor« bedeutet unter anderem, daß *verschiedene* Funktionen wahrgenommen werden (müssen), was zum Teil zu durchaus widersprüchlichen Anpassungszwängen und Entwicklungstendenzen führen kann. Mit anderen Worten: Die Stabilität bzw. sogar das Wachstum verdanken die Wohlfahrtsverbände dieser Multifunktionalität, diesem Aufgaben-Mix. Dies soll zusammenfassend noch einmal dargestellt werden:

(a) Die Anpassung an bürokratische *Strukturmuster* ergibt sich bereits aus dem Größenwachstum, das aber einerseits durch die Interessenrepräsentation (auf allen Ebenen des föderalen Systems) und andererseits durch die Übernahme öffentlich definierter, finanzierter und kontrollierter Dienstleistungen forciert wird (vgl. Grunow 1982).

(b) Der Trend zum *quago* (quasi-governmental organization) wird jedoch »gebremst« durch die Anpassung an den politischen Opportunismus (vgl. Luhmann 1971); kennzeichnend für die Aufgaben der Wohlfahrtsverbände ist ein Umgang mit schwer oder gar nicht lösbaren (»schmutzigen«) Problemen, die von der Sozialpolitik aus wahltaktischen Gründen nicht einfach ignoriert werden können. Insofern trifft hier die Bezeichnung von Seibel zu, der von »erfolgreichem Scheitern« spricht (vgl. Seibel 1991; Strunk 1992). Dies sollte aber nicht einfach mit »Mißmanagement« gleichgesetzt werden, wie es bei Seibel anklingt (Mißmanagement gibt es schließlich in allen hier unterschiedenen Sektoren). Zum Bezugspunkt *politischer Opportunismus* läßt sich auch die Pufferfunktion der Verbände (zwischen Staat und Bevölkerung) hinzurechnen: Forderungen der Betroffenengruppen werden durch die Verbände zum Teil aufgefangen. Dies beinhaltet allerdings eine zumindest partielle Anpassung an wechselnde politische Ziele und Interessenlagen, was nicht zuletzt durch vielfältige Ämterverknüpfungen (z. B. zwischen Parteien und Verbänden) gesichert wird.

(c) »Politik- und Verbandsgemauschel« und bürokratische Formalisierung werden gleichermaßen durch Einflußprozesse des privatwirtschaftlichen Sektors »gebremst«; gehen »besondere« Struktur- und Leistungsmerkmale der Wohlfahrtsverbände verloren oder verlagert sich der Schwerpunkt ausschließlich auf die Erbringung professioneller und effizienter Dienstleistungen, so können *konkurrenz- und gewinnorientierte Alternativen* (Pflege-GmbH u.ä.) ins Spiel kommen. Der Anpassungsdruck in diese Richtung steigt gegenwärtig vor allem deshalb, weil der öffentliche Sektor selbst (und insbesondere auch die Dienstleistungserbringung) an betriebswirtschaftlichen Effizienzkriterien gemessen wird (die Richtung zeigt BMJFG 1980). Allein das »contracting out« sozialer Dienste an die Wohlfahrtsverbände unterliegt damit völlig anderer Kontrolle und Kritik als bisher (im Hinblick auf Regelkonformität) üblich war (vgl. auch Caritas 1994; als weit »fortgeschritten« kann das englische Beispiel gelten: Weir/Hall 1994). Stellen sich die Verbände diesem Anpassungsdruck, so werden sie zunehmend zu »quasi market organizations« (vorerst noch ohne Gewinnmotiv) oder (letztlich) zu Dienstleistungsunternehmen. Es bleibt jedoch zu prüfen, ob die nicht selten beobachtbare »Rosinenpickerei« privatwirtschaftlicher Organisationen (z. B. private Krankenkassen) nicht auch zu der Anerkennung der *Funktionalität scheiternder Aufgabendurchführung* (in den Wohlfahrtsverbänden) selbst durch den Marktsektor führen kann.

(d) Diese nur grob zusammengefaßte »Gemengelage« führt zur These zurück, daß die Multifunktionalität der Verbände zwar zur

Zerreißprobe (Anpassung in verschiedene Richtungen) führen kann, zugleich aber auch eine gewisse Bestandssicherheit (im Feld sich neutralisierender (?) Kräfte) garantiert. Allerdings ist meines Erachtens eine solche Position nur dann aufrechtzuerhalten, wenn Elemente *besonderer Organisationsmuster* der Aufgabendurchführung faktisch erhalten oder zumindest »glaubhaft gemacht« werden können. Solidarische, altruistische und selbsthilfeorientierte (reziproke) Organisations- und Handlungsmuster bleiben ein essentielles Bindemittel für die prinzipielle Bestandsfähigkeit der Wohlfahrtsverbände. Schwindende Mitgliederzahlen, abnehmende Spendenbereitschaft und erfolglose Mobilisierung altruistischer Hilfe geben allerdings wenig Anlaß zu Optimismus. Ob sich damit eine Auflösung der Wohlfahrtsverbände als reale Form des »vaning of the welfare state« (vgl. Scharpf 1977) ankündigt oder ob ein Umsteuern möglich ist, läßt sich nicht vorhersagen. Klar erscheint aus der vorgetragenen Makroanalyse meines Erachtens jedoch, daß eine weitere Anpassung an bürokratische oder opportunistische oder effizienzbetonende Muster die Wohlfahrtsverbände in andere Sektoren (gesellschaftliche Subsysteme) »aufgehen« lassen wird. Daß es aber auch Trends gibt, die dem entgegenwirken, zeigen u. a. die Selbsthilfebewegung und der »communitarianism« in den USA (vgl. Etzioni 1994).
Eine besondere Analyse der *Situation in den neuen Bundesländern* kann hier nicht vorgenommen werden – obwohl gerade bei dem dort stattfindenden Umbauprozeß grundlegende Probleme der Sektorabgrenzung erörtert werden. Viele diesbezügliche Entwicklungen sind noch nicht abgeschlossen. Es zeigt sich aber, daß in der Grundtendenz auch der Dritte Sektor aus Westdeutschland in den neuen Bundesländern annähernd reproduziert wird (wie auch der öffentliche und der privatwirtschaftliche Sektor; vgl. Angerhausen/Backhaus-Maul/Schiebel, in diesem Band). Das Interesse der Verbände war primär auf die Status-quo-Sicherung bzw. -Etablierung bedacht (vgl. etwa Stoppe 1992) – zumal Innovationen dort Rückwirkungen auf die Situation in Westdeutschland hätten haben können. Innovationen sind dabei aber in Zukunft keineswegs ausgeschlossen, da die Integrationsprobleme weniger in der Makrostruktur als auf der Ebene von Einzelorganisationen zu lösen sind. Dabei ist zum Teil von stark abweichenden Rahmenbedingungen auszugehen: andere Orientierungen und Alltagsroutinen der Bevölkerung; andere Erwartungen an Dienstlei-

stungen; andere Versorgungsstrukturen als Ausgangspunkt; andere örtliche Bedeutung einzelner Verbände; andere Organisationsformen. Die weitere diesbezügliche Entwicklung läßt sich meines Erachtens als Test dafür interpretieren, ob es den Verbänden gelingt, situationsangemessen neue Formen der Wohlfahrtspflege zu entwickeln, die die (spezifischen) Formen solidarischen Handelns in Ostdeutschland einzubinden verstehen (vgl. auch Eichner u. a. 1992 sowie Beiträge in Bauer 1992).

2.2 Organisationsdilemmata der Wohlfahrtsverbände

Organisationsdilemmata sind nicht auflösbare Widersprüche in der Gestaltung der institutionellen Meso-Struktur (Vereine, Einrichtungen, Behörden, Gruppen). Dazu gehören u. a. Zieldivergenzen, Hierarchieebenen und Kontrollspannen, Regelungsdetails und professionell verantwortliches Handeln, formale und informale Anreize. Solche Probleme sind bei *allen* Organisationsgestaltungen zu berücksichtigen, sie können aber gemildert oder verschärft werden. Im Hinblick auf die Wohlfahrtsverbände ist letzteres immer dann der Fall, wenn die Multifunktionalität des »Dritten Sektors« nicht durch organisatorische Differenzierung »kleingearbeitet« wird. Je kleiner die organisatorischen Gebilde, desto stärker führt die Multifunktionalität zur (Selbst-)Blockade. Mit anderen Worten: Kleine Organisationseinheiten sind nicht in der Lage, bürokratische, politisch-opportunistische, effizienzorientierte und solidarische Anpassungsleistungen gleichzeitig zu erbringen. (Ob sich dies in einem komplexen Makrogebilde mit übergreifenden Zielen und Handlungsinteressen »durchhalten« läßt, bleibt selbst dort unklar.) Bevor diese Situation näher untersucht wird, sollen zwei (schon zeitlich zurückliegende, aber dafür empirisch untersuchte) Fallbeispiele beschrieben werden. Sie illustrieren die Anforderungen und Schwierigkeiten hinsichtlich der Dienstleistungsorganisation, wenn sie bürokratischen Anpassungszwängen und Anforderungen an *besondere Leistungsformen* (flexibel, offen, alltagsnah, klientenbezogen, solidarisches Handeln einbeziehend) *gleichzeitig* zu genügen versucht.

(a) Beispiel: Die Gründung von Sozialstationen

Die Gründung von Sozialstationen gehört zu den wichtigsten Entwicklungen der Dienstleistungsproduktion (hier insbesondere Kranken- und Altenpflege) im Sozialsektor in den letzten zwanzig Jahren (vgl. im Detail Grunow/Hegner/Lempert 1979; Dahme u. a. 1980). Ziel der durch staatliche Förderprogramme ausgelösten Gründungswelle war es, eine »flächendeckende« Versorgung der Bevölkerung mit ambulanten Pflegediensten zu gewährleisten und damit sowohl zur Entlastung der Familien beizutragen als auch den Ausbau stationärer Versorgung (insbesondere in Alters- und Pflegeheimen) zu begrenzen.

Allerdings gab es vorher bereits verschiedene Formen der Problembewältigung, die auf der Grundlage von Solidarität und Reziprozität (z. B. Krankenpflegevereine in Baden-Württemberg seit Beginn dieses Jahrhunderts) oder auch von »caritas« (Gemeindepflegestation) entwickelt worden waren. Für eine flächendeckende Versorgung (bei wachsendem Bedarf) reichte dies aber bei weitem nicht aus. Insofern war die staatliche Initiative wohlbegründet. Es stellt sich jedoch die Frage, wie mit den bisherigen Formen der solidarischen Selbsthilfe »verfahren« wurde und inwiefern es gelungen ist, »besondere Formen« der Problembearbeitung zu erhalten.

Ein erster Gesichtspunkt betrifft die Einbeziehung bisheriger Versorgungsformen. Die empirischen Untersuchungen zeigen hier eine Formalisierung, Verrechtlichung und Professionalisierung, insgesamt eine organisatorische Bürokratisierung der (überwiegend) verbandlichen Anbieter dieser Dienstleistungen, die durch die staatlichen Auflagen (Richtlinien) ausgelöst wurde. Dies setzte sich fort in den Beziehungen zwischen verschiedenen Trägern derselben oder anderer Sozialstationen. Hier zeigten die »verbandseigenen« Einrichtungen wenig Anpassungsprobleme an die Bürokratisierungserfordernisse, da sie durch ihre eigene Gesamtorganisation (d. h. des Wohlfahrtsverbandes insgesamt) bereits entsprechende »Strukturähnlichkeit« mit der öffentlichen Verwaltung aufweisen. Anders dagegen z. B. die Krankenpflegevereine, die weder staatliche Mittel noch staatliche Regulation akzeptieren wollten.

Sie gerieten in den Sog der staatlich vorgeschriebenen Koordinationsversuche und mußten sich gegen die Strategien der »Vereinnahmung« durch örtlich dominante Verbände (in Baden-Württemberg vor allem die Caritas) und die damit einhergehende interorganisatorische Bürokratisierung wehren. Ähnlichen Verdrängungsversuchen waren auch jene Initiativen ausgesetzt, die andere Formen der Kranken- und Altenpflege verwirklichen wollten (z. B. die »Freie Altenpflege Initiative« in Bielefeld). Aber auch Verbände, die im Prinzip kooperationsbereit waren, sich jedoch in der Minorität sahen, versuchten der durch die staatliche Initiative und die örtlich dominierenden Verbände ausgelösten interorganisatorischen Bürokratisierung zu entgehen. Um den Aufbau hierarchischer Beziehungen *zwischen* den beteiligten Gruppen/Trägern zu verhindern, behielten sie sich das Recht vor, das »eigene« Personal zu verwalten, um es gegebenenfalls auch den Einsatzplänen der Sozialstationen zu entziehen. Insgesamt läßt sich an diesem Beispiel zeigen, wie »andersartige« Formen der Problembearbeitung durch das staatliche Programm und angepaßte Verbandsstrategien verdrängt werden.

Ein weiterer Aspekt »besonderer« Formen der Problembewältigung, der von der Sozialstationengründung betroffen wird, ist die Beteiligung von Laienhelfern, von »ehrenamtlichem« Personal. Diese Helfer weisen oft eine größere soziale Nähe zu den betroffenen Personen auf und bringen eine andere Motivation und andere Rahmenbedingungen in die Hilfesituation mit ein (z. B. mehr persönliche Zuwendung, mehr Zeit, kein Zwang zur »Amortisation« der verursachten Personalkosten etc.). Die Wohlfahrtsverbände haben stets ihre »besonderen« Hilfemöglichkeiten mit der Einbeziehung dieser Personengruppen begründet. Auch die Sozialarbeit in der öffentlichen Verwaltung hat versucht, diese Einbeziehung zu verwirklichen (z. B. im sogenannten Elberfelder Modell) – allerdings mit geringem bzw. abnehmendem Erfolg.

Mit den Sozialstationsgründungen zeigen sich ebenfalls Schwierigkeiten, diese »ehrenamtliche« Mitwirkung weiterhin zu sichern. Die Personen werden zunehmend in den Zwang rechtlicher, ökonomischer und professioneller *Hilfeorganisation* einbezogen und können damit leicht ihre Motivation und ihre praktischen Hilfevoraussetzungen verlieren. Die Arbeitszeitzuschnitte müssen sich den ökonomischen Bedingungen fügen (z. B. werden nur Ganztagsstellen staatlich gefördert; bei Minimalvergütungen soll die Sozialversicherungspflicht unterlaufen werden, etc.). Alle Tätigkeiten werden nun unter »professionelle« Kriterien gestellt: Hausfrauen, die bei der Hauspflege kranker Personen helfen wollen, müssen zuerst Putz- oder Kochkurse absolvieren, obwohl sie stets ihren eigenen Haushalt geführt haben. Insgesamt zeigt sich hier eine geringe Fähigkeit der Verbände, die freiwillige, »ehrenamtliche« Hilfe der Bevölkerungsgruppen in die eigene, stark vom staatlichen Programm beeinflußte Aufgabenerledigung einzubeziehen. Insofern ist es nicht überraschend, daß etwa ein Drittel der Bevölkerung ein bisher nicht aktiviertes Interesse an altruistischer Hilfe zeigt, jedoch kaum vermutet, daß diese in Wohlfahrtsverbänden verwirklicht werden kann. Die Mitwirkung in Selbsthilfegruppen wird deshalb für sinnvoller gehalten als die Mitarbeit im Verband (vgl. Grunow u. a. 1983).

Ein drittes Element »besonderer« Formen der Problembewältigung, das am Beispiel der Sozialstationen studiert werden kann, besteht in der Aktivierung von Selbsthilfe und gegenseitiger Unterstützung im primären sozialen Netzwerk (Familie, Bekanntenkreis, Nachbarschaft etc). Inzwischen ist deutlich geworden, wie voraussetzungsvoll »*Netzwerkförderung*« ist. Insofern besteht die realistischere Perspektive *in der Netzwerkerhaltung trotz formal organisierter und professionalisierter Hilfeleistung*. Im Sozialstationen-Beispiel ist dies unter Umständen dadurch gefährdet, daß die von den Krankenschwestern (in der Regel sicher zu Recht) eingeführten »Normen für angemessene Krankenpflege« die bisher mitwirkenden Familienmitglieder von weiterer Tätigkeit abhält, weil man es sich plötzlich nicht mehr zutraut. Dies ist jedoch insofern problematisch, als die Krankenschwestern (nicht zuletzt aus Kostengesichtspunkten) sich auf wenige Pflegeaktivitäten (die eine entsprechende Schulung etc. voraussetzen) beschränken, also nur ganz kurz im Haushalt der Pflegeperson anwesend sind. Sowohl für den Rest der Pflegeaktivitäten als auch (besonders) hinsichtlich der persönlichen Zuwendung und dem »Zeithaben« sind die Unterstützungen aus dem sozialen Netzwerk unerläßlich. Da ein »Nichtmehrzutrauen« pflegerischer Hilfen auch direkte Auswirkungen auf die Handlungsmöglichkeiten des professionellen Personals (insbesondere im Sinne der Effizienz) hatte, wurden hierfür entsprechende Lösungen entwickelt. Inzwischen sind Kurse zur Pflegeanleitung von Angehörigen Standardrepertoire der Sozialstationen und werden intensiv in Anspruch genommen, so daß man in diesem Punkt von einer Sicherung des Hilfepotentials im sozialen Netzwerk sprechen kann.

(b) Beispiel: Die Entstehung und Förderung von Selbsthilfegruppen im Gesundheitswesen

Obwohl die schon seit langem bestehenden Initiativen zur Gesundheitsaufklärung/-erziehung und die Entwicklung von Selbsthilfegruppen im Gesundheitswesen inhaltliche Ähnlichkeiten aufweisen, zeigen sich die staatlichen (und hier auch die verbandlichen) Reaktionen auf die Selbsthilfegruppen (SHG) weniger nuanciert und zurückhaltend. Dies liegt einerseits daran, daß diese Gruppen zum Teil direkt als Protestreaktion auf staatlich-bürokratische und professionelle Gesundheitsversorgung entstanden sind. Und andererseits sind SHG zum politischen Thema, zum öffentlichen Issue geworden, der inzwischen als positiv bewerteter Orientierungspunkt für sozialpolitische Debatten gilt. Und dies, obwohl die Interessen der Diskutanten sehr unterschiedlich bzw. sogar widersprüchlich sind.

Gesundheitsbezogene Selbsthilfegruppen sind eine Reaktion auf den Verlust oder die Verdrängung »besonderer« Formen der Bewältigung gesundheitsbezogener Probleme durch die Monopolisierungsprozesse im Medizinsystem und durch die Bürokratisierung der staatlichen und verbandlichen Gesundheitssicherung. Diese Selbsthilfe-Formen sind geprägt durch gleichartige Betroffenheit (durch eigene Krankheit oder die Krankheit von Angehörigen), durch interaktive, altruistische und reziproke Hilfeleistung und durch die Anerkennung von im Alltag erworbener praktischer Laienkompetenz. Mit dieser Ausrichtung stehen sie oft auch zu den Wohlfahrtsverbänden im Widerspruch. Das heißt konkreter: Sie stehen für Formen der Problembearbeitung, die für die Wohlfahrtsverbände vor fünfzig Jahren noch wichtig waren, im Zuge der Bürokratisierung aber »untergegangen« sind. Insofern ist nicht zu verwundern, daß die Verbände zunehmend versuchen, die SHG in ihre Organisation »einzubinden«. Damit wird auch die häufig formulierte Prognose, die SHG seien die Wohlfahrtsverbände der Zukunft, interpretierbar. Wie oben schon erwähnt, versuchen auch die staatlichen Instanzen, die SHG »einzubinden«, durch die vieldiskutierte »Staatsknete« zu kontrollieren, zu preiswerten Dienstleistungen zu verpflichten oder schlicht als Versorgungs- und Beratungsstruktur »vorzuhalten«. Zwar gibt es auch »zurückhaltendere« Formen der Förderung von SHG – z. B. durch Bereitstellung von Räumen oder zur Erleichterung von

Kontaktaufnahmen. Und es gibt auch SHG, die überwiegend nach außen (und auch politisch) als Interessengruppe wirken wollen. Sie stellen letztlich aber nur einen weiteren der vielen Interessenverbände dar und entwickeln meist eine der öffentlichen Verwaltung angepaßte Repräsentantenstruktur (mit Dachverbänden etc.; vgl. auch Horch, in diesem Band).

Es bleibt dennoch eine große Zahl von SHG, die die angegebenen besonderen Formen der Problembearbeitung einbringen und nun Gefahr laufen, professionell und bürokratisch »vereinnahmt« zu werden. So beschreiben die teilnehmenden Beobachtungen einer Hamburger Forschungsgruppe (vgl. Behrend u. a. 1983; Trojan u. a. 1985) die »Geschichte« von Selbsthilfegruppen bis ins Detail: zum Beispiel die Abnahme der Handlungskomponente »gegenseitige Hilfe« zugunsten der Komponenten »Gruppenerhalt« und »Außendarstellung«, die besonders durch Gruppenmitglieder aus Politik und Verwaltung in Gang gesetzt werden. Wenn diese Mitglieder »ihre« Gruppe endgültig in die Hand bekommen wollen, kommt es zu einer Krise, die nur die Wahl zwischen Gruppenauflösung und Trennung von diesen beiden Mitgliedern zuläßt. Die Entscheidung für letzteres verstärkt zeitweilig wieder die Komponente »gegenseitige Hilfe«, doch durch weitere enge Kontakte mit der Gesundheitsbehörde und Professionellen entwickelt sich die SHG kontinuierlich zu einer Beratungsstelle mit festangestelltem Personal, geregelten »Öffnungszeiten« und formaler Arbeitsteilung. Mit anderen Worten: Die Verberuflichung, die Organisierung und Formalisierung nehmen »ihren Lauf«. Insgesamt verliert die SHG zumindest Teile ihrer »besonderen« Problembearbeitungsfähigkeit; Personen, die nach wie vor gegenseitige Hilfen suchen, sehen sich veranlaßt, die Gruppe zu verlassen. Ohne die Bedeutung dessen, was die Gruppe praktisch (für wen auch immer) geleistet hat, herunterzuspielen, sind im Verlauf der Gruppenexistenz die Hauptmotive für die Gruppenbildung abhanden gekommen oder von außen verdrängt worden. Es bleibt die Frage, ob dies eine *zwangsläufige* Folge der Entwicklung von SHG im Kontext bürokratisierter Strukturen im öffentlichen Sektor und in den Verbänden ist. Inzwischen gibt es vielfältige Bemühungen, die Bedingungen zu klären, unter denen es möglich ist, die Entwicklung von SHG zu fördern, ohne ihnen zugleich die Grundlagen für ihre Entwicklung zu entziehen (vgl. etwa Braun 1991).

Die beiden Beispiele wurden bewußt so gewählt, daß auch »besondere« Qualitätsmerkmale (ehrenamtliche Helfer/-innen, selbstorganisierte Initiativen, Handeln und Helfen aus gleicher Betroffenheit) einbezogen wurden – was bei weitem nicht für alle Verbandsaktivitäten zutrifft. Die Beispiele wurden aus einem ähnlichen Aufgabenbereich gewählt, um zu zeigen, wie umfangreich und vielfältig die »besonderen« Anforderungen sind und wie groß die »Gefahren« sind, daß sie durch strukturelle und prozedurale Staat-Verbände-Kongruenz »überformt« werden. Die Entwicklung und Durchsetzung eigener, besonderer Gestaltungsmittel der Aufgabendurchführung ist vielfach nicht mehr gegeben. Dies liegt nicht nur an der relativen Stärke des öffentlichen Sektors sondern auch *an den fehlenden Konturen (meso-)organisatorischer Gebilde in den Wohlfahrtsverbänden* (vgl. weitere Beispiele bei Breitkopf/Wohlfahrt 1990). Hegner (1992) verweist in diesem Zusammenhang auf die Vielzahl überfrachteter, ungeordneter und zum Teil widersprüchlicher Organisationsdomänen – ein Zustand, der die Dilemmata in den Einzelorganisationen nachhaltig verstärkt, statt sie abzumildern. Er zeigt jedoch keine alternativen Orientierungsmuster auf.

Um dies zu tun, lohnt es sich, die im Anschluß an Webers Bürokratiemodell entwickelten Organisationstypologien zu betrachten. So wie mit Blick auf Weber die Grenzen des »Bürokratiemodells« (für den öffentlichen Sektor) aufgezeigt wurden, gilt es nun, die Grenzen des wohlfahrtsverbandlichen »Vereinsmodells« sichtbar zu machen. Wichtige Differenzierungsansätze ergeben sich – durchaus mit Verbindung zum Konzept der Organisationsdomäne – sowohl hinsichtlich der Umfeldbedingungen (Anforderungen, Merkmale der Klientel, Dynamik der Veränderungen, Ressourcenzufluß etc.) als auch hinsichtlich der internen Organisationsmuster (Formalisierungsgrad, Qualifikationsprofil des Personals, Führungsstrategien etc.). Auch wenn die Autoren nicht immer die gleichen Gestaltungsmerkmale in den Vordergrund rücken und trotz aller Unterschiede in den Bezeichnungen lassen sich in der organisationssoziologischen Literatur große Übereinstimmungen in den Typologien finden. Exemplarisch wird im folgenden deshalb auf die Darstellung von Mintzberg (1991, S. 120) zurückgegriffen (vgl. Tabelle 1).

Er unterscheidet, wie die Übersicht zeigt, seine Typen nach (a) dem primären Koordinationsmechanismus, (b) dem Schlüsselteil der Organisation und (c) dem Typ der Dezentralisierung. Damit

Tabelle 1

Konfiguration	*Primärer Koordinationsmechanismus*	*Schlüsselteil der Organisation*	*Typ der Dezentralisierung*
Unternehmerische Organisation	Direkte Kontrolle	Strategische Spitze	Vertikale und horizontale Zentralisation
Maschinenorganisation	Standardisierung der Arbeitsabläufe	Technostruktur	Begrenzte horizontale Dezentralisation
Organisation der Professionals	Standardisierung der Fertigkeiten	Operativer Kern	Horizontale Dezentralisation
Diversifizierte Organisation	Standardisierung der Outputs	Mittleres Linienmanagement	Begrenzte vertikale Dezentralisation
Innovative Organisation	Gegenseitige Abstimmung	Unterstützende Einheiten	Selektive Dezentralisation
Missionarische Organisation	Standardisierung der Normen	Ideologie	Dezentralisation
Politische Organisation	Keine	Keine	Verschiedene

typisiert er sieben verschiedene Organisationsmuster, die je spezifischen Außenanforderungen und Binnenmustern genügen. Dies bedeutet aber stets nur die *relativ* beste Anpassung an die jeweiligen Rahmenbedingungen. Am Beispiel der professionellen Konfiguration seien die Implikationen illustriert:

»Die Mitglieder des operativen Kerns haben eine Tendenz zur *Professionalisierung*, um die Einflüsse anderer auf ihre Arbeit zu minimieren, und zwar Kollegen ebenso wie das Linienmanagement und die technokratischen Administratoren. Wenn die Organisation dieser Tendenz nachgibt, was im allgemeinen aufgrund des starken Bedürfnisses nach Perfektionierung von Expertenprogrammen geschieht, dann entsteht die *professionelle* Konfiguration, die durch eine vollständige horizontale und vertikale Dezentralisation der Macht gekennzeichnet ist und wo Koordination überwiegend durch die Standardisierung des Wissens und der Fertigkeiten bewältigt wird. Wie die Abbildung ... zeigt, hat die Organisation nur eine kleine Technostruktur und ein kleines mittleres Management, weil nur ein geringer Bedarf an administrativer Kontrolle besteht. Aber sie hat große unterstützende Einheiten, die den hochbezahlten Professionals dienen« (Mintzberg 1991, S. 123).

Auch ohne zu sehr in die Details einzelner Organisationstypen zu gehen, läßt sich zunächst festhalten, daß sie jeweils geringere Widersprüchlichkeiten enthalten als bei den oft naturwüchsig entstandenen Wohlfahrtsorganisationen, die als missionarische, politische, innovative und Maschinenorganisation *gleichzeitig* auftreten (wollen). Beachtenswert ist zudem, daß die Typologie (meso-) organisatorischer Gebilde nicht mit der Sektor-Abgrenzung konform gehen muß. Auch wenn man erwarten kann, daß bestimmte Organisationstypen in bestimmten Sektoren dominieren (z. B. Maschinenorganisation im öffentlichen Sektor), so können andere Typen durchaus (funktional) äquivalente Leistungen erbringen. Insofern ist eine Kombination unterschiedlicher Organisationsdomänen bzw. -typen in einem Sektor kein grundsätzliches Problem, wenn sie für *jede einzelne (Meso-)Organisation* entsprechend (typorientiert) gestaltet sind. Alles andere wird zur »Quadratur des Kreises«, wenn z. B. hochprofessionelle Tätigkeiten (in der medizinischen Versorgung) bürokratisch kontrolliert und mit spontaner Ehrenamtlichkeit ergänzt werden sollen.

Die Vielfalt der Organisationstypen innerhalb eines Sektors kann dann zu einem Problem führen, wenn sie als Makrogebilde zusammengefaßt und als solche handlungsfähig sein sollen – wie man nicht nur bei den Wohlfahrtsverbänden zeigen kann. Auch für die Organisation von Unternehmerinteressen zeigen sich Grenzen der Vielfalt (z. B. hinsichtlich der Betriebsgrößen, der Branche, des dominierenden Organisationstyps). Das Verhältnis von einzelorganisatorischer Anforderung und makroorganisatorischen Vereinheitlichungserfordernissen ist für die Wohlfahrtsverbände besonders prekär, weil die Multifunktionalität (wie oben gezeigt) eine wichtige Existenzvoraussetzung ist. Läßt man die Vielfalt sich »naturwüchsig« weiterentwickeln, gibt es keine makroorganisatorische Steuerungsmöglichkeit mehr: Man ist eine »lose Vereinigung« (vgl. hierzu das Beispiel DPWV), die »Spitzenfunktionäre« verlieren zunehmend ihre Einflußmöglichkeiten (nach außen und innen). Akzentuiert man dagegen einen bestimmten Aufgabenbereich, eine besondere Funktion, und reduziert die Vielfalt, dann »wandern« andere Funktionsbereiche ab, verselbständigen sich oder werden zu Bestandteilen anderer Makrogebilde bzw. anderer Sektoren. Diese beiden skizzierten Szenarien sind allerdings als Extremformen anzusehen. In der Praxis wird man versuchen, eine Balance irgendwo zwischen diesen Extremen zu finden. Die vorangegangene Analyse hat zu zeigen versucht, warum diese Balance stets prekär bleiben wird und mit ständigen Veränderungen zu rechnen hat.

3. Zusammenfassung und Ausblick

Ohne Zweifel stehen die Wohlfahrtsverbände gegenwärtig unter einem hohen Modernisierungsdruck. Dies ist zwar nicht völlig neu, sondern zumindest seit der Diskussion um die »Krise des Sozialstaates« auf der Tagesordnung (vgl. Heinze/Olk/Hilbert 1988). Die Anforderungen verschärfen sich jedoch erheblich, weil der öffentliche Sektor, das politisch-administrative System selbst vermehrt Ökonomisierungs- bzw. betriebswirtschaftlichen Effizienzansprüchen ausgesetzt ist. Wie die Anpassung an staatliche Formalisierung und Bürokratisierung, so wird auch die Anpassung an neue Standards der Rechnungslegung und Effizienz forciert werden. Diese Situation läßt sich nur dadurch präziser beschreiben, daß sowohl die Konkurrenz der Sektoren (Staat, Wirtschaft, private Haushalte, Dritter Sektor) mit ihren grundlegenden Gestaltungsmitteln als auch die konkreten (meso-)organisatorischen Gebilde in der Analyse Berücksichtigung finden.
Dabei konnte gezeigt werden, daß die Rolle der Verbände (als Teil des Dritten Sektors) durch Multifunktionalität gekennzeichnet ist: Interessenorganisation und -abpufferung, Repräsentation von Interessen und fachlichen Erfahrungen, Bündelung altruistischer Hilfeleistungen, Bearbeitung unlösbarer Probleme oder das Angebot konkurrenzfähiger Dienstleistungen. Diese Vielfalt läßt sich als organisatorisches Makrogebilde nur gegen die anderen Sektoren abgrenzen (und »zusammenhalten«), wenn auch »spezifische« (organisatorische) Gestaltungsmittel zur Anwendung kommen: z. B. Selbstorganisation, solidarische altruistische Hilfen, nichtkommerzielle Ziele. Schwinden diese »spezifischen« Merkmale (Mitgliederschwund, mangelnde Spendenbereitschaft, fehlendes Engagement mit weltanschaulichem Hintergrund) und werden unter Umständen auch die Rahmenbedingungen hinterfragt

(Aberkennung des Gemeinnützigkeitsprinzips; tarifliche Bezahlung für alle; ohne Fachprüfung keine Mitwirkung und anderes mehr), so läßt sich eine kontinuierliche »Auflösung« des Makrogebildes in einen Teil »Verwaltungstrabanten«, einen Teil »politiknahe Lobbyorganisation« und in einen Teil »medizinisch-industrieller Komplex« erwarten.

Eine zentrale Funktion würde dadurch besonders beeinträchtigt: die Bearbeitung unlösbarer Probleme. Berücksichtigt man den Ökonomisierungsdruck auf den öffentlichen Sektor, so ist kaum anzunehmen, daß er diese Aufgaben komplett übernimmt. Sie würden überwiegend an die Privathaushalte, d. h. die informellen sozialen Netze, (zurück-)fallen. Ob dieser inzwischen weitgehend durch Anpassung an das Wirtschaftssystem (als Beschäftigte, Arbeitslosenreserve, Konsumenten etc.) gekennzeichnete Sektor die Aufgaben tatsächlich bewältigen könnte, ist fraglich.

Die bedeutsamste Herausforderung liegt nach wie vor darin, »besondere« Gestaltungsmittel in einer großen Zahl von Einzelorganisationen der Wohlfahrtsverbände einzubringen – und zwar zum Teil *neben anderen unabwendbaren Anforderungen* (effektives Sozialmanagement, Rechenschaftsfähigkeit, Regelkonformität usw.). Die Beschreibung der sieben Organisationstypen hat sichtbar gemacht, daß auch innerhalb eines Sektors verschiedene Organisationsformen denkbar sind, deren Vereinbarkeit mit den »besonderen« Gestaltungsmitteln der »gemeinnützigen Wohlfahrtspflege« im einzelnen noch auszuloten sein wird. Gelingt dies nicht überzeugend, indem »besondere Aufgaben« bearbeitet oder »besondere Ergebnisse« erzielt werden, so werden diese Organisationen dem Anpassungsdruck von öffentlichen Institutionen ebensowenig gewachsen sein wie der Konkurrenz der privatwirtschaftlichen Dienstleistungs-GmbHs.

Modernisierung der Wohlfahrtsverbände heißt vor diesem Hintergrund

- die in den letzten 25 Jahren »eingesammelten« Aufgaben zu überprüfen;
- diejenigen Aufgaben, die »öffentliche Bürokraten« besser erledigen können, zurückzugeben;
- Aufgaben, deren Erledigung harten Effizienzbedingungen ausgesetzt werden (können), in die gewinnorientierte Erwerbswirtschaft abwandern zu lassen;
- sich auf die Aufgaben zu konzentrieren, die »spezifische« Bei-

träge solidarischer und altruistischer Hilfe ganz oder teilweise einbinden können und müssen – selbst wenn dies im wesentlichen die »unlösbaren« Probleme beinhaltet (Versorgung, Pflege, Betreuung u.ä.);
– dabei aber nicht einfach zum »ehrenamtlichen Dilettantismus« zurückzukehren, sondern eine Verknüpfung mit effektiver Führung, Professionalität und finanzieller Verantwortlichkeit zu versuchen; dazu bedarf es nach wie vor erheblicher Innovationsbereitschaft und Experimentierfreude, denn die diesbezüglichen Qualitätserfordernisse und Gestaltungsoptionen sind *nicht identisch* mit denen aus dem öffentlichen und privatwirtschaftlichen Sektor.

Dies alles kann, muß aber nicht zu einer breit angelegten Reduktion der Organisationsdomänen führen; entscheidend ist zunächst die *qualitative* Neuausrichtung (vgl. dazu auch Oliva/Oppl/Schmid 1991, S. 165 ff.). Im übrigen ist ständig zu beobachten, welche von ihnen nicht selbst bearbeitbaren Probleme der öffentliche und privatwirtschaftliche Sektor hinterlassen: nicht mehr therapiefähige Patienten; isolierte alte Frauen; Personen, die durch das soziale Netz fallen; Personen, die von gesellschaftlich nützlicher Arbeit ausgeschlossen sind; Behinderte ohne alltagsbezogene Betreuung; drogenabhängige Jugendliche ohne Zukunftsperspektive, um nur einige Beispiele zu nennen. Paßt sich der öffentliche Sektor dem Maßstab betriebswirtschaftlicher Effizienz weiter an, so wird er in Zukunft eher mehr solcher Probleme »aussteuern« – sie behindern die Haushaltskonsolidierung. Als Lobby müssen Wohlfahrtsverbände dabei zumindest in dem Sinne handeln, als sie darauf hinzuwirken versuchen, daß diese Aufgaben nicht einfach als Privatangelegenheit der Betroffenen »abgehakt« werden. Erfolgreich werden sie dabei aber auch nur dann sein, wenn sie mit einer zeitgemäßen Organisation solidarischer Hilfeleistungen, die die diesbezüglichen Potentiale der Gesellschaft einbindet und fördert, *qualitative Alternativen* der Problembearbeitung aufzeigen können. Eine nur mehr »finanziell abgespeckte« Variante öffentlicher oder privatwirtschaftlicher Aufgabenerledigung ist in Zukunft nicht (mehr) ausreichend, um den Wohlfahrtsverbänden spezifische Organisationsdomänen zu sichern.

Literatur

Bauer, R.: Wohlfahrtsverbände in der Bundesrepublik, Weinheim 1978.

Bauer, R. (Hg.): Sozialpolitik in deutscher und europäischer Sicht, Weinheim 1992.

Behrend, J. U., u. a.: Arbeitsweise von GSHG und Anregungen zu ihrer sozialpolitischen Unterstützung, in: Ferber, Chr. v./Badura, B. (Hg.), Laienpotential, Patientenaktivierung und Gesundheitsselbsthilfe, München 1983, S. 9-38.

Bundesminister für Jugend, Frauen und Gesundheit: Zur Organisation pflegerischer Dienste in Altenpflege- und Altenkrankenheimen, Schriftenreihe Band 82, Stuttgart 1980.

Braun, J. (Hg.): Selbsthilfegruppen – eine Chance für Jeden, Köln 1991.

Breitkopf, H./Wohlfahrt, N. (Hg.): Sozialpolitik jenseits von Markt und Staat? Bielefeld 1990.

Brück, G. W.: Allgemeine Sozialpolitik, Köln 1981.

Caritas in NRW (Hg.): Sozialstaat am Ende?, Aachen u. a. 2/1994.

Dahme, H. J., u. a.: Die Neuorganisation der ambulanten Sozial- und Gesundheitspflege, Bielefeld 1980.

Eichner, U., u. a. (Hg.): Organisierte Interessen in Ostdeutschland, Marburg 1992.

Engelhardt, W. W.: Solidarische Selbsthilfe und Selbstverwaltung im Gesundheitswesen, in: Soziale Sicherung, 32. Jg., 1983, S. 38-41.

Etzioni, A.: Jenseits des Egoismusprinzips, Stuttgart 1994.

Ferber, Chr. v.: Sozialpolitik in der Wohlstandsgesellschaft, Hamburg 1967.

Gabriel, K.: Analysen der Organisationsgesellschaft, Frankfurt a. M. 1979.

Goll, E.: Die freie Wohlfahrtspflege als eigener Wirtschaftssektor, Baden-Baden 1991.

Gouldner, A. W.: Reziprozität und Autonomie, Frankfurt a. M. 1984.

Grunow, D.: Bürokratisierung und Debürokratisierung im Wohlfahrtsstaat, Habilitationsschrift, Bielefeld 1982.

Grunow, D./Hegner, F./Lempert, J.: Sozialstationen, Bielefeld 1979.

Grunow, D. u. a.: Gesundheitsselbsthilfe im Alltag, Stuttgart 1983.

Hegner, F.: Bürgernähe, Sozialbürgerrolle und soziale Aktion, Bielefeld 1979.

Hegner, F.: Organisations-»Domänen« der Wohlfahrtsverbände: Veränderungen und unscharfe Konturen, in: Zeitschrift für Sozialreform, 38. Jg., 1992, S. 165-190.

Heinze, R. G./Olk, Th./Hilbert, J.: Der neue Sozialstaat. Analyse und Reformperspektive, Freiburg 1988.

Hollweg, G.: 40 bewegte Jahre. Die Geschichte des DPWV Landesverband Berlin, Berlin 1990.

Jahrbuch der Bundesrepublik Deutschland 1992/93, München 1992.

Kaufmann, F. X. (Hg.): The Public Sector, Berlin 1991.
Kieser, A./Kubicek, H.: Organisationstheorien I und II. Stuttgart 1978.
Kleinfeld, R./Löbler, F.: Verbände in NRW, Hagen 1993.
Luhmann, N.: Funktionale Methode und Systemtheorie, in: Soziale Welt, 15. Jg., 1964, S. 1-25.
Luhmann, N.: Opportunismus und Programmatik in der öffentlichen Verwaltung, in: Luhmann, N., Politische Planung, Opladen 1971, S. 165-180.
Luhmann, N.: Formen des Helfens im Wandel gesellschaftlicher Bedingungen, in: Otto, H.-U./Schneider, S. (Hg.), Gesellschaftliche Perspektiven der Sozialarbeit, Band 2, München 1973, S. 21-45.
Luhmann, N.: Einführende Bemerkungen zu einer Theorie symbolisch generalisierter Kommunikationsmedien. In: Zeitschrift für Soziologie, 3. Jg., 1974, S. 236-255.
Mintzberg, H.: Mintzberg über Management, Wiesbaden 1991.
Niedrig, H.: Daten und Tendenzen der freien Wohlfahrtspflege, in: Theorie und Praxis der sozialen Arbeit, 1994, Heft 8, S. 300-305.
Oliva, H./Oppl, H./Schmid, R.: Rolle und Stellenwert freier Wohlfahrtspflege, München 1991.
Reidegeld, E.: Vollzugsdefizite sozialer Leistungen, in: Voigt, R. (Hg.), Verrechtlichung, Königstein i.Ts. 1980.
Rushton, P.: Altruism and society: a social learning perspective, in: Ethics, 3. Jg., 1982, S. 425-446.
Scharpf, F. W.: Public organization and the vaning of the welfare state, in: European Journal of Political Research, 5. Jg., 1977, S. 339-362.
Schmidt, A./Standfest, E.: Subsidiarität gegen Solidarität: Subsidiarität – ein Begriff, verschiedene Konzeptionen, in: Soziale Sicherheit, 33. Jg., 1984, S.297-302.
Seibel, W.: Erfolgreich scheiternde Organisationen. Zur politischen Ökonomie des Organisationsversagens, in: Politische Vierteljahreszeitschrift, 32. Jg., 1991, S. 479-496.
Seibel, W.: Besondere Managementrisiken bei Wohlfahrtsverbänden, in: Theorie und Praxis der sozialen Arbeit, 1992, Heft 1, S. 10-19.
Siepmann, H./Siepmann, U.: Verwaltungsorganisation, Stuttgart 1981.
Simon, H. A.: Entscheidungsverhalten in Organisationen, München 1981.
Spiegelhalter, F.: Der dritte Sozialpartner. Die Freie Wohlfahrtspflege – ein finanzieller und ideeller Beitrag zum Sozialstaat, Freiburg 1990.
Stoppe, A.: Der Aufbau sozialer Dienste in den neuen Bundesländern, in: Theorie und Praxis der sozialen Arbeit, 1992, Heft 1, S. 2-9.
Strunk, A.: Controlling in Non profit-Organisationen, in: Gabler Wirtschaftslexikon, Wiesbaden 1992, S. 691-697.
Tennstedt, F.: Zur Ökonomisierung und Verrechtlichung in der Sozialpolitik, in: Murswieck, A. (Hg.), Staatliche Politik im Sozialsektor, München 1976.

Thränhardt, D., u. a. (Hg.): Wohlfahrtsverbände zwischen Selbsthilfe und Sozialstaat, Freiburg 1986.
Trojan, A., u. a.: Bestimmungsfaktoren und Phasen der Entwicklung von Selbsthilfegruppen. Beitrag zum Ergebnisbericht für einen DFG-Schwerpunkt, Ms., Hamburg 1985.
Türk, K.: Grundlage einer Pathologie der Organisation, Stuttgart 1976.
Weber, W.: »Solidarität«. Handwörterbuch des Genossenschaftswesens, Wiesbaden 1980.
Weir, St./Hall, W. (Hg.): EGO-Trip: Extragovernmental organization in the UK and their accountability, London 1994.
WSI: Sozialpolitik und Selbstverwaltung, Köln 1978.

Heinz-Dieter Horch

Selbstzerstörungsprozesse freiwilliger Vereinigungen

Ambivalenzen von Wachstum, Professionalisierung und Bürokratisierung

Als *freiwillige Vereinigungen* kann man Organisationen bezeichnen, in denen sich Menschen freiwillig vereinigt haben, um gemeinsame Interessen zu verfolgen (vgl. Horch 1983). Dazu gehören so unterschiedliche Organisationen wie Bürgerinitiativen, Parteien, Genossenschaften, Interessenverbände, Sportvereine, Gewerkschaften und auch Wohlfahrtsverbände und Selbsthilfegruppen. Bei aller Verschiedenartigkeit zeigen diese Organisationen eine Menge interessanter gemeinsamer Besonderheiten, wenn man sie vergleicht mit den in modernen Gesellschaften dominierenden Organisationstypen: den bürokratischen großen erwerbswirtschaftlichen Betrieben und staatlichen Verwaltungen. Sie beruhen z. B. nicht auf einem Tauschvertrag, sondern auf einer Art Gesellschaftsvertrag der Mitglieder, sie haben zumindest formal eine demokratische Entscheidungsstruktur und ein großer Teil der Arbeit wird ehrenamtlich geleistet. Eine dieser Besonderheiten scheint nun aber gerade zu sein, daß sie diese Besonderheiten tendenziell wieder verlieren, wenn sie älter und größer werden. Sie werden kommerzieller, bürokratischer, professioneller und oligarchischer (vgl. Abschnitt 1.2). Dies haben schon Anfang des Jahrhunderts namhafte Sozialwissenschaftler, wie Franz Oppenheimer (1886), Max Weber (1911) und Robert Michels (1912), festgestellt.[1] Ich möchte hier folgender Frage nach-

1 Gleichermaßen könnte man Transformationen anderer Institutionstypen untersuchen. Man kann heute auch gewisse Verwischungen der Grenzen zwischen Staat, erwerbswirtschaftlichem Betrieb und privatem Haushalt beobachten. Bei einer solchen Kommerzialisierung der Ehe oder des Staates oder einer »Vergemeinschaftung« erwerbswirtschaftlicher Betriebe könnte ebenso nach negativen Folgewirkungen gefragt werden, die bedacht sein wollen.

gehen: *Inwieweit werden diese Transformationen von den für die Organisation Handelnden selbst unbeabsichtigt und unbewußt gefördert?* Diese Prozesse kann man im doppelten Sinne als *Selbst-Zerstörung* bezeichnen. Sie zerstören erstens das Selbst, die Identität, das Besondere der Organisation, und sie werden zweitens zumindest zum Teil von den für die Organisation Handelnden selbst gefördert. Von praktischer Relevanz ist diese Frage deshalb, weil ich erstens vermute, daß diese Transformationen gewichtige negative Folgewirkungen haben, die man berücksichtigen sollte. So sinkt z. B. das Engagement der Mitglieder, und die Organisation wird bürokratischer. Zum anderen vermute ich, daß diese Transformationen nicht unvermeidbar sind, also keinen ehernen Naturgesetzen folgen, und schließlich, daß sie von den Handelnden unbeabsichtigt und unbewußt gefördert werden. Theoretisch ist die Frage interessant, weil es um die Aufdeckung unbeabsichtigter, unbewußter, negativer Folgewirkungen rationalen Handelns geht. Die Aufdeckung solcher latenter Dysfunktionen ist nach Karl Popper (vgl. 1980, S. 119) eine der zentralen Aufgaben der Sozialwissenschaften. Daneben geht es um zwei andere hochinteressante sozialwissenschaftliche Probleme: um eigendynamische soziale Prozesse (vgl. Mayntz/Nedelmann 1987), speziell um Teufelszirkel, und um soziale Ambivalenz, speziell organisatorische Dilemmata (vgl. Merton 1976). Damit das, worum es hier geht, nicht so im Abstrakten bleibt, möchte ich an zwei bekannte Beispiele erinnern. a) Wenn sich nicht mehr genug ehrenamtliche Mitarbeiter finden lassen, wird man als Vorsitzender leicht auf die Idee kommen, Mitarbeiter zu bezahlen. Aber wird die Bezahlung nicht die nicht-monetären Mitarbeitsmotive verderben (vgl. Etzioni 1975)? b) Um zusätzliche Finanzmittel zu gewinnen, kann man sich nach Subventionen umsehen. Aber werden damit nicht der Vereinigung auch allgemeine sozialpolitische Aufgaben und Standards aufgebürdet, die mit den ursprünglichen Interessen der Mitglieder nichts mehr gemein haben?

Welche Relevanz hat meine Fragestellung für das deutsche System der Wohlfahrtspflege? Erstens bilden Organisationen, die zweifelsfrei den Charakter freiwilliger Vereinigungen haben, einen wichtigen Bestandteil dieses Systems. So kann z. B. die Entstehung von Selbsthilfegruppen geradezu als eine Reaktion auf Transformationen des traditionellen Wohlfahrts- und Gesundheitssystems angesehen werden. Sie nehmen sich solcher Bedürfnisse an, die durch Bürokratisierung und Professionalisierung in den Hintergrund gerückt wurden. Aber auch sie unterliegen den gleichen Transformationstendenzen und sollten sie beachten. Zweitens trugen auch die großen Wohlfahrtsverbände in ihrer Vergangenheit deutlicher Züge freiwilliger Vereinigungen. Bei ihnen ist zwar ein Großteil der Transformationen schon Vergangenheit, aber Überreste freiwilliger Vereinigungen, wie ehrenamtliche Mitarbeiter/-innen und demokratische Entscheidungsstrukturen, sind auch heute nicht zu übersehen. Sie könnten und müßten in Zeiten dramatischen öffentlichen Finanzmangels vielleicht revitalisiert werden. Dabei ist die Unterscheidung zwischen freiwilligen Vereinigungen und den bürokratischen Großorganisationen aus Wirtschaft und Verwaltung keine dichotome, sondern eine graduelle. Vielleicht kann man Wohlfahrtsverbände als einen Mischtyp aus freiwilliger Vereinigung und solchen gemeinnützigen, bürokratischen Organisationen verstehen (vgl. Blau/Scott 1963, S. 45; Billis 1993).[2] Insoweit dies der Fall ist, müßten ihre Manager nicht nur etwas von Betrieben und Verwaltungen, sondern auch von den Besonderheiten freiwilliger Vereinigungen verstehen. Alle Organisationen des Wohlfahrtssektors gehören darüber hinaus zu einem besonderen Untertyp freiwilliger Vereinigungen, weil es ihr vorrangiges Ziel ist, Nichtmitgliedern zu helfen. Dies geschieht im deutschen Wohlfahrtssystem zudem überwiegend mit großer staatlicher Unterstützung. Das besondere Problem solcher Organisationen ist daher, daß sie sich an einer Vielzahl von unterschiedlichen Umwelten orientieren müssen, nicht nur an Mitgliedern, sondern ebenso an Klienten und Klientinnen, staatlichen Organisationen und bezahlten professionellen Mitarbeitern und Mitarbeiterinnen, aber auch an anderen Organisationen des Wohlfahrtssystems, die den Charakter freiwilliger Vereinigungen haben.

Mein Ausgangspunkt ist eine abstraktere umfassendere Kategorie: freiwillige Vereinigungen. Es ist überraschend, wieweit Wissenschaftler/-innen aus verschiedenen Ländern und Zeiten, die sich unabhängig voneinander mit unterschiedlichen Organisatio-

2 Eine solche Vermischung von Strukturelementen aus verschiedenen Systemtypen ist aber nicht nur bei ihnen zu beobachten, sondern – in abgeschwächter Form – geradezu typisch für freiwillige Vereinigungen (vgl. Abschnitt 1.1).

nen befaßt haben, bei der Charakterisierung freiwilliger Vereinigungen übereinstimmen.[3] Diese idealtypischen Charakteristika sind nicht in einem absoluten Sinne, sondern nur relativ vor dem Hintergrund eines Vergleichs zu verstehen. Wenn ich z. B. sage, daß freiwillige Vereinigungen demokratisch sind, ist dies vor dem Hintergrund eines Vergleichs mit erwerbswirtschaftlichen Betrieben zu verstehen. Zudem gibt es in der Realität natürlich immer fließende Übergänge und Mischtypen. Eine begriffliche Unterscheidung wird dadurch aber nicht überflüssig. Diese idealtypische Charakterisierung freiwilliger Vereinigungen ist dabei für mich nicht mehr als ein heuristischer Ausgangspunkt zur Formulierung von Hypothesen: (a) über Unterschiede zwischen Organisationstypen und (b) über Zusammenhänge zwischen wichtigen Variablen. Nach Carl Hempel (1971, S. 100) müssen solche idealtypischen Aussagen in allgemeinere Theorien integriert und natürlich empirisch überprüft werden. Ich selbst habe dies in zwei größeren empirischen Projekten über »Strukturbesonderheiten freiwilliger Vereinigungen« (vgl. Horch 1983) und »Finanzsoziologische Aspekte freiwilliger Vereinigungen« (vgl. Horch 1992a) versucht. Im letzteren Projekt wurden auch Organisationen des Wohlfahrtssektors untersucht. Der allgemeine theoretische Ansatz konnte auf sie fruchtbar angewandt werden. Die folgenden Überlegungen sind das vorläufige Resultat dieser langjährigen theoretischen und empirischen Beschäftigung mit freiwilligen Vereinigungen und den latenten Dysfunktionen ihrer Transformationsprozesse.

Ich möchte mich nun folgenden Detailfragen zuwenden: 1. Wie sehen die Transformationen freiwilliger Vereinigungen aus? 2. Welche negativen Folgen haben sie? 3. Was sind ihre Ursachen? 4. Was kann man dagegen tun?

3 Um nur wenige zu nennen: Badelt 1980, S. 29 ff.; Billis 1991; Blau/Scott 1963; Etzioni 1975; Heinemann/Horch 1981; Knoke 1990, S. 6 ff.; Ouchi 1980; Perrow 1970; Schmalenbach 1922; Schwarz, 1979, S. 64 ff.; Sills 1968, S. 362 f.; Streeck 1981, S. 24 ff.; Weippert 1963.

1. Besonderheiten und Transformationen

Bevor wir über Transformationen von einer Form in eine andere reden können, müssen wir klären, was denn freiwillige Vereinigungen von z. B. kommerziellen Betrieben unterscheidet.[4]

1.1 Besonderheiten freiwilliger Vereinigungen

Ich will nur drei zentrale Unterschiede hervorheben: (a) Interessenvereinigung, (b) Non-profit-Organisation und (c) intermediäre Struktur.

(a) Interessenvereinigung: Das Verhältnis der Mitglieder zur Vereinigung beruht nicht auf einem Ausgleich verschiedener Interessen durch einen Tauschvertrag, wie bei einem erwerbswirtschaftlichen Betrieb, wo der Eigentümer Gewinn machen, der Kunde ein Gut oder eine Dienstleistung erwerben möchte. Es beruht vielmehr auf einer Interessenvereinigung, einem Gesellschaftsvertrag von Individuen mit gleichgerichteten Interessen. Um die gemeinsamen Interessen zu erreichen, legen diese Ressourcen zusammen (vgl. Coleman 1979), tragen etwas bei zur Erreichung des Zieles, leisten Beiträge. Das wird besonders deutlich bei der Neugründung von Vereinigungen, z. B. von Selbsthilfegruppen. Hier gibt es keine Unternehmer und keine Kunden, keine Arbeitgeber und -nehmerinnen, sondern nur Mitglieder. Sie sind in Rollenidentität zugleich Konsument, Produzent, Finanzier und Entscheidungsträger.[5] Sie erhalten für ihre Beiträge ein Mitspracherecht und einen noch intern festzulegenden Anteil der Leistungen. Die Verteilung des Erfolges ist aber nicht vertraglich

4 Ebenso könnte man die Unterschiede zu staatlichen Organisationen herausarbeiten. Von den 5 Variablen, die nach Heinemann und Horch (1981) den Organisationstyp »freiwillige Vereinigung« konstituieren: Interessenvereinigung, Demokratie, Ehrenamtlichkeit, Freiwilligkeit der Mitgliedschaft und Autonomie von Nichtmitgliedern, betreffen die ersten drei wichtige Unterschiede zu erwerbswirtschaftlichen Betrieben, während die letzten beiden auf Unterschiede zu staatlichen Organisationen verweisen.

5 In allen Vereinigungen, die – wie Wohlfahrtsverbände – Dienstleistungen für Dritte erstellen, gibt es von der Mitgliederrolle getrennt die Klientenrolle.

festgelegt, sondern über sie wird durch interne demokratische Abstimmung der Mitglieder entschieden. Anders als beim Tauschvertrag ist hierbei nicht gesichert und oft auch nicht gewollt, daß diese Anteile äquivalent zum Beitrag sind. Solidarität erwartet von denen, die mehr leisten können, daß sie dies tun. Der Anteil ist auch nicht einklagbar und ungewiß, weil der Erfolg der gemeinsamen Arbeit ungewiß ist, und Beiträge müssen unabhängig von der Inanspruchnahme von Leistungen gezahlt werden.
(b) Non-profit-Organisation: In freiwilligen Vereinigungen gibt es keine kleine Gruppe von Eigentümern, die die Kontrolle über die Organisation und die Verantwortung für ihren Erfolg hat und die dafür mit dem Profit belohnt wird. Freiwillige Vereinigungen sind Eigentum aller Mitglieder. Auch hier sollte wirtschaftlich mit Ressourcen umgegangen werden. Der eventuelle Überschuß soll aber nicht in die Taschen einiger weniger fließen, sondern in die gemeinsame Aufgabe reinvestiert werden. Mit diesem sogenannten ›Non-distribution Constraint‹ werden (vgl. Hansmann 1980) Non-profit-Organisationen definiert. Der Unterschied zwischen For-profit- und Non-profit-Organisationen liegt also nicht bei der Gewinnerzielung, sondern bei der Gewinnverwendung.
(c) Intermediäre Struktur: Freiwillige Vereinigungen nehmen von ihrer Organisationsstruktur her eine interessante spannungsreiche Zwischenstellung zwischen Kleingruppen, wie Familien, und bürokratischen Großorganisationen ein (vgl. Weber 1911). Sie verfolgen z. B. zwar einerseits instrumentell spezifische Ziele, geben aber andererseits viel Raum für expressive diffuse Beziehungen. Jedem, der zum ersten Mal einer Vorstandssitzung einer freiwilligen Vereinigung beiwohnt, springt z. B. das Gemenge von Sachlichem und Persönlichem ins Auge.

1.2 Transformationen

Ausgehend von diesen drei Besonderheiten kann man sich drei wesentliche Aspekte der Transformationstendenzen freiwilliger Vereinigungen verdeutlichen, die man häufig beobachten kann: (a) Autonomisierung, (b) Zielverschiebung und (c) Bürokratisierung.
(a) Autonomisierung der Organisation: Erstens kann man – wie Franz Traxler (vgl. 1986) es genannt hat – eine Autonomisierung

der Organisation, d. h. eine Loslösung der Organisation von ihren Mitgliedern beobachten. Durch Kommerzialisierung, d. h. selektive, sichere, äquivalente Gegenleistungen, werden aus Mitgliedern KundInnen; durch Verberuflichung, d. h. bezahlte MitarbeiterInnen, werden die Mitglieder als ProduzentInnen ersetzt; und durch Oligarchisierung werden sie von Entscheidungen ausgeschlossen.

(b) Zielverschiebung: Zweitens kann man Zielverschiebungen beobachten von schwer meßbaren bedarfswirtschaftlichen Zielen hin auf formale Ziele, wie Mitglieder- oder Budgetwachstum.

(c) Bürokratisierung: Drittens kann man eine Bürokratisierung beobachten. Die prekäre intermediäre Struktur wird einseitig aufgelöst in Richtung auf eine Angleichung an die dominierenden erwerbswirtschaftlichen und staatlichen Großorganisationen unserer Gesellschaft.

2. Folgeprobleme

Was ist schlecht an diesen Transformationen? Praktische Relevanz haben sie natürlich nur, insoweit sie mit negativen Folgewirkungen verbunden sind.[6] Ich möchte stichwortartig an einige ökonomische, soziale und organisatorische Funktionen freiwilliger Vereinigungen erinnern, die im Zuge der Transformationen schrittweise verlorengehen.

2.1 Ökonomische Dysfunktionen

Freiwillige Vereinigungen sind Bürokratien in vielerlei Hinsicht ökonomisch unterlegen (vgl. Abschnitt 3.2). Sie haben aber auch ökonomische Vorteile, die bei einer Transformation verlorengehen.

(a) Qualität: Mit der Art der Produktionsorganisation kann sich

6 Sie sind natürlich weniger interessant, wenn man Bürokratie – wie Max Weber – als generell überlegenen Organisationstyp ansieht oder Nonprofit-Organisationen – wie Wolfgang Seibel (vgl. 1992) als de-modernisiert, dilettantisch und ineffizient einstuft, die nur der Funktion dienen, das politische System zu entlasten, indem sie vortäuschen, daß etwas getan wird, wo nichts geschieht.

die Qualität eines Gutes ändern und verschlechtern (vgl. Titmuss 1970; Hirsch 1980). For-Profit-Organisationen können sich nur auf das konzentrieren, was verkaufbar ist. Dabei können Hintergrunderfüllungen und positive externe Effekte verlorengehen.
(b) Kontrolle: Mitglieder verfügen über eine Vielfalt von Kontrollmöglichkeiten. Durch Demokratie, dauerhafte Bindung und ehrenamtliche Mitarbeit ergeben sich zusätzliche Kontrollmöglichkeiten über den Marktmechanismus »Abwanderung« hinaus.
(c) Motivation: Ehrenamtliche Mitarbeit setzt eine hohe verinnerlichte Art der Motivation voraus.

2.2 Soziale Dysfunktionen

Es reicht aber nicht, freiwillige Vereinigungen nur nach wirtschaftlichen Kriterien zu beurteilen, sondern man muß soziale Funktionen für Individuum und Gesellschaft mit berücksichtigen, die im Zuge der Transformationen verlorengehen können (vgl. Heinemann/Horch 1981). *a)* Intermediäre Strukturen – zwischen der Unbeeinflußbarkeit bürokratischer Großorganisationen, in denen man sich nur als ein Rädchen im Getriebe fühlt, und der Beliebigkeit von Primärgruppen – können dem Individuum *Identität* vermitteln (vgl. Dunckelmann 1975; Heinemann 1977). *b)* Freiwillige Vereinigungen können Individuen in die Gesellschaft *integrieren* und somit der zunehmenden Isolierung in modernen Gesellschaften entgegenwirken. *c)* Freiwillige Vereinigungen können für die Gesellschaft *intermediäre* Funktionen erfüllen, indem sie zwischen Individuum und Gesellschaft vermitteln, *d)* Individuen *sozialisieren* und *e) Solidarität* erzeugen.

2.3 Organisationelle Dysfunktionen

All dies ist schwer zu messen. Das nächstliegendste ist, daß die Transformationen auch für die Organisation selbst dysfunktionale Folgen haben können. *a)* werden die oben angesprochenen Kontrollmöglichkeiten beschnitten. Das bedeutet aus der Sicht der Organisation, daß *Feedback-Mechanismen* verlorengehen (vgl. Hirschman 1974). *b)* kann *Legitimation* verlorengehen. Denn die eigentliche Basisressource freiwilliger Vereinigungen ist nicht Geld, sondern die Bindung von Mitgliedern. Wenn die verloren geht, geht auch die Legitimation für zusätzliche Ressourcen, wie Subventionen, Privilegien und Spenden verloren, d. h., die Vereinigung sägt sich den Ast ab, auf dem sie sitzt (vgl. Horch 1992b). Wenn z. B. Wohlfahrtsverbände Spenden nicht mehr durch ihre Mitglieder sammeln lassen, sondern durch als Mitglieder verkleidete Angestellte kommerzieller Spendensammelbetriebe, verlieren sie ihre Glaubwürdigkeit nach außen.

3. Ursachen

Ich komme jetzt zu den Kernfragen: Was sind die Ursachen der Transformationen? Inwieweit kann man von Selbstzerstörungsprozessen sprechen? Wie bei jedem Wandel kann man 1. gesamtgesellschaftliche und 2. organisationsspezifische Ursachen und ihre Wechselwirkungen unterscheiden.

3.1 Gesellschaftliche Faktoren

Wolfgang Streeck hat in seinem Aufsatz »Vielfalt und Interdependenz« auf zwei zentrale Ursachen (und deren Wechselwirkungen) aufmerksam gemacht (vgl. Streeck 1987).
(a) Vielfalt und Individualisierung der Lebenslagen und -stile: Mit der Auflösung traditioneller, homogener Sozialmillieus trocknen vororganisatorische Quellen der Einbindung in freiwillige Vereinigungen aus. Alle klagen über das Aussterben des Stammkunden, der geborenen und verschworenen Mitglieder. Die Mitgliedschaft wird heterogener, die Fluktuation steigt.
(b) »Interdependenz« steht für die wachsenden neokorporatistischen Verflechtungen freiwilliger Vereinigungen untereinander und mit dem Staat, die zwar die Organisationen absichert, indem sie sie von Mitgliedern unabhängiger macht, sie aber damit von ihren Mitgliedern entfremdet. Wenn am Ende alle Organisationen sich nur noch aneinander festhalten, ohne Basishaftung – völlig losgelöst – im Raum schweben, müßte das Gebilde zusammenbrechen (Korporatätsillusion).

3.2 Organisationelle Faktoren

Bezogen auf die organisationsinternen Faktoren ist die alte Grundsatzdebatte zwischen Ökonomen und Soziologen darüber von Bedeutung, inwieweit ökonomische oder soziale Faktoren Wandel erklären.

1. Ökonomische Theorien: Nach der ökonomischen Theorie (vgl. Williamson 1975) wandeln sich Organisationen, weil sie ineffizient geworden sind. Bezogen auf freiwillige Vereinigungen fällt es nicht schwer, anknüpfend z. B. an die obigen drei Organisationsbesonderheiten eine ganze Reihe von Effizienzproblemen aufzuzählen.

(a) Vereinigungsversagen: Mit ihrem Charakter als Interessenvereinigung (vgl. Abschnitt 1.1) gehen (1) durch die Rollenidentität die Vorteile der Arbeitsteilung verloren[7], sind (2) hohe Entscheidungskosten verbunden und entstehen (3) Verteilungsprobleme, weil die Verteilung nicht vertraglich nach dem Äquivalenzprinzip geregelt ist. Es besteht die Gefahr der Ausbeutung von Teilen der Mitgliedschaft (z. B. der Ehrenamtlichen) oder sogar der gesamten Organisation, wenn jeder möglichst viel für sich herausholen will (analog zum Versicherungsbetrug). Inflexibilität, Insuffizienz der Mittel, Partikularismus der Ziele, Traditionalismus, Paternalismus und Amateurismus sind weitere Punkte des Vereinigungsversagens (vgl. Salamon 1987).

(b) Kollektivgutprobleme: Der Profit als Anreiz für eine effektive und effiziente Produktion fehlt. Alles, was die Vereinigung macht und erreicht, hat einen Kollektivgutcharakter. Da viele Beiträge freiwillig sind, droht Trittbrettfahrerverhalten nach dem Motto »Laß das mal die anderen machen«.

(c) Organisationsdilemmata: Mit der intermediären Struktur und der Rollenidentität sind eine Vielzahl von Ambivalenzproblemen bzw. Dilemmata (vgl. Merton 1976) verbunden, z. B. das zwischen Effizienz und Kontrolle.[8] Nach Wolfgang Streeck (1981,

7 Während Mitglieder z. B. als Konsumenten vor allem an guten, kostengünstigen Leistungen interessiert sind, kann ihnen als ehrenamtlichen Produzenten mehr an interessanter, erfüllender Tätigkeit gelegen sein.

8 Einstimmigkeit aller Entscheidungen würde zwar sichern, daß die Ressourcen nicht gegen den Willen eines Mitgliedes verwandt werden, aber die Effizienz der Vereinigung erheblich mindern. Deshalb haben die meisten freiwilligen Vereinigungen nur eine repräsentative Demokratie,

S. 40) »lassen sich die Systemprobleme freiwilliger Organisationen sämtlich auf das Problem der Integration von untereinander unverträglichen Strukturformen in ein und dieselbe soziale Einheit [H.-D. H.: z. B. Ehren- und Hauptamt], bzw. der Erfüllung widersprüchlicher Funktionen vermittels ein und derselben Struktur zurückführen [z. B. instrumentelle und expressive Funktionen, H.-D. H.].« Robert Merton (vgl. 1976) hat deshalb die Führung freiwilliger Vereinigungen sehr anschaulich mit einem ständigen Drahtseilakt verglichen.

(d) Erfolgsvoraussetzungen: Bereits seit Webers Analyse der direkten Demokratie (Weber 1972, S. 169) sind prinzipiell die Voraussetzungen bekannt, unter denen diese Probleme weniger auftreten. Freiwillige Vereinigungen funktionieren um so besser, je jünger (Veralltäglichung des Charismas) und kleiner sie sind, je lokal begrenzter und homogener die Interessen und Fähigkeiten der Mitglieder sind und je weniger Fachwissen die Aufgaben verlangen.

2. Soziologische Theorien: Soziologen teilen nicht die optimistische Weltsicht der Ökonomen, daß Organisationen quasi automatisch durch Auswahl oder Auslese effizienter werden. Sie verweisen auf den Einfluß von a) Macht, auf b) Anpassungsprozesse und c) auf unbeabsichtigte Konsequenzen rationalen Handelns.

(a) Macht: Soziologen fragen: effizient für wen? Die Grundhypothese lautet, daß die herrschende Koalition in einer Organisation ihren Handlungsspielraum so nutzt, daß ihre Herrschaft gesichert wird.

bei der Entscheidungsgewalt delegiert wird. Neben diesem *Kontroll-Dilemma* (vgl. Coleman 1979) gibt es nach meinem Eindruck ein *(a) Einfluß-* und *(b) Einbindungs-Dilemma* (vgl. Horch 1983, S. 120ff. bzw. S. 46ff.) (a) Einfluß ist ein zentraler Anreiz für die ehrenamtliche Mitarbeit. Da Einfluß aber knapp ist, erlebt man häufig, daß zwar neue ehrenamtliche Mitarbeiter als ›Wasserträger‹ geworben werden, diese aber, sobald sie ernstlich mitreden wollen, abgeblockt und frustriert werden. (b) Die Einbindung in die Vereinigung ist um so stärker, je mehr Zeit ihr geopfert wird. Ich habe aus meinen Untersuchungen verschiedenster freiwilliger Vereinigungen den Eindruck gewonnen, daß ein begrenztes ehrenamtliches Engagement nur schwierig aufrechtzuerhalten ist. Man ist entweder ganz oder gar nicht dabei. Zeitliche Segregation beschneidet andere Alternativen des Lebens und macht so die Vereinsarbeit einerseits immer zentraler, Überlastung führt dann aber andererseits häufig zu einem ebenso totalen Aussteigen.

(b) Neuer Institutionalismus: Ein interessanter neuer Ansatz ist »The New Institutionalism in Organizational Analysis«. Führende Vertreter sind Paul DiMaggio und Walter Powell (vgl. 1983). Sie fragen – im Anschluß an Max Webers »stählernen Käfig« – wie wir: Warum werden Organisationen sich immer ähnlicher? Und behaupten, daß heute nicht mehr die Selektion durch den Wettbewerb der Hauptantrieb für diese Angleichung ist, sondern Mechanismen, die Organisationen ähnlicher machen, ohne sie unbedingt auch effizienter zu machen. Sie unterscheiden drei Mechanismen: (1) coerzive, (2) mimetische und (3) normative Anpassungsprozesse.

(1) Coerzive Anpassungsprozesse ergeben sich aus staatlichen Anforderungen, wie rechtlichen Rahmenbedingungen, und sind vor allem mit staatlichen Ressourcen und Privilegien verbunden. Die Anforderungen beziehen sich z. B. auf die Organisationsstruktur (Antragstellen, Budget, Buchführung, Berichtschreiben), auf die Mitarbeiter und Mitarbeiterinnen (Ausbildung, Bezahlung), auf die Qualität der Produkte und die Öffnung der Mitgliedschaft (vgl. Horch 1994).

(2) Mimetische Anpassungsprozesse sind Folgen der Unsicherheit über Ziele und Techniken. Unsicherheit wird vermindert, indem erfolgreiche oder angesehene andere Organisationen nachgeahmt werden. Sie werden übertragen durch Unternehmensberatungsfirmen, Verbände, Schulungen, durch Personen über Rollengeneralisierung.

(3) Normative Anpassungsprozesse sind Folgen der Professionalisierung. Berufsgruppen – z. B. Betriebswirte und Sozialpädagogen – versuchen ihre Arbeit zu definieren, ihre Position zu sichern, entwickeln Normen, die über Selektion und Sozialisation, Universität und Verbände weitergegeben werden. Auch herrschende Theorien haben verhaltensprägende Kraft. So dürfte z. B. March' und Simons Anreiz-Beitrags-Theorie (1976) und Olsons Logik kollektiven Handelns (1968) mittlerweile zum Alltagswissen von Vereinigungsführern gehören. Beide Theorien überbetonen die Bedeutung egoistischer, materieller, selektiver Anreize für ehrenamtliche MitarbeiterInnen, obwohl dies längst empirisch widerlegt ist (vgl. Knoke 1990). Wenn man aber das Anreizsystem freiwilliger Vereinigungen ihnen entsprechend verändert, werden diese Theorien durch Selektion und Sozialisation zur self-fulfilling-prophecy.

(c) Amphibienmodell des Wandels: Zusammenfassend kann man den Eindruck gewinnen, als ob die Selbstzerstörungsprozesse u. a. die Funktion hätten, den besonderen Problemen freiwilliger Vereinigungen auszuweichen, indem unreflektiert auf bekannte und bewährte Problemlösungen aus anderen dominierenden Sektoren zurückgegriffen wird. Viele Veränderungen ergeben sich aus kurzfristigen Überlegungen zur Lösung aktueller Probleme, deren langfristige Folgewirkungen nicht bekannt sind oder nicht bedacht werden. Sie sollen eher der Bewahrung als der Veränderung dienen. Aber aus der Summe kleiner Schritte ergeben sich Veränderungen, die nicht mehr rückgängig zu machen sind. Deshalb kann man hier in Analogie zur Biologie vom Amphibienmodell des Wandels sprechen. So wie es für die Funktion der Amphibien nicht entscheidend war, aus dem Wasser herauszukommen, sondern möglichst schnell wieder ins nächste Wasserloch zu gelangen, so sind die Veränderungen freiwilliger Vereinigungen nicht dazu gedacht, diese zu transformieren, sondern sie unter veränderten Bedingungen zu erhalten. Am Ende mag aber eine völlig andere Gattung stehen. Kleine Veränderungen können *Teufelszirkel* in Gang setzen, die zu einer Selbstzerstörung führen. Einer der bekanntesten ist der zwischen Oligarchie und Apathie, Apathie und Oligarchie (vgl. Horch 1988).

4. Lösungsvorschläge

Was kann man tun, um diesen Selbstzerstörungsprozessen entgegenzuwirken?
(a) Selbstreflexion fördern: Der erste Schritt ist logischerweise, die Selbstzerstörungsprozesse bewußtzumachen. Dies gilt für solche Organisationen wie Selbsthilfegruppen, die selber noch den Charakter von freiwilligen Vereinigungen haben. Es gilt ebenso für solche, wie die großen Wohlfahrtsverbände, bei denen Überbleibsel freiwilliger Vereinigungen geschützt oder sogar revitalisiert werden können. Zudem verlangt die Kooperation der Verbände mit freiwilligen Vereinigungen ein Verständnis der Besonderheiten dieser Partnerorganisationen, um nicht bei diesen unbeabsichtigt, unbewußt und unnötig die Selbstzerstörungsprozesse zu fördern. Eine Grundvoraussetzung dieser Reflexion ist, daß die Handelnden wissen, was eine freiwillige Vereinigung von einem erwerbs-

wirtschaftlichen Betrieb und einer Behörde unterscheidet, und daß sie diese Besonderheiten schätzen lernen. Die Aufdeckung von latenten Dysfunktionen erhöht die Rationalität des Handelns. Wenn die Folgeprobleme des Handelns bekannt sind, kann man sie einkalkulieren. Man kann aktiv nach Lösungen suchen, sie zu begrenzen, kann Entscheidungen überdenken und wird auf jeden Fall nicht von diesen Problemen überrascht. Wenn eine Vereinigung z. B. ihre Mitglieder wie Kunden behandelt, darf sie sich nicht gleichzeitig darüber beklagen, daß diese sich auch wie Kunden verhalten.

(b) Schafft viele neue, kleine Vereine (bzw. selbständige Abteilungen): Die Bedingungen, unter denen freiwillige Vereinigungen funktionieren, sind lange bekannt. Es gilt, hieraus Konsequenzen zu ziehen mit einer Politik, die systematisch die Gründung von neuen, kleinen Vereinen fördert. Während jeder Verein für sich dazu neigt, traditionalistisch inflexibel zu sein, kann ein solches Vereinssystem durch Neugründungen zudem flexibel auf neue Bedürfnisse reagieren.

(c) Verbände (Großvereine) als Selbsthilfekontaktstellen: Vieles, was sich früher aus dichten konstanten Beziehungen und Einbindungen z. B. auf einem Dorf traditional, wie von selbst ergab, bedarf heute rationaler Reflexion und Planung. Die Vereine bedürfen daher auch professioneller Hilfe von Organisationsfachleuten. Aber nicht um ehrenamtliche Arbeit zu ersetzen, sondern als Hilfe zur Selbsthilfe. Die Verbände sollten sich daher als Selbsthilfekontaktstellen verstehen, die professionelle Vereinsberatung anbieten für Neugründungen und Organisationsentwicklung, Schulung und Erfahrungsaustausch organisieren und Serviceleistungen übernehmen, z. B. Kassierung, Buchführung, Mitgliederverwaltung. Dies ist auch auch eine elegante organisationstechnische Methode, Professionals und Laien zu trennen, um zu verhindern, daß die Profis die Laien dominieren.

(d) Professionalisierung ja, aber richtig: Freiwillige Vereinigungen brauchen also professionelle Organisationsfachleute. Aber diese müssen nicht nur die allgemeinen Techniken der Betriebswirtschafts- und Verwaltungslehre beherrschen, sondern auch die Organisationsbesonderheiten freiwilliger Vereinigungen kennen: ihre Schwächen, aber auch ihre Stärken und – nicht zuletzt – ihre Selbstzerstörungstendenzen. Sie müssen vor allem die Balanceprobleme zwischen Kleingruppe und formaler Organisation ken-

nen. Was in Deutschland fehlt, ist eine spezielle Aus- oder Weiterbildung zu Non-profit- und Vereinigungs-Managern. Denn die unreflektierte Übertragung von Strukturen und Rezepten aus dem For-profit-Bereich ist ein todsicherer Weg zur Selbstzerstörung freiwilliger Vereinigungen.

Literatur

Badelt, Chr.: Sozioökonomie der Selbstorganisation. Beispiele zur Bürgerselbsthilfe und ihre wirtschaftliche Bedeutung, Frankfurt a. M. und New York 1980.

Billis, D.: What can Nonprofits and Businesses learn from each other?, in: Hammack, D. C./Young, D. (Hg.), Nonprofit Organizations in a Market Economy. Understanding New Roles, Issues, and Trends, San Francisco 1993, S. 319-341.

Blau, P. M./Scott, W. R.: Formal Organizations. A Comparative Approach, London 1963.

Coleman, J. S.: Macht und Gesellschaftsstruktur, Tübingen 1979.

DiMaggio, P. J./Powell, W. W.: The Iron Cage Revisited. Institutional Isomorphism and Collective Rationality in Organization Fields, in: American Sociological Review, 1983, S. 147-160.

Dunckelmann, H.: Lokale Öffentlichkeit, Stuttgart u. a. 1975.

Etzioni, A.: A Comparative Analysis of Complex Organizations. On Power, Involvement and Their Correlates, New York 1975.

Hansmann, H. B.: The Role of Non-profit Enterprise, in: Yale Law Journal, 1980, S. 835-901.

Heinemann, K.: Ist ehrenamtliche Mitarbeit noch zeitgemäß?, in: Sportunterricht, 1977, S. 6-13.

Heinemann, K./Horch, H.-D.: Soziologie der Sportorganisation, in: Sportwissenschaft, 1981, S. 123-150.

Hirsch, F.: Die sozialen Grenzen des Wachstums. Eine ökonomische Analyse der Wachstumskrise, Reinbek 1980.

Hirschman, A. O.: Abwanderung und Widerspruch. Reaktionen auf Leistungsabfall bei Unternehmungen, Organisationen und Staaten, Tübingen 1974.

Horch, H.-D.: Strukturbesonderheiten freiwilliger Vereinigungen. Analyse und Untersuchung einer alternativen Form menschlichen Zusammenarbeitens, Frankfurt a. M. und New York 1983.

Horch, H.-D.: Ressourcenzusammensetzung und Oligarchisierung freiwilliger Vereinigungen, in: Kölner Zeitschrift für Soziologie und Sozialpsychologie, 40. Jg., 1988, S. 527-550.

Horch, H.-D.: Geld, Macht und Engagement in freiwilligen Vereinigungen. Grundlagen einer Wirtschaftssoziologie von Non-Profit-Organisationen, Berlin 1992 (a).
Horch, H.-D.: Zur Sozioökonomie der Vereine, in: Zimmer, A. (Hg.), Vereine heute. Zwischen Tradition und Innovation, Basel, Boston und Berlin 1992, S. 43-74 (b).
Horch, H.-D.: Does Government Financing have a Detrimental Effect on the Autonomy of Voluntary Associations?, in: International Review for the Sociology of Sport, 29. Jg., 1994, S. 269-285.
Knoke, D.: Organizing for Collective Action. The Political Economies of Associations, New York 1990.
March, J. G./Simon, H. A.: Organisation und Individuum. Menschliches Verhalten in Organisationen, Wiesbaden 1976.
Mayntz, R./Nedelmann, B.: Eigendynamische soziale Prozesse, in: Kölner Zeitschrift für Soziologie und Sozialpsychologie, 39. Jg., 1987, S. 648-668.
Merton, R. K.: Dilemmas of Voluntary Associations, in: ders., Sociological Ambivalence, New York 1976, S. 90-105.
Michels, R.: Zur Soziologie des Parteienwesens in der modernen Demokratie (1912), Stuttgart 1989.
Olson, M., jr.: Die Logik des kollektiven Handelns. Kollektivgüter und die Theorie der Gruppe, Tübingen 1968.
Oppenheimer, F.: Die Siedlungsgenossenschaft (1886), Jena 1913.
Ouchi, W. G.: Markets, Bureaucracies and Clans, in: Administrative Science Quarterly, 1980, S. 129-141.
Perrow, Ch.: Members as Resources in Voluntary Organizations, in: Rosengren, W. R./Lefton, M. C. (Hg.), Organizations and Clients. Essays in the Sociology of Service, Columbus 1970, S. 93-116.
Popper, K. R.: Die offene Gesellschaft und ihre Feinde, Tübingen [6]1980.
Salamon, L. M.: Of Market Failure, Voluntary Failure, and Third Party Government: Toward a Theory of Government-Nonprofit Relations in the Modern Welfare State, in: Journal of Voluntary Action Research, 1987, S. 29-49.
Schmalenbach, H.: Die soziologische Kategorie des Bundes, in: Die Dioskuren. Jahrbuch für Geisteswissenschaften, München 1922, S. 35-91.
Schwarz, P.: Morphologie von Kooperationen und Verbänden, Tübingen 1979.
Seibel, W.: Funktionaler Dilettantismus. Erfolgreich scheiternde Organisationen im ›Dritten Sektor‹ zwischen Markt und Staat, Baden-Baden 1992.
Sills, D. L.: Voluntary Associations. Sociological Aspects, in: International Encyclopedia of the Social Sciences, Band 16, New York 1968, S. 362-379.

Streeck, W.: Gewerkschaftliche Organisationsprobleme in der sozialstaatlichen Demokratie, Königstein 1981.
Streeck, W.: Vielfalt und Interdependenz. Überlegungen zur Rolle von intermediären Organisationen in sich ändernden Umwelten, in: Kölner Zeitschrift für Soziologie und Sozialpsychologie, 39. Jg., 1987, S. 471-495.
Titmuss, R. M.: The Gift Relationship. From Human Blood to Social Policy, London 1970.
Traxler, F.: Interessenverbände der Unternehmer. Konstitutionsbedingungen und Steuerungskapazitäten, analysiert am Beispiel Österreichs, Frankfurt a. M. und New York 1986.
Weber, M.: Geschäftsbericht, in: Deutsche Gesellschaft für Soziologie (Hg.), Verhandlungen des ersten deutschen Soziologentages vom 19.-22. Oktober 1910 in Frankfurt am Main, Tübingen 1911, S. 36-62.
Weber, M.: Wirtschaft und Gesellschaft, Tübingen [5]1972.
Weippert, G.: Vereinbarung als drittes Ordnungsprinzip, in: Jahrbuch für Sozialwissenschaft, 1963, S. 169-178.
Williamson, O. E.: Markets and Hierarchies: Analysis and Antitrust Implications. A Study in the Economics of Internal Organization, New York und London 1975.

Joachim Merchel
Sozialmanagement
Problembewältigung mit Placebo-Effekt oder Strategie zur Reorganisation der Wohlfahrtsverbände?

1. Wohlfahrtsverbände unter Modernisierungsdruck

Das Thema »Sozialmanagement« hat seit einiger Zeit Konjunktur. Die Neugründung von entsprechenden Zeitschriften, eine wachsende Zahl von Veröffentlichungen sowie ein immer unübersichtlicher werdendes Angebot an Fort- und Weiterbildungen deuten auf die Bereitschaft sozialer Einrichtungen hin, sich verstärkt damit zu beschäftigen, daß sie nicht nur als Institutionen der sozialen und pädagogischen Hilfe, sondern auch als Betriebe anzusehen sind. Es gerät stärker in den Blick, daß neben den fachlichen sozialpädagogischen Voraussetzungen auch unternehmenspolitische und organisatorische Bedingungen gestaltet werden müssen, damit die Institution auf dieser Grundlage eine fachlich angemessene und effiziente Hilfe gewährleisten kann. Die Intensität, mit der Fragen des Sozialmanagements in die Diskussion eingebracht und von den Institutionen aufgenommen werden, verweist auf Defizite im Hinblick auf die Betriebsführung sozialer Einrichtungen. Es scheint ein erheblicher Nachholbedarf zu existieren bei der Personalführung, bei der Ausbalancierung zielgerichteter und effizienter Kommunikations- und Entscheidungsstrukturen, bei der Finanzplanung und Finanzkontrolle, bei der Koordination personeller und sachlicher Ressourcen und anderes mehr.
Gerade im Zeichen der sich seit einigen Jahren abzeichnenden öffentlichen Finanzkrise werden soziale Einrichtungen verstärkt daraufhin geprüft, ob sie zu effektiver Arbeit und effizienter Betriebsführung in der Lage sind. Zweifel in dieser Richtung sind nicht erst seit kurzem öffentlich artikuliert worden. Immer wieder wurde Kritik geübt an der mangelnden Fähigkeit freier Träger, Einrichtungen und Dienste wirtschaftlich und den Finanzierungs-

bedingungen entsprechend zu führen, eine Kritik, die bis zum Vorwurf des Organisationsversagens und des Dilettantismus zugespitzt wurde (vgl. Seibel 1991 und 1992).

Doch nicht nur Zweifel an der Effektivität angesichts einer sich verengenden Basis öffentlicher Finanzen und immer offensichtlicher zutage tretende Organisationsmängel bei einigen sozialen Einrichtungen bewirken einen Veränderungsdruck auf die Wohlfahrtsverbände. Veränderungen in den politischen und sozialen Zusammenhängen, in denen die Wohlfahrtsverbände entstanden und in die sie strukturell eingebunden sind, machen Neuorientierungen erforderlich. Mit einigen Stichworten seien diese Veränderungen und die daraus erwachsenden Anforderungen einer tiefgehenden Neuorientierung angedeutet (vgl. Merchel 1991, 1992):

- Legitimationsprobleme der Wohlfahrtsverbände aufgrund der Angleichung von Strukturen öffentlicher und freier Wohlfahrtspflege;
- Reduktion der Eigenständigkeit verbandlicher Wohlfahrtspflege durch die finanzielle Abhängigkeit von staatlichen Zuwendungen und durch die damit einhergehende Bindung an bürokratische Regelungsmechanismen;
- Profilerosion der Verbände, begründet in Prozessen gesellschaftlicher Modernisierung, die mit den Stichworten Säkularisierung, Lockerung weltanschaulicher Bindungen zwischen Personengruppen und Organisationen, Auflösung traditioneller sozialer Milieus charakterisiert werden können;
- damit einhergehende Tendenzen der zunehmenden »Verbetrieblichung« von traditionell normativ geprägten Institutionen;
- Probleme mit der organisationskulturellen Verarbeitung der hohen Zuwachsraten beim Personal in den siebziger und achtziger Jahren;
- Rückgang der für die Verbände legitimatorisch außerordentlich bedeutsamen Ressource der ehrenamtlichen Mitarbeit und zunehmende Spannungen zwischen Hauptberuflichen und ehrenamtlich Tätigen.

Der durch strukturelle Probleme dieser Art verursachte Veränderungsdruck wird intensiviert durch eine Reduktion des Ansehens der Wohlfahrtsverbände in der öffentlichen Meinung. Sichtbar wird eine »Scherenentwicklung«, die durch »sinkendes Ansehen bei zunehmender Größe« der Wohlfahrtsverbände gekennzeichnet ist (vgl. Hegner 1991, S. 130).

Die Wohlfahrtsverbände sehen sich also einem Modernisierungsdruck ausgesetzt, bei dessen Bearbeitung gefestigte Strukturen und traditionelle Handlungsverständnisse einer nachdrücklichen Kritik ausgesetzt werden. Der Umgang mit diesen Modernisierungsanforderungen wird mittel- und langfristig bedeutsame Auswirkungen auf die politische Stellung einzelner Verbände innerhalb des Trägersystems nach sich ziehen.
In dieser Situation weckt die Vokabel »Sozialmanagement« Hoffnungen auf eine praktikable und in relativ kurzen Zeiträumen zu realisierende Problembewältigung. Dabei ist der Begriff »Sozialmanagement« inhaltlich noch wenig strukturiert, sondern stellt eher eine »Such- und Problemformel« dar, »mit der sich die Erwartung verbindet, in anderen Bereichen bewährte Managementmethoden müßten auch auf die Organisation gesundheitlicher und sozialer Dienstleistung anwendbar sein« (Nokielski 1992, S. 41). Trotz dieses Chiffrencharakters werden der Begriff »Sozialmanagement« bzw. die durch ihn transportierten Vorstellungen vielfach bereitwillig aufgenommen, weil damit die Erwartung verbunden wird, man könne durch die Integration betriebswirtschaftlicher Methoden dem Modernisierungsdruck in einer Weise entsprechen, daß die Änderung eingespielter Strukturen und Traditionen nicht allzu drastisch und konflikterzeugend verläuft.

2. Schwierigkeiten bei der Umsetzung von Management-Konzepten

Eine strategische Erwägung, die skizzierten Probleme mit der Einführung betriebswirtschaftlicher Management-Methoden in relativ kurzen Zeiträumen aufarbeiten zu können, wäre mit wenig Erfolgsaussichten verbunden. Sicherlich existieren in sozialen Einrichtungen Rückstände im Bereich organisationaler Rationalität oder Mängel bei organisations- und finanztechnischen Qualifikationen von Mitarbeitern und Mitarbeiterinnen, die sich mit Hilfe verstärkter betriebswirtschaftlicher Orientierungen in überschaubaren Zeiträumen mit kurzfristig positiven Wirkungen beseitigen lassen. Jedoch wäre damit lediglich ein kleiner Teil des Veränderungsdrucks verarbeitet. Die in strukturellen gesellschaftlichen Veränderungen gründenden Innovationsanforderungen an die Wohlfahrtsverbände bedürfen einer längerfristigen strategischen Intervention, deren Charakter mit der oberflächlichen Anwendung von Management-Methoden nicht angemessen erfaßt würde. Die zentralen Fragen nach dem Standort von normativ strukturierten und traditionell milieugeprägten Organisationen in einer sich modernisierenden Gesellschaft sowie nach den Auswirkungen einer veränderten gesellschaftlichen Positionierung dieser Institutionen für die innere Organisationsgestaltung zielen auf einen umfassenden Prozeß der Reorganisation, der den ideologischen und organisatorischen Kern der Wohlfahrtsverbände berührt und dessen Zeiträume Erwartungen als verfehlt erscheinen lassen, die auf Kurzfristigkeit ausgerichtet sind.

Die Diskussion um Sozialmanagement entfaltet insofern produktive Wirkungen, als sie zu einer verstärkten Beschäftigung mit finanz- und betriebswirtschaftlichen Steuerungsinstrumenten führt, deren Anwendung in Organisationen sozialer Arbeit einige der bisher sichtbar gewordenen Mängel bei der rationalen Organisationsgestaltung kompensieren helfen könnte. Problematisch wird die Situation jedoch, wenn Problemlösungsgrenzen von Management-Strategien nicht reflektiert werden. So lassen sich mit Management-Strategien nur bedingt Probleme der veränderten Positionierung milieugeprägter Organisationen innerhalb gesellschaftlicher Modernisierungsprozesse bearbeiten. Neben der Nichtbeachtung solcher Begrenzungen bei den Problemlösungspotentialen von Management-Strategien besteht eine weitere Gefahr in einer Reduktion der Möglichkeiten und Anforderungen, die in der Management-Perspektive selbst gegeben sind. Dies ist der Fall, wenn umfassende Innovationsanforderungen lediglich auf einige, mit Instrumenten des Managements vermeintlich kurzfristig behebbare Mißstände zurechtgestutzt werden. Ein bedeutsamer Teil der Veränderungsanforderungen, denen Wohlfahrtsverbände und Einrichtungen sozialer Arbeit ausgesetzt sind, zielt auf umfassende Reorganisationsprozesse. Werden die auf eine tiefergehende Organisationsentwicklung ausgerichteten Innovationsanforderungen ausgeblendet und lediglich die kurzfristig zu behebenden Rationalitätsrückstände in den Mittelpunkt von Managementstrategien gerückt, so erhält Sozialmanagement leicht den Charakter eines schnell verabreichten Mittels mit Placebo-Wirkung: Man fühlt sich für kurze Zeit besser, aber nach einiger Zeit tauchen die Schmerzen mit um so größerer Heftigkeit wieder auf.

Die Versuche, finanz- und betriebswirtschaftliche Steuerung in

sozialen Organisationen über den Einsatz von Controlling-Verfahren zu intensivieren (vgl. Reiss 1993; in kritischer Perspektive Vogel 1992), können als ein Beispiel für die Ambivalenz im Umgang mit betriebswirtschaftlichen Orientierungen gelten. Wird Controlling in sozialen Diensten und Einrichtungen primär als ein Vorgang der finanzwirtschaftlichen Budgetkontrolle und der Überprüfung betriebswirtschaftlicher Effizienz eingeführt, so wäre dies als eine den Problemen unangemessene Reduzierung auf eine Ebene vermeintlich technischer Rationalität anzusehen. Demgegenüber käme es darauf an, Controlling als einen komplexen Prozeß der fachlichen und in die Zusammenhänge der Institution eingebundenen Erfolgsdefinition sowie einer Ausbalancierung fachlicher, sozialpolitischer und betriebswirtschaftlicher Kriterien zu organisieren. In einer solchen Perspektive erhielte Controlling die Verbindung zu einer umfassenden Organisationsentwicklung, in der sich die Organisationsmitglieder in eine Aushandlung über die ihrer Arbeit zugrundegelegten Kriterien begeben, Machtstrukturen bei der Festlegung von Erfolgs- und Effizienzkriterien sichtbar werden und in Bewegung geraten, der Stellenwert intern gültiger Kriterien im Verhältnis zu den Außenbezügen der Institution (etwa zu den Adressaten sozialer Arbeit, zu Konkurrenzorganisationen, zu Finanzgebern) reflektiert wird und anderes mehr. Controlling wäre dann keine nebenbei einzuführende und die Organisationsstrukturen wenig berührende betriebswirtschaftliche Methode, sondern eine auf eine breitere Organisationsentwicklung zielende Verfahrensweise, bei der zentrale Aspekte der fachlichen und organisatorischen Gestaltung der Institution in einen Veränderungsprozeß einbezogen werden.
Die am Beispiel der Diskussion um Controlling-Verfahren angedeutete Notwendigkeit, die an die Wohlfahrtsverbände gerichteten Herausforderungen zur Innovation dadurch aufzugreifen, daß Sozialmanagement-Orientierungen in Vorgänge umfassender Organisationsentwicklungen einmünden, soll im folgenden am Beispiel der Personalstruktur und Personalentwicklung eingehender dargestellt werden. Die Probleme der Personalentwicklung werden hier vor allem deswegen zur beispielhaften Kennzeichnung von Managementproblemen erörtert, weil die Mitarbeiter und Mitarbeiterinnen – neben anderen Ressourcen wie Recht und Geld – eine der zentralen Ressourcen für die Einrichtungen und Dienste der Wohlfahrtsverbände bilden und weil dementspre-

chend der künftige Organisationsbestand und die sozialpolitische Stellung der Verbände zu einem wesentlichen Teil von der Personalrekrutierung und der Personalpflege abhängig sind.

3. Anforderungen und Probleme der Personalentwicklung bei den Wohlfahrtsverbänden

Engpässe auf dem Personalmarkt (insbesondere bei den pflegenden, aber auch bereits bei den sozialen und erzieherischen Berufen) sowie kritische Anfragen an die Qualität der sozialen Dienste und Einrichtungen, bei denen immer auch der Zustand des Personalbereichs (Fachlichkeit, Zufriedenheit, Motivation, Flexibilität, Innovationsbereitschaft etc.) in den Blick genommen wird, haben eine für den Organisationsbestand eines Teils der Einrichtungen der Wohlfahrtsverbände bedrohliche Entwicklung angenommen und damit das Thema »Personal/Personalpolitik/Personalplanung« auf die Tagesordnung verbandlicher Organisationsüberlegungen gesetzt. Gefordert wird eine offensive Auseinandersetzung mit Fragen der Personalplanung. Personalfragen werden als eines der zentralen Themen für die künftigen Jahre proklamiert, so etwa Jäger (1992), der plakativ die Betrachtung der neunziger Jahre als »personalpolitisches Jahrzehnt der neueren Diakoniegeschichte« fordert. Oliva/Oppl/Schmid (1991) vermuten aufgrund ihrer Forschungen in Einrichtungen der Wohlfahrtsverbände, »daß bei weiterer exzessiver Nutzung der Ressource Personal in Einzelfällen mit einem ›Einrichtungsinfarkt‹ gerechnet werden muß, weil die Grundlagen der ›Lebensfähigkeit‹ der Einrichtung verbraucht sind« (ebd., S. 156). Sie sehen daher in der Verbesserung des Personalmanagements eine der wesentlichen aktuellen Anforderungen an die Wohlfahrtsverbände.

Die Wohlfahrtsverbände müssen diese Herausforderung aktuell annehmen, denn auch die öffentlichen Träger als Konkurrenten auf dem Personalmarkt beginnen, Personalplanung und Personalentwicklung als qualitatives Strukturelement in den Blick zu nehmen und die Aktivitäten auf diesem Sektor zu verstärken. Die Herausgabe des KGSt-Berichts 12/1992 »Arbeitshilfe Personalmarketing. Vorsorge für erfolgreiche Personalgewinnung und -erhaltung« ist ein deutliches Signal. Um nicht Nachteile in der

Konkurrenz auf dem Personalmarkt zu erleiden, sind die Verbände gezwungen, die Personalfrage weitaus stärker als bisher in den Mittelpunkt eigener Aktivitäten zu rücken.
Auf diesem Hintergrund können die spezifischen Probleme der Personalpolitik und des Personalmanagements bei den Wohlfahrtsverbänden und den ihnen zugehörenden Einrichtungen mit einigen Thesen charakterisiert werden:

These 1: *Versuche einiger Einrichtungen, Probleme der Personalgewinnung durch eine verkürzte, lediglich auf eine Verbesserung von Werbemethoden abzielende Aktivierung des Personalmarketing zu lösen, können bestenfalls kurzfristige Entlastungen bringen. Adäquate Strategien zur Problemlösung bedürfen der Beachtung des Zusammenhangs von Personalentwicklung und Organisationsveränderung.* Bei der Beantwortung der Frage, wie Mitarbeiter und Mitarbeiterinnen zu gewinnen und – was gleichermaßen bedeutsam und nicht minder schwierig ist – zu halten sind, scheinen vor allem drei Aspekte relevant zu sein:
- der materielle Rahmen: Angemessenheit und Entwicklungsperspektiven beim Gehalt, Nebenleistungen, Urlaubsregelungen etc.;
- persönliche und fachliche Entfaltungsmöglichkeiten und Modalitäten der fachlichen Unterstützung bei der Arbeit: Verantwortlichkeitsregelungen, Chancen der wirkungsvollen Eingabe innovatorischer Impulse, Formen der Einarbeitung/Anleitung/Fortbildung/Supervision etc.;
- »Klima« einer Einrichtung: kooperative vs. hierarchische Strukturierung, partizipative Leitungsformen, Wertschätzung gegenüber Mitarbeitern und Mitarbeiterinnen, angemessene Taxierung des Aufgabenumfangs etc.

Damit ist die Verbindung zwischen den Strukturen einer Organisation und dem Zustand des Personalbestandes skizziert. Angesichts der zum Teil erheblichen Fluktuation des Personals in einigen sozialen Einrichtungen ist eine Überprüfung der organisationsbezogenen Hintergründe und eine entsprechende Veränderung von Organisationsstrukturen dringend erforderlich. Philippi (1993) berichtet von zwei Untersuchungen zur Personalsituation in stationären Einrichtungen der Alten- und Behindertenhilfe sowie in der Jugendhilfe. »Alarmierend ... ist die Verweildauer am derzeitigen Arbeitsplatz: 49,7 Prozent der Mitarbeiterinnen in der

Alten- und Behindertenhilfe sind seit höchstens zwei Jahren an ihrem derzeitigen Arbeitsplatz. In der stationären Jugendhilfe mußten allein in den zurückliegenden zwei Jahren 42,3 Prozent aller Gruppenpositionen neu besetzt werden« (ebd., S. 49). Im Hinblick auf die Ursachen wird aus der Untersuchung zu den Einrichtungen der Heimerziehung zitiert: Die befragten Mitarbeiter »klagen über die nach ihrer Meinung zu geringe Entlohnung, über Personalknappheit, Zeitdruck, wenig Mitgestaltungsmöglichkeiten und unzureichende Anerkennung durch Vorgesetzte. Sie verfügen nur über begrenzte Unterstützung durch Fort- und Weiterbildung, durch Beratung und Supervision; darüber hinaus können solche Angebote um so weniger in Anspruch genommen werden, je dringlicher fachliche Unterstützung erforderlich wäre« (ebd.; vgl. Günther/Bergler 1992).
In solchen Arbeitssituationen wird auch die Qualität der sozialen Dienstleistungen Einbußen erleiden. Die Qualität einer sozialen Dienstleistung ist zu einem wesentlichen Teil abhängig von der Arbeitssituation der Mitarbeiter und Mitarbeiterinnen, ihrer Motivation, ihren Gestaltungsmöglichkeiten innerhalb der Institution, ihren Möglichkeiten zur fachlichen Weiterentwicklung etc.
Das traditionelle Handlungsmuster, der Appell an Dienstethos und soziale Hilfsbereitschaft, vermag als Rekrutierungs- und Motivationsbasis für Mitarbeiter und Mitarbeiterinnen kaum mehr Wirkung zu entfalten. In einem gesellschaftlichen Umfeld, in dem bindende Milieus und darin eingebundene altruistische Verhaltensnormen an den Rand gedrängt werden von der Anforderung an das Individuum, seine Biographie und seine sozialen Bezüge selbst zu konstituieren, wäre der Versuch, auf traditionelle Muster der Personalrekrutierung und der Personalführung zurückzugreifen, mit wenig Erfolgsaussichten verbunden. Auf der anderen Seite stehen gerade konfessionelle Organisationen in einer Tradition, in der die Hervorhebung der »Dienstgemeinschaft« einen wesentlichen Aspekt in der Identitätsbildung der Einrichtungen darstellte. Vor allem die konfessionellen Träger stehen somit vor der Schwierigkeit, ihr traditionelles, auf eine spezifische Integration von Mitarbeitern ausgerichtetes Selbstverständnis auszubalancieren mit der Notwendigkeit, eine moderne Personalentwicklung herauszubilden, die die veränderten Lebenssituationen und die veränderten Ansprüche von Mitarbeitern aufgreift. Betrachtet

man den Zusammenhang zwischen Mitarbeitersituation und der Erstellung sozialer Dienstleistungen, so werden in dem Maße, in dem die skizzierte Balance gelingt, auch wesentliche Eckpunkte gesetzt für die Qualität, mit der soziale Dienstleistungen an die AdressatInnen herangebracht werden.
Gerade Mitarbeiter und Mitarbeiterinnen im sozialen Bereich formulieren Anforderungen an die Gestaltung von Arbeitssituationen, durch die sie sowohl Selbstentfaltungschancen innerhalb ihres Arbeitsfeldes erhalten wie auch die Arbeitsanforderungen besser mit der außerberuflichen individuellen Lebensplanung vereinbaren können (vgl. dazu Merchel 1988). Im Hinblick auf die Organisationsgestaltung bedeutet das z. B.

- die Installierung von stärker dezentralen Arbeitsstrukturen mit einem hohen Maß an eigenen Gestaltungs- und Entscheidungsmöglichkeiten;
- die Suche nach verbesserten Möglichkeiten einer Gestaltung von Arbeitszeiten, durch die eine Realisierung privater Lebensplanungen gefördert werden kann (Teilzeitarbeit, flexible Dienstplangestaltung, unkonventionelle Arbeitszeitregelungen mit längeren Freizeitphasen, Häufung von Mehrarbeit bei Ausgleich in Form eines »Sabbat-Jahres« o.ä.);
- die Gestaltung eines organisatorischen Rahmens, in dem die Mitarbeiter geregelte und für sie wahrnehmbare Chancen der Einflußnahme auf Zieldefinition und Perspektiven-Erarbeitung für die Einrichtung erhalten.

Personalentwicklung ist also gekoppelt an die Überprüfung und Veränderung vorhandener Organisationsstrukturen. Ein Beharren auf traditionellen Strukturen angesichts veränderter Wert- und Erwartungshaltungen bereits vorhandener und potentieller künftiger Mitarbeiter führt letztlich zu einer Spannung, die auch durch Maßnahmen zur Steuerung der institutionenspezifischen, auf Einordnung ausgerichteten Sozialisation von Mitarbeitern nicht aufzufangen wäre. Vielmehr würden solche Steuerungsversuche einmünden in eine abnehmende Motivation mit entsprechend sinkender Effektivität und letztlich in eine hohe Personalfluktuation.
Die Wohlfahrtsverbände stehen künftig vor der Aufgabe, durch verstärkte Kooperation mit ihren Mitgliedseinrichtungen diesen Zusammenhang zwischen Personal- und Organisationsentwicklung in das Bewußtsein zu heben und in gemeinsamer Arbeit

Anregungen zur Entfaltung der jeweiligen betrieblichen Problemlösungspotentiale zu vermitteln. Das von Philippi (1993) beschriebene Projekt des Diakonischen Werks Württemberg deutet darauf hin, daß einige Wohlfahrtsverbände beginnen, sich in eine solche, künftig zu intensivierende Richtung zu orientieren.

These 2: *Zumindest im Personalbereich hat die Expansion der Wohlfahrtsverbände eine vorläufige Grenze erreicht. Dies wirkt sich in einer höheren Komplexität der Anforderungen im Personalmanagement aus: Steigende Anforderungen bei zurückgehendem Personal, Anwachsen der Teilzeitkräfte, Umgang mit einer außerordentlich heterogenen Personalstruktur sind Stichworte, die die ohnehin schwierigen Aufgaben der Personalrekrutierung und der Bindung vorhandenen Personals an die Einrichtungen zu einem komplexen Bündel von Aufgaben im Personalmanagement erweitern.* Hegner (1992) hat die Zahlen zur Entwicklung der Größenordnung der Wohlfahrtsverbände im Zeitraum von 1970 bis 1990 zusammengestellt und dabei festgestellt, daß in den Zeiträumen von 1970 bis 1987 das Wachstum bei Plätzen/Betten in Einrichtungen/Diensten begleitet wurde von einer überdurchschnittlichen Zunahme der Beschäftigtenzahlen. Die Zahl der Beschäftigten wuchs erheblich stärker als die Zahl der Einrichtungen und Dienste. Selbst im Zeitraum zwischen 1975 und 1981, der durch Umstrukturierungserfordernisse gekennzeichnet war – die Zahl der Plätze/Betten nahm um 4% und die Zahl der Einrichtungen/Dienste um 0,5% ab –, war ein Anwachsen der Vollzeitbeschäftigtenzahl um 13% und der Teilzeitbeschäftigtenzahl um 24% zu verzeichnen. Dieser Prozeß fand eine Umkehrung in den Jahren 1987 bis 1990: Während die Zahl der Plätze/Betten sich um 5% und die Zahl der Einrichtungen/Dienste um 11% erhöhte, sank die Anzahl der Vollzeitbeschäftigten um 2%, und die Zahl der Teilzeitbeschäftigten stieg lediglich um 1%. Hegner schlußfolgert daraus: »Angesichts der Gewöhnung an hohe Zuwachsraten beim Personal kann das rückläufige Beschäftigtenvolumen von 1987 bis 1990 als spürbarer Zwang zur Umorientierung bezeichnet werden« (ebd., S. 178).
Wenn ein wachsendes Angebot mit insgesamt weniger Personal erbracht werden muß, so hat dies – unter der Voraussetzung, daß negative Entwicklungen in der Qualität der Leistungserbringung vermieden werden sollen – erhebliche Konsequenzen für Perso-

nalentwicklung, Personalpflege und Personalqualifizierung. Bei der Diskussion, welche Konzepte im Personalbereich angesichts dieser Situation zu entwerfen sind, muß sicherlich eine differenzierte Analyse der Personalentwicklung in den einzelnen Arbeitsfeldern vorgenommen werden. Dabei ist genauer zu analysieren, in welchen Arbeitsfeldern der von Hegner für die Gesamtheit der Wohlfahrtsverbände aufgezeigte Trend besonders deutlich zutage tritt, welche Arbeitsfelder von diesem Trend weniger erfaßt sind und in welchem Arbeitsbereich eventuell sogar ein Zuwachs an Personalstärke zu erwarten ist.
Auch das Anwachsen der Teilzeitkräfte, das über den gesamten Zeitraum von 1970 bis 1990 die Zuwachsraten bei den Vollzeitbeschäftigten erheblich überstieg, bedeutet einen höheren Aufwand an Koordination und bringt besondere Anforderungen der Integration und der Anbindung an den kulturellen und normativen Kontext der Institution mit sich.
Probleme der Integration im Personalbereich scheinen ein Spezifikum des Personalmanagements freier Träger im Teilbereich der Sozialen Arbeit zu sein. Betrachtet man allein die Heterogenität der Beschäftigungsverhältnisse, mit denen die freien Träger in ihren Einrichtungen umgehen müssen – Goll (1991, S. 156) kommt in seiner Analyse auf 14, Blandow (1988, S. 146) auf 17 solcher Beschäftigungsverhältnisse –, so wird die Behauptung einer besonderen Komplexität der Management-Anforderungen im Personalbereich plausibel. Neben dem Umgang mit wechselndem Personal (Zivildienstleistende, ABM-Kräfte, BSHG-Mitarbeiter etc.) und dem Problem der Bewältigung von Anforderungen der Einarbeitung und Qualifizierung ergeben sich Aufgaben der Personalrekrutierung, der Koordination, der Kontrolle von Arbeitsleistungen, des Ausgleichs zwischen verschiedenen Personal- und Berufsgruppen usw. Dies macht Aktivitäten im Personalmanagement in einer Weise erforderlich, die in dieser Form bei anderen Wirtschaftsbranchen so nicht sichtbar sind und daher eine Besonderheit der Wohlfahrtsverbände darstellen. Um so erstaunlicher ist die bisherige Zurückhaltung der Verbände im Bereich des Personalmanagements.

These 3: *Die Wohlfahrtsverbände befinden sich bei der Umsetzung von Vorschlägen, dem Verlust des eigenen Profils durch den Aufbau spezifischer »Unternehmensleitbilder« entgegenzutreten, personalpolitisch vor einem strukturellen Dilemma: Während durch die Heraushebung eines bestimmten Milieus die Identifizierung einer Einrichtung im sozialpolitischen Umfeld verbessert und durch das Bemühen um Konstituierung einer Wertegemeinschaft der soziale Zusammenhalt einer Einrichtung intensiviert werden soll, werden andererseits Signale gesetzt, die auf Ausgrenzung ausgerichtet sind, und das in einem sozialen Umfeld, in dem Säkularisierungstendenzen fortschreiten. Eine »Corporate-Identity«-Strategie in einem sich zunehmend säkularisierenden gesellschaftlichen Umfeld führt konsequent zu der Frage, wo die Mitarbeiter und Mitarbeiterinnen zu rekrutieren sind, durch deren berufliches, auf die Realisierung des Normbezugs ausgerichtetes Handeln das propagierte »Unternehmensleitbild« verkörpert werden kann.* Als eine wesentliche Antwort auf die Legitimationsprobleme der Wohlfahrtsverbände wird eine intensive Arbeit am »Unternehmensleitbild« propagiert. Maelicke/Reinbold (1990) erklären das Herausarbeiten einer »corporate identity« zum zentralen Ansatzpunkt bei der Organisationsentwicklung sozialer Einrichtungen. Gefordert wird die Konstituierung einer neuzeitlichen, traditionelle Impulse produktiv verarbeitenden »diakonischen Unternehmenskultur« (vgl. Jäger 1992). Der Caritas-Verband beschäftigt sich mit der Frage »Braucht der Deutsche Caritasverband ein Leitbild?« (vgl. Schwarz 1992a) und führt innerverbandlich eine intensive, kontroverse Diskussion um das spezifische Profil des Verbandes und um angemessene Strategien, mit denen eine Vermittlung zwischen verbandlicher Leitbild-Definition und Mitarbeitermotivation gelingen kann (vgl. etwa die Kontroverse zwischen Pompey, 1992, und Zerfaß, 1992, sowie verschiedene Beiträge in den Jahrgängen 1992 und 1993 der Zeitschrift *Caritas*). Auch der DPWV hat den Versuch unternommen, mit der Beschlußfassung zu »Grundsätzen der Verbandspolitik« das strukturelle programmatisch-ideologische Defizit des Verbandes zu beheben und sich dadurch ein verbands- und sozialpolitisch ausgerichtetes Profil zu verleihen (vgl. Deutscher Paritätischer Wohlfahrtsverband 1989).

Die Corporate-Identity-(CI)-Strategien bilden einen zentralen Ansatzpunkt bei der Darstellung des Spezifikums des Verbandes und der ihm angeschlossenen Einrichtungen. Sie sind anzusehen als ein Versuch der Kompensation von sich auflösenden ethisch-normativen bzw. konfessionell ausgerichteten Berufsmotivationen in Einrichtungen sozialer Arbeit. Den schwindenden Identifikationsmöglichkeiten der Mitarbeiter und Mitarbeiterinnen mit ihren Einrichtungen soll durch die Aktivierung von Leitbildern ein neues Identifizierungspotential entgegengesetzt werden. Das programmatische Sich-Abheben von der Umwelt hat nicht nur eine außengerichtete Bedeutung, sondern soll gleichermaßen inneren Zusammenhalt erzeugen. Damit erhält die CI-Strategie eine besondere Bedeutung im Rahmen des Personalmanagements: »Für die Personalarbeit im sozialen Bereich könnte dies bedeuten, daß sich hier bislang kaum beachtete Chancen eröffneten, die verblassenden, ethisch fundierten Werthaltungen zur Arbeit durch eine CI-gestützte, institutionell vermittelte säkulare Identität zu kompensieren« (Plaschke 1991, S. 226).

Doch jedes Unternehmensleitbild, sei es noch so plausibel formuliert und noch so motivierend angelegt, bedarf der Verkörperung durch diejenigen Menschen, die in vielen Einzel-Interaktionen mit der Umwelt die Einrichtung repräsentieren: durch die Mitarbeiter. Eine corporate identity wird nur dadurch lebendig, daß sie in der Praxis der Mitarbeiter Leben erhält. Ohne daß ein Unternehmensleitbild von den Mitarbeitern gelebt wird, bleibt es ein äußerlicher, von der Umwelt und von den Organisationsmitgliedern schnell als hohl angesehener Schein.

Nun stellt sich bei der Konstituierung von Leitbildern im Bereich sozialer Arbeit das Problem, daß die Bindungskraft traditioneller und milieuträchtiger normativer Konzepte, denen die meisten Wohlfahrtsverbände ihre Existenz zu einem wesentlichen Teil verdanken, deutlich abgenommen hat. Dies führt – insbesondere bei den konfessionellen Verbänden und ihren Einrichtungen – zu erheblichen Schwierigkeiten bei der Proklamation eines Unternehmensleitbildes. Diese sehen sich vor ein Dilemma gestellt: Einerseits ist die Institution darauf angewiesen, bei der Formulierung eines anzustrebenden Unternehmensleitbilds nicht mit der Tradition und der organisationellen Einbindung des Verbandes zu brechen, denn eine proklamierte corporate identity, die die Herkunft der Institution unbeachtet ließe, wäre unglaubwürdig und würde ihr die organisationspolitisch notwendige Unterstützung aus dem angestammten sozialen Umfeld entziehen. Würde andererseits in einem Leitbild das Konfessionelle allzu sehr in den Mittelpunkt gestellt, so würde dadurch eine corporate identity proklamiert, die weder in der Mitarbeiterschaft ausreichend

Rückhalt fände noch produktive Identifizierungssignale für einen wesentlichen Teil der Umwelt (z. B. potentielle Mitarbeiter oder Mitarbeiterinnen) aussenden könnte.
Vor allem die konfessionellen Wohlfahrtsverbände sehen sich der Notwendigkeit ausgesetzt, Strategien zum Umgang mit diesem Spannungsfeld zu entwickeln. Sie stehen vor der paradox erscheinenden Anforderung, eine zwar säkulare, aber doch auf der konfessionellen Tradition aufbauende Identität zu formulieren. Da die Konstituierung einer corporate identity aber nicht nur eine Gestaltungsaufgabe der Leitungsebene am grünen Tisch sein kann, sondern ein mit Leben gefülltes Leitbild nur im Rahmen eines die MitarbeiterInnen einbeziehenden, partizipativen Prozesses entstehen kann und weil sich in dieser Konstellation von Leitung und Mitarbeitern bzw. Mitarbeiterinnen der Konflikt zwischen konfessionellen und säkularen Einstellungen personalisiert zeigt, erweist sich die CI-Strategie als außerordentlich komplexes und widersprüchliches Unterfangen. Daß bei Verbänden und Einrichtungen der Umgang mit diesem Spannungsfeld zu umgehen versucht wird, ist exemplarisch sichtbar an säkularen Tendenzen bei der Mitarbeiterwerbung. Die Kampagne der beiden konfessionellen Verbände zur Anwerbung von Auszubildenden für Pflegeberufe läßt »jede spezifisch christliche, kirchliche oder gar konfessionelle Tönung aus ihren Anzeigen heraus und setzt ganz auf die Appellation an die ›Selbstentfaltungswerte‹ der Jugendgeneration: ›Ich lerne etwas Anspruchsvolles, Aufregendes, anderes. Meine Entscheidung: Pflegeberuf!‹ – so heißt bezeichnenderweise der Aufmacher dieser Anzeigen« (Ebertz 1992, S. 264). Und die Anzeigen der katholischen Einrichtungen der Heimerziehung werben mit dem Aufmacher »Abenteuer Mensch« und preisen das Arbeitsfeld Heimerziehung mit den Attributen »kreativ, herausfordernd, professionell« an; der konfessionelle Charakter der Einrichtung gerät optisch in den Hintergrund, gefordert wird aber immer noch die »katholische Persönlichkeit«.
In der bisherigen konzeptionellen Diskussion wird das zentrale Problem der Spannung zwischen ideologischer Profilierung und Säkularisierung im gesellschaftlichen Umfeld noch weitgehend umgangen. Weder die Proklamierung von »Corporate-Identity als Konzept non-direktiver Personalführung« (vgl. Plaschke 1991) noch der Verweis auf die Notwendigkeit einer stärkeren Profilie-

rung durch eine »diakonische Unternehmenskultur« (vgl. Jäger 1992) berücksichtigen die strukturelle Widersprüchlichkeit dieser Perspektive. Ebertz (1992) macht in seinen Ausführungen über die »Leitbilder katholischer Krankenhäuser« das Problem exemplarisch sichtbar. Das einzige der fünf referierten Leitbilder, dem Ebertz Überzeugungskraft zuspricht, ist ein säkularisiertes: das »Leitbild der Personalität, Individualität und Ganzheitlichkeit der Hilfe« (ebd., S. 267), also eine Verbindung von Fachlichkeit und allgemeiner humanitärer Verantwortung. Bei der Erörterung strategischer Optionen plädiert Ebertz jedoch wiederum für die Koppelung einer reformorientierten, anachronistische Leitbilder hinter sich lassenden Strategie mit einer Aktivierung von christlichen Wertpotentialen, um »wenigstens in der Absicht und im Kern seine (des konfessionellen Krankenhauses; J. M.) messianische Sendung über die säkularisierte Gesundheitshilfe hinaus deutlich zu machen« (Rüther; zit. nach Ebertz 1992, S. 270).
Das hier beschriebene Problem des Personalmanagements auf dem Hintergrund einer Strategie der Aktivierung von Unternehmensleitbildern spitzt sich noch zu, wenn man die Situation konfessioneller Einrichtungen in den neuen Bundesländern betrachtet. Aufgrund des dort noch stärker säkularisierten gesellschaftlichen Umfelds und der Existenzbedingungen konfessioneller Einrichtungen in der DDR (am Beispiel Rostock vgl. Blandow/Tangemann 1992) werden konfessionelle Einrichtungen es schwer haben, christlich motiviertes Personal zu rekrutieren und damit die Grundlage für die Konstituierung eines entsprechenden Unternehmensleitbildes zu schaffen.

These 4: *Die bisherige Diskussion zu »Sozialmanagement« hat zwar aufmerksam gemacht auf Defizite in der Betriebsführung sozialer Einrichtungen, doch ist noch unklar, mit welchen personellen Konsequenzen die Verbände und ihre Einrichtungen darauf reagieren. Fraglich ist, ob der anstehende Aufbau betriebswirtschaftlicher Kompetenzen in sozialen Einrichtungen zu einer Kompetenzerweiterung der Mitarbeiter und Mitarbeiterinnen auf breiter Ebene genutzt wird oder ob sich eine mit Macht ausgestattete, sozialtechnisch isolierte Management-Professionalität herausbildet, durch die neue Hierarchien eingerichtet werden und die Bedeutung der sektoral-fachlichen Professionalität im Leitungsbereich in den Hintergrund geschoben wird.* Daß Defizite bei der betriebswirtschaftlichen Führung sozialer Einrichtungen und Dienste existieren, haben die Wohlfahrtsverbände selbst artikuliert. In einem Positionspapier haben sie daher eine »zweite Phase der Professionalisierung« gefordert, in dessen Zentrum eine Verbesserung der Qualität sozialer Leistungen und eine zielorientierte Lenkung von Non-profit-Organisationen durch Methoden des sozialen Managements steht (vgl. Bundesarbeitsgemeinschaft der Freien Wohlfahrtspflege 1990).

Damit stellt sich die für jede auf die Erstellung von Leistungen ausgerichtete Organisation bedeutsame Frage der Integration oder Segregation von Managementqualifikationen im Verhältnis zur sektoralen Fachlichkeit: zum einen unter dem Aspekt der Verfestigung oder Verflüssigung vorhandener hierarchischer Strukturen in Einrichtungen und Verbänden, zum anderen im Hinblick auf die Entwicklung der sozialarbeiterischen, sozialpädagogischen, pflegerischen oder ähnlicher Professionalität. Sollten Managementkonzepte hauptsächlich auf der oberen Leitungsebene Anwendung finden mit der Folge, daß sich eine mit Macht ausgestattete, sozialtechnisch orientierte Management-Professionalität herausbildet, so hätte dies für die Realisierung einer fachlich-sektoralen Professionalität im Organisationsalltag bedeutsame Auswirkungen. Die weitere Entwicklung wird zu einem wichtigen Teil davon beeinflußt werden, ob es gelingt, auf jeder Organisationsebene die zur jeweiligen Aufgabenerfüllung erforderlichen Managementqualifikationen zu fördern und vom Aufbau weiterer separierter Formen professionalisierten Managements Abstand zu nehmen. Es geht um die Einbindung des Management-Aspekts in die Organisationsstruktur: Werden Management-Qualifikationen zur Erweiterung des generellen fachlichen Qualifikationsprofils genutzt im Sinne einer Demokratisierung administrativer und planerischer Kompetenzen oder wird Management zu einem weiteren Ansatzpunkt von Spezialisierung und Differenzierung in der Organisationsstruktur sozialer Einrichtungen? Dabei geht es nicht generell um Spezialisierung oder Generalisierung, sondern um die allgemeine Tendenz der Gestaltung der Organisationsstruktur, um den Grad der Spezialisierung und um die Plazierung spezialisierter Managementqualifikationen in der Hierarchie der Institution.

In diesem Zusammenhang ist auch die Definition von Leitungsprofilen für soziale Einrichtungen zu erörtern: Hat die Management-Diskussion zur Folge, daß demnächst in der Leitung von Verbänden und großen Einrichtungen die Juristen und Theologen durch Management-kompetente Betriebswirte ersetzt werden? Wenn man sich etwa an der Vorstellung einer umfassenden sozialarbeiterischen bzw. sozialpädagogischen und sozialpolitischen Professionalität in sozialen Einrichtungen orientiert, so ist es kontraproduktiv, wenn, wie es in einigen Veröffentlichungen zum Management in Non-profit-Organisationen geschieht (z. B. Schwarz 1992b, S. 225), inhaltlich unspezifische Prozeßqualifikationen (»Initiative entfalten, Kommunikationstechniken beherrschen, Risiko tragen, Durchsetzungskraft entfalten, Anpassungsfähigkeit zeigen« etc.) in den Vordergrund geschoben werden. Gerade im Leitungsbereich sozialer Einrichtungen ergeben sich Aufgaben der inhaltlichen Leitung, z. B. bei der Erarbeitung von Leitlinien zu Zielen und Aufgaben sozialer Hilfen, bei der Integration der unterschiedlichen Interpretationsleistungen der Mitarbeiter, bei der inhaltlichen Evaluation der Arbeit und der Entwicklung von fachlichen Impulsen zur Weiterentwicklung, beim Transport innovatorischer Vorhaben in den sozialpolitischen Raum u. a. m. (vgl. Frank/Wolf 1989). Zur Bewältigung solcher Leitungsaufgaben reichen Prozeßqualifikationen nicht aus, sondern Managementqualifikationen müssen auch auf der Leitungsebene verknüpft werden mit einer dem Feld der sozialen Arbeit entsprechenden inhaltlichen Professionalität. Ein Einzug der Betriebswirte in die Leitungsebenen sozialer Einrichtungen wäre weder eine organisatorisch angemessene Antwort auf die den Wohlfahrtsverbänden und ihren Einrichtungen vorgeworfenen Phänomene von Ineffizienz und Mißmanagement noch würden dadurch die sozialpolitische Glaubwürdigkeit und die Akzeptanz der Verbände verbessert werden können.

These 5: *Die Wohlfahrtsverbände haben bisher noch kein ausreichend tragfähiges Konzept entwickelt, um mit dem Widerspruch von zunehmenden Anforderungen an die Führung sozialer Einrichtungen einerseits und der formalen Macht- und Kontrollstellung von Laien in den ehrenamtlich besetzten Leitungsgremien andererseits umzugehen. Zwar haben sich die Leitungsgremien mit ihren Ehrenamtlichen-Strukturen in der Vergangenheit angesichts der komplexen Aufgaben häufig als wenig produktiv erwiesen, doch scheinen Ehrenamtliche – auch in Leitungsgremien – für die Wohlfahrtsverbände von existentieller Bedeutung zu sein. Daher müssen Strukturen der Steuerung und Kontrolle gefunden werden, die trotz einer »Laien«-Leitung in Gremien ein wirkungsvolles Management der Einrichtungen durch hauptberufliche Fachkräfte ermöglichen.* In der traditionellen Vereinsstruktur der Wohlfahrtsverbände und ihrer Einrichtungen liegen die Aufgaben der Kontrolle der Geschäftsführung bei den ehrenamtlich tätigen Vorstandsmitgliedern. Es lassen sich vielfältige Beispiele aufzeigen, die verdeutlichen, daß angesichts des enormen Wachstums der Verbände in den letzten 20 Jahren und der damit einhergehenden Zunahme der Managementaufgaben die ehrenamtlichen Vereinsvorstände häufig überfordert sind (vgl. die von Seibel, 1992, exemplarisch angeführten Beispiele). Der Wissens- und Professionalitätsvorsprung der hauptberuflich Tätigen bringt ehrenamtliche Kontrollgremien meist in eine Situation, bei der ein kontrollierender Gegenpart kaum wirkungsvoll eingenommen werden kann, es sei denn, die formal »Ehrenamtlichen« brächten so viel an zeitlichem Engagement, eigener beruflich bedingter Professionalität und persönlicher Unabhängigkeit mit, daß sie ihren formalen Ehrenamtlichen-Status überwänden und sich inhaltlich den hauptberuflich Tätigen annäherten.

Ehrenamtlichkeit hat, wenn man sie zum Management komplexer Einrichtungen in Beziehung setzt, eine widersprüchliche Bedeutung. Sie ist als Leitungselement genauso hinderlich, wie sie andererseits angesichts der Tradition der Einrichtungen und angesichts der gesellschaftlichen Bedeutung freier Träger dringend benötigt wird. Eine intensivierte Managementorientierung ist gleichbedeutend mit zunehmender Professionalität in der Leitung der Einrichtungen. Ehrenamtliche müssen dann von der Hoffnung Abschied nehmen, sie könnten einen Verband oder eine Einrichtung verantwortlich leiten. »Laienherrschaft« wird in der Führung komplexer Organisationen zunehmend dysfunktional. Unter dem Leitungsaspekt können Ehrenamtliche günstigenfalls in eine Position kommen, die der eines Aufsichtsratsmitgliedes ähnelt: sehr allgemeine Kontrolle, Beratung von Grundsatzproblemen, Debatten über Zukunftsorientierung der Organisation, Entscheidung über allgemeine Rahmenbedingungen der Institutionsgestaltung etc. Die traditionelle konzeptionelle Trennung zwischen »Führungsverantwortung« (ehrenamtliches Leitungsgremium) und »Ausführungsverantwortung« (hauptberufliche

Leitungskräfte) ist bereits in der Realität immer brüchiger geworden, obwohl am Mythos »Leitung durch Ehrenamt« aus politisch-legitimatorischen Gründen festgehalten wird.
Andererseits kann man von der historischen und politisch-legitimatorischen Bedeutung der Ehrenamtlichkeit in den Wohlfahrtsverbänden und in den ihnen angeschlossenen Einrichtungen nicht absehen. Dies betrifft nicht nur die unmittelbare adressatenorientierte soziale Arbeit, sondern auch den Bereich der Leitung. Gerade wenn Verbände und Einrichtungen sich im Zusammenhang mit der Adaption von »Corporate-Identity«-Strategien eine Aktivierung normativer Leitbilder vornehmen, können Ehrenamtliche eine wichtige Ressource darstellen, im Sinne von »Sachwaltern organisatorischer Wertbindung« (Nokielski 1989, S. 56) und als Repräsentanten gesellschaftlicher, demokratischer Verantwortung.
In diesem Spannungsfeld liegt die schwierige Anforderung an die Wohlfahrtsverbände, dem Faktor »Ehrenamt« in der Leitung komplexer Organisationen eine reale Funktion zuzuweisen.

4. Zur Notwendigkeit kritischer Reflexion bei der Adaption von Management-Methoden

Freie Träger können angesichts der Bedrohung ihrer legitimatorischen, ihrer finanziellen und ihrer personellen Basis leicht geneigt sein, Management-Methoden aus dem Bereich der Profit-Organisationen zu übernehmen, um auf diesem Wege eine kurzfristige Problementlastung zu bewirken. Neben dem Aspekt, daß ohne umfassende Prozesse der Organisationsentwicklung die eigentlichen Probleme der Verbände unbearbeitet bleiben, birgt eine Strategie der oberflächlichen Adaption betriebswirtschaftlicher Konzepte zwei weitere Gefahren in sich: eine mangelnde Beachtung von aktuellen Prozessen der allmählichen Umorientierung in der betriebswirtschaftlichen Managementlehre sowie eine mangelnde Reflexion der Differenzen zwischen Profit- und Nonprofit-Organisationen.
Klimecki/Nokielski (1992; vgl. auch Staehle u. a., 1991, und mit Bezug auf Sozialmanagement Vogel 1991) haben auf einen tiefgehenden Wandel in der Managementlehre hingewiesen, dem sie sogar den Charakter eines »Paradigmenwechsels« zuschreiben. Wäh-

rend man in älteren Managementkonzepten – einem Trennungsdenken folgend – Organisationen nach der Vorstellung von Herrschafts- und Funktionszonen gegliedert und darauf ausgerichtete Verhaltensempfehlungen zur Steuerung dieser Organisationen formuliert habe, erfasse man in der neueren Managementdiskussion die Organisation als eine systemische Ganzheit, in der die Akteure nicht nur als Rollen- und Funktionsträger gesehen werden, sondern »als Personen und Persönlichkeiten, deren Wissen und Wollen die Entwicklungsfähigkeit der Organisation nachhaltig beeinflußt«. Daher »nimmt die Managementlehre vermehrt Abschied von bürokratischen Regelungsdeterminismen und verfahrensorientierten Kontrollmechanismen; dies zugunsten einer stärkeren Beachtung von organisationalen Wert- und Zielorientierungen und kollektiven Sinnbezügen des Handelns« (Klimecki/Nokielski 1992, S. 42). In einem solchermaßen veränderten Managementverständnis wird es zu einer der zentralen Aufgaben der Unternehmensführung, eine dynamische Balance herzustellen zwischen dem Aufrechterhalten des Sinnkonzeptes einer Organisation, durch die eine Differenz zur Umwelt hergestellt sowie nach außen und nach innen Orientierung vermittelt wird, einerseits und dem Erzeugen von Offenheit und Veränderbarkeit als der Fähigkeit der Organisation zur Reaktion auf die Umwelt andererseits.
Eine vermehrte Adaption von Management-Methoden in sozialen Einrichtungen darf die tiefgehenden Veränderungsprozesse in der Managementdiskussion nicht unbeachtet lassen und der alten Vorstellung folgen, daß man mit Management seinen »Laden« besser in den Griff bekommen könne. Es wäre geradezu kontraproduktiv, würden sich die Wohlfahrtsverbände und die ihnen angeschlossenen Einrichtungen um die Hineinnahme solcher betriebswirtschaftlicher Managementkonzepte bemühen, die in der Betriebswirtschaft gerade kritisch überprüft und zum Teil ad acta gelegt werden. Das Ziel von Sozialmanagement besteht also nicht allein in »Maßnahmen einer technischen und/oder organisatorischen Rationalisierung«, die »die Erbringung sozialer Dienstleistungen möglichst kostengünstig realisieren ließe« (ebd., S. 44), sondern gleichermaßen in der Gestaltung von Prozessen, die eine kontinuierliche Auswertung innerer und äußerer Veränderungen im Hinblick auf die sinnhafte Gestaltung eines »sozialen Unternehmens« zum Inhalt haben.
Ferner muß jede Adaption betriebswirtschaftlicher Management-

Methoden im sozialen Bereich begleitet sein von der Reflexion der diesen Methoden zugrundeliegenden Strukturen. Wirtschaftsunternehmen und Non-profit-Organisationen unterscheiden sich zum Teil erheblich voneinander, etwa im Hinblick auf den spezifischen Kundenstatus ihrer Adressaten, die Finanzierungsstrukturen, die Rechtsformen und den darin liegenden Formen der Steuerung von Organisationsentscheidungen, die normativen Prägungen oder im Hinblick auf die Komplexität von Effizienzkriterien (vgl. Schwarz 1992b, S. 22 ff.; Burla 1989). Angesichts solcher struktureller Unterschiede wird jeweils »Übersetzungsarbeit« zu leisten sein, will man die in einem Bereich erprobten Methoden unter andersartigen Strukturbedingungen in einem anderen gesellschaftlichen Bereich nutzbar machen oder aber begründet verwerfen.

Einer kritischen Diskussion bedarf auch das Bestreben, nicht nur Methoden der Betriebsführung, sondern auch bei den politischen Strukturbedingungen, in die soziale Einrichtungen stets eingebunden sind, verstärkt Elemente der Marktsteuerung einzufügen, um dadurch ein höheres Maß an Flexibilität der Einrichtungen zu erreichen (vgl. die Beiträge von Freier 1991; Hegner 1991 sowie Klimecki/Nokielski 1992, S. 44). Es wäre intensiver zu erörtern, ob bzw. in welcher Weise in dem für freie Träger konstitutiven Spannungsfeld zwischen normativer Prägung als konservierendem Merkmal einerseits und notwendiger Umweltoffenheit als dynamischem Element andererseits die Perspektive einer verstärkten Marktstruktur im Sozialbereich greifen kann. Anders als Wirtschaftsunternehmen, deren Überlebensfähigkeit vornehmlich von ihrer Fähigkeit abhängt, Marktimpulse schnell und flexibel zu verarbeiten, sind Organisationen sozialer Arbeit u. a. im Hinblick auf ihre Ideologie, ihre Geschichte, ihr gesellschaftliches Umfeld wertgeprägte Institutionen, bei denen immer in Frage steht, bis zu welchem Grad sie sich auf Wünsche von »Kunden« einlassen können, ohne ihre Identität, die zu einem gewissen Teil auch immer die Grundlage ihres eigenen Bestandes bildet, zu verlieren.

Hier bestehen auch Abstufungen zwischen den Eigenheiten verschiedener sozialer Organisationen: Während auf der einen Seite Institutionen mit starker Wertprägung (Caritasverband, Diakonisches Werk, anthroposophische Einrichtungen etc.) tätig sind, weitet sich das Spektrum bei den Trägern sozialer Arbeit auf der anderen Seite bis hin zu Diensten wie z. B. den gemeinnützigen

Pflegeinitiativen aus, deren Wertprägung als sehr gering veranschlagt werden kann. Es existiert also eine breite Skala von Trägerformen, die aufgrund ihrer verschiedenen intensiven Wertprägungen unterschiedliche Bewegungsspielräume im Hinblick auf eine verstärkte Realisierung von Marktstrukturen im sozialen Bereich aufweisen. Somit bedarf es auch bei solchen sozialpolitischen Perspektivdiskussionen, in denen strukturelle Aspekte zur Verbesserung von Managementorientierungen in der sozialen Arbeit debattiert werden, einer differenzierten analytischen Herangehensweise, will man bei der Adaption von Mechanismen aus dem Profitbereich nicht Kurzschlüsse produzieren.

Literatur

Blandow, J.: Beschäftigungsverhältnisse in der freien Wohlfahrtspflege. Ergebnisse einer Personalstrukturerhebung in Bremen, in: Blätter der Wohlfahrtspflege, 135. Jg., 1988, Heft 6, S. 146-148.

Blandow, J./Tangemann, M.: Von christlicher Liebestätigkeit zum Wohlfahrtsverband. Caritas und Diakonie der ehemaligen DDR in der Transformation. Beispiele aus Rostock, in: Bauer, R. (Hg.), Sozialpolitik in deutscher und europäischer Sicht, Weinheim 1992, S. 89-138.

Bundesarbeitsgemeinschaft (BAG) der Freien Wohlfahrtspflege: Management in sozialen Organisationen und Institutionen, Bonn 1990.

Burla, St.: Rationales Management in Non-Profit-Organisationen, Bern und Stuttgart 1989.

Deutscher Paritätischer Wohlfahrtsverband (DPWV): Grundsätze der Verbandspolitik, Frankfurt a. M. 1989.

Ebertz, M. N.: Leitbilder katholischer Krankenhäuser, in: Caritas, 93. Jg., 1992, Heft 6, S. 258-270.

Frank, G./Wolf, M.: Führen und Leiten in sozialen Diensten, in: Blätter der Wohlfahrtspflege, 136. Jg., 1989, Heft 3, S. 70-73.

Freier, D.: Mehr Markt und weniger Dirigismus in der Sozialen Arbeit, in: Lewkowicz, M. (Hg.), Neues Denken in der Sozialen Arbeit. Mehr Ökologie – mehr Markt – mehr Management, Freiburg 1991, S. 112-120.

Goll, E.: Die freie Wohlfahrtspflege als eigener Wirtschaftssektor. Theorie und Empirie ihrer Verbände und Einrichtungen, Baden-Baden 1991.

Günther, R./Bergler, M.: Arbeitsplatz stationäre Jugendhilfe. Ergebnisse einer vergleichenden Berufsfeldanalyse und Maßnahmevorschläge für Mitarbeiterinnen im Gruppendienst, Frankfurt a. M. 1992.

Hegner, F.: Welche Mischung von Staat, Markt und Selbsthilfe ist die richtige? in: Lewkowicz, M. (Hg.), Neues Denken in der Sozialen Arbeit. Mehr Ökologie – mehr Markt – mehr Management, Freiburg 1991, S. 121-142.

Hegner, F.: Organisations-»Domänen« der Wohlfahrtsverbände: Veränderungen und unscharfe Konturen, in: Zeitschrift für Sozialreform, 38. Jg., 1992, Heft 3, S. 165-190.

Jäger, A.: Diakonische Unternehmenspolitik. Analysen und Konzepte kirchlicher Wirtschaftsethik, Gütersloh 1992.

Klimecki, R./Nokielski, H.: Sozialmanagement – Innovationszwang und Entwicklungspotentiale von Wohlfahrtsverbänden, in: Deutscher Caritasverband (Hg.), Caritas '93. Jahrbuch des Deutschen Caritasverbandes, Freiburg 1992, S. 40-51.

Kommunale Gemeinschaftsstelle für Verwaltungsvereinfachung (KGSt): Bericht 12/1992 »Arbeitshilfe Personalmarketing. Vorsorge für erfolgreiche Personalgewinnung und -erhaltung«, Köln 1992.

Maelicke, B./Reinbold, B.: Ganzheitliche und sozial-ökologische Organisationsentwicklung für Non-Profit-Organisationen, Berlin (Bank für Sozialwirtschaft) 1990.

Merchel, J.: Wertorientierungen und individuelle Lebensplanung. Aspekte zur Diskussion um den »Fachkräftebedarf«, in: Blätter der Wohlfahrtspflege, 135. Jg., 1988, Heft 6, S. 143-146.

Merchel, J.: Wohlfahrtsverbände in der Kritik – Entwicklungen, Thesen und Reaktionen, in: Theorie und Praxis der sozialen Arbeit, 42. Jg., 1991, Heft 5, S. 174-183.

Merchel, J.: Sozialmanagement als Innovationsstrategie? Anmerkungen zu Hintergrund und Bedeutung der aktuellen »Management«-Diskussion bei freien Trägern der Sozialarbeit, in: Flösser, G./Otto, H.-U. (Hg.), Sozialmanagement oder Management des Sozialen?, Bielefeld 1992, S. 73-87.

Nokielski, H.: Ehrenamtliche in Vorständen verbandlich organisierter sozialer Arbeit, in: Caritas, 90. Jg., 1989, Heft 2, S. 53-68.

Nokielski, H.: Sozialmanagement ohne Manager? Zur Organisationsentwicklung von Wohlfahrtsverbänden, in: Sozialer Fortschritt, 41. Jg., 1992, Heft 2, S. 43-46.

Oliva, H./Oppl, H./Schmid, R.: Rolle und Stellenwert freier Wohlfahrtspflege, München 1991.

Philippi, C.: Personalplanung: Attraktive Arbeitsplätze, in: SOCIALmanagement, 3. Jg., 1993, Heft 1, S. 49-51.

Plaschke, J.: Corporate-Identity als Konzept non-direktiver Personalführung, in: Caritas, 92. Jg., 1991, Heft 5, S. 223-227.

Pompey, H.: Das Profil der Caritas und die Identität ihrer Mitarbeiter/-innen, in: Deutscher Caritasverband (Hg.), Caritas '93. Jahrbuch des Deutschen Caritasverbandes, Freiburg 1992, S. 11-26.

Reiss, H.-C.: Controlling und Soziale Arbeit, Neuwied, Kriftel und Berlin 1993.
Schwarz, P.: Braucht der Deutsche Caritasverband ein Leitbild?, in: Caritas, 93. Jg., 1992, Heft 6, S. 271-276 (a).
Schwarz, P.: Management in Nonprofit-Organisationen, Bern, Stuttgart und Wien 1992 (b).
Seibel, W.: Erfolgreich scheiternde Organisationen. Zur politischen Ökonomie des Organisationsversagens, in: Politische Vierteljahresschrift, 32. Jg., 1991, Heft 3, S. 479-496.
Seibel, W.: Besondere Managementrisiken bei Wohlfahrtsverbänden, in: Theorie und Praxis sozialer Arbeit, 43. Jg., 1992, Heft 1, S. 10-19.
Staehle, W./Conrad, P./Sydow, J. (Hg.): Managementforschung, Berlin 1991.
Vogel, H.-C.: Der Ruf nach Sozialmanagement. Vom ordentlichen Umgang mit unordentlichen Dingen, in: Gruppendynamik, 22. Jg., 1991, S. 335-345.
Vogel, H.-C.: Controlling in sozialen Organisationen, in: Blätter der Wohlfahrtspflege, 139. Jg., 1992, Heft 9, S. 231-233.
Zerfass, R.: Das Proprium der Caritas als Herausforderung an die Träger, in: Deutscher Caritasverband (Hg.), Caritas '93. Jahrbuch des Deutschen Caritasverbandes, Freiburg 1992, S. 27-40.

Thomas Rauschenbach/Matthias Schilling

Die Dienstleistenden

Wachstum, Wandel und wirtschaftliche Bedeutung des Personals in Wohlfahrts- und Jugendverbänden

Jugendverbände haben noch immer das Image von im Gelände herumziehenden Pfadfindern mit Kluft und Wimpel, von leicht weltabgewandten kirchennahen Jugendgruppen, von typischen Nachwuchsorganisationen traditioneller Sach- und Fachverbände wie Feuerwehr-, Alpenverein- oder Beamtenbundjugend – und dies vor allem in ländlichen Regionen. Leicht skurril, provinziell, traditionsverbunden und nicht mehr ganz zeitgemäß scheinen in Verbänden organisierte Jugendliche für viele nur noch ein Schattendasein an den Rändern einer sich modernisierenden Gesellschaft zu führen und in einer marktvermittelten und multimedial gesteuerten Welt keinen rechten Platz mehr zu haben. Jugendverbände, so könnte man meinen, sind ein aussterbendes Relikt und Auslaufmodell einer vormodernen Epoche.
Etwas, aber nicht wesentlich anders sieht das Bild der *Wohlfahrtsverbände* aus. Sie werden gerne in Verbindung gebracht mit Katastrophenhilfe, Krankenpflege und Altenhilfe, mit Aktion Sorgenkind, Wohlfahrtslotterien und -briefmarken, mit Kleidersammlungen, Sanitäts- und Rettungsdiensten, Behindertentransporten, Essen auf Rädern sowie sonstigen karitativen Diensten. Als barmherzige Samariter des 20. Jahrhunderts und aufgrund ihrer Nähe zu den traditionellen sozial-kulturellen Milieus wertgebundener Gemeinschaften kommt ihnen vor allem das Image von leicht angestaubten »Moralunternehmen« und karitativen Orten der Mitmenschlichkeit zu – allenfalls durchlöchert durch die von der Presse gerne aufgegriffenen vereinzelten Finanzskandale oder durch produktiv irritierende Armutsberichte von DPWV oder Caritas. »Sozial, sympathisch und notwendig, jedoch bürokratisch und veraltet«, so könnte man das Polaritätenprofil der Freien Wohlfahrtspflege im Spiegel der Öffentlichkeit, das Ende 1992 von Infas erhoben wurde, zusammenfassen (vgl. Infas 1993).

Jugend- und Wohlfahrtsverbände werden vor diesem Hintergrund jedoch eher als unzeitgemäße gesellschaftliche Randerscheinungen als in finanzieller, beschäftigungs- und sozialpolitischer Hinsicht zu vernachlässigende Größen eingeschätzt. Oder genauer: Sie werden infolge der unterstellten Bedeutungslosigkeit im Grunde genommen von Politik, Wissenschaft und Öffentlichkeit als Wirtschaftszweige, Arbeitgeber und als Dienstleistungsunternehmen so gut wie gar nicht wahrgenommen. Allenfalls im Horizont kommunitaristischer Bestrebungen (vgl. Brumlik, in diesem Band) angesichts einer drohenden Entsolidarisierung der Gesellschaft oder als Gegenentwurf zu einer nur noch konsumierenden Erlebnisgesellschaft kommt diesen gewachsenen Wertgemeinschaften als leisen Mahnern in einer weltanschaulich still gewordenen Zeit eine gewisse normativ-ideelle Bedeutung zu.
Als relevanter Wirtschaftszweig und als expandierende Dienstleistungsunternehmen, als Wachstumsbranche, als eigener Arbeitsmarkt und als wichtige Arbeitgeber oder, wie die Verbände selbst formulieren: als Anstellungsträger und Dienstgemeinschaften kommen unterdessen die Wohlfahrts- und Jugendverbände so gut wie nicht in den Blick. Dies ist nicht zuletzt Resultat einer vergleichsweise diffusen Organisationsstruktur, die in ihrer Unübersichtlichkeit durchaus mit den Verästelungen großer Konzerne vergleichbar ist.
Dabei sind vor allem Wohlfahrtsverbände, zum Teil auch Jugendverbände, geradezu ein Inbegriff des expandierenden Segmentes der »direkten personenbezogenen sozialen Dienste«, auf die die Dienstleistungssoziologie seit nunmehr zwanzig Jahren verstärkt aufmerksam macht (vgl. etwa Badura/Gross 1976; Gross 1983). »Die Expansion der Dienstleistungen in der sozialpolitischen Brisanz bedeutet eine Zunahme jener Sozialleistungen, in denen mindestens ein unmittelbarer Kontakt zwischen Produzent und Konsument zustandekommen und diese gemeinsam kooperieren müssen, damit überhaupt produziert werden kann. Der Arzt kann nicht behandeln ohne einen präsenten Patienten, der Sozialarbeiter kann nicht beraten ohne einen kooperierenden Klienten, die Krankenschwester kann nicht pflegen ohne Pflegebedürftige. Damit beginnt sich die Sozialpolitik in einer lautlosen, aber für den einzelnen vitalen Weise zu wandeln« (Gross 1982, S. 297f.).
Was Peter Gross hier als zentrale Voraussetzung für die Entstehung und Expansion »direkter personenbezogener sozialer

Dienstleistungen« und damit zugleich als eine fast unbemerkte Erweiterung der traditionell monetär-sachbezogenen Sozialpolitik formuliert, die Erbringung der sozialen Dienstleistung im unmittelbaren Kontakt zwischen Produzent und Konsument, ist zugleich der Kern dessen, was an persönlich motiviertem Engagement für andere Menschen, gewissermaßen als organisierte »Hilfe von Mensch-zu-Mensch« in den Wohlfahrts- und Jugendverbänden schon immer erbracht worden ist. Diese Form des *sozialen Engagements*, sei es in Form freiwilliger, ehrenamtlicher Mitarbeit, sei es in Form arbeitsvertraglich geregelter, erwerbsmäßiger Arbeit, ist jene Sorte von »weicher« Sozialpolitik, auf die sich Wohlfahrts- und Jugendverbände seit jeher spezialisiert haben.

Wohlfahrtsverbände und Jugendverbände organisieren mithin soziale Dienste an, mit und für andere(n) Menschen: selten Geldleistungen, häufiger Sachhilfen, zumeist jedoch *direkte körperbezogene und kommunikative* Dienstleistungen (z. B. Pflege und Beratung). Die Liste der in diesem Zusammenhang von den Wohlfahrts- und Jugendverbänden organisierten Dienste und Aufgaben ist ebenso lang wie unabgeschlossen.

Zur Sicherstellung dieser Palette überwiegend direkt personenbezogener Dienstleistungen benötigen die Verbände in allererster Linie *Personal*, also Menschen, die bereit und in der Lage sind, diese Arbeit zu tun. Markantester Ausdruck einer möglichen Dienstleistungsexpansion und der damit verbundenen sozialpolitischen Dienstleistungsqualität der Wohlfahrts- und der Jugendverbände wären demzufolge die Struktur und der Wandel des Personals, die die Arbeit an, mit und für »Klienten«, »Kunden«, »Mandanten«, »Patienten« und »Mitmenschen« organisieren, verantworten und konkret erbringen. Die Entwicklung und Veränderung dieser Personalstruktur in den Verbänden, die hier in den Mittelpunkt der Betrachtung gerückt werden soll, wird dadurch selbst zu einem zentralen Indikator für die paradigmatische Ausweitung der bundesdeutschen Wohlfahrtspolitik von sachbezogenen Geld- auf personenbezogene Dienstleistungen sowie des Wandels der Wohlfahrts- und Jugendverbände von Wertgemeinschaften zu Dienstleistungsunternehmen.

1. Ehrenamtliche oder Arbeitnehmer? Zum Wandel der Personalstruktur

»Der ehrenamtliche Helfer ist der erste Wohlfahrtspfleger. Er ist *der* Helfer seiner notleidenden Brüder und Schwestern.« So beginnt ein Handbuchartikel zur ehrenamtlichen Arbeit in der freien Wohlfahrtspflege im Jahre 1929 (vgl. Ohl 1929, S. 184 ff.). Und etwas weiter unten heißt es: »Die ehrenamtlichen Kräfte waren ... auch die Pioniere der beruflichen Arbeit«; sie haben den hauptamtlichen, beruflichen Dienst in der Wohlfahrtspflege erst hervorgebracht. Dennoch, so der Grundtenor der Argumentation, sei die ehrenamtliche Arbeit auch künftig für die deutsche Wohlfahrtspflege unverzichtbar.

Knapp zwei Jahrzehnte zuvor, 1911, hieß es in einem später berühmt gewordenen preußischen Jugendpflegeerlaß: »Die Arbeit an der Jugendpflege ist in der Regel ehrenamtlich« (vgl. Die preußischen Ministerialerlasse 1913, S. 858). Mit dieser lapidaren Feststellung hatte der Erlaß schon damals, wie ein Zeitzeuge anmerkte, »eine weittragende Entscheidung für die Gestaltung der vereinsmäßigen Jugendpflege getroffen« (vgl. Jaeger 1913, S. 835).

Für beide Bereiche, für die freigemeinnützige Wohlfahrtspflege in den Wohlfahrtsverbänden und die Jugendarbeit in den Jugendverbänden, schienen somit die Weichen in Sachen Personalstruktur von Anfang an gestellt. Das gleichsam aus Mangel an Alternativen zur Tugend erhobene Credo der *Unverzichtbarkeit* auf Ehrenamtlichkeit wurde so zu einem konstitutiven Markenzeichen der freien Jugend- und Wohlfahrtspflege: Selbstloses Engagement, Mitmenschlichkeit, Betroffenheit, Nächstenliebe, Solidarität und Freiwilligkeit waren jene positiv besetzten Attribuierungen für eine rasch wachsende Zahl von Menschen, die sich in jenen Jahren entweder – als Jugendliche oder junge Erwachsene – in den Jugendverbänden engagierten (vgl. Gängler, in diesem Band) oder aber zum Ausbau und zur Stabilisierung der deutschen Wohlfahrtspflege beitrugen (vgl. Sachße, in diesem Band).

Nicht von ungefähr entfalteten sich dadurch die Wohlfahrtsverbände und die Jugendverbände in den zwanziger Jahren zu großen Laienbewegungen, zu Organisationen, in denen sich viele Menschen aus Zugehörigkeit zu einem entsprechenden sozio-kulturellen Milieu, aus Verbundenheit zu einer weltanschaulich geprägten Wertgemeinschaft freiwillig am Auf- und Ausbau dieser Organisationen und ihrer Arbeit vor Ort sowie ihrer Vertretung in überregionalen Zusammenschlüssen beteiligten. Die den entstehenden Verbänden vorgelagerten Milieus waren gewissermaßen der Nährboden und die kräftig sprudelnden Quellen, aus denen heraus sich Freiwillige, Ehrenamtliche und Laien für die zu organisierende Arbeit von allein rekrutierten, von der Bahnhofsmission bis zu den Pfadfindern, von der Naturfreundejugend bis zur genossenschaftlichen Arbeiterselbsthilfe, von den Jungfrauenkongregationen bis zu den humanitären Sanitätsdiensten, von Mütterhilfswerken bis zu Arbeitersportvereinen. Auf gemeinsame Beteiligung an Aufgaben und Aktivitäten, auf selbstorganisierte Dienste in den Vereinen oder auf Dienste für andere angelegt, beteiligten sich viele Menschen in ihrem Verein, ihrem Milieu, ihrer Kirchengemeinde an den infolge gesellschaftlicher Modernisierung wachsenden öffentlichen sozialen Aufgaben.

Daß sich aber, zumindest für die Wohlfahrtsverbände, neben den Ehrenamtlichen bereits in der Weimarer Republik – nicht zuletzt infolge des in Kraft getretenen Reichsjugendwohlfahrtsgesetzes (RJWG) und der Reichsfürsorgepflichtverordnung (RFV) – ein unaufhaltsamer Aufstieg des *beruflichen* Personals ankündigte, macht ein Blick in die zeitgleich erschienene Statistik der freien Wohlfahrtspflege deutlich. Demnach wurden am 31. Dezember 1928 in allen Wohlfahrtsverbänden zusammen immerhin 161 861 »Kräfte«, wie es damals hieß, gezählt. Wenngleich davon weit über die Hälfte im Gesundheits- und Pflegebereich arbeiteten und weitere, nicht unerhebliche Teile kaum als hauptberufliche Arbeitnehmer im heutigen Sinne gelten können (vgl. Bannier 1929), so deutete sich damit dennoch bereits damals eine Entwicklung an, die – zumindest für die Wohlfahrtsverbände – zu einem grandiosen Aufstieg in nicht einmal 75 Jahren werden sollte.

Obgleich Wohlfahrtsverbände und Jugendverbände in vielerlei Hinsicht Gemeinsamkeiten oder zumindest Ähnlichkeiten aufweisen, so haben sie doch mit Blick auf die personelle Organisation ihrer Dienste unterschiedliche Entwicklungsverläufe hinter sich: Während die Jugendverbände in ihrem Selbstverständnis auch heute noch davon ausgehen, daß es sich bei ihnen um Vereine und Verbände handelt, die im Kern auf ehrenamtlichem Engagement basieren (vgl. Deutscher Bundesjugendring 1994, S. 230), wird im Falle der Wohlfahrtsverbände niemand mehr ernsthaft behaupten, daß diese personell mehrheitlich immer noch ehren-

amtlich geprägt sind; allenfalls kann hier von ehrenamtlich geführten sozialen Einrichtungen gesprochen werden.
Vor allem in den Wohlfahrtsverbänden ist die Personalstruktur inzwischen gekennzeichnet durch eine bisweilen verwirrende Vielfalt an Statusgruppen und Dienstverhältnissen (vgl. Abbildung 1): auf der einen Seite *Arbeitnehmer*, also Erwerbstätige in allen Ausprägungen und Mischformen – vom Normalarbeitsverhältnis über ABM-Kräfte und (tariflich entlohnte) Jahrespraktikanten bis zu ungeschützten Honorarkräften und geringfügig Beschäftigten; auf der anderen Seite Mitarbeiterinnen und Mitarbeiter im Status von *Nicht-Arbeitnehmern*, z. B. Diakonissen und Ordensangehörige, Zivildienstleistende, (unbezahlte) Praktikanten und Angehörige des Freiwilligen Sozialen Jahres, aber auch Ehrenamtliche traditioneller Prägung sowie sozial Engagierte in Selbsthilfe- und selbstorganisierten Gruppen (vgl. auch Goll 1991; Rauschenbach/Bendele/Trede 1988; Bendele 1992).
Vor dem Hintergrund dieser Ausdifferenzierung des Personalgefüges sind zumindest drei Veränderungen der Personalstruktur denkbar:

Abbildung 1: Dienstverhältnisse von Mitarbeitern in der Freien Wohlfahrtspflege

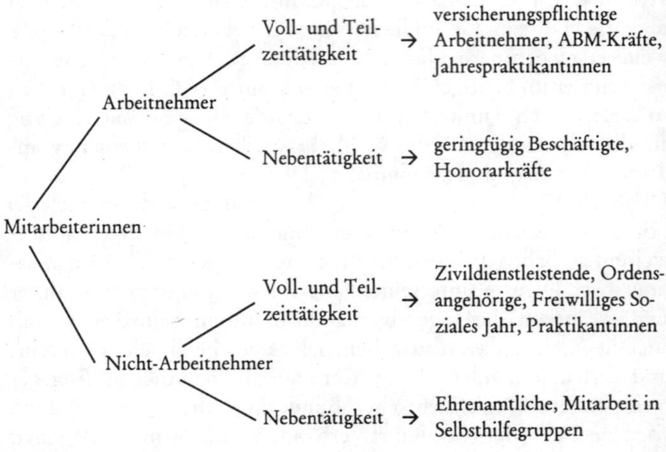

Quelle: Goll (1991, S. 135)

- die Transformation des Personals von Nicht-Arbeitnehmern zu Arbeitnehmern;
- die Ausweitung des hauptberuflichen Personals und die Pluralisierung der arbeitnehmerähnlichen Dienstverhältnisse;
- die Verlagerung innerhalb der Verbände und der Gruppe der Nicht-Arbeitnehmer von »traditionellen« Dienstverhältnissen (Ordensangehörigen, Ehrenamtlichen) zu neueren Mitarbeiterverhältnissen (Zivildienstleistenden, Praktikanten, Mitarbeitern in Selbsthilfegruppen).

2. Wohlfahrtsverbände als Arbeitgeber und als Wirtschaftszweig

Obgleich Wohlfahrtsverbände längst zu einem festen Bestandteil der bundesdeutschen Anbieter pädagogischer, sozialer und pflegerischer Dienste geworden sind, sind ihre Größe, Bedeutung und ihre innere Struktur mit Blick auf die einzelnen Dienste und Aufgabenbereiche nach wie vor unzureichend dokumentiert und nur wenig bekannt. Wir wollen deshalb nachfolgend insbesondere anhand der Personal- und Einrichtungsdaten (1) die quantitative Entwicklung der Spitzenverbände der Freien Wohlfahrtspflege nachzeichnen, (2) nach der Bedeutung der einzelnen Wohlfahrtsverbände im internen und externen Vergleich fragen und (3) die unterschiedlichen Dienstleistungsprofile der einzelnen Verbände ins Blickfeld rücken.

2.1 Zur quantitativen Entwicklung und Bedeutung der Wohlfahrtsverbände

Wohlfahrtsverbände sind als gemeinnützige Organisationen ohne Gewinnerzielungsabsicht keine Konzerne und Großbetriebe im herkömmlichen Sinne – auch nicht von ihrem institutionellen Aufbau her. Vielmehr vertreten sie die vielen, vor Ort zumeist eigenständigen Betriebseinheiten (z. B. eingetragene Vereine), die sich als Mitgliedseinrichtungen einem Wohlfahrtsverband angeschlossen haben (vgl. auch Manderscheid, in diesem Band). Während also an der Basis innerhalb der einzelnen Verbände eine Vielfalt kleiner, nur zum Teil miteinander verbundener Einrichtungen besteht, werden diese in Bund, Ländern und Gemeinden unter dem jeweiligen Dach eines einzelnen Wohlfahrtsverbandes zusammengefaßt und von diesem vertreten. Als gemeinsames Sprachrohr nach außen – gegenüber Politik und Öffentlichkeit –, aber auch für interne Absprachen zwischen den Verbänden haben sich die sechs »Spitzenverbände der Freien Wohlfahrtspflege« zudem auf Bundesebene in einer »Bundesarbeitsgemeinschaft der Freien Wohlfahrtspflege (BAGFW)« zusammengeschlossen.[1] Betrachtet man Wohlfahrtsverbände allerdings aus dem Blickwinkel der in den Einrichtungen beschäftigten Personen, also aus der Arbeitnehmer-Perspektive, so bilden sie – etwa unter dem Gesichtspunkt des Tarifrechtes oder der Mitarbeitervertretung – dennoch eine gemeinsam zu betrachtende Einheit.

(a) Diese Einheit bringen die Spitzenverbände auch selbst dadurch zum Ausdruck, daß sie seit 1970 in – nicht ganz regelmäßigen – Abständen von drei Jahren, zuletzt für den Erhebungszeitpunkt 1. 1. 1993 und darin erstmals auch mit Daten für Ostdeutschland, eine »Gesamtstatistik der Einrichtungen der Freien Wohlfahrtspflege« veröffentlichen, in der sie einen Überblick geben »über die den Wohlfahrtsverbänden angeschlossenen Einrichtungen und Dienste, ihr Betten-Plätze-Angebot sowie die in ihnen tätigen hauptamtlichen Mitarbeiterinnen und Mitarbeiter« (Bundesarbeitsgemeinschaft der Freien Wohlfahrtspflege 1994, S. 5 f.).

Diese Statistik gibt Auskunft über die quantitative Entwicklung der Einrichtungen, des hauptberuflichen Personals sowie der Betten und Plätze – jeweils untergliedert nach Arbeitsfeldern und Einrichtungsarten. Allerdings macht sie keine Angaben dazu, wie sich diese Erhebungsmerkmale nach einzelnen Wohlfahrtsverbänden und Bundesländern aufschlüsseln lassen, welche Maßnahmen und Dienste die Verbände konkret anbieten[2], und sie differenziert die Personaldaten auch nicht nach Alter, Geschlecht oder einzelnen Berufsgruppen.

Neben dieser von der »Bundesarbeitsgemeinschaft der Freien

1 Vergleichbare Arbeitsgemeinschaften gibt es auch auf Landes- und Kommunalebene.

2 In dieser Hinsicht hätte ein modernes Dienstleistungsunternehmen eine vergleichende Leistungsbilanz vorzulegen, die zwischen dem vorgehaltenen Angebot (Output-Orientierung) und der tatsächlichen Nachfrage (Outcome-Orientierung) unterscheidet (vgl. auch Hegner 1992), also etwa zwischen verfügbaren und belegten Kindergartenplätzen.

Wohlfahrtspflege« (BAGFW) herausgegebenen Statistik gibt es noch eine weitere Datenquelle mit Personaldaten: der Verwaltungsbericht der »Berufsgenossenschaft für Gesundheitsdienst und Wohlfahrtspflege« (vgl. Berufsgenossenschaft für Gesundheitsdienst und Wohlfahrtspflege 1994). Dieser enthält die Anzahl der jährlich versicherten »Vollzeitbeschäftigtenfälle« und deren Lohnsummen, untergliedert nach einzelnen Wohlfahrtsverbänden.[3]

Wie unzulänglich die Datenzusammenstellung und -aufbereitung allerdings immer noch ist, zeigt sich nicht nur daran, daß die Summe der abgefragten Einzeldaten der Verbände nicht ohne weiteres mit der ausgewiesenen Summe der gemeinsamen BAGFW-Statistik übereinstimmt, sondern auch daran, daß etwa die beiden großen konfessionellen Verbände für den Stichtag 1. 1. 1993 Daten angeben, die bereits ein Jahr alt sind. Vielleicht wird daran auch ein unterentwickeltes Bewußtsein in den Einrichtungen der Freien Wohlfahrtspflege (allerdings nicht nur dort) dahingehend erkennbar, daß es bei der statistischen Präsentation auch um die Dokumentation und den Nachweis öffentlicher Mittel und öffentlich finanzierter Dienste geht.

Deutlich formulierte dieses Problem bereits ein Vertreter der Spitzenverbände vor fast zehn Jahren: »... und ist es tief bedauerlich, daß sich die Wohlfahrtsverbände bis heute außerstande gesehen haben, ihre simplen Mitarbeiter-Statistiken zu differenzieren nach Hauptberufsgruppen. Auf Dauer wird es in der Fachöffentlichkeit sicherlich nicht akzeptabel sein, daß die Wohlfahrtsverbände nicht in der Lage sind, anzugeben, wieviel Sozialarbeiter, Erzie-

3 Über die Datenbank der BGW sind weitere Untergliederungen für die einzelnen Verbände nach sogenannten Beitragsgruppen und Bundesländern verfügbar, allerdings nicht für die Arbeiterwohlfahrt, mit der nur ein Gesamtvertrag besteht. Tendenziell liegen die Angaben der BGW über denen der BAGFW, da dort die Vollzeitbeschäftigtenfälle eines gesamten Kalenderjahres erfaßt werden (während die BAGFW-Statistik eine Stichtagserhebung darstellt) und u. a. die Beitragsgruppe »Berufs- und Fachschüler, mitarbeitende Betreute« enthalten ist, die in der BAGFW-Statistik nicht berücksichtigt wird. Rechnet man diese Beitragsgruppe heraus, so nähern sich die Werte wechselseitig an. Dies gilt allerdings nicht für die Diakonie und den DPWV, was jedoch auch von den Verbandsvertretern nicht auf Anhieb schlüssig erklärt werden konnte.

her, Krankenschwestern, Verwaltungskräfte, Handwerker, Ärzte, Psychologen usw. in ihren Diensten und Einrichtungen insgesamt tätig sind« (Niedrig 1987, S. 422).

(b) Dennoch lassen sich zunächst einmal eine ganze Reihe von Einzelbefunden und zumindest grobe Tendenzen festhalten (vgl. Tabelle 1[4]):

Tabelle 1: Ausgewählte Daten zur Entwicklung der Wohlfahrtsverbände (1970-1993)

	1970	1977	1984	1987	1990	1993[1]	1993[2]
Einrichtungen	52 478	60 235	60 517	61 608	68 466	71 446	80 962
Betten/Plätze	2 151 569	2 341 010	2 437 541	2 511 362	2 624 923	2 716 659	2 929 121
Hauptberufl. Personal	381 888	531 560	656 484	758 202	751 126	858 461	937 405
davon:							
Teilzeit (in %)	19,05	23,28	26,14	26,48	26,99	32,71	31,53
Vollzeitfälle[3]	345 505	469 679	570 690	657 821	649 773	718 081	789 622
Vollzeitf. pro Einrichtung	6,6	7,8	9,4	10,7	9,5	10,1	9,8
Vollzeitfälle pro Plätze	6,2	5,0	4,3	3,8	4,0	3,8	3,7
Plätze pro Einrichtung	41	39	40	41	38	38	36

1 Nur alte Bundesländer
2 Alte und neue Bundesländer
3 Hierbei wurden Teilzeitstellen mit dem Faktor 0,5 multipliziert und auf Vollzeitfälle umgerechnet.

– Als ein erster zentraler Befund kann für die Freie Wohlfahrtspflege vermerkt werden, daß sie in puncto Einrichtungszahl, Betten-/Platz-Angebot und Personalvolumen seit 1970 deutlich zugenommen hat – und dies auch ohne Einbeziehung der neuen Bundesländer (vgl. Bundesarbeitsgemeinschaft der Freien Wohlfahrtspflege 1994). Während sich die Zahl der Einrichtungen von ehemals rund 52 500 bis 1993 auf ca. 71 500 erhöht hat (mit einer Stagnation zwischen 1977 und 1987) und das Betten/-

4 Da die öffentlich zugängliche Datenlage nicht sehr gut ist, waren wir bei Detailfragen auf die Mithilfe der Verbände angewiesen, die uns entsprechendes Material dankenswerterweise zur Verfügung gestellt haben.

Platz-Angebot im gleichen Zeitraum – nach einem zwischenzeitlichen Auf und Ab – von rund 2,1 auf 2,7 Mio. gestiegen ist, hat sich die Zahl der Erwerbstätigen von rund 382 000 im Jahre 1970 auf über 858 000 Personen Anfang 1993 erhöht. Umgerechnet in »Vollzeitfälle« – wobei zwei Teilzeitstellen rechnerisch einem Vollzeitfall entsprechen – entspricht dies einem Anstieg von 345 000 auf 718 000 Stellen.

– Der markanteste Anstieg ist somit zweifellos bei den *Beschäftigten* festzustellen. Die Zahl der Vollzeitbeschäftigten hat zwischen 1970 und 1993 um 87%, die der Teilzeitbeschäftigten gar um 286% und damit die Beschäftigtenzahl insgesamt um immerhin 125% zugenommen; umgerechnet in »Vollzeitfälle« entspricht dies einer Zunahme von 108%. Mit anderen Worten: In nicht einmal 25 Jahren hat sich in den Wohlfahrtsverbänden die Zahl der in Vollzeitstellen umgerechneten Arbeitsplätze in Westdeutschland mehr als verdoppelt.[5]

– Setzt man die drei Erhebungsmerkmale Personal, Betten/Plätze und Einrichtungszahl zueinander ins Verhältnis, so zeigt sich – wenngleich uneinheitlich –, daß zwischen 1970 und 1993 (1) im Schnitt die Platzzahl in den Einrichtungen leicht zurückgegangen ist (von 41 auf 38 Betten/Plätze), daß (2) die Beschäftigtenzahlen in den einzelnen Betriebseinheiten gestiegen sind, also die Zahl des Personals pro Einrichtung zugenommen hat (von 6,6 auf 10,1 »Vollzeitfälle« pro Einrichtung) und daß (3) die Betreuungsintensität sich deutlich verbessert hat: von 6,2 Betten/Plätze je »Vollzeitfall« im Jahre 1970 auf zuletzt 3,8 zu betreuende oder zu versorgende Personen. Auch diese relationalen Veränderungen sind ein Beleg dafür, daß offenbar der Personalzuwachs der wichtigste Motor für die Entwicklung der Freien Wohlfahrtspflege war.

– Inzwischen liegen auch Daten für die *neuen Bundesländer* vor.

5 Untersucht man dabei die Wachstumsgeschwindigkeit, so zeigt sich – umgerechnet auf Jahreszuwachsraten –, daß zwischen 1990 und 1993 der drittgrößte Zuwachs mit fast 22 800 neu hinzukommenden Vollzeitfällen pro Jahr zu verzeichnen ist. Höher lag der Wert nur zwischen 1970 und 1973 mit 32 500 und in den Jahren 1984 bis 1987 mit rund 29 000 neuen Vollzeitfällen pro Jahr (in diesem Zeitraum war für die Verbände allerdings auch ein überproportionaler Zuwachs von 10 000 bis 15 000 ABM-Stellen zu verzeichnen, der für diese hohe Wachstumsrate verantwortlich sein könnte).

Die Verbände selbst geben an, daß am 1.1. 1993 knapp 80000 Menschen in ihren ostdeutschen Einrichtungen erwerbstätig waren (vgl. Bundesarbeitsgemeinschaft der Freien Wohlfahrtspflege 1994). Dies ist eine Größenordnung, die – gemessen an den Einwohnerzahlen in Ost und West – im Vergleich zu den alten Bundesländern weit unter dem rechnerisch zu erwartenden Anteil liegt (der bei etwa 150000 bis 200000 Personen liegen müßte), so daß die Wohlfahrtsverbände damit in Ostdeutschland vorerst signifikant schwächer vertreten sind als im Gebiet der alten Bundesrepublik (zu den damit verbundenen Folgen vgl. auch Angerhausen/Backhaus-Maul/Schiebel, in diesem Band).

– Legt man zu diesem Thema allerdings die Angaben der »Berufsgenossenschaft für Gesundheitsdienst und Wohlfahrtspflege« (BGW) zugrunde, so hat sich die Zahl der Vollzeitbeschäftigtenfälle in den neuen Ländern (ohne Berlin-Ost und ohne die Arbeiterwohlfahrt) seit 1991 von 42500 auf Vollzeitstellen umgerechneten Fällen über 54300 (1992) und 77600 (1993) schließlich auf 95745 Vollzeitfälle im Jahre 1994 erhöht. Diese Entwicklung läßt zwei vorsichtige Schlüsse zu: Zum einen wird sichtbar, daß die Gesamtzahl zwischen 1991 und 1994 auf weit mehr als das Doppelte gestiegen ist. Auch wenn die BGW selbst annimmt, daß in den ersten beiden Jahren eher von einer Untererfassung auszugehen ist, legt die Entwicklung der Zahlen dennoch nahe, daß das Personalvolumen der Verbände nicht stagniert, sondern vielmehr deutlich zunimmt. Damit scheinen die Freien Träger möglicherweise – entgegen der zunächst eher schwachen Bedeutung – in den neuen Bundesländern doch langsam an Terrain zu gewinnen, auch wenn sie vorerst vermutlich nicht den gleichen Stellenwert wie in Westdeutschland erreichen werden. Zum andern bestätigt diese Entwicklung aber auch die Annahme, daß die Zahl der Beschäftigten in den neuen Ländern im Gesamtjahr 1994 erwartungsgemäß deutlich über dem Wert liegt, der von den Verbänden für den Stichtag 1. 1. 1993 (also für den Jahresanfang) angegeben worden ist: Sofern man noch Schätzwerte für Berlin-Ost und die Arbeiterwohlfahrt hinzuaddiert und die daraus entstehende Gesamtsumme der »Vollzeitfälle« in tatsächlich beschäftigte Personen rückrechnet, kommt man für Ende 1994 zu einer Größenordnung, derzufolge insgesamt inzwischen vermutlich bis zu 120 000 Beschäftigte in den ostdeutschen Einrichtungen der Wohlfahrtsverbände tätig sein dürften.

- Addiert man schließlich die Daten für Ost und West, so waren Anfang 1993 – den Angaben der Verbände, also der BAGFW-Statistik zufolge – zusammen 937 405 Personen hauptberuflich in den Wohlfahrtsverbänden der gesamten Bundesrepublik beschäftigt. Dies entspricht, gegenüber den ca. 382 000 Beschäftigten aus dem Jahre 1970, einer Zuwachsrate von 145%.[6] Damit sind immerhin 2,7% aller Erwerbstätigen im gesamten Bundesgebiet – in den alten Bundesländern sind es sogar 3% – in den Einrichtungen der Spitzenverbände der Freien Wohlfahrtspflege beschäftigt.

Derartige Größenordnungen lassen bereits in sich, also ohne externen Vergleich, erkennen, daß es sich bei den Wohlfahrtsverbänden zwischenzeitlich um einen durchaus relevanten Wirtschaftszweig handelt. Und diese allgemeinen Befunde sind zugleich ein Indiz dafür, daß die markanteste Veränderung bei den Wohlfahrtsverbänden in der *Ausweitung des erwerbstätigen Personals* liegt. Mit zuletzt nahezu 1 Mio. Beschäftigten sind sie – gewissermaßen im Schatten der Großindustrie – zu einem ganz erheblichen Wirtschaftsfaktor sowie vor allem zu einem großen, expandierenden Arbeitsmarktsegment geworden.

(c) Angesichts dieser auffälligen Expansion, die durch die Umsetzung des Rechtsanspruchs auf einen Kindergartenplatz und die Einführung der Pflegeversicherung – selbst bei Abbau in anderen Bereichen – aller Voraussicht nach noch weiter zunehmen wird, stellt sich die Frage, wie sich dazu das *ehrenamtliche Engagement* in den Wohlfahrtsverbänden entwickelt hat. Hierzu liegt jedoch kein zuverlässiges Datenmaterial vor. Gleichwohl fällt auf, daß die Wohlfahrtsverbände selbst – bei zeitgleich expandierenden Erwerbstätigenzahlen – nunmehr seit 1977 *konstant* von »schätzungsweise rund 1,5 Millionen ehrenamtlichen Kräften in der

6 Würde man auch hier die Vollzeitfälle der BGW-Statistik zugrunde legen, so wären demzufolge 1993 und 1994 mehr als eine Million in den Wohlfahrtsverbänden zusammen in Ost und West erwerbstätig gewesen. Daß diese Schallmauer von einer Million Beschäftigten ohnehin bereits überschritten sein dürfte, läßt sich daraus ableiten, daß in den letzten Jahren die Zuwachsraten bei den Verbänden hoch waren, Caritas und Diakonie jedoch zum Stichtag 1.1.1993 noch die Zahlenangaben des Vorjahres zugrunde gelegt hatten.

Freien Wohlfahrtspflege« sprechen (Bundesarbeitsgemeinschaft der Freien Wohlfahrtspflege 1994, S. 6; kritisch dazu Bendele 1992, S. 73).

Allein der Umstand, daß dieser Wert seit über 15 Jahren immer wieder als Annäherungswert von den Verbänden selbst genannt wird, obgleich diese Angabe nur auf der Hochrechnung einer Allensbacher Befragung aus den siebziger Jahren basiert (vgl. Niedrig 1982, S. 126) und das gleiche Institut 1985 – ebenfalls hochgerechnet – immerhin 2,5 Mio. ehrenamtlich Engagierte in Wohlfahrtsverbänden mutmaßte, dieser Wert aber von den Verbänden nicht übernommen wurde, erweckt den Eindruck, daß der gleichbleibende Schätzwert in Wirklichkeit einen *Bedeutungsverlust des Ehrenamtes* innerhalb der Wohlfahrtsverbände zum Ausdruck bringt.

In jedem Fall an Bedeutung verloren hat das Ehrenamt in den Wohlfahrtsverbänden in Relation zu den hauptberuflich Beschäftigten: Ein Verhältnis von inzwischen fast 1 Mio. hauptberuflich Beschäftigter gegenüber (geschätzten) 1,5 Mio. Ehrenamtlichen macht deutlich, daß in den Wohlfahrtsverbänden längst eine ganz gewöhnliche Arbeitnehmerkultur Einzug gehalten hat – punktuell und partiell ergänzt von Ehrenamtlichen in personalintensiven Bereichen und Arbeitsfeldern im »Dienst von Mensch zu Mensch« auf der einen Seite sowie kontrolliert und beaufsichtigt von traditionell ehrenamtlichen Vorständen und Leitungsgremien auf der anderen Seite. »Trotz des ständigen Lobgesanges auf ehrenamtliche Mitarbeit und Selbsthilfe schreitet die Professionalisierung sozialer Dienste der Wohlfahrtsverbände bis heute ungebrochen weiter fort. Offenkundig ist, daß dadurch der Einfluß professioneller Mitarbeiter in den Wohlfahrtsverbänden zu Lasten der ehrenamtlichen Mitarbeiter angestiegen ist« (Niedrig 1987, S. 422).

2.2 Wohlfahrtsverbände im internen und externen Vergleich

Wohlfahrtsverband ist nicht gleich Wohlfahrtsverband, weder im Hinblick auf Geschichte, Größe oder weltanschauliche Gebundenheit noch mit Blick auf das jeweils spezifische Dienstleistungsprofil. Zu fragen ist daher zunächst nach Größe und Bedeutung der Wohlfahrtsverbände im *internen Vergleich*.

(a) Ganz unstrittig sind der Deutsche Caritas-Verband (DCV) und das Diakonische Werk der Evangelischen Kirche in Deutschland (DW) die größten und einflußreichsten Spitzenverbände der Freien Wohlfahrtspflege. Die enge Verzahnung dieser beiden großen Wohlfahrtsverbände mit ihren jeweiligen Amtskirchen – bisweilen fast in einer personellen und organisatorischen Verschmelzung bis zur Unkenntlichkeit – ist hierfür ebenso ausschlaggebend wie die damit zusammenhängende ungleich bessere materielle und sächliche Ausstattung sowie die immer noch vorhandene konfessionelle Zugehörigkeit von nahezu 80% der Bevölkerung zu einer dieser beiden Religionsgemeinschaften.
Von hier aus überrascht es nicht unbedingt, daß die beiden konfessionellen Wohlfahrtsverbände zusammen über 55% der Einrichtungen und über 70% der Betten/Plätze verfügen und daß zusammen 77% der in den Wohlfahrtsverbänden Beschäftigten in Mitgliedseinrichtungen von Caritas (43%) und Diakonie (34%) angestellt sind. In deutlichem Abstand dahinter liegt der Deutsche Paritätische Wohlfahrtsverband (DPWV) mit knapp 11% des Gesamtpersonals, gefolgt von der Arbeiterwohlfahrt (AWO) und dem Deutschen Roten Kreuz (DRK) mit jeweils etwas mehr als 6% sowie der Zentralwohlfahrtsstelle der Juden in Deutschland (ZWST)[7] mit nur 0,1% (vgl. Tabelle 2).[8]
So deutlich die Größenunterschiede zwischen den einzelnen Verbänden auch sein mögen, so aufschlußreich dürften allerdings auch die Zuwachsraten – bei unterschiedlichen Ausgangswerten –

7 Aufgrund der geringen Ausgangszahlen sind Daten der ZWST nachfolgend nicht immer gesondert ausgewiesen.

8 Ein Blick in die neuen Bundesländer mit den Angaben der Einzelverbände zeigt allerdings eine vollkommen andere Verteilung. Die konfessionellen Verbände beschäftigen von den insgesamt ca. 80000 Personen nur einen Anteil von 36% (Caritas 11%; Diakonie 25%). Der DPWV hat in den neuen Bundesländern (ohne Ost-Berlin) mit 27% den größten Anteil, was darauf zurückzuführen ist, daß die gesamte »Volkssolidarität« dem DPWV zugerechnet wird. Und da das Rote Kreuz auf bereits in der DDR bestehende Strukturen zurückgreifen konnte, ist auch sein Anteil mit 20% erheblich höher als in den alten Ländern. Schließlich hat die AWO mit einem Anteil von fast 16% bislang ebenfalls einen deutlich höheren Stellenwert. Ob in Anbetracht dieser Anteile die konfessionellen Verbände in den neuen Bundesländern mittelfristig eine ähnlich dominante Bedeutung erlangen können wie im früheren Bundesgebiet, bleibt abzuwarten.

Tabelle 2: Prozentuale Verteilung von Einrichtungen, Betten/Plätzen und Beschäftigten nach Wohlfahrtsverbänden (in Prozent)

	Einrichtungen	Betten/-Plätze	Vollzeitbeschäftigte	Teilzeitbeschäftigte	Vollzeitfälle
Caritas	29,2	39,4	43,0	42,3	42,9
Diakonie	26,1	31,7	33,1	36,5	33,8
AWO	9,2	7,4	6,5	6,4	6,5
DRK	13,8	4,4	6,6	3,8	6,1
DPWV	21,5	16,9	10,7	10,8	10,8
ZWST	0,2	0,2	0,1	0,2	0,1
	100,0%	100,0%	100,0%	100,0%	100,0%
N =	82 350	2 883 679	652 567	300 341	802 738

Aufgrund verschiedener Zuordnungsschwierigkeiten weichen die summierten Angaben der einzelnen Verbände um 1% bis 2% vom Gesamtergebnis der BAGFW-Statistik ab; für die hier vorgenommenen Größenvergleiche ist der Summierungsfehler zu vernachlässigen.
Quelle: Caritas (1993); Diakonisches Werk der EKD (1993); die Angaben der anderen Verbände basieren auf unveröffentlichten verbandsinternen Datenbeständen.

in den letzten Jahren sein. Doch auch hierzu liegt nicht für alle Verbände differenzierbares und präzises Datenmaterial vor. Mit anderen Worten: Die Verbände selbst können keine quantifizierbaren Angaben zu ihrem eigenen Wachstum machen. Lediglich für Diakonie und Caritas lassen sich hier Wachstumsraten nachzeichnen (vgl. Tabelle 3):

- So waren in der *Diakonie* 1970 noch knapp 125 000 Personen beschäftigt, während es Anfang 1990 schon fast 263 000 und 1993, genau genommen müßte man wohl sagen: Anfang 1992 schließlich knapp 327 000 Beschäftigte in Ost und West waren (vgl. Diakonisches Werk 1994, S. 11; Diakonisches Werk 1993, S. 24).
- Im *Deutschen-Caritas-Verband* gab es 1950 rund 106 000 Voll- und Teilzeitkräfte, 1960 ca. 137 500 und 1970 schließlich 192 500 Personen (vgl. Bühler 1972, S. 19). Gut 15 Jahre später, 1987, arbeiteten in Einrichtungen der Caritas dann bereits 320 000, 1990 ca. 347 500 hauptberufliche Mitarbeiterinnen und Mitarbeiter (zuzüglich 10 098 Personen in Ostdeutschland) und 1993 schließlich 407 500 Personen (inklusive neue Bundesländer).

Tabelle 3: Entwicklung der Beschäftigten (Voll- und Teilzeit) in der Freien Wohlfahrtspflege, Diakonie und Caritas (alte Bundesländer, inkl. Berlin; 1970-1993)

	1970		1993		Zuwachs-
	abs.	in %	abs.	in %	raten[1]
Insgesamt[2]	382 000	100%	858 500	100%	+ 125%
davon					
Caritas	192 500	50%	398 500	46%	+ 107%
Diakonie	125 000	33%	307 000	36%	+ 146%

1 Prozentuale Steigerung zwischen 1970 und 1993 (alte Bundesländer).
2 Für die anderen Verbände liegen entsprechende Daten nicht vor.

Quellen: Caritas-Korrespondenz (1993); Diakonisches Werk (1993)

Diese Zahlen belegen noch einmal das überaus starke Wachstum der Wohlfahrtsverbände seit Gründung der Bundesrepublik mit einer Steigerung auf weit über das Doppelte allein in den alten Bundesländern. Sie zeigen für die konfessionellen Verbände aber auch, daß das Personal der Diakonie seit Anfang der siebziger Jahre prozentual stärker expandierte als das Personal in den Einrichtungen der Caritas.

Hinter derartigen Zeitreihen verbirgt sich aber zugleich noch eine andere Entwicklung, dokumentiert sie doch – zumindest für die Caritas – einen ebenso schleichenden wie gravierenden Wandel der Personalstruktur mit Blick auf die Entwicklung der gesondert ausgewiesenen *Ordenskräfte*. Deren Zahl nahm in der frühen Nachkriegsgeschichte innerhalb der Caritas von 60 500 (1950) über 58 000 (1960) auf schließlich 54 500 Ordenskräfte im Jahre 1970 ab. Schon damals wies Bühler auf den dramatischen Rückgang der Ordenskräfte hin und empfahl den verstärkten Rückgriff auf »weltliche Kräfte« (vgl. Bühler 1972, S. 4).

Die weitere Entwicklung sollte ihm recht geben. Für das Jahr 1987 weist die Caritas-Statistik noch rund 24 300, für 1990 ca. 21 100 und für 1993 schließlich gar nur noch knapp 18 300 Ordensangehörige in den Reihen der Caritas im gesamten Bundesgebiet aus (vgl. Bühler 1991; Caritas-Korrespondenz 1993). Setzt man diesen Rückgang ins Verhältnis zum zeitgleichen Wachstum des gesamten Caritas-Personals, dann wird die dahinterliegende Misere erst richtig deutlich. Während 1950 etwa 57% und damit immerhin noch eine deutliche Mehrheit des Personals in der Caritas Ordenskräfte waren, reduzierte sich deren Anteil von Jahr zu Jahr – bis schließlich 1987 noch 8%, 1990 rund 6% und 1993 gar nur noch 4,5% Ordensangehörige in den Einrichtungen der Caritas gezählt wurden. In den letzten 40 Jahren hat damit der Caritas-Verband mit einem Rückgang der Ordenskräfte von 57% im Jahre 1950 auf zuletzt noch 4,5% im Jahre 1993 – bei entsprechender Zunahme »weltlicher Kräfte« – sein personelles Erscheinungsbild erheblich gewandelt. Und dieser Wandel ist ein ebenso anschaulicher Beleg für die Erosion traditioneller Personalstrukturen wie für die anhaltende Transformation der Wohlfahrtsverbände von Wertgemeinschaften zu Dienstleistungsunternehmen.

(b) Blickt man unterdessen auf die Bedeutung der Wohlfahrtsverbände als Arbeitgeber und als Wirtschaftszweig im *externen Vergleich*, so lassen sich zumindest drei Entwicklungen festhalten:

– Im Vergleich zu den großen Wirtschaftskonzernen der Bundesrepublik gehören die beiden größten Wohlfahrtsverbände, Caritas und Diakonie, zur absoluten Spitze der privaten Arbeitgeber. Oder genauer: Der größte private Arbeitgeber in Deutschland ist inzwischen, faßt man das Personal der angeschlossenen Einrichtungen zusammen, mit 407 000 Beschäftigten im Jahre 1993 der Deutsche Caritasverband, gefolgt vom Diakonischen Werk mit 327 000 Erwerbstätigen (in Ost und West). Erst danach folgt die Daimler-Benz AG mit 1994 nur noch 251 000 Inlandsbeschäftigten, die Firma Siemens mit 222 000 und VW mit 161 000 Erwerbstätigen – und dies bei einer durchweg zurückgehenden Zahl der Inlandsbeschäftigten (vgl. Tabelle 4).[9] Da Daimler-Benz und Siemens 1993 zugleich die größten Arbeitgeber innerhalb der führenden europäischen Industrie-Unternehmen waren (vor der italienischen Holding

9 Dabei hatte Daimler-Benz weltweit 1993 insgesamt 366 736 Beschäftigte angestellt (1994 noch 330 551 Mitarbeiter), während beim Elektronikkonzern Siemens mit sämtlichen internationalen Niederlassungen und Tochterfirmen 1993 sogar 391 000 Personen beschäftigt waren (vgl. DIE ZEIT vom 14.10.1994, S. 34). Und auch das eigenständige Unternehmen »Postdienst« verfügte nach eigenen Angaben 1993 nur über 365 000 Inlandsbeschäftigte, die sich bis 1996 auf 331 500 Beschäftigte reduzieren sollen. Somit wäre auch die größte Postnachfolgeorganisation in puncto Personal kleiner als die Summe der dem Caritasverband angeschlossenen Einrichtungen.

Tabelle 4: Entwicklung der Inlandsbeschäftigten in den größten deutschen Industrieunternehmen (gerundete Zahlen)

	1989	1990	1994	1995
Daimler-Benz	298 000	303 000	251 000	238 000
Siemens	227 000	230 000	222 000	213 000
VW	161 000	165 000	161 000	155 000

Quelle: Telephonische Auskünfte der Firmen

IRI), hieße das, daß der Deutsche Caritasverband auch als Europas größter privater Arbeitgeber bezeichnet werden kann. Das sind in dieser Deutlichkeit doch erstaunliche Dimensionen, die erkennen lassen, welche Bedeutung den Wohlfahrtsverbänden als Arbeitgeber, Dienstleistungsanbieter und als volkswirtschaftlicher Faktor in Wirklichkeit zukommt.

- Faßt man unterdessen die Spitzenverbände der Freien Wohlfahrtspflege zu einer eigenständigen Wirtschaftsgruppe zusammen, was in der amtlichen Statistik der Wirtschaftszweige bislang jedoch nicht der Fall ist, so zeigt sich bei einer Gesamtzahl von insgesamt 937 000 hauptamtlich Beschäftigten in Ost und West, daß dies eine Größenordnung ist, bei der die Wohlfahrtsverbände zusammen ebenfalls längst zu einer volkswirtschaftlich relevanten Branche und zu einem wichtigen Teilarbeitsmarkt im Dienstleistungssektor – und dort insbesondere für Frauen – geworden sind. Einige Zahlen zum Vergleich: So waren beispielsweise 1992 im Maschinenbau mit 1,21 Mio. und in der Elektrotechnik mit 1,18 Mio. Beschäftigten als den beiden größten Wirtschaftszweigen im produzierenden Gewerbe nur geringfügig mehr Personen beschäftigt als bei den Spitzenverbänden der Freien Wohlfahrtspflege (die ihrerseits aber noch über eine ganze Palette von mitarbeitenden Personen ohne Arbeitnehmer-Status verfügen). Und auch bei Post und Bahn als den beiden ehemals großen Einzelsegmenten des öffentlichen Dienstes waren 1993 nur knapp 620 000 (Telekom, Postdienst und Postbank zusammen) bzw. ca. 435 000 Personen beschäftigt. Insgesamt verdeutlichen derartige Größenordnungen, daß die Wohlfahrtsverbände auch volkswirtschaftlich im Vergleich zu anderen Branchen längst keine zu vernachlässigende Größe mehr darstellen.

Abbildung 2: Vergleich von Personalkosten der Freien Wohlfahrtspflege mit ausgewählten Wirtschaftszweigen (1993; in Mrd.)

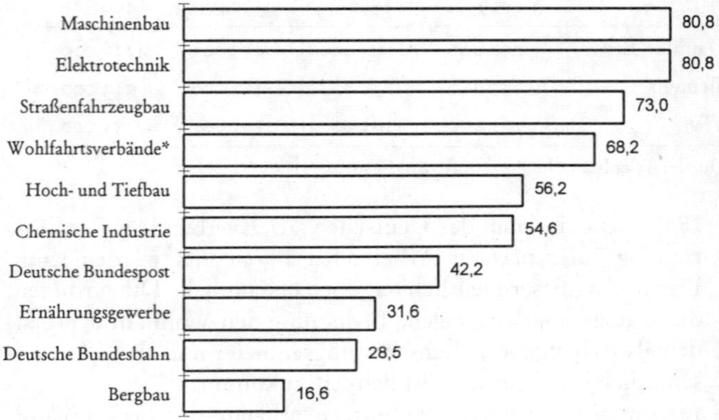

* Einschließlich der Arbeitsleistung von sonstigen Mitarbeitergruppen bzw. Ehrenamtlichen

– Ein letztes Indiz dieses bislang fast ebenso übersehenen wie unbemerkt angewachsenen Wirtschaftszweiges »Freie Wohlfahrtspflege« sind die ausgewiesenen jährlichen Lohnsummen der »Berufsgenossenschaft für Gesundheitsdienst und Wohlfahrtspflege« für die Wohlfahrtsverbände einerseits bzw. die aktualisierten, ursprünglich von Goll (1991, S. 260 ff.) hochgerechneten Gesamtwerte der jährlichen Arbeitsleistung des gesamten Personals andererseits (also inkl. der Ehrenamtlichen). Während die tatsächliche Lohnsumme der Wohlfahrtsverbände im Jahre 1993 fast 43 Milliarden Mark betrug – und sich damit gegenüber dem Jahr 1986 nahezu verdoppelt hat –, dürfte der (fiktive) Gesamtwert der erbrachten Arbeitsleistungen in der Freien Wohlfahrtspflege im Jahre 1993 schätzungsweise bei 68 Milliarden Mark liegen (vgl. Abbildung 2). Zum Vergleich: Die auch personell etwas größeren Branchen »Maschinenbau« und »Elektrotechnik« kamen 1993 auf ein Personalkostenvolumen von jeweils knapp 81 Milliarden Mark, während die meisten anderen Wirtschaftszweige kleiner als die Freie Wohlfahrtspflege sind (vgl. ausführlich Goll 1991, S. 191 ff.).

Diese in dieser Dimension erst in den letzten 10 bis 15 Jahren entstandene und sichtbar gewordene Größe der Wohlfahrtsverbände als Arbeitgeber, Wirtschaftsfaktor und Dienstleistungsanbieter steht nach wie vor in einem auffälligen Mißverhältnis zu den gezogenen praktischen Konsequenzen. Oder anders ausgedrückt: Es besteht eine auffällige Diskrepanz *zwischen realer und realisierter Bedeutung* der Spitzenverbände der Freien Wohlfahrtspflege als Arbeitgeber, Dienstleistungsanbieter und als Wirtschaftsfaktor. Dies kommt nicht nur in einer nach wie vor unzureichenden Selbstbeobachtung und Selbstbeschreibung sowie einem Mangel an öffentlich verfügbaren, zuverlässigen Daten und Befunden zum Ausdruck. Es zeigt sich vielmehr auch in der zwar historisch nachvollziehbaren, aber nicht mehr zeitgemäßen Abstinenz in Fragen der Tarifgestaltung für die in Hunderttausenden zu zählenden Erwerbstätigen der Freien Wohlfahrtspflege (wo es zum Teil nur Haustarifverträge gibt). Und dies zeigt sich schließlich auch in den sich nur zögerlich andeutenden Aktivitäten in bezug auf branchenspezifische Forschungs- und Entwicklungsaufgaben, in bezug auf die Umgestaltungserfordernisse einzelner Betriebseinheiten zu fachlich und betriebswirtschaftlich modernen Dienstleistungsanbietern sowie in bezug auf eine einrichtungs*übergreifende* Personalentwicklung und -förderung der rund 1 Mio. Beschäftigten sowie einer mindestens genauso großen Zahl von zusätzlich engagierten Menschen ohne Arbeitnehmerstatus in den Reihen und Diensten der bundesdeutschen Wohlfahrtsverbände.

2.3 Die Anbieterprofile der Wohlfahrtsverbände

Je deutlicher die Größe und Bedeutung der gesamten Freien Wohlfahrtspflege sichtbar wird, desto mehr stellt sich die Frage nach den inhaltlichen Schwerpunkten ihrer Dienstleistungsangebote. Stimmt das Bild der Öffentlichkeit von den Wohlfahrtsverbänden mit den zentralen Aufgaben Katastrophenhilfe, Krankenpflege und Altenhilfe (vgl. Infas 1993)? Wie, so ist also zu fragen, läßt sich die Angebotspalette in der quantitativen Relevanz beschreiben? Welches individuelle Profil haben dabei die einzelnen Verbände? Und wie unterscheiden sich diese Profile untereinander?

(a) Daß Wohlfahrtsverbände inzwischen unübersehbar groß gewordene Dienstleistungsanbieter für personenbezogene soziale Dienste sind, dürfte unstrittig sein. Ungleich weniger deutlich ist jedoch die Art, Breite und Gewichtung dieser angebotenen Dienste. Versucht man, sich diesem Thema empirisch zu nähern, so stehen auch hierzu Angaben zur Einrichtungszahl, zu verfügbaren Betten/Plätzen sowie zum Personal zur Verfügung. Aussagekräftige Finanzdaten über Lohnsummen bzw. Arbeitsleistungen, über Umsätze und Anlagevermögen, getrennt nach einzelnen Arbeitsbereichen und Einrichtungsarten, liegen demgegenüber nicht vor, so daß in finanzieller Hinsicht keine Angaben zu Größe und Bedeutung der einzelnen Bereiche gemacht werden können. Auf der Basis der von den Verbänden vorgelegten Daten lassen sich folgende Befunde festhalten:

- Wirft man einen Blick auf die Zahl der Einrichtungen und der verfügbaren Betten bzw. Plätze im Jahre 1993, so dominiert »im Gesamtangebot der Freien Wohlfahrtspflege die Jugendhilfe mit einem Anteil von 33,9% an allen Einrichtungen und 50,6% aller vorgehaltenen Betten/Plätze« (Bundesarbeitsgemeinschaft der Freien Wohlfahrtspflege 1994, S. 7). Dieses aktuelle Ergebnis für die gesamte Bundesrepublik wird auch bei einer Rückschau auf mehr als ein Drittel aller Einrichtungen und mehr als die Hälfte aller Plätze/Betten seit 1970 in der *Jugendhilfe* angesiedelt. Dieser Befund ist in seiner Deutlichkeit doch einigermaßen überraschend und konterkariert auch das nahezu jugendhilfefreie Bild von den Wohlfahrtsverbänden in der Öffentlichkeit (vgl. Infas 1993, S. 5).
- Gleichwohl dürften die Erhebungsmerkmale Einrichtungszahl und Betten/Plätze eher schwache Indikatoren für die (indirekte) Bemessung der wirtschaftlichen Bedeutung der einzelnen Arbeitsfelder sein, weil z. B. die Jugendhilfe über viele kleine Betriebseinheiten und Einrichtungen verfügt, während einem einzelnen Krankenhaus eine ungleich größere Bedeutung zukommt, oder weil etwa mit dem Indikator Betten/Plätze ganze Bereiche nicht erfaßt werden, da diese über gar keine Betten oder Plätze verfügen (z. B. Beratungsstellen, Essens-, Fahr- und Rettungsdienste, Sozialstationen, ambulante und mobile Dienste).
- Der vermutlich stärkste Gradmesser für das Wachstum und die wirtschaftliche, zumindest arbeitsmarktpolitische Bedeutung

der einzelnen Arbeitsbereiche, zu dem derzeit empirisches Datenmaterial vorliegt, ist die Zahl des beschäftigten Personals. Und danach ist ganz eindeutig der Arbeitsbereich *Krankenhaus* das Hauptarbeitsgebiet der Wohlfahrtsverbände. In dieser Einrichtungsart war 1993 in Westdeutschland fast ein Drittel des Wohlfahrtsverbände-Personals erwerbstätig – wiederum umgerechnet auf Vollzeitfälle, um Verzerrungen durch ungleiches Wachstum von Teilzeitbeschäftigungen zu vermeiden –, gefolgt von der Jugendhilfe mit knapp 20% und der Altenhilfe mit 19%. Ebenfalls oberhalb der Zehn-Prozent-Marke lag noch die Behindertenhilfe mit zuletzt ca. 13%. Diese vier Arbeitsbereiche sind unübersehbar die inzwischen großen, personalintensiven Einrichtungsarten der Freien Wohlfahrtspflege, in denen zusammen rund 85% des gesamten Personals der Wohlfahrtsverbände arbeiten.

– Wendet man auch in diesem Punkt einmal den Blick auf die Entwicklung in den letzten 25 Jahren, so kann man festhalten, daß (1) auch 1970 bereits die Krankenhäuser, die Jugendhilfe und die Altenhilfe mit zusammen rund 77% an der Spitze lagen. Dabei war allerdings (2) das Arbeitsfeld Krankenhaus damals mit über 41% der gesamten Vollzeitfälle personell noch dominanter als 1993 (und auch die Jugendhilfe ist personell von damals knapp 24% auf zuletzt 20% zurückgegangen), während (3) vor allem die Behindertenhilfe mit einem Anstieg von 5% auf 13% sowie die Altenhilfe mit einer Steigerung von 12% auf fast 19% seit dieser Zeit deutlich an Bedeutung gewonnen haben. Dadurch ist schließlich (4) die ursprüngliche Dominanz der Krankenhäuser und der Jugendhilfe mit ehemals fast zwei Dritteln des Personals auf zuletzt noch etwas mehr als die Hälfte der Beschäftigten doch spürbar zurückgegangen, mit der Folge einer inzwischen etwas gleichmäßigeren Verteilung über die verschiedenen Einrichtungsarten hinweg.

Diese Daten zeigen deutlich, daß die Bereiche Krankenhäuser und Jugendhilfe seit jeher die größten Arbeitsfelder der Wohlfahrtsverbände waren – und dies bis heute geblieben sind[10]: allerdings

10 Die Bedeutung dieser Arbeitsbereiche zeigt sich auch im externen Vergleich: So verweist die Freie Wohlfahrtspflege selbst darauf, daß über zwei Drittel aller Jugendhilfeeinrichtungen von Wohlfahrtsverbänden getragen werden und daß immerhin knapp 40% sämtlicher allgemei-

bei einem deutlichen Rückgang ihrer Anteile und zeitgleichem Personalzuwachs in der Alten- und Behindertenhilfe. Dies könnte insgesamt in naher Zukunft zu einer Verschiebung der bisherigen Rangfolge führen.

(b) Wie sieht unterdessen das spezifische Profil der einzelnen Verbände mit Blick auf ihr Dienstleistungsangebot und ihre Präsenz in den einzelnen Arbeitsbereichen aus? Haben letztlich alle Verbände etwa das gleiche Profil, oder gibt es Verbände mit vom Durchschnitt deutlich abweichenden Akzenten etwa im Bereich Jugendhilfe, Krankenhaus, Behinderten- oder Altenhilfe? Auch diesbezüglich lassen die auf die Einzelverbände zurückgerechneten Personaldaten einige vorsichtige Aussagen zu. Fragt man nach der Bedeutung der Verbände in den einzelnen Arbeitsbereichen, so zeigt sich anhand der Vollzeitfälle, daß

- bei den »Krankenhäusern« bzw. den »Aus-, Fort- und Weiterbildungsstätten« jeweils fast 94% der Personalstellen in der Trägerschaft von Caritas (61% bzw. 49%) oder Diakonie (33% bzw. 45%) sind;
- in der »Jugendhilfe« ebenfalls 82% der Vollzeitfälle den beiden konfessionellen Verbänden zugerechnet werden können;
- bei einer insgesamt etwas ausgeglicheneren Verteilung mit Blick auf das Stellenreservoir die Bereiche Behindertenhilfe (42%), Altenhilfe (34%) und Familienhilfe (32%) Domänen der Diakonie sind;
- jede dritte Stelle des Arbeitsfeldes »Einrichtungen und Dienste für Personen in besonderen sozialen Situationen sowie sonstige Dienste und Einrichtungen« beim Roten Kreuz angesiedelt ist.

Schon diese Verteilung deutet an, daß die einzelnen Einrichtungsarten nicht gleichmäßig über alle Verbände hinweg verteilt sind. Es gibt demzufolge Arbeitsfelder, die – gemessen am Personal – von ein oder zwei Verbänden dominiert werden (Krankenhäuser sowie Aus-, Fort- und Weiterbildung).

Dieser Eindruck wird verstärkt, wenn man die Blickrichtung umdreht und nach der verbandsinternen Bedeutung der einzelnen Arbeitsbereiche auf der Basis der Vollzeitfälle fragt (vgl. Abbildung 3):

- Dabei fällt zunächst auf, daß die personelle Größe der *Caritas*

nen Krankenhäuser in freigemeinnütziger Trägerschaft sind (vgl. Bundesarbeitsgemeinschaft der Freien Wohlfahrtspflege 1994, S. 7).

Abbildung 3: Prozentuale Verteilung des Personals (Vollzeitfälle) in den Wohlfahrtsverbänden (ohne ZWST) nach Arbeitsfeldern (1993; in Prozent)

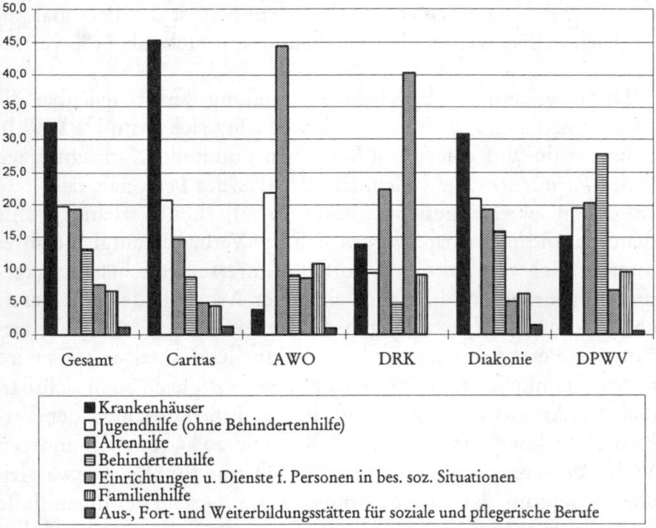

vor allem auf ihrem Engagement im Krankenhausbereich basiert: Über 45% des Caritas-Personals arbeitet in diesem Arbeitsfeld. Eine ähnliche große Bedeutung kommt der Altenhilfe mit fast 45% für die *Arbeiterwohlfahrt* zu. Zugespitzt könnte man demzufolge formulieren, daß das Verbandsprofil der *Caritas* durch die Arbeitsfelder Krankenhaus sowie – mit deutlichem Abstand – Jugendhilfe geprägt wird, während das Profil der *Arbeiterwohlfahrt* ganz deutlich in der Altenhilfe und Jugendhilfe liegt.

– Etwas andere Konturen zeigen sich beim *Deutschen Roten Kreuz*. Hier dominiert personell der Arbeitsbereich »Einrichtungen und Dienste für Personen in besonderen sozialen Situationen sowie sonstige Einrichtungen und Dienste« mit 40%, gefolgt von der Altenhilfe mit 22% und den Krankenhäusern mit 14%. Schlüsselt man den größten Arbeitsbereich allerdings noch einmal auf, dann zeigt sich, daß der weit überwiegende Teil der Beschäftigten (85%) im Rahmen der Rettungs- und Blutspendedienste tätig ist. Demzufolge liegt das Profil des DRK ganz deutlich im krankenversorgenden Bereich.

- Deutlich gleichmäßiger verteilt ist das Personal in den Einrichtungen der *Diakonie*: Zwar liegt auch hier das Schwergewicht im Bereich Krankenhaus (31%), dennoch ist das Personal zugleich in drei weiteren Arbeitsfeldern mit mehr als 15% vertreten.
- Die insgesamt ausgeglichenste Verteilung der Stellen über die verschiedenen Arbeitsfelder hinweg zeigt sich beim DPWV: In immerhin fünf von sieben Bereichen sind in den Einrichtungen des *Paritätischen* jeweils mehr als 10% des Personals tätig.

Insgesamt wird angesichts dieser spezifischen Verbandsprofile deutlich und erklärbar, warum sich die Verbände aufgrund ihrer internen Schwerpunkte mit auffällig unterschiedlichem Engagement um Fragen und Belange einzelner Arbeitsfelder und Bereiche kümmern, seien es Fragen der Finanzierung, der Qualifizierung des Personals oder der konzeptionellen Gestaltung. Es wird aber im Umkehrschluß interessanterweise zugleich auch sichtbar, daß das Arbeitsfeld *Jugendhilfe* in den Innenansichten der Verbände mit knapp 10% beim DRK sowie 20% bei allen anderen Verbänden (wiederum ohne die ZWST) eine für alle in etwa gleiche Bedeutung hat. Oder anders formuliert: Die Jugendhilfe bildet gewissermaßen das einigende Band der Spitzenverbände der deutschen Wohlfahrtspflege, an dem sämtliche Verbände ein gemeinsames und etwa vergleichbares Interesse haben.

3. Jugendverbände – ehrenamtliche Selbstorganisationen mit beruflichem Kern

Unter gänzlich anderen Vorzeichen müssen von der Personalstruktur her die Jugendverbände in der Bundesrepublik gesehen werden. Obgleich sie bislang nicht in gleicher Weise wie die Wohlfahrtsverbände zum Gegenstand einschlägiger Forschung geworden sind (als Überblick vgl. Böhnisch/Gängler/Rauschenbach 1991), wird dennoch das Thema Personal – vorrangig im Horizont des Ehrenamtes – diskutiert.

3.1 Jugendverbände und Ehrenamt

»Bei uns engagieren sich die Menschen noch freiwillig.« Nichts scheint die Nähe der Jugend-, aber auch der Wohlfahrtsverbände zu den Bürgern und Bürgerinnen treffender zu kennzeichnen, nichts scheint den subsidiären Vorrang, wie er sich aus der Sicht der freien Träger ergibt, besser zu legitimieren als das freiwillige, ehrenamtliche Engagement. Das Ehrenamt hat infolgedessen für die Verbände eine doppelte Bedeutung: als legitimatorisches Pfand der freiwillig erbrachten Eigenleistung von Verbandsmitgliedern gegenüber den öffentlichen Geldgebern einerseits und als kostengünstiges Reservoir von – im günstigsten Fall – Menschen mit Zeit, Sachverstand, Talenten und Engagement für den Verband andererseits. »Ehrenamtliche MitarbeiterInnen haben für die Jugendarbeit eine herausragende Bedeutung, qualitativ und quantitativ. Da sie nicht in beruflichen Abhängigkeiten und Verpflichtungen stehen, sich mit den Zielen der Jugendarbeit stark identifizieren, ermöglicht die Mitarbeit von Ehrenamtlichen eher Selbstorganisationschancen, gesellschaftliches Engagement und weniger pädagogische Beziehungen«, so der Achte Jugendbericht (Bundesminister für Jugend, Familie, Frauen und Gesundheit 1990, S. 117).

Die Diskussion um das Ehrenamt im Jugendverband ist gleichwohl lang, facettenreich und bisweilen auch kontrovers; sie soll hier jedoch nicht nachgezeichnet werden (vgl. etwa Rauschenbach 1991a; Deutscher Bundesjugendring 1993; Landesjugendring Niedersachsen 1993; Reichwein/Freund 1992). Statt dessen wollen wir uns hier auf die Frage der quantitativen Bedeutung des Ehrenamtes für die Jugendverbände beschränken.

Exakte und allseits akzeptierte Daten über das aktuelle Ausmaß und die Entwicklung des ehrenamtlichen Engagements in Jugendverbänden liegen nicht vor. Dies dürfte vermutlich der einzige allgemein akzeptierte Befund zu diesem Thema sein. Deshalb ist es auch nicht verwunderlich, daß die Einschätzungen, Vermutungen und Begründungen über die Höhe der ehrenamtlich engagierten Jugendlichen sehr heterogen sind. So heißt es beispielsweise im Achten Jugendbericht: »Geschätzt sind in der verbandlich organisierten Jugendarbeit ca. 600 000 ehrenamtliche MitarbeiterInnen tätig (ohne Kinderarbeit der Verbände). Das Land Nordrhein-Westfalen hat in seinem Vierten Jugendbericht festgestellt, daß einer Gesamtzahl von 315 geförderten JugendbildungsreferentInnen ... ca. 50 000 bis 100 000 ehrenamtliche Kräfte gegenüberstehen« (Bundesminister für Jugend, Familie, Frauen und Gesundheit 1990, S. 117). Schon in der Formulierung dieser Aussage wird deutlich, wie fragil diese Zahlenangabe ist: Von »geschätzt« ist da ebenso die Rede wie von »ca. 50 000 bis 100 000 ehrenamtlichen Kräften«, also von einer möglichen Variation bis zum doppelten des Ausgangswertes (und trotz dieser ohnehin schon breiten Spanne wird dann zusätzlich noch von »ca.« gesprochen).

Schon diese Anhäufung selbstrelativierender Ergänzungen zu der in den Raum gestellten Zahl von bundesweit 600 000 Ehrenamtlichen in Westdeutschland in den Reihen der Jugendverbände deutet an, wie unsicher die Basis dieser Schätzung zu sein scheint. So wird auch keinerlei Hinweis gegeben, wie diese zustande kommt. Geht man deshalb der Frage nach, auf welcher Basis diese Zahl beruht, dann wird rasch deutlich, daß in bezug auf diese Größenangabe die gleichen Defizite festzustellen sind wie bei den 1,5 Mio. Ehrenamtlichen in den Reihen der Wohlfahrtsverbände.

In einer Expertise zum Achten Jugendbericht wird man fündig (vgl. Sauter/Schrödinger 1990). Dort wird folgende, wie die Autoren selbst formulieren, »sehr vergröbernde Rechnung aufgemacht«: »Unterstellt man, daß 50% der Jugendlichen zwischen 12 und 25 Jahren in Jugendverbänden organisiert sind, so ergibt dies auf der Grundlage der von EMNID 1987 referierten Gesamtzahlen der einschlägigen Bevölkerungsgruppen eine Mitgliederzahl von 6 143 000 Jugendlichen. Überträgt man den Schätzwert 1 zu 10 auf diese Zahl, so beinhaltet er, daß 614 300 Jugendliche (und junge Erwachsene) als ehrenamtliche Mitarbeiter in den Jugendverbänden tätig sind« (Sauter/Schrödinger 1990, S. 319). Angesichts dieser Häufung von keineswegs unproblematischen Annahmen (vgl. dazu Rauschenbach 1991c) ergeben sich schon bei geringsten Abweichungen völlig andere Endsummen. Legt man nämlich statt dessen beispielsweise

(1) einen Organisationsgrad von »nur« 40% zugrunde, was über alle Altersjahrgänge hinweg immer noch viel sein dürfte, nimmt man zum rechnerischen Vergleich
(2) als verbandsspezifische Alterskohorte nicht die 12-25jährigen, sondern die Gruppe der 10-19jährigen, was nicht nur realistischer ist, sondern auch zur Folge hätte, daß für das Jahr 1990

statt rund 12 Mio. nur knapp 6 Mio. Kinder und Jugendliche zugrunde zu legen wären, so hätte dies

(3) zur Folge, daß in allen Jugendverbänden zusammen (einschließlich der Sportjugendverbände, die jedoch nicht Mitglied im Deutschen Bundesjugendring sind) ungefähr 2,4 Mio. Kinder und Jugendliche »Mitglieder« und davon dann rund 10%, also 240 000, ehrenamtlich aktiv wären.

Dieses alternative Rechenbeispiel kann nicht beanspruchen, daß es der Wirklichkeit eindeutig näher kommt; gleichwohl macht es deutlich, in welchen Größenordnungen derzeit die Unwägbarkeiten liegen und wie problematisch die vorgelegten Berechnungen auf der Basis von Repräsentativerhebungen sind.

Der bislang einzige »amtliche«, von einer Statistik-Behörde organisierte Versuch, bundesweit etwas über den Umfang an ehrenamtlich Engagierten in Jugendverbänden in Erfahrung zu bringen, wurde 1974 im Rahmen einer Personalstrukturerhebung der Jugendhilfe durchgeführt (vgl. Statistisches Bundesamt 1976). Dabei kamen die Statistiker zu dem Schluß, daß sich insgesamt über 256 000 Ehrenamtliche mindestens zwei Stunden in der Woche in der »außerschulischen Jugendarbeit«, wie sie es nennen, engagieren. Berücksichtigt man jedoch die Art der Institutionen, in der sich diese engagierten, so reduziert sich der Anteil der im engeren Bereich der praktischen Jugendarbeit tätigen Ehrenamtlichen auf etwas mehr als 180 000 Personen (wobei davon dann noch immerhin 20% über 40 Jahre alt waren; vgl. Statistisches Bundesamt 1976, S. 687).

Auch dieser Wert macht noch einmal deutlich, wie spekulativ die bisherigen Zahlenangaben sind. Es läßt sich somit – bei einer insgesamt nicht zur Diskussion stehenden Gesamtbedeutung des Ehrenamtes für die Entwicklung der Jugendverbände – nicht übersehen, daß die Zahlen vorerst eher politischen Tagesinteressen folgen als genaue Auskünfte über das tatsächliche Ausmaß des ehrenamtlichen Engagements in Jugendverbänden geben.

3.2 Die Hauptamtlichkeit in Jugendverbänden

Offenkundig besteht auch in den Jugendverbänden ein nahezu alternativloser Zwang zur Modernisierung ihrer Organisationsstruktur, wie er sich in politischen Parteien, traditionellen Sportvereinen und konfessionellen Wohlfahrtsverbänden immer schonungsloser offenbart (vgl. Deutscher Bundesjugendring 1994). Und das beinhaltet auch, sich aus Gründen der Kontinuität, Qualität und Intensität im Werben um die Gunst von Kindern und Jugendlichen als »Kunden«, aber auch im konkurrierenden Überlebenskampf um soziale Macht, politischen Einfluß und zu beschaffendes Geld personell zu professionalisieren, also vermehrt ausgebildetes Fachpersonal mit tariflich geregeltem Lohn und Arbeitszeit anzustellen. Noch kämpfen die Jugendverbände verbal um die Reinheit ihrer Lehre (»Ehrenamtlichkeit als konstituierendes und unverzichtbares Element der Jugendverbandsarbeit«; vgl. Deutscher Bundesjugendring 1994, S. 230). Doch unübersehbar vergrößert sich die Zwickmühle zwischen einem schwindenden, mit dem Charme einer begeisterten Unbekümmertheit verwirklichten Engagement zum Nulltarif und einem steigenden Bedarf an einer kompetenten, fachlich-distanzierten, zeitlich verfügbaren und mit einer Fülle von Aufgaben belastbaren Lohnarbeit.

In diesem Zusammenhang ist es nicht verwunderlich, daß die Zahl der Erwerbstätigen in der Jugendarbeit in den letzten 20 Jahren nachhaltig gestiegen ist (zur Entwicklung von Jugendarbeit als Beruf vgl. Rauschenbach 1991b; Hafeneger 1992). Demnach sieht die Lage zu Beginn der neunziger Jahre in West und Ost wie folgt aus (vgl. Tabelle 5):

– Von insgesamt fast 23 000 Berufstätigen in der Jugendarbeit der alten Bundesländer sind immerhin 53%, also die Mehrheit, bei freien Trägern tätig (die jedoch nicht gleichzusetzen sind mit Jugendverbänden); das entspricht gegenüber 1974 einem Personalzuwachs von 73% für die Jugendarbeit insgesamt. Dieser Zuwachs plausibilisiert einen ähnlichen Prozeß der Transformation des Personals in Jugendverbänden wie bei den Wohlfahrtsverbänden, wenngleich in sehr viel bescheidenerem Umfang. Und der hohe Anteil der Personalstellen bei den freien Trägern ist zugleich ein Indiz für die generelle Dominanz der freien Träger in der Jugendarbeit.

Tabelle 5: Personal in der »Jugendarbeit« nach Trägern und ausgewählten Einrichtungsarten (West: 1974-1990; Ost: 1991)

	1.11.1974		31.12.1982		31.12.1986		31.12.1990 West		31.12.1991 Ost	
		freie Träger		freie Träger		freie Träger		freie Träger		freie Träger
	insg.	%	insg.	%	insg.	%	insg.	%	insg.	%
Ju'arbeit insg.	13 116	-.-	16 837	50,2	21 417	51,3	22 760	53,0	1 853	12,9
davon:										
HOTs etc.	11 337	-.-	10 331	36,4	13 914	41,3	14 521	48,9	1 746	8,0
Ju'heime	-.-	-.-	1 039	74,9	1 572	78,0	1 845	77,1	9	22,2
Tagungsst.	1 779	-.-	3 046	83,0	4 188	80,5	4 205	81,5	98	56,1
Ju'raum	-.-	-.-	1 005	92,0	-.-	-.-	-.-	-.-	-.-	-.-
Bevölkerung von 6 bis 18 J.	11,8 Mio.		9,7 Mio.		7,9 Mio.		7,6 Mio.		2,4 Mio.	
Personalquote[1] freie Träger	-.-		1 148 : 1		719 : 1		630 : 1		10 000 : 1	
Personalquote[1] insgesamt	900 : 1		576 : 1		369 : 1		333 : 1		1 295 : 1	

1 Die »Personalquote« stellt die Relation von altersentsprechender Bevölkerung zu hauptberuflichem Personal dar.

Quelle: Statistisches Bundesamt (1977, 1985, 1988, 1992, 1993); eigene Berechnungen

– Im Gegensatz dazu waren, zumindest unter dem Blickwinkel des Personals, die freien Träger Ende 1991 in den *neuen* Bundesländern so gut wie (noch) nicht existent. Bei einer im Vergleich zu Westdeutschland ohnehin deutlich unterausgestatteten Jugendarbeit (vgl. die »Personalquote«) waren die freien Träger mit nur 13% nochmals auffällig unterrepräsentiert. Dies ist vor allem Ergebnis einer unzureichenden Finanzausstattung der Jugendverbände, die durch aufgelegte Sonderprogramme der Bundesregierung bislang auch nur temporär und punktuell kompensiert worden sind. Es ist aber auch die Folge einer fehlenden ostdeutschen Verbandsjugendkultur in Analogie zu den im Westen etablierten Jugendverbänden. Ohne die Milieus und das sich daraus entwickelnde freiwillige Engagement der Jugendlichen für die Jugendverbandsarbeit werden die Jugendverbände in den neuen Ländern jedoch ohne die Alternative einer flächendeckenden hauptberuflichen Personalstruktur keine großen Perspektiven haben.

– Bildet man eine Relation zwischen den in der Jugendarbeit tätigen Voll- und Teilzeitkräften und der altersentsprechenden Bevölkerung (wobei wir die Altersgruppe der 6-18jährigen zugrunde gelegt haben), so zeigt sich, daß sich bei den freien Trägern die daraus gebildete »Personalquote« innerhalb von acht Jahren fast halbiert hat: Kamen 1982 im Schnitt bei den freien Trägern in der Jugendarbeit auf eine Voll- oder Teilzeitkraft knapp 1 150 Jugendliche, so waren es 1990 nur noch 630 (einen ähnlichen Trend belegt die Personalquote für die Jugendarbeit insgesamt). Auch dies kann als ein Indiz für die Verberuflichung der Jugendarbeit oder, genauer: der institutionellen Seite der Jugendarbeit, also der Geschäftsstellen, der Tagungsstätten und der Jugendfreizeiteinrichtungen in der verbandlichen Jugendarbeit gewertet werden.

Während auch in den Jugendverbänden die Zahl der Berufstätigen im Laufe der Zeit unübersehbar gewachsen ist, gilt das sicher nicht in gleicher Weise für die Ehrenamtlichen. Daraus kann und wird sich vermutlich mittelfristig ein neues Verhältnis von Haupt- und Ehrenamtlichkeit bei den Jugendverbänden entwickeln, wie dieses bei den Wohlfahrtsverbänden schon lange der Fall ist. Ob sich infolgedessen dadurch auch eine neue Sorte von jugendspezifischen Dienstleistungsangeboten in selbstorganisierter Form entwickelt, wird die Zukunft zeigen.

Unstrittig haben Jugendverbände keine vergleichbare arbeitsmarktpolitische oder volkswirtschaftliche Bedeutung wie die Wohlfahrtsverbände; hierzu sind die Zahlen sowohl der Hauptamtlichen als auch der Ehrenamtlichen deutlich geringer. Ihre Arbeitsleistung dürfte bei Einbezug des ehrenamtlichen Engagements aber dennoch jährlich bei 1,5 bis 2 Milliarden liegen. Jenseits dieser ökonomischen Bedeutung kommt den Jugendverbänden allerdings als einem Sozialisationsfeld mit hohen Selbstorganisationsanteilen, biographisch wichtigen Selbsterprobungsmöglichkeiten und vielen nicht mehr selbstverständlichen sozialen Schlüsselerfahrungen aus erster Hand eine nach wie vor wichtige Funktion als Angebot für Kinder und Jugendliche in einer unübersichtlich gewordenen Gegenwartsgesellschaft zu. Ob Jugendverbände dieser Aufgabe auch in Zukunft noch gerecht werden können, hängt nicht zuletzt von ihrem Personal ab.

Literatur

Badura, B./Gross, P.: Sozialpolitische Perspektiven. Eine Einführung in Grundlagen und Probleme sozialer Dienstleistungen, München 1976.

Bannier, A.: Statistik der Einrichtungen der freien Wohlfahrtspflege, in: Dünner, J. (Hg.), Handwörterbuch der Wohlfahrtspflege, Berlin ²1929, S. 640-650.

Bendele, U.: Soziale Hilfen zu Discount-Preisen. Unbezahlte Ehrenarbeit in der Grauzone des Arbeitsmarktes, in: Müller/Rauschenbach (1992), S. 71-86.

Berufsgenossenschaft für Gesundheitsdienst und Wohlfahrtspflege: Verwaltungsbericht, Hamburg, verschiedene Jahrgänge.

Böhnisch, L./Gängler, H./Rauschenbach, Th. (Hg.): Handbuch Jugendverbände, Weinheim und München 1991.

Bühler, H. H.: Die Einrichtungen der deutschen Caritas 1913-1970, in: Deutscher Caritasverband 1897-1972. 75 Jahre deutscher Caritasverband, Freiburg 1972, S. 201-219.

Bühler, H. H.: Die katholischen sozialen Einrichtungen der Caritas in der Bundesrepublik Deutschland (Stand 1.1.1990), in: Caritas, 92. Jg., 1991, Heft 8, S. 372-380.

Bundesarbeitsgemeinschaft der Freien Wohlfahrtspflege: Gesamtstatistik der Einrichtungen der Freien Wohlfahrtspflege (Stand: 1. 1. 1993), Bonn 1994.

Bundesminister für Jugend, Familie, Frauen und Gesundheit (Hg.): Achter Jugendbericht. Bericht über Bestrebungen und Leistungen der Jugendhilfe, Bonn 1990.

Caritas-Korrespondenz: Die katholischen sozialen Einrichtungen der Caritas in der Bundesrepublik Deutschland, Stand 1. 1. 92, 61. Jg., Heft 1, Freiburg 1993.

Deutscher Bundesjugendring (Hg.): Viel Einsatz – wenig Ehre. Ehrenamtliche im Jugendverband (Schriftenreihe des DBJR, Nr. 23), Bonn 1993.

Deutscher Bundesjugendring (Hg.): Jugendverbände im Spagat. Zwischen Erlebnis und Partizipation, Münster 1994.

Diakonisches Werk der Evangelischen Kirche in Deutschland: Statistische Informationen des Diakonischen Werkes zur Einrichtungsstatistik zum 31. 12. 1991, Stuttgart 1993.

Diakonisches Werk der Evangelischen Kirche in Deutschland: Die Entwicklung der Diakonie von 1970 bis 1990 in Zahlen, Stuttgart 1994.

Die preußischen Ministerialerlasse betr. Jugendpflege (vom 18. Januar 1911 und vom 30. April 1913), in: Duensing, F. (Hg.), Handbuch der Jugendpflege (herausgegeben im Auftrag der Deutschen Zentrale für Jugendfürsorge), Langensalza 1913, S. 853-864.

Goll, E.: Die freie Wohlfahrtspflege als eigener Wirtschaftssektor. Theorie und Empirie ihrer Verbände und Einrichtungen, Baden-Baden 1991.

Gross, P.: Selbstbestimmung oder Fremdsteuerung der Familie, in: Kaufmann, F.-X. (Hg.), Staatliche Sozialpolitik und Familie, München und Wien 1982, S. 285-312.
Gross, P.: Die Verheißungen der Dienstleistungsgesellschaft. Soziale Befreiung oder Sozialherrschaft? Opladen 1983.
Hafeneger, B.: Jugendarbeit als Beruf. Geschichte einer Profession in Deutschland, Opladen 1992.
Hegner, F.: Organisations-»Domänen« der Wohlfahrtsverbände: Veränderungen und unscharfe Konturen, in: Zeitschrift für Sozialreform, 38. Jg., 1992, Heft 3, S. 165-190.
Institut für angewandte Sozialwissenschaft (infas): Die freie Wohlfahrtspflege im Spiegel der Öffentlichkeit. Expertenmeinungen und Bevölkerungsbefragung, Kurzbericht, Bonn 1993.
Jaeger, M.: Die Ausbildung von Jugendpflegern im Anschluß an den Wartburg-Verein in Frankfurt a. M., in: Duensing, F. (Hg.), Handbuch der Jugendpflege (herausgegeben im Auftrag der Deutschen Zentrale für Jugendfürsorge), Langensalza 1913, S. 835-841.
Landesjugendring Niedersachsen (Hg.): »Kampagne E.«. Ehrenamtliche in der Jugendarbeit, Hannover 1993.
Müller, S./Rauschenbach, Th. (Hg.): Das soziale Ehrenamt. Nützliche Arbeit zum Nulltarif, Weinheim und München [2]1992.
Niedrig, H.: Stellung und Erscheinungsbild der freien Wohlfahrtspflege, in: Theorie und Praxis der sozialen Arbeit, 33. Jg., 1982, Heft 4, S. 122-126.
Niedrig, H.: Daten und Tendenzen der freien Wohlfahrtspflege, in: Theorie und Praxis der sozialen Arbeit, 38. Jg., 1987, Heft 12, S. 416-422.
Ohl, O.: Ehrenamtliche Arbeit in der freien Wohlfahrtspflege, in: Dünner, J. (Hg.), Handwörterbuch der Wohlfahrtspflege, Berlin [2]1929, S. 184-186.
Rauschenbach, Th.: Das Ehrenamt im Jugendverband. Historisches Relikt oder unverzichtbarer Bestandteil?, in: Böhnisch/Gängler/Rauschenbach (1991), S. 282-294 (a).
Rauschenbach, Th.: Jugendarbeit in Ausbildung und Beruf, in: Böhnisch/Gängler/Rauschenbach (1991), S. 615-630 (b).
Rauschenbach, Th.: Jugendverbände im Spiegel der Statistik, in: Böhnisch/Gängler/Rauschenbach (1991), S. 115-131 (c).
Rauschenbach, Th./Bendele, U./Trede, W.: Mitarbeiter in der Jugendhilfe, in: Archiv für Wissenschaft und Praxis der sozialen Arbeit, 19. Jg., 1988, Heft 3, S. 163-197.
Reichwein, S./Freund, Th.: Jugend im Verband. Karrieren, Action, Lebenshilfe, Opladen 1992.
Sauter, R./Schrödinger, H.: Die gesellschaftliche Bedeutung der Jugendarbeit, in: Sachverständigenkommission Achter Jugendbericht (Hg.), Lebensverhältnisse Jugendlicher. Zur Pluralisierung und Individualisie-

rung der Jugendphase (Materialien zum 8. Jugendbericht, Band 2), München 1990, S. 291-367.
Statistisches Bundesamt: In der Jugendhilfe tätige Personen. Ergebnis der Personalstrukturerhebung in der Jugendhilfe 1974, in: Wirtschaft und Statistik, 1976, Heft 11, S. 685-691.
Statistisches Bundesamt: Fachserie K: »Öffentliche Sozialleistungen«, Reihe 2 »Öffentliche Jugendhilfe«, Sonderbeitrag »Personal in der Jugendhilfe 1974«, Stuttgart und Mainz 1977.
Statistisches Bundesamt: Fachserie 13: Sozialleistungen, Reihe 6.3. »Einrichtungen und tätige Personen in der Jugendhilfe 1982«, Wiesbaden 1985.
Statistisches Bundesamt: Fachserie 13 »Sozialleistungen«, Reihe 6.3. »Einrichtungen und tätige Personen in der Jugendhilfe 1986«, Wiesbaden 1988.
Statistisches Bundesamt: Statistik der Jugendhilfe. Teil III: Einrichtungen und tätige Personen in der Jugendhilfe am 31.12.1990, Wiesbaden 1992.
Statistisches Bundesamt: Neue Länder und Berlin-Ost. Statistik der Jugendhilfe. Teil III: Einrichtungen und tätige Personen in der Jugendhilfe am 31.12.1991, Wiesbaden 1993.

Dieter Thamm
Geld statt guter Worte
Zur Finanzierung Freier Wohlfahrtspflege

1. Neue Zeiten – neue Themen

»Das Geld ist da, es ist nur noch nicht hier«. Dieser Satz wird einem großen Mann der Diakonie zugeschrieben, Johann Hinrich Wichern. Ein solcher Optimismus ist noch immer nötig. Nur gibt es immer weniger Grund, optimistisch zu sein. Geld spielte lange Zeit eine untergeordnete Rolle in Fachdiskussionen. Im Vordergrund standen Konzepte und Methoden sozialer Arbeit. Die Rolle der »Geldbeschaffer« haben die mit den Klienten arbeitenden Fachleute gern anderen überlassen. Und diese versuchen seit eh und je, oft auf originelle Weise, den Etat zusammenzustoppeln. Wer in der Freien Wohlfahrtspflege verantwortlich tätig ist, muß vor allem eines können: Er muß viele Fördermöglichkeiten aufspüren und erschließen. Immer neue und immer wieder. Daran hat sich seit den Zeiten des Diakons Wichern nichts geändert.
Doch eine Änderung ist in den letzten Jahren spürbar. Neue Themen gewinnen in den Programmen der Fortbildungsstätten für soziale Berufe und in Zeitschriftenaufsätzen an Bedeutung. Immer weniger findet man etwas über die Methoden und Inhalte sozialer Arbeit, zunehmend mehr aber über Management, Finanzierung, Controlling, Organisationsentwicklung, Fund-Raising oder Sponsoring. Neue Strukturen werden diskutiert: Wie kann man ineffektive Verbandsstrukturen überwinden und den »organisatorischen Rahmen« so gestalten, daß besser gewirtschaftet wird? Da wird über »Mehr Markt für Nächstenliebe« räsoniert. Private Konkurrenz ist auf dem Vormarsch und erscheint den Verbänden als Bedrohung. Auch wird kritisch in Richtung Europa geschaut. Die weiterschreitende Harmonisierung könnte die Sonderrolle deutscher Verbändewohlfahrt gefährden. Andere sehen darin jedoch keine Gefahr, eher eine Chance, soziale Arbeit ökonomisch zu gestalten, Strukturen neu zu ordnen, insbesondere die

der Trägerschaften sozialer Dienste und Einrichtungen. Diese neue Debatte über Geld, Konkurrenz und Strukturen wird nicht mehr nur den Verbands- oder Einrichtungsleitungen überlassen. Sie hat mehrere Anlässe. Drei seien hier genannt:

- ein teilweiser Rückzug des Staates aus der Finanzierung einiger Bereiche sozialer Arbeit,
- die Öffnung sozialer Märkte für private Anbieter sowie
- der Innovationsmangel bei den Wohlfahrtsverbänden.

1.1 Der Rückzug des Staates

Neben den Versicherungsträgern sind Länder und Kommunen die wesentlichsten Finanzquellen für soziale Dienste und Einrichtungen. In jedem Land gibt es zahlreiche und vielfältigste Förderrichtlinien. Nur ausnahmsweise wird eine volle Finanzierung aus Landesmitteln garantiert. Der Regelfall ist, daß weitere Mittel aus anderen Quellen kommen müssen. Und immer werden die Gelder nur für einen bestimmten Zeitraum bewilligt, zumeist für eine Haushaltsperiode. Bisher schon war daher eine kontinuierliche soziale Arbeit kaum möglich. Immer bestand die Gefahr einer Nichtverlängerung der Bewilligung. Heute haben es angesichts knapper Kassen in Ländern und Kommunen alle Dienste und Einrichtungen schwerer, die auf »freiwillige« Zuschüsse angewiesen sind. Angebote in der offenen Jugendhilfe sind davon ebenso betroffen wie die verschiedensten Beratungsdienste. Mangels zusätzlicher Gelder werden Standards zurückgefahren, so in der ambulanten Altenpflege. Mit den gesetzlich verankerten Zuschüssen und Gebühren läßt sich dort eine fachlich angemessene Arbeit nicht gewährleisten. Und selbst wenn Förderrichtlinien und Ansprüche bestehen, so wird der Anteil der Zuschüsse an den Gesamtkosten in vielen Bereichen beschnitten. Man geht von Höchstbeträgen und Durchschnittskosten aus, die zu knapp bemessen sind – etwa bei der Kindergartenfinanzierung in mehreren Ländern oder bei der Förderung von Bildungsmaßnahmen durch das Arbeitsamt. Gesenkt wird so die Qualität, erhöht wird der Eigenanteil der Nutzer oder der Träger, falls nicht Angebote völlig wegfallen.

Die Tätigkeit privater Anbieter auf »sozialen Märkten« ist an sich nichts Neues. Im Gesundheitswesen gibt es schon lange private Einrichtungen. Auch in der Altenhilfe sind sie nicht unbekannt. Doch neu ist die Ausdehnung auf andere Tätigkeitsbereiche. Wenn man sich umschaut, trifft man auf private ambulante Pflegedienste ebenso wie auf Suchtkliniken, Behinderteneinrichtungen, Pflegeheime, Fahr- oder Rettungsdienste. Es gibt Wohlfahrtsverbände, die intensive Kontakte mit privaten Anbietern pflegen. Man kooperiert im Verwaltungsbereich, grenzt Arbeitsbereiche regional ab oder vergibt gar in Form von Franchisingverträgen »Lizenzen«, um im Namen des Verbandes tätig zu werden. Die Erfahrung der Verbände und die Beweglichkeit privater Anbieter werden so kombiniert. Ein Beispiel ist die Kooperation bei ambulanten pflegerischen Diensten.

Die Vorfahrtsregelung für die Verbändewohlfahrt im BSHG und im KJHG wird zunehmend durch die Förderpraxis ausgehebelt. Zwar wurde der § 93 BSHG, der einen solchen Vorrang definiert, in diesem Punkt nicht geändert. Doch private Anbieter erhalten ebenso ihre Pflegesätze und oft genug auch Investitionshilfen. Verbände fragen sich deshalb schon, ob sie nicht für Teilbereiche auf die Gemeinnützigkeit verzichten sollten, ob nicht Zuschüsse und Steuererleichterungen für »Nichtgemeinnützige« attraktiver seien als die für gemeinnützige Träger zur Verfügung stehenden Mittel. Wo BSHG und KJHG nicht gelten, ist die Lage ohnehin klar: Freigemeinnützige wie private Träger werden in jeder Hinsicht gleichgestellt. Ein wichtiger Bereich der Verbändearbeit wird derzeit schrittweise von der Sozialhilfe in die Sozialversicherung überführt: die Hilfe für Pflegebedürftige. Damit wird dieses zentrale Arbeitsfeld ähnlich gestaltet wie schon der Krankenhaus- und Rehabilitationsbereich. Es gelten gleiche Regelungen für Investitionen, laufende Kosten und alle Vertragsgestaltungen für private wie gemeinnützige Anbieter. Nun wird oft vermutet, diese formale Gleichheit stelle die Privaten besser. Denn diese hätten steuerliche und tarifliche Vorteile. Dies ist bisher nicht genauer untersucht worden, ein Mangel, der sicher mit der Umsetzung der Pflegeversicherung in die Praxis behoben wird.

Wenn Wohlfahrtsverbänden oft vorgeworfen wird, teurer als private Anbieter zu sein, so ist dies keine nur theoretische Auseinandersetzung. Denn da Sozialleistungsträger nicht ohne triftigen Grund teurere Dienste und Einrichtungen für ihre Leistungsberechtigten bezahlen dürfen, droht mit der privaten Konkurrenz eine Verdrängung von einigen Märkten. Daher besteht für die freien Träger aller Anlaß, ökonomischer zu arbeiten, besseres Marketing zu betreiben und ihre Stellung am Markt zu behaupten.

1.3 Innovationsmangel bei den Wohlfahrtsverbänden

Die Zeit großer neuer Konzepte wohlfahrtsstaatlicher Politik und sozialer Arbeit ist offenbar vorbei. Die Verbände sind Träger weitgehend standardisierter Dienste und Einrichtungen. Es ist klar, wie die Einrichtungen auszusehen haben, wer darin arbeitet und für welche Klienten sie da sind. Für alles gibt es eindeutige Vorgaben in Gesetzen, Verordnungen, Richtlinien. Auch die Finanzierung ist geregelt. Und was wem bis wann an quantitativen und qualitativen Nachweisen zu liefern ist, auch dazu gibt es kaum Regelungslücken. Oft sind bis ins Detail Aufzeichnungspflichten, Termine, Kontenpläne und ähnliche Regularien vorgegeben. Gar die Personalauswahl wird durch Vorschriften geregelt. Lediglich in der inhaltlichen Arbeit gibt es geringe Freiräume. Die geben auch immer die Begründung ab, warum überhaupt freie Träger tätig werden und diese dann eigene finanzielle Mittel aufbringen sollen.

Zu Zeiten größerer Innovationen konnte man noch sagen, die Verbände seien Pioniere sozialer Arbeit, erprobten mal was Neues, was in kein Förderungsschema paßt. Und die Vielfalt von Konzepten und Arbeitsansätzen sei nötig, auch um den unterschiedlichen Bedürfnissen der Betroffenen zu entsprechen. Zudem falle es den Verbänden leichter, Ehrenamtliche zu gewinnen und einzubinden. An allem ist etwas dran. Doch die generelle Tendenz ist anders: Neues gibt es kaum noch, die Vielfalt ist einer einheitlichen Fachlichkeit gewichen, das Engagement Ehrenamtlicher geht seit Jahren zurück. Den Klienten ist es meist nicht mehr so wichtig, von welchem Verband sie betreut werden. Wichtig für sie ist, daß ein gutes Angebot gemacht wird.

Da es soziale Einrichtungen in freier Trägerschaft nun einmal gibt, die Verbände davon auch nicht lassen wollen und sicher auch nicht immer können, muß man sich anpassen. Öffentliche Gelder werden durch private ersetzt. Privaten Anbietern will man im Wettbewerb begegnen, wenn man sie schon politisch nicht verhindern kann. Und die Struktur wird zunehmend auf ökonomische Kriterien hin ausgerichtet: Andere gesellschaftsrechtliche Formen werden gesucht, die Personalauswahl wird anders als bisher getroffen, ökonomische Kompetenz geht oft vor sozialer.

2. Die Misch- oder Stoppelfinanzierung

2.1 Überblick zu Finanzierungsquellen

Kaum ein Dienst oder eine Einrichtung wird allein aus einer Quelle finanziert. Typisch ist eine Finanzierung aus verschiedensten Töpfen. Die wesentlichen Geldquellen sind:
1. öffentliche Zuschüsse
2. Leistungsentgelte
3. private Zuschüsse
4. Eigenmittel.

Alle diese Möglichkeiten können sowohl im investiven Bereich als auch für die Finanzierung der laufenden Kosten in Frage kommen. An zwei Beispielen soll die Mischfinanzierung deutlich gemacht werden, an einer Sozialstation und an einer Kindertagesstätte.

Sozialstation: Die Investitionen (Büroausstattung, Fahrzeuge und Erstausstattung mit Pflegehilfsmitteln) werden aus Landeszuschüssen und Eigenmitteln finanziert, oft steuern Stiftungen und die Lotterie Glücksspirale etwas bei. Die laufenden Kosten werden aus Zuschüssen aufgrund von Länderrichtlinien aufgebracht, hinzu kommen kommunale Zuschüsse, Pflegeentgelte der Versicherungen, der Sozialämter und der Leistungsempfänger. Defizite werden aus Eigenmitteln abgedeckt. An dieser Grundstruktur ändert auch die Pflegeversicherung nichts. Dann werden für den Kernbereich der Alten- und Krankenpflege wohl mehr Einnahmen von den Versicherungen erzielt, doch nach wie vor wird die Sozialhilfe und werden die Leistungsempfänger Kosten zu übernehmen haben. Für die Aufgaben, die nicht von der Pflegeversicherung finanziert werden, sind kommunale Zuschüsse nach wie vor nötig. Und schließlich muß noch jemand gefunden werden, der die Leistungen zahlt, die nötig sind, die aber die Kasse wegen der »Deckelung« nicht trägt. Denn es gibt Höchstbeträge pro Monat und Versicherten, für die oft die nötige Pflege nicht zu erbringen ist. Also wird bei verantwortlicher Pflegearbeit ein Defizit auftreten. Das müßte dann nach wie vor vom Träger übernommen werden.

Kindergarten: Die Investitionen werden ebenfalls nach Landesrichtlinien getätigt. Zumeist beteiligt sich das Land anteilig an den Kosten und erwartet sowohl kommunale Zuschüsse als auch Eigenleistungen des Trägers. Nur wenige Länder verzichten auf den Einsatz von Eigenmitteln. Die laufenden Kosten werden zwischen Land, Kommune und Eltern wiederum je nach Landesrichtlinien geteilt. Das Risiko der Belegung oder das der Abweichung von »durchschnittlichen Betriebskosten« geht meist zu Lasten der Träger.

Diese Art der Misch- oder Stoppelfinanzierung ist üblich bei den meisten sozialen Diensten. Zu den hervorragenden Eigenschaften von Wohlfahrtsmanagern gehört es, das Finanzierungspuzzle zu beherrschen und neuen Geldquellen auf der Spur zu sein. Wer sich Finanzierungspläne anschaut, wird die Originalität oft bewundern, mit der manche Finanzierung aufgestellt wurde. Manche, anderen unbekannten Quellen wurden da aufgetan, manches Konzept so hingebogen, daß es richtlinienkonform wurde. Und wenn der Staat meint, bestimmte Probleme durch soziale Arbeit lösen zu können und dafür Programme auflegt, dann wird jeder gleich schauen, ob er davon etwas abbekommen kann. Das »Windhundrennen« geht los, wenn ein neues Förderprogramm bereitgestellt wird.

2.2 Öffentliche Zuschüsse

Öffentliche Zuschüsse können Landesmittel, kommunale Gelder, Bundes- oder europäische Mittel sein. Sie werden aufgrund von Richtlinien und im Rahmen bestimmter Zweckbindungen gezahlt. Da der Bund für Regelfinanzierungen nicht zuständig ist, werden einzelne »Modellprogramme« erstellt, die dann zumeist mit wissenschaftlicher Begleitung verbunden sind. Nur so kann der Bund konkrete Projekte fördern: Er muß so tun, als werde da etwas erprobt. Oder er zahlt Mittel an die Länder aufgrund einer

Verwaltungsvereinbarung. Das ist insbesondere bei den neuen Bundesländern oft passiert, etwa beim Aufschwung-Ost-Programm oder mit den Investitionshilfen für Pflegeeinrichtungen.
Europa beteiligt sich im Rahmen von Programmen an der Finanzierung einzelner Aufgaben, insbesondere an der Qualifizierung und der beruflichen Eingliederung. Der europäische Apparat wird dabei zunehmend zu einer Umverteilungsmaschinerie. Das gilt nicht nur für Landwirtschaft und Industrie, sondern auch für den sozialen Sektor.
Typisch für alle öffentlichen Gelder ist, daß eine »Kofinanzierung« sichergestellt sein muß. Geld aus der einen Kasse gibt es nur, wenn aus einer anderen etwas kommt. Beides zeitgleich unter Dach und Fach zu bekommen ist oft ein Kunststück. Einige Länder haben Konstruktionen gefunden, um Landes- und Europamittel zu kombinieren: Die Mittel werden zeitgleich bewilligt. Und es wurden Beratungs- und Vermittlungsinstitutionen eingeschaltet, um an europäische Gelder zu kommen. Denn die europäische Bürokratie ist nicht gerade leicht durchschaubar. Für die Beschaffung öffentlicher Gelder wie überhaupt für die Erstellung finanzieller Gesamtkonzeptionen bieten daher zunehmend Vermittler gegen Provision ihre Dienste an. Das ist inzwischen nicht viel anders als in der Privatwirtschaft, wo sich viele Beratungsfirmen tummeln. Nur fällt es im privaten Profit-Bereich leichter, die Provisionen aufzubringen.
Die Landes- und Bundesorganisationen der Wohlfahrtsverbände haben in den letzten Jahren eindeutig ihre Beratungs- und Vermittlungsfunktionen ausgebaut. Finanzen und Betriebswirtschaft sind wichtigere Themen geworden als die fachliche Arbeit. Inzwischen unterhalten auch alle Verbände Vertretungen in Brüssel, um dort Lobbyismus zu betreiben und Geld zu besorgen. Doch eine vergleichbare Professionalität wie die Organisationen und Berater in der Privatwirtschaft haben die Wohlfahrtsverbände noch nicht erreicht. Transparenz über Fördermittel in Form von Datenbanken gibt es nur zu Teilbereichen. Und verglichen mit den in langen Jahren in Bonn und den Ländern aufgebauten Einflußmöglichkeiten sind die Beziehungen zu europäischen Entscheidungsträgern unterentwickelt.
Nicht nur bei den Verbänden fällt viel Arbeit an, um öffentliche Mittel zu erhalten, zu verwalten und abzurechnen. Auch bei den Behörden ist der Aufwand nicht gerade gering. Wenn 20-30% des

Zuwendungsumfangs in manchen Behörden für Verwaltung draufgehen, ist es höchste Zeit, sich über Vereinfachungen Gedanken zu machen. Nimmt man die bei den Verbänden anfallenden Kosten hinzu, werden von jeder Zuwendungsmark etwa 35 Pfennige für Verwaltung ausgegeben. Der Berliner Senat hat 1994 einen ersten Schritt getan und eine Servicefirma beauftragt, Fördermittel zu verwalten und mit den Empfängern abzurechnen. Welche rechtlichen Probleme sich da noch stellen und ob wirklich in der Folge die öffentliche Verwaltung personell verkleinert wird, bleibt abzuwarten.

Für die Träger stellt sich meist das Problem, daß öffentliche Gelder zu spät gezahlt werden. Dann ist eine Zwischenfinanzierung nötig. Und deren Kosten werden wiederum meist nicht übernommen – sie sind dann »nicht zuschußfähig«. Auch hier ist dringend eine Reform nötig. Öffentliche Zuschüsse gibt es in vier Varianten:

Vollfinanzierung	= alle zuwendungsfähigen Kosten werden gezahlt,
Anteilsfinanzierung	= ein prozentualer Anteil wird übernommen,
Festbetragsfinanzierung	= ein bestimmter fester Betrag wird gezahlt und
Fehlbedarfsfinanzierung	= die nicht aus anderen Quellen aufzubringenden Gelder werden übernommen.

Das Dickicht an Einzelvorschriften über Inanspruchnahme, Rückzahlungen, Meldepflichten, Abrechnungsverfahren, Belegwesen usw. wird immer dichter und muß hier nicht näher erläutert werden. Wichtig ist jedoch festzuhalten: Die Verbände sind existentiell abhängig von solchen Zuschüssen und müssen ihre Organisation auf die Vorgaben und die Verhaltensweisen der Behörden einstellen. Wohlfahrtsverbände hängen finanziell am staatlichen Tropf und werden dadurch in ihren Strukturen und Denkweisen immer behördenähnlicher.

2.3 Leistungsentgelte

Dies sind Einnahmen aus dem Verkauf von Dienstleistungen. Zahler sind entweder die Benutzer selbst oder aber Sozialleistungsträger, die gegenüber den Benutzern verpflichtet sind. Das sind z. B. Versicherungen, die Sozialhilfe, die Jugendhilfe oder Versorgungsämter. Grundlage ist entweder eine Gebührenordnung (etwa für Verrichtungen der Sozialstationen, der mobilen Dienste oder bei Essen auf Rädern) oder aber ein Tagessatz, meist Pflegesatz genannt. Der Tagessatz gilt für teilstationäre und stationäre Einrichtungen. Er wurde bisher auf der Grundlage der nachgewiesenen Selbstkosten erstattet. Hierzu gibt es Pflegesatzvereinbarungen auf Länderebene, die alles über anzuerkennende Kosten und über das Verfahren regeln.

Neu ist nun, daß Pflegesätze »gedeckelt« sind, also auch dann nicht erhöht werden können, wenn die nachgewiesenen und vertretbaren Selbstkosten gestiegen sind. Diese Deckelung aus dem Jahr 1994 (§ 93 BSHG, gültig seit Juli 1994) wird ab 1996 in den Einrichtungen fortgeführt, die mit der Pflegeversicherung Verträge schließen. Dann wird die gesetzlich festgelegte Höchstgrenze nicht überschritten werden können. Wenn Einrichtungen dennoch höhere Preise nehmen müssen, wird der überschießende Betrag vom Benutzer, ersatzweise von der Sozialhife, zu zahlen sein.

Diese Tendenz zu »administrierten Preisen« ist seit langem erkennbar und nunmehr für einen wichtigen Bereich Gesetz. Das Arbeiten mit einem festen Budget ist zwar nicht ganz neu. Nun aber werden mehr Einrichtungen damit arbeiten müssen. Nur selten war man bisher daran gewöhnt, einen Preis vorgeschrieben zu bekommen. Nun müssen Kostenkontrolle, Belegungsüberwachung usw. stärker beachtet werden. Der Druck auf Durchsetzung betriebswirtschaftlicher Effizienz nimmt zu. Auch das wird zu anderen Organisationsformen und Managementstrukturen führen. Oder aber, vielleicht auch dennoch, zum Ausscheiden aus dem Markt.

2.4 Private Zuschüsse

Insbesondere Stiftungen und Lotterien vergeben Zuschüsse an soziale Projekte. Bekannt sind durch Fernsehpräsenz etwa die »Aktion Sorgenkind« oder die »Glücksspirale«. Doch darüber hinaus gibt es eine Reihe von privaten Stiftungen, die je nach Förderungsschwerpunkt und Haushaltvolumen Mittel zur Verfügung stellen. Bekannt sind oft große Stiftungen wie die Bertelsmann-Stiftung, die Robert-Bosch-Stiftung, die Axel-Springer-Stiftung oder die Herrhausen-Stiftung. Doch es gibt viele kleine Stiftungen, die nicht so bekannt sind und die doch viel Geld verwalten. Die Mittel von Stiftungen sind stets projektbezogen und zeitlich befristet. Zumeist werden sie für Investitionen und zur Anschubfinanzierung vergeben. Ein Dienst oder eine Einrichtung kann also keine Dauerfinanzierung aus diesen Töpfen sicherstellen.

Hinzu kommt, daß solche Quellen nicht unerschöpflich sind. Die Einnahmen der Lotterien stagnieren. Und Stiftungen sind zumeist im kulturellen, wissenschaftlichen oder staatsbürgerlichen Bereich tätig. Für die soziale Arbeit engagieren sich nur wenige. Am Beispiel privater Geldgeber zeigt sich, daß Wohlfahrtsarbeit viel mit Kommunikation mit der Gesellschaft zu tun hat. Man muß Beziehungen aufbauen, die für beide Seiten interessant sind. Es geht auch nicht immer nur um Geld, das von privater Seite gebraucht wird. Verbindungen, Ratschläge, Mithilfe sind mindestens ebenso wichtig.

2.5 Eigenmittel

Sie werden wegen der knapperen öffentlichen Mittel und wegen restriktiver Förderbedingungen immer wichtiger. Es gibt eine Fülle möglicher Eigenmittelquellen. Die Palette reicht von Wohltätigkeitsveranstaltungen über Bußgelder, Erbschaften, Mitgliedsbeiträge, Spenden und Sammlungserlöse bis zu Tombolas, Wohlfahrtsmarken und Sponsoringerlösen. Die Verbände führen Straßensammlungen durch, regen die Bildung von Fördervereinen für einzelne Projekte an, verhandeln mit Lieferanten über Spenden, werben per Rundschreiben oder Hausbesuche Dauerspender, betreiben eine oft bis an die Grenze der Belästigung gehende »Spenderpflege« oder schließen mit Firmen Verträge über Gegenleistungen ab. Dem Einfallsreichtum sind keine Grenzen gesetzt, dem Mittelfluß gleichwohl schon. Denn auch dieser Markt hat Grenzen.

2.6 Fund-Raising und Sponsoring

Die Kombination aller Instrumente der Mittelbeschaffung wird oft als »Fund-Raising« bezeichnet. Es geht aber nicht allein um das Zusammenbasteln des Etats, vielmehr will man Imagepflege betreiben, langfristig stabile Kooperationen eingehen und somit das Geldbeschaffen als Teil einer Kommunikations- und Marketingstrategie begreifen. Sozialarbeit wird so zu einem Produkt am Markt, freilich mit dem Unterschied, daß zumeist nicht der Leistungsempfänger der Umworbene ist, allenfalls als künftiger Benutzer. Zielgruppen sind vielmehr sozial engagierte Bürger, im politischen Wettbewerb stehende Politiker und nicht zuletzt auf Imageverbesserung bedachte Unternehmer.
Um Spenden zu bekommen, haben Verbände schon immer Unternehmer umworben – sofern man das mit dem eigenen Profil vereinbaren konnte. Neueren Datums sind Versuche, daraus ein »Geschäft auf Gegenseitigkeit« zu machen. Dieses »Sponsoring« meint, daß ein Unternehmen die Unterstützung sozialer Projekte als Bestandteil seiner Geschäftsstrategie ansieht und damit wirbt. Dies muß nicht nur bedeuten, daß man stets auf die Tatsache der Förderung verweist. Es wurde eine Reihe von Möglichkeiten entwickelt, die durch die Förderung ausgedrückte soziale Verantwortung des Unternehmens herauszustellen und immer wieder deutlich zu machen. Die Projekte nun müssen in diese Werbestrategie eingebunden werden. Welche Verpflichtungen die Verbände eingehen, wird jeweils im Einzelfall geregelt.
Es gibt eine ganze Reihe von Sponsoringverträgen regional tätiger Firmen mit örtlichen Verbänden. Da gibt es Autohändler, die Jugendeinrichtungen sponsern, Orthopädiegeschäfte tun sich mit einem Behindertenverband zusammen oder Gaststätten gehen Verträge mit dem Roten Kreuz ein. Auch die im Straßenbild öfter zu sehenden »rollenden Litfaßsäulen« gehören in die Rubrik Sponsoring: Der Verband bekommt ein Auto mit Werbung und verpflichtet sich, herumzufahren und die Werbung nicht zu entfernen. Sponsoring hat zwei wichtige Grenzen. Die eine liegt in

der Attraktivität des Gesponserten. Der muß in das Werbekonzept der Firma passen. Und damit fallen viele heraus, die eben gesellschaftlich nicht so attraktiv sind. Kein Wunder, daß es zumeist Kinder- und Behindertenprojekte sind, die leichter als andere Sponsoren finden. Die zweite Grenze ist eine steuerliche. Sponsoring ist ein Geschäft auf Gegenseitigkeit. Sponsoring-Ausgaben sind für das Unternehmen betrieblich bedingte Kosten. Sponsoring-Einnahmen aber sind für die Verbände Umsätze außerhalb der gemeinnützigen Zwecke, sind also umsatz- und ertragssteuerpflichtig. Das ist klar seit der Rechtsprechung aus dem Jahr 1993 zum Sponsoringvertrag der Berliner Aids-Hilfe mit einem Computerhändler.

3. Verwendung der Mittel

Grundsätzlich gilt, daß jedes Projekt, jede Einrichtung sich selbst zu tragen hat. Erlöse aus Pflegesätzen etwa dürfen nur für die bestimmte pflegesatzfinanzierte Einrichtung verwendet werden. Zuschüsse sind stets projektgebunden und müssen entsprechend abgerechnet werden. Wie aber wird die Verbandsarbeit bezahlt? In den Geschäftsstellen der Verbände werden Projekte betreut, wird Verwaltungsarbeit für die Dienste und Einrichtungen geleistet. Es ist insofern gerechtfertigt, wenn diese Tätigkeit durch Umlagen aus der sozialen Arbeit bezahlt wird. Bei Dachverbänden, die andere Verbände vereinigen, wird dieser Teil überwiegend durch Beiträge aufgebracht.

Es geschieht aber mehr in den Verbandsgeschäftstellen als die Verwaltung von Einrichtungen: Planung, Mitwirkung an der Sozialpolitik, Beratung der Einrichtungen, Konzeptentwicklung oder Verbandspolitik. Die Verbände auf Ortsebene nehmen für sich in Anspruch, ihren Teil zu kommunaler Sozialplanung und Sozialpolitik beizutragen. Gleiches gilt für Landes- und Bundesverbände. Sie werden als Ratgeber von öffentlicher Verwaltung und Parlamenten herangezogen, sie werden um Stellungnahmen, Statistiken und Politikberatung gebeten. Die Mitwirkung von Verbänden in Verwaltung und Parlamenten ist in den Kommunen wie in den Ländern und im Bund verbindlich geregelt. Insofern sind Globalzuschüsse an die Verbände vertretbar. Sie werden auf kommunaler Ebene selten, in den Ländern meist und durch den Bund

kaum gezahlt. Generell besteht die Tendenz: Weg von Globalzuschüssen, hin zu Projektzuschüssen. Einzelne Aufgaben sollen auf Antrag finanziert werden, nicht aber die Verbandsarbeit generell. Auch hier also die Tendenz, daß die Verbände vom Staat in Anspruch genommen werden, ihre Ausgaben dafür aber aus eigener Kasse aufbringen müssen.
Theoretisch könnte man den Geldquellen Verwendungszwecke zuordnen: Projektzuschüsse und Entgelte für die Projekte und Einrichtungen, in der Startphase unterstützt durch private Zuschüsse von Stiftungen und Lotterien; Globalzuschüsse oder Zuschüsse für bestimmte Stellen in der Verbändeverwaltung für Zuarbeit zur und Entlastung der öffentlichen Verwaltung; und schließlich Eigenmittel für die Verbandsarbeit und für »Pionierprojekte«, für die es keine Regelfinanzierung gibt und bei denen ein hohes Interesse des Verbandes besteht.
So weit die Theorie. In der Praxis sind diese Grenzen kaum erkennbar. Da werden Überschüsse aus stationären Einrichtungen zum Ausgleich von Defiziten für andere genutzt. Zumeist werden so die Abschreibungen aufgebraucht, die an sich für später notwendig werdende Instandhaltungen zurückgelegt werden müßten. Oder es werden solche Überschüsse für die Verbandsarbeit genutzt.

4. Die Eigenmitteldiskussion

Staat und Kommunen erwarten vom Träger bei fast allen Einrichtungen den Einsatz von Eigenmitteln. Hundertprozentfinanzierungen gibt es kaum. Mit jedem gezahlten Zuschuß wächst der Bedarf an Eigenmitteln. »Wir werden zu Tode bezuschußt« drückte es einmal ein diakonischer Geschäftsführer aus. Und wenn sich mancher Vertreter der öffentlichen Hand wundert, warum bereitgestellte Gelder nicht angefordert werden, so liegt es häufig an den mangelnden Eigenmitteln: Zuschußannahme kann sich nur der leisten, der genügend erwirtschaftet hat oder über weitere Geldquellen verfügt.
Die Begründung auf seiten des Staates ist zumeist: Wer als Verband seine eigenen Konzepte verwirklichen will, oft auch weltanschaulich gebundene soziale, gesundheitliche oder pädagogische Arbeit macht, der soll einen Eigenanteil aufbringen. Diese Argu-

mentation vernachlässigt mindestens drei Dinge: Erstens ist die Gewährleistung der Pluralität auch eine staatliche Aufgabe. Doch regelt zweitens der Staat durch Richtlinien, Eingriffe, Kontrollen nahezu jede Einzelheit der Konzepte und Abläufe in den jeweiligen Diensten und Einrichtungen, so daß Eigenständigkeit und Pluralität kaum noch vorhanden sind. Und drittens ist es mit der Pluralität auch angesichts verbandsübergreifender Fachlichkeit, des Mangels an Wahlmöglichkeiten im Einzelfall und der gesetzlichen Begrenzung des Wunsch- und Wahlrechtes nicht weit her (§ 93 BSHG).

Daraus ergibt sich die Frage, ob die Forderung nach Eigenmitteln noch in die heutige soziale Landschaft paßt: Ist es noch sinnvoll, angesichts der Tatsache, daß viele soziale Dienste längst zur notwendigen Infrastruktur gehören, Zuschüsse vom Träger zu erwarten? Man kann ja die Argumentation auch umdrehen: Für Kindergärten, Pflegeheime oder Behinderteneinrichtungen in einer Kommune leisten heute deren Träger Zuschüsse an die Stadt oder das Land in Form von Eigenmitteln.

Wenn schon grundsätzlich die Begründung für den Eigenmitteleinsatz nicht mehr trägt, so verstärken sich die Zweifel angesichts immer knapper werdender öffentlicher Zuschüsse um so mehr. Die Frage steht nicht mehr nur theoretisch an, ob die Verbände manche Einrichtungen aufgeben. Denn ob sie sich zutrauen können, noch mehr als bisher Eigenmittel aufzubringen, darf bezweifelt werden.

In ihrer Not hatten einige Verbände vor Jahren eine Diskussion angezettelt über »eigenmittelstarke« und »eigenmittelschwache« Verbände. Mit ersteren waren die konfessionellen gemeint, mit letzteren insbesondere der DPWV und die AWO. Die Bundeshaushaltsordnung und analog dazu die Landeshaushaltsordnungen gehen in den »Zuwendungsparagraphen« (§§ 23 und 44) davon aus, daß ein angemessener Eigenanteil erwartet wird. Dabei soll die Leistungsfähigkeit des Zuwendungsempfängers berücksichtigt werden. Von dieser möglichen Differenzierung wurde selten Gebrauch gemacht. In den neuen Ländern wurde anfangs generell Eigenmittelschwäche unterstellt – für alle Verbände. Aber diese Zeit ist schon bald vorbei gewesen.

Diese Debatte wurde nie besonders engagiert geführt. Vielleicht erkannte man, daß trotz sicher vorhandener wirtschaftlicher Unterschiede bei den Verbänden die strukturellen Probleme der

»Zu-Tode-Bezuschussung« wie die aktuellen Probleme der Zugeringbezuschussung wichtiger sind. Allerdings ist derzeit nicht zu erkennen, daß aus dieser gemeinsamen Erkenntnis auch eine gemeinsame Aktivität folgt. Die Konkurrenz um Trägerschaften ist erst einmal vordergründig. Der Kampf um »Marktanteile« ohne sorgfältiges Abwägen der Folgen hielt die Verbände in den neuen Bundesländern in den letzten Jahren in Trab. Die Diskussion, ob Eigenmitteleinsatz überhaupt akzeptabel sei, wurde bundesweit erst einmal gestoppt.

5. Ein Blick in die Zukunft

Zukunftsannahmen sind immer riskant. Doch wo Trends erkennbar sind, nicht aber gegenläufige Entwicklungen, kann man schon Prognosen wagen. Für die künftige Finanzierung und damit auch für die Struktur sozialer Dienste werden einige sich ändernde Rahmenbedingungen zu beachten sein.

5.1 Finanzierungsgrundsätze werden sich ändern

(a) *Die umfassende Absicherung sozialer Risiken wird zurückgedrängt, es wird zu einer Grundsicherung kommen. Bedarfe außerhalb der Grundsicherung werden durch Selbstzahlung gedeckt oder, wo möglich, in Form von Selbsthilfe befriedigt.*

Die Sozialpolitik war bisher nur in Ansätzen in der Lage, an den Ursachen von Kostensteigerungen und an der Verteilung von Geld und Lebenschancen etwas zu ändern. Gesundheitspolitik etwa lief stets auf Einsparungen und Zuzahlungen zu Lasten der Versicherten hinaus. Es werden wohl weiter Leistungen aus dem Katalog der Kassenleistungen ausgegrenzt werden. Die Rentenpolitik wird Beitragsstabilität nicht gewährleisten können, wenn keine Änderung bei der Erhebungsgrundlage geschieht. Auch die Anpassung der Alterssicherungssysteme wird nicht eintreten. Daß demnächst Milliarden in der Sozialhilfe frei werden durch die Pflegeversicherung, wird weder zu einer Steuersenkung noch zu einer Anhebung der Sozialhilfe führen. Das Gegenteil ist zu erwarten.

Sozialpolitik wird nach diesen Erfahrungen eine weitere Reduzierung der Leistungen bis zu dem Niveau bedeuten, das man als »Grundsicherung« definiert. Für die Verbände könnte das bedeuten: Beteiligung an den Basisangeboten im Rahmen der dort geltenden Regelungen und Möglichkeiten, Ausscheiden bei nicht weiter finanzierten Angeboten oder aber Eigenmittelbeschaffung für solche Dienste. Daneben Aktivierung ehrenamtlicher Fremdhilfe und Förderung der Selbsthilfe.

(b) *Es wird nicht mehr von den nachgewiesenen Selbstkosten ausgegangen, sondern von einem festgelegten Preis.*

Die Pflegeversicherung ist nicht der Anfang, sondern die Fortsetzung einer solchen Entwicklung. Das gibt es schon im Krankenhaus und bei ambulanten Diensten. Neu ist allerdings ein per Gesetz festgelegter Preis, der also nur vom Gesetzgeber geändert werden kann.

Für die Verbände bedeutet das eine straffere wirtschaftliche Führung, Ausnutzung aller ökonomischen und organisatorischen Ressourcen. Vielleicht auch wird man sich über alternative Verwendungsmöglichkeiten für bestimmte Einrichtungen Gedanken machen müssen.

(c) *Die Leistungsanbieter werden in Konkurrenz treten. Wer zum festgelegten Preis nicht arbeiten kann, könnte aus dem Markt ausscheiden.*

Dies ist logische Folge einer Gleichbehandlung privater und freigemeinnütziger Anbieter. Hinzu kommt, daß eine Bedarfsplanung immer schwieriger wird und wohl auch deshalb zunehmend auf sie verzichtet wird. Viele Dienste und Einrichtungen entstehen auf der Basis einer höchst unvollkommenen Analyse der Bedarfssituation. Doch selbst wenn aktuell Bedarf vorhanden ist, muß der nicht immer bestehenbleiben.

Die Verbände haben Flexibilität zwar immer gezeigt, haben Einrichtungen anderen Zwecken zugeführt und sich geänderten Rahmenbedingungen angepaßt. Die dafür notwendigen Anpassungshilfen und -zeiten müssen dann aber gegeben sein.

(d) *Viele Leistungen werden nicht mehr als Sachleistung erbracht, sondern von den Leistungsempfängern selbst bezahlt, oft aufgrund einer Geldzahlung durch den Kostenträger.*

Diese Aussage muß unter dem Vorbehalt gemacht werden, daß

darüber schon länger debattiert wurde, letztlich aber das Sachleistungsprinzip nicht angetastet wurde. Doch die Stimmen mehren sich, die es als Ausdruck der Verbrauchersouveränität ansehen, wenn sich der Kunde wie andere Dienstleistungen eben auch soziale Dienste »einkaufen« kann. Die Privatisierung sozialer Dienste weist in eine gleiche Richtung. Aus der Sicht des Kunden, der wählen kann und will, hat es in der Tat Sinn, wo immer möglich, Sach- durch Geldleistungen zu ersetzen.
Für die Verbände heißt das, ihre Leistungen kundenorientiert sowie an der Konkurrenz auszurichten. Das klingt selbstverständlich, ist es aber nicht. Soziale Arbeit hat vielfach »hoheitlichen Charakter«, bedingt natürlich auch durch vorgegebene Organisations- und Finanzierungsstrukturen. Aber eben nicht nur dadurch. Die in den Verbänden zu beobachtende Organisationsentwicklung nimmt sich zunehmend auch dieser Fragen an.

(e) *Die Verwaltungen werden sich das aufwendige Zuwendungsverfahren nicht mehr lange leisten können. Erstens wegen der Kosten und zweitens wegen der schwindenden Akzeptanz bei Nutzern und Verbänden.*

Verwaltungsreformen sind nötiger denn je. Das Nachdenken über Reformen war bisher freilich nicht von großen Ergebnissen gekrönt. Doch ein weiteres Drehen an der Steuerschraube ist kaum akzeptabel. Wer für die Pflegeversicherung einen Feiertag opfert, tut das noch lange nicht für eine teure, aufgeblähte Verwaltung. Einige Städte haben inzwischen vorgemacht, daß Verwaltung effektiver und billiger arbeiten kann. Die Verwaltung von Zuwendungen durch private Institutionen ist dabei auch schon probiert worden. Ohne Vereinfachungen in den Vorschriften wird der Erfolg aber nur gering sein. Vorschläge der Wohlfahrtsverbände aus dem Jahr 1982 blieben bisher ohne Resonanz. Im Gegenteil: Statt der angemahnten Vereinfachungen wurden mehr einschränkende Regelungen geschaffen.

(f) *Es wird zu mehr Bundeseinheitlichkeit bei manchen Regelungen kommen, die unterschiedlichen Länderregelungen werden angepaßt.*

Die Überführung wesentlicher Teile der Hilfe zur Pflege in Bundeskompetenz schafft, so ist zu hoffen, Übersichtlichkeit und Klarheit bei zentralen Regelungen. Die Vielzahl von Landesver-

einbarungen im Pflegesatz- und Zuschußwesen fällt weg, auch wenn die Länder für Teilbereiche noch in der Verantwortung bleiben. Es bahnen sich auch anderswo bundeseinheitliche Regelungen an. Dies ist ein durchaus erfreulicher Schritt, wenn er nicht mit Leistungsverschlechterungen verbunden ist, sondern eher auf eine Optimierung der Abläufe und auf mehr Transparenz abzielt.
Die Verbände könnten damit in die Lage versetzt werden, zielorientierter und effektiver zu arbeiten und auch länderübergreifend bestimmte Verwaltungsaufgaben zu lösen.

5.2 Neue Geldquellen werden erschlossen

Die Verbände drohen seit langem, chronisch defizitäre Aufgaben, die zudem zur regulären sozialen Infrastruktur gehören, an die öffentliche Hand zurückzugeben. Doch angesichts der Konkurrenzsituation, in der man sich zu befinden glaubt, wird das nur der äußerste Schritt sein. Vor einem solchen Schritt wird man eher die Akquisition weiterer öffentlicher sowie privater Mittel aktiver betreiben.
Im investiven Bereich trifft man immer häufiger auf Kooperationen mit privaten Kapitalanlegern. Da werden gemeinsame Firmen mit Privatleuten zur Baufinanzierung und -betreuung gegründet. Es werden Fonds aufgelegt als Sammelbecken für privates Kapital. Solche Immobilienfonds bieten für gutverdienende Anleger Steuersparmöglichkeiten, die zur Rendite hinzukommen. Nicht immer werden solche Möglichkeiten von den Ländern akzeptiert. Das ist nötig, weil Folgekosten, etwa für Miete oder Zinsen vom Kostenträger zu übernehmen wären. Auch kann die Kombination von privaten und öffentlichen Mitteln erschwert werden, weil die öffentliche Hand auf die Einhaltung haushaltsrechtlicher Vorschriften pocht. Die aber machen oft Vorteile privaten Bauens wieder zunichte. So sehen sich manche Länder nicht in der Lage, Generalübernehmer zu akzeptieren, die zum Festpreis bauen. Will man privates Kapital in die soziale Arbeit locken, muß sich manches in den Rahmenbedingungen ändern. Einige Bundesländer haben vorgemacht, daß dies geht.
Was die laufenden Kosten anbelangt, so ist privates Geld nur begrenzt einzusetzen. Wo sich keine direkten monetären Vorteile

ergeben, bleibt neben dem altruistischen Motiv nur noch das eines indirekten monetären Vorteils. Die Vorteile des Sponsoring haben viele Unternehmen erkannt und genutzt. Die Beispiele häufen sich, daß Firmen von sich aus auf Projekte zugehen und diese fördern wollen. Sei es durch Geld, durch technische Hilfe, personelle Unterstützung, Beratung oder Kommunikationshilfen. Nur: Nicht alle Projekte eignen sich dafür. Die Chancen für Sponsoring sind begrenzt. Auch andere Möglichkeiten der Eigenmittelbeschaffung sind bei aller denkbaren Kreativität eingeschränkt. Doch ein Blick über die Grenzen zeigt, daß die Möglichkeiten noch nicht ausgeschöpft sind. Bei aller Unterschiedlichkeit sozialstaatlicher Traditionen ist eine Annäherung an Amerika denkbar. Während früher der Wunsch nach »Staatsknete« selbst dort vorherrschte, wo man ansonsten mit dem Staat nicht viel im Sinn hatte, wird heute immer öfter stolz darauf hingewiesen, man sei von solchen Geldern nicht abhängig.

5.3 Neue Organisations- und Trägerstrukturen werden entstehen

Daß der Verein nicht immer der richtige Rahmen für soziales Unternehmertum ist, das hat sich schon herumgesprochen. Die Vereinstätigkeit wird letztlich von Ehrenamtlichen verantwortet, die aus der Mitgliedschaft kommen. Für Vereine mit Millionenumsätzen bringt das Probleme. Je mehr man sich wirtschaftlich orientieren muß, um so mehr will man auch die Strukturen an Wirtschaftsbetriebe annähern. Allzu schnell und unüberlegt legt man sich daher oft einen anderen gesellschaftsrechtlichen Mantel zu. Meist ist das die GmbH. In der letzten Zeit ist gar eine Gründungswelle ausgebrochen. Man tut gut daran, in jedem Fall einer beabsichtigten Umgründung genau zu überlegen, was damit erreicht werden soll, welche Rechtsform die richtige ist und wie man den »gesellschaftsrechtlichen Maßanzug« im Einzelfall zurechtschneidern soll. Generell aber ist eine Überprüfung der Trägerschaft durch eingetragene Vereine einer kritischen Prüfung wert.

Folge dürfte zumeist sein, daß Verbände und Unternehmen zwei prinzipiell getrennte Säulen darstellen. Der Verband hat sich schwerpunktmässig um die Mitglieder, die ehrenamtliche Arbeit und um das sozialpolitische Profil zu kümmern. Die Führung der Wirtschaftsbetriebe wird aber nicht von ihm wahrgenommen. Verknüpfungen und Verbindungen zwischen den Säulen sind natürlich denkbar. Nur darf das dem Grundsatzziel einer optimalen fachlichen und wirtschaftlichen Führung der Unternehmen nicht entgegenstehen.

Die Managementqualifikation der Verantwortlichen wird zunehmen. Dies ist erstens Folge einer geänderten Personalauswahl. Der Führungsnachwuchs kommt nicht mehr nur aus dem Verbandsbereich oder aus der sozialen Arbeit. Obwohl die Träger sozialer Einrichtungen in ihrer jetzigen Struktur nicht so attraktiv sind wie Wirtschaftsunternehmen, ziehen sie doch mehr qualifizierten Nachwuchs als früher an. Zweitens ist aufgrund interner Bildungsmaßnahmen die Managementqualifikation höher. Immer mehr Mitarbeiter und Mitarbeiterinnen drängen in einschlägige Lehrgänge, die von immer mehr Bildungsträgern angeboten werden. Drittens schließlich hat das Ende inhaltlicher Innovationen Änderungen in der Qualifikation zur Folge. Es kommt nicht mehr auf originelle Konzepte und neue Methoden an, sondern auf die effektive Verwaltung des Bestehenden. Deutlich ist dies bei den Spitzenverbänden zu sehen. Waren die vor Jahren politische und konzeptionelle Speerspitze, sind sie heute eher Finanzberater und Geldvermittler.

Da sich die Wohlfahrtsverbände immer mehr zu Unternehmen entwickeln, müßte sich auch die Zusammenarbeit mit den bisherigen »Zuwendungsgebern« ändern. Unternehmen bekommen keine Zuwendungen, mit ihnen macht man Verträge. Da die Wohlfahrtsverbände oft genug Staatsaufgaben wahrnehmen, sind Verträge mit Kommunen, Ländern oder dem Bund so abwegig nicht. In diese Richtung gehen zwar Vorstellungen der Verbände. In der Praxis gibt es bislang nur in Ausnahmefällen vertragliche Regelungen. Hier könnten sich in Zukunft Reformbestrebungen in der Wohlfahrt wie im öffentlichen Dienst sinnvoll ergänzen.

Literatur

In diesem Beitrag wurde auf das Zitieren von Literatur verzichtet. Im Vordergrund sollte die Darstellung der heutigen Finanzierung und einiger Trends stehen. Die folgenden Angaben beziehen sich überwiegend auf »graue Literatur« aus dem Verbandsbereich, gedacht als Ergänzung zu der in anderen Beiträgen genannten herkömmlichen und aktuellen »Verbändeliteratur«.

Bank für Sozialwirtschaft (Hg.): Zur volkswirtschaftlichen Bedeutung der Freien Wohlfahrtspflege in der Bundesrepublik, Köln 1988.

Bank für Sozialwirtschaft (Hg.): Freie Wohlfahrtspflege im zukünftigen Europa, Studie der Prognos AG im Auftrag der Bank für Sozialwirtschaft GmbH, Köln 1991.

Bundesarbeitsgemeinschaft der Freien Wohlfahrtspflege: Finanzielle Beziehungen zwischen freier Wohlfahrtspflege und öffentlichen Sozialleistungsträgern, Bonn 1981.

Bundesarbeitsgemeinschaft der Freien Wohlfahrtspflege: Vorschläge zur Vereinfachung des Rechts der staatlichen Finanzierungshilfen, Bonn 1982.

Bundesarbeitsgemeinschaft der Freien Wohlfahrtspflege: Gesamtstatistik der Einrichtungen der freien Wohlfahrtspflege (Stand 1.1.1993), Bonn 1994.

Diakonisches Werk der EKD: Leitfaden zur wirtschaftlichen Führung diakonischer Einrichtungen und Werke, Stuttgart 1993.

Eichhorn, P.: Zur Vorteilhaftigkeit der Ausgliederung des investiven Bereichs freigemeinnütziger Unternehmen in eine gewerbliche Tochtergesellschaft, Gutachten im Auftrag der Bank für Sozialwirtschaft, Köln 1994.

Handbuch deutscher Stiftungen, Darmstadt 1993.

Hübner, H.: Das Rechtsverhältnis zwischen Sozialhilfeträger und Einrichtungsträger nach dem BSHG, Bonn 1986.

Liga der Freien Wohlfahrtspflege in Berlin: Finanzielle Rahmenbedingungen der Freien Wohlfahrtspflege in Berlin, Berlin 1992.

Spiegelhalter, F.: Das Geld der Freien Wohlfahrtspflege, in: Bundesarbeitsgemeinschaft der Freien Wohlfahrtspflege (Hg.), Die Spitzenverbände der Freien Wohlfahrtspflege. Aufgaben und Finanzierung, Freiburg 1985.

Susanne Angerhausen/Holger Backhaus-Maul/
Martina Schiebel

Zwischen neuen Herausforderungen und nachwirkenden Traditionen

Aufgaben- und Leistungsverständnis von Wohlfahrtsverbänden in den neuen Bundesländern

1. Fragestellung

Der Aufbau eines Systems der freien Wohlfahrtspflege mit Spitzenverbänden und Fachorganisationen ist in den neuen Bundesländern nicht als ein spontaner Selbstgründungsprozeß zu verstehen. Vielmehr handelt es sich hierbei um einen Institutionentransfer (vgl. den grundlegenden Beitrag von Lehmbruch 1993) mit den entsprechenden rechtlichen Regelungen, staatlichen Förderprogrammen und ordnungspolitischen Vorstellungen.[1] Im Mittelpunkt dieses Institutionentransfers steht die zwischen dem zuständigen Bundesministerium und den Spitzenverbänden der Freien Wohlfahrtspflege geteilte Vorstellung, daß das in den alten Bundesländern von ihnen als bewährt beurteilte System der freien Wohlfahrtspflege auch in den neuen Bundesländern wirksam werden soll (vgl. Backhaus-Maul/Olk 1994).
In diesem Beitrag wird anhand ausgewählter Befunde aus einem laufenden Forschungsprojekt[2] der Frage nachgegangen, welche

1 Im Hinblick auf die freie Wohlfahrtspflege ist hier insbesondere an Art. 32 des Einigungsvertrages, das Bundessozialhilfegesetz, das Kinder- und Jugendhilfegesetz sowie an institutionelle und aufgabenbezogene Förderprogramme des Bundes zu denken (vgl. Backhaus-Maul/Olk 1993).

2 Der vorliegende Beitrag basiert auf Ergebnissen aus dem laufenden Forschungsprojekt »Transformation intermediärer Organisationen im deutschen Einigungsprozeß«. Die empirische Grundlage bilden dabei (1) Expertengespräche mit Verbandsvertretern auf Kommunal-, Landes- und Bundesebene sowie mit Vertretern der Sozialministerien und kommunalen Sozialverwaltungen und (2) eine schriftliche Befragung aller sozialen Dienste und Einrichtungen in öffentlicher und freier Träger-

Strategien Wohlfahrtsverbände unter den besonderen Bedingungen in den neuen Bundesländern entwickeln, um ihren organisatorischen Aufbau zu bewerkstelligen. Die Entwicklung von Wohlfahrtsverbänden vollzieht sich dabei in einem Spannungsverhältnis zwischen neuen politischen und organisatorischen Herausforderungen sowie nachwirkenden sozial-kulturellen und verbandlichen Traditionen. So wirken im Aufbauprozeß der einzelnen Verbände organisatorische Traditionen aus den Altbundesländern und – bei fortbestehenden Organisationen – aus DDR-Zeiten fort. Hinzu kommt, daß auf der Ebene individueller Akteure Handlungsroutinen und Deutungsmuster aus DDR-Zeiten weiterhin wirksam sind. Vor diesem Hintergrund ist es von Interesse zu untersuchen, ob Wohlfahrtsverbände in den neuen Bundesländern ein spezifisches Aufgaben- und Leistungsverständnis sowie besondere Organisationsstrukturen herausbilden, so daß es im System der freien Wohlfahrtspflege zu grundlegenden Differenzen zwischen Wohlfahrtsverbänden in den alten und neuen Bundesländern kommt.

Im folgenden werden Wohlfahrtsverbände zunächst in einer theoretischen Perspektive als intermediäre Organisationen thematisiert (Kap. 2). Im 3. Kapitel wird die Ausgangssituation der Wohlfahrtsverbände in den neuen Bundesländern skizziert, um dann anhand ausgewählter empirischer Befunde herauszuarbeiten, welche Strategien Wohlfahrtsverbände unter den besonderen Bedingungen in den neuen Bundesländern entwickeln, um ihren Verbandsaufbau zu bewerkstelligen (Kap. 4). Abschließend wird diskutiert, ob sich unter den besonderen Bedingungen in den neuen Bundesländern ein spezifisches Aufgaben- und Leistungsverständnis im System der freien Wohlfahrtspflege in den neuen Bundesländern herauszubilden beginnt.

schaft, jeweils in einer Großstadt und einem Landkreis in Sachsen und Sachsen-Anhalt. Das Projekt wird von der DFG von 1992 bis Anfang 1996 gefördert sowie in Kooperation zwischen der Universität Bremen (Prof. Dr. Claus Offe) und der Martin-Luther-Universität Halle-Wittenberg (Prof. Dr. Thomas Olk) durchgeführt. Für Kommentare und Anregungen danken wir Thomas Faist, Karin Haug, Stefan Pabst, Josef Schmid und Annette Zimmer.

2. Wohlfahrtsverbände als intermediäre Organisationen

Im Forschungskonzept intermediärer Organisationen (vgl. den grundlegenden Beitrag von Streeck 1987) werden Wohlfahrtsverbände als komplexe Organisationen thematisiert, die verschiedene Funktionen erfüllen sowie divergierende Handlungslogiken und Zielsetzungen aufweisen (vgl. Backhaus-Maul/Olk 1992): »Als Dienstleistungsunternehmen sind sie auf sichere finanzielle Ressourcen angewiesen und einer betriebswirtschaftlichen Logik unterworfen ...; als politische Organisationen weisen sie – durchaus widersprüchliche – Merkmale pluralistischer Interessengruppen, inkorporierter Verbandsspitzen, stellvertretender Interessenvertretungen und von Allgemeinwohlorientierung auf; als lokale Vereine und gesellschaftliche Assoziationen müssen sie – in Konkurrenz zum anderen Vereinswesen ... – sinnvolle und damit in erheblichem Maße selbstbestimmte Handlungs- und Kommunikationsmöglichkeiten bieten, und als normative Organisationen ... sind sie ihren Weltanschauungen, Traditionen und Sozialmilieus verpflichtet« (Ebertz/Schmid 1987, S. 303).

(a) Wohlfahrtsverbände als Leistungsträger: Wohlfahrtsverbände produzieren und bieten »vor Ort« verschiedenartige soziale Leistungen, insbesondere in der Alten-, Jugend-, Behinderten- und Gesundheitshilfe an. Um soziale Dienste angemessen erbringen zu können, sind besondere Anforderungen an deren Produktionsweise gestellt. Mit personenbezogenen sozialen Diensten ist immer das Ziel verbunden, einen personalen Änderungsprozeß bei den Klienten herbeizuführen (vgl. Hasenfeld 1992; Heinze/Olk 1984). Weder dieses Ziel noch seine effektive methodische Umsetzung sind ohne interaktiven und kommunikativen Einbezug der Klienten bestimmbar (vgl. Badura/Gross 1977; Offe 1987). Dementsprechend sind Effektivität und Effizienz sozialer Dienste aufgrund ihrer Abhängigkeit von der »schichtspezifischen bzw. subkulturell variierenden Geltung von Normen« (Heinze/Olk 1984, S. 165) einerseits sowie von vielschichtigen Zusammenhängen zwischen Ursachen und Wirkungen andererseits schwer zu evaluieren. Daraus entstehen Informationsasymmetrien zwischen Käufern und Anbietern, die bei zahlreichen sozialen Diensten noch dadurch verschärft werden, daß Käufer und Konsumenten nicht identisch sind. Klienten und Kostenträ-

ger orientieren sich daher bei der Auswahl von sozialen Leistungen an der Übereinstimmung der Ziele und Methoden der Leistungserbringung mit gesellschaftlich geteilten und anerkannten Normen sowie an der Vertrauenswürdigkeit des Leistungsträgers (vgl. Marmor/Schlesinger/Smithey 1987, S. 222 ff.).
Gegenüber kommerziellen und öffentlichen Anbietern sozialer Dienste weisen Wohlfahrtsverbände u. a. Besonderheiten in der Personal- und in der Finanzierungsstruktur auf, die die Produktionsweise und das Management sozialer Dienste entscheidend prägen: Um soziale Dienste zu erbringen, sind in Wohlfahrtsverbänden neben hauptamtlichen auch ehrenamtliche Mitarbeiter und Mitarbeiterinnen beschäftigt sowie neben Professionellen auch Laien, Zivildienstleistende und Praktikanten und Praktikantinnen (vgl. Goll 1991). Diese vielschichtige Personalstruktur stellt besondere Anforderungen an die Koordinations- und Integrationsfähigkeit des Managements sowie die Ausgestaltung der Organisationsstruktur (vgl. Goll 1991; Meier-Ziegler 1993). Die Finanzierung der sozialen Arbeit von Wohlfahrtsverbänden basiert auf einer »Mischfinanzierung« aus unterschiedlichen Fremd- und Eigenmitteln. Die Komplexität der personellen und finanziellen Ressourcen von Wohlfahrtsverbänden geht einher mit einer finanziell, politisch und fachlich begründeten Zusammenarbeit mit verschiedenen Förderinstitutionen und verhindert damit auch die Abhängigkeit von einer einzelnen Institution.
(b) Wohlfahrtsverbände als lokale Vereine: Als lokale Vereine sind Wohlfahrtsverbände Organisationen mit persönlichen Mitgliedern, in denen Entscheidungen in Mitgliederversammlungen und durch die gewählten Vorstände getroffen werden. Ehrenamtliche Vorstände tragen die Verantwortung für die verbandliche Entwicklung, prägen das jeweilige Verbandsprofil und setzen ggf. einen hauptamtlichen Geschäftsführer ein. Durch die Wahl in den Vereinsvorstand werden kommunalpolitisch und/oder fachlich qualifizierte Personen, die in der Regel auch im Gemeindeleben eine besondere Rolle spielen, mit der Führung und Außenvertretung des Vereins beauftragt. Die assoziative Struktur von Wohlfahrtsverbänden auf lokaler Ebene eröffnet den Mitgliedern die Möglichkeit zu freiwilligem sozialem Engagement in relativ selbstbestimmten Handlungs- und Kommunikationszusammenhängen. Damit leisten Wohlfahrtsverbände einen Beitrag zur sozialen Integration moderner Gesellschaften. Als lokale Vereine

sind Wohlfahrtsverbände auch in der Lage, freiwilliges soziales Engagement und Spendenbereitschaft zu fördern. Sie verfügen daher über Ressourcen, die als verbandliche Eigenmittel in die Produktion sozialer Dienste einfließen und dabei Handlungsspielräume unter Bedingungen limitierter öffentlicher Mittel und einer restriktiven Förderpolitik eröffnen (vgl. auch Thamm, in diesem Band). Zudem wird die Legitimation und Akzeptanz von Wohlfahrtsverbänden dadurch begünstigt, daß sie als lokale Vereine in kommunalpolitische und soziale Netzwerke eingebunden sind, auf freiwillige personelle und finanzielle Unterstützung sowie eine Mitgliederbasis verweisen können.

(c) Wohlfahrtsverbände als sozialpolitische Akteure: In Wohlfahrtsverbänden kommen im Prozeß der Interessenvermittlung nicht nur Klienteninteressen, sondern auch die Interessen von Mitgliedern und Mitarbeitern, organisationsbezogene Bestandsinteressen, Interessen von Bündnis- und Stammorganisationen sowie gemeinsame Interessen aller Wohlfahrtsverbände gegenüber politisch-administrativen Akteuren zum Tragen (vgl. u. a. Winter 1992). Aufgrund dieser Vielfalt an intern zu vermittelnden Interessen und Zielsetzungen von Wohlfahrtsverbänden ist es sinnvoller, nicht von einer direkten Vertretung von Mitgliederinteressen gegenüber dem politisch-administrativen System zu sprechen, sondern allgemeiner von einer sozialpolitischen Funktion von Wohlfahrtsverbänden. Die sozialpolitische Funktion von Wohlfahrtsverbänden beinhaltet u. a. deren Teilnahme an Gesetzgebungs- und Politikformulierungsprozessen auf Bundes- und Landesebene sowie die Präsentation und Durchsetzung sozialpolitischer Forderungen von Klientengruppen, die primär unter verbandsstrategischen Gesichtspunkten ausgewählt werden. Eine Inkorporierung in die staatliche Sozialpolitik hat auch zur Folge, daß der Verhandlungsspielraum von Wohlfahrtsverbänden bei sozialpolitischen Forderungen begrenzt ist. Die konkrete Ausgestaltung dieser sozialpolitischen Funktion ist zudem von allgemein- und verbandspolitischen Themenkonjunkturen, der föderalen Gliederungsebene des Verbandes, »politischen Unternehmerfiguren« sowie von Verhandlungsergebnissen zwischen innerverbandlichen »Interessengruppen« abhängig.

Als intermediäre Organisationen sind Wohlfahrtsverbände zugleich Leistungsträger, lokale Vereine und sozialpolitische Akteure. Als Vereine sind sie bestrebt, ihre Mitgliederbasis in

Erwartung von Spenden und aktiver Unterstützung zu »pflegen« und deren Ansprüchen, sei es nach Partizipation oder besonderen Vergünstigungen und Leistungen, Rechnung zu tragen. In ihrer Funktion als Leistungsträger bieten Wohlfahrtsverbände öffentlichen Kostenträgern oder »kaufkräftigen« Klienten Leistungen an. Dabei geraten Wohlfahrtsverbände in einzelnen Leistungsbereichen, wie z. B. der Altenhilfe, zunehmend in eine fachliche und wirtschaftliche Konkurrenz mit selbstorganisierten und vor allem privatgewerblichen Trägern. Betriebswirtschaftliche Organisationsmodelle und ein effizienzorientiertes Denken finden dabei zunehmend Eingang in die Leistungsproduktion von Wohlfahrtsverbänden. Als sozialpolitische Akteure sind Wohlfahrtsverbände einerseits bestrebt, Interessen von Mitgliedergruppen gegenüber politisch-administrativen Akteuren durchzusetzen, andererseits sind sie aber auch gehalten, staatliche Maßnahmen, an deren Formulierung sie beteiligt waren, effektiv umzusetzen.
Folglich interagieren Wohlfahrtsverbände mit drei Umwelten zugleich: einer sozialen Basis bzw. Mitgliederbasis, einem »Dienstleistungsmarkt« und dem politisch-administrativen System. Aus diesen Umweltbezügen erwachsen für Wohlfahrtsverbände Anforderungen an demokratische Vereinsorganisationsmöglichkeiten, betriebswirtschaftliche Effizienz und politische Effektivität, die ein innerverbandliches Spannungsverhältnis erzeugen. Unter Bedingungen eines grundlegenden sozialen und politischen Wandels, wie im Prozeß der deutschen Vereinigung, kommt es zu Veränderungen in diesem Spannungsverhältnis. Somit ist es von Interesse zu untersuchen, in welche Richtung sich Wohlfahrtsverbände im Prozeß der deutschen Vereinigung entwickeln: Gelingt es ihnen, eine produktive Balance zwischen den Anforderungen ihrer sozialen Basis, des »Dienstleistungsmarktes« und des politisch-administrativen Systems – in modifizierter Form – aufrechtzuerhalten, oder kommt es womöglich zu einer einseitigen Auflösung dieses Spannungsverhältnisses, so daß sich Wohlfahrtsverbände entweder in Richtung Verein, Interessenverband oder Betrieb entwickeln?

3. Die neuen Bundesländer – Terra incognita für die freie Wohlfahrtspflege?

In den Altbundesländern hat sich bei Wohlfahrtsverbänden ein relativ stabiles Gleichgewicht zwischen der leistungsbezogenen, der assoziativen und der sozialpolitischen Funktion herausgebildet, was vor allem auf verläßliche sozial-kulturelle[3] und stabile politisch-administrative Rahmenbedingungen, eingespielte Kommunikationsbeziehungen zwischen den Wohlfahrtsverbänden sowie einer routinisierten Zusammenarbeit von Wohlfahrtsverbänden und öffentlicher Sozialverwaltung bzw. Sozialministerien zurückzuführen ist.

Im Prozeß der deutschen Vereinigung wurde das System der freien Wohlfahrtspflege auf das Gebiet der ehemaligen DDR übertragen, wobei Wohlfahrtsverbände nicht die ihnen aus den Altbundesländern vertrauten *sozial-kulturellen Grundlagen* und *politisch-administrativen Rahmenbedingungen* vorfinden. In der ehemaligen DDR sind traditionelle sozial-moralische Milieus, wie ein katholisches oder proletarisches Milieu, die für Wohlfahrtsverbände in den Altbundesländern als normative, personelle und finanzielle Ressourcenbasis von Bedeutung sind, nur noch rudimentär oder lokal begrenzt anzutreffen (vgl. Angerhausen/Backhaus-Maul/Schiebel 1994). Kenntnisse über Wohlfahrtsverbände und deren normative Einbettung sowie Erfahrungen im Assoziationshandeln oder im Umgang mit der Institution der freien Wohlfahrtspflege gehören nicht zu den kulturellen Sinnressourcen und selbstverständlichen Bestandteilen des Wissensbestandes der Bevölkerung in den neuen Bundesländern.

Das politisch-administrative System der DDR war westeuropäischen Staats- und Verwaltungsmodellen diametral entgegenge-

3 Die sozial-kulturelle Verankerung von Wohlfahrtsverbänden basiert auf kollektiv geteilten Erfahrungen, Handlungsroutinen, Wertvorstellungen und Deutungen, die sich vor allem aus der Anbindung dieser Organisationen an traditionelle sozial-moralische Milieus entwickelt haben. Diese sozial-kulturellen Grundlagen garantieren bislang, daß Wohlfahrtsverbände über kostengünstige personelle und finanzielle Ressourcen, wie ehrenamtliches Engagement und Spenden verfügen. Kollektiv geteilte Wertvorstellungen und Normen bilden nicht zuletzt einen wichtigen innerverbandlichen Integrations- und außerverbandlichen Legitimationsfaktor.

setzt. Der Staatsaufbau war zentralistisch strukturiert und einseitig politisch präformiert: Entscheidungen wurden von der politischen Spitze getroffen und durch eine Kaderverwaltung in einem abgestuften System staatlicher Organe auf Bezirks-, Kreis- und Stadtebene vollziehend umgesetzt (vgl. Neckel 1992). Das zentralstaatliche Politik- und Organisationsmonopol (vgl. Pollack 1990) hatte im Sozialbereich zur Folge, daß es kein kommunales System der Sozialpolitik gab, in dem unterschiedliche Akteure ihre divergierenden sozialpolitischen Forderungen und Leistungsvorstellungen hätten artikulieren und durchsetzen können (vgl. Backhaus-Maul/Olk 1993). In der DDR wurden soziale Versorgungsleistungen auf einem im Vergleich zu den Altbundesländern qualitativ und – abgesehen von wenigen Bereichen, wie z. B. den Kindertageseinrichtungen – quantitativ niedrigen Niveau staatlich garantiert und vorwiegend durch örtliche Staatsorgane, Betriebe und quasi-staatliche Massenorganisationen, wie etwa das Deutsche Rote Kreuz der DDR, die Freie Deutsche Jugend (FDJ) oder die Volkssolidarität (VS) erbracht. Unter diesen Bedingungen konnten nicht-staatliche Organisationen, wie die Diakonie oder die Caritas, nur in staatlicherseits stark limitierten Aufgabenbereichen tätig werden (vgl. Koltzenburg 1991). Mit dem Zerfall der DDR lösten sich die Massenorganisationen auf oder strukturierten sich grundlegend um; gleichzeitig wurde eine Vielzahl betrieblicher sozialer Dienste und Einrichtungen an die im Aufbau befindlichen kommunalen Sozialverwaltungen übergeben.

4. Wohlfahrtsverbände in den neuen Bundesländern

4.1 Verbandliche Ausgangssituationen

Bereits 1989 begann in der DDR der Aufbau von Wohlfahrtsverbänden, die sich anhand ihrer spezifischen Ausgangssituationen unterscheiden:

(1) aus DDR-Zeiten fortbestehende Organisationen, wie (a) die konfessionellen Verbände Caritas und Diakonie und (b) die ehemaligen Massenorganisationen Deutsches Rotes Kreuz und Volkssolidarität;

(2) aus den Altbundesländern übertragene Organisationen, wie Arbeiterwohlfahrt und Paritätischer Wohlfahrtsverband.

Sowohl die *Caritas* als auch die *Diakonie* waren in der DDR in die jeweiligen Landeskirchen bzw. Diözesen eingegliedert. Als Kirchenorganisationen verfügten sie über staatlich limitierte Handlungsspielräume (vgl. Koltzenburg 1991), die es ihnen ermöglichten, in begrenztem Umfang eigene Dienste und Einrichtungen, insbesondere in der Alten- und Behindertenhilfe, zu betreiben, Fachpersonal auszubilden und eigene fachliche Konzepte sozialer Arbeit zu realisieren, die sich deutlich von einem »sozialistischen Fürsorgeverständnis« abgrenzten und an westdeutschen Ausbildungsstandards orientierten. Im Gegensatz zur Caritas war die Diakonie bereits zu DDR-Zeiten ein wichtiger Träger sozialer Arbeit. Im Prozeß der deutschen Vereinigung standen nun Caritas und Diakonie vor der Aufgabe, eine organisatorische Eigenständigkeit gegenüber ihren jeweiligen Kirchen zu gewinnen und sich in einer weitgehend atheistischen Umwelt[4] zu Spitzenverbänden der freien Wohlfahrtspflege zu entwickeln.

Die *Volkssolidarität* (VS) und das *Deutsche Rote Kreuz* (DRK) der DDR waren als staatliche Massenorganisationen Bestandteile des realsozialistischen Staates und den entsprechenden sozialpolitischen und erzieherischen Vorstellungen verpflichtet. Die VS stand nach der deutschen Vereinigung als ehemals in der ambulanten Altenhilfe tätige Massenorganisation vor der Aufgabe, ihre zentralistischen Organisationsstrukturen aufzulösen, sich als föderalistisch strukturierter Verband neu zu organisieren sowie ihre fachliche Kompetenz in der sozialen Arbeit und ihre politische Integrität unter Beweis zu stellen. Das DRK hatte den Vorteil einer personellen und finanziellen Unterstützung durch seine westdeutsche Stammorganisation sowie einer herausgehobenen Position als »nationale Hilfsorganisation« im Zivil- und Katastrophenschutz. Von seiten der westdeutschen Parallelorganisation wurde der Aufbau des DRK als Träger von sozialen Diensten und Einrichtungen in den neuen Bundesländern forciert. Die Bundesregierung beauftragte das DRK aufgrund seiner Erfahrungen im Zivil- und Katastrophenschutz bereits 1989 mit der Durchführung von Soforthilfeprogrammen in den neuen Bundesländern.

4 In den neuen Bundesländern gehören nur 6% der Bevölkerung der katholischen und 27% der evangelischen Kirche an, während in den Altbundesländern 80% der Bevölkerung einer der beiden Konfessionen (je ca. 40%) angehören (vgl. Statistisches Bundesamt 1992).

Die *Arbeiterwohlfahrt (AWO)* und der *Paritätische Wohlfahrtsverband* wurden in den neuen Bundesländern neu gegründet und waren sowohl in der Bevölkerung als auch bei den Sozialverwaltungen anfangs weitgehend unbekannt. Beide Verbände haben aber den Vorteil, daß sie als »Neulinge« politisch unbelastet sind und damit auf Akzeptanz bei den »neuen Eliten« stoßen.
Trotz dieser schwierigen Ausgangsbedingungen in den neuen Bundesländern hat sich bereits bis Ende 1993 das aus den Altbundesländern bekannte Spektrum der Wohlfahrtsverbände – mit einigen regionalen und organisatorischen Besonderheiten – in den neuen Bundesländern flächendeckend etabliert.

4.2 Verbandliches Aufgabenverständnis

Der Aufbau der freien Wohlfahrtspflege in den neuen Bundesländern ist zwar nachhaltig durch die Förderpolitik der Bundesregierung und ihr Zusammenwirken mit den Spitzenverbänden der Freien Wohlfahrtspflege geprägt. Vor dem Hintergrund spezifischer sozial- und ordnungspolitischer Vorstellungen von Sozialdezernenten, Sozialministern und Verbandsvertretern eröffnen sich jedoch auf Kommunal- und Landesebene bei der Ausgestaltung des Systems der freien Wohlfahrtspflege Gestaltungsspielräume. In den Interviews wurde deutlich, daß im Mittelpunkt der Diskussion zwischen politisch-administrativen Akteuren und Verbandsvertretern die Frage der Übergabe bzw. Übernahme öffentlicher Aufgaben steht. Sofern die politische Absichtserklärung zur Übertragung vorlag, ging es den staatlichen und kommunalen Akteuren primär um eine Aufgabenübertragung auf frei-gemeinnützige Träger, um damit finanzielle, personelle und auch politische Entlastungseffekte zu erzielen. Für Wohlfahrtsverbände hingegen ist die Übernahme öffentlich finanzierter sozialer Dienste und Einrichtungen aus verbandsstrategischen Gründen von Interesse, da sie damit die Möglichkeit haben, sich eine stabile Ressourcenbasis und verbandliche Domänen zu schaffen.
Die Übernahme öffentlicher sozialer Dienste und Einrichtungen stellt für die Wohlfahrtsverbände in den neuen Bundesländern eine besondere Herausforderung dar. Bis 1989 verfügten nur die Diakonie und auch die Caritas in den neuen Bundesländern über eine nennenswerte Zahl eigener sozialer Dienste und Einrichtun-

gen sowie über finanzielle Mittel ihrer Kirchen.[5] Um den Verbandsaufbau zu bewerkstelligen, bot sich somit für die nichtkonfessionellen Wohlfahrtsverbände kurzfristig nur die Möglichkeit an, soziale Dienste und Einrichtungen aus öffentlicher Trägerschaft zu übernehmen. Vor diesem Hintergrund vertraten die Spitzenverbände der Freien Wohlfahrtspflege in den neuen Bundesländern – unter Verweis auf Art. 32 des Einigungsvertrages – die Position, daß öffentliche Sozialverwaltungen zur Übertragung von sozialen Diensten und Einrichtungen und zur Förderung der freien Wohlfahrtspflege verpflichtet seien (vgl. auch Bundesarbeitsgemeinschaft der Freien Wohlfahrtspflege 1993; Deutscher Verein für öffentliche und private Fürsorge 1992). Dabei wurde in Experteninterviews von Verbandsvertretern und -vertreterinnen betont, daß eine vollständige Finanzierung der Leistungen der freien Wohlfahrtspflege aus öffentlichen Mitteln eine Selbstverständlichkeit sei, da es sich bei den übernommenen Aufgaben um gesetzliche Pflichtaufgaben handele. Das Subsidiaritätsprinzip wird dabei formal-rechtlich im Sinne eines Vorrangs von Wohlfahrtsverbänden als Leistungsträger gedeutet.[6] Dabei werden von den interviewten Verbandsgeschäftsführern nur in Einzelfällen fachliche und sozialpolitische Argumente zugunsten einer Leistungserbringung durch frei-gemeinnützige Wohlfahrtsverbände, wie etwa eine flexible Organisationsweise sowie ein besonderes soziales Problemverständnis und ein direkter Bezug zu den Klienten, genannt.

Nach Ansicht der befragten Verbandsvertreter/-innen ist beim Aufbau von Wohlfahrtsverbänden in den neuen Bundesländern die Übernahme von öffentlichen sozialen Diensten und Einrichtungen von herausragender Bedeutung für die verbandliche Entwicklung. In den Altbundesländern gilt die Möglichkeit, über die Übernahme öffentlicher Aufgaben frei zu entscheiden und damit auch eigene Schwerpunkte in der sozialen Arbeit zu setzen, geradezu als Ausdruck verbandlicher Autonomie bzw. als Kerngedanke einer freien Wohlfahrtspflege (vgl. Neumann 1989). Seit

5 Beispielsweise verfügten die Diakonie und die Caritas 1989 in der DDR über 13% der Plätze in Alten- und Pflegeheimen, während sich 87% der Plätze in staatlichen Einrichtungen befanden (vgl. Kohnert 1990, S. 31).

6 Siehe zur historischen Entwicklung des Subsidiaritätsverständnisses die Beiträge in Münder/Kreft (1990).

den siebziger Jahren werden Wohlfahrtsverbände in den Altbundesländern verstärkt in die Erbringung öffentlicher Sozialaufgaben einbezogen. Zudem bieten Wohlfahrtsverbände in den Bereichen, denen sie selbst eine sozialpolitische Priorität beimessen, eigene Leistungen an, die sie aus Eigenmitteln, insbesondere Spenden und – bei konfessionellen Verbänden – Kirchensteuereinnahmen finanzieren. Diese Eigenleistungen haben zwar einen geringen quantitativen Anteil am verbandlichen Leistungsvolumen, verbandspolitisch betrachtet haben sie aber geradezu Signalwirkung, da sie das spezifische Verbandsprofil nach außen hin deutlich machen sollen.

In den neuen Bundesländern hingegen sehen die Verbandsvertreter und Verbandsvertreterinnen Wohlfahrtsverbände fast ausschließlich als Träger solcher Aufgaben, die als gesetzliche Pflichtleistungen definiert sind und dementsprechend vollständig aus öffentlichen Mitteln finanziert werden (vgl. Backhaus-Maul 1994). Als Beispiel für derartige gesetzliche Pflichtaufgaben können etwa die im Bundessozialhilfegesetz geregelten Altenhilfeleistungen mit ihren entsprechend sicheren Finanzierungsstrukturen angesehen werden. Im Vergleich dazu haben etwa Jugendhilfeleistungen im Leistungsspektrum der Wohlfahrtsverbände in den neuen Bundesländern eine – auch im Vergleich zu den Altbundesländern – geringere Bedeutung. Während in den Altbundesländern 34% der Einrichtungen in Trägerschaft von Wohlfahrtsverbänden der Jugendhilfe zuzuordnen sind, sind es in den neuen Bundesländern nur 17%. Im Vergleich dazu sind 27% der Einrichtungen von Wohlfahrtsverbänden in den neuen Bundesländern – gegenüber 16% in den Altbundesländern – Altenhilfeeinrichtungen (vgl. Bundesarbeitsgemeinschaft der freien Wohlfahrtspflege 1994).

Als wesentliche Gründe hierfür sind anzusehen, daß Soforthilfeprogramme im Jugendhilfebereich relativ spät, d.h. ab 1991, aufgelegt wurden und ein Teil der Jugendhilfeleistungen in den neuen Bundesländern aufgrund von Übergangsregelungen im Einigungsvertrag bis Ende 1994 in seinem Verpflichtungscharakter herabgestuft wurde (vgl. Lingelbach 1992). Kommunale Sozialaufgaben, die als freiwillige gesetzliche Leistungen definiert sind, werden in den neuen Bundesländern angesichts der prekären Situation kommunaler Haushalte und einer fehlenden öffentlichen Finanzierung weder von Wohlfahrtsverbänden noch von öffent-

lichen Trägern erbracht. Festzuhalten bleibt, daß die von Wohlfahrtsverbänden angebotenen Leistungen in den neuen Bundesländern zum einen Ausdruck öffentlicher Förderstrukturen unter der Bedingung äußerst defizitärer Kommunalhaushalte und zum anderen Ausdruck eines verbandlichen Selbstverständnisses sind: Über den Kernbereich öffentlicher Pflichtaufgaben hinausgehend, werden von Wohlfahrtsverbänden in den neuen Bundesländern kaum selbstgesetzte Ziele verfolgt und entsprechende Leistungen erbracht. Verbandspolitische Prioritäten und fehlende Eigenmittel dürften wichtige Gründe für diese »Enthaltsamkeit« sein.
Die prioritäre Übertragung öffentlicher Aufgaben auf Wohlfahrtsverbände ist zudem folgenreich für die Entwicklung der gesamten Trägerlandschaft in den neuen Bundesländern: Als Träger öffentlicher Aufgaben konstituieren sich Wohlfahrtsverbände weitgehend ohne Konkurrenz von seiten privatgewerblicher Träger sowie selbstorganisierter Initiativen und Vereine. Diese Ausgangssituation hat zur Folge, daß im Sozialbereich der neuen Bundesländer der Aufbau einer pluralen Trägerlandschaft, zu der auch selbstorganisierte Vereine, Initiativen und Gruppen sowie privatgewerbliche Anbieter zu rechnen sind, nachhaltig erschwert sein dürfte.

4.3 Organisations- und Personalentwicklung

Wenn Wohlfahrtsverbände in den neuen Bundesländern sich darauf beschränken, diejenigen öffentlichen Aufgaben zu erbringen, die als gesetzliche Pflichtleistungen definiert sind und damit voll finanziert werden, sie dabei aus dem gleichen Personalreservoir schöpfen und die Übertragung von Diensten und Einrichtungen aus dem gleichen öffentlichen Bestand erfolgt, stellt sich die grundsätzliche Frage, was die Existenz einer Vielzahl von Wohlfahrtsverbänden rechtfertigt, das heißt, inwiefern sich Wohlfahrtsverbände in ihren Organisationsstrukturen und ihrem Selbstverständnis voneinander und auch von öffentlichen Trägern unterscheiden.
Um öffentliche Aufgaben erbringen und Gelder aus Förder- oder Arbeitsbeschaffungsprogrammen in Anspruch nehmen zu können, hat die Mehrzahl der untersuchten Wohlfahrtsverbände auf lokaler Ebene die Rechtsform eines eingetragenen Vereins ge-

wählt. In der Regel erwies sich jedoch die Konstitution eines funktionsfähigen Vereinsvorstandes als schwierig: So hatten nur wenige Vorstandsmitglieder genaue Vorstellungen über die Aufgaben und Kompetenzen eines Vorstandes, oder es konnten keine Personen mit den entsprechenden »Qualifikationen« gefunden werden. Gegenüber den Vorständen gewinnen die Geschäftsführer und Geschäftsführerinnen an Bedeutung und nehmen in der Situation des Auf- und Umbaus verbandlicher Strukturen in den neuen Bundesländern, die einerseits einen hohen Handlungsdruck produziert und andererseits Gestaltungsspielräume eröffnet, somit eine besondere Stellung ein: Als »verbandspolitische Unternehmer« prägen sie mit ihren Deutungen, Interpretationen und Handlungsorientierungen das Verbandsprofil sowie die zugrundeliegenden Aufgabenschwerpunkte, fachlichen Standards und die Verbandspolitik, während der von den Vereinsmitgliedern gewählte Vorstand eher die Funktion eines Aufsichtsrates übernimmt.

In der Wahrnehmung einiger Geschäftsführer und Geschäftsführerinnen in den neuen Bundesländern zeigt sich das Bemühen, den Vorstand mit fachlich qualifizierten Personen zu besetzen und ihm eine eher beratende als politische Funktion zuzuweisen, um verbandsinterne Konflikte zu reduzieren und Entscheidungsprozesse zu beschleunigen sowie auf zusätzliche juristische und betriebswirtschaftliche Kompetenzen und Erfahrungen zurückgreifen zu können. Diese Entwicklung hat zur Folge, daß in den neuen Bundesländern an die Stelle von in den Altbundesländern verbreiteten Verflechtungen zwischen Verband und kommunalpolitischer Elite überwiegend verbandspolitisch begründete Beziehungen zwischen Geschäftsführern einerseits und Amtsleitern sowie Dezernenten andererseits treten. Damit wird an aktuelle verbandliche Entwicklungen in den Altbundesländern angeknüpft, in denen die Trennung zwischen »Führungsverantwortung« des Vorstandes und »Ausführungsverantwortung« der Geschäftsführung immer brüchiger wird (vgl. Merchel 1992).

In den untersuchten Wohlfahrtsverbänden sind unterschiedlich qualifizierte Geschäftsführer und Geschäftsführerinnen tätig, die – mit einer Ausnahme – aus den neuen Bundesländern stammen. Nur die Geschäftsführer und Geschäftsführerinnen der konfessionellen Verbände verfügen in der Regel über eine an den Standards der Altbundesländer orientierte Qualifikation im Bereich sozialer Arbeit, da sie langjährig in sozialen Einrichtungen der eigenen Organisation tätig waren und/oder als (kirchliche) Sozialarbeiter bzw. Sozialarbeiterinnen ausgebildet wurden. Fast allen Geschäftsführern und Geschäftsführerinnen ist die Institution der freien Wohlfahrtspflege mit ihren spezifischen Organisationsformen, Regelungen und Kommunikationsstrukturen weitgehend fremd. Die notwendigen Kenntnisse erwarben sie sich durch Partnerorganisationen oder Berater aus den Altbundesländern sowie Lektüre und Medienberichterstattung. In den Deutungen der Geschäftsführer findet sich eine ausgeprägte Orientierung an den durch Schulungen und Lektüre erlernten Kenntnissen, die jedoch vor dem Erfahrungshintergrund eines zu DDR-Zeiten erworbenen Wissensbestandes ausgelegt und relativ formal angewandt werden. Aus diesem Grund ist häufig ein spezifisches Verständnis von »Subsidiarität« und »freier Wohlfahrtspflege« vorfindbar. So berichtet beispielsweise ein Verbandsvertreter, er habe »die Subsidiarität mühsam durchsetzen müssen«: Als eine selbstorganisierte Initiative mit öffentlichen Fördermitteln in einem Bereich tätig wurde, in dem der Verband »bereits seit Jahren arbeitete«, habe er gegenüber der Verwaltung den Vorrang des Verbandes – entsprechend dem Subsidiaritätsprinzip – durchgesetzt. Seitens der interviewten Verbandsvertreter wird Subsidiarität als ein formales Vorrangprinzip von Wohlfahrtsverbänden, gegenüber selbstorganisierten Initiativen und Vereinen sowie öffentlichen Leistungsträgern definiert.

Neben diesen Entwicklungen auf der Führungsebene weist auch die Personalentwicklung auf der Mitarbeiterebene in den neuen Bundesländern Besonderheiten auf. Mit der Übernahme öffentlicher Einrichtungen war fast immer die Bedingung verknüpft, das vorhandene Personal zu übernehmen. Diese Regelung hat hinsichtlich der Qualifikationen und der Wertprägung zu einem weitgehend ähnlichen Bestand an Fachpersonal bei allen Wohlfahrtsverbänden geführt. Nach Ansicht der Verbandsvertreter und Verbandsvertreterinnen ist dieses Personal, gemessen an den erforderlichen fachlichen Standards, in der Regel unzureichend qualifiziert. Insbesondere in der Kinder-, Jugend- und Behindertenarbeit gab es in der DDR völlig andere, politisch geprägte fachliche Vorstellungen (zur Kinder- und Jugendarbeit vgl. Backhaus-Maul/Olk 1993). Für einen Großteil des Personals werden dementsprechend Qualifizierungsmaßnahmen, wie z. B. Anpassungs-

qualifizierungen für Erzieherinnen und Sozialarbeiter sowie Fortbildungen für Beratungs- oder Verwaltungstätigkeiten, durchgeführt. Aber nur langjährige Erfahrungen mit den neuerlernten Methoden und Konzepten können die fachlichen Standards zu Routinen und zur selbstverständlichen alltäglichen Handlungspraxis werden lassen.
Bei der Auswahl neuer Mitarbeiter und Mitarbeiterinnen wird seitens der Geschäftsführer und Geschäftsführerinnen vorwiegend Wert auf deren fachliche Qualifikation gelegt. Normative oder politische Orientierungen haben demgegenüber eine nachgeordnete Bedeutung. Selbst bei sozialen Einrichtungen und Diensten in Trägerschaft der Caritas und der Diakonie ist die Kirchenmitgliedschaft der Mitarbeiter und Mitarbeiterinnen keine Einstellungsvoraussetzung, sondern es wird nur erwartet, daß sie die normativen Grundprämissen des Verbandes akzeptieren. Diese Rekrutierungspraxis hat nicht zuletzt auch pragmatische Gründe, da aufgrund des geringen Anteils von Katholiken und Protestanten an der Gesamtbevölkerung in den neuen Bundesländern eine Festlegung auf konfessionell gebundenes Personal zu Personalknappheit führen würde.

4.4 Verbandliches Leistungsverständnis

Vor dem Hintergrund der geschilderten Ähnlichkeiten in der Organisations- und Personalstruktur sind deutliche Unterschiede zwischen Wohlfahrtsverbänden bezüglich ihres spezifischen »Leistungsverständnisses« festzustellen. Das Leistungsverständnis eines Wohlfahrtsverbandes kommt in den Vorstellungen der Verbandsvertreter und -vertreterinnen über die Qualität und die Form sozialer Leistungen zum Ausdruck und wird maßgeblich durch verbandsspezifische und sozial-kulturelle Traditionen und politische und organisatorische Herausforderungen geprägt.
Im folgenden wird exemplarisch anhand von drei Wohlfahrtsverbänden – einer fortbestehenden ehemaligen Massenorganisation (Volkssolidarität), einer fortbestehenden konfessionellen Organisation (Caritas) und einer aus den Altbundesländern übertragenen Organisation (Arbeiterwohlfahrt) – diskutiert, welche Varianten eines verbandlichen Leistungsverständnisses sich in den neuen Bundesländern herauszubilden beginnen.

Erstens: Die Volkssolidarität hat nach wie vor ihren Arbeitsschwerpunkt in der Altenhilfe, wobei sie seit 1990 ihren traditionellen Aufgabenbereich in der ambulanten Altenhilfe – mit Hauswirtschaftshilfe, sozio-kultureller Arbeit sowie Essenversorgung – um neue Aufgaben in der ambulanten und stationären Altenhilfe erweitert hat. In diesen Bereichen sollen Leistungen erbracht werden, die den Bedürfnissen der angestammten Klientel entsprechen und in denen positiv bewertete Traditionen aus DDR-Zeiten, wie z. B. Nachbarschaftshilfe oder »Solidarität«, bewahrt werden. Die Äußerungen der Geschäftsführer und Geschäftsführerinnen über die Qualität sozialer Arbeit sind geprägt von Beteuerungen, daß sie allgemeinen fachlichen Standards entspräche.

Das Leistungsverständnis der Geschäftsführer und Geschäftsführerinnen der Volkssolidarität bezieht sich nicht nur auf die Leistungen in sozialen Diensten und Einrichtungen, sondern auch auf die Leistungen des Vereins. Die Volkssolidarität kann als einziger der von uns untersuchten Wohlfahrtsverbände auf nennenswerte Mitgliederzahlen[7], ehrenamtliche »Volkshelfer/-innen« bzw. Nachbarschaftshelfer/-innen sowie ein eigenes Vereinsleben verweisen. Sie knüpft damit an ihre Tradition als Massenorganisation in der DDR an und hat in den meisten Fällen die alten Mitgliederbestände übernommen. Die Mitglieder engagieren sich vorwiegend bei der Ausgestaltung und der Teilnahme an den sozio-kulturellen Veranstaltungen der Volkssolidarität und weniger bei der Mitwirkung an verbandspolitischen Entscheidungen. Zentraler Bestandteil des programmatischen Selbstverständnisses der VS ist aber nicht nur, als Verein Mitglieder, ehrenamtliches Engagement und ein Vereinsleben zu fördern, sondern auch, als sozialpolitischer Akteur in den Gemeindevertretungen und Ausschüs-

7 So hatten beispielsweise die sächsischen Landesverbände der Volkssolidarität und der Arbeiterwohlfahrt Ende 1993 nach Aussagen der jeweiligen Geschäftsführer und Geschäftsführerinnen ca. 158 000 Mitglieder bzw. ca. 5 000 Mitglieder. Die Mitgliederzahlen der Volkssolidarität sind jedoch kritisch zu bewerten, da aufgrund eines besonderen Rekrutierungsverfahrens die Mitgliedschaft nicht an eine formale Beitrittserklärung gebunden war und ein politischer Druck bestand, jährlich steigende Mitgliederzahlen präsentieren zu können. Es ist jedoch davon auszugehen, daß sie deutlich über den Mitgliederzahlen der anderen Verbände liegen.

sen die Interessen der Klientel »anwaltschaftlich« zu vertreten.
Im Mittelpunkt der Äußerungen der Verbandsvertreter und -vertreterinnen stehen Aussagen zum quantitativen Versorgungspotential des Verbandes. Durchgängig wird in den Experteninterviews die Leistungsfähigkeit oder das »Potential« des Verbandes betont, womit zumeist gemeint ist, daß eine große Zahl von Klienten flächendeckend mit gewohnten und standardisierten Leistungen versorgt werden kann, und daß eine große Zahl von mobilisierbaren Mitgliedern existiert. Eine Effizienzsteigerung in den sozialen Diensten und Einrichtungen wird zwar als wichtige Verbandsaufgabe wahrgenommen, aber von den Verbandsvertretern inhaltlich nicht konkretisiert.
Im Leistungsverständnis der interviewten Verbandsvertreter/-innen kommt das Bemühen zum Ausdruck, einen Bruch mit der politischen Rolle der Volkssolidarität in der DDR zu vollziehen, ohne dabei die Identität des Verbandes zu verlieren. Um die Bindung von Mitgliedern, »Volkshelfern« und Klienten zu erhalten sowie öffentlich bekannt zu sein, ist es für die Volkssolidarität von Bedeutung, auf Kontinuität in der ideellen Grundorientierung, im Aufgabenschwerpunkt Altenhilfe und im Vereinsleben zu setzen und dabei auf eigene Kompetenzen und Erfahrung verweisen zu können. Andererseits ist es für die Volkssolidarität notwendig, Distanz zum DDR-Sozialismus sowie den fachlichen Konzepten und Leistungsvorstellungen aus DDR-Zeiten zu vermitteln, um politisch und fachlich akzeptiert zu werden. Die Volkssolidarität versucht, sich mit dem Argument der Leistungsfähigkeit gegenüber anderen Wohlfahrtsverbänden, kommunalpolitischen Eliten und Sozialverwaltungen zu legitimieren.
Zweitens: Die Vertreter/-innen von Caritas und Diakonie verfügen als einzige über – gemessen an westdeutschen Standards – konkrete Vorstellungen und Erfahrungen im Bereich sozialer Arbeit und legen großen Wert auf die Qualität der Leistungen ihres Verbandes. Ein »christliches Menschenbild«, eine »freundliche Atmosphäre in den Einrichtungen« oder eine Hilfe, »die über eine bloße materielle Versorgung hinausgeht«, werden in den Interviews als Qualitätskriterien genannt. In diesen Vorstellungen von der Qualität sozialer Leistungen wird auch das Bemühen um eine Wertbezogenheit der Leistungserbringung deutlich, die jedoch nicht eindeutig kirchlich oder religiös sein muß. In diesem Zusammenhang hat es bei den konfessionellen Wohlfahrtsverbänden

innerverbandliche Diskussionen darüber gegeben, ob es sinnvoll sei, Personal aus ehemals staatlichen Einrichtungen zu übernehmen, das weder den fachlichen Standards dieser Wohlfahrtsverbände entspricht noch deren religiöse Wertvorstellungen teilt. Insbesondere Vertreter und Vertreterinnen der Caritas sahen die Verbandsidentität gefährdet und verzichteten infolgedessen nicht selten auf die Übernahme öffentlicher Einrichtungen. Primär effizienzorientierte Leistungsvorstellungen werden von seiten der Vertreter und Vertreterinnen konfessioneller Verbände als falsch oder einseitig zurückgewiesen.

Die Vertreter und Vertreterinnen der Caritas sehen ihre Aufgabe in erster Linie darin, soziale Leistungen mit einer besonderen Qualität anzubieten, die die Bedürfnisse des konfessionell gebundenen Teils der Bevölkerung decken. In dieser Sichtweise ist der Verband in die Kirchengemeinden als soziale Basis eingebunden, die außerdem ein begrenztes Potential an ehrenamtlichen Mitarbeitern bereitstellen können. Bei der Caritas sind jedoch die meisten Mitglieder der ehrenamtlichen Pfarrcaritasgruppen altersbedingt selbst hilfsbedürftig, so daß die Verbandsvertreter und -vertreterinnen auf die Schwierigkeit verweisen, Jüngere für diese Aufgaben zu gewinnen.

Im Leistungsverständnis der konfessionellen Verbände zeigt sich, daß die zu DDR-Zeiten gewachsene Anbindung der Wohlfahrtsverbände an die Kirchengemeinden und das Selbstverständnis als eigenständige Ost-Organisation erhalten werden sollen. Gleichzeitig bemühen sich die Verbandsvertreter und -vertreterinnen darum, die Organisation aus der engen Anbindung an die Landeskirchen zu lösen und als eingeständige Verbände zu konstituieren, auch um den Anforderungen, die von Sozialverwaltungen und den westdeutschen Partnerverbänden an einen Spitzenverband der freien Wohlfahrtspflege gestellt werden, Rechnung zu tragen.

Drittens: Bei der AWO als übertragenem Wohlfahrtsverband wird die Leistungsfähigkeit bei der Produktion sozialer Dienste in fast allen Interviews als eines der wichtigsten Verbandsziele genannt. Dabei steht jedoch weniger die qualitative Leistungsfähigkeit, das heißt die Frage, welche Klienten mit welcher Art von Leistung versorgt werden sollen, im Vordergrund, sondern Vorstellungen von einer effizienzorientierten, eher »sozialtechnokratischen« Leistungsfähigkeit. Umfassendere Vorstellungen von Wirtschaftlichkeit, die auch die Besonderheiten personenbezogener Dienste berücksichtigen, wie sie beispielsweise in einigen Konzepten des Sozialmanagements zum Tragen kommen, werden nicht vertreten (vgl. Merchel 1992). Als einzige konkrete Maßnahme, um die Effizienz von Einrichtungen zu steigern, wird von AWO-Geschäftsführern die organisatorische Trennung von Eigenbetrieben und Verein genannt.

In den Aussagen der AWO-Vertreter und -Vertreterinnen kommt ein Bemühen um die Qualität sozialer Dienste zum Ausdruck, die aber nur in Ausnahmefällen genauer bestimmt wird und keinen expliziten Klientenbezug aufweist. Konzeptionelle Vorstellungen über soziale Arbeit oder ein soziales Problembewußtsein sind wenig ausgeprägt. Die Klienten werden nur selten als Problemgruppen mit besonderen Bedürfnissen wahrgenommen, sondern eher als Leistungsempfänger, die vorwiegend an preisgünstigen Leistungen interessiert seien. Die Geschäftsführer und Geschäftsführerinnen sehen zudem keine besondere Notwendigkeit, freiwillige soziale Aufgaben zu erbringen und verstehen sich als Vertreter von Verbandsinteressen und nicht als sozialpolitische Interessenvertreter für benachteiligte Bevölkerungs- und Klientengruppen.

Mitglieder sind bei diesem Verbandstyp einzig als Funktionsträger von Bedeutung, nicht aber als Fördermitglieder oder als ehrenamtliche Mitarbeiter und Mitarbeiterinnen; ein Vereinsleben findet nicht statt. Dementsprechend hat die Werbung von Mitgliedern und ehrenamtlichen Mitarbeiterinnen in den strategischen Überlegungen der Geschäftsführer und Geschäftsführerinnen eine geringe oder keine Bedeutung. An die Stelle einer komplexen Arbeitsteilung zwischen Vorstand, Mitgliederversammlung, hauptamtlichem Personal, ehrenamtlichen Mitarbeitern und Mitarbeiterinnen und Geschäftsführung tritt die Geschäftsführung als Entscheidungszentrum mit einem hauptamtlichen Mitarbeiterbestand. Dadurch wird zwar ein effizienzorientiertes Management erleichtert, aber der Verband verzichtet weitgehend darauf, sich als sozialpolitischer Akteur und lokaler Verein zu betätigen. In den Orientierungen der Geschäftsführer und Geschäftsführerinnen kommt außerdem das Beratungswissen der Partnerorganisationen aus den Altbundesländern zum Ausdruck. Durch die spezifischen Erfahrungen und Deutungsmuster der Geschäftsführer und Geschäftsführerinnen in den neuen Bundesländern kam es jedoch in zahlreichen Fällen in der Aufbauphase des Verbandes zu einer »Vereinfachung« der ursprünglichen Beratungskonzepte, insbesondere im Bereich moderner Managementvorstellungen.

5. Wohlfahrtsverbände als öffentliche Versorgungsbetriebe?

Das Selbstverständnis von Wohlfahrtsverbänden in den neuen Bundesländern ist dadurch gekennzeichnet, daß ihr Aufbau vollständig auf der Grundlage öffentlicher Fördermaßnahmen sowie in engem Kontakt und Einvernehmen mit Sozialverwaltungen und Sozialministerien erfolgt. Bei der als korporatistisch zu kennzeichnenden Konstituierung der verbandlichen Wohlfahrtspflege waren Bundesverbände und Bundesministerien die Hauptakteure (vgl. Backhaus-Maul/Olk 1994). Diese Art der »Top-down«-Institutionalisierung ist folgenreich: Die Verbandsvertreter und -vertreterinnen in den neuen Bundesländern verstehen Wohlfahrtsverbände in erster Linie als öffentlich zu fördernde Organisationen, die gesetzliche Pflichtaufgaben erfüllen. Als Leistungsträger, die ihr Wachstum einer »partnerschaftlichen Zusammenarbeit« mit öffentlichen Sozialverwaltungen verdanken, versuchen sie nicht, sich als sozialpolitische Akteure in Auseinandersetzungen mit Sozialverwaltungen und Sozialministerien zu profilieren. Betrachtet man den Aufbau der freien Wohlfahrtspflege in den neuen Bundesländern im Hinblick auf intermediäre Funktionen, so ist festzustellen, daß ein Vereinsleben, die Förderung freiwilligen sozialen Engagements und eine sozialpolitische Interessenvermittlung kaum noch von Bedeutung sind. Damit verzichten Wohlfahrtsverbände auf Spenden, kostengünstige personelle Ressourcen und politische Einflußmöglichkeiten und infolgedessen auch auf die damit verbundenen charakteristischen Handlungsspielräume intermediärer Organisationen.

Bei der Implementation und situativen Auslegung institutioneller Regelungen kommt den beteiligten Verbandsakteuren, ihren Erfahrungen, Kompetenzen und ordnungspolitischen Vorstellungen eine herausragende Bedeutung zu. Angesichts des geringen Stellenwerts von Mitgliedern und Vorstandsmitgliedern in Wohlfahrtsverbänden in den neuen Bundesländern sind Geschäftsführer/-innen die entscheidenden Verbandsakteure, die das jeweilige verbandliche Selbstverständnis erzeugen, intern vertreten und öffentlich repräsentieren. In Aussagen von Verbandsgeschäftsführern über den Aufbauprozeß von Wohlfahrtsverbänden in den neuen Bundesländern liegt – wie anhand empirischer Befunde gezeigt wurde – der thematische Fokus auf dem verbandlichen Selbstverständnis als Leistungsträger. Diese dominante Deutungsstruktur zeigt sich tendenziell bei allen von uns untersuchten Wohlfahrtsverbänden in den neuen Bundesländern und spiegelt sich deutlich in Äußerungen von Verbandsvertretern und -vertreterinnen über die Organisations- und Personalentwicklung wider.

Die Analyse der Experteninterviews ergab, daß sich Wohlfahrtsverbände in den neuen Bundesländern als Träger öffentlicher Aufgaben in ihrem »äußeren Erscheinungsbild« nicht wesentlich voneinander unterscheiden, jedoch Differenzen in den Deutungen dieses Selbstverständnisses als Leistungsproduzenten bestehen. Vor dem Hintergrund verbandsspezifischer Ausgangsbedingungen in den neuen Bundesländern lassen sich aus den Aussagen der interviewten Verbandsvertreter und -vertreterinnen unterschiedliche *organisationsbezogene Deutungsmuster* herausarbeiten, die sowohl thematische Bezüge zu Diskursen und Erwartungen aus den Altbundesländern als auch zu spezifischen Erfahrungen aus DDR-Zeiten aufweisen.

Erstens: In »Traditionsvereinen«, wie der Volkssolidarität, agieren Geschäftsführer und Geschäftsführerinnen zum einen als »Nachlaßverwalter«, die sich darum bemühen, die von ihnen als positiv bewerteten sozialpolitischen DDR-Traditionen, wie z. B. »Solidarität« und Nachbarschaftshilfe, zu bewahren. Zum anderen sind sie angesichts der veränderten politischen Anforderungen bestrebt, sich mittels organisatorischer und fachlicher Kompetenzen politisch zu legitimieren. Diese Legitimation erfolgt unter Verweis auf eine fortbestehende Vereinskultur, eine zahlenmäßig starke Mitgliederbasis sowie das Leistungspotential der sozialen Dienste und Einrichtungen.

Zweitens: Die konfessionellen Wohlfahrtsverbände weisen nach wie vor einen engen sozialstrukturellen und organisatorischen Bezug zu den jeweiligen Kirchen und Kirchengemeinden auf. Dabei wird ein aus DDR-Zeiten fortwirkendes Verständnis von kirchlichem Handeln deutlich, das nicht in einem exklusiven Sinne kirchlich-religiös, sondern eher humanistisch-christlich geprägt ist. Als Spitzenverbände der freien Wohlfahrtspflege sehen sich die kirchennahen Wohlfahrtsorganisationen erhöhten Anforderungen, insbesondere mit Blick auf ihre wirtschaftliche Leistungsfähigkeit, gegenüber, denen sie jedoch entsprechend ihrem Selbstverständnis als »sozial denkende Ost-Verbände« eher mit Skepsis begegnen.

Drittens: Neu aufgebaute Verbände, wie die Arbeiterwohlfahrt, werden von ihren Geschäftsführern als »Sozialunternehmen« beschrieben, die als möglichst effiziente Leistungsträger geführt werden sollten. Angesichts der Neugründung können sie ihre Organisation relativ unabhängig von den Einflüssen einer sozialen Basis und verbandlichen Traditionen konzipieren. An die Stelle von Verein und Vorstand als Entscheidungsgremium treten mit »betriebswirtschaftlichen« Begrifflichkeiten argumentierende Geschäftsführer und Geschäftsführerinnen, die in den Beratungen durch die jeweiligen westdeutschen Stammorganisationen in die westdeutsche Sozialmanagement-Debatte eingeführt wurden.

Trotz dieser verbandlichen Unterschiede im Selbstverständnis als Leistungsträger lassen sich deutliche wohlfahrtskulturell begründete Gemeinsamkeiten herausarbeiten. Wohlfahrtsverbände, die in der Forschungsperspektive intermediärer Organisationen als multifunktionale Organisationen beschrieben werden, beschränken sich in den neuen Bundesländern auf die Funktion eines Trägers öffentlicher Aufgaben mit einem spezifischen Leistungsverständnis, in dessen Mittelpunkt die Vorstellung von einer flächendeckenden, standardisierten, kostendeckenden und staatlich finanzierten Grundversorgung steht. Dabei werden weder besondere Qualitätsvorstellungen genannt, noch finden etwa spezifische Klienteninteressen und -probleme in diesem Leistungsverständnis eine Berücksichtigung. Somit hat sich im System der freien Wohlfahrtspflege in den neuen Bundesländern ein von der Idee des Versorgungsbetriebes geleitetes Leistungsverständnis herausgebildet, das an administrativen Vorstellungen von einer flächendeckenden, weitgehend standardisierten Grundversorgung und am kameralistischen Prinzip der Kostendeckung orientiert ist.

Ein derartiges Leistungsverständnis weist deutliche Bezüge zu Erfahrungen aus DDR-Zeiten mit einer staatlich garantierten und finanzierten sozialen Grundversorgung auf, wobei das Prinzip der Kostenrechnung als eine neue, »vereinigungsbedingte« Anforderung an das Führungs- und Leitungspersonal von Wohlfahrtsver-

bänden in den neuen Bundesländern zu begreifen wäre. Darüber hinaus wirken sozial-kulturelle und politische Traditionen aus DDR-Zeiten in den Orientierungen und Vorstellungen des Führungs- und Leitungspersonals von Wohlfahrtsverbänden nach. So ist in dessen Ausführungen zum verbandlichen Selbstverständnis eine deutliche Ablehnung gegenüber einer politisch-ideologischen Prägung sozialer Arbeit und ein geringes Interesse an Formen »ehrenamtlichen« sozialen Engagements in Wohlfahrtsverbänden festzustellen. Hierin könnte eine wichtige Erklärung für die Enthaltsamkeit von Wohlfahrtsverbänden in den neuen Bundesländern als sozialpolitische Akteure und lokale Vereine gesehen werden.
Insgesamt betrachtet, zeigt sich in der Entwicklung von Wohlfahrtsverbänden in den neuen Bundesländern ein dominanter Trend, der in unterschiedlicher Intensität für alle Verbände gilt: Dem Aufgabenverständnis ihrer Geschäftsführer und Geschäftsführerinnen zufolge sind sie ausschließlich *Leistungsträger, die sich auf den Bereich gesetzlicher Pflichtaufgaben* beschränken, die mit öffentlichen Mitteln voll finanziert werden und die ihre Leistungen wie *»öffentliche Versorgungsbetriebe«* erbringen. Dabei werden zwar im konkreten Leistungsverständnis der Geschäftsführer verbandsspezifische Differenzen sichtbar, die aber durch wohlfahrtskulturelle DDR-Traditionen, wie sie im Versorgungsideal der Verbandsvertreter/-innen zum Ausdruck kommen, überlagert werden.
Neben diesem für Wohlfahrtsverbände in den neuen Bundesländern spezifischen Trend zeichnen sich aber auch Entwicklungen ab, die an entsprechende seit den sechziger Jahren in den Altbundesländern stattfindende Prozesse anknüpfen. So ist der Aufbauprozeß von Wohlfahrtsverbänden in den neuen Bundesländern durch eine enge Zusammenarbeit mit Sozialverwaltungen und Sozialministerien, eine forcierte Entwicklung als Leistungsträger sowie eine Professionalisierung der Leistungserbringung gekennzeichnet. In den neuen Bundesländern konnten sich diese Entwicklungen aber weitgehend ohne soziale, organisatorische und verbandspolitische »Barrieren« vollziehen, da die soziale Basis von Verbänden nur rudimentär entwickelt ist sowie Vorstände und Mitgliederversammlungen relativ »machtlos« sind. Im Vergleich mit dem System der freien Wohlfahrtspflege in den Altbundesländern kann deshalb von einem *»Lernprozeß im Zeitraffer«* gesprochen werden.

Somit zeichnen sich in der Aufgaben-, Organisations- und Personalstruktur von Wohlfahrtsverbänden in den neuen Bundesländern Parallelen zu entsprechenden Entwicklungen in den Altbundesländern ab. Gleichzeitig sind aber – vor dem Hintergrund fortwirkender wohlfahrtskultureller und organisatorischer Traditionen aus DDR-Zeiten – grundlegende Unterschiede im Aufgaben- und Leistungs*verständnis* zwischen Wohlfahrtsverbänden in den neuen und alten Bundesländern zu konstatieren. Ob sich im Aufgaben- und Leistungsverständnis von Wohlfahrtsverbänden in den neuen Bundesländern – wie es im Begriff des »öffentlichen Versorgungsbetriebes« zum Ausdruck kommt – eine dauerhafte Ost-West-Differenz im System der freien Wohlfahrtspflege konstituiert und ob sich hieraus Rückwirkungen auf Wohlfahrtsverbände in den Altbundesländern ergeben, ist eine derzeit noch offene Frage.

Literatur

Angerhausen, S./Backhaus-Maul, H./Schiebel, M.: In »guter Gemeinschaft«. Die sozial-kulturelle Verankerung von intermediären Organisationen im Sozialbereich der neuen Bundesländer, in: Sachße, Chr. (Hg.), Wohlfahrtsverbände im Wohlfahrtsstaat, Kassel 1994, S. 115-154.

Backhaus-Maul, H.: Kommunale Sozialpolitik, in: Roth, R./Wollmann, H. (Hg.), Kommunalpolitik. Politisches Handeln in den Gemeinden, Opladen 1994, S. 527-537.

Backhaus-Maul, H./Olk, Th.: Intermediäre Organisationen als Gegenstand sozialwissenschaftlicher Forschung. Theoretische Überlegungen und erste empirische Befunde am Beispiel des Aufbaus von intermediären Organisationen in den neuen Bundesländern, in: Schmähl, W. (Hg.), Sozialpolitik im Prozeß der deutschen Vereinigung, Frankfurt a. M. und New York 1992, S. 91-132.

Backhaus-Maul, H./Olk, Th.: Von der »staatssozialistischen« zur kommunalen Sozialpolitik, Gestaltungsspielräume und -probleme bei der Entwicklung der Sozial-, Alten- und Jugendhilfe in den neuen Bundesländern, in: Archiv für Kommunalwissenschaften, 2. Halbjahresband, 1993, S. 300-330.

Backhaus-Maul, H./Olk, Th.: Von Subsidiarität zu ›out contracting‹. Zum Wandel der Beziehungen zwischen Staat und Wohlfahrtsverbänden in der Sozialpolitik, in: Streeck, W. (Hg.), Staat und Verbände, Sonderheft 19 der Politischen Vierteljahresschrift, Opladen 1994, S. 99-134.

Badura, B./Gross, P.: Sozialpolitik und soziale Dienste. Entwurf einer Theorie personenbezogener Dienstleistungen, in: Ferber, Chr. v./Kaufmann, F.-X. (Hg.), Soziologie und Sozialpolitik, Kölner Zeitschrift für Soziologie und Sozialpsychologie, Sonderband 19, Opladen 1977, S. 361-385.

Bundesarbeitsgemeinschaft der Freien Wohlfahrtspflege: Partnerschaftliche Zusammenarbeit zwischen den Trägern der öffentlichen und Freien Wohlfahrtspflege in Sachsen-Anhalt, Bonn 1993.

Bundesarbeitsgemeinschaft der Freien Wohlfahrtspflege: Gesamtstatistik der Einrichtungen der Freien Wohlfahrtspflege, Bonn 1994.

Deutscher Verein für öffentliche und private Fürsorge: Die Zusammenarbeit öffentlicher und freier Träger der sozialen Arbeit in den neuen Bundesländern, Frankfurt a. M. 1992.

Ebertz, M. N./Schmid, J.: Zum Stand der Wohlfahrtsverbände-Forschung, in: Caritas, 88. Jg., 1987, Heft 6, S. 289-313.

Goll, E.: Die Freie Wohlfahrtspflege als eigener Wirtschaftssektor, Baden-Baden 1991.

Hasenfeld, Y.: The Nature of Human Service Organisations, in: Hasenfeld, Y. (Hg.), Human Services as Complex Organizations, Newbury Park, Cal. 1992, S. 3-23.

Heinze, R. G./Olk, Th.: Die Wohlfahrtsverbände im System sozialer Dienstleistungsproduktion. Zur Entstehung und Struktur der bundesrepublikanischen Verbändewohlfahrt, in: Kölner Zeitschrift für Soziologie und Sozialpsychologie, 33. Jg., 1981, Heft 1, S. 94-114.

Heinze, R. G./Olk, Th.: Sozialpolitische Steuerung. Von der Subsidiarität zum Korporatismus, in: Glagow, M. (Hg.), Gesellschaftssteuerung zwischen Korporatismus und Subsidiarität, Bielefeld 1984, S. 162-194.

Kohnert, M.: Soziale Dienste und Einrichtungen in der DDR – insbesondere für ältere Menschen, in: Beiträge zum Recht der sozialen Dienste und Einrichtungen, 1990, Heft 11, S. 13-39.

Koltzenburg, W.: Die nichtstaatlichen Einrichtungen der Sozialhilfe in der ehemaligen DDR, in: Beiträge zum Recht der sozialen Dienste und Einrichtungen, 1991, Heft 12, S. 59-65.

Lehmbruch, G.: Institutionentransfer. Zur politischen Logik der Verwaltungsintegration in Deutschland, in: Seibel, W./Benz, A./Mäding, H. (Hg.), Verwaltungsreform und Verwaltungspolitik im Prozeß der deutschen Einigung, Baden-Baden 1993, S. 41-66.

Lingelbach, P.: Das Kinder- und Jugendhilfegesetz in den neuen Bundesländern, in: Landes- und Kommunalverwaltung, 1992, Heft 2, S. 38-41.

Marmor, Th. R./Schlesinger, M./Smithey, R. W.: Nonprofit Organizations and Healthcare, in: Powell, W. P. (Hg.), The Nonprofit Sector. A Research Handbook, New Haven and London 1987, S. 221-239.

Meier-Ziegler, R.: Lean Management und Lean Production. Überlegungen für ein radikales Umdenken im Sozialwesen, in: Archiv für Wissenschaft und Praxis der Sozialen Arbeit, 24. Jg., 1993, Heft 1, S. 48-63.

Merchel, J.: Sozialmanagement als Innovationsstrategie? Anmerkungen zu Hintergrund und Bedeutung der aktuellen »Management«-Diskussion bei Freien Trägern der Sozialarbeit, in: Flösser, G./Otto, H.-U. (Hg.), Sozialmanagement oder Management des Sozialen, Bielefeld 1992, S. 73-87.

Münder, J./Kreft, D. (Hg.): Subsidiarität heute, Münster 1990.

Neckel, S.: Das lokale Staatsorgan. Kommunale Herrschaft im Staatssozialismus der DDR, in: Zeitschrift für Soziologie, 21. Jg., 1992, Heft 4, S. 252-268.

Neumann, V.: Der Verband der freien Wohlfahrtspflege als Rechtsbegriff, in: Beiträge zum Recht der sozialen Dienste und Einrichtungen, 1989, Heft 4, S. 1-30.

Offe, C.: Das Wachstum der Dienstleistungsarbeit, in: Olk, Th./Otto, H.-U. (Hg.), Soziale Dienste im Wandel I. Helfen im Sozialstaat, Neuwied und Darmstadt 1987, S. 171-198.

Pollack, D.: Das Ende einer Organisationsgesellschaft. Systemtheoretische Überlegungen zum gesellschaftlichen Umbruch in der DDR, in: Zeitschrift für Soziologie, 19. Jg., 1990, Heft 4, S. 292-307.

Statistisches Bundesamt (Hg.): Datenreport 1992. Zahlen und Fakten über die Bundesrepublik Deutschland, Bonn 1992.

Streeck, W.: Vielfalt und Interdependenz. Überlegungen zur Rolle intermediärer Organisationen in sich ändernden Umwelten, in: Kölner Zeitschrift für Soziologie und Sozialpsychologie, 39. Jg., 1987, Heft 2, S. 452-470.

Winter, Th. v.: Die Sozialpolitik als Interessensphäre, in: Politische Vierteljahresschrift, 33. Jg., 1992, Heft 3, S. 399-426.

Werner Schefold

Das schwierige Erbe der Einheitsjugend

Jugendverbände zwischen Aufbruch und Organisationsmüdigkeit

1. Abbruch, Umbruch, Aufbruch: Zur »Wende« von Verhältnissen und Thematisierungen

Die Metapher des »Bruchs« drängt sich geradezu auf, um Entwicklungen der Jugendverbände und Jugendverbandsarbeit seit der »Wende« zu beschreiben: so als Abbruch einer von der FDJ beherrschten, die Lebensläufe, Institutionen und sozialen Räume umfassenden Jugendarbeit; als Aufbruch einer pluralen Struktur von Trägern, wie sie u. a. Jugendverbände in Westdeutschland verkörpern; als Umbruch in der Situation von Kindern und Jugendlichen, mit denen Jugendverbände zu tun haben.

Dieser Bruch berührt gesellschaftliche Verhältnisse und zugleich auch die Konzepte, in denen diese beschrieben und reflektiert werden. Nach dem ungläubigen Erstaunen über den »Großversuch« (vgl. Giessen/Leggewie 1991) und den Versuchen, Linien für die Deutungsarbeit zu ziehen (vgl. Thomas 1993) – die »Wende« als Verwestlichung, als nachholende Modernisierung, als Individualisierungsschub u. a. – ist gegenwärtig der Grundton einer Selbstverpflichtung der Sozialwissenschaften auf mühselige Theoriearbeit und langwierige Empirie unüberhörbar. Die Deutung von Transformationsprozessen setzt dabei oft schon bei der Verständigung über meist weststämmige, nur scheinbar konsensuelle Begriffe ein. Dies gilt in besonderem Maß für das Thema Jugendverbände.

Ich will hier die Frage verfolgen, welche Bedeutung Jugendverbänden gegenwärtig in den neuen Bundesländern zukommt. Dabei soll, der Thematik des Sammelbandes folgend, die Organisationsform »Verband« in Abhebung von anderen Organisationsformen der Jugendarbeit, wie kommunaler, kommerzieller Jugendarbeit, Jugendarbeit von Vereinen oder Initiativen, und in Kontrastierung zu anderen Gesellungsformen von Jugendlichen, wie Cliquen oder Szenen etc., hervorgehoben erörtert werden. Dabei taucht eine Schwierigkeit auf: Das realdefinitorische Bezugsfeld von Jugendverbänden in der alten Bundesrepublik umfaßt eine solche Varianz von Organisationsstrukturen, Gesellungsformen, sozialpädagogischen Praxisformen, Aktivitäten und Projekten, daß schwer zu identifizieren ist, was eigentlich gerade Jugend*verbände* ausmacht (vgl. Böhnisch/Gängler/Rauschenbach 1991; Deutscher Bundesjugendring 1994). So scheint die vorsichtige Konturierung eines Idealtyps »Jugendverband« notwendig, um die Frage anzugehen, welche Bedeutung Jugendverbände in den neuen Bundesländern haben.

Man könnte freilich auch schlicht verfolgen, wie sich denn die Geschicke der Jugendverbände, die seit 1989 in den neuen Bundesländern Fuß gefaßt haben, entwickelt haben. Auf der Ebene der Selbstthematisierung ist klar auszumachen, was Jugendverbände sind: etwa die 21 unmittelbaren Mitgliedsverbände des Deutschen Bundesjugendringes. Daß z. B. die Katholische Junge Gemeinde im Bund der Deutschen Katholischen Jugend, die Deutsche Jugendfeuerwehr, das Jugendwerk der Arbeiterwohlfahrt gemeinsam als Jugendverbände bezeichnet werden, ist freilich eher eine jugendpolitisch begründete Signatur, die z. B. einen Status in der staatlichen Förderungslandschaft absteckt; sie verdeckt enorme Unterschiede. Herausfallen aus einem bloßen Report über die »Biographien« westlicher Verbandsgründungen im Osten Deutschlands würde die Reflexion der spezifischen historischen Situation in diesem Feld. Retrospektiv ist auch die FDJ als »Verband« zu würdigen, um deutlich zu machen, welches »Erbe« die neuen Verbände denn nolens volens angetreten haben. Zudem finden sich neue Organisationsformen von Jugendlichen und Jugendarbeit, die sich nicht als Verband bezeichnen, jedoch analoge Strukturen ausweisen. Begriffliche Arbeit verlangt vor allem Diskussion der Frage, wie denn im Prozeß der Transformation sich Merkmale der sozialen Figuration der Jugendverbände wandeln und welche Chancen denn, über die bisherigen Verläufe hinaus, Jugendverbänden als einer ideellen Form der gesellschaftlichen Organisation des Verhältnisses von Jugend und Gesellschaft im Generationswechsel in den neuen Bundesländern zukäme.

Damit möchte ich Jugendverbände nicht nur aus der Binnenperspektive konkreter abgedankter oder aufstrebender Verbände oder der Perspektive des jugendpolitischen Systems sehen. In dieser Perspektive liegen Klagen über den Verfall von Infrastruktur nahe, die den alten Bestand und damit auch, stillschweigend, die alten gesellschaftlichen Kontexte normativ überhöhen; ebenso Klagen über mangelnde Ressourcen beim Aufbau einer neuen »Trägerlandschaft«, die sich auf die Triftigkeit der schlichten These notwendiger »Verwestlichung« verlassen. Ich möchte Jugendverbände in einen Reflexionsrahmen rücken, der die Emergenz von Vergemeinschaftungs- und Vergesellschaftungsformen im Verhältnis der Generationen in den Blick nimmt, danach fragt, welche Chancen denn Jugendverbände als besondere Mischform jugendlicher Selbstorganisation, jugendpolitischer Vernetzung, fachlicher Dienstleistungsproduktion und Form der Reproduktion von »Erwachsenen«-Institutionen, Organisationen und Milieus im Generationswechsel in den neuen Bundesländern haben.[1]

2. Die FDJ: Teil der Institutionalisierung von Kindheit und Jugend

Als quasi staatssozialistischer Jugendverband hatte die FDJ in der alten DDR ein Organisationsmonopol. Sie beherrschte – mit der historisch so wichtigen Ausnahme kirchlicher, vor allem evangelischer Jugendarbeit – die gesellschaftliche Formierung der Jugendphase in und quer durch alle Institutionen und Handlungsbereiche. Sie hatte eine hohe Präsenz im Lebenslauf, die in den ersten drei Schulklassen mit den »Jungpionieren« begann, sich von Klasse 4 bis 7 in den »Thälmann-Pionieren« fortsetzte und schließlich in die FDJ führte. Sie war in regulierenden Verfahren und Ritualen präsent, angefangen von der Einschulung bis zur Universitätsexamensfeier. Sie hatte ebenso eine hohe Präsenz im Alltag der Kinder und Jugendlichen: in der Schule, im Betrieb, an der Hochschule, in der Kaserne, in der Freizeit, in den Sommerferien. Nahezu alle sozialen Dienstleistungen waren unmittelbar oder mittelbar durch die FDJ bzw. die Jungen Pioniere und Thälmann-Pioniere organisiert. Sie waren institutioneller Rahmen na-

1 Die hier vorgestellten Überlegungen stützen sich zwar auf vielfältige empirische Befunde, sind aber nicht durch ein eigenes Forschungsprojekt fundiert. Von daher sind sie immer auch vorläufig, spekulativ, sollen die Notwendigkeit gezielter empirischer Forschung deutlich machen.

hezu jeder Biographie, auch – qua Negation – der Biographien derer, die nicht bei den Pionieren oder in der FDJ waren. Dies schlug sich in Organisationsgraden nieder: unter Schülerinnen und Schülern waren 1989 99,4%, unter Studierenden 92,5%, unter Lehrlingen 85,4% und unter Berufstätigen 58,4% Mitglied (vgl. Zilch 1991, S. 51)

Die FDJ stand für eine zentral organisierte und kontrollierte Integrationspolitik gegenüber Jugendlichen, die interinstitutionell verzahnt war. Jugendpolitik und Jugendarbeit, im Jugendgesetz von 1974 programmatisch formuliert, waren Aufgabe von Schulen, Betrieben, Hochschulen, kommunalen Räten und der Armee. Dieses Bild einer Omnipräsenz ist freilich in hohem Maße interpretationsbedürftig. Allein die Tatsache, daß die Integration der jungen Generationen in das sozialistische System so gründlich mißlungen ist, zwingt zur Differenzierung. Die FDJ war ein sehr beschränktes Herrschaftsinstrument. Ihre symbolische Welt, gegründet auf die Mythen des DDR-Sozialismus, konnte sich nie mit den alltagskulturellen noch gar mit den subkulturellen Strömungen unter Jugendlichen verbinden und so modernisieren (vgl. v. Wensierski 1992). Nach den erst nach 1989 veröffentlichten Forschungsergebnissen des »Zentralinstituts für Jugendforschung« zeigt sich ab Mitte der achtziger Jahre ein kumulierender Loyalitätsschwund gegenüber Ideologie und Institutionen der DDR-Gesellschaft seitens der jungen Generation (vgl. Hennig/Friedrich 1991), nachlassendes Interesse an der FDJ (vgl. Giessmann 1992). Kühnel faßt dieses Phänomen in die These, daß eine alltagskulturelle Modernisierung in Werthaltungen und Stilen qua Medien die institutionelle Bildung und Erziehung unterlaufen habe (vgl. Kühnel 1990).

Vielleicht hat gerade die Differenzierung der Infrastruktur zu dem paradoxen Effekt geführt, daß die »Gelegenheitsstrukturen« durch eine unflexible, den Lebenswelten von Kindern und Jugendlichen semantisch und thematisch entfremdete Ideologie nicht mehr zu steuern waren.

Befunde qualitativer Studien zeigen, daß Kinder und Jugendliche sich – unterhalb von Hierarchie und Mythen – die Veranstaltungen und Räume sehr selektiv angeeignet haben (vgl. Jugendwerk der Deutschen Shell 1992). Dies ist eine in der Jugendarbeitsforschung Westdeutschlands durch die biographieanalytisch angelegte Arbeit von Reichwein/Freund (1992) über die Jugend der

Deutschen Lebensrettungs-Gesellschaft vertraute Erkenntnis. Alternative Thematisierungslinien für die Rekonstruktion der Jugendarbeit unter der Ägide der FDJ bieten sich auch aus der professionellen, pragmatischen Sicht etwa der Kulturpädagogen an, die im verzweigten, unübersichtlichen System von Einrichtungen ihre Chancen hatten, kreative Kulturarbeit zu machen.

Die Widersprüche zwischen Ideologie, Praxis und subjektiven Befindlichkeiten von Kindern und Jugendlichen fanden in der Selbstthematiserung der Leitungen der FDJ keine Resonanz, sie blieben als »Unterleben« (vgl. Goffman 1973) Geräusch. Es gab keine Theorie der Jugendverbandsarbeit, die den Generationswechsel in unterschiedlichen sozialstrukturellen und kulturellen Bedingungen als offenen Prozeß in seinen wechselseitigen Wirkungen mit dem System der Jugendarbeit zum Gegenstand hätte haben können und müssen. Die Spuren eines sozialpädagogischen Diskurses müßten unterhalb der politischen Rhetorik rekonstruiert werden.

Das FDJ-System einer umfassenden Regulierung der Kinder- und Jugendphase durchdrang die ganze Gesellschaft der alten DDR; sein Wegfall läßt sich so als ein spezifischer Aspekt des Wandels der Jugendphase insgesamt markieren, der freilich auch von anderen Prozessen bestimmt ist. Er zeigt sich in der Deregulierung von Lebensläufen, die zu einer Angleichung des von Behnken und Zinnecker (1991) postulierten »restringierten Moratoriums« als herrschender Strukturierung der Jugendphase in der alten DDR bis heute führt; in der Freisetzung biographischer Arbeit mit all ihren Chancen und Risiken. Er zeigt sich in der Restrukturierung alltäglicher Lebensführung, die neue Formen der Lebensbewältigung in zeitlicher, sozialer und sachlicher Hinsicht möglich macht und erfordert wie in einer Neustrukturierung der Orte jugendlichen Alltagslebens in Dörfern, Städten, Schulen und Betrieben.

Im Transformationsprozeß sind somit auch die Kontexte in Bewegung geraten, vor deren Hintergrund Jugendverbände zu verstehen sind. Es stünde an, die Leistungsstrukturen der FDJ nun darauf zu diskutieren, inwieweit sie mit dem Zerfall des alten gesellschaftlichen Rahmens überflüssig geworden sind – so die ökonomische Funktion der FDJ in Jugendobjekten, Jugendbrigaden etc. –, sich radikal verändert haben – so die politische Funktion der Interessenvertretung der jungen Generation – oder nach wie vor jugendpolitische Aufgaben kennzeichnen. Dies gilt insbesondere für soziokulturelle Dienstleistungen im weiten Sinn, z. B. für die Bereitstellung einer Infrastruktur für alterstypische Gesellungsformen und selbstbestimmte Aktivitäten für Kinder und Jugendliche, von sozialen Räumen und Freizeitmöglichkeiten. Dieser Bereich von Jugendarbeit, in dem westdeutsche Jugendverbände angesiedelt sind, soll im folgenden vor allem betrachtet werden.

3. Jugendverbände und Jugendarbeit nach der Wende: Gegenläufige Trends

Das Ende des Monopols der FDJ setzte im Herbst 1989 vielfältige Entwicklungen in Gang. Die öffentliche Thematisierung dieser Entwicklungen schwankte zwischen Bildern von »Jugendarbeit«, welche das FDJ-System hinterlassen hatte, und Bildern von Jugendarbeit im Rahmen westlicher wohlfahrtsstaatlicher Gesellschaften.

Der Wegfall von Einrichtungen und Maßnahmen der Jugendarbeit, insbesondere von Jugendklubs, war dramatisch. Nach den – allerdings diskussionsbedürftigen – Erhebungen des Statistischen Bundesamtes existierten zu Ende 1991 noch 312 Jugendzentren, Jugendfreizeitheime, Häuser der offenen Tür (vgl. Bundesministerium für Frauen und Jugend, S. 896); dies bei einer Ausgangszahl von 9620 Jugendklubs für 1988 (vgl. Deininger 1993). Berichte einzelner Kommunen lassen einen Verlust von 80% der Einrichtungen für offene Arbeit als wahrscheinlich gelten. Von 80 Jugendklubs, die Anfang 1989 in Leipzig bestanden, waren 1992 noch sechs erhalten (so die damalige Jugendamtsleiterin Ullrich 1992, S. 34); in Magdeburg gab es 1991 noch 18 von ursprünglich 120 Jugendklubs (vgl. Orians 1991, S.18).

Dieser Einbruch hing neben der Rolle der FDJ selbst mit der Träger- und Finanzierungsstruktur der Einrichtungen zusammen. Die Ressourcen der alten Jugendarbeit: Räume, Geld, haupt- und ehrenamtliches Personal waren in hohem Maße an die politisch-institutionelle Funktionsteilung und an die Gratifizierungsformen individuellen Engagements seitens des staatssozialistischen Systems gebunden. Sie fielen mit dessen Zusammenbruch weg. Volkseigene Betriebe und landwirtschaftliche Produktionsgenossenschaften zogen sich, bedingt durch die systemische Funktionsbereinigung und die ökonomische Krise, aus ihren sozialpolitischen Leistungen, auch aus der Jugendarbeit zurück, ohne daß Ersatzträger zur Verfügung gestanden hätten.

Dies berührte auch einzelne Arbeitsformen der Jugendarbeit, so deren Versorgungsleistungen für Kinder und Jugendliche in Form von Sommerlagern, Lagern für Arbeit und Erholung, Arbeitsgemeinschaften, aber auch Sport- und Kulturarbeit.

Privatisierung fand in der Form statt, daß viele Jugendklubs von privaten Betreibern, die nun unter marktwirtschaftlichen Vorzeichen Geselligkeit und Unterhaltung zu organisieren versuchten, übernommen wurden. Dabei wurden nach den organisatorisch-ideologischen neue, nun ökonomische Filter für die neuen Kunden etabliert.

Neben dem Schicksal der räumlichen Infrastruktur für Jugendarbeit blieben andere »Verluste« – so z. B. die quasi ständische Form der politischen Repräsentation der jungen Generation durch die FDJ in Schulen, Hochschulen und Betriebe bis hin zur Volkskammer – unthematisiert, andere gingen im Strukturwandel von Institutionen auf: so der Wegfall der das ganze Schulleben umfassenden FDJ-Arbeit an den allgemeinbildenden Schulen, die »Jugendobjekte« und »Jugendbrigaden« in Betrieben (vgl. Giessmann 1992).

Eine Reihe *gegenläufiger* Entwicklungen in diesen Jahren macht deutlich, daß nicht nur der »Verfall« einer spezifischen Formierung, sondern die Transformation der Jugendphase in Gang gekommen war bzw. sich beschleunigt hatte. Hier ist zuerst eine starke Privatisierung des weiten Bereichs altershomogener Gesellung zu nennen, den bis dahin das FDJ-System gerahmt hatte. Der Rückzug ins Private, seit Mitte der achtziger Jahre schon Tendenz, verstärkte sich und bekam Selbstverständlichkeit. Der Abbau der Massenorganisationen brachte zwar einen Verlust an Räumen, aber enorme Gewinne an frei verfügbarer Zeit. Dieser gesamte Handlungsraum wurde entformalisiert, individuelle Vergemeinschaftungsformen, Freundschaften, die private Clique, dominante Gesellungsform unter Jugendlichen im Westen (vgl. Jugendwerk der Deutschen Shell 1992), gewannen weiter an Wert (vgl. Büchner/Fuhs/Krüger 1993).

Das leere Gelände von Angeboten an Kinder und Jugendliche wurde in bescheidenem Maße durch neue Träger besetzt. Aus dem großen Reservoir »freigesetzter« Mitarbeiter der alten Jugend-

klubs, engagierter Lehrer und Lehrerinnen, aus den Rockszenen, Kleinkunstgruppen etc. bildeten sich Initiativen.
Neben dem Rückzug in quasi-familiale Räume läßt sich auch eine Neuaneignung von öffentlichen Räumen durch Initiativen, die von Jugendlichen ausgingen, feststellen; in ihnen artikulierten sich ebenso alternative Szenen, die neue Freiräume ausloteten, wie auch Jugendliche, die sich für ihre verlorengegangenen Einrichtungen engagierten.
Auch lokale Neugründungen von Verbänden, eigenen Ideen folgend oder sich an Modellen westdeutscher Verbände anlehnend, setzten 1990 ein: Das Jugendnetzwerk »Lambda« – Junge Lesben und Schwule in der DDR, die »Allgemeine Lehrlingsinitiative« (ALi), die Sorbische Jugend (Serbska Mlodzina) u.v.a. Sie spiegelten neue Freiräume und zugleich neue Desiderate an Interessenwahrnehmung. Sie führten vor allem in größeren Städten teilweise zu bunten und lebendigen jugendkulturellen Szenen. Um den Umbruch nach dem Ende der FDJ-Jugend zu bewältigen und die neuen Chancen zu nutzen, bildeten sich in vielen Städten und Kreisen »Runde Tische der Jugend«, an denen alte Hauptamtliche, Vertreter der Bürgerbewegungen, der Kirchen, neue Hauptamtliche westdeutscher Verbände, Initiativen, einzelne Gruppen Jugendlicher saßen. Republikweit kam es zum Zusammenschluß der neuen Träger von Jugendarbeit im »Bund demokratischer Jugend«, der von Sommer 1990 bis Juni 1991 existierte. Jugendverbände, die sich nicht dem Bundesjugendring anschlossen bzw. anschließen konnten, gründeten die »Arbeitsgemeinschaft neuer demokratischer Jugendverbände«.
Unter dem politischen Vorzeichen des »Anschlusses« begann 1990 eine Expansion westdeutscher Träger von Jugendarbeit in die neuen Bundesländer. Sie wurde durch die verbandlichen Interessen, die eigenen Anliegen und Arbeitsformen in das Gebiet der neuen Bundesländer zu bringen, vorangetrieben.
Einzelne Verbände konnten an bestehende Hintergrundmilieus – so bei den Kirchen – oder an analoge Strukturen – so beim Deutschen Roten Kreuz – anknüpfen; die Transformation in Richtung der westdeutschen Vorgaben war meist konfliktreich. Diese Expansion wurde durch den Sachverhalt sehr begünstigt, daß Jugendverbände und Jugendringe – als örtliche und regionale Zusammenschlüsse von Trägern der Jugendarbeit – zentrale Elemente der öffentlich-politischen Förderungsstruktur von Jugend-

arbeit in den alten Bundesländern waren (und sind) und sich in den neuen Bundesländern für den gesellschaftspolitisch indizierten Aufbau einer pluralen Struktur von Trägern von Jugendarbeit nahezu zwingend anboten. Der einsetzende, wenn auch quantitativ bescheidene Transfer von Organisationselementen, Geld und Fachleuten entfaltete seine Wirkungen vor allem auf dieser jugendpolitischen Ebene, in der Konstituierung neuer Trägerlandschaften. Jugendverbände waren bald auf Landes-, Kreis- und Stadtebene präsent; dies läßt sich an den Auflistungen von Mitgliedsverbänden der Landes- und Kreisjugendringe dokumentieren, die schon 1991 fast westliches »Niveau« aufwiesen.
Dieser Transfer von Organisationsstrukturen intermediärer Verbände erreichte im Bereich der Jugendarbeit nicht die Wucht und das Ausmaß wie im Bereich der Wohlfahrtsverbände; sowohl eigene Ressourcen als auch öffentliche Unterstützung qua institutionalisierter und öffentlich finanzierter Aufgabenbereiche – Gesundheit, Altenarbeit etc. – waren im Jugendbereich weit geringer. Erst staatliche Programme und die mittelbare Unterstützung durch Arbeitsbeschaffungsmaßnahmen brachten Entwicklungsschübe.
Die Transformation der Organisationslandschaft von der Staatsjugend in Richtung auf ein buntes Ensemble pluraler Verbände stieß auf eine starke Abwehr gegen den Verbandsgedanken einer mehr oder weniger bindenden Mitgliedschaft seitens der Jugendlichen. Dieses Muster jugendlicher Gesellung war durch das FDJ-System verbraucht; freilich zeigt es auch im Westen seit Jahren sinkende Attraktivität (vgl. Deutscher Bundesjugendring 1994). Verstärkt wurde die für Verbände negative Tendenz zur Informalisierung von Gesellungsformen unter Kindern und Jugendlichen durch das Fehlen »vororganisatorischer« Voraussetzungen für Verbände (vgl. Streeck 1987) in Form von Milieus. Weniger die Lagerungen von anderen großflächigen Milieus und Mentalitäten in der alten DDR (vgl. Vester u. a. 1993) als das Fehlen der Anschlüsse aus kleinräumigen Milieus – Familien, Schulen, Dörfern, Wohnquartieren – an Verbände ließen diese gegenüber den informellen Gesellungsformen isoliert bleiben.
Ab Mitte des Jahres 1990 kommt es zu einer Stagnation des Abbruchs von Infrastrukturen der Jugendarbeit. Eine bunte Landschaft von Initiativen, Vereinen, neuen Trägern nach westdeutschem Vorbild, zusammengefaßt zuerst in »Runden Tischen« der

Jugend, dann in Jugendringen, wird in hohem Maß von beschäftigungspolitischen Maßnahmen, vor allem Arbeitsbeschaffungsmaßnahmen, gestützt. Die expansive Politik sozialstaatlicher Kompensation der dramatischen Arbeitsplatzverluste seitens der Bundesanstalt für Arbeit führte zu einem Boom von Arbeitsbeschaffungsmaßnahmen in der Jugendarbeit. Er zeigt sich etwa in der skurrilen Situation, daß 1990/1991 in einzelnen Gemeinden bzw. Stadtteilen mehr Personen in der Jugendarbeit beschäftigt sind als zu DDR-Zeiten. So zählte das »Netzwerk Spielkultur« 1991 im Berliner Stadtteil »Prenzlauer Berg« 500 ABM-Kräfte in der Jugendarbeit (vgl. Bundesministerium für Frauen und Jugend 1994, S. 895).

Neben dieser gleichsam als Nebenfolge von Arbeitsmarkt- und Beschäftigungspolitik erzielten Konjunktur füllten fachspezifische Programme vor allem des Bundes die leere Landschaft. Hier sind vor allem das »Jugendpolitische Programm des Bundes für den Aus- und Aufbau freier Träger der Jugendhilfe in den neuen Bundesländern« (AFT) und das »Aktionsprogramm gegen Aggression und Gewalt« (AgAG) zu nennen. Das AFT stellt freien Trägern schon längst geforderte Ressourcen zur Verfügung: Ab dem Frühjahr 1992 werden mit einem Gesamtvolumen von 50 Mio. DM flächendeckende örtliche Einrichtungen der Jugendarbeit, Motivierungs-, Fortbildungs- und Qualifizierungsmaßnahmen für MitarbeiterInnen gefördert: Ein Netz von 128 regionalen Kontaktstellen mit 141 Mitarbeitern und Mitarbeiterinnen und ca. 70 Tutoren und Tutorinnen bei 63 bundeszentralen Trägern soll für die Infrastruktur und kontinuierliche Begleitung der Aufbauprozesse sorgen. Nach Anlaufschwierigkeiten, die vor allem den fehlenden Kooperanden und Abstimmungsschwierigkeiten der überforderten öffentlichen Verwaltung geschuldet waren, zeitigt das AFT Erfolge. Der heftige Streit um die Fortsetzung des Programms über 1997 hinaus belegt dessen Bedeutung für die Szene der freien Träger.

Thematisch fixiert auf Projekte mit »gewaltbereiten« Jugendlichen ist das »Aktionsprogramm gegen Aggression und Gewalt« der Bunderegierung. Damit wurde einer nachfrageinduzierten, an der Lage von Kindern und Jugendlichen festgemachten Problemstellung Rechnung getragen. Gegenüber vielen anderen Problemstellungen – einer Zunahme von Streß und Steßsituationen (vgl. Hurrelmann/Pollmer 1992), geringer politischer Bindungsfähig-

keit von Institutionen und Beteiligungsformen (vgl. Jugendwerk der Deutschen Shell 1992; Kühnel 1992; Deutsches Jugendinstitut 1992) und vieles mehr – erbrachten allein die Gewalttaten gegen Fremde politisch ausreichenden Legitimationsdruck. In 30 ausgewählten Projektregionen werden seit 1992 mit einem jährlichen Volumen von 20 Mio. DM ca. 140 Projekte gefördert, deren Spektrum von offener Jugendarbeit, Straßensozialarbeit, Jugendsozialarbeit bis hin zu museumspädagogischen Ansätzen reicht (vgl. Aktionsprogramm gegen Aggression und Gewalt 1993). Eine differenzierte Infrastruktur ist für die Beratung der Projekte und die Fortbildung der MitarbeiterInnen aufgebaut worden.
Der gewaltpräventive Erfolg des AgAG ist angesichts der Komplexität des Ausgangsphänomens »Gewalt« wie der Beschränktheit und Kontingenz sozialpädagogischer Ansätze offen. Für die Förderung unterschiedlicher Träger, auch der Jugendverbände, hat das Programm unabhängig von seiner thematischen Fokussierung positive Effekte, die freilich auch durch die zeitliche Begrenztheit wieder gefährdet sind.

4. Die gegenwärtige Lage der Jugendverbände

Die gegenwärtige Situation der Jugendverbände ist durch die Gegenläufigkeit von Trends auf den verschiedenen Ebenen, auf denen Jugendverbände agieren, gekennzeichnet.
Auf der jugendpolitischen Ebene der Landesjugendringe wie der Stadt- und Kreisjugendringe läßt sich von einer hohen Präsenz sprechen. Sie ist von Förderungsprogrammen abhängig, schlägt sich so nur wenig in Konfliktfähigkeit nieder. So nimmt Jugendarbeit im Rahmen der regelgeförderten Einrichtungen und Maßnahmen der Jugendhilfe in den neuen Bundesländern nur einen bescheidenen Platz ein. Dies läßt sich an den Finanzen zeigen: Nur 2,7% des Etats von Jugendämtern in den neuen Bundesländern sind für Jugendarbeit reserviert; in den alten Bundesländern sind dies 9% (vgl. Deutsches Jugendinstitut 1993). Dies zeigt sich auch am Personal: »in Jugendarbeits-Einrichtungen in den alten Bundesländern arbeiten 6,8% der Jugendhilfe-Mitarbeiter, in den neuen Bundesländern nur 0,9%« (Bundesministerium für Frauen und Jugend 1994, S. 902).
Differenzierte Bilder ergeben sich auf der Ebene alltäglicher Ju-

gendarbeit mit Kindern und Jugendlichen in den Gemeinden und Stadtteilen. Erfahrungsberichte und Forschungsergebnisse (vgl. Bundesministerium für Frauen und Jugend 1994; Jugendwerk der Deutschen Shell 1992) zeigen eine geringe Beteiligung von Jugendlichen an Verbänden und Vereinen. Sie liegt nach der Shell-Studie je nach verwendeter Kategorie deutlich unter 10% (konfessionelle Jugendgruppen 3%, jugendspezifische Organisationen 4%). Spätere Untersuchungen bestätigen auch im Trend die deutlich geringere Beteiligung ostdeutscher Jugendlicher an Vereinen und Verbänden (vgl. Institut für praxisorientierte Sozialforschung 1993). Sportvereine bilden im Osten wie im Westen die Ausnahme. 42% bzw. 7% der befragten 13- bis 29-jährigen gaben an, Sport- bzw. Turnvereinen anzugehören (vgl. Jugendwerk der Deutschen Shell 1992, S. 201). Freilich erschöpfen sich, wie an einem Fallbeispiel zu zeigen sein wird, die Leistungen der Verbände längst nicht mehr im Grad ohnehin aufgeweichter Mitgliedschaftsformen (vgl. Rauschenbach 1994).

Nur wenigen Verbänden ist es, wiederum regional differenziert, gelungen, ihre meist mit öffentlichen Geldern und professionellen Arbeitskapazitäten aufgebauten Strukturen von unten zu beleben. Das Paradox des Versuches einer Konstituierung »gemeinschaftlichen« Engagements mit Mitteln des Staates: Recht, Geld und Organisation, kennzeichend für die neuen Bundesländer, zeigt sich auch hier.

Die Phase der ersten Zeit nach der Wende war auch eine Zeit gesellschaftlichen Experimentierens, eine Phase spontaner, von Gruppen und Initiativen, engagierten Erwachsenen und Jugendlichen gegründeter Initiativen (vgl. Krafft 1994), die stärker als die mit Mitteln von professioneller Arbeit, Geld und Organisation implementierten Verbände Impulse von Selbstorgansation verkörperten. Ihre Schwierigkeiten lagen – im Gegensatz zu den Verbänden – in Institutionalisierungprozessen. Eine Würdigung dieser von vielen Fachleuten der Jugendarbeit emphatisch erlebten und erinnerten Experimentierphase unter Aspekten der aktuellen Vitalität der Verbandsidee steht noch aus.

Jugendverbände haben zudem in den neuen Bundesländern mit einer konkurrierenden, staatlich gewährleisteten Infrastruktur zu tun: Etwa für die Hälfte der Schulkinder von 6 bis 12, die zunehmend »Kunden« der Verbandsarbeit werden, steht trotz quantitativer Einbrüche ein Hortplatz zur Verfügung (vgl. Bundesministerium für Frauen und Jugend 1994, S. 1007). Trotz aller Kritik an Ausstattung und sozialpädagogischem Profil stellen Horte somit eine dominante Form wohlfahrtsstaatlicher Versorgung in dieser Lebensphase dar. Zudem scheinen sich zunächst abgebaute schulische Formen der Freizeitangebote wieder zu mehren; ein Bereich, der mit Jugendverbänden auch in den alten Bundesländern zunehmend konkurriert (vgl. Brenner/Nörber 1993).

Jugendverbände in einer Stadt: ein Kurzportrait. Wie sich die Situation von Jugendverbänden nun vor Ort darstellt, soll am Beispiel einer mittelgroßen Stadt (ca. 60 000 Einwohner, Kreisstadt) kurz porträtiert werden.[2]

Jugendarbeit wird von den Kirchengemeinden, Jugendverbänden, Vereinen und Initiativen getragen. Einige Jugendverbände fallen als besonders aktiv auf: die Sozialistische Jugend Deutschlands – die Falken, das Jugendwerk der Arbeiterwohlfahrt, die Jugend des Deutschen Roten Kreuzes, die Interessenvereinigung für humanistische Jugendweihe und Jugendarbeit e.V.

Im Bereich evangelischer Jugendarbeit dominieren Gruppen und Projekte in den Gemeinden und bei den Freikirchen; Verbände sind – mit Ausnahme des Christlichen Vereins Junger Menschen – kaum anzutreffen. Dies gilt auch für die weit schwächer vertretene katholische Kirche. Es gibt einen Dekanatsverband des Bundes der Deutschen Katholischen Jugend; in einer Gemeinde das Jugendwerk Don Bosco; Jugendarbeit läuft weitgehend über die Pfarrgemeinden. Die traditionellen katholischen Jugendverbände sind nicht vertreten. Auch andere Verbände aus dem breiten Spektrum westdeutscher Jugendverbände findet man nicht. Der Sport bildet eine Ausnahme. Sport findet – neben dem Schulsport – vorwiegend in Vereinen statt. Die Sportjugend ist über die einzelnen Vereine hinaus auch auf Kreisebene tätig.

Um einen noch konkreteren Eindruck der Wirklichkeit der Jugendverbände zu vermitteln, sollen zwei Verbände näher betrachtet werden. Der Traditionsverband der »Falken« (Sozialistische Jugend Deutschlands, SJD) ist seit 1992 in der Stadt aktiv. Die Falken haben 25-30 Mitglieder, einen ehrenamtlichen Vorstand,

2 Die Daten stammen aus einer Fallstudie über Jugendhilfeentwicklung in mehreren Landkreisen Sachsens und Sachsen-Anhalts. Ich danke Ragna Melzer herzlich für ihre Unterstützung bei den Recherchen.

darüber hinaus keine ehrenamtlichen Mitarbeiter. Sie beschäftigen über § 249h des Arbeitsförderungsgesetzes 6 hauptamtliche Mitarbeiter und Mitarbeiterinnen, die ein breites Angebot bereithalten:

(a) eine Jugendfreizeitstätte in einem Neubaugebiet; sie wurde von der Stadt übernommen. Mit ihr wollen die »Falken« einen Raum für Kinder und Jugendliche offenhalten, alternative Angebote zur Freizeitgestaltung machen, z. B. Naturbasteleien, Kochen und Backen, Schreibmaschinenkurse, daneben Tischtennis, Billard, Fußball; auch Vorträge, lebenspraktische Kurse finden statt;
(b) ein Spiel- und Infomobil, das einmal in der Woche auf Spielplätzen der umliegenden Dörfer kostenlose Angebote macht und auch zu Volksfesten und Feiern im weiteren Umkreis vermietet wird;
(c) Ferienfreizeiten und Ferienfahrten wie Wochenendseminare. Mitgliederwerbung und politische Arbeit stehen eher im Hintergrund.

Als neuer, regional sehr bedeutsamer Typ eines Verbandes *für* Jugendliche kann die Interessenvereinigung humanistischer Jugendweihe und Jugendarbeit e.V. gelten. Sie ist Mitglied des Landesjugendrings, nach dem Kinder- und Jugendhilfegesetz anerkannter Träger der Jugendhilfe, gemeinnütziger Verein, hat 80 Mitglieder, im Durchschnitt 40 Jahre alt, einen ehrenamtlichen Vorstand, verfügt über eine Geschäftsführerin und zwei geringfügig Beschäftigte in anderen Städten des Kreises. Der Kern der Arbeit betrifft unmittelbar Jugendliche: die Vorbereitung und Durchführung der Jugendweihe.

1993/1994 haben 1290 Jugendliche (über die Hälfte der Alterskohorte im Landkreis insgesamt) an der Jugendweihe teilgenommen. Die Jugendweihe wird durch eine Reihe von jugendarbeitsähnlichen Veranstaltungen vorbereitet: Gesprächskreise, Informationsrunden über Liebe, Aids, Tagesfahrten, Faschingsveranstaltungen, Sommercamps, daneben auch Elternveranstaltungen. Sie haben regen Zulauf.

Aus der Jugendklubbewegung gibt es drei *Vereine* in eingemeindeten Ortsteilen, deren Mitglieder Jugendliche sind und die zusammen mit der Stadt Jugendklubs mit je einer ABM-Stelle unterhalten. Diese Jugendtreffs haben bis auf eine Ausnahme, ein kleines Jugendcafé, einen lokal und durch den jeweiligen Verein

begrenzten Nutzerkreis: Die engagierten Jugendlichen wollen eher für sich sein, die Dienstleistungsorientierung ist gering.
Es gibt in der Stadt auch *Initiativgruppen* mit jungen Leuten über 18, die aus 7-15 Personen bestehen und ein spezifisches Ziel bzw. Anliegen haben: z. B. Proberäume für eine Techno-Gruppe zu bekommen. Andere Gruppierungen verfolgen bestimmte Dienstleistungen: so ein Jugendkunstschulverein, eine Gruppe für Kinderzirkus, eine Gruppe für Erlebnissport, ein Verein, der u. a. eine Ludothek unterhält.
Die Struktur der Mitgliedschaft des Stadtjugendringes rundet den Eindruck von der Präsenz der Jugendverbände ab. Neben den erwähnten Verbänden bzw. Vereinen und Initiativen finden sich noch: die – unauffälligen – Jugendverbände der Parteien, die Jugendfeuerwehr, eine Pfadfindergruppe. Da in der Stadt ein Kinder- und Jugendbüro die Jugendarbeitsförderung organisiert, beschränken sich seine Aktivitäten auf Erfahrungsaustauch, Kooperationen der Träger werden angestrebt.

5. Warum denn Jugendverbände? Konzeptuelle Überlegungen

Wie soll man diesen Ist-Stand nun beurteilen? Wie ist zu interpretieren, daß – jenseits der Mechanismen der »Verwestlichung« – im Prozeß der Transformation Jugendverbände und nicht Ämter, kommerzielle Anbieter oder Cliquen die unterschiedlichen Aufgaben im Prozeß der »Integration« von Kindern und Jugendlichen wahrnehmen oder wahrnehmen sollen?
Um diese Frage aufzunehmen, versuche ich, gleichsam hinter den kontingenten Erscheinungsformen von Jugendverbänden einen Idealtypus von Verband herausarbeiten, der die Entwicklungen der letzten Jahrzehnte (vgl. Böhnisch/Gängler/Rauschenbach 1991) verdichtet, Merkmale berücksichtigt, die für die Situation in den neuen Bundesländern relevant sind und doch nicht nur Programmatiken wiedergibt. Die Verbände selbst sehen die ideelle Substanz, die mit dem Begriff »Jugendverband« angesprochen ist, in Selbstorganisation, in unmittelbarer Interessenvertretung, Freiwilligkeit der Teilnahme (vgl. Deutscher Bundesjugendring 1994). Über die Bedeutung von Jugendverbänden für Jugendliche selbst gibt eine biographieanalytisch angelegte Untersuchung über die

Jugendarbeit der Deutschen Lebensrettungs-Gesellschaft (vgl. Reichwein/Freund 1992) Auskunft. Verbänden kommt subjektive Bedeutung zu, wenn sie in ihren Aktivitäten und Interaktionsformen mindestens drei *Differenzen* zulassen und bearbeiten:

(a) die der Generationen; Generation steht dabei für unterschiedliche Erfahrungen, Orientierungen, Kompetenzen;

(b) die zwischen der Institution – z. B. dem Verband – und den jugendlichen Stilen und Handlungsmustern;

(c) die zwischen alltäglichen und sozialpädagogischen Handlungs- und Sinnzusammenhängen.

Ich möchte ausgehend von diesen Beiträgen in idealtypischer Verdichtung der bunten Szenen von Jugendverbänden fünf konstitutive Merkmale fixieren:

(a) Jugendverbände haben eine Struktur der Vergesellschaftung, die sie als formale Organisation kennzeichnet und sie gegenüber Szenen, Milieus oder Cliquen abhebt; damit sind eigene Formen der internen Sinn- und Handlungskonstituierung, Differenzierung, der Personalrekrutierung u. a. gegeben, die sie gegenüber ihrer Umwelt handlungsfähig machen kann.

(b) Jugendverbände enthalten ein Moment von (Selbst-)Organisation von Kindern und Jugendlichen (vgl. Schröder 1991). Es kann den Verband an altersspezifische soziokulturelle Subwelten binden und damit allgemeine Bedarfslagen aufnehmen: daß für das Gelingen des Aufwachsens in postindustriellen Gesellschaften auf der Grundlage altershomogener Sozialität ein Spektrum von sozialen Orten, Interaktionsangeboten, Gelegenheitsstrukturen notwendig ist (vgl. Schefold 1992).

(c) Jugendverbände haben daneben spezifische Traditionen, die sich in Sinndeutungssystemen (etwa der Kirchen), in Tätigkeits- und Funktionsbereichen (von Fachverbänden wie z. B. des Deutschen Jugendrotkreuzes) zeigen. Sie werden von gesellschaftlichen Akteuren repräsentiert, können in Lebensformen eingehen. Sie verfügen damit über ein eingespieltes Potential an Mustern der Lebensführung.

(d) Jugendverbände sind Teil des jugendpolitischen Systems. Sie haben einen rechtlichen Status als Träger der Jugendhilfe und verfügen über Zugänge zu Ressourcen: Räume, Geld, Austattungen für Aktivitäten.

(e) Jugendverbände verfügen über sozialpädagogische Kompetenz. Aus der jahrzehntelangen Übernahme und Einverwandlung von Innovationen aus pädagogischen Praxisfeldern – Gruppen-, Medien-, Erlebnispädagogik, aus psychosozialen Methoden, Aktionsformen aus sozialen Bewegungen – sind eigene Sinn- und Handlungspotentiale entstanden, die Werte – Selbstbestimmung, friedliche Sozialität, Beteiligung – implizieren, ein spezifisches Know-how aufweisen.

All diese Handlungsprinzipien und Ressourcen sind bei Verbänden gewiß höchst ungleich verteilt, ihre Verteilung läßt Verbandsprofile entstehen. Im Kern stellt sich ein Jugendverband als formales, auf Dauer gestelltes Handlungssystem dar, in dem Organisation, Beteiligung, Lebensweltbezug, jugendpolitischer Status und sozialpädagogische Professionalität verflochten sind. Die Spezifität der Organisationsform des Verbandes liegt in der *Kombination* dieser Kriterien. Jugendverbände inkorporieren wie intermediäre Organisationen (vgl. Evers/Winterberger 1988; Backhaus-Maul/Olk 1992) unterschiedliche Organisationsprinzipien des Staates, des Marktes und informeller Selbstversorgungsgemeinschaften; ihre wissenschaftliche Thematisierung im Rahmen wohlfahrts- und ordnungspolitischer Theorien steht freilich erst am Anfang und hat auch zu berücksichtigen, daß sie unmittelbare Vergemeinschaftungsformen darstellen.

Die Struktur von Kombinationen, die Verbände kennzeichnen, sind nie widerspruchsfrei. Konflikte zwischen Beteiligung und Professionalität, zwischen formaler Organisation und Gruppenkultur, zwischen wohlfahrtsstaatlicher Umwelt und Eigenleben u.a sind gleichsam das Basisskript eines in der Regel konfliktreichen Binnenlebens der Verbände, sie werden seit Jahrzehnten erlebt und thematisiert. Sie spiegeln auf gesellschaftlicher Meso-Ebene Konflikte in der Integration von Kindern und Jugendlichen in das gesellschaftliche Institutionensystem. Im Rahmen des skizzierten Idealtyps eines Jugendverbandes sollen die allgemeinen wie fallbezogenen Befunde über die Situation der Jugendverbände in den neuen Bundesländern interpretiert werden.

Der klassische Verband, der auf der Grundlage einer festen Mitgliedschaft in stabilen Formen der Gruppe, verfaßter Gremien und Repräsentationsformen arbeitet, ist kaum anzutreffen. Jugendverbände haben ihre organisatorischen Kerne in hauptamtlich Angestellten wie in ehrenamtlichen Funktionären. Die Bereitschaft von Jugendlichen, Mitglieder eines Verbandes zu werden und sich an der innerverbandlichen Reproduktionsarbeit zu beteiligen, ist sehr beschränkt. Jugendverbände scheinen als Partizipationsformen und Terrains ehrenamtlichen Engagements wenig akzeptiert.

Motive und Formen der Selbstorganisation finden sich eher in kleinräumigen Zusammenhängen, ausgehend von Dörfern, Stadtteilen, von Cliquen und alltagskulturellen Traditionen. Sie kristallisieren sich in Initiativen, wenn »Erwachsene« hinzukommen oder rechtliche Handlungsfähigkeit gegenüber Kommunen verlangt ist; dann meist in Vereinen. Sie haben konkrekte Anlässe: Räume für das eigene Musikmachen zu bekommen, das Interesse, einen vertrauten Jugendtreff zu erhalten.

Auch die Situation im kirchlichen Bereich bringt Evidenz für die These, daß eine Milieuprägung – wenn auch unterschiedlicher Struktur – eher für Selbstversorgungsformen und für eine begrenzte Dienstleistungsbereitschaft spricht. Insbesondere die in der alten DDR gewachsenen Organisationsformen und Mentalitäten sperren sich gegen eine universalistische Kundenorientierung, wie sie mit Dienstleistungsproduktion verbunden ist.

Jugendverbände ebenso wie die Jugendwerke großer Wohlfahrtsverbände und Institutionen fungieren als ein Organisationsmuster, das in der Tradition westdeutscher Wohlfahrtsproduktion in der Jugendhilfe steht und an die Regulierungen des Kinder- und Jugendhilfegesetzes (KJHG) gebunden ist. Jugendverbände haben in diesem Rahmen Dienstleistungsaufgaben übernommen. Sie sind damit Träger einer Jugendarbeit, die nur noch lose an die soziale Lage einer ohnehin ausgedünnten Mitgliedschaft angekoppelt ist. Die Beziehungen zum Staat, konkreter: zu den kommunalen Politikstrategien und zum jugendpolitischen Förderungssystem, prägt die Aufgabenstruktur. Bedarfs- und Problemlagen der Kunden- und Klientengruppen kommen stärker über die professionellen Deutungen von haupt- und nebenamtlich Beschäftigten in den Blick.

Eine besondere Bedeutung hat die mittelbare Förderung der Träger durch die Maßnahmen im Rahmen des Arbeitsförderungsgesetzes. Sie zeitigt als Nebenfolge eine Tendenz zur Institutionalisierung und Dienstleistungsorientierung der Verbände, ohne den damit verbundenen Strukturwandel auf Dauer stellen zu können. Auch Stadt- und Kreisjugendringe stehen in diesem förderungspolitischen Zusammenhang. Angesichts der dort repräsentierten heterogenen Trägerlandschaften finden sich wünschenswerte syn-

ergetische Effekte der Kooperation über die Förderungsfunktionen hinaus eher spärlich.
Stärker als die Selbstorganisationsimpulse von Jugendlichen scheinen die aus Gruppen von Erwachsenen, die ehemalige Fraktionen der »Intelligenz« der alten DDR, etwa aus dem Kulturbereich verkörpern, ebenso engagierte, mit Jugendarbeit befaßte Lehrer und Lehrerinnen. Diese Gruppen, die sich in lokalen Szenen verdichten, übernehmen – auch im eigenen Interesse – anwaltschaftliche Funktionen, die in den alten Bundesländern Gruppen im Umkreis professioneller sozialer Arbeit und ihrer Institutionen haben. Sie bilden, zusammen mit Jugendlichen, neue »Verbände«, die regional begrenzt sind.
Insgesamt sind diese Sachverhalte durchgängig unter das Vorzeichen einer starken lokalen und regionalen Differenzierung zu setzen. Die Bedeutung von Jugendverbänden in Gemeinden ebenso wie ihre Strukturen im einzelnen variieren von Ort zu Ort; Orts- und Kreisgliederungen gleicher Verbandszugehörigkeit unterscheiden sich. Darin schlagen sich kontingente Umweltbedingungen nieder: signifikante einzelne Personen, lokale Szenen, politische Kräfteverhältnisse in Gemeinden, periodische Förderungschancen. Sie veranlassen Jugendverbände, in hohem Maße mit ihren externen Chancenstrukturen zu interagieren. Dafür sind interne Kompetenzen an engagierten Ehrenamtlichen und fachlichem Personal erforderlich. Sie stellen möglicherweise den entscheidenden Faktor in den unterschiedlichen Verbandsbiographien dar.

6. Jugendverbände: Beispiele für offene Integrationsformen zwischen Gesellschaft und junger Generation?

Das Spezifikum von Jugendverbandsarbeit liegt darin, mit Aussicht auf Erfolg formale Organisation, Beteiligung, Wertebezug, wohlfahrtsstaatliche Ressourcen und sozialpädagogisches Knowhow immer wieder kombinieren zu können. Daß die Mischung dieser Handlungsprinzipien und Ressourcen wichtig ist, belegen Mißerfolge von Jugendpolitik seit der Wende; sie lassen sich geradezu als mißlungene Vermittlung rekonstruieren.
So sind viele Mittel, die über die Arbeitsämter etwa in »Existenzgründungsgesellschaften«, ohne eine Grundlage sozialpädagogi-

schen Könnens und ohne Bezüge zu informellen, lokalen Jugendszenen geflossen sind, verpufft. In dieser verbreiteten Misere spiegeln sich auch die Ungleichzeitigkeiten, mit denen Struktur- und Förderungspolitik seit der Wende konfrontiert war. Andererseits finden sich viele unbekannte Bedarfslagen nach Geselligkeit, Räumen, *action* etc., viele leergelaufene Handlungsimpulse und -ansätze unter Jugendlichen, viele kleine Initiativen in den Stadtteilen, in den Schulen, auf den Dörfern, die mit einer behutsamen Unterstützung durch Geld und Beratung sich hätten entwickeln und verstetigen können.

Institutionen und Erwachsenenverbände leiden strukturell an einem Defizit sozialpädagogischer Kompetenz. Der weite, wenn auch differenzierte Bereich der Horte ist hier vor allem zu nennen. Eine »Modernisierung« von Hortarbeit im Sinne des umfangreichen Repertoires sozialpädagogischer Arbeit würde die Möglichkeiten dieser Form halböffentlicher Betreuung von Kindern erst zur Geltung bringen. Ähnliches gilt für den Bereich von beispielsweise Fachverbänden, Sportvereinen oder politischen Parteien. »Erwachsene«, die unter anderen kulturellen Randbedingungen für Jugendliche durchaus attraktive Güter erworben haben – Musik machen können, Segeln, Leben retten, Feuerlöschen –, scheitern in ihrem Anliegen der Tradierung an ihrer biographischen und milieubezogenen Eingebundenheit, die in der Regel wenig reflektiert bleibt und kaum alternative Handlungsmöglichkeiten entwickeln kann. Umgekehrt bleiben Jugendliche an den soziokulturellen Verpackungen gewünschter Gebrauchswerte hängen.

Der oben skizzierte Idealtypus eines Jugendverbandes weist über die jugendpolitische Diskussion hinaus. Viele Formen der Integration von Jugendlichen in das Institutionen- und Korporationssystem der Gesellschaft gerade in den neuen Bundesländern leiden an einem Defizit an reflexiver Modernität, das sich – von Fall zu Fall sehr unterschiedlich und widersprüchlich – im Fehlen von Beteiligung, rationaler Organisation, Gesellungskultur etc. zeigt. Es gibt Orte und Prozesse im Alltag von Jugendlichen, an denen die Interpenetration der Handlungsprinzipien und die Kombination von Ressourcen Entwicklungspotential einer Gesellschaft werden könnte, die in der Integration ihres Nachwuchses vor großen Herausforderungen steht. Dazu einige Hinweise.

Der Zerfall der alten FDJ-Infrastruktur hat eine Privatisierung von *Gesellungsformen* freigesetzt, Cliquen, Gruppen, Initiativen, auch Beispiele »nicht-öffentlicher Jugendarbeit« wie Fan-Clubs, rechte Gruppierungen, Techno-Szenen, neuen religiösen Bewegungen und vieles andere. Nach der Entgrenzung einer ganzen Gesellschaft scheinen *Milieus* in ihren Eigenschaften, Komplexität zu begrenzen, existentiell wichtig, ungeachtet der Inhalte ihrer Normalisierungsleistungen. Es wäre vermessen, diese Formen jugendlicher Selbst- und Fremdorganisation sozialstaatlich durch Unterfütterung zu befrieden oder »sozialpädagogisieren« zu wollen. Andererseits rekurriert jede Form aufgeklärter Auseinandersetzung mit diesen Gruppen auf wohlfahrtspolitische Prinzipien und sozialpädagogische Orientierungen und Methoden. Das »Aktionsprogramm gegen Aggression und Gewalt« ist dafür ein Beispiel.

Nach dem Ende durchstaatlichter Integrationskontexte zwischen den Generationen ist die *»Bürgergesellschaft«* gefordert, doch sie tut sich schwer. Insbesondere intermediäre Organisationen, deren Transformation bzw. Entwicklung in den neuen Bundesländern ansteht: die Kirchen, die Parteien und andere politische Gruppierungen, die Sportvereine, die Fachverbände u. a., haben ein selbstbegründetes Interesse an der jungen Generation, wie im Gegenzug junge Leute differenzierte Interessen haben, mitzumachen. Diese Interessen sind freilich in eigene Vorstellungen von Gemeinde, von ehrenamtlicher Tätigkeit einverwandelt und spiegeln selten die Gegebenheiten und Traditionen der Organisationen. Gegenüber der alten DDR-Tradition der Massenorganisationen haben die intermediären Organisationen ihren Umgang mit Jugendlichen neu zu reflektieren und zu organisieren: »doppelte Milieus« (vgl. Gängler 1988) zu schaffen, in denen Jugendliche sich wohl fühlen können und zugleich den gewünschten Anschluß an die »Erwachsenenwelt« erhalten.

Die Dringlichkeit der Aufgabe des Sozialstaates, *Räume und Gelegenheitsstrukturen* für Jugendliche verfügbar zu machen, ist unbestritten. Die Mittel dafür sind beschränkt, der Ausgleich lokaler und regionaler Disparitäten fällt schwer. Diese infrastrukturelle Aufgabe erschöpft sich nicht in Zuschüssen zu Mietverträgen und Baumaßnahmen. Die Präsenz des kulturellen Potentials in den Räumen macht Jugendarbeit aus. Nicht umsonst finden wir in den neuen Bundesländern regionale Konjunkturen mobiler, aufsuchender Formen der Jugendarbeit.

Die oben genannten Beispiele weisen auf ein Defizit an Vermittlung von Ressourcen; daß dahinter Defizite an Ressourcen überhaupt stehen mögen, ist oft deutlich gemacht worden. Mit der FDJ als Repräsentantin des alten Herrschaftssystems ist auch eine spezifische Form der Integration junger Generationen in das bestehende Werte- und Institutionensystem verschwunden. Vor diesem historischen Hintergrund und unter Bedingungen einer postmodernen, pluralen, Chancen eröffnenden und verweigernden Gesellschaft wird eine im Ergebnis offene, Wertesysteme und Institutionen in Frage stellende Integration der jungen Generationen faktisches Thema einer vielfältigen Gesellschaftspolitik, auch wenn dies Thema in der Eigenlogik der gesellschaftlichen und politischen Teilbereiche weitgehend latent bleibt. Jugendverbände hätten in dieser Gesellschaftspolitik mehr Aufgaben, als sie gegenwärtig aus internen und externen Bedingungen heraus wahrnehmen können.

Literatur

Aktionsprogramm gegen Aggression und Gewalt (Hg.): Zwischenbericht 1993, Institut für Sozialpädagogik und Sozialarbeit, Frankfurt a. M. 1993.

Backhaus-Maul, H./Olk, Th.: Intermediäre Organisationen als Gegenstand sozialwissenschaftlicher Forschung. Theoretische Überlegungen und erste empirische Befunde am Beispiel des Aufbaus von intermediären Organisationen in den neuen Bundesländern, in: Schmähl, W. (Hg), Sozialpolitik im Prozeß der deutschen Vereinigung, Frankfurt a. M. und New York 1992, S. 90-131.

Behnken, I./Zinnecker, J.: Vom Kind zum Jugendlichen. Statuspassagen von Schülern und Schülerinnen in Ost und West, in: Büchner, P./Krüger, H.-H. (Hg.), Aufwachsen hüben und drüben, Opladen 1991, S. 33-56.

Böhnisch, L./Münchmeier, R.: Wozu Jugendarbeit? Weinheim und München 1987.

Böhnisch, L./Gängler, H./Rauschenbach, Th. (Hg.): Handbuch Jugendverbände, Weinheim und München 1991.

Brenner, G./Nörber, M. (Hg.): Jugendarbeit und Schule, Weinheim und München 1993.

Büchner, P./Fuhs, B./Krüger, H.-H.: Kinderalltag und Kinderfreizeit in Ost- und Westdeutschland, in: deutsche jugend, 41. Jg., 1993, S. 31-41.

Bundesministerium für Frauen und Jugend (Hg.): Neunter Jugendbericht, Ms., Bonn 1994.
Deiniger, M.: Einrichtungen der Jugendhilfe in den neuen Bundesländern und Berlin Ost 1991, in: Wirtschaft und Statistik, 35. Jg., 1993, Heft 4, S. 263-292.
Deutscher Bundesjugendring (Hg.): Jugendverbände im Spagat. Zwischen Erlebnis und Partizipation, Münster 1994.
Evers, A./Wintersberger, H. (Hg.): Shifts in the Welfare Mix. Their impact on work, social services and welfare policies, Wien 1988.
Gängler, H.: Ehrenamt im Jugendalter, in: Müller, S./Rauschenbach, Th. (Hg.), Das soziale Ehrenamt, Weinheim und München 1988, S. 127-134.
Giessmann, B.: Jugendliche an den Schulen – ein Leben als Schüler und Mitglied der FDJ, in: Jugendwerk der Deutschen Shell (Hg.), Jugend '92, Band 3: Die neuen Länder, Opladen 1992, S. 89-110.
Giessen, B./Leggewie, C. (Hg.): Experiment Vereinigung. Ein sozialer Großversuch, Berlin 1991.
Goffman, E.: Asyle. Über die soziale Situation psychiatrischer Patienten und anderer Insassen, Frankfurt a. M. 1973.
Hennig, W./Friedrich, W. (Hg.): Jugend in der DDR. Daten und Ergebnisse der Jugendforschung vor der Wende, Weinheim und München 1991.
Hurrelmann, K./Pollmer, K.: Neue Chancen oder neue Risiken für Jugendliche in Ostdeutschand? Eine vergleichende Studie zur Streßbelastung sächsischer und nordrhein-westfälischer Schüler, in: Zeitschrift für Erziehungssoziologie und Sozialisationsforschung, 12. Jg., 1992, S. 91-104.
Institut für praxisorientierte Sozialforschung (IPOS) (Hg.): Jugendliche und junge Erwachsene in Deutschland. Bericht, Mannheim 1993.
Jugendwerk der Deutschen Shell (Hg.): Jugend '92. Lebenslagen, Orientierungen und Entwicklungsperspektiven im vereinigten Deutschland, 4 Bände, Hamburg 1992.
Krafft, E.: Initiativen in den neuen Bundesländern, in: Jugendhilfe, 23. Jg., 1994, Heft 6, S. 3-12.
Kühnel, W.: Der Lebenszusammenhang DDR-Jugendlicher im Spannungsfeld von institutioneller Verregelung und alltagskultureller Modernisierung, in: Sozialisation im Sozialismus. Lebensbedingungen in der DDR im Umbruch, 1. Beiheft der Zeitschrift für Sozialisationsforschung und Erziehungssoziologie, Weinheim 1990, S. 105-113.
Orians, W.: Kein Zug nach Nirgendwo. Jugendarbeit in Magdeburg, in: Jugendpolitik, 1991, Heft 3, S. 18-20.
Rauschenbach, Th.: Jugendverbände im Spagat – zwischen (alter) Programmatik und (neuer) Funktion, in: Deutscher Bundesjugendring (Hg.), Jugendverbände im Spagat. Zwischen Erlebnis und Partizipation, Münster 1994, S. 12-26.

Reichwein, S./Freund, Th.: Karriere, action, Lebenshilfe, Opladen 1992.

Schefold, W.: Das Projekt Sozialpädagogik. Beiträge zu einer sozialwissenschaftlichen Fundierung der Sozialpädagogik, Ms., Deutsches Jugendinstitut, München 1992.

Schröder, A.: Jugendgruppe und Kulturwandel. Die Bedeutung von Gruppenarbeit in der Adoleszenz, Frankfurt a. M. 1991.

Streeck, W.: Vielfalt und Interdependenz. Überlegungen zur Rolle von intermediären Organisationen in sich ändernden Umwelten, in: Kölner Zeitschrift für Soziologie und Sozialpsychologie, 39. Jg., 1987, Heft 3, S. 471-495.

Thomas, M.: Abbruch und Aufbruch, Berlin 1993.

Ullrich, G.: Zur Situation der Jugendhilfe in Leipzig, in: Aus Politik und Zeitgeschichte, 38. Jg., 1992, S. 29-35.

Vester, M., u. a. (Hg.): Soziale Milieus im gesellschaftlichen Strukturwandel. Zwischen Integration und Anpassung, Köln 1993.

Wensierski, H.-J. v.: Mit uns ziehen die alten Zeiten: Die Mythologie der staatlichen Jugendkultur der DDR, in: Neue Praxis, 22. Jg., 1992, Heft 6, S. 484-503.

Wiezopolski, G.: Jugendarbeit in Pankow. Eigenverlag, Berlin 1993.

Zilch, D.: FDJ – Die »Last« der Vergangenheit, in: Gotschlich, H. u. a. (Hg.), Kinder und Jugendliche aus der DDR. Jugendhilfe in den neuen Bundesländern, Berlin 1991, S. 50-54.

Josef Schmid
Wohlfahrtsverbände in Westeuropa
Zur Bedeutung nationaler Entwicklungspfade in der Sozialpolitik

Vorbemerkung: Cavet eines Komparatisten

Berichte aus fremden Ländern rufen beim Leser häufig ambivalente Erwartungen hervor, die Lewis Carroll in *Alice im Wunderland* einmal so beschrieben hat: »Erkläre das alles erst einmal, sagte die Falsche Suppenschildkröte. Nein! Zuerst die Erlebnisse, sagte der Greif ungeduldig, Erklärungen brauchen immer so furchtbar lange.« Sozialwissenschaftliche Komparatistik strebt nach Definitionen, Klassifikationen und kausalen Zusammenhängen und weniger nach neuen Informationen über andere Länder. Sie verwendet insbesondere Variablen statt Eigennamen, um ein Postulat aus einem Klassiker der vergleichenden Methodologie (vgl. Przeworski/Teune 1970) aufzunehmen. Auch und gerade der Versuch, Wohlfahrtsverbände in mehreren Ländern zu untersuchen, erfordert eine solide theoretische und methodische Basis, sonst driftet der Vergleich leicht in eine opake *tour d'horizon* ab – reich an interessanten Erlebnissen, aber arm an fundierten wissenschaftlichen Erklärungen.

Im folgenden wird die kontroverse Diskussion über Konvergenz oder Divergenz der gesellschaftlichen Grundstrukturen westeuropäischer Länder aufgenommen und hinsichtlich ihrer Konsequenzen für Wohlfahrtsverbände fortgeführt. Für die Jugendverbände (vgl. Böhnisch u.a. 1991) gilt zwar teilweise ähnliches, gleichwohl sind hier einige Rahmenbedingungen so unterschiedlich, daß sich eine parallele Darstellung verbietet. Sodann werden die deutschen Wohlfahrtsverbände in einem ersten Zugriff anderen Fällen gegenübergestellt und auf ihre nationalen Besonderheiten hin analysiert. Ferner wird die Frage nach der internationalen Vergleichbarkeit von Wohlfahrtsverbänden methodisch beleuchtet und in konzeptioneller Hinsicht präzisiert. Diese dezidierte Betonung von Methodenfragen ist nicht zuletzt deshalb notwendig, weil zwar eine Fülle von Darstellungen und Erklärungsansätzen zur nationalen Ebene vorliegen, aber keine im strengen Sinne vergleichenden Arbeiten – bestenfalls Sammelbände mit einer Reihe von Länderkapiteln. Schließlich erfolgt die Darstellung erster Ergebnisse einer (laufenden) Untersuchung zum Roten Kreuz und zu Caritasverbänden in westlichen Ländern, wobei hier ein variablenorientiertes, hypothesentestendes Verfahren und keine Beschreibung der Verbände in einzelnen Ländern angestrebt wird.

1. Konvergenz oder Divergenz westeuropäischer Systeme

1.1 Auf dem Weg zu einer europäischen Gesellschaft?

Ob sich die westeuropäischen Länder im Laufe ihrer jüngeren Geschichte mehr oder weniger ähnlich geworden sind, ist ohne Zweifel keine rein lebensfremde, akademische Frage. Je nachdem, wie sie beantwortet wird, ergeben sich für die sozialwissenschaftliche Forschung und die politische Praxis die entsprechenden Auswirkungen. Dies zeigt sich besonders an den folgenden hypothetischen Überlegungen: (a) Eine hohe Ähnlichkeit in den sozialen, ökonomischen und politischen Grundstrukturen der europäischen Länder würde eine europäische Integration und eine Staatenbildung der Europäischen Union erleichtern. (b) Bei den bekannten historischen Unterschieden in den Startbedingungen würde eine deutliche Annäherung dieser gesellschaftlichen Strukturen zugleich ihre beachtliche Veränderungsfähigkeit indizieren. (c) Zur Erklärung der geringen Unterschiede und ihrer Entwicklung würden sich besonders konvergenz- und modernisierungstheoretische Ansätze empfehlen. (Diese Überlegungen lassen sich natürlich auch in umgekehrter Argumentationsrichtung divergenztheoretisch formulieren.)
Der Sozialhistoriker Hartmut Kaelble (1987) hat eine solche konvergenzorientierte Interpretation der europäischen Geschichte der letzten hundert Jahre vorgelegt. Insbesondere die fortschreitende Industrialisierung hat seines Erachtens als Hobel funktioniert und nationale Unterschiede früherer Epochen massiv verringert. Aber auch die unterschiedlichen Startpositionen und Sonderbedingungen in den Nationen haben sich abgeschliffen

und üben spätestens seit dem Zweiten Weltkrieg keine nennenswerten Einflüsse mehr aus. Kurzum: Die europäischen Länder bilden, bezogen auf ihre konstitutiven Merkmale, eine Gesellschaft. Konkurrenzdemokratie, Marktwirtschaft und Wohlstandsgesellschaft mit Wohlfahrtsstaat und Massenkonsum, sowie weitere Sozialstrukturen (Familie, Beschäftigung, Urbanisierung etc.) sind im Rahmen umfassender Modernisierungsprozesse in analoger Weise in allen Ländern Westeuropas entstanden. Nationale Unterschiede sind in dieser verbreiteten theoretischen Perspektive nicht (mehr) vorhanden oder zumindest nicht von politisch-sozialer Relevanz, wie beispielsweise die verbliebenen Monarchien, die lediglich noch zu den »würdigen« Teilen (Walter Bagehot) einer modernen Verfassung gehören.[1]
Auch Vertreter der neueren Organisationsforschung sprechen in Anlehnung an Max Weber vom »ehernen Gehäuse« der Bürokratie in Staat und Wirtschaft sowie zwischen den beiden Sektoren (vgl. DiMaggio/Powell 1991). Moderne Organisationen werden sich immer ähnlicher, und Bürokratie bildet das ihnen gemeinsame formale Charakteristikum. Die derart massiv begrenzte Vielfalt an Organisationsformen ist mittlerweile vorwiegend als ein institutioneller Effekt zu interpretieren. Diese »Isomorphie« entsteht durch politisch-rechtliche Einflüsse, durch Nachahmung und Diffusion sowie durch Professionalisierung und bewirkt die Angleichung der Organisationsstrukturen unabhängig von ihrer Aufgabe und Herkunft. Die beachtliche strukturelle Homogenität von Organisationen erzeugt jedoch den paradoxen Effekt, daß Effizienz, Rationalität und Funktionalität deutlich eingeschränkt sind, zugleich aber eine hohe institutionelle Verankerung und Stabilität existiert. So entstehen eng verflochtene interorganisatorische Felder mit hohem Anpassungs- und Konformitätsdruck bzw. hoher Autonomie gegenüber ihrer differenzierten gesellschaftlichen Basis (individuelle Mitglieder, sozialmoralische Milieus, politische Weltanschauungen usw.).
Diese kurzen allgemeinen Vorüberlegungen sind für die Wohlfahrts- und Jugendverbändeforschung deshalb wichtig, weil sie

1 Zu beachten ist jedoch, daß sich diese Art von Aussagen hauptsächlich auf die Grundstrukturen und die Typik einer Gesellschaftsformation beziehen und weniger auf (leichter meßbare) Einzelindikatoren, wie sie die Gegenposition heranzieht.

die These einer Entwicklung von der »Wertegemeinschaft zum Dienstleistungsunternehmen« nachhaltig unterstützen und nationale Besonderheiten in den Bereich der historischen Forschung plazieren würden. Für einen vergleichenden Blick in die anderen westeuropäischen Länder bedeutet dies – die Richtigkeit der Thesen einmal unterstellt –, daß grosso modo von folgenden Sachverhalten auszugehen ist:

- Es kommt in den meisten westeuropäischen Ländern zu parallelen Reaktionsmustern auf die Umbrüche und die Probleme des Wohlfahrtsstaats, die sich in den vergangenen Jahrzehnten eingestellt haben und die auf einen stärkeren »Wohlfahrtspluralismus« (vgl. dazu Evers/Olk 1994; Kuhnle/Selle 1992b) hinauslaufen.
- Die entsprechenden Organisationen im Bereich Wohlfahrt und Jugend weisen eine hohe strukturelle Anpassungsfähigkeit bzw. einen »Opportunismus« (Niklas Luhmann) auf, was normative Bindungen jenseits der Professionalität in den dysfunktionalen oder bloß symbolischen und traditionalen Bereich verweist.
- Es bestehen weitgehend ähnliche organisatorische und institutionelle Strukturen der verschiedenen nationalen Verbändesysteme und Politikmuster im Bereich Jugend und Wohlfahrt.

1.2 Soziale und politische Vielfalt in Europa?

Eine solche Perspektive der Konvergenz ist jedoch sowohl aus empirischen wie theoretischen Gründen nicht unumstritten. Dagegen sprechen etwa die Ergebnisse einer Varianzanalyse politisch-sozialer Indikatoren, die Klaus Armingeon (1993) durchgeführt hat. Er kommt zum Schluß, daß nur bei vier der insgesamt 34 untersuchten Variablen eine wachsende Ähnlichkeit sichtbar wird, während ebenfalls vier Variablen für ein deutliches Auseinanderdriften sprechen. Die meisten Indikatoren weisen allerdings keine wesentlichen Veränderungen auf, was insgesamt für die These einer »Beibehaltung der Unterschiede zwischen den Nationen« (Armingeon 1993, S. 261) spricht. Als Ursache der bestehenden Divergenzen gelten vor allem die unterschiedlichen partei- und klassenpolitischen Kräfteverhältnisse, die Folgen kritischer

Entscheidungen und institutioneller Weichenstellungen sowie die abweichenden politischen Herausforderungen und Problemlagen und ihre historische Sequenz. Hinzu kommt ein weiterer Aspekt, der bei politisch-soziologischen Untersuchungen vielfach vernachlässigt wird: der Faktor Religion bzw. Kirche.
Vor allem der norwegische Sozialwissenschaftler Stein Rokkan (1980; vgl. auch Crouch 1986) hat in einer ganzen »Familie von Modellen« versucht, die enorme Vielgestaltigkeit der europäischen Staatenwelt theoretisch und empirisch zu ergründen. Bekannt sind besonders seine Untersuchungen über die Genese unterschiedlicher Parteiensysteme, die mit der nationalspezifischen Entwicklung sozialer Spannungslinien und deren strukturbildender Kraft erklärt werden. Schematisch zusammengefaßt ist in Großbritannien nur die Spannungslinie Kapital-Arbeit relevant, während für die kontinentaleuropäischen Länder die Stadt-Land-Spaltung bzw. der Staat-Kirchen-Konflikt hinzutritt; wobei diese häufig noch durch ethnische und kulturelle Konflikte überlagert werden. Entsprechend unterschiedlich sind die jeweiligen nationalen Parteiensysteme strukturiert und »eingefroren«: Großbritannien gilt bis heute als klassischer Fall eines Zwei-Parteien-Systems, während die anderen Länder in Mittel- und Nordeuropa Mehrparteiensysteme entwickelt haben. Das heißt, daß letztere zusätzlich zu den sozialdemokratischen und konservativ-bürgerlichen Parteien einflußreiche Bauernparteien bzw. konfessionelle und christdemokratische Parteien aufweisen.
Die Analyse der Formierung von Wohlfahrtsverbänden im internationalen Vergleich kann an das Erklärungsschema von Rokkan anknüpfen; dabei spielen weitgehend analoge Ursachen wie bei der Genese von (christdemokratischen) Parteien eine wichtige Rolle (vgl. ausführlich Schmid 1993). Zentrale Erklärungsfaktoren für die Unterschiede in der nationalen Entwicklung und Struktur der Wohlfahrtsverbände sind (a) das Ausmaß des Staat-Kirchen-Konflikts und, damit verbunden, die konfessionelle Heterogenität sowie (b) die staatliche Sozialpolitik, vor allem indiziert durch den Typus des Wohlfahrtsstaats bzw. aktuell die Sozialleistungsquote und die damit verbundenen finanziellen Transfers. Diese historischen Grundlagen – und weniger aktuelle Determinanten – bilden eine institutionelle Wasserscheide: In den Ländern, in denen beide Faktoren stark entwickelt sind (wie in Deutschland und in den Niederlanden), haben Wohlfahrtsver-

bände bis heute eine zentrale Stellung im System der sozialen Dienste inne. In Skandinavien und in Großbritannien sind sie dagegen vom modernen Wohlfahrtsstaat weitgehend aufgesogen und an den Rand gedrängt worden. Erst neuerdings – und aus anderen Ursachen heraus – zeichnet sich hier eine Stärkung ihrer Rolle ab. Im Feld der Jugendverbände ist das Gefälle zwischen den Ländern nicht so stark, doch ist auch hier eine Strukturierung durch den Faktor Religion bzw. Kirche sowie die staatliche Politik nicht zu übersehen.

Die Tatsache, daß Wohlfahrtsverbände in hohem Maße die Produktion der sozialen Dienstleistungen übernehmen und massiv durch staatliche Transferleistungen alimentiert werden, liefert ebenfalls den Ausgangspunkt für eine Ergänzung der vorhandenen Typologien des Wohlfahrtsstaats um ein »christdemokratisches« Modell (vgl. Esping-Andersen 1990; Schmidt 1988; Schmid 1993). Dieses unterscheidet sich durch die starke Orientierung auf Wohlfahrtsverbände sowohl vom sozialdemokratischen Typus, der in Skandinavien anzutreffen ist, als auch vom konservativen Modell, zu dem die meisten kontinentaleuropäischen Länder zählen. Vom liberalen Modell des nur rudimentär vorhandenen Wohlfahrtsstaats, wie zum Beispiel in der Schweiz, weicht es durch seine hohen Sozial- und Transferausgaben ab. Zudem geht es bei dieser Ergänzung von Wohlfahrtsstaatstypen primär um soziale Dienste und weniger um Geld und Recht als sozialstaatliche Interventionsformen, womit auch die Vielfalt der Produzenten von Wohlfahrtsleistungen einbezogen wird[2] (vgl. Higgins 1986; Schmid 1994a sowie die weiteren Beiträge in Evers/Olk 1994). Ferner bilden die Wohlfahrtsverbände einen Arbeitsmarkt, der sowohl von den konkreten Arbeitsformen (Hilfe) wie seiner kategorialen Zuordnung (gemeinnützig) erhebliche Besonderheiten aufweist. Damit weicht dieser Bereich und dieses

2 Die Wohlfahrtsstaatstypen werden nach dominanten politischen Bewegungen benannt. Mit der Bildung solcher Modelle wird versucht, nicht mehr Sozialausgaben, sondern weitere, qualitative Merkmale wie Vollbeschäftigungsgarantie, Ausmaß sozialer Rechte, Umverteilungskapazität etc. zu erfassen. Das sozialdemokratische Modell bietet dabei einen umfassenden Schutz für alle Bürger, während der liberale Typus stark marktorientiert ist und mit einem Minimum an Wohlfahrtsstaatlichkeit auskommt. Der konservative Wohlfahrtsstaat liegt zwischen diesen beiden Extremen (vgl. Schmidt 1988, S. 161 ff.).

Modell aber vom basalen Theorem der »Dekommodifizierung« (vgl. Esping-Andersen 1990) der Lohnarbeit durch den Wohlfahrtsstaat, das die Konstruktion der drei anderen Typen und die herausragende Stellung des sozialdemokratischen Modells begründet, ab.[3]

Als Zwischenfazit läßt sich festhalten: Die allgemeine Diskussion von Konvergenzen und Divergenzen von Gesellschaft und Politik in Westeuropa deutet darauf hin, daß wohl eine Annäherung der Systeme vollzogen worden ist – allerdings vor allem bezogen auf die globalen Merkmale einer demokratisch verfaßten Industriegesellschaft, die allgemein wichtige Rolle des Wohlfahrtsstaates sowie den Zeitraum nach dem Zweiten Weltkrieg bis zum Ende der siebziger Jahre. Daneben, oder besser: darunter zeigen sich aber erhebliche Abweichungen im Umfang sozialer Leistungen sowie, hier besonders wichtig, in den konkreten institutionellen Formen, die etabliert worden sind. »Der Wohlfahrtsstaat ist mehr als ein bestimmter Prozentsatz des Volkseinkommens, der von der Seite des Staates für soziale Zwecke eingetrieben und verteilt wird. Im Gehäuse der westeuropäischen Massendemokratien finden sich sehr unterschiedliche institutionelle Lösungen der zentralen sozialen Probleme, mit denen Staat und Gesellschaft seit der Mitte des letzten Jahrhunderts konfrontiert werden« (Rieger 1992, S. 11; vgl. auch Higgins 1986 und Cox 1993). Eine Dimension, die deutlich variiert, bilden in diesem Zusammenhang die Wohlfahrts- und Jugendverbände.

3 Allerdings bilden die europäischen Länder, in denen sich starke christdemokratische Elemente auf Parteien- und Verbändeebene finden, keinen klar abgrenzbaren Typus – vor allem, wenn auf materielle Policy-Outputs rekurriert wird (vgl. die empirischen Analysen bei Kersbergen 1991).

2. Wohlfahrtsverbände in Europa – Grundstrukturen, Determinanten und Kontexte

2.1 Öffentliche Wohlfahrtsverbände in Deutschland – ein Sonderweg?

(a) Eine modernisierungstheoretische Skizze. Ein Ansatz für die Erklärung unterschiedlicher institutioneller Muster und Strukturen in der Sozialpolitik europäischer Länder läßt sich im Anschluß an das theoretische Modell von Stein Rokkan (1980) formulieren, so daß der deutsche Fall im Vergleich eingeordnet werden kann. Die Ursachen der besonderen Entwicklungspfade von Wohlfahrtsverbänden und die daraus resultierenden Unterschiede in ihrer aktuellen Stellung und Struktur greifen dabei historisch weit zurück. Sie liegen, wie schon erwähnt, in den sozialen Spannungslinien und der staatlichen Sozialpolitik. Diese sind in ihrer einzelfallbezogenen Kombination zwar landesspezifisch, allerdings in den prägenden Faktoren durchaus generellerer Art. Was heißt das nun detaillierter und am empirischen Material illustriert?

In allen Ländern knüpfen die Wohlfahrtsverbände an tradierte kirchliche Einrichtungen der Armenfürsorge des Mittelalters an und sind mit den jeweiligen Regelungen des Armenwesens verbunden. Hier sind seit der Reformation deutliche Unterschiede zwischen den katholischen und protestantischen Ländern feststellbar, etwa in der sozialmoralischen Bewertung von Armut und Arbeit oder dem Umfang kirchlicher Besitztümer. Vor allem jedoch zeigt der Kulturkampf im 19. Jahrhundert in den konfessionell gemischten Ländern Westeuropas (vgl. Becker 1981), daß sich im Gefolge dieser Auseinandersetzungen um die Besetzung des »öffentlichen Raumes« (vgl. Crouch 1986) besonders in Deutschland und in den Niederlanden ein breites Organisationsnetz des politischen und sozialen Katholizismus herausbildet (vgl. Lönne 1986). Die starke weltanschauliche Konkurrenz mit dem Protestantismus sowie der entstehenden sozialistischen Arbeiterbewegung führt zu einer geradezu schubartigen Organisationsbildung. In Deutschland zählt der 1897 gegründete Caritasverband zu diesen katholischen Laienverbänden; er ist ebenfalls »ein Produkt der nach dem Kulturkampf anhebenden Zentralisierungsphase des politischen und sozialen Katholizismus und Ausdruck seines Strebens nach konfessioneller Parität« (Ebertz 1992, S. 402). Auf evangelischer Seite wird 1848/49 die Innere Mission (heute Diakonisches Werk) gegründet (vgl. Kaiser 1989); die anderen Wohlfahrtsverbände folgen diesem Muster zeitlich verzögert nach (und sind im hier skizzierten theoretischen Kontext weniger relevant; vgl. dazu auch Sachße, in diesem Band).

Auch die holländische Gesellschaft ist durch die Fortdauer religiöser Subkulturen und eine starke Versäulung geprägt. Hier bildet der sogenannte »Schulstreit« von 1917, d.h. die heftigen Auseinandersetzungen um die öffentliche Finanzierung von (konfessionellen) Schulen, eine entscheidende Marke. Das dabei eingeführte Muster einer subsidiären Lösung (private Träger und staatliche Transfers) hat sich schnell auf andere Bereiche wie Soziales, Gesundheit, Jugend, Bildung und Kultur ausgeweitet und zu einer hohen Beteiligung der Verbände bei der Produktion von sozialen Diensten geführt (vgl. Cox 1993; Nokielski 1989).

In den südeuropäischen Staaten bildet die traditionelle Kirchengemeinde neben dem Familienverband bis heute das Zentrum der Caritasarbeit. In diesen rein katholischen Ländern sind die Spannungen zwischen Staat und Kirche nicht so stark bzw. nicht so anhaltend gewesen und haben kaum zu vergleichbaren Strategien und Effekten einer nationalen Großverbandsbildung geführt. In den skandinavischen Ländern und in Großbritannien hat es wegen des Staatskirchenregiments und der höheren konfessionellen Einheit keine entsprechenden politischen Auseinandersetzungen gegeben, und so verläuft die Geschichte in bezug auf die Formierung von Verbänden in ganz anderen Bahnen, was hier jedoch nicht weiterverfolgt werden kann.

Die Stellung der Wohlfahrtsverbände ist ferner eng verbunden mit der nationalen Entwicklung der staatlichen Sozialpolitiken. In Deutschland beinhaltet dies vor allem eine historische »Spaltung des Sozialstaates« (vgl. die Beiträge in Leibfried/Tennstedt 1985) in eine Arbeiter- und Armenpolitik und eine Ausrichtung der »bürgerlichen Sozialreform« an übergreifende gesamtgesellschaftliche Gesichtspunkte (vgl. Bruch 1985) sowie ein Fehlen von staatlich organisierten sozialen Diensten. Zugleich korrespondiert diese hier nur knapp umrissene Entwicklung einer Verbändewohlfahrt mit der Rolle und Politik katholischer bzw. christdemokratischer Parteien sowie entsprechender Gewerkschaften. Die katholische Soziallehre fungiert dabei als programmatische Grundlage, die besonders durch das Subsidiaritätsprinzip die Sozialpolitik entscheidend prägt (vgl. Kersbergen 1991; Kaufmann 1989). Aus diesen Eigenschaften der staatlichen Sozialpolitik ergibt sich eine sehr spezifische Ausprägung von Struktur und Stellung der Verbände, die im Bereich Wohlfahrt – und mit Einschränkungen Jugend – agieren und die als »öffentlicher« (vgl. Offe 1981) Status charakterisiert werden kann.[4] Profaner, aber nicht unwichtig, ist ferner die Art und der Umfang der Kirchenfinanzierung mit dem deutschen Sonderfall der staatlich einbehaltenen Kirchensteuer (vgl. Marré 1991).

Die so insbesondere in Deutschland und mit einigen Abweichungen auch in den Niederlanden seit dem vorigen Jahrhundert vollzogene Ko-Evolution und Arbeitsteilung zwischen Wohlfahrtsstaat und Wohlfahrtsverbänden läßt sich daher aus einer an Rokkan angelehnten theoretischen Perspektive als institutionalisierte Konfliktregulierung in den Kämpfen zwischen Staat und Kirche interpretieren. Dies stabilisiert die zugrundeliegenden soziopolitischen Grundstrukturen und die daraus resultierenden Organisationsformen und fungiert zugleich als primäres soziales Versorgungssystem für soziale Dienste – samt den rechtlichen und finanziellen Regelungen und Vorrechten der Verbände. Die damit ebenfalls eingeleitete organisatorische Differenzierung und Modernisierung von konfessionsgebundenen Assoziationsformen beinhaltet zugleich eine Separierung von Kirche (im ekklesialen und pastoralen Sinne) und Produktion sozialer Dienstleistungen (vgl. kritisch hierzu Zerfaß 1989). Insofern fungieren (konfessionelle) Wohlfahrtsverbände auch als intermediäre Organisationen zwischen Staat und Kirche.[5]

(b) Sozialleistungsverbände – eine konzeptionelle Präzisierung. Zu den weiteren besonderen Elementen des deutschen Entwicklungspfads zählt die starke Zentralisierung der freien Wohlfahrtspflege und die Konzentration auf wenige Organisationen. Als »Spitzenverbände« erstreckt sich ihre Tätigkeit auf das »ganze

4 Zum Forschungsstand zu den deutschen Wohlfahrtsverbänden vgl. Ebertz/Schmid (1987) und Backhaus-Maul (1991).

5 Schon Max Weber (1924, S. 441 f.) hat Vereine verortet als »diejenigen Gebilde …, welche man konventionell als ›gesellschaftliche‹ bezeichnet, d. h. alles das, was zwischen den politisch organisierten Gewalten – Staat, Gemeinden und offizielle Kirche (sic, J. S.) – auf der einen Seite und der naturgewachsenen Gemeinschaft der Familie auf der anderen Seite in der Mitte liegt«.

Bundesgebiet« und auf das »gesamte Gebiet der Wohlfahrtspflege«, dabei müssen sie soziale Hilfen »selber leisten« und »nicht nur fordern und fördern« (BAG 1985, S. 11 ff.). In Kombination mit dem Subsidiaritätsprinzip nehmen Wohlfahrtsverbände eine privilegierte Stellung im Verfassungs- und Sozialrecht ein, die herausgehobene Konsultationsrechte gegenüber der Regierung sowie eine umfangreiche staatliche Finanzierung begründet und zu einem hohen Anteil der Verbände an den gesamten sozialen Diensten führt (vgl. BAG 1994).

Legt man nun diese aus dem deutschen Fall ableitbaren Merkmale – d. h. vor allem breite und umfangreiche soziale Dienstleistungskapazitäten, stabile rechtlich-sozialpolitische Institutionalisierung, wenige zentrale Großverbände bzw. »Sozialmultis« – als Maßstab an, wird die Suche nach einem ähnlichen Fall schwierig. Daher bietet es sich an, nicht von Wohlfahrtsverbänden (als einer Variablenkombination mit den genannten Merkmalen), sondern allgemeiner und zur besseren Vergleichbarkeit von »Sozialleistungsverbänden« (vgl. Alemann 1987) zu sprechen. Mit diesem analytischen Fokus wird vor allem auf die Leistungskapazitäten (in Relation zum Gesamtumfang aller sozialen Dienste) und die politische Relevanz auf nationaler Ebene, aber weniger auf die spezifischen Organisationsstrukturen der Verbände rekurriert.

Von Sozialleistungsverbänden zu unterscheiden sind die weiteren nicht-staatlichen Organisationsformen in der Sozial-, Wohlfahrts- und Jugendpolitik, auf die im folgenden jedoch nicht näher eingegangen wird. Das heißt, es existieren Anspruchsvereinigungen bzw. Verbände, die primär Lobbyfunktionen ausüben (vgl. ebd.), sowie stärker informelle Selbsthilfegruppen, lokale Vereine und kirchengebundene Assoziationsformen, denen wegen der hohen Binnenorientierung der Verbandscharakter aber weitgehend fehlt (vgl. Staatslexikon 1989, S. 594).[6]

6 Dieses konzeptionelle Vorgehen weicht sowohl von den (wenigen) vergleichenden Arbeiten über Wohlfahrtsverbände als auch von den thematisch nahestehenden Forschungen zum Dritten Sektor ab, da dort die organisatorische Struktur der Verbände nur unzureichend differenziert wird. Das heißt, es werden lokale Vereine, Selbsthilfegruppen, reine Soziallobbys, Wohlfahrtsverbände, gemeinnützige Einrichtungen etc. unter einer gemeinsamen Kategorie zusammengefaßt und nur von staatlichen Einrichtungen oder Wirtschaftsunternehmen unterschieden (vgl. DiMaggio/Anheier 1990).

Ferner ist in diesem international vergleichenden Zusammenhang auf gewisse funktionale Äquivalente hinzuweisen, die hier ebenfalls nicht weiterverfolgt werden sollen. In den staatlichen Sozial- und Gesundheitssystemen in Großbritannien und Skandinavien spielen nämlich Professionsverbände und Gewerkschaften im öffentlichen Dienst eine überaus wichtige Rolle. Eben dieser Umstand wird in der britischen Diskussion als Wohlfahrtskorporatismus bezeichnet; in Deutschland verbirgt sich hinter diesem Begriff dagegen die enge Einbindung der Wohlfahrtsverbände in die staatliche Politikformulierung und -implementation (vgl. dazu Schmid 1994a).

Mit dem Maßstab »Sozialleistungsverbände« verglichen, nehmen die Organisationen der sogenannten »Particulier Initiatief« in den Niederlanden eine ähnlich starke Position im System der sozialen Dienste wie ihre deutschen Pendants ein. Aufgrund der etwas anders gelagerten gesellschaftlichen und politischen Rahmenbedingungen sind sie jedoch weitaus dezentralisierter, spezialisierter und zahlreicher (d. h. über 250 Dachverbände) als die sechs Spitzenverbände in Deutschland. Sie unterliegen zudem seit über einem Jahrzehnt einem weitreichenden Organisationswandel und Säkularisierungsprozeß, ohne daß dadurch aber ihre basale Systemfunktion im niederländischen Wohlfahrtsstaat geschmälert würde (vgl. dazu Brenton 1982; Nokielski 1989; Cox 1993).

In Großbritannien, Norwegen, Schweden und Dänemark spielen verbandliche soziale Dienstleistungssysteme nur eine unbedeutende Rolle. Hier sind diese Funktionen, die verbandliche Einrichtungen bis über die Jahrhundertwende hinaus erbracht haben, vom modernen Wohlfahrtsstaat übernommen worden – wenn man einmal von eng begrenzten fachlichen Bereichen und lokalen Aktivitäten absieht. Verbände im Sozialbereich konzentrieren sich hier vor allem auf ihre Rolle als Lobby-, Spendenakquisitions- und Beratungsagenturen; elementare verbandliche Dienstleistungssysteme bzw. große Sozialleistungsverbände gibt es aber nicht (vgl. Olk 1991; Whitely/Winyard 1983). Auch die Heilsarmee zeichnet sich eher durch den hohen sozialmoralischen Impetus als durch finanzielle und personelle Kapazitäten aus (vgl. Gnewekow/Hermsen 1993). Norwegen weist dabei unter den skandinavischen Ländern die stärkste Verbandsorientierung bei den sozialen Diensten auf, was zunehmend eine staatliche Akzeptanz und Förderung genießt (vgl. Kuhnle/Selle 1992a, die jedoch bei der Bewertung einem »nordischen Bias« unterliegen und den Fall massiv überschätzen).

In den europäischen Südländern (Spanien, Portugal, Italien und Griechenland) gibt es ebenfalls nur marginale verbandliche Wohlfahrtseinrichtungen sowie in begrenztem Umfang traditionelle kirchliche Caritasarbeit. Dies hängt nicht zuletzt mit dem geringeren ökonomischen Entwicklungsniveau zusammen. In Irland spielen die Kirche und andere freiwillige Organisationen eine traditionell und besonders lokal wichtige Rolle – allerdings im Rahmen insgesamt unterentwickelter sozialer Dienste. In Frankreich existieren ebenfalls im Bereich der sozialen Dienstleistungsproduktion zahlreiche privatrechtlich organisierte Assoziationen, die durchaus einen erheblichen Anteil im Sozial- und Gesundheitswesen ausmachen. Sie sind jedoch unter stärkerer staatlicher Kontrolle, stark und primär in fachlicher Hinsicht ausdifferenziert sowie mit gewissen syndikalistischen Traditionselementen (»mutualité«) versehen. Grosso modo lassen sich diese Länder als mittlere Verbandsfälle zwischen Deutschland und den Niederlanden einerseits und Großbritannien und Skandinavien andererseits einstufen (vgl. insgesamt hierzu Bauer/Thränhardt 1987; Kramer 1981; Kuhnle/Selle 1992b; Loges 1994; Schulte 1990, 1992; Prognos 1991).[7]

2.2 Methodische Probleme und Optionen beim Vergleich

(a) Strukturelle und kontextuelle Differenzen. Der Umstand, daß die Vergleichbarkeit bzw. die Beurteilung des deutschen Falls von der jeweiligen Definition des Untersuchungsgegenstandes abhängt, ist in der international vergleichenden Forschung nicht ungewöhnlich und auch methodisch weitgehend unproblematisch, da er sich durch konzeptionelle Präzision bewältigen läßt. Wohlfahrtsverbände (im engeren, oben definierten Sinne) bilden daher einen deutschen Sonderfall, während sie als Sozialleistungs-

7 Abbildung 1 gibt dazu einen Überblick, wobei die Länder in der vertikalen Richtung nach der Sozialleistungsquote angeordnet sind und die Stellung der Verbände »geschätzt« worden ist. Diese Schätzung weicht wegen Fokussierung auf Sozialleistungsverbände im engeren Sinne von Einstufungen, die ein anderes analytisches Konzept verwenden, wie etwa »Dritter Sektor«, ab.

Abbildung 1: Stellung von Sozialleistungsverbänden im System sozialer Dienstleistungen westeuropäischer Länder

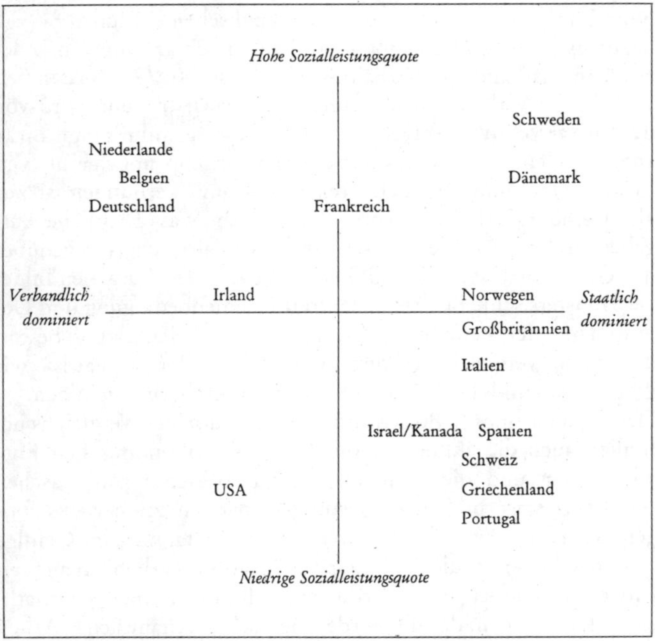

verbände (d. h. als anders definiertes Konzept für die Struktur) durchaus vergleichbar sind. Mehr Schwierigkeiten werfen bei einem Vergleich, der dezidiert von unterschiedlichen nationalspezifischen Entwicklungspfaden ausgeht, Fragen nach den abweichenden rechtlich-historischen Kontexten auf. Aus diesen zeitlich und räumlich variierenden Kontexten ergeben sich mehr oder weniger günstige Chancen für die Entwicklung von Wohlfahrtsverbänden. Deshalb konstatieren DiMaggio/Anheier (1990, S. 137) zu Recht: »›Nonprofitness‹ has no single transhistorical or transnational meaning; nonprofit-sector functions, origins, and behavior reflect specific legal definitions, cultural inheritances, and state policies in different national societies.«

So ist etwa historisch gesehen im Allgemeinen Preußischen Landrecht der Verein ein im öffentlichen Recht dicht reguliertes Phänomen, was im Subsidiaritätsprinzip, aber auch in der Bezeichnung Ehrenamt im Unterschied zum englischen »Volunteer« (vgl. dazu ansatzweise Dechamps 1989) heute noch anklingt. In anderen Ländern sind die Verhältnisse nicht so: In Großbritannien verläuft die Verbandsentwicklung relativ staatsfrei und wird von der (privatrechtlichen) Denkfigur des Trust beeinflußt (vgl. Birke 1978), zudem ist dort das Subsidiaritätsprinzip unbekannt (vgl. Leaper 1975) und rechtlich irrelevant. Damit verbunden ist zugleich eine eigentümliche Vorstellung dessen, was öffentliche Aufgaben und mithin die Grenzen des Wohlfahrtsstaats gegenüber der Gesellschaft jeweils sind. Die Höhe sozialer Ausgaben bildet via Transfers schließlich eine zentrale Rahmenbedingung und Determinante der Stellung von Wohlfahrtsverbänden und ist besonders beim Vergleich mit den extremen »welfare laggards« wie USA, Japan und den Ländern Südeuropas zu berücksichtigen.[8]
Der Versuch eines (fallorientierten) internationalen Vergleichs hat freilich auch die aktuellen politischen und ökonomischen Entwicklungen und die Dynamik in den Beziehungen zwischen Wohlfahrtsstaat und Sozialleistungsverbänden zu berücksichtigen. So haben seit einigen Jahren in Großbritannien im Gefolge des Thatcherismus die »voluntary associations« erheblich an Stellenwert gewonnen, jedoch primär im Rahmen einer Entstaatlichungsstrategie, in der die Forderung nach ehrenamtlicher Arbeit und weniger deren Förderung auf der politischen Agenda steht (vgl. Dechamps 1989; Olk 1991). Die veränderten Finanzierungsformen und die politische Förderung eines neuen »welfare mix« zugunsten der Verbände und freiwilligen Initiativen sowie das massiv propagierte Ethos von Wettbewerb und Effizienz in der Wohlfahrtsproduktion haben sich ferner auf der binnenorganisatorischen Ebene niedergeschlagen. Hier deuten die jüngsten Ent-

8 Die Betonung von strukturellen Variationen von Wohlfahrtsverbänden und Wohlfahrtsstaat impliziert wohl eine generelle Historisierung, Kulturalisierung und Politisierung (im Sinne der Berücksichtigung von politischen Ziel- und Wertvorstellungen) der vergleichenden Forschung. Hieraus ergibt sich aus pragmatischen Gründen eine deutliche Reduktion der Untersuchungsfälle; methodisch ambivalent gestaltet sich die Anwendung von stärker qualitativen Verfahren, da die Vergleichbarkeit und Generalisierbarkeit dadurch erschwert wird.

wicklungsmuster auf eine gewisse – allerdings nicht zu überschätzende – Annäherung an die kontinentalen Organisationsformen bzw. das deutsche Verbändemodell hin, da

– eine Zunahme der Größe von Verbänden im Sozialbereich und ihres Handlungsspektrums (inklusive ihrer Dienstleistungen),
– der Aufbau von bürokratischeren und komplexeren Strukturen in den Verbandsorganisationen und
– eine stärkere Professionalisierung mit hauptberuflichen Mitarbeitern und größere funktionale Spezialisierung und Arbeitsteilung zu verzeichnen sind (vgl. Johnson 1992, S. 98).[9]

(b) Unterschiedliche Forschungsdesigns und Analyseebenen. Am schwersten unter den Methodenproblemen wiegt jedoch das Fehlen von internationalen Daten über die Wohlfahrts- bzw. Sozialleistungsverbände; das betrifft besonders Angaben über die Organisationen (samt den Gründungskontexten und Zusammenschlüssen in Dachverbänden oder Kuppelorganisationen), Mitgliederzahlen, Finanzen, Personal und Dienstleistungskapazitäten.[10] Vor dem Hintergrund der bisher diskutierten Überlegungen bieten sich jedoch verschiedene methodisch und theoretisch befriedigende Wege einer eher indirekten Erfassung an, um einen Vergleich durchzuführen.

So können alle vorliegenden Informationen zu einer Gesamteinschätzung über die Bedeutung der Verbände in der Produktion sozialer Dienste zusammengefaßt werden. Damit läßt sich zumindest eine grobe Verortung auf Systemebene im internationalen

9 Allerdings zeigen sich auch in Deutschland erste Effekte einer Kommerzialisierung nicht-staatlicher sozialer Dienstleistungen: »Immer mehr private Konkurrenz zwingt die Caritas zum Umdenken«, so berichtet die FAZ vom 24. 12. 1993.

10 Zum Problem fehlender und abweichender statistischer Grundlagen vgl. Venanzoni (1981). Diese Crux besteht ebenfalls bei der allgemeinen Verbändeforschung, sie wird allerdings nur selten problematisiert. Allenfalls für das Segment der Organisationen im Bereich Arbeit und Wirtschaft liegen hierzu bessere Daten vor – was allerdings keine »Hochrechnung« auf die Struktur der gesamten Verbändesysteme erlaubt, wie es im Rahmen der Neokorporatismusforschung vielfach geschehen ist. Das Fehlen von Daten und die Probleme der Vergleichbarkeit sind deshalb ausführlich methodisch zu diskutieren; eine vorschnelle, unkritische Übernahme von Impressionen und unstandardisierten Informationen führt letztlich zu erheblichen substantiellen Fehlschlüssen.

Vergleich vornehmen (vgl. Abbildung 1). Aus der sozialrechtlichen Behandlung in den einzelnen Ländern kann zudem der korrespondierende »öffentliche Status« (vgl. Offe 1981) der Sozialleistungsverbände im Detail identifiziert werden; entsprechende Indikatoren sind etwa Förderansprüche, Kooperations- und Konsultationsregelungen.
Ferner geben die unterschiedlichen Reaktionen auf die Politik der Europäischen Union indirekt Hinweise auf strukturelle Differenzen der nationalen Sozialleistungsverbände. Schon auf der terminologischen Ebene werden erste Unterschiede deutlich: Der hierzulande übliche Begriff »Träger« etwa läßt sich nicht zuletzt deshalb so umständlich ins Englische oder Französische übersetzen, »weil die dort entsprechenden Wohlfahrts-Organisationen gerade in ihrer Träger-Eigenschaft bisher kaum besonders hervorgehoben worden sind« (Loges 1994, S. 126). Konkrete Maßnahmen und Programme der EU, etwa zur Bekämpfung der Armut, stoßen darüber hinaus bei Ländern, die durch viele Kleinverbände geprägt sind, wie Großbritannien und Dänemark, eher auf positive Resonanz als bei Großverbänden. Ja, bei den deutschen Wohlfahrtsverbänden droht längerfristig durch die Wettbewerbsorientierung der EU auch im Feld der »Sozialwirtschaft« eine Gefährdung ihrer traditionellen Oligopolstellung, so daß man hier eher eine »Euroskepsis« findet, die auf die strukturellen Besonderheiten in Deutschland zurückzuführen ist (vgl. dazu Prognos 1991; Schmid 1994b; Schulte 1992).
Schließlich können Vergleiche auch unterhalb der Systemebene, die alle Sozialleistungsverbände umfaßt, d. h. partiell, aber nicht pars pro toto, durchgeführt werden, was häufig geringere Datenprobleme aufwirft (vgl. aus methodischer Sicht LaPalombara 1968). Zwei Untersuchungsstrategien, die zugleich auch stärker variablen- als fallorientiert sind, sollen im folgenden etwas näher behandelt werden: Zur Erfassung und Erklärung der Bedeutung von Sozialleistungverbänden lassen sich (a) einzelne Politikfelder bzw. sozialpolitische Teilgebiete wie Gesundheit heranziehen, und der Vergleich kann (b) auf einzelne Verbandsorganisationen reduziert werden.[11]

11 Auf die Rolle von Verbänden, die nicht primär als Träger bzw. Produzenten von Diensten fungieren, wird hier nicht eingegangen.

Ziel dieser Vergleiche ist die Überprüfung der Erklärungsfaktoren, die für die Unterschiede in der Bedeutung und der Stellung von Wohlfahrts- bzw. genauer Sozialleistungsverbänden verantwortlich sind. Hierzu zählen vor allem der Faktor Religion (bzw. der Staat-Kirchen-Konflikt) und die Typik des Wohlfahrtsstaats bzw. die Sozialleistungsquote. Dabei eignen sich das Rote Kreuz und die Caritas besonders gut für einen einfachen Test, da diese Organisationen in (fast) jedem Land vertreten sind.
Wegen der andersartigen Strukturen und Größenordnungen werden in dieser ersten, explorativen Analyse die deutschen Verbände vom Vergleich ausgeklammert. So beschäftigt die Caritas in Deutschland über 400 000 Hauptamtliche und setzt mindestens 17 Mrd. DM um (vgl. FAZ vom 24. 12. 1993; BAG 1994); beim DRK betragen die Werte etwa ein Viertel davon. Sie liegen damit etwa um den Faktor 10 über den Werten anderer Länder oder, um ein extremes Beispiel anzuführen: In Finnland besteht die Caritas aus einem halben Hauptamtlichen und einigen hundert Ehrenamtlichen. Dieses eigentümliche Phänomen hängt besonders mit zwei Sachverhalten zusammen: Einerseits kumulieren in Deutschland die für Sozialleistungsverbände günstigen Faktoren; andererseits ist hier gleichzeitig ein massiver »Dachverband-Effekt« wirksam, der besonders bei der Caritas zu drastischen Verzerrungen führen würde.[12] Ferner ist anzumerken, daß die Antwortbereitschaft und die Qualität der erhobenen Informationen zu diesen Verbandsorganisationen in anderen Ländern sehr unterschiedlich ausgefallen sind bzw. in einigen Fällen (noch) keine Angaben vorliegen.[13]

12 Ein solches Problem läßt sich vorerst nicht methodisch befriedigend kontrollieren, da die Bedeutung von Dachverbänden aus nationalen politischen Kontexten in unterschiedlichem Maße erwächst und zum gesamten Universum an katholischen Verbänden, Vereinen und kirchlichen Einrichtungen keine Daten vorliegen.

13 Für die Unterstützung bei der Durchführung und Auswertung der schriftlichen Erhebung danke ich Frau Birgit Frey. Die zum Teil nur für eine Organisation erfaßten Länder sind Australien, Dänemark, Finnland, Frankreich, Großbritannien, Italien, Neuseeland, Niederlande, Norwegen, Österreich, Portugal, Schweden, USA.

2.3 Determinanten der Stellung von Sozialleistungsverbänden

(a) Sozialleistungsverbände im Gesundheitswesen unterschiedlicher Wohlfahrtsstaatstypen. Für einen Vergleich von Sozialleistungsverbänden in einem bestimmten Politikfeld in westeuropäischen Ländern bietet sich das Gesundheitswesen an, da hier zum einen relativ standardisierte, wenngleich etwas veraltete Daten zur Verfügung stehen, und zum anderen Gesundheit in hochentwickelten Wohlfahrtsstaaten ein wichtiges Handlungsfeld darstellt.[14]

Die landesspezifische Rolle der verbandlich erbrachten Dienstleistungen im Gesundheitswesen (vgl. Maxwell 1981; Raffel 1984) läßt sich für die siebziger Jahre anhand des Anteils an Betten darstellen, die auf staatliche, verbandliche oder hier nicht angegebene private Träger entfallen (vgl. Tabelle 1). Diese Daten aus einem Politikfeld belegen zumindest eine fundamentale Divergenz zwischen den europäischen Ländern, nämlich die zwischen den beiden verbandlich geprägten (Deutschland, Niederlande) und den drei staatlich dominierten Gesundheitssystemen (Großbritannien, Skandinavien). Letztere fallen mit der schon genannten Typisierung als »sozialdemokratische« Wohlfahrtsstaaten zusammen; für erstere bietet sich meines Erachtens die Kennzeichnung »christdemokratisch« an. Damit ist zumindest die These plausibel, daß zwischen der Typik des Wohlfahrtsstaates und der Bedeutung von Sozialleistungsverbänden im Gesundheitswesen ein ursächlicher Zusammenhang besteht.

Diese Daten aus einem Politikfeld sind jedoch vorsichtig zu interpretieren, da es sich nur um eines von vielen Aktionsfeldern der Verbände handelt, dessen nationale Relevanz unterschiedlich ausfällt. Darüber hinaus verteilen sich die Aktivitäten nicht gleichmäßig, sondern sind durch einzelverbandsspezifische Schwerpunktbildungen charakterisiert.

Ein kurzer Blick auf das Schulwesen kann als Warnung vor Fehlschlüssen bei einem so angelegten internationalen Vergleich die-

14 So sind in Deutschland im Rahmen der Freien Wohlfahrtspflege über eine viertel Million Beschäftigte in 1 086 Krankenhäusern und ähnlichen Einrichtungen mit insgesamt knapp 220 000 Plätzen tätig (vgl. BAG 1985, 1994).

Tabelle 1: Anteil der Betten nach staatlichen und verbandlichen Krankenhausträgern in Deutschland, Niederlande, Großbritannien, Schweden und Dänemark (1975)

Land	*Bettenanteil verbandlicher Träger*	*Bettenanteil staatlicher Träger*
Niederlande	ca. 85%	ca. 15%
Deutschland	ca. 40%	ca. 40%
Schweden	ohne Bedeutung	ca. 90%
Großbritannien	ohne Bedeutung	ca. 80%
Dänemark	ohne Bedeutung	ca. 80%

nen. Zugleich zeigt sich hier exemplarisch eine der Ursachen dafür, daß sich Wohlfahrts- und Jugendverbände nicht immer parallel entwickeln. Im Bereich Schule sind 1980 nicht-staatliche Einrichtungen besonders in den Niederlanden und in Irland verbreitet; sie umfassen 72% bzw. 69% der Schüler. Mit 7% liegt Großbritannien über der Bundesrepublik, wo die Werte unter 1% liegen (vgl. Neave 1985). Diese Verteilungen weichen – außer im Fall der Niederlande – doch merklich von den Verhältnissen im Gesundheitswesen ab; darüber hinaus unterscheiden sie sich auch von der oben vorgenommenen globalen Schätzung (vgl. Abbildung 1).

(b) Rotes Kreuz in anderen westlichen Ländern. Unter den Sozialleistungsverbänden nimmt das Rote Kreuz insofern eine besondere Stellung ein, als es in allen Ländern der Welt vertreten ist. Dieser Umstand ist in hohem Maße der Tatsache geschuldet, daß es seit seiner Gründung eine internationale Organisation darstellt und Aufgaben im Rahmen des Genfer Rotkreuzabkommens wahrnimmt (zur rechtlichen Problematik vgl. Rosas 1984). Demzufolge übt der Verband überall klassische Funktionen im Zivil- und Katastrophenschutz, dem Rettungs- sowie dem Sanitätsdienst aus. Zugleich ist in Deutschland das DRK jedoch Spitzenverband der freien Wohlfahrtspflege und übernimmt Aufgaben im Bereich sozialer Dienste und Hilfen. Dieser zweite Bereich läßt sich als grober Indikator für die Bedeutung von verbandlichen Leistungen in einem Land heranziehen. Leider ist aufgrund mangelnder Informationen – zumindest im Rahmen einer eingeschränkten Untersuchung wie der vorliegenden – eine saubere

Abgrenzung gegenüber dem ersten Aufgabengebiet nicht immer möglich, so daß die von uns erhobenen Daten sich nur auf den aktuellen Gesamtumsatz beziehen.
Dabei zeigen sich folgende Ergebnisse: Zum einen besteht eine erhebliche Variation der Größe (bzw. des Umsatzes) der Rotkreuzverbände im internationalen Vergleich; zum anderen scheint es einen systematischen Zusammenhang zur Entwicklung des Wohlfahrtsstaats (gemessen an der Sozialleistungsquote; Daten nach Schmidt 1988) zu geben. Der Korrelationskoeffizient erreicht bei zehn Ländern den hohen Wert von 0.74 und erklärt so rund die Hälfte an Varianz mit einer einzigen Variablen. Dies ist angesichts der bei anderen internationalen Vergleichen erzielten Werte ein sehr gutes Ergebnis und zugleich eine Bestätigung des variablenorientierten komparativen Untersuchungsdesigns.
(c) Caritasverbände in anderen westlichen Ländern. Auch die Caritasverbände sind weltweit verbreitet und verfügen über eigene, wenngleich schwache europäische und internationale Dachorganisationen (vgl. Caritas Internationalis 1988); ferner ist die katholische Kirche als Mutterorganisation ein transnationaler Akteur par excellence (vgl. Vallier 1971). Die Rolle der Caritasverbände in westlichen Ländern kann einen ersten Beleg für die eingangs skizzierte These von der zentralen Bedeutung des Staat-Kirchen-Konflikts und des Religionspluralismus für die Entstehung und Funktion von Sozialleistungsverbänden in westlichen Ländern geben. In einer einfachen Operationalisierung zur Überprüfung dieses Sachverhalts werden die Größe (bzw. der Umsatz) der Caritasverbände mit dem Katholikenanteil eines Landes korreliert. Dabei wird ein positiver Zusammenhang (d.h. ein Korrelationskoeffizient von 0.45) erreicht, was die Plausibilität der These unterstützt.
Für eine weitergehende Untersuchung sind jedoch zwei Probleme zu berücksichtigen, die hier etwas vernachlässigt worden sind. Zum einen gibt es den erwähnten »Dachverband-Effekt«, der besonders im Falle von Deutschland zu so starken Verzerrungen führt, daß dieses Land hier nicht berücksichtigt worden ist. Auch in anderen Staaten wie beispielsweise in den Niederlanden firmieren einige katholische verbandliche Einrichtungen nicht unter Caritas, sondern unter Vincentius-Verein oder sind wie in vielen südeuropäischen Ländern nicht verbandlicher Natur, sondern rechtlich-institutionell der Kirchengemeinde zuzuordnen, was je-

doch nicht immer klar zu trennen ist. Insofern ist die Feststellung von Zerfaß (1989) zu relativieren, wonach rund 90% der Caritas-Einrichtungen in den EG-Ländern in Deutschland stehen. Zum anderen ist der Katholizismus als sozialmoralische Basis nicht zuletzt in seiner sozial-karitativen Orientierung in Europa heterogen, was die ausgeprägte Ungleichheit unter den katholischen Sozialverbänden in Europa noch verstärkt (vgl. Trouillard 1992). Daher gilt die Feststellung der internationalen Dachorganisation: »The history of Caritas organizations in Europe has produced a variety of organizations which look after the social welfare tasks of the Church. Socio-caritative institutions of the Church came into being and, dependent on the country, these are to a greater or lesser extent – or not at all – linked with Caritas« (Caritas Internationalis 1988, S. 1).

3. Schluß: Persistenz der Differenzen

Durch den Blick auf andere Nationen – so das komparative Credo – erhöht sich auch die Erkenntnis über das eigene Land; hierdurch lassen sich erst die besonders starke Rolle, die spezifische sozialpolitische Bedeutung und die charakteristischen Strukturen von Wohlfahrtsverbänden belegen. Das heißt nun aber nicht unbedingt, daß es in anderen Ländern überhaupt keine verbandlichen Aktivitäten im Sozialbereich gäbe, sondern nur, daß diese nicht als nationale, umfassend aktive Anbieter von sozialen Dienstleistungen auftreten und zugleich stark konzentriert und zentralisiert sind. Insofern sind die Verhältnisse außerhalb der Bundesrepublik besser mit dem neutralen Konzept »Sozialleistungsverbände« (vgl. Alemann 1987) zu erfassen. Dabei zeigt eine weniger stark auf den deutschen Sonderfall ausgerichtete Analyse, daß im internationalen Vergleich durchaus ein bemerkenswert stark variierendes Spektrum an verbandlichen sozialen Diensten und caritativen Aktivitäten zu verzeichnen ist: Von hoher Bedeutung sind die Sozialleistungsverbände im modernen Wohlfahrtsstaat ebenfalls in den Niederlanden, relativ unwichtig sind sie in Großbritannien und Skandinavien.

Insofern ist es auch mit der Einheitlichkeit Europas nicht so weit her, was die Thesen Kaelbles (1987) relativiert und Armingeon (1993) unterstützt. Besonders in den soziokulturellen Randgebieten des Wohlfahrtsstaats, d. h. außerhalb der in der vergleichenden Forschung dominierenden Sozialversicherungssysteme sowie bei den spezifischen Trägerinstitutionen wie den Wohlfahrtsverbänden ist auch künftig eher von einer Persistenz der Differenzen auszugehen. Das schließt einen gewissen Wandel der deutschen Wohlfahrtsverbände auf der einzelorganisatorischen Ebene – nach dem Motto: von der »Wertegemeinschaft« zum »Dienstleistungsunternehmen« – nicht aus, wobei sich jedoch das historische Erbe und der nationale Kontext wohl nicht so leicht abstreifen lassen werden. Bezogen auf ihre Stellung im System sozialer Dienste ist – ähnlich wie in den Niederlanden – aber von einer hohen Kontinuität auszugehen.

Der relativ geringe »öffentliche Status« (vgl. Offe 1981) verbandlicher Dienstleistungssysteme in Großbritannien, Schweden und Dänemark hängt vor allem mit dem fehlenden Konflikt zwischen Staat und Kirche bzw. der religiösen Homogenität dieser Länder zusammen. In Deutschland und in den Niederlanden entfaltet der historisch-politische Faktor Religion/Kirche dagegen eine verbandsbildende und stabilisierende Wirkung und prägt dadurch die Struktur des (christdemokratischen) Wohlfahrtsstaats auf eine komplementäre Art und Weise. Hinzu kommt für die Gegenwart die positive Wirkung hoher Sozialausgaben auf den Umfang der Verbände bzw. deren Umsatzvolumina.[15] Allerdings bedarf es zusätzlicher begünstigender Effekte durch die weiteren nationalen Spezifika der Sozialpolitik und der allgemeinen staatlich-gesellschaftlichen Entwicklung (z. B. späte Industrialisierung, verzögerte Demokratisierung, starke Bürokratisierung), um zu einem Syndrom der »befestigten« (Götz Briefs) Wohlfahrtsverbände wie in Deutschland zu kommen (vgl. Sachße, in diesem Band).

Die jüngere Entwicklung in Großbritannien unter Thatcher belegt freilich ebenfalls, daß auch verfestigte nationale Entwick-

15 Mit der Kombination der beiden Erklärungsfaktoren relativiert sich auch die in der politischen Soziologie beliebte Gegenüberstellung von sozialstrukturellen und institutionellen Effekten: Sie erweisen sich eher als ein Phänomen des Nacheinander als des Gegeneinander. Gerade die institutionelle Regulierung des Staat-Kirchen-Konflikts bedingt eine organisatorische Persistenz der Verbände, die auch den sozialstrukturellen Wandel samt erheblichen Säkularisierungsprozessen überlebt – nicht zuletzt durch die aktuelle staatliche Finanzierung und Privilegierung.

lungspfade durch Politik verändert werden können. Umfangreiche und nachhaltig wirksame Maßnahmen zur Förderung von Sozialleistungsverbänden finden jedoch nicht nur dort statt, sondern – in anderen organisatorischen Formen und mit gänzlich anderen politischen Zielsetzungen – ebenfalls in den skandinavischen Ländern (vgl. die Beiträge in Kuhnle/Selle 1992b und Evers/Olk 1994). Im Unterschied zu Großbritannien werden jedoch keine neokonservativen Strategien des Abbaus des Wohlfahrtsstaats verfolgt, sondern mehr Effizienz und Klientennähe durch dessen Reform gesucht. Insofern läßt sich durchaus von einem »rechten« und einem »linken« Wohlfahrtspluralismus sprechen, was möglicherweise langfristig zu neuen Unterschieden in den Relationen zwischen Staat und Sozialleistungsverbänden und damit anderen Ergebnissen im internationalen Vergleich führen wird.

Last but not least ist deutlich geworden, daß der systematische Vergleich und die theoretisch fundierte Erklärung unterschiedlicher nationaler Entwicklungsmuster von Sozialleistungs- bzw. Wohlfahrtsverbänden massive methodische Probleme aufwirft. Nicht nur daß es zu allen wichtigen theoretischen Überlegungen an Daten mangelt, auch ihre Vergleichbarkeit stellt sich als ausgesprochen diffizile – und bislang nur defizitär behandelte – methodische Angelegenheit dar. Die faktisch stattfindende Differenzierung und Proliferation der Sozialleistungsverbände, d. h. die Zunahme an weiteren Formen und Trägern sozialer Dienste (etwa kommerzielle Anbieter) sowie der künftig steigende Einfluß der EU, erfordern jedoch entsprechende Erklärungsmodelle, die dem inzwischen entstandenen »Wohlfahrtspluralismus« (vgl. Evers/Olk 1994) Rechnung tragen – auch wenn das nicht immer einfach geht. Ansonsten bleibt es bei den derzeit noch dominierenden, die OECD-Länder umfassenden quantitativen Analysen, durch die »Bulldozer-Theorien« entstanden sind, »which can push large problems in rather crude ways« (Boulding 1975, S. 9; vgl. auch Higgins 1986). Oder es bleibt bei primär historischen Untersuchungen zur Komplexität von Wohlfahrtsverbänden innerhalb eines Landes, ohne die variablen Beziehungen zum Wohlfahrtsstaat im internationalen Vergleich ausreichend berücksichtigen und erklären zu können.

Ein genaueres Verständnis der Besonderheiten in Deutschland bzw. umgekehrt der Normalitäten in anderen Ländern ist jedoch auch für die sozialpolitische Praxis wichtig, da nur mit einem ausreichenden Maß an gesichertem Wissen über Strukturen und Kontexte aus den Erfahrungen in anderen Ländern gelernt werden kann.

Literatur

Alemann, U. von: Organisierte Interessen in der Bundesrepublik, Opladen 1987.

Armingeon, K.: Auf dem Weg zu einem europäischen politischen System, in: Journal für Sozialforschung, 33. Jg., 1993, Heft 3, S. 255-271.

Backhaus-Maul, H.: Wohlfahrtsverbände als soziale Dienstleistungsunternehmen? in: Forschungsjournal Neue Soziale Bewegungen, 4. Jg., 1991, Heft 1, S. 27-37.

BAG (= Bundesarbeitsgemeinschaft der freien Wohlfahrtspflege): Die Spitzenverbände der Freien Wohlfahrtspflege. Aufgaben und Finanzierung, Freiburg 1985.

BAG (= Bundesarbeitsgemeinschaft der freien Wohlfahrtspflege): Gesamtstatistik der Einrichtungen der Freien Wohlfahrtspflege, Bonn 1994.

Bauer, R./Thränhardt, A.-M. (Hg.): Verbandliche Wohlfahrtspflege im internationalen Vergleich, Opladen 1987.

Becker, W.: Der Kulturkampf als europäisches und als deutsches Phänomen, in: Historisches Jahrbuch, 101. Jg., 1981, S. 422-446.

Birke, A.: Voluntary Associations. Aspekte gesellschaftlicher Selbstorganisation im frühindustriellen England, in: Der Staat, Beiheft 2: Gesellschaftliche Strukturen als Verfassungsproblem, 1978, S. 79-91.

Böhnisch, L./Gängler, H./Rauschenbach, Th. (Hg.): Handbuch Jugendverbände, Weinheim und München 1991.

Boulding, K. E.: Introduction. Thirsting for the Testable, in: Liske, C./Loehr, W./McCamant, J. (Hg.), Comparative Public Policy. Issues, Theories and Methods, New York 1975, S. 7-10.

Brenton, M.: Changing Relationships in Dutch Social Services, in: Journal of Social Policy, 11. Jg., 1982, Heft 1, S. 59-80.

Bruch, R. v.: Weder Kommunismus noch Kapitalismus. Bürgerliche Sozialreform in Deutschland vom Vormärz bis zur Ära Adenauer, München 1985.

Caritas Internationalis: International Seminar on Caritas' socio-caritative Institutions, Brussels, 5th-7th November 1987, Final Report, Luzern 1988.

Crouch, C.: Sharing Public Spaces. States and Organized Interests in Western Europe, in: Hall, J. A. (Hg.), States in History, Oxford 1986, S. 177-210.

Cox, R. H.: The Development of the Dutch Welfare State. From Workers' Insurance to Universal Entitlement, Pittsburgh 1993.
Dechamps, A.: Volunteers und Ehrenamt. Ein deutsch-englischer Vergleich, Bad Heilbrunn 1989.
DiMaggio, P. J./Anheier, H. K.: The Sociology of Nonprofit Organizations and Sectors, in: Annual Review of Sociology, 16. Jg., 1990, S. 137-159.
DiMaggio, P. J./Powell, W. W.: The Iron Cage Revisited. Institutional Isomorphism and Collective Rationality, in: Powell, W. W./DiMaggio, P. J. (Hg.), The New Institutionalism in Organizational Analysis, Chicago 1991, S. 63-82.
Ebertz, M. N.: Deutscher Caritasverband, in: Bauer, R. (Hg.), Lexikon des Sozial- und Gesundheitswesens, München 1992, S. 402-407.
Ebertz, M. N./Schmid, J.: Zum Stand der Wohlfahrtsverbände-Forschung. Sozialwissenschaftliche Fragestellungen, Erkenntnisfortschritte und Defizite, in: Caritas, 88. Jg., 1987, Heft 6, S. 289-313.
Esping-Andersen, G.: The Three Worlds of Welfare Capitalism, Cambridge 1990.
Evers, A./Olk, Th. (Hg.): Wohlfahrtspluralismus, Opladen 1994.
Gnewekow, D./Hermsen, T.: Die Geschichte der Heilsarmee, Opladen 1993.
Higgins, J.: Comparative Social Policy, in: The Quarterly Journal of Social Affairs, 2. Jg., 1986, Heft 3, S. 221-242.
Johnson, N.: The changing role of the voluntary sector in Britain from 1945 to the present day, in: Kuhnle/Selle (1992), S. 87-107.
Kaelble, H.: Auf dem Weg zu einer europäischen Gesellschaft. Eine Sozialgeschichte Westeuropas 1880-1980, München 1987.
Kaiser, J.-C.: Sozialer Protestantismus im 20. Jahrhundert. Beiträge zur Geschichte der Inneren Mission 1914-1945, München 1989.
Kaufmann, F. X.: Wie weit reichen die christlichen Wurzeln des Rechts- und Sozialstaats? Ein Beitrag zum Verstehen der Moderne, in: Herder Korrespondenz, 43. Jg., 1989, Heft 4, S. 315-321.
Kersbergen, K. van: Social Capitalism. A Study of Christian Democracy and the Post-War Settlement of the Welfare State, Florence 1991.
Kramer, R. M.: Voluntary Agencies in the Welfare State, Berkeley 1981.
Kuhnle, S./Selle, P.: Governmental understanding of voluntary organizations. Policy implications of conceptual change in post-war Norway, in: Kuhnle/Selle 1992, S. 157-184 (a).
Kuhnle, S./Selle, P. (Hg.): Government and Voluntary Organizations, Aldershot 1992 (b).
La Palombara, J.: Macrotheories and Microapplications in Comparative Politics, in: Comparative Politics, 1. Jg. 1968, Heft 1, S. 52-78.
Leaper, R. A. B.: Subsidiarity and the Welfare State, in: Social and Economic Administration, 9. Jg., 1975, Heft 1, S. 82-97.

Leibfried, S./Tennstedt, F. (Hg.): Politik der Armut und die Spaltung des Sozialstaats, Frankfurt a. M. 1985.
Lönne, K.-E.: Politischer Katholizismus im 19. und 20. Jahrhundert, Frankfurt a. M. 1986.
Loges, F.: Entwicklungstendenzen Freier Wohlfahrtspflege im Hinblick auf die Vollendung des Europäischen Binnenmarktes, Freiburg 1994.
Marré, H.: Die Kirchenfinanzierung in Kirche und Staat der Gegenwart. Die Kirchensteuer im internationalen Umfeld kirchlicher Abgabensysteme und im heutigen Sozial- und Kulturstaat Bundesrepublik Deutschland, Essen 1991.
Maxwell, R. J.: Health and Wealth. An International Study of Health-Care Spending, Lexington 1981.
Neave, G.: The Non-State Sector in Education in Europe, in: European Journal of Education, 20. Jg., 1985, Heft 4, S. 321-337.
Nokielski, H.: Organisationswandel sozialer Arbeit in den Niederlanden, Habilitationsschrift, Ms., Essen 1989.
Offe, C.: The Attribution of Public Status to Interest Groups, in: Berger, S. (Hg.), Organizing Interests in Western Europe, Cambridge 1981, S. 123-158.
Olk, Th.: Ehrenamtliche Arbeit in England, Freiburg 1991.
Prognos AG: Freie Wohlfahrtspflege im künftigen Europa. Herausforderungen und Chancen im Europäischen Binnenmarkt. Studie der Prognos AG im Auftrag der Bank für Sozialwirtschaft, 2 Bände, Köln 1991.
Przeworski, A./Teune, H.: The Logic of Comparative Inquiry, New York 1970.
Raffel, M. W. (Hg.): Comparative Health Systems. Descriptive Analysis of Fourteen National Health Systems, University Park, London 1984.
Rieger, E.: Die Institutionalisierung des Wohlfahrtsstaates, Opladen 1992.
Rokkan, S.: Eine Familie von Modellen für die vergleichende Geschichte Europas, in: Zeitschrift für Soziologie, 9. Jg., 1980, Heft 2, S. 118-128.
Rosas, A.: Notes on the legal status of National Red Cross Societies, in: Swinarski, Ch. (Hg.), Studies and Essays on International Humanitarian Law an Red Cross Principles, Den Haag 1984, S. 959-973.
Schmid, J.: Verbändewohlfahrt im modernen Wohlfahrtsstaat. Strukturbildende Effekte des Staat-Kirche-Konflikts, in: Immerfall, S./Steinbach, P. (Hg.), Historisch-vergleichende Makrosoziologie. Stein Rokkan – der Beitrag eines Kosmopoliten aus der Peripherie, Berlin und New York 1994.
Schmid, J.: Der Welfare Mix in der vergleichenden Politikforschung: Der Weg vom Etatismus über den Korporatismus zum Pluralismus – und einige methodische Stolpersteine, in: Evers, A./Olk, Th. (Hg.), Wohlfahrtspluralismus, Opladen 1994 (a).
Schmid, J: Der Wohlfahrtsstaat Europa und die deutschen Wohlfahrtsver-

bände, in: Eichener, V./Voelzkow, H. (Hg.), Organisierte Interessen in Europa, Marburg 1994 (b).
Schmidt, M. G.: Sozialpolitik. Historische Entwicklung und internationaler Vergleich, Opladen 1988.
Schulte, B.: Das Verhältnis zwischen öffentlichen und freien Trägern in internationaler Perspektive, in: Münder, J./Kreft, D. (Hg.), Subsidiarität heute, Münster 1990, S. 44-60.
Schulte, B.: Europäisches Gemeinschaftsrecht und freie Wohlfahrtspflege, in: Zeitschrift für ausländisches und internationales Arbeits- und Sozialrecht, 6. Jg., 1992, Heft 3, S. 191-232.
Staatslexikon: Stichwort Verbände (verf. von J. Weber, R. Steinberg und R. Purtscher), Freiburg 1989, S. 594-606.
Trouillard, L.: Neues Europäisches Caritassekretariat, in: Caritas, 93. Jg., 1992, Heft 1, S. 67-68.
Vallier, P.: The Roman Catholic Church. A Transnational Actor, in: International Organizations, 25. Jg., 1971, Heft 4, S. 479-502.
Venanzoni, G.: Private Non-Profit Institutions Serving Households. Final Report, Eurostat, Manuskript Brüssel 1981.
Weber, M.: Gesammelte Aufsätze zur Soziologie und Sozialpolitik, Tübingen 1924.
Whitely, P./Winyard, S.: Influencing Social Policy. The Effectiveness of the Poverty Lobby in Britain, in: Journal of Social Policy, 12. Jg., 1983, Heft 1, S. 1-26.
Zapf, W.: Welfare Production. Public versus Private, Arbeitspapier des SFB 3, Nr. 85, Frankfurt a. M. und Mannheim 1982.
Zerfaß, R.: Die Funktion der Caritas und ihrer Einrichtungen für die Kirche, in: Creatio ex amore. Festschrift für A. Ganoczy, Würzburg 1989, S. 154-176.

Dietrich Thränhardt

»Abenteuer im Heiligen Geiste«

Universalistische Wohlfahrtskampagnen der Kirchen und der Aufbau sozialmoralischer Einstellungen

1. Der Aufbau sozialmoralischer Einstellungen

Solidarisches und karitatives Handeln lebt von moralischem Kapital, kritischer Vitalität, positiver Identität. Diese Energie kann wichtiger sein als materielles Kapital, Ämter und Organisationen, denn sie lassen sich in Aktionen, Engagement, öffentliche Anerkennung, Gesetze und Regelungen und auch Spenden umsetzen. Andererseits ist moralisches Kapital flüchtiger als materielles. Es zu verlieren ist leicht, es zu akkumulieren ist schwer. Dies gilt auch deswegen, weil sich *bad news* bekanntlich besser verkaufen als *good news* und unsere Medien sich deswegen auf die negativen Nachrichten, die Horror-Stories, die Skandale stürzen, so daß die öffentliche Kommunikation sich manchmal wie eine einzige Kette von moralischem Versagen und Gewalt ausnimmt. Positive Entwicklungen in den letzten Jahrzehnten, wie etwa der Abschied vom weltweiten Rassismus wenigstens als selbstverständlich-legitimer Norm, werden dadurch vielfach nicht wahrgenommen.
Die Sozialwissenschaften sind in ähnlicher Gefahr, der Faszination des Negativen, dem Drang nach Entlarvung und Enthüllung zu erliegen. Sie stehen in der Tradition der großen Enthüller und Entzauberer wie Marx, Freud oder Weber. *Muck raking*, negative Kritik, ist gerade für ihr Verhältnis zur karitativen Arbeit lange Zeit bestimmend gewesen (vgl. Thränhardt u. a. 1986). Kritik ist notwendig, sie ist aber nicht alles.
Es ist wohl in diesem Zusammenhang zu sehen, daß der Aufbau neuer kollektiver Identitäten, die mit *universalistisch-solidarischen Ideenhorizonten* und kollektiven *sozialmoralischen Einstellungen* verbunden sind, so gut wie kein Interesse in den Sozialwissenschaften gefunden hat. Im vorliegenden Aufsatz handelt es sich um die Beschreibung moderner *moralischer Unternehmer und*

Unternehmen, um die Erfinder und Vermittler kritischer Impulse und positiver Identitäten. Vergleichbares hat Dießenbacher 1981 in seinem Aufsatz »Altruismus als Abenteuer« für die großen moralischen Unternehmer des 19. Jahrhunderts wie Dunant, Booth und Bodelschwingh beschrieben. Ich selbst habe an anderer Stelle auf die faszinierende Entwicklung neuer Organisationen mit weltweiter Agenda, wie Amnesty International und Greenpeace, und ihr Spiel auf der Klaviatur der Massenmedien hingewiesen (vgl. Thränhardt 1992).

Auch die Diskussion um den *Abbau der Milieus*, die in der Wohlfahrtsverbände-Forschung großen Raum einnimmt, scheint eine neue Phase dieser negativen Attitüden zu sein: Das Augenmerk liegt weithin nostalgisch auf einer besonnten Vergangenheit, während die Leistungen der Gegenwart zu wenig wahrgenommen werden. Die Individualisierungsthese Becks im Anschluß an die Sicht Max Webers von der Entzauberung und Rationalisierung der Welt in der Moderne wird damit zu einseitig kulturkritisch-pessimistisch aufgenommen – ganz im Kontext des traditionellen Entfremdungsdenkens der Marxisten und der traditionellen Kulturkritik aus kirchlich-konservativer Sicht. Es wird übersehen, daß der Abbau sozialer Kontrolle einen ambivalenten Charakter hat: Einerseits wird Individualität und Selbstbestimmung damit erst möglich gemacht, eine offene Gesellschaft geschaffen, andererseits entstehen mit dieser neuen Dynamik auch neue Risiken. An die Stelle von Denkverboten treten neue, andere Gefahren.

Der Begriff *sozialmoralische Einstellungen* scheint zur Beschreibung sozialer Mentalitäten und ihrer Entwicklungen besser geeignet zu sein als der in den Debatten um die gesellschaftliche Verankerung der Wohlfahrtsverbände ebenso wie der Parteien üblich gewordene Begriff »Milieu«. Für die Wahlforschung mag dieser Begriff angemessen sein, soweit sie mit wissenschaftlicher Distanz und *sine ira et studio* die Entscheidung der Mitglieder sozialer Gruppen mißt (vgl. Kühr 1979). Problematisch wird der Begriff aber in der Wohlfahrtsdiskussion, wenn damit eine vergangene Ära angeblich stabiler und strukturierter Beziehungen mit einem Hauch von Verklärung überzogen wird. Es ist in diesem Zusammenhang nicht ohne historische Ironie, wenn heute Alt-Achtundsechziger die gute alte Zeit der intakten moralischen Standards loben oder Enzensberger, der einst die Lyrik abschaffen wollte, die Atomisierung der sozialen Beziehungen geißelt.

Besonders deutlich wird die radikale Umwertung, wenn man aktuelle Interpretationen zu den Ursachen der Fremdenfeindlichkeit betrachtet. Ein weiterhin beachtetes Beispiel ist Heitmeyers Zersetzungsthese: »Desintegationsprozesse ... bilden die Ursachen für zwei sich wechselseitig beeinflussende Abläufe: Einerseits sind sie zentrale Ursachen für die Entstehung von fremdenfeindlichen und gewaltakzeptierenden Orientierungen und Handlungsweisen, andererseits sind sie gleichzeitig die Quellen für eine Paralysierung, um dagegen etwas zu unternehmen« (Heitmeyer 1993, S. 5). Dies stellt – ohne daß es offengelegt würde – Adorno auf den Kopf. Dieser hatte ja den *autoritären Charakter*, die faschistische Mentalität, vor allem dort gesichtet, wo kapitalistische Gesellschaften stark mit vorkapitalistischen Elementen durchsetzt waren. Das entsprach dem, was Jean Amery 1963 am Fall des Katholizismus mit *Milieu* bezeichnet hatte (vgl. Amery 1963).
In Jean Amerys kritischem Milieu-Begriff und Heinrich Bölls Aussagen dazu schwang gerade die Dumpfheit mit, die Bereitschaft und der Zwang zur Anpassung, vor denen Amery selbst während der Nazi-Herrschaft geflohen war. In dieser Hinsicht beinhaltet der Begriff Milieu rigide soziale Kontrolle und die Ächtung von abweichendem Verhalten, einen Zustand der Vor- oder Gegen-Aufklärung, wenn man ihn an Kants Postulat des »Ausgangs des Menschen aus seiner selbst verschuldeten Unmündigkeit« mißt. In Hinsicht auf die Kirchen und die Wohlfahrtsverbände schloß das insbesondere auch die traditionelle und liebgewordene Arbeitsteilung zwischen Verantwortung tragenden bezahlten Männern und ehrenamtlich tätigen Frauen ein, die für alle Wohlfahrtsverbände so typisch ist – mit welcher ideellen Begründung auch immer. »Daß der bei weitem größte Teil der Menschen (darunter das ganz schöne Geschlecht) den Schritt zur Mündigkeit, außer daß er beschwerlich ist, auch für sehr gefährlich halte: dafür sorgen schon jene Vormünder, die die Oberaufsicht über sie gütigst auf sich genommen haben. Nachdem sie ihr Hausvieh zuerst dumm gemacht haben, und sorgfältig verhüteten, daß diese ruhigen Geschöpfe ja keinen Schritt außer dem Gängelwagen, darin sie sie einsperreten, wagen durften: so zeigen sie ihnen nachher die Gefahr, die ihnen drohet, wenn sie es versuchen, allein zu gehen« (Kant 1783, S. 53 f.).[1]

1 Allerdings muß dabei zwischen aufklärerischem Postulat und sozialer

Der derart verklärend verwendete Begriff Milieu birgt zudem die Gefahr, als eine Art gesellschaftlicher Naturzustand mißverstanden zu werden, von dessen Produktion und Reproduktion man absehen kann. Milieus sind aber nicht naturwüchsig entstanden, sondern Ergebnis historischer Anstrengungen. Dies gilt für die katholische ebenso wie für die sozialistische Subkultur der Kaiserzeit; es gilt gleichermaßen für ihre Entsprechungen in den Niederlanden, in Österreich, Frankreich, Italien oder Belgien (vgl. Lademacher/Mühlhausen 1993). Immer handelte es sich um Sektoren der Gesellschaft, die mit großer Rigidität als Gegengesellschaften organisiert wurden und in denen dazu spezifische Ingroup-Moralvorstellungen durchgesetzt werden. Für den ideologischen Katholizismus ist dies beispielsweise nachlesbar in Joseph Mausbachs Buch *Die katholische Moral und ihre Gegner* (1901), in der der Konfessionalismus für alle Gesellschaftsbereiche zum Prinzip erhoben wurde – in Abgrenzung von Wissenschaft, Liberalismus und Demokratie, die der Papst 1907 in seiner Enzyklika »Der Modernismus als Gegensatz zum katholischen Denken und Glauben« verdammt hatte. Dies ist als historischer Disziplinierungsvorgang rekonstruierbar, beispielsweise in der Anpassung des liberalen katholischen Klerus und der Durchsetzung einer repressiven Sexualmoral nach der gescheiterten Revolution von 1848 (vgl. von Olenhusen 1994). Nachvollziehbar ist auch, wie diese organisierte gesellschaftliche Größe geformt und organisiert wurde und sich in manchen Regionen mehr, in anderen weniger durchsetzte (vgl. Mergel 1994; Thränhardt 1973).
In der sozialen Arbeit ist heute eine Umstrukturierung erkennbar. Vom DPWV, dem Hauptsammelpunkt der Selbsthilfegruppen, bis zu den Kirchengemeinden entstehen neue Formen gelebter Solidarität, eine Kultur der neuen Freiwilligkeit. Wie die alte Ehrenamtlichkeit konstituieren sie eine »erlebte und wirksame (sub-)kulturelle Umwelt, mit der Tendenz zur Ausbildung eines ›Stiles‹«, wie Käsler (1984, S. 22) Milieu definiert (vgl. auch Hradil 1987, S. 165 ff.). Dabei stehen Beispiele altruistischer Tätigkeit neben solchen, die eher durch gemeinschaftliche Tätigkeit konstitu-

Realität unterschieden werden; diese sollten nicht – wie dies Habermas zu Beginn seiner Karriere in *Strukturwandel der Öffentlichkeit* getan hat – auf eine Ebene gebracht werden. Es geht mir hier nur um die Markierung von Positionen und Begriffen.

iert werden. Man denke an die Telefonseelsorge, die Hospizbewegung und die Vielfalt der Selbsthilfegruppen.
Schließlich suggeriert der Begriff Milieu, die Grundlagen für Hilfe und Caritas müßten sich immer in engen gesellschaftlichen Netzwerken finden. Schon für moralische Unternehmer wie Henri Dunant und das Internationale Komitee vom Roten Kreuz galt das nicht, noch weniger ist dies heute der Fall. Ganz im Gegenteil: die Projektion der *»Liebe zum fernen Nächsten«* oder das Eintreten für universale Güter und Werte dient in der Ausbildung neuer oder der Umformung alter Gesinnungsgemeinschaften als Folie für die Etablierung kleiner solidarischer Netze bzw. die Legitimierung alter Organisationen. Dies gilt für Amnesty International und den BUND ebenso wie für christliche Friedens-, Dritte-Welt- oder Umweltgruppen bzw. die vitaleren Teile der Kirchen in Europa insgesamt (die fundamentalistische Alternative der Gemeinschaftsbildung hat hier weniger Bedeutung als in Nordamerika). Mit der direkten Verbindung von moralischer Kampagne und exemplarischer Hilfe haben die modernen kirchlichen »moralischen Unternehmer« einen Weg gefunden, ein weites Echo hervorzurufen und neue Organisations-, Aktions- und Akzeptanzprozesse anzustoßen. Im folgenden soll dies am Beispiel der großen kirchlichen internationalen Hilfswerke exemplarisch dargestellt werden.

2. Zwei moderne moralische Unternehmen

Ein »Abenteuer im Heiligen Geiste« schlug der Kölner Kardinal Frings der Fuldaer Bischofskonferenz 1958 vor: Hunger und Aussatz in den »sogenannten Entwicklungsländern« sollten mit einer großen Hilfsaktion der Katholischen Kirche in Deutschland bekämpft werden. Zur Begründung führte der Kardinal die immer mehr zutage tretenden Disparitäten zwischen der armen und der reichen Welt bei intensiver werdenden Verkehrsverbindungen, den europäischen Reichtum aufgrund des Kolonialsystems, die negativen Folgen für Kirche und Moral in den benachteiligten Gebieten und die Gefahr des »Bolschewismus« an. Die Bischöfe sollten die vielen entstehenden »wilden« Initiativen im katholischen Raum mit Hilfe eines »eigenen Apparates« unter ihre Kontrolle bringen, die Sache mit ihrer Autorität fördern und den existierenden nichtkirchlichen Initiativen etwas Eigenes zur Seite stellen. Als organisatorisches Ziel gab Frings vor, »daß die Kirche an einer weiteren Stelle in die Arbeit der großen internationalen Hilfswerke vorstößt«. Dabei sollte gesichert werden, daß »die Zusammenarbeit mit nichtkatholischen Werken nur ›in der Spitze‹ erfolgt« (Frings 1976, S. 27).

Dem katholischen »Durchstoß bei den internationalen Werken« (Frings) folgte ein Jahr später der evangelische. Im ersten Aufruf der Bischöfe Dibelius und Wunderlich 1959 wurde direkt an die deutsche Notsituation nach dem zweiten Weltkrieg und die Hilfe durch andere Völker und Kirchen in dieser Zeit erinnert. Als Konsequenz forderten die Bischöfe, nun als »besonderes Opfer der Dankbarkeit« den »Hungernden und heimatlosen Menschen« anderswo zu helfen (Denkanstöße 1989, S. 6). Diese Argumentation findet sich noch im Aufruf zur siebenten Aktion 1965/66 im damaligen Stil des paternalistischen Hirtenworts: »Habt Ihr nach 20 Jahren schon vergessen, wie Hunger und Armut quälen? Wißt Ihr nicht mehr, wie Ihr damals von vielen Menschen, die Euch gar nicht kannten, Hilfe empfangen habt?« (ebd., S. 11).

Hier wird auf die Hilfsaktionen der Nachkriegszeit Bezug genommen: die Quäker-Speisung, die amerikanische CARE-Organisation, die Hilfe aus Schweden. Sie wurden teilweise über kirchliche Hilfswerke abgewickelt und waren mitentscheidend für das besondere Ansehen der Kirchen nach 1945. Ist der erste Aufruf noch auf Nahrungshilfe bezogen (»Menschen hungern nach Brot«), so werden schon im zweiten Aufruf die Ziele erweitert: Neben der direkten Bekämpfung des Hungers wird nun auch der Aufbau von Bildungseinrichtungen, Werkstätten sowie einer medizinischen Grundversorgung genannt. 1961/62 heißt es: »Eine angebissene Scheibe Brot, das allein genügt nicht!« (ebd., S. 8).

In den ersten Jahren erscheinen Hunger und Unterentwicklung in den Aufrufen als Bedrohung nur für die Menschen der Dritten Welt. Hilfe wird als moralische Pflicht gefordert, auch »bei Brot für die Welt« gepaart mit einem Hinweis auf die »Schuld der weißen Völker in der Vergangenheit« (ebd., S. 6). Seit 1967/68 wird dagegen eine globale Bedrohung beschworen: Entwicklungshilfe wird nun zu einem existentiellen Unternehmen auch für Menschen der ersten Welt erklärt. »Zweifellos ist die ›Hungerbombe‹ nicht weniger eine Bedrohung der Menschheit als die Atombombe ... Die weltweiten Probleme verlangen ein Zusammenwir-

ken der besten Kräfte in allen Ländern...Was wir heute versäumen, schlägt morgen auf uns zurück« (ebd., S. 13).
In den siebziger Jahren wird der Gedanke der Interdependenz dann unter besonderer Berücksichtigung des Friedensaspekts weiter ausgebaut. Die Aktion 1970/71 steht unter dem Motto »Öffnet die Faust – wir brauchen Frieden«, 1971/72 bis 1974/75 heißt es »Den Frieden entwickeln«. In der Zeit der Friedensbewegung 1982/83 wird dieses Motto noch einmal aufgegriffen. Frieden könne es nicht geben, so wird in diesem Jahr argumentiert, »wenn mehr als die Hälfte aller Menschen am Leben verzweifelt« (ebd., S. 19). Verbunden damit sind die Begriffe *Partnerschaft* und *Solidarität*. »Wirksame Hilfe ist deshalb nicht Hilfe für Bettler, sondern Hilfe für Partner, mit denen gemeinsam Wege zum Besseren zu suchen sind: Wege einer Welt mit weniger Tränen, weniger Verzweiflung, weniger Hunger und weniger Haß; Wege zu einer Welt größeren Friedens. Partnerschaft auf diesem Wege beginnt für uns, ... wenn wir abgeben von unserem Geld – persönlich wie als Kirche und Staat. Aber sie fordert mehr: sie fordert Solidarität in Politik und Wirtschaft« (ebd., S. 16).
In Verbindung damit wird auch das Umweltthema eingebracht, dabei gehen die Erfahrungen der ersten Ölkrise 1973 sowie der Bericht des Club of Rome 1972 ein. Seit Ende der siebziger Jahre finden sich gleichgewichtig die drei Bezugspunkte *Frieden, Gerechtigkeit und Bewahrung der Schöpfung*, die gleichzeitig auch im Mittelpunkt der Versammlung des Ökumenischen Rates der Kirchen in Seoul 1990 stehen. So heißt es zur 32. Aktion 1990/91: »Die Aktion ›Brot für die Welt‹ will mit dazu beitragen, den Armen Gerechtigkeit zu schaffen und dem Frieden unter den Menschen zu dienen. Denn der von Gott uns allen gegebene Auf-trag lautet, die Schöpfung zu bewahren und Gottes Erde für alle fruchtbar und bewohnbar zu machen« (Gottes Erde 1990, S. 2).
Insgesamt kann nachvollzogen werden, daß universalistisch-solidarisches Denken sich über die Jahre immer mehr durchsetzt. Gleichzeitig ist zu beobachten, daß strukturelles Denken immer wichtiger wird. Die gegenwärtigen Ziele spiegeln dies wider. Sie werden formuliert als
- Hilfe zur Selbsthilfe,
- Anknüpfung der Hilfsmaßnahmen an vorhandene Ressourcen und soziale Beziehungen sowie bestehendes Wissen,

- Berücksichtigung möglichst aller menschlichen Grundbedürfnisse,
- Ausnutzung aller rechtlichen Spielräume,
- Schwerpunkt: Steigerung der Nahrungsmittelproduktion und deren gerechte Verteilung,
- Berücksichtigung der Situation der Frauen in der Dritten Welt,
- Umweltschutz als integrativer Bestandteil von Entwicklungsmaßnahmen,
- in Deutschland eine Erziehung zu Entwicklungsverantwortung und einem Lebensstil, »in dem auch die Lebensinteressen des (fernen) Nächsten Berücksichtigung finden« (Brot für die Welt 1992, S. 23).

Die Entwicklung von Misereor, dessen Name »ich erbarme mich« eher typisch für das Verständnis der Gründerzeit ist (vgl. Frings 1976, S. 29), geht der von »Brot für die Welt« weitgehend parallel (vgl. Schaubild 1). Deutlich finden sich auch hier die Programmpunkte »Gerechtigkeit, Freiheit, Versöhnung und Frieden in der Welt«, die Idee der »einen Welt«, der Umweltschutzgedanke und kritische Stellungnahmen zur Welternährung und zu den Rüstungsausgaben (vgl. Misereor 1990).

Beide Aktionswerke leben in der Einheit von Aktion und ideeller Aktivierung. Zwar sind die Aktionen eher exemplarisch, angesichts der Größenordnung der Weltprobleme können keine Gesamtlösungen bewirkt werden. Die Tatsache, daß praktisch gehandelt wird und daß jede gespendete Mark für »Brot für die Welt« bei den Empfängern ankommt (die Kirche übernimmt die Verwaltungskosten), bewirkt aber einen entscheidenden Unterschied zu bloßen Informationskampagnen. Sie läßt gemeinschaftliches Engagement entstehen, das sich dann wiederum in der Gesellschaft auswirkt – in Unterrichtsmaterialien, Kontakten zu Parteien, Verbänden und Unternehmen, vor allem natürlich in die Kirchen selbst hinein.

So wird bei »Misereor« formuliert, die Hilfe sei nicht an »Rasse, Geschlecht, Religion und Nation« gebunden. Ebenso wird bei »Brot für die Welt« ausgeführt, Hilfe werde nicht nur *»Glaubensbrüdern«* gewährt, sondern auch *»anderen Kulturen und Gesellschaftssystemen«*. Dieser Grundsatz ist auch gegenüber Kritikern durchgehalten worden. So wurde die Forderung der konservativen »Evangelischen Sammlung« zurückgewiesen, Hilfe ausschließlich Christen vorzubehalten (vgl. Hassold 1985, S. 546 ff.). Die univer-

Schaubild 1: Misereor: Fördervolumen nach Sachbereichen 1991

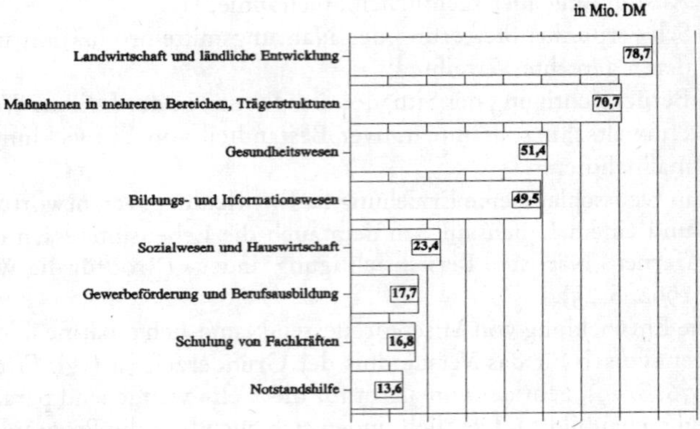

Quelle: Jahresbericht 1991 Misereor, Berlin 1992, S. 56-57.

salistischen Aussagen sind eher prinzipieller Art, da überwiegend mit christlichen Gruppen und Organisationen zusammengearbeitet wird.
Gleichwohl ist es wesentlich, daß sich der Universalismus grundsätzlich in den Kirchen durchgesetzt hat. Er kann dabei an die christliche Botschaft selbst anknüpfen, ist allerdings historisch und aktuell immer wieder von anderen Perspektiven überlagert worden. Er wird moralisch fordernd formuliert, wie etwa bei Bischof Kruse 1991: »›Brot für die Welt‹ ... hält das Gewissen wach, öffnet die Augen und die Herzen, weckt die Bereitschaft, politisch, wirtschaftlich, menschlich, den Krieg gegen Elend und Ungerechtigkeit umfassender, mit größerer Entschiedenheit aufzunehmen – gemeinsam mit anderen Initiativen« (Brot für die Welt 1992, S. 6).
Ähnlich ist es im Jahresbericht von Misereor formuliert: »Indem die Zuneigung zu den Armen solcher Art ins Zentrum christlicher Identität gerückt ist, ist sie wichtiger als viele andere Dinge geworden. Sie ist beispielsweise wichtiger als die vorgegebene nationale Bindung: wenn es darauf ankommt, steht die transnationale Solidarität über der nationalen Loyalität« (Misereor 1992, S. 4 f.).
Schaut man zurück, so war der Weg der Evangelischen Kirche in dieser Hinsicht besonders weit. Dementsprechend sind ihre Stel-

lungnahmen zum Teil radikaler als die der Katholischen Kirche. Während vor 1945 in der Evangelischen Kirche Volkstum und Nation vielfach theologische Weihen zuerkannt wurden, hat sich inzwischen der Universalismus durchgesetzt. Die handlungsbezogenen Programme sind dafür ein entscheidender Baustein. Sie machen konkret, was theologisch oder sozialwissenschaftlich abstrakt formuliert wird. Und sie wirken sich vor allem auf die Jugend aus, die mit diesen Eindrücken aufwächst.
Das Spendenaufkommen stieg von Jahr zu Jahr und lag in den letzten Jahren für beide Aktionen bei jeweils fast 140 Mio. DM. »Brot für die Welt« konnte 1993 noch einmal einen Zuwachs um 20% registrieren, während Misereor in diesem Jahr stagnierte (vgl. Schaubilder 2 und 3).

Schaubild 2: Spendenaufkommen »Misereor«, 1959-1993

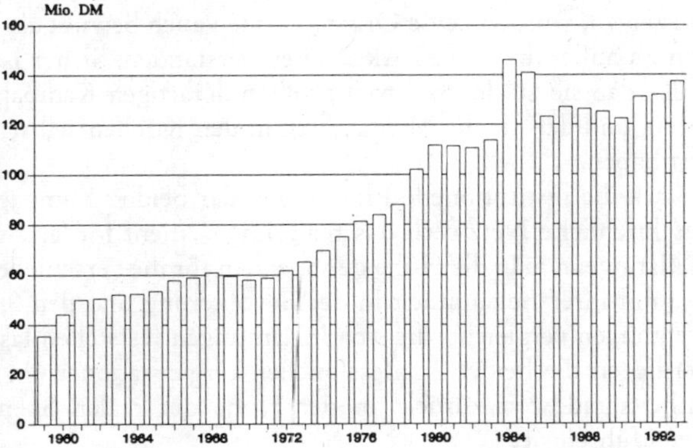

Quelle: Misereor e.V.

Der materielle Ertrag selbst ist für eine kontinuierliche Spendenaktion hoch. Umgerechnet wären es allerdings pro Kirchenmitglied nicht mehr als fünf DM. Wichtiger ist der ideelle Ertrag. Man könnte den Zusammenhang von Spenden und politisch-moralischem Lernen mit dem Bibelwort »Geben ist seliger denn Nehmen« (Apostelgeschichte 20, 35) umschreiben. Jedes Jahr wird eine öffentliche Großaktion durchgeführt, beschäftigen sich alle Kirchengemeinden mit der Entwicklungshilfe und der Solidarität in der *einen Welt*. Schrittweise sind um »Brot für die Welt«

und »Misereor« Geflechte von Aktivitäten geschaffen worden. Verbindungen zwischen Kirchengemeinden in Deutschland und in Afrika, Asien oder Lateinamerika wurden geknüpft, insbesondere Jugendliche und Jugendgruppen werden angesprochen. Über konkrete Projekte und Aktionen werden Informationen und Verständnis für die Lage in der »Dritten Welt« vermittelt. Auch die Kirchen- und Katholikentage sind von dieser Atmosphäre geprägt.

Es ist nicht einfach, die Erfolge der beiden Kampagnen insgesamt einzuschätzen, da sie nicht klar von den Auswirkungen anderer Informationen und Entwicklungen abzugrenzen sind – man denke an die staatliche Entwicklungshilfe, die Tätigkeit anderer Träger wie die Welthungerhilfe, wichtige Veröffentlichungen wie den »Brandt-Report«, die kritische Aufarbeitung des Vietnamkrieges, den anschließenden romantischen »Tiers-Mondisme« und die allgemeine Diskussion um die Dritte Welt. Wie die obigen Zitate zeigen, wurden beide Organisationen auch bewußt als Parallelen zu außerkirchlichen Aktivitäten verstanden. Sicher ist jedenfalls, daß sie zu den weltweit größten derartigen Kampagnen gehören, und daß sie die Mentalitäten in den Kirchen selbst verändert haben.

Wie stark die institutionelle Einbindung der beiden Kampagnen in das kirchliche Netzwerk das reale Engagement fördert, wird auch klar, wenn man die Höhe der Spenden für die verschiedenen Werke mit ihrer Bekanntheit in der Bevölkerung und den Spendenneigungen vergleicht, die sich in Umfragen feststellen lassen. Dabei liegen die beiden konfessionellen Organisationen im Bekanntheitsgrad weit zurück, in der Höhe der realen Spenden dagegen führen sie.

Nach einer neueren Umfrage bestand in der Bevölkerung die größte Spendenneigung für das Rote Kreuz (38%), es folgten die SOS-Kinderdörfer (31%) und Greenpeace (25%). Erst danach kamen »Brot für die Welt«, WWF und Caritas mit je 11%, die Welthungerhilfe mit 7% und Misereor mit 6%. Nach der Umfrage würden sich mehr Befragte für den Tierschutz als für die Dritte Welt einsetzen, weit vorne rangieren der Umweltschutz und der Sport. Vergleicht man diese Umfrage-Zahlen, so muß auch die Begrenztheit des Erfolges der Dritte-Welt-Arbeit konstatiert werden. Nur 14% der Befragten wollten sich für die Dritte Welt engagieren (alle Angaben nach epi 4/1993, S. 15).

Schaubild 3: Spendenaufkommen »Brot für die Welt«, 1959-1993

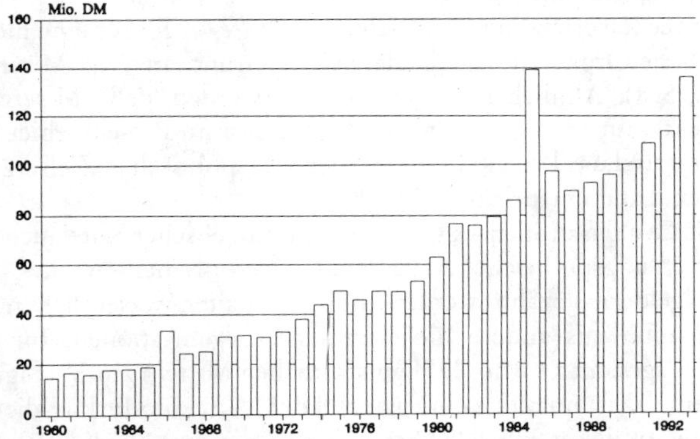

Quelle: Jahresbericht '92 der Aktion "Brot für die Welt"; epd. Ausgabe für kirchliche Presse. Nr. 30/1994.

3. Organisationsstruktur und Staatsnähe

Die organisatorischen Strukturen der beiden Kampagnenwerke weisen deutliche Unterschiede auf. »Brot für die Welt« ist ein Arbeitsbereich in der Hauptabteilung »Ökumenische Diakonie« des Diakonischen Werkes der Evangelischen Kirche in Deutschland, in der auch andere Dritte-Welt-Programme koordiniert werden. Entscheidungen über Projektvergaben werden von einem »Ausschuß für ökumenische Diakonie« getroffen, der von der Diakonischen Konferenz im Einvernehmen mit dem Rat der EKD und den Leitungen der Freikirchen benannt wird.

Misereor dagegen ist nicht der Caritas angegliedert, sondern als besondere Einrichtung der Deutschen Bischofskonferenz ausgestaltet und organisatorisch mit der katholischen »Zentralstelle für Entwicklungshilfe« verbunden. Höchstes Entscheidungsgremium ist eine Kommission aus sechs Bischöfen ohne jegliche Beteiligung der Kirchenmitglieder oder Spender (zur typisierenden Einordnung vgl. Thränhardt 1992, S. 226). Dies entspricht der generellen Tendenz zu hierarchischer Entscheidung in der Katholischen Kirche und dürfte bei der konkreten Projektvergabe zu weitgehenden taktischen Rücksichten führen. Einen deutlichen Hinweis in diese Richtung gibt die Aussage von Misereor, man setze bei Menschenrechtsverletzungen auf *»diskrete Hilfe«* – ein für eine nichtstaatliche Organisation sehr defensiver Grundsatz (vgl. Misereor 1990, S. 8). Ähnlich kann interpretiert werden, daß »Misereor« Projekte nur unterstützt, wenn der Bischof im Projektgebiet zustimmt und das Projekt den »entwicklungspolitischen Zielsetzungen im Land entspricht« (ebd., S. 6 f.).

Beide Organisationen – zu denen auf evangelischer Seite auch die entwicklungspolitische Arbeit des Diakonischen Werkes mit Staatsgeldern gezählt werden muß – erhalten wesentlich mehr Staatsmittel als andere nichtstaatliche Organisationen, für die 1994 insgesamt 31 Mio. DM an staatlichen Mitteln zur Verfügung stehen; das ist nur etwa ein Siebentel der Mittel für die kirchlichen Werke. In dieser Hinsicht hat sich also die von Kardinal Frings angestrebte korporatistische Struktur ausgewirkt: Die Kirchen haben sich einen organisatorischen Vorsprung sichern können.

Auf der Leitungsebene scheint ein weitgehend harmonisches Verhältnis zum Staat zu herrschen. Entwicklungsminister loben immer wieder die gute Zusammenarbeit mit den kirchlichen Trägern. Auf den unteren Arbeitsebenen, kaum aber auf der Leitungsebene, wird Kritik an der staatlichen Entwicklungspolitik geübt, die eher großmaßstäblich vorgeht und wenig Mittel für Grundbedarfsstrategien aufwendet. Auch die Kooperation bei dem politisch stark aufgeladenen »Tag für Afrika« im Jahr 1985 entspricht diesem Verhalten. Beide Organisationen profitierten materiell von dieser Großaktion, was aber das langfristige Beitragsverhalten nicht veränderte (vgl. Schaubilder 1-3). Ein Indikator für die starke Wirkung der damaligen Fernsehberichte ist die Tatsache, daß auch in der ehemaligen DDR die Spenden in jenem Jahr außergewöhnlich hoch lagen (vgl. epd Nr. 42a, 19. 11. 1988, S. 5).

Bemerkenswert ist, daß die beiden nichtkirchlichen Träger »Deutsche Welthungerhilfe« und »Terre des Hommes« sich viel kritischer und präziser mit der derzeitigen Entwicklungspolitik der Bundesregierung auseinandersetzen, obwohl die kirchlichen Träger aufgrund ihrer größeren finanziellen und organisatorischen Unabhängigkeit leichter dazu in der Lage wären. Im Rahmen des internationalen Eurostep-Projekts wiesen sie 1994 in einer Studie nach, daß die Bundesregierung die Grundbedarfs-Strategien zugunsten deutscher Exportförderung vernachlässigt, die proklamierte Orientierung an Menschenrechten in bezug auf wichtige Länder nicht einmal in der BMZ-Förderung selbst durchhält und »Etikettenschwindel« betreibt, indem sie die öffentliche Entwicklungshilfe zu hoch berechnet (vgl. Deutsche Welthungerhilfe 1994). Wie abhängig die Welthungerhilfe von offiziellem Wohlwollen ist, wird klar, wenn man die eine Woche später lancierte Meldung liest, die Welthungerhilfe habe »›Rücklagen‹ gehortet«, und man überlege im Bundespräsidialamt, ob der Bundespräsident künftig noch zu Spenden für sie aufrufen solle (vgl. Spenden als Festgeld, in: Der Spiegel 24, 13. 6. 1994, S. 17).

Misereor und »Brot für die Welt« arbeiten international vor allem mit Organisationen derselben Konfession zusammen. Beide halten eine gewisse Distanz zu »weltlichen« Organisationen, ganz im Gegensatz zur Schweiz, wo eher pragmatische Zusammenarbeit gepflegt wird.[2] Unterschiedlich ist das Verhältnis zu Staatsgeldern: »Brot für die Welt« finanziert Projekte ausschließlich aus Spenden; für Verwaltung und Öffentlichkeitsarbeit werden Kirchensteuermittel eingesetzt; Misereor dagegen setzt zusätzlich Staatsmittel in etwa gleicher Größenordnung wie Spendenmittel ein.

Beide Einrichtungen fördern hauptsächlich kleinräumige Initiativen und gelten deshalb gegenüber der staatlichen Entwicklungshilfe als basisnah und relativ effizient. »Brot für die Welt« gibt an, in den 30 Jahren zwischen 1959 und 1989 11 000 Projekte gefördert zu haben. Die inhaltlichen Schwerpunkte stimmen weitgehend überein (vgl. Schaubild 1).

Insgesamt hat sich also eine korporatistische Struktur entwickelt, wie wir sie auch aus anderen wohlfahrtsverbandlichen Bereichen kennen (vgl. Thränhardt u. a. 1986, S. 26 ff.). Die Vorzüge und Nachteile dieser Struktur gegenüber einer pluralistischen Struktur angelsächsischen Typs zeigen sich augenfällig. Einerseits ist ein hohes Maß an organisatorischer Konsistenz, Tragfähigkeit und Stabilität gesichert, zudem ist die gesellschaftliche Reichweite der

2 Hinweis von Jörg Ernst, M. A., der am Institut für Politikwissenschaft der Universität Münster an einer komparativen Dissertation zum Thema der entwicklungspolitischen Öffentlichkeitsarbeit der evangelischen Kirchen in der Schweiz (»Brot für alle«) und in Deutschland (»Brot für die Welt«) arbeitet. Ich danke ihm auch für eine Literaturexpertise und die Überlassung relevanten Materials.

beiden Kampagnen sehr groß. Auch der Einfluß der deutschen Kirchen in der Dritten Welt wird durch diese Großorganisationen der Hilfe gesteigert. Andererseits ergibt sich eine weitgehende Einbindung der kirchlichen Werke in staatliches Handeln, die für die kritische Auseinandersetzung in der Öffentlichkeit nicht förderlich ist. Zugestanden werden muß in diesem Zusammenhang allerdings, daß Fehlallokationen staatlicher Entwicklungshilfe in Deutschland immerhin im zivilen Bereich verbleiben und Entwicklungshilfe als Begleitfinanzierung von Militärexporten, wie sie für Großbritannien 1994 nachgewiesen wurde, in Deutschland bisher nicht dokumentiert ist.

4. Forschungsperspektiven

Angesichts des bisher eher kargen Forschungsstandes konnte es hier zunächst nur darum gehen, an einem relevanten Beispiel eine Verständnis- und Forschungsperspektive aufzuzeigen. Deutlich wird, daß hier inmitten der verbreiteten Kirchenkrise ein Feld kirchlicher Arbeit vorhanden ist, das Schritt für Schritt an Bedeutung gewinnt. Dies kann im Zusammenhang damit interpretiert werden, daß die Kirchen in Deutschland heute ihre größte öffentliche Glaubwürdigkeit in der sozialen Arbeit besitzen. Sowohl wegen des Engagements vieler Aktiver als auch wegen der Außenwirkung hat das zur Folge, daß diese Arbeit an Bedeutung gewinnt.

Die Tatsachen der immer engeren wirtschaftlichen, kulturellen und politischen Verflechtung der Welt, der Verkürzung der Reisezeiten, der weltweiten Medienkommunikation, der steigenden Exporte, des Ferntourismus, der Migrationsbewegungen und des Flüchtlingselends lassen erwarten, daß weltweite humanitäre Arbeit immer wichtiger werden wird. Im Vergleich zu der Zeit, in der Kardinal Frings seinen Anstoß gab, hat sich die materielle Lage in der Dritten Welt verbessert, andererseits gibt es auch immer wieder neue Quellen von Verelendung und Krieg. Fragen der internationalen Kooperation, der Beziehung zwischen nichtstaatlichen Organisationen und Regierungspolitik und auch Querbeziehungen zu anderen Politikbereichen wie der Agrarpolitik der reichen Industrieländer werden analytisch immer wichtiger.

Die neuen universalistisch ausgerichteten Organisationen sollten stärker in Analysen der Wohlfahrtspolitik einbezogen werden. Reflektierte Vertreter von »frontline institutions« setzen darauf, daß Wissenschaftler mit »ausreichender Distanz« zu den Handelnden grundlegende Analysen vorlegen (vgl. Jessen-Petersen 1994, S. 7). Neben kirchlichen Trägern und einem neuen Typ von *transnationalen pressure groups* wie Amnesty International oder Greenpeace zählen dazu insbesondere auch Organisationen wie das Rote Kreuz, das in Umfragen immer wieder den höchsten Vertrauensbonus erreicht.

Bei internationalen humanitären Aktionen und der entsprechenden Öffentlichkeitsarbeit können noch stärker als im lokalen, regionalen und nationalen Rahmen Disparitäten zwischen Realität und Darstellung entstehen. Auch von daher sind die beiden behandelten Einrichtungen interessante Musterfälle. Die Akkumulation von moralischem Kapital kann auch im Gegensatz zu vernünftiger Aufgabenerfüllung durch karitative Träger stehen – man denke etwa an die Vermarktung hungernder Kinder in der Spendenwerbung durch Organisationen wie World Vision oder den Vorwürfen an Hilfsorganisationen oder Greenpeace, sie hätten Rücklagen gebildet – mit der Implikation, wirtschaftliches Verhalten und insbesondere Reservenbildung sei bei karitativen Organisationen unmoralisch (vgl. Thränhardt 1992, S. 230).

5. Sozialmoral und offene Gesellschaft

Albert Hirschman hat jüngst die Meinung vertreten, das »Geheimnis der Vitalität der pluralistisch-marktwirtschaftlichen Gesellschaft und ihrer Fähigkeit, sich selbst zu erneuern«, liege in der Verbindung zwischen einem »anhaltenden Strom« ständig neu produzierter Konflikte einerseits und der Notwendigkeit und Möglichkeit ihrer Regelung – ganz im Gegensatz zur Friedhofsruhe der kommunistischen Systeme anderseits (vgl. Hirschman 1994, S. 300). Er argumentiert damit gegen die traditionelle Konfliktscheu und Konfliktangst, die auch in demokratischen Ländern und in den Sozialwissenschaften immer wieder geäußert wird, und bezieht sich insbesondere auf regelbare Verteilungs- und Gestaltungskonflikte.

Diese optimistisch-freiheitliche Sicht steht ganz in der oben zitierten Tradition Kants. Sie wendet sich andererseits gegen den harmonisierenden Antikapitalismus sowohl in der sozialistischen als auch in der konfessionell-konservativen Tradition, die von der Angst einer Auflösung der Lebenswelten (Habermas) durch den Kapitalismus geprägt sind. Dazu gehören sowohl die Traditionen des Marxismus, die auf dem Entfremdungsbegriff aufbauen – und in dieser Tradition etwa die Zersetzungsthese Rosa Luxemburgs –, als auch die holistische konservative Kritik. Das bedeutet nicht, daß es nicht gefährliche und inhumane Entwicklungen gerade auch in freiheitlichen und kapitalistischen Gesellschaften gäbe. Dies nicht zu sehen wäre Selbstbetrug. Es bedeutet aber auch, auf Lösungsmöglichkeiten und Lösungskompetenzen freiheitlicher Gesellschaften zu vertrauen und an ihnen zu arbeiten. Moralische Unternehmen und moralische kollektive Aktion sind solche problemlösende Reaktionen. Tradition bedeutet auch hier, wie Jean Jaurès es formuliert hat, nicht Asche zu verehren, sondern eine Flamme am Leben zu erhalten.

Literatur

Amery, J.: Die Kapitulation. Oder: Deutscher Katholizismus heute. Nachwort von Heinrich Böll, Reinbek 1963.

Brot für die Welt: Jahresbericht '91. Hg. von der Hauptgeschäftsstelle des Diakonischen Werkes der EKD e. V. für die Aktion Brot für die Welt, Stuttgart 1992 *(jährlich)*.

Denkanstöße – 30 Jahre Brot für die Welt. Hrsg. v. d. Hauptgeschäftsstelle des Diakonischen Werkes der EKD, Stuttgart 1989.

Deutsche Welthungerhilfe/Terre Des Hommes Deutschland: Die Wirklichkeit der Entwicklungshilfe. Zweiter Bericht 1993/94. Eine kritische Bestandsaufnahme der deutschen Entwicklungspolitik, Bonn 1994.

Dießenbacher, H.: Altruismus als Abenteuer. Vier biografische Skizzen zu bürgerlichen Altruisten des 19. Jahrhunderts, in: Sachße, Ch./Tennstedt, F. (Hg.), Jahrbuch der Sozialarbeit 4. Geschichte und Geschichten, Reinbek 1981, S. 272-298.

epi (Entwicklungspolitische Informationen), 1993, Heft 4.

Frings, J.: Abenteuer im Heiligen Geiste. Rede vor der Vollversammlung der deutschen Bischöfe in Fulda, 15.-21. August 1958, in: Misereor. Zeichen der Hoffnung. Beiträge zur kirchlichen Entwicklungsarbeit, München 1976, S. 13-34.

Götz von Olenhusen, I.: Klerus und abweichendes Verhalten, Göttingen 1994.

Gottes Erde für alle. Aufruf zur 32. Aktion »Brot für die Welt«, in: epd, Nr. 43a, 24.10.1990.
Hassold, H. G.: Kirchenpolitik oder Wahrheitssuche? in: Lutherische Monatshefte 1985, Heft 12, S. 546-548.
Heitmeyer, W.: Gesellschaftliche Desintegrationsprozesse als Ursachen von fremdenfeindlicher Gewalt und politischer Paralysierung, in: Aus Politik und Zeitgeschichte, Beilage: Das Parlament, Heft 2-3, 8.1.1993.
Hirschman, A. O.: Wieviel Gemeinsinn braucht die liberale Gesellschaft? in: Leviathan, 22. Jg., 1994, S. 293-304.
Hradil, S.: Sozialstrukturanalyse in einer fortgeschrittenen Gesellschaft, Opladen 1987.
Jessen-Petersen, S.: International Migration and Security: A Pragmatic Response, in: Hamilton, K. A. (Hg.), Migration and the New Europe, Washington 1994.
Käsler, D.: Die frühe deutsche Soziologie 1909 bis 1934 und ihre Entstehungs-Milieus. Eine wissenschaftssoziologische Untersuchung, Opladen 1984.
Kant, I.: Beantwortung der Frage: Was ist Aufklärung? (1783), in: Kant, I., Werke in zehn Bänden, hg. von W. Weischedel, Band 9, Darmstadt 1968, S. 53-61.
Kühr, H. (Hg.): Vom Milieu zur Volkspartei. Funktionen und Wandlungen der Parteien im kommunalen und regionalen Bereich, Königstein 1979.
Lademacher, H./Mühlhausen, W. (Hg.): Freiheitsstreben, Demokratie, Emanzipation. Aufsätze zur politischen Kultur in Deutschland und den Niederlanden, Münster 1993.
Mergel, T.: Zwischen Klasse und Konfession. Katholisches Bürgertum im Rheinland, Göttingen 1994.
Misereor: Auftrag und Antwort. Hrsg. v. Bischöflichen Hilfswerk Misereor e.V., Aachen 1990.
Misereor-Jahresbericht 1991 *(jährlich)*.
Der Spiegel: Stau und Rückstau, 39. Jg., 1985, Nr. 15, S. 28 f.
Thränhardt, D.: Wahlen und politische Strukturen in Bayern 1848-1953, Düsseldorf 1973.
Thränhardt, D.: Globale Probleme, globale Normen, neue globale Akteure, in: Politische Vierteljahresschrift, 33. Jg., 1992, S. 219-234.
Thränhardt, D. u. a.: Wohlfahrtsverbände und Sozialwissenschaften, in: Thränhardt, D. u. a. (Hg.), Wohlfahrtsverbände zwischen Selbsthilfe und Sozialstaat, Freiburg 1986, S. 9-36.
Vallier, I.: The Roman Catholic Church: A Transnational Actor, in: International Organization, 25. Jg., 1971, S. 479-502.

Hinweise zu den Autoren und Autorinnen

Susanne Angerhausen, geb. 1964; Dipl.-Soz.; Wissenschaftliche Mitarbeiterin am Zentrum für Sozialpolitik der Universität Bremen; Arbeitsschwerpunkte: intermediäre Organisationen, Arbeitsmarkt- und Beschäftigungspolitik, empirische Sozialforschung.

Holger Backhaus-Maul, geb. 1960; Dipl.-Soz., MA rer. publ.; Wissenschaftlicher Mitarbeiter am Zentrum für Sozialpolitik der Universität Bremen; Arbeitsschwerpunkte: intermediäre Organisationen im Sozialbereich, Sozialverwaltungen, kommunale Sozialpolitik.

Lothar Böhnisch, geb. 1944; Dr. rer. soc.; Professor für Sozialpädagogik und Sozialisation der Lebensalter an der Technischen Universität Dresden; Arbeitsschwerpunkte: Jugend- und Sozialpolitik, Jugend-, Jungen- und Generationenforschung, regionale Sozialforschung.

Micha Brumlik, geb. 1947; Dr. phil.; Professor für Erziehungswissenschaft mit Schwerpunkt Sozialpädagogik am Erziehungswissenschaftlichen Seminar der Universität Heidelberg; Arbeitsschwerpunkte: Theorie sozialer Arbeit, Theorie abweichenden Verhaltens, Erziehungsphilosophie unter besonderer Berücksichtigung der Ethik.

Hans Gängler, geb. 1957; Dr. rer. soc., Dipl.-Päd.; Wissenschaftlicher Assistent am Institut für Sozialpädagogik, Erwachsenenbildung und Pädagogik der frühen Kindheit der Universität Dortmund; Arbeitsschwerpunkte: Theorie und Geschichte der Sozialpädagogik, Jugendarbeit, Heimerziehung, Regionalisierung sozialpädagogischer Hilfen.

Dieter Grunow, geb. 1944; Dr. rer. soc.; Professor für Politik- und Verwaltungswissenschaft an der Universität Gesamthochschule Duisburg; Arbeitsschwerpunkte: empirische Verwaltungsforschung, Policy- und Implementationsstudien im Bereich der Sozial- und Gesundheitspolitik.

Heinz-Dieter Horch, geb. 1947; Dr. rer. pol.; Professor für Sportökonomie an der Deutschen Sporthochschule Köln, Privatdozent am Institut für Soziologie der Universität Hamburg; Arbeitsschwerpunkte: Organisationstheorie von Non-Profit-Organisationen, Sportökonomie, Organisations- und Wirtschaftssoziologie.

Jochen-Christoph Kaiser, geb. 1948; Dr. phil.; Professor für Kirchengeschichte der neuesten Zeit an der Universität Marburg; Arbeitsschwerpunkte: Sozial- und Zeitgeschichte der Konfessionen, Geschichte der freien Wohlfahrtspflege, Frauen- und Arbeiterbewegungsgeschichte.

Hejo Manderscheid, geb. 1954; Dr. theol., Dipl.-Soz.; 1982-1991 Wissenschaftlicher Referent in der Kinderhilfe, danach Referatsleiter für Gemeindecaritas in der Bundesgeschäftsstelle des Deutschen Caritasverbandes Freiburg; seit 1992 Caritasdirektor in Frankfurt a. M.; Veröffentlichungen zur Geschichte des Caritasverbandes und zum Verhältnis von öffentlicher und freier Wohlfahrtspflege.

Joachim Merchel, geb. 1953; Dr. phil.; Professor an der Fachhochschule Münster im Fachbereich Sozialwesen – Lehrgebiet »Verwaltung und Organisation«; Arbeitsschwerpunkte: Sozialmanagement, Jugendhilfe/Jugendhilfeplanung, Strukturen öffentlicher und freier Träger sozialer Arbeit.

Richard Münchmeier, geb. 1944; Dr. rer. soc.; Professor für Sozialpädagogik an der Freien Universität Berlin; Arbeitsschwerpunkte: Geschichte und Theorie der Sozialpädagogik, Jugendarbeit, Jugendhilfeforschung, Historische Sozialisationsforschung.

Thomas Olk, geb. 1951; Dr. phil., Dipl.-Päd.; Professor für Sozialarbeit/Sozialpädagogik an der Universität Halle-Wittenberg; Arbeitsschwerpunkte: Jugendforschung, Jugendarbeit/Jugendverbände, Theorie und Empirie des intermediären Sektors, soziale Dienste, kommunale Sozialpolitik.

Eckart Pankoke, geb. 1939; Dr. sc. soc.; Professor für Soziologie an der Universität/Gesamthochschule Essen; Arbeitsschwerpunkte: Sozialgeschichte, Sozialpolitik, Organisationssoziologie, Kultursoziologie.

Thomas Rauschenbach, geb. 1952; Dr. rer. soc., Dipl.-Päd.; Professor für Sozialpädagogik am Institut für Sozialpädagogik, Erwachsenenbildung und Pädagogik der frühen Kindheit der Universität Dortmund; Arbeitsschwerpunkte: Theorie der Sozialen Arbeit, Jugendarbeit, Jugendverbände, Ausbildung und Arbeitsmarkt für soziale Berufe, soziales Ehrenamt.

Christoph Sachße, geb. 1944; Dr. jur.; Professor für Geschichte und Theorie Sozialer Arbeit an der Universität/Gesamthochschule Kassel; Arbeitsschwerpunkte: Geschichte der Sozialpolitik, insbesondere der öffentlichen und freien Wohlfahrtspflege, Theorie sozialer Dienste, Jugendhilfe und Jugendhilferecht.

Werner Schefold, geb. 1943; Dr. rer. soc. habil., Dipl.-Soz.; Professor für Sozialpädagogik an der Universität der Bundeswehr München-Neubiberg; Arbeitsschwerpunkte: Jugendhilfeforschung, Institutionenforschung, kommunale Sozial- und Jugendforschung, Theorie der Sozialpädagogik.

Martina Schiebel, geb. 1965; Dipl.-Soz.; Wissenschaftliche Mitarbeiterin am Zentrum für Sozialpolitik der Universität Bremen; Arbeitsschwerpunkte: Rechtsextremismus, Biographieforschung, qualitativ-interpretative Sozialforschung.

Matthias Schilling, geb. 1960; Dipl.-Päd.; Wissenschaftlicher Mitarbeiter am Institut für Sozialpädagogik an der Universität Dortmund; Arbeitsschwerpunkte: Soziale Arbeit in Spanien, Statistik der Jugendhilfe und der Wohlfahrtsverbände.

Josef Schmid, geb. 1956; Dr. rer. soc.; Hochschulassistent am Lehrstuhl Politische Wissenschaft II der Ruhr-Universität Bochum, z.Zt. Vertretung der Professur für Regierungslehre an der Universität Hamburg; Arbeitsschwerpunkte: Parteien und Verbände, internationaler Vergleich.

Dieter Thamm, geb. 1944; Dipl.-Volkswirt, Dipl.-Sozialwirt; Leiter der Geschäftsstelle Leipzig der Bank für Sozialwirtschaft.

Dietrich Thränhardt, geb. 1941; Dr. rer. soc.; Professor für Politikwissenschaft an der Universität Münster; Arbeitsschwerpunkte: Politisches System und jüngere Geschichte Deutschlands, Bildungspolitik, vergleichende Migrationspolitik in Europa und Japan.

suhrkamp taschenbücher wissenschaft
Geschichte, Sozialgeschichte, Zeitgeschichte, Dokumentation

Assmann/Hölscher (Hg.): Kultur und Gedächtnis. stw 724
Baumgartner/Rüsen (Hg.): Seminar: Geschichte und Theorie. stw 98
Becher/Rüsen (Hg.): Weiblichkeit in geschichtlicher Perspektive. stw 725
Broué/Témime: Revolution und Krieg in Spanien. 2 Bde. stw 118
Bude: Bilanz der Nachfolge. stw 1020
Claessens: Kapitalismus und demokratische Kultur. stw 1041
Danker: Räuberbanden im Alten Reich um 1700. stw 707
Dreier/Sellert (Hg.): Recht und Justiz im »Dritten Reich«. stw 761
Duby: Die drei Ordnungen. stw 596
– Ritter, Frau und Priester. stw 735
– Die Zeit der Kathedralen. stw 1011
Duby/Lardreau: Geschichte und Geschichtswissenschaft. stw 409
Eder: Geschichte als Lernprozeß? stw 941
Ehlich (Hg.): Sprache im Faschismus. stw 760
Elias: Studien über die Deutschen. stw 1008
Fend: Sozialgeschichte des Aufwachsens. stw 693
Foucault: Überwachen und Strafen. stw 184
Giesen (Hg.): Nationale und kulturelle Identität. stw 940
Groh, D.: Anthropologische Dimensionen der Geschichte. stw 992
Groh, R./Groh, D.: Weltbild und Naturaneignung. stw 939
Hahn/Kapp (Hg.): Selbstthematisierung und Selbstzeugnis: Bekenntnis und Geständnis. stw 643
Haupert/Schäfer: Jugend zwischen Kreuz und Hakenkreuz. stw 952
Haussmann: Erklären und Verstehen: Zur Theorie und Pragmatik der Geschichtswissenschaft. stw 918
Hinrichs: Ancien Régime und Revolution. stw 758
Hinrichs (Hg.): Absolutismus. stw 535
Jäger: Verbrechen unter totalitärer Herrschaft. stw 388
Koselleck: Kritik und Krise. stw 36
– Vergangene Zukunft. stw 757
Löwenthal: Schriften 1-5. stw 901-905
Lüdtke (Hg.): »Sicherheit« und »Wohlfahrt«. stw 991
de Mause (Hg.): Hört ihr die Kinder weinen. stw 339
Meier, Chr.: Die Entstehung des Politischen bei den Griechen. stw 427
Métral: Die Ehe. stw 357

206/1/8.92

206/2/8.92